曼施泰因战争回忆录

[德] 弗里茨·埃里希·冯·曼施泰因 著

小小冰人 译

台海出版社

图书在版编目（CIP）数据

曼施泰因战争回忆录 /（德）弗里茨·埃里希·冯·曼施泰因著；小小冰人译 . -- 北京：台海出版社，2023.12

ISBN 978-7-5168-3725-2

Ⅰ . ①曼… Ⅱ . ①弗… ②小… Ⅲ . ①回忆录－德国－现代 Ⅳ . ① I516.55

中国国家版本馆 CIP 数据核字 (2023) 第 228340 号

曼施泰因战争回忆录

著　者：[德] 弗里茨·埃里希·冯·曼施泰因	译　者：小小冰人
出 版 人：蔡　旭	责任编辑：俞滟荣

出版发行：台海出版社
地　　址：北京市东城区景山东街 20 号　　　　　邮政编码：100009
电　　话：010 － 64041652（发行，邮购）
传　　真：010 － 84045799（总编室）
网　　址：www.taimeng.org.cn/thcbs/default.htm
E － mail：thcbs@126.com

经　　销：全国各地新华书店
印　　刷：重庆长虹印务有限公司
本书如有破损、缺页、装订错误，请与本社联系调换

开　　本：787 毫米 ×1092 毫米　　　　　1/16
字　　数：534 千　　　　　　　　　　　印　　张：33.5
版　　次：2023 年 12 月第 1 版　　　　　印　　次：2023 年 12 月第 1 次印刷
书　　号：ISBN 978-7-5168-3725-2

定　　价：189.80 元

德文版序

本书是一名军人的个人叙述，我在书里刻意回避，没有讨论政治问题或与军事领域的事件并无直接关联的事情。就这个问题而言，也许应该引述 B. H. 利德尔·哈特上尉的说法：

"此次战争中的德国将领，可以说是他们这个职业领域的最佳产物，从任何方面看都是如此。要是他们的眼界更广，认知更深，本来能干得更好。不过，**倘若他们成为哲学家，也就不再是军人了。**"

我尽量不从事后的角度看待事情，而是以当时的感受阐述自己的经历、想法、决断。换句话说，我不是作为历史研究者写作本书，而是以亲身经历者的身份叙述一切。不过，虽然我力图客观阐述当时发生的一切、相关人员和他们做出的决定，但作为参与者，我的看法依然是主观的。尽管如此，我还是希望自己的记述对历史学家有所帮助，因为就连他们也无法仅凭档案和文件了解真相。重要的是当事人的想法和判断，档案或战时日志里很少能找到这些东西，就算有，肯定也不完整。

叙述德国1940年西方战局计划的制定过程，我背离了冯·泽克特大将提出的准则："总参军官是无名英雄。"相关话题广泛探讨了很长一段时间，我并未参与其中，所以我觉得现在可以公之于众了。实际上，是我昔日的总司令冯·伦德施泰特元帅和我们的作战处处长布卢门特里特将军把这份计划的来龙去脉告诉了利德尔·哈特，可惜我本人当时无缘结识利德尔·哈特。

我描述军事问题和事件时，偶尔会加入些个性化的内容，因为我觉得即便在战争中，人文因素也占有一席之地。本书后几章没有这些个人回忆，因为那个时期我心急如焚，肩上的重任让我无暇顾及其他事情。

我在二战期间从事的工作，让我主要从更高级别的指挥角度看待相关事件。但我希望明确无误地表明，决定性因素自始至终是德国士兵的奉献精神、勇敢、忠诚、恪尽职守，以及各级指挥官的能力和他们勇于承担责任的意愿。这些品质为我们赢得了胜利。全凭这些，我们才能抗击敌人的压倒性优势。

同时，我要借此机会感谢以下人士：首先是战争初期担任我军司令的冯·伦德施泰特元帅，他一向对我信任有加；其次要感谢在我麾下服役的各级官兵；还要感谢我的助手，特别是我的参谋长和参谋人员，他们一直帮助我，还提出各种建议。

最后我要感谢帮我撰写这部回忆录的人：我原先的参谋长布塞将军；我们的参谋冯·布卢姆勒德尔、艾斯曼、安努斯；鼓励我撰写回忆录的格哈德·京特先生；写作期间为我提供宝贵帮助的弗雷德·希尔登布兰特先生；硕士工程师马特纳先生，他在绘制地图期间展现出极强的理解力。

冯·曼施泰因

目录 CONTENTS

第一部

第一章 暴风雨前夕

远离总部——希特勒下令策划进攻波兰的作战部署——南方集团军群领率机构，冯·伦德施泰特大将——总参谋部与波兰问题——波兰成为帝国与苏联的缓冲地区——战争还是恫吓？——希特勒在上萨尔茨堡对军事领导人的讲话——与苏联缔结条约——尽管希特勒的决定"不可撤销"，仍怀疑他是否会发动战争——第一道进攻令撤销！——最后一刻仍持怀疑态度——木已成舟！

德奥合并后，我从远离军事总部的位置经历了政治局势的发展。

1938 年 2 月初，我在陆军总参谋部的职业生涯戛然而止，当时我已升到第一军需长，这个职务相当于副总参谋长，算总参谋部的二号人物。邪恶的党派阴谋迫使冯·弗里奇男爵大将辞去陆军总司令职务，他最亲密的一大批同僚，包括我在内，都被逐出 OKH（陆军总司令部）。自那之后，我在利格尼茨担任第 18 步兵师师长，也就不再关心军事总部职权范围内的事情了。

从 1938 年 4 月起，我全身心投入师长的工作。那几年，这项工作非常令人满意，但也要付出不懈的努力。陆军的扩充工作还没有完成，相反，由于新部队不断组建，要求现有的部队不断重组。要想建立一支内部稳固、训练有素的军队，保障帝国的安全，那么，重整军备的速度，特别是军官团和士官团人数的相应扩充，就对各级指挥官提出最为苛刻的要求。这项工作取得的成果令人欣慰，对我来说尤为如此，在柏林工作多年后，再次与作战部队直接打交道倍感愉快。所以，我非常怀念最后一年半的和平岁月，特别是那些西里西亚子弟，第 18 步兵师几乎完全由他们组成。西里西亚历来是出精兵的地方，因此，新部队的军事教育和训练是一项有益的工作。

德国占领苏台德区，这场"鲜花战争"的短暂插曲期间，我担任冯·莱布骑士大将的集团军参谋长。因此，我获知陆军总参谋长贝克将军与希特勒就捷克问题发生冲突，令我深感遗憾的是，这场冲突以我倍感敬佩的总参谋长辞职而告终。另外，他的离职让我与陆军总司令部断了联系，这种联系是靠贝克对我的信任建立起来的。

所以直到1939年夏季我才获悉"白色展开令"，这是按照希特勒的指示，首次拟制的进攻波兰的作战部署，1939年春季前还没有这东西，相反，我们在东部边境的所有军事准备都着眼于防御，或防范与别国发生冲突。

按照"白色展开令"，我担任南方集团军群参谋长，司令是已退役的冯·伦德施泰特大将。集团军群计划在西里西亚、摩拉维亚东部，另一部分在斯洛伐克展开，我们现在就得制定详细计划。

由于集团军群司令部和平时期并不存在，只有在动员的情况下才组建，所以我们建立了工作小组，处理新展开令的相关事宜。1939年8月12日，这个小组在诺伊哈默的西里西亚军事训练区展开工作，领导他们的是总参上校布卢门特里特。动员后，由他担任集团军群作战处处长（Ia）。在我看来，这的确是件幸事，因为布卢门特里特非常能干，我和他的关系亲密无间。这份友情是苏台德危机期间我们在冯·莱布的集团军司令部建立的。眼下这种时刻，身边有这样一位值得信赖的同袍弥足珍贵。有时候，一个人性格中的小特点能博得旁人的好感，我就很欣赏布卢门特里特上校打电话时无与伦比的自信劲头。他干事麻利，拿着电话听筒处理大量琐碎问题，总是干劲十足，语气亲切。

8月中旬，南方集团军群日后的司令冯·伦德施泰特大将来到诺伊哈默。我们都认识他，他是个颇具战略天赋的军人，能立即把握一切问题的本质，而且只处理重要问题，对各种琐碎的细节漠不关心。就性格而言，他是众人常说的那种老派绅士，可惜，曾让他们那个时代的生活丰富多彩的这种风格已逐渐消亡。伦德施泰特大将的独特魅力，就连希特勒也为之心折，他对大将似乎有某种真正的偏爱，令人惊异的是，尽管希特勒两次解除伦德施泰特的职务，但仍对他抱有好感。希特勒可能觉得伦德施泰特来自一个已然逝去、他难以理解的时代，而他从未领略过那个时代的内部和外部氛围。

顺便说一句，工作小组集合到诺伊哈默之际，我指挥的第18步兵师也在训练区从事年度团级、师级演习。不用说，所有人都对 1933 年以来祖国经历的各种事件感到不安，想知道这一切最终会把我们引向何方。此时，我们的思绪和私下的交谈都集中在周边地平线，风雨欲来的迹象不断加剧。我们知道，希特勒顽固而又狂热，已决心彻底解决《凡尔赛和约》给德国造成的最后一些领土问题。我们还知道，早在 1938 年秋季，他就与波兰谈判，想解决波德边界问题。但这些谈判进展如何，目前是否还在继续，我们一无所知。另一方面，我们也知道英国给予波兰安全保证。我可以肯定地说，我们这些军人没有谁如此傲慢，如此轻率，如此短视，居然看不出这种保证意味着致命的严重警告。仅仅基于这个原因（当然还有其他理由），足以让我们这些集合到诺伊哈默的人坚信，根本不会爆发战争。依我们看，就算刚刚制订的"白色方案"付诸实施，也不一定意味着战争。到目前为止，我们一直密切关注总是沿剃刀边缘进行的各种危险事件，越来越惊奇地发现，希特勒在政治方面的运气好得令人难以置信，一次次兵不血刃地实现了明确或隐晦的目标。他似乎是按照自己几乎不会出错的本能行事。如果把最终导致我们走向毁灭的一连串辉煌事件称为胜利，那么，的确可以说一次次胜利接踵而来，这些胜利都没有诉诸武力。我们自问，难道这次会不同吗？想想捷克斯洛伐克的例子，希特勒 1938 年部署军队威胁该国，但没有爆发战争。诚然，我们想起德国古老的箴言：常干恶事终有恶报！另外，这次的情况比较棘手，希特勒想重演的把戏看上去也更危险，因为英国为波兰提供了安全保证。但我们随后想起希特勒曾说过，他绝不会像 1914 年的德国政治家那般愚蠢，去发动一场两线战争。这就是希特勒说过的话，尽管他已没有人类的情感，可这句话至少表明他理智尚存。他操着高亢、嘶哑的嗓音，言之凿凿地向身边的军事顾问保证，自己不是白痴，不会为但泽或波兰走廊卷入一场世界大战。

总参谋部和波兰问题

波兰根据《凡尔赛和约》侵占了德国领土，这种侵占既不符合历史正当性，也没建立在民族自决权的基础上，因此，波兰成了我们切肤之痛的根源。除此之外，德国国力虚弱的那个时期，波兰一直是我们这些军人最担心的目标。每次站在地图前，我们都能看出形势是多么严峻。国界的划分毫无道理！肢解了我们的祖国！波兰走廊切断了东普鲁士与帝国的联系！看着遭隔绝的东普鲁士，我们这些军人有充分的理由为那个美丽的省份忧心忡忡。尽管如此，德国陆军总司令部从来没想过进攻波兰，以武力改变现状。撇开其他理由，不诉诸武力的军事原因很简单：对波兰发动侵略战争，势必让帝国立即陷入一场两线或多线战争，这是我们无力承受的。《凡尔赛和约》导致德国国力虚弱，那个时期，"联盟的噩梦"把我们折腾得够呛。波兰人毫不掩饰对德国领土的野心，这种心态非常普遍，而且仍在孕育，一想到这点，更让我们寝食难安。进攻波兰？不行！可是，即便我们以最客观的眼光审视波兰人的心态，也很难指望在谈判桌上心平气和地与他们共同修改不合理的边界。但波兰有朝一日动用武力解决边界问题的可能性无法排除。自1918年以来，我们至少在这方面获得了些经验。因此，德国国力虚弱的那几年，思考这种可能性合情合理。一旦毕苏斯基元帅去世，某些民族主义势力在波兰发挥决定性影响，进攻东普鲁士或上西里西亚不无可能，就像他们当初突袭维尔纳那样。不过，针对这种情况，我们在军事方面的考虑已找到政治性答案。倘若波兰入侵，我们顺利击退他们的进攻，帝国很可能获得政治反击的机会，修改令人不快的边界。

不管怎么说，陆军领导对这个问题不抱太大希望。尽管冯·拉贝瑙将军在《泽克特传》一书里引用了这位大将的观点："波兰的存在是不堪忍受的，与德国的生存条件格格不入。必须利用他们的内在弱点，利用苏联……在我们的帮助下，让这个国家消亡。"但由于政治和军事方面的发展，这种观点可能已过时。我们非常清楚苏联不断增长的军力和实力；而法国耍的花招很容易让人落入彀中，不幸的是，这个国家因为一项高深莫测的决议①，仍对我们抱有敌意，他们总是在德国身后寻找盟友。可如果波兰消亡，那么，实力强大的苏联会成为帝国更具威胁的邻国，因为波兰毕竟只是个中等国家。波兰和立陶宛构成德国与苏联之间的缓冲区，一旦这片缓冲区不复存在，两个大国很容易发生冲突。修改波德边界可能符合苏德两国共同的利益，但由于眼下的局势与过去完全不同，波兰彻底消亡对

---

① 译注：这里指的是《洛迦诺公约》。

帝国几乎没什么好处。所以无论我们喜欢与否，最好还是让波兰留在苏联与我们之间。尽管东部边界划定得毫无意义，而且危机四伏，令我们这些军人忧心忡忡，但与苏联相比，波兰作为邻国的危险小得多。当然，我们和所有德国人一样，也希望有朝一日能修改东部边界，让主要是德国人居住的地区回归帝国，这是当地居民的自然权利。但从军事角度看，波兰人口增加是我们不愿见到的。我们要求东普鲁士与帝国相连，也要顾及波兰获得入海口的利益。20世纪20年代末关于军事冲突的辩论，魏玛防卫军的军人普遍对波兰问题抱有这种想法。

命运之轮随后再次转动，阿道夫·希特勒登上帝国舞台。一切都变了，我们与波兰的关系也发生了天翻地覆的变化。帝国与东面的邻国签订了互不侵犯条约和友好条约。我们终于摆脱了波兰有可能发动进攻的噩梦。但与此同时，德国与苏联的政治关系降温，因为德国的新统治者对民众发表讲话，明确无误地表明他仇视布尔什维克体制。这种新情况缓解了波兰的政治压力。但他们较大的行动自由度对我们不再是威胁。德国重整军备，再加上希特勒取得一连串外交胜利，致使波兰不太可能利用他们的行动自由对付帝国。另外，波兰乐于加入对捷克斯洛伐克的瓜分，充分说明两国商讨边界问题的可能性完全存在。

不管怎么说，1939年春季前，德国陆军总司令部从未制订过进攻波兰的计划。迄今为止，东部进行的一切军事准备纯属防御性质。

战争还是恫吓？

1939年秋季的局势真的紧张了吗？希特勒真想发动战争，还是像1938年秋季为解决苏台德地区归属问题，以包括军事手段在内的极端措施对捷克斯洛伐克施加压力那样，来解决但泽和波兰走廊问题？

战争还是恫吓，这是个问题。对政治形势的发展，特别是对希特勒的意图缺乏认识的人，的确难以做出回答。而这位独裁者又怎么会让旁人洞悉他真正的意图呢？

不管怎么说，尽管制订了"白色展开令"，但德国1939年8月采取的军事措施，完全是为了加强对波兰施加的政治压力，迫使对方就范。自夏季起，各部队遵照希特勒的指令，忙于构筑"东墙"。包括第18步兵师在内的若干师，开赴波兰边界修筑这道"东方壁垒"，几周轮换一次。要是希特勒真想进攻波兰，这番努力又有什么意义呢？就算他自食其言，企图发动两线战争，这道东墙也派不上用场，因为当前情况下，德国正确的做法是先进攻波兰，一举打垮对方，同时在西面保持防御。而相反的解决方案，也就是西攻东守，以目前的兵力对比看是不可能做到的，我们没有制订相关计划，更谈不上任何准备。因此，如果说构筑东墙对当前局势有什么意义的话，可能只是在波兰边界集结重兵，以此施加压力罢了。就连8月下旬若干步兵师在奥得河东岸展开，几个装甲和摩托化师开入奥得河西面的待机地域，也算不上真正的进攻准备，不过是施加政治压力的手段而已。

不管怎样，和平时期的训练计划还是照常进行。1939年8月13—14日，我的师在诺伊哈默举行最后一场演习，演习结束后，全师官兵从冯·伦德施泰特大将面前列队而过，接受他检阅。8月15日，炮兵与空军协同，举行大规模实弹演练。其间发生了重大事故，由于云层高度的信息有误，一整个斯图卡俯冲轰炸机中队没能及时拉起，悉数扎入树林。8月16日又进行了团级演习，然后，师属各部队返回驻地，但过几天他们又要开赴下西里西亚边界。

8月19日，冯·伦德施泰特大将和我接到命令，去参加8月21日在上萨尔茨堡召开的会议。8月20日，我们从利格尼茨驱车赶往林茨，当晚在我妹夫的别墅过夜。8月21日上午我们到达贝希特斯加登。各集团军群、集团军司令和他们的参谋长，以及海空军相应级别的指挥官，奉命向希特勒报到。

此次会议，更确切地说是希特勒对军队领导人训话，在贝格霍夫宽敞的会议厅举行，从这里望去，萨尔茨堡的美景尽收眼底。去年的捷克危机期间，希特勒与几位总参谋长的会晤很不愉快，因而不再采用会议讨论的形式。希特勒还没到，戈林先出现了。他打扮得非常奇特，我本以为我们是来参加严肃的会议，可戈林的模样像是出席化装舞会。他穿了件低领白衬衫，外套绿色无袖皮夹克，缀有硕大的黄色皮纽扣，下着灰色马裤，配以灰色长筒丝袜，充分衬托出他粗壮的小腿肚。一双肥大的半筒靴与柔和的丝袜形成强烈的反差，但最抢眼的是他腰间扎着镶金的红色皮革武装带，还挂了把华丽的佩剑，镶金剑鞘也以红色皮革制成。我不由得对身旁的冯·扎尔穆特将军低声说道："这个胖子是想担任会场保安吗？"

纽伦堡审判德国总参谋部期间，检方就希特勒此次讲话向法庭提交了各种所谓的"证据"。其中一份文件指出，希特勒讲话时使用了最粗鲁的语言，而戈林对即将到来的战争兴奋不已，甚至跳上桌子高呼"胜利万岁"。实情并非如此。据传希特勒还大爆粗口，说他唯一担心的是"某个杂种最后一刻跳出来，向他提出调停建议"，其实他根本没说过。希特勒此次训话的语气，明显表明他已下定决心，但他是个出色的心理学家，非常清楚谩骂或长篇大论是无法影响与会人士的。

格赖纳编撰的《1939—1943 年的德国国防军最高统帅部》一书，如实收录了希特勒此次讲话的大部分内容。格赖纳依据的是瓦利蒙特上校对战时日志作者口述的元首讲话，以及卡纳里斯海军上将的会议速记。哈尔德大将的日记里，也能见到希特勒此次讲话的部分内容，和瓦利蒙特、卡纳里斯的记述一样，有些东西可能是他们在其他场合听希特勒说的，我觉得这一点无关紧要。

我们这些不属于最高军事领导层核心圈的将领，对希特勒此番讲话的印象大致如下：

希特勒这次确实下定了决心，打算彻底解决德国—波兰问题，哪怕引发战争也在所不惜。不过，鉴于德国悄然进行的进攻部署已到达顶点，倘若波兰屈从于德国施加的压力，也不排除和平解决问题的可能性；希特勒坚信，西方国家最终还是不会诉诸武力。他非常详细地解释了自己的理由，基本观点是：英法两国军备落伍，特别是空军和防空力量方面；除了进攻西墙，西方国家其实无法有效援助波兰，而进攻西墙势必付出重大流血牺牲，英法两国民众肯定不愿冒上这种风险；外交形势，特别是地中海的紧张局势，严重限制了英国的行动自由；法国国内的政治局势；最后一点同样重要，也就是英法两国领导人的性格，张伯伦和达拉第都没有下定投入战争的决心。

希特勒对西方国家的处境所做的判断，从很多方面看是合乎逻辑的，也很准确，但我觉得他这套说辞无法彻底说服与会人员。当然，英国的保证是希特勒这番构想唯一的障碍，不管怎么说，这是个非常危险的因素！依我看，希特勒说有可能与波兰发生战争，不能像纽伦堡检方指控的那样，理解为一种灭绝政策。希特勒要求迅速而又无情地歼灭波兰军队，换成军事语言，恰恰是任何一场大规模进攻所要达成的目标。反正他没有对我们中的任何一位谈到日后会如何处置波兰人。

最令我们震惊，但又印象深刻的是，希特勒宣布即将与苏联缔结条约。赶往贝希特斯加登途中，我们从报上读到德国与苏联在莫斯科签署经济协议的消息，鉴于当前的形势，这是条相当轰动的新闻。希特勒现在又宣布，与会的外交部部长冯·里宾特洛甫马上要和我们道别，飞赴莫斯科与斯大林缔结互不侵犯条约。这样一来，希特勒就夺走了西方国家手里的王牌，就算他们对德国实施封锁也无济于事了。希特勒指出，为促成两国签署条约，他在波罗的海和波兰东部边界的问题上对苏联做出重大让步。但我们从他的陈述里听不出彻底瓜分波兰的意图。其实，就像我们今天知道的那样，直到波兰战局开始，希特勒仍在考虑是否要留下波兰部分领土不加占领的问题。

听完希特勒的训话，冯·伦德施泰特大将和我都没得出战争无论如何都会爆发的结论，其他将领可能也是这样。我们觉得会像当初在慕尼黑那样，最后一刻和平解决，之所以有这种想法，是基于两个考虑。

第一个考虑是，由于德国与苏联缔结了条约，波兰从一开始就陷入绝望境地。如果英国的封锁措施不太奏效，为援助波兰，只能在西面发动代价高昂的进攻，那么他们很可能在法国驱策下建议华沙屈服。同样，波兰现在想必也知道，英国的保证已起不到实际作用。相反，他们不得不考虑以下现实：一旦与德国爆发战争，苏联人会在他们身后动手，实现昔日对波兰东部的领土要求。面对这种情况，华沙怎么可能不屈服？

第二个考虑与我们刚刚参加的会议有关。此次会议的目的是什么？到目前为止，就军事方面而言，进攻波兰的企图一直被想方设法地加以伪装。派驻边境地区的各个师，可以解释为构筑东墙。为掩饰部队开赴东普鲁士的真实企图，我方准备在坦能堡举行盛大的庆祝活动。摩托化兵团大规模机动的准备工作持续到最后一刻。各部队在没有正式动员的情况下展开。毫无疑问，这些举措瞒不住波兰人，肯定是为了施加政治压力，不过还是要严格保密，采用各种欺骗措施加以伪装。眼下，危机发展到顶点，希特勒却把国防军高级将领悉数召到上萨尔茨堡，这件事根本没办法保密。所以在我们看来，此举似乎是恫吓策略的顶点。由此可见，尽管希特勒说了些好战的话，可他不还是在努力息事宁人吗？此次会议难道不是对波兰最后施加的压力吗？

冯·伦德施泰特大将和我怀着这种想法离开贝希特斯加登。他驱车赶往设在尼斯的司令部，我到利格尼茨和家人待了一天，这说明我根本不认为战争即将爆发。

1939年8月24日中午12点，冯·伦德施泰特大将正式接掌集团军群。8月25日15点25分，我们收到OKH发来的指令：

"白色方案，日期——8月26日，时间——4点30分。"

看来，上级似乎做出了开战的决定，我们一直不愿相信的事情终于发生了。

20点30分，我和冯·伦德施泰特大将在尼斯圣十字修道院的宿营地共进晚餐，OKH打来电话，下达了后续指令："不得发起敌对行动！各部队立即停止运动！继续动员。'白色'和'西方'展开令按计划进行。"

每个军人都知道，最后一刻撤销展开令意味着什么。3个集团军正全速开赴边界，展开地域从下西里西亚延伸到斯洛伐克东部，现在要他们在几小时内停止运动，要知道，各级指挥部（至少是师级以上指挥部）也在行军，另外，出于保密原因，我们不能使用无线电。尽管存在种种困难，但我们还是设法把这道指令及时传达给各部队。由此可见，各级指挥和通信机构的表现非常出色。只有斯洛伐克东部一个摩托化团仍在前进，幸亏一名军官乘坐鹳式轻型飞机夜间降落在行军纵队前方，这才让他们停下脚步。

希特勒为何在最后一刻更改了发动战争的决心，我们对此一无所知。据说两国会继续谈判。

我们这些军人对希特勒的领导方式有些愕然，这不难理解。开战毕竟是一国元首最艰难的决定，怎么能如此反复无常。

希特勒做出开战的决定，几个钟头后又改了主意，究竟是什么原因？特别是从军事角度看，朝令夕改必然会招致严重的后果。就像我叙述上萨尔茨堡会议时说过的那样，从军事角度看，我们所做的一切准备都是为了出敌不意。动员工作没有公开宣布，首次动员是8月26日，也就是我们刚刚暂停进军的同一天。因此，这场进军只能使用现有的装甲、摩托化兵团和少量步兵师，其中部分力量部署在边境地域，另一些师还在"加速动员"。现在，对敌人达成突然性已无从谈起，因为就算夜间开入边境地区的待机地域也无法瞒过敌人。特别是因为，为渡过奥得河，摩托化部队不得不在昼间离开奥得河西面的集中地域。因此，真开战的话，就得采用第二预案，也就是以目前动员的所有力量发动进攻。不管怎么说，突然性已丧失。

我们无法确定希特勒展开行动的第一道指令是否是基于轻率、欠考虑的决定，只能认为整件事是外交策略，目的是不断加大给对方施加的压力。因此，我们8月31日17点接到"日期——9月1日，时间——4点45分"的指令，冯·伦德施泰特大将和我没太当真，特别是因为我们没听到谈判失败的消息。不管怎样，基于8月25日的经历，集团军群已做好一切准备，确保在最后一刻停止行动。冯·伦德施泰特大将和我一直待到午夜，等待有可能到来的停止进军令。

直到午夜过后，各部队停止运动已不复可能，我们这才不再抱有任何怀疑，该让枪炮发言了。

第二章 作战态势

决定性因素：德国军队的优势和波兰的地理环境——西面的风险——德军兵力和作战计划——波军兵力和作战计划——对波军部署情况的思考——波兰想"守住一切"——波兰的进攻梦想，他们会采取何种军事行动？——争取时间的斗争，决定性防御只能设在纳雷夫河、维斯瓦河、桑河后方——掩护纵深翼侧——西方国家抛弃波兰——联军总司令致歉

以下因素对波兰战局的作战态势具有决定性影响：

首先是德国军队的优势，但前提条件是德国统帅部甘愿在西面冒上巨大的风险，调集主力对付波兰；其次是地理环境，德军得以从东普鲁士—波美拉尼亚、西里西亚—斯洛伐克两个方向夹击波兰军队；最后是波兰从一开始就面临苏联在背后构成的潜在威胁。

德军兵力和作战计划

德国统帅部完全接受西面的上述风险。

OKH投入42个现役师（包括新组建的第10装甲师）对付波兰，外加以奥得河—瓦尔塔河河曲部要塞守备部队改编的1个步兵师（第50师）。我方兵力共计24个步兵师、3个山地师、6个装甲师、4个轻装师、4个摩托化步兵师、1个骑兵旅。另外还有动员后刚刚组建的16个师（第2—第4波次[1]），但这些师眼下还不具备充足的战斗力。除此之外，党卫队警卫旗队和1—2个加强团也调拨给东线陆军。

相比之下，我们在西面只留11个现役步兵师，外加兵力相当于1个师的要塞守备力量（后来改编为第72步兵师）和新组建的35个师（第2—第4波次），没有装甲或摩托化兵团。西面部署的46个师，只有四分之三能参与作战行动。

作为空降师训练和装备的第 22 步兵师留在国内，担任 OKH 预备队。

空军主力编为两个航空队参加对波战争，第三个实力较弱的航空队留在西面。

德国统帅部这样分配兵力，无疑要冒上很大的风险。可是，由于波兰战局的进程快得出人意料（战败方犯的错误也起了作用），特别是因为波兰的西方盟友完全不作为，坐视波兰败亡，这种风险几乎没得到应有的重视。

但我们必须记住，德国统帅部当时估计法国军队约有 90 个师。实际上，1939 年秋季，法国军队 3 周内就扩充到 108 个师（引自冯·蒂佩尔斯基希的说法）！他们有 57 个步兵师、5 个骑兵师、1 个装甲师、45 个预备役或本土师，还以强大的装甲和炮兵力量构成统帅部预备队。[2] 法国的预备役师优于德国的战时编组，因为他们的预备役人员训练有素，而德国新组建的兵团，主要以只受过短期训练的新兵或一战期间的预备役人员组成。

因此，战争伊始，法国军队的优势数倍于西线德军。

英国投入的地面力量很少，只提供了 4 个师，而且这些师直到 10 月上旬才开抵战区。

德国针对波兰的作战计划，是充分利用边界线提供的机会，从一开始就对敌军实施两翼合围。德国陆军部署为两个隔得很远的翼侧集团，几乎彻底放弃了中央地带（奥得河—瓦尔塔河河曲部）。

北方集团军群（司令冯·博克大将，参谋长冯·扎尔穆特将军）辖两个集团军，编有 5 个步兵军和 1 个装甲军，共 9 个现役步兵师（包括以要塞守备部队新组建的、不满员的第 50 步兵师）、动员期间组建的 8 个步兵师、2 个装甲师（外加新组建的肯普夫装甲师）、2 个摩托化步兵师、1 个骑兵旅，也就是说，共计 21 个师。

另外，集团军群还编有东普鲁士柯尼斯堡和勒岑的要塞守备部队，以及波美拉尼亚的内策旅。集团军群以冯·屈希勒尔将军的第 3 集团军在东普鲁士展开，冯·克鲁格大将的第 4 集团军在东波美拉尼亚展开。

集团军群的任务是先突破波兰走廊，尔后把维斯瓦河东面的主力迅速投向东南方或南方，跨过纳雷夫河防线，进入波军维斯瓦河防线后方。

南方集团军群（司令冯·伦德施泰特大将，参谋长冯·曼施泰因将军）的实力显然更强大，辖 3 个集团军（李斯特大将的第 14 集团军、冯·赖歇瑙大将的第

10 集团军、布拉斯科维茨大将的第 8 集团军），编有 8 个步兵军、4 个装甲军，共 15 个现役步兵师、3 个山地师、8 个新组建的师，摩托化主力是 4 个装甲师、4 个轻装师、2 个摩托化步兵师，共计 36 个师。

集团军群以第 14 集团军在上西里西亚工业区、摩拉维亚东部、斯洛伐克西部展开，第 10 集团军在上西里西亚的克罗伊茨堡周围及其南面展开，第 8 集团军在厄尔斯东面的西里西亚中部展开。

集团军群的任务是击败维斯瓦河河曲部和加利西亚的敌军，以强大的摩托化力量迅速攻往华沙，尽快沿宽大正面占领维斯瓦河畔若干渡场，与北方集团军群协同，歼灭波军残部。

波军兵力和作战计划

和平时期的波兰军队有 30 个步兵师、11 个骑兵旅、1 个山地旅、2 个摩托化（装甲）旅。另外，他们还有几个边防团，大批国土防卫营，以及驻守格丁根—海拉地域的海军部队。（引自 1942 年《军事科学周刊》，赫尔曼·施奈德的《对波兰作战态势的思考》。）

总之，波兰国防军的实力相当强大。不过，他们的武器基本是第一次世界大战期间的旧装备，就连空军的 1000 来架战机也达不到现代化要求。（引自冯·蒂佩尔斯基希的《第二次世界大战史》。）

德国方面估计，一旦爆发战争，波兰能把现有师的数量增加一倍，但他们是否有足够的武器装备，这一点值得怀疑。据冯·蒂佩尔斯基希统计，战争爆发前的 1939 年，波兰只召集了可编为 10 个预备役师的团，不过波兰人显然没把这些部队按计划编为师级兵团。但战局进行期间，德国方面获得的情报发现，对方投入了一些预备役师。波兰统帅部掌握的军力如下（引自冯·蒂佩尔斯基希和赫尔曼·施奈德的著作）：

东普鲁士边界，2 个师和 2 个骑兵旅组成的战役集群，在苏瓦乌基与沃姆扎之间沿布布尔河—纳雷夫河—维斯瓦河一线展开；

莫德林集团军辖 4 个师和 2 个骑兵旅，在姆瓦瓦两侧展开；

波美拉尼亚集团军集中在走廊内，编有 5 个师和 1 个骑兵旅；

德国边界对面，从瓦尔塔河到斯洛伐克边界，展开 3 个集团军：

波兹南集团军驻扎在波兹南省西部，辖 4 个师和 2 个骑兵旅；

罗兹集团军驻扎在维隆周围，辖 4 个师和 2 个骑兵旅；

克拉科夫集团军驻扎在琴斯托霍瓦与新塔尔格之间，辖 6 个师、1 个骑兵旅、1 个摩托化旅。

后两个集团军身后，是编有 6 个师和 1 个骑兵旅的普鲁士集团军，集中在托马舒夫—凯尔采地域。

最后是喀尔巴阡山集团军，主要以预备役兵团和国土防卫营组成，沿喀尔巴阡山边界掩护纵深翼侧，从塔尔努夫到伦贝格呈梯次配置。

辖 3 个师和 1 个摩托化旅的预备役集群（皮斯科尔集团军），留在维斯瓦河畔的莫德林、华沙、卢布林地域。

另外，战局进行期间，波兰人在布格河东面组建了独立的波莱谢集群，显然是为防范苏联入侵。

不过，德国军队进攻时，波军仍在展开，似乎没能彻底完成上述部署。

对波军部署情况的思考

波兰的作战意图是"守住一切"，更确切地说，他们不愿主动放弃任何东西，若非如此，很难解释这种兵力部署背后的意图究竟是什么。这种意图通常会导致实力较弱的一方战败。希特勒显然没汲取波兰的教训，几年后步了波兰的后尘。

波兰军队作战态势方面的困难显而易见：一是因为德国可以利用边界划分的优势从两个方向，后来甚至从三个方向进攻；二是因为波军兵力处于劣势。这种情况下，如果波兰统帅部仍企图"守住一切"，只能说明他们受到心理和政治束缚，没办法考虑军事现实。

除了毕苏斯基元帅和寥寥几位头脑冷静的政治家，整个波兰可能没有谁充分认识到，由于他们向邻国苏联和德国提出不合理的领土要求，波兰面临的处境非常危险。波兰只有 3500 万人口，波兰人占 2200 万，剩下的是德意志、乌克兰、白俄罗斯、犹太等少数民族，他们多多少少都受到波兰人压迫。

另外，德国（和俄国）军事实力虚弱的年月，波兰凭借与法国结盟，长期幻想进攻德国。他们企图对孤立的东普鲁士发动突然袭击，或是像波兰起义联盟鼓吹的那样，进攻上西里西亚。他们甚至梦想沿波兹南—奥得河畔法兰克福这条最短的路线进军柏林，或征服上西里西亚后，沿奥得河西岸攻往帝国首都。

德国在东普鲁士和奥得河—瓦尔塔河河曲部构筑了防御工事，后来又重新武装，这才粉碎了波兰人的梦想。但波兰政治家和军人并没有彻底放弃进攻德国的念头，因为他们指望法国会在西面同时发动攻势。不管怎么说，上述波军部署状况，即便最初目的主要是防御，但也能得出以下结论：一旦法国提供有力支援，他们就转入进攻。

另外，波兰总参谋部没有自己的指挥传统，这种传统需要建立在长期经验的基础上。一方面，波兰人的性格偏好进攻，而不是防御。他们可能一直怀念昔日的浪漫主义色彩，至少波兰军人的潜意识里有这种想法。我还记得一幅雷兹－希米格维元帅的肖像画，背景是冲锋陷阵的波兰骑兵中队。

另一方面，新组建的波兰军队接受法国人训练，因而不太可能学会快速、灵活的作战样式，而是接受对方的阵地战经验，自第一次世界大战以来，这种作战样式就主导了法国统帅部的军事思想。

由此可见，波兰军队的部署，除了"守住一切"的想法，根本没有建立在任何明确的作战思想上，不过是面对优势之敌的防御与昔日侵略野心的折中。同时，他们还幻想德军会像法国人传授的那样发动进攻，很快会陷入阵地战。有趣的是，战争爆发前不久，我们收到一份关于波兰进攻企图的机密报告。情报来源非常可靠，是波兰总统或波军总司令雷兹－斯米格雷元帅身边的亲信提供的。报告里指出，波兰人打算采取进攻性部署，把强大的兵力集中在波兹南省。但最值得注意的是，这场进攻性部署是按照英国的建议或要求进行的！鉴于当前形势，我们认为这份情报不可信。可后来的战事证明，波兰人确实把强大的兵力集中在波兹南省，尽管他们认为德军的进攻方向不太可能取道波兹南。这个波兹南集团军后来在布祖拉河会战中遭歼灭。

话说回来，波兰方面也不乏清醒的建议。赫尔曼·施奈德上校 1942 年为《军事科学周刊》撰写的文章指出，法国的魏刚将军曾建议在涅曼河、布布尔河、纳雷夫河、维斯瓦河、桑河一线后方设立防御。从作战角度看，这项建议是唯一正确的方案，因为它排除了德军实施合围的可能性，同时利用河流障碍，极大地强化了波军抗击德军装甲兵团的防御。另外，这条防线的长度只有600公里左右，而原先漫长的弧形防线沿波兰边界延伸，从苏瓦乌基到喀尔巴阡山各山口，长达1800公里。但采纳这项建议，就得放弃整个波兰西部，包括该国最具价值的工业区和农业区。很难设想哪届波兰政府敢冒着下台的风险做出这样的决定。另外，即便战争伊始他们就大踏步后撤，也很难加强法国在西面发动进攻的决心，而波兰军队把波兰西部拱手让给德国人，会不会促使苏联人立即采取行动，攫夺波兰东部领土，这种可能性无法排除。

因此，正如施奈德上校指出的那样，波兰军事学院院长库特尔泽巴将军1938年初向雷兹－斯米格雷元帅呈交了一份备忘录，提出不同的解决方案。他认为绝不能放弃"波兰至关重要的战略地区"，不仅包括罗兹、上西里西亚工业区，还包括波兹南、库特诺、凯尔采这些宝贵的农业区。为此，他提出一份部署方案，与波军1939年实际执行的计划类似，可就连他也从一开始就放弃了守卫走廊和瓦尔塔河西面波兹南省的企图。他建议在东普鲁士边界南面，沿格鲁琼兹到波兹南这条宽大的弧线，从奥斯特罗沃起，经琴斯托霍瓦直到切申地域，在西里西亚边界修筑防御工事，以此加强波兰的防御。同时，这些工事要留下"出击口"，以便波兰军队日后对东、西普鲁士及西里西亚发动进攻。很明显，构筑如此庞大的筑垒防线，波兰力有不逮。另外，库特尔泽巴将军知道波兰的军力不及德国，对法国的支援也有清醒的认识，他认为即便法国积极提供全面军事支援，波兰最初也得靠自身力量坚持6—8周。因此，他建议在上述紧要地域的前方实施"战略防御"，把预备队集中在这些地域内，以便日后投入决定性交战。

正如我说过的那样，波兰军队1939年的部署情况与库特尔泽巴将军的方案非常相似。不同的是，库特尔泽巴建议把主力置于托伦—比得哥什—格涅兹诺地域，而波军1939年的兵力部署分为两个重点，一个在东普鲁士周围，另一个在西里西亚对面。

波兰1939年的兵力部署是想守住一切，包括走廊和突出的波兹南省，面对德军的优势和我方实施合围的可能性，这种部署只会招致失败。那么，波兰起初该怎么做，才能避免败局呢？

由于德国从东普鲁士、西里西亚、斯洛伐克 3 个方向构成合围态势，波兰人首先要确定，是仅仅放弃库特尔泽巴将军说的"至关重要的战略地区"，还是让波兰军队和这些地区"人地皆失"。这也是 1943—1944 年希特勒要求我守住顿涅茨地区和第聂伯河河曲部时我一再向他提出的问题。

依我看，答案对波兰人来说很明确。波兰统帅部必须想方设法让他们的军队在战场上坚持下去，直到西方国家发动进攻，迫使德军把主力撤离波兰战区。丢失工业区，似乎从一开始就丧失了长期抵抗的可能性，但只要保全军队，就有收复沦陷区的希望。不管怎样，波兰人绝不能让己方军队被合围在维斯瓦河西面或两岸。

对波兰来说，至关重要的是争取时间。毫无疑问，他们只能在布布尔河—纳雷夫河—维斯瓦河—桑河一线后方实施决定性防御，但在南翼，也许可以把这条防线推进到杜纳耶茨河，保全维斯瓦河与桑河之间的中央工业区。

他们首先要做的，是设法消除德军从东普鲁士和斯洛伐克西部实施合围的可能性。北面，布布尔河—纳雷夫河一线，以及维斯瓦河到莫德林要塞和维绍格鲁德一线可资利用，毕竟这是强大的天然屏障。苏联人昔日构设的筑垒工事，虽说陈旧过时，但还是能进一步加强波军的防御。另外，就算德军装甲部队从东普鲁士出击，兵力也不会太强大。

南面，重要的是守住喀尔巴阡山各山口，阻止德军的深远合围。归根结底，这两项任务都能以有限的兵力完成。波兰军队在布布尔河—纳雷夫河一线前方展开，和他们把强大的兵力部署到走廊和突出的波兹南省一样，无疑是错误的做法。

如果波军以上述方式，在南、北纵深翼侧挡住德军的深远合围，那么他们就有可能在波兰西部展开阻滞作战。但必须意识到，德军有可能从西里西亚方向发起主要突击。一方面是因为与波美拉尼亚或东普鲁士相比，此处的铁路和公路网便于德军更快地集中强大的兵力，另一方面是因为取道波兹南攻往华沙，这条路线完全是正面突击，从作战角度看效率最低，因而不太可能采用。

波军主力不该像他们 1939 年所做的那样，集中在边界附近，应当部署在远离边界，但又能及时发现德军主要突击方向的地方。在走廊和波兹南省只保留少量兵力也很重要，这样就能腾出强大的兵力，应对德军有可能从西里西亚发起的主要突击，保留足够的战略预备队至关重要。如果波兰不是长期沉溺于进攻的梦想，而是在格鲁琼兹—托伦之间沿维斯瓦河一线加强德国昔日的防御工事，那么他们至少能迟滞从波美拉尼亚和东普鲁士出击的两股德军会合，同样，要是他们加强波兹南要塞，本来可以严重限制德军在该省的行动自由。

还应该指出，根据形势发展，利用内线在波兰西部北面或南面发起反突击的想法，实际上是做不到的。这是因为遂行此类行动的空间太小，波兰铁路网的效率也不够。另外还要考虑到这样的事实：德国空军和装甲兵团很快会阻止波军大股力量的运动。因此，除了从一开始就策划在布布尔河—纳雷夫河—维斯瓦河—桑河（或杜纳耶茨河）一线后方实施决定性防御，同时在这条防线前方尽力争取时间外，没有别的办法。另外，一开始就得把主力置于西里西亚对面，同时确保上文提到的南北纵深翼侧的安全。

如果像实际发生的那样，西方国家坐视波兰军队孤军奋战，那么谁也不敢说，波兰人采用上述方式，最终就能免遭失败。但不管怎样，以上方式本来能防止波兰军队在边境地域被轻而易举地打垮，可他们没做到这一点，结果，波兰统帅部既无法在维斯瓦河河曲部交战，也无法把他们的军队撤到几条河流后方实施预有计划的防御。

就像我上文谈到的那样，波兰必须从一开始就尽力争取时间。他们所能做的就是尽可能长久地抵御德国军队的猛烈冲击，最终退到前面提到的河流防线后方，直到盟友在西面发动进攻，迫使德军撤离波兰。所以问题很清楚，波兰军方领导应该明确无误地告诉国家领导人，如果西方国家不做出具有约束力的承诺，保证战争爆发后立即在西面全力发动进攻，那么波兰就不能对德国开战。

鉴于波军总司令雷兹－斯米格雷元帅当时对政府的决策具有决定性影响力，波兰政府不可能忽视他的警告。但他们应当在但泽和走廊问题上及时做出让步，哪怕只是为了推延与德国的战争。

1940年，我方部队在法国缴获一封信，是西线联军总司令甘末林将军1939年9月10日写给波兰驻巴黎武官的。这封信显然是就波兰问题做出的回复，也就是联军何时为波兰提供有效支援。甘末林请波兰武官转告雷兹－斯米格雷元帅：

"我方半数以上的现役师在东北部投入战斗。我军跨过边界后，遭遇德国人激烈抵抗。尽管如此，我们还是取得了进展，但随后陷入阵地战，对付的是预有准备之敌，而且我们需要的炮兵力量还没得到彻底满足……空中力量自开战后就与地面部队协同作战。我们知道，德国空军正以相当一部分力量对付我们。因此，我已经履行了自己的承诺，也就是法国动员后第15天以麾下主力发动进攻。就我而言，确实已倾尽全力。"

由此看来，波兰确实得到了法国方面的保证。唯一的问题是，波兰统帅部对法国动员后第15天以主力"发动进攻"的承诺是否满意。不管怎么说，事实表明，这种承诺绝不代表联军会为波兰提供快速、有效的支援。

华沙政府寄希望于联军采取行动，他们高估了己方的实力，自以为能实施长时间抵抗，这些不切实际的幻想必然导致最终失败。

注释

1. 第 2、第 4 波次新组建的师，只有少量现役官兵，而第 3 波次根本没有现役人员，因而战斗力比不上现役师，动员速度也很慢。
2. 不过，部分法国军队起初仍留在北非和阿尔卑斯山边界。

第三章 南方集团军群的作战行动

尼斯的集团军群司令部——头几个小时——初期态势——我们的作战设想：把敌人挡在维斯瓦河前方，阻止对方在河流后方构设新防线——第 14 集团军穿过加利西亚，渡过桑河——第 10 集团军突破维斯瓦河，拉多姆周围的首次合围——奇特的到访——第 8 集团军的危机——布祖拉河会战——集团军群司令部不得不介入——歼灭战大获全胜——第一次世界大战的回忆——占领华沙——与苏联人就分界线的政治拉锯导致更多战斗——怀念——德国赢得闪电战的秘密——东线总司令——我们的民政负责人——尾声

在集团军群司令部

1939 年 9 月 1 日拂晓，我们的部队跨过波兰边界，当然，集团军群司令部还是设在尼斯的圣十字修道院。这座培养天主教传教士的修道院位于城外，不仅宽敞，与世隔绝，还有些教室和宿舍，对战争期间的高级指挥机构来说，这里的确是个非常实用，也很理想的驻地。修道院里的人把部分房子腾给我们，他们过惯了斯巴达式的生活，在一定程度上影响到我们，特别是因为我们的司令，虽说慕尼黑勒文布罗啤酒厂就是他们家的产业，可他一点也不想娇惯我们。不用说，我们和所有官兵一样，每天都吃军用口粮。

战地厨房每天中午做的汤还不错，可晚餐除了军用面包只有硬香肠，天天如此，对那些上了年纪的先生来说，嚼烂这些食物很不容易。幸亏修道士经常给我们送些色拉，或是菜园里种的蔬菜。修道院院长有时候会在夜间与司令和他身边的人小聚，讲述传教士在异域他乡艰苦传教的故事。我们很喜欢听这些惊险刺激的故事，至少能在短时间内让头脑放松一下，不再思考当前任务的紧迫问题。

但到 9 月 1 日清晨，这种闲聊彻底结束，我们现在忙于作战事务。司令部人员一大早各就各位，其实没什么必要，主要是受到这样一种感觉驱使：我方部队可能已经与敌人接触，我们必须时刻做好准备。再过几个钟头，我们才能收到集团军群辖内各集团军发来的重要消息。在高级指挥部门工作过的人都知道，这几个钟头，一切行动都在进行中，只能耐心等待。

上过前线的官兵都清楚发动进攻前极度紧张的气氛。一个个排长盯着不停转动的手表秒针，直到预定的冲击时刻到来。这一刻到来后，前线官兵就抛开一切杂念，专心致志地投入战斗。但对各级指挥部来说，紧张的等待时刻开始了，指挥部的级别越高越是如此。不停地向下级指挥部打听情况，肯定会让他们心烦，而且会显得自己很紧张，所以最好是耐心等待。"坏事传千里"这句俗语通常并不适用于军务，这是经验之谈。如果一切进展顺利，相关报告往往会迅速传到后方。可如果进攻受挫，前线通常会保持沉默，要么是因为通信中断，要么是因为他们想等情况好转后再上报。

所以，只有收到第一批报告（无论是好消息还是坏消息），才能消除司令部的紧张气氛。在此之前，我们不得不严阵以待！我们付出大量心血在短时间内组建的部队，能不辜负我们的期望吗？特别是大型装甲兵团，他们的组织和使用可以说代表某种全新理念，能实现缔造者古德里安将军和我们的希望吗？德军各级指挥部，特别是集团军群司令部，能否控制战役开局态势，在维斯瓦河前方歼灭敌军，彻底赢得胜利，从而避免不得不同时在两线作战的危险？焦急等待的这几个钟头，一切都不确定，这些问题在我们脑中萦绕。

初期态势

OKH 的计划是从东普鲁士和西里西亚出击，对波兰军队实施大规模合围。据此，北方集团军群把波军逐出走廊，在波美拉尼亚与东普鲁士之间建立联系后，就迅速开赴维斯瓦河后方，从背后打击维斯瓦河河曲部的敌军主力。

而南方集团军群受领的任务，是以两个集团军（第10、第8集团军）冲出西里西亚，尽量迫使维斯瓦河河曲部之敌应战，阻止对方撤到维斯瓦河—桑河一线后方。要做到这一点，必须投入第10集团军全部装甲力量，步兵师紧随其后，一举打垮边界附近展开的敌军，可能的话，先敌到达从登布林到华沙的维斯瓦河各渡场。另外，穿过加利西亚进军的第 14 集团军，尽快到达并渡过桑河至关重要。倘若敌人企图撤到桑河和维斯瓦河后方实施决定性抵抗，那么第 14 集团军就从南面摧毁这道河流防御，深入敌军后方，与从北面而来的北方集团军群东翼会合。第 14 集团军的位置非常有利，因为他们向东深入斯洛伐克的右翼会立即在纵深翼侧对集中在克拉科夫周围的敌军构成威胁，致使对方无法在加利西亚西部实施持续防御。

南方集团军群司令部根据这种作战思路，指挥辖内部队在波兰的行动。我们始终致力于迫使波兰军队在维斯瓦河前方应战，力争彻底歼灭对方。但同时要考虑另一种可能性，我们也许不得不阻止敌人撤到桑河—维斯瓦河后方再决战的企图。

按时间顺序描述作战行动，也许对介绍这场"闪电战"的进程不无裨益，可我觉得简要概述几个最重要的阶段就够了。这些阶段有的是按照时间顺序，有的是同时进行，具体内容如下：

第 14 集团军在加利西亚遂行激烈的边境交战，随后追击败退之敌到伦贝格，渡过桑河；

第 10 集团军突破维斯瓦河，拉多姆合围战；

布祖拉河会战，集团军群司令部指挥第 8、第 10 集团军歼灭强大的敌集团；

进攻华沙，德国政府与苏联人反复磋商，最终达成协议，此举引发最后的战斗。苏联红军 1939 年 9 月 17 日跨过波兰东部边界。

第 14 集团军经加利西亚发起突击

第 14 集团军的首个目标是合围疑似集中在加利西亚西部克拉科夫周边地域的强大敌军。该集团军从上西里西亚出击，跨过摩拉维亚的奥斯特劳地区，奔赴喀尔巴阡山，以这场深远推进开始了对敌人的合围。

第 8 军（军长布施将军，辖第 8、第 28 步兵师及第 5 装甲师）首先要突破上西里西亚东部强大的波军边境防御工事，尔后沿维斯瓦河北岸攻往克拉科夫；第 17 军（军长基尼茨将军，辖第 7、第 44 步兵师）从摩拉维亚出击，沿维斯瓦河南岸攻往克拉科夫。

另外两个军的任务是从一开始就对盘踞在克拉科夫地域之敌施以翼侧和后方

打击。第22装甲军 ① (军长冯·克莱斯特将军，辖第2装甲师和第4轻装师) 从西喀尔巴阡山截断的奥拉瓦峡谷出击，从南面攻往克拉科夫；第18山地军 (军长拜尔将军，辖第2、第3山地师) 从塔特拉山东面出击，穿过波普拉德山谷，取道新松奇，攻往塔尔努夫西面的博赫尼亚，进入克拉科夫周边之敌身后。

更东面，OKH晚些时候投入的斯洛伐克军队，穿过第一次世界大战期间闻名遐迩的杜科拉山口攻击前进。久经考验的巴伐利亚第1山地师和两个预备役师随后也加入合围翼。

第14集团军最初的交战相当艰巨，特别是第8军那群西里西亚将士突破波军边境防御工事的行动。但我军穿过喀尔巴阡山实施的合围有效地决定了这场边境交战的结局。由于敌人意识到危险，迅速撤离加利西亚西部，我们合围克拉科夫敌集团军的企图没能实现。但我们还是通过初期交战粉碎了这股敌军的主力，特别是随后发起的猛烈追击，第22装甲军顺利追上溃败之敌。组成集团军右翼的山地军和第17军，一路前出到伦贝格和普热梅希尔要塞，顺利攻克这两处。逃往加利西亚东部的敌军残部，以及部署在那里的敌预备队，没能逃入罗马尼亚，在这些交战中遭歼灭。装甲军、第8军、集团军群配属的第7军构成第14集团军左翼，得以在桑河与维斯瓦河交汇处上方渡过桑河。敌人顽强抵抗，双方展开激烈交战，我们又粉碎了另一些敌军，其中一部分调自华沙，还有些敌军是从北方集团军群战线赶来的，该集团军群的东翼已深入维斯瓦河防线后方。

9月15日，随着我军攻占伦贝格和普热梅希尔，这场追击基本结束，但肃清该地域和桑河以东地区的波军残部还需要继续战斗。

第10集团军突破维斯瓦河，拉多姆合围战

第14集团军的作战任务，除了歼灭开赴加利西亚西部的敌军，还要展开追击，以防敌人在维斯瓦河后方构设新防线。而从西里西亚出击的两个集团军，任务是尽量迫使敌人在维斯瓦河前方决战。实力较强的第10集团军主要以装甲兵团编成，

---

① 译注: 应为第22摩托化军。

受领朝维斯瓦河突破的重要任务,实力较弱的第8集团军负责掩护此次行动的北翼,抗击卡利什—罗兹周边地域和波兹南省的敌军。

第10集团军从上西里西亚出击,左翼从克卢奇堡出发,4个军摆在第一线。从右翼算起,分别是第15摩托化军(军长霍特将军,辖第2、第3轻装师),第4军(军长冯·施韦德勒将军,辖第4、第46步兵师),第16装甲军①(军长赫普纳将军,辖第1、第4装甲师,第14、第31步兵师),第11军(军长莱布将军,辖第18、第19步兵师)。第14摩托化军(军长冯·维特斯海姆将军,辖第13、第29摩托化师)部署在第二线。位于该集团军身后的是担任集团军群预备队的第7军(军长冯·朔贝特将军,辖第27、第68步兵师)和第62步兵师。

第8集团军编有两个军,第13军(军长冯·魏克斯将军,辖第10、第17步兵师和党卫队警卫旗队摩托化团)和第10军(军长乌勒克斯将军,辖第24、第30步兵师)呈纵深梯次配置,朝罗兹方向攻击前进。集团军群预备队的两个师(第213、第221步兵师)位于该集团军身后。

1939年9月1日拂晓,各集团军跨过边界后,激烈的战斗很快爆发开来,敌人被击退。但对方是否会在维斯瓦河前方与我军决战,还是尽力争取时间,把他们的部队撤到维斯瓦河后方,接下来几天,我们一直没弄清敌人的企图。不管怎样,最初有迹象表明,敌人在凯尔采周围的圣十字山、拉多姆、罗兹周边地域部署了重兵集团。

不过,此次战局首度出现的两个因素,很可能决定了头一周的交战结果。第一个因素是我方装甲兵团撕开敌军防线,渗透到对方的深远纵深,各步兵师竭力跟上。第二个因素是德国空军卓有成效的打击,几乎彻底歼灭了波兰空军,还瘫痪了敌人的指挥、通信、运输网,结果,波兰人几乎无法统一指挥他们的作战行动。

根据当前敌情,集团军群司令部不得不赋予第10集团军两个目标。该集团军必须以右翼集群(第15摩托化军、第4军)进攻并击败敌人集中在拉多姆周围的集群,担任集团军群预备队的第7军(该军后来转隶第14集团军)跟在右翼集群

---

① 译注:应为第16摩托化军。

身后。编有第 16 装甲军、第 14 摩托化军、第 11 军的左翼集群，负责切断罗兹周边敌集群撤往华沙的退路，第 8 集团军则从西面进攻这股敌军。

执行这些任务期间，第 10 集团军先在圣十字山遍布树林的山地击溃敌拉多姆集群，快速机动的第 15 摩托化军楔入这股敌军之间，前出到奥帕图夫和登布林的维斯瓦河渡场，隶属左翼集群的第 14 摩托化军掉转方向，切断了敌人撤往华沙的退路。9 月 9 日，我们困住一个敌集团军，完成了此次战争的首场合围！凯尔采—拉多姆地域的交战持续到 9 月 12 日，因为敌人不仅顽强抵抗，还多次企图突出合围圈，但这股敌军的下场已定。战斗结束后，我们俘虏了 6 万名敌军官兵，缴获了 130 门火炮，7 个波兰师灰飞烟灭。就算部分敌军侥幸逃到维斯瓦河后方，也无法逃脱遭歼灭的厄运。这是因为拉多姆会战结束当天，第 14 集团军辖内第 1 山地师已到达伦贝格前方，集团军左翼早就渡过桑河下游，彻底粉碎了对方凭借维斯瓦河实施防御的企图。

在此期间，第 10 集团军左翼集群的第 16 装甲军，经过战斗后到达华沙南面的维斯瓦河渡场古拉卡尔瓦里亚，还以一个装甲师渗透到华沙西南郊。不过，仅凭一个师的兵力，肯定无法攻克这座预有防御的大型城市，所以只好撤离城防区域。但不管怎样，该师切断了敌人从西面进入华沙的通道。

有客到访集团军群司令部

各集团军攻往桑河和维斯瓦河之际，集团军群司令部迁到卢布利涅茨，这里以前是德国重骑兵驻地，但在旧军队里没有太大名气。我们把营地设在聋哑学校，我并不是说我们装聋作哑，相反，我们认真听取各部队的所有问题，还直言不讳地向上级汇报我们的意图。这并不是说我们在波兰战局的重要问题上与 OKH 存在分歧。不过，双方观点不同的情况的确时有发生，特别是因为冯·伦德施泰特大将最反感上级以任何方式干预集团军群指挥工作。

聋哑学校的房屋不太看重隔音问题，这不难理解，结果，集团军群情报处处长（Ic）的大嗓门整个营地听得清清楚楚，所有人都能及时获悉敌人的情况，我们多次劝说也无济于事。不过，我们在卢布利涅茨接待一位特殊的访客时，情报处处长展现出娴熟的技能。某天，一位著名女演员兼导演带着摄制组来到我们的司令部驻地，据她说是"追随元首的足迹"，受希特勒之托来前线拍摄纪录片。我们这些军人都很厌恶这种事，更何况是让女人来前线，可希特勒的指示无法推脱。

这位女演员很漂亮，看上去大胆泼辣，像个优雅的游击队员，身上的衣服可能购自巴黎里沃利大街。她那美丽的头发犹如一团热烈的鬃毛，精致的脸庞上，一对眼睛靠得很近。她穿着束腰外套、马裤、高筒软皮靴，腰间的皮带上挂了把手枪。除了这件近战兵器，她还在靴筒插了把巴伐利亚风格的匕首。我得承认，面对这样一位异乎寻常的人物，司令部人员确实有些不知所措。于是，我先陪她去见冯·伦德施泰特大将，向他说明来意。大将是个举止优雅的绅士，以最亲切的姿态接待了她，但很快又把她打发给了我。我别无选择，只好让他们开始工作。就这样，她和我们的大嗓门情报处处长携手合作，因为情报处处长也兼管一切宣传事务。

我奉劝这位女士不要去前线，可情报处处长是巴伐利亚人，不仅能干，还风趣幽默，他没照我的吩咐行事。听完女演员耸人听闻的叙述，他完全不为所动，以冷静而又枯燥的官方方式处理整件事。他接待这位女士的态度正确无误，听取了她的请求，还查看了她和随行人员的证件。然后他拿起电话，请一名军医过来。放下电话，他公事公办地说道："你们几位先得接种疫苗，我已经请医生过来，请脱掉外衣！"听到这句话，我们的客人没有发火，只是笑着拒绝注射疫苗。看来，只好让她的随行人员挨针了，准确地说，代劳的是摄影师。这个皮肤黝黑的家伙来了，医生开始打针，让所有人幸灾乐祸的是，这个倒霉蛋立马晕了过去。

情报处处长想到个好主意，把这群不速之客交给冯·赖歇瑙将军，他跟这位女士很熟，显然适合充当保护人。于是，她和她的同伴驱车赶往第 10 集团军设在孔斯凯的司令部，可没过多久又回来了。原来，我军占领孔斯凯后，那里发生了枪击事件，当地居民参与其中。当时，市中心广场上挤满了人，不知为何突然爆发了骚乱，高炮部队一名军官赶到现场，对眼前的情况紧张过度，下令朝人群开枪，导致数人丧生。摄制组目睹了这场不幸，震惊地离开了那里。冯·赖歇瑙将军批准组建的军事法庭立即革除涉事军官的军衔，还以过失杀人罪判处他数年监禁。这件事说明，陆军指挥机构会对此类事件迅速采取措施。可是，对苏战局开始后，军方这种态度促使希特勒撤销了军事法庭的管辖权，不再审理涉及平民百姓的案件。[1]

布祖拉河会战

拉多姆地域的交战仍在进行之际，虽说胜局已定，但由于敌人采取主动，导致集团军群北翼暴露在外。

战局头9天，一切按计划进行，进展非常顺利，所有人都觉得不会出什么岔子，肯定不会严重打断或改变预有计划的作战进程。不过，我这几天始终有种模糊的感觉，总觉得集团军群北翼要出事。尽管我们确定敌人在波兹南省集结了重兵，可这股敌军到现在也没露面。因此，9月8日和9日，我一再提醒第8集团军参谋长，务必留意对北翼的侦察。

我们与OKH讨论了敌波兹南集群的去向问题，9月9日OKH发来电传电报，说敌人调集所有运输工具，正把波兹南集群运往东面，因而不用再担心第8集团军纵深翼侧遭受的威胁。可不管怎样，我们估计敌人仍有大约10个师的兵力，盘踞在罗兹与华沙之间的维斯瓦河南面。

我在前面说过，集团军群打算投入第10集团军切断罗兹周围强大的敌集群（5—6个师）撤往华沙的退路，与此同时，第8集团军奉命从西面打击这股敌军。另外，该集团军原先的任务保持不变，也就是以纵深梯次配置在北翼掩护集团军群的整个作战行动。

可是，第8集团军似乎更看重第一项任务，没太留意北翼。总之，该集团军9月10日上午报告，辖内第30步兵师突然遭到攻击，敌人投入优势兵力，从北面而来。那里的态势相当危急。第8集团军力图以反突击恢复态势，可这些进攻没取得进展。不过，该集团军仍希望挡住敌人，因而命令两个军掉转方向，正面朝北转入防御，敌人的兵力无疑相当强大，其中大部分可能调自波兹南省。另外，第8集团军请求尽快调拨一个装甲军，阻止敌人向南突破到罗兹，这座城市9月9日已被我军兵不血刃地占领。

---

[1] 译注：这里提到的女演员兼导演是莱尼·里芬施塔尔，她的回忆录对孔斯凯事件的叙述稍有不同。

但集团军群司令部并不打算加强第 8 集团军防线，帮助他们恢复态势。我们认为，从战役角度看，即便那里发生危机，哪怕相当严重，也算不了什么。相反，这种情况倒是给我们提供了赢得重大胜利的契机。强大的敌军目前在维斯瓦河西面作战，如果我们正确应对，就能歼灭这股敌军。

因此，集团军群司令部没批准第 8 集团军请调装甲军支援他们防线的要求，而是着手合围敌军。不管怎样，第 8 集团军身后担任集团军群预备队的两个师正从西面开来，敌人从北面进攻第 8 集团军，这两个师刚好对他们的西翼构成威胁。拉多姆会战即将结束，我们抽调一个轻装师加入上述行动。集团军群司令部主要是想迫使第 8 集团军当面之敌在邻近战线应战。为此，集团军群命令第 10 集团军，立即让华沙前方和南面的第 16 装甲军，以及该军身后的第 11 军转身向西，从东面加入第 8 集团军这场交战。第 8 集团军的任务是挡住仍在进攻的敌人，待对方的冲击势头减弱，就转入进攻。

这几天，冯·伦德施泰特大将和我几次视察第 8 集团军（其中一次希特勒也在场），得到的印象促使集团军群司令部亲自掌握此次行动的指挥权。冯·赖歇瑙大将亲自指挥第 10 集团军两个军从东面和东南面发动进攻，第 8 集团军以两个军向北攻击，从西面包围敌人。最后，应集团军群的请求，隶属北方集团军群的第 3 军奉命赶来完成合围，该军已从北面渡过维斯瓦河，进入敌军后方。交战进行期间，大股敌军显然企图沿维斯瓦河逃往莫德林要塞，于是，集团军群司令部把第 15 摩托化军从拉多姆地域调来，切断敌人最后一条逃生路线。

敌人一次次企图突围，先是向南，尔后向东南方，最后又逃往东面，经过激烈战斗，敌人的抵抗于 9 月 18 日土崩瓦解。到 9 月 20 日，第 10 集团军报告，俘虏 8 万名波军官兵，缴获 320 门火炮、130 架飞机、40 辆坦克。第 8 集团军报告，俘虏 9 万名敌军官兵，缴获大量作战物资。敌人 9 个步兵师、3 个骑兵旅、另外 10 个师的部分力量遭歼灭，数量之多完全出乎我们意料。

布祖拉河会战是波兰战局期间规模最大的一场交战，尽管不具有决定性，但可以说是整个战局的顶点。从战略角度看，具有决定性的是一场更大规模的合围，北方集团军群从北面，第 14 集团军从南面，把所有波兰军队一网打尽。波兰统帅部发起这场大规模反突击，无论是想扭转维斯瓦河河曲部的颓势，还是仅仅想为维斯瓦河南面的波军肃清撤往华沙的通道，都无法改变波兰军队的命运。

尽管不能与我们后来在苏联的一次次大规模合围相提并论，但布祖拉河会战是当时规模最大的合围战。这场合围并非预有计划，以强大的装甲兵团突破敌军防线后实现的，而是敌人对德军翼侧发起反突击，出乎意料地为我们提供了绝佳机会的结果。

第一次世界大战的回忆

为确保第 10、第 8 集团军统一行动，集团军群司令部迁到凯尔采。冯·伦德施泰特大将和我对两个集团军从事交战的这片地区非常熟悉。第一次世界大战期间，大将一度担任华沙总督府的参谋，因而对整个波兰都很了解。1914 年晚秋，我作为第 2 禁卫预备役团副官，跟随部队从上西里西亚开赴维斯瓦河，在维斯瓦河畔的伊万哥罗德要塞（现在的登布林）前方经历了激烈战斗，最后撤回上西里西亚边界。第 10 集团军战斗的地方，圣十字山，维斯瓦河河谷，都深深地铭记在我脑中。

我们从卢布利涅茨驱车赶往凯尔采，途中经过卡托维兹镇附近的旧战场，1914 年 11 月 16 日夜到 17 日晨，我在这里身负重伤，多亏英勇的战友救了我的命。当时的情况确实很危险，我们团隶属第 1 禁卫预备役师，跟随冯·沃伊尔施元帅指挥的军，从维斯瓦河撤回上西里西亚边界防线。我们估计优势之敌很快会发动进攻，仅我们团正面就有两个高加索军的部分力量。第二次世界大战期间，高加索人民不堪忍受苏联人的残酷压迫，完全站在我们一方，但当年的高加索军却是沙皇军队的精锐力量。就在这种情况下，1914 年 11 月 16 日傍晚突然传来马肯森在库特诺赢得胜利的消息。与此同时，我们截获了俄军的电报，由于遭受了那场挫败，他们显然打算撤离我军防线。遵照师部下达的命令，每个团组建一支营级追击支队，任务是追击据传夜间后撤的敌军。我请求团长批准我这个副官加入匆匆组建的追击营，参加此次行动。脾气素来有些暴躁的冯·克拉默上校用低沉的嗓音批准了。很不幸，实际情况与我们想象的完全不同。截获的那份电报是假的，苏联人根本没打算后撤。我们营在卡托维兹附近遭遇敌军阵地，我们以为这不过是敌人的后卫阵地，因而打算发起冲击。全营官兵都很敬重的营长冯·巴塞维茨少校、我、挥舞旗帜的旗手冲在最前面，就要到达对方的堑壕时，苏联人朝我们冲来。可他们不是高举双手投降，而是挺着刺刀，高呼着"乌拉"冲来！混战中，我挨了一枪，顿时倒在地上。一个敌兵扑到我身上，没等他干掉我，就被冲过来的一名掷弹兵击毙。第二颗子弹击中我膝盖，就在这时，巴塞维茨朝我喊道，他也负伤了。两名照料他的掷弹兵打算把他抬回后方，可他们三个在途中中弹牺牲！我们的旗手和他举着的旗帜都消失了。后来发现他跌入苏联人的堑壕，也负了重伤。二级下士哈赫特从战壕里抢出我们的军旗，他以前是我手下的新兵。我听见周围发生的一切，就是没法动弹，最后，两名战友把我抬了回去。第二天早上我回到团部，团长迎接我时说了句："您真是捡了条命！"25年后的今天，再次见到这片战场，昔日的记忆又浮现在我眼前。英勇冲锋的营，挥舞的军旗，黑暗中枪口闪烁的光，敌人的炮弹落在我们前方坚硬路面上的轰鸣，这些场景历历在目。但最让我怀念的是，在那一刻冒着生命危险保护我、救助我的战友！

这趟行程我还经历了另一件事。途经琴斯托霍瓦，冯·伦德施泰特大将和我参观了这里的教堂，此处摆放着著名的"黑色圣母像"，可能是波兰人最敬重的圣像。无数蜡烛闪烁着温暖的光芒，散发出蜂蜜般的香气，金光璀璨的圣坛前跪着虔诚祈祷的人，昏暗中不时发出鬼魅般的祈求。这是一个民族为胜利祈祷，母亲为她们的儿子祈祷，就像我们的人民和我们所做的那样！

我们把司令部迁入凯尔采一座昔日的亲王宫殿，虽然这里长期作为波兰省长的办公地，但过往的美丽并未褪色。厚厚的墙壁上有许多深邃的窗龛，透过这些窗龛，围绕古城堡而建的城区尽收眼底，美丽的天花板、拱顶、烟囱见证了往日的辉煌和奢华。

司令部人员用作餐厅的一个小厅里，挂着毕苏斯基的继任者雷兹－斯米格雷元帅的大幅油画，这是新波兰的象征。雷兹－斯米格雷元帅威严庄重，手里握着银质元帅权杖，权杖末端有个粗大的圆头，让人想起中世纪的棒槌，油画的背景是冲锋陷阵的波兰骑兵。他以自信而又傲慢的目光俯视着我们。此人现在会想些什么？他麾下的军队命运已定，至少在布祖拉河会战那几天，一切就已成定局。他统治的国家陷入崩溃边缘！事实证明，他不是英雄。没过多久，他就抛弃了自己的军队，只身逃往罗马尼亚。我们后来在华沙听说，为防万一，他早就把家私运走了。一世英名付诸东流！

占领华沙

我们在布祖拉河会战中歼灭了最强大的敌集群，尔后在莫德林南面的森林地域作战，对付企图从莫德林森林逃往华沙的部分敌军，这些交战结束后，集团军群受领的任务是攻克华沙。集团军群部分兵团已奉命开赴西部，但出乎我们意料，作为盟友的英法两国无动于衷地看着波兰军队灰飞烟灭，没有任何作为。

集团军群司令部预先报告OKH，进攻华沙的准备工作要到9月25日才能完成。此次进攻，我们打算动用所有直属重型炮兵，包括加利西亚第14集团军的炮兵力量。

可是，苏联9月17日加入波兰战争，两国政府把维斯瓦河定为苏德军队的分界线后，希特勒急于占领华沙。他下达指令，9月30日前必须攻克这座城市。政治领导人要求前线将领赢得胜利，这很正常，但就连赢得胜利的日期也要做出规定，无疑是不正常的。

集团军群司令部希望此次进攻尽可能减少伤亡，不想为规定日期付出无谓的牺牲。这场进攻不可避免，因为敌人在华沙构设了防御，尽管守军是各部队的残余力量，但兵力多达一个集团军，另外，波军总司令宣称他会在这里坚守到最后一刻。集团军群司令部很清楚，鉴于眼下的情况，突袭华沙毫无成功的希望。但不管出于何种理由，我们都不想让麾下部队卷入这座大型城市内的巷战。这种战斗会让进攻部队付出高昂的代价，还会导致城内居民大量伤亡。

因此，集团军群司令部命令负责攻克华沙的第8集团军大致沿围绕华沙的环形铁路线进攻，确保严密封锁这座要塞。然后，我们以炮击和空袭迫使守军投降，要是没达成预期目的，就以断粮断水的办法逼对方就范。应当指出，集团军群司令部早些时候抵制过希特勒空袭华沙的想法，因为当时轰炸这座城市，与作战行动没有直接关联，也谈不上任何好处。但现在从这两方面看，都成为实施空袭的理由。

9月25日，我们开始对城市外围堡垒、军事支撑点、重要的公用设施展开效力射。与此同时，为到达预定封锁线，我方部队还发起局部进攻。9月26日，我们朝城内投掷传单，警告对方，德国军队即将实施炮击，要求守军立即投降。由于波军负隅顽抗，当天傍晚，我们发起猛烈炮击。

9月27日中午，冯·伦德施泰特大将和我正在视察我原先指挥的第18步兵师，该师刚刚夺得两座外围堡垒[1]，就在这时，传来守军请求投降的消息，我们立即停火。

9月28日，波军总司令和第8集团军司令布拉斯科维茨大将共同签署了降书。这份降书规定，立即救助当地居民和波军伤员；尊重英勇战斗后失败的波兰军人的荣誉；准许军官保留佩剑；被俘的军士和士兵短暂羁押一段时间，办完必要的手续即可开释。

据波兰全权代表称，12万波军官兵在华沙投降！

签署降书时，波军将领说道："车轮仍在转动。"他说得没错，但从后来降临到他祖国的命运看，这句话根本没有应验。

桑河和维斯瓦河东面最后的战斗

虽然我们在布祖拉河会战和攻克华沙的交战中，歼灭了维斯瓦河上游的敌军主力，但第14集团军位于加利西亚东部和桑河下游对岸的作战地域，侥幸逃脱覆灭厄运的个别敌集群与我方部队多次交战，有些还很激烈。在此期间，第10集团军也派一个军从登布林及其北面渡过维斯瓦河，准备开赴卢布林。这场交战进行之际，统帅部突然下达指示，让我们把刚刚向第14集团军辖内部队投降的伦贝格交给苏联人，集团军群把整条战线撤到里宾特洛甫与苏联人商定的分界线后方。这条分界线从乌佐克山口延伸到普热梅希尔，再沿桑河和维斯瓦河递延到华沙北面。这样一来，集团军群辖内兵团在桑河和维斯瓦河另一侧的战斗纯属徒劳，白白便宜了苏联人！撤回桑河这一侧，要求我方部队与敌集群脱离接触，估计对方的兵力有2—3个师和1—2个骑兵旅，这股敌军打得很英勇，但完全误判了总体形势，他们转入进攻，企图阻挠第7、第8军撤过桑河。此处再度爆发激战，完全是德国和苏联政府在政治上讨价还价造成的。充分说明这一点的是，分界线10月1日重新调整，卢布林省再次交给我们占领。为此，第14摩托化军又一次渡过维斯瓦河。最后一个波军集群竭力避开苏联红军，在维斯瓦河畔向第14摩托化军投降。

波兰战局就此结束！

此次战局，南方集团军群俘获523136名敌军官兵，缴获1401门火炮、7600

挺机枪、274 架飞机、96 辆战车和大批作战物资。波兰军队战斗得非常英勇，即便陷入绝境也以顽强的决心继续奋战，无疑为此付出了高昂的代价。

集团军群的损失如下：

军官：505 人阵亡，759 人负伤，42 人失踪；

军士和士兵：6049 人阵亡，19719 人负伤，4022 人失踪。

怀念

与此次战局赢得的胜利相比，我上面列举的伤亡数似乎微不足道，但还是令我深感悲痛，所以，请允许我缅怀三位战友，他们的死深深地触动了我。我觉得本书不能仅仅描述军事行动，还应当以适当的篇幅反映自己的心路历程。

原陆军总司令冯·弗里奇男爵大将在华沙城下阵亡，1934—1938 年，他创建了德国新陆军。面对那些策划邪恶的阴谋企图除掉他的恶棍，这位品德高尚的人没有屈服，他说道："以其人之道还治其人之身。"弗里奇大将是个秉承普鲁士传统的军人，肩负的责任不允许他动用自己亲手缔造的军队对抗国家。我后来听说，战争爆发后，冯·弗里奇大将与他昔日的总参谋长贝克大将道别，临走前低声说了句："我再也受不了这样的活法了。"与这种无声的绝望相对应的是，他在华沙城下被子弹射断了大腿动脉，副官徒劳地为他包扎伤口，弗里奇大将说的最后一句话是："算了，不值得了。"

我的老朋友威廉·迪特里希·冯·迪特富尔特上校也阵亡在波兰，9 月份的拉多姆会战中，他作为摩托化步兵团团长，行进在队伍最前方。我和他自幼相识，一同成长，12 岁那年，我们加入普伦少年军校，成了至交。身边的好友都叫他迪科。我后来转到利希特费尔德的高等少年军校，他留在普伦，成了普鲁士王子奥斯卡的同学。但 4 年后，我们重逢了，都是第 3 禁卫团的少尉。我俩作为新任军官在同一个营服役，不仅执勤时在一起，闲时更是形影不离。我们自普伦结下的友情，这个时期日益加深。他牺牲后，我会把这份友情铭记到生命最后一刻。

我结识的朋友里，迪特富尔特是最讨人喜欢、最和善可亲的一个。他个头很高，聪明机智，善于接受一切美好的事物。年轻的时候，他就表现出罕见的沉稳特质。我们从他身上可以看出，充满爱意的和睦家庭给孩子打下的宝贵的内在基础往往会伴随他们一生。与他的父母和兄弟姐妹待在一起非常快乐。短短几年后，我们又一次分开了。皇后选中迪特富尔特，请他辅导最年轻、有些叛逆的皇子。不过，我俩还是以频繁的书信保持联系。令我高兴的是，迪特富尔特1913年回到团里，我俩后来一同进入军事学院深造。可他很快被召回，在我们团担任团副官，这充分说明了上级对他军事素质的评价。不管怎样，我俩至少都在柏林。第一次世界大战爆发后，我们天各一方，迪特富尔特作为现役团副官、我作为预备役团副官投身战场。命运的巧合，生活中时有发生，索姆河战役期间，我俩作为总参军官在第1集团军司令部再度重逢。1917年夏天，迪特富尔特调离，因为皇帝夫妇想起他出色的教育能力，希望他继续辅导皇太子的几个儿子。这是个美差，但在迪特富尔特看来，战争期间，他作为军人却返回国内，实在有些为难。迪特富尔特始终没成为宫廷内侍。革命爆发后，可以说他的工作已告结束，可他还是忠于职守。辅导完几位皇孙，迪特富尔特又为皇太子效力，直到他确定对方不再需要自己，这才重返军队服役。和平时期的几年，他先后在自己的营里和团里担任教官。此次交战期间，迪特富尔特拎着步枪亲临前线，冲杀在队伍最前方，被敌人的子弹击中后阵亡。

就连我的家人也在波兰战局期间付出了牺牲。我妻子的大哥康拉德·冯·勒施骑兵上尉率领一支侦察支队，在9月9日的布祖拉河会战中，因脊柱中弹而身负重伤。他继承了他父亲在西里西亚洛岑多夫的庄园，与策德利茨伯爵夫人喜结连理，有3个孩子。就连著名的外科医生绍尔布鲁赫也没能挽救他的生命，但这位名医以自己的医术，特别是他和蔼可亲的态度，极大地缓解了勒施最后几个月的伤痛。我这位大舅哥，1940年3月在柏林夏里特医院去世，年仅40岁。勒施离世令我们悲痛不已，特别是我妻子，她只比大哥小一岁，他们俩是一同长大的。勒施满怀理想，不仅讨孩子喜欢，与庄园里的人也关系密切，是个热情奔放的骑士和军人，除了家人，他那些朋友也会永远铭记他。

10月5日，希特勒在华沙举行了胜利阅兵式。华沙城内和周边一个个获胜的师，沿着望景楼到王宫的宽阔大道，从希特勒面前列队通过。尽管经历了战斗的官兵相当疲惫，可他们士气高昂，给我们留下了很好的印象。年轻士兵的眼中闪烁着自豪，为他们在这场"闪电战"中取得的战果深感骄傲。遗憾的是，这场阅兵式以令人不快的不和谐音而告终，希特勒对陆军将领的态度由此可见一斑。

按照预定计划，希特勒离开前，应该在机场短暂接见参加此次阅兵的部队指挥官。我们希望他讲上几句感谢的话，这种期待合情合理。机库里放了张桌子，希特勒要和战地指挥官一同喝几口战地厨房做的汤。可他走入机库，看见铺着白色桌布，摆了些菊花的餐桌，突然转身离开，到外面的战地厨房喝了几口汤，与身边的士兵聊了几句，随后就上飞机离开了。他显然想以这种姿态展现自己的亲和力。但这种做法能否赢得我们那些英勇的掷弹兵的赞许，我对此深感怀疑。赢得重大胜利后，国家元首与军队指挥官待在一起，我们的士兵不仅会深表理解，还会觉得荣幸。可希特勒的做法对军队指挥官就是一种冷落，这种情况发人深省。

波兰战局很快被称作闪电战。这场战局就执行速度和战果而言，的确前所未见，但德国军队后来的西方攻势，可以说在更大范围重演了这一幕。

不过，为做出公正的评价，我们必须记住前一章对波兰作战前景的分析。实际上，鉴于德军极为有利的作战出发位置和兵力优势，只要满足两个前提条件，必然赢得此次战局：

要想在东面形成必要的优势，德国统帅部就得在西面冒上巨大的风险；

西方国家无法利用这个机会，及时支援波兰。

要是西方国家尽早在西面发动进攻，那么波兰战局的进程无疑会截然不同。可以肯定，波兰统帅部会积极应对，作战部署也会更加务实，不会从一开始就分散兵力，企图守住他们不可能守住的东西。相反，他们会在战争伊始就把兵力集中到决定性地点，按计划行事，竭力争取必要的时间，把德国人拖入两线作战的困境。

波兰军队奋战到底的英勇作风，本来能让波兰统帅部坚持到联军到达莱茵河，届时，德国统帅部就不得不考虑提前结束波兰战局的问题。因此，就像施利芬伯爵说过的那样，劣势一方在这种情况下也为敌人的胜利做出了贡献。

但另一方面也得承认，波兰战局之所以如此迅速地赢得这般辉煌的胜利，除了有利的作战出发位置，以及德国方面敢于冒险而形成的兵力优势，德国军队出色的指挥和优异的素质同样功不可没。

大型装甲兵团独立作战的全新打法，彻底占据优势的空中力量提供的支援，为我军迅速赢得胜利发挥了至关重要的作用。但真正具有决定性的，除了德国军人久经考验的英勇和无私奉献，当属主导德国统帅部和部队的精神。当然，重整军备主要归功于希特勒的不懈努力，但仅凭物质优势无法确保我们迅速赢得如此辉煌的胜利。

最重要的是，当初被许多人轻视的小型魏玛防卫军，从第一次世界大战战败的阴影下挽救了德国军队伟大的指挥和训练传统。全新的德国国防军作为魏玛防卫军的继承者，可能是唯一懂得如何避免战事陷入静态战，或沦为富勒将军二战末期所说的"钢铁交换"。德国国防军借助新式兵器，在机动作战方面重新掌握了真正的指挥艺术。获胜的秘密在于各级指挥官独立自主的能力，以及步兵的单兵作战素质，这是其他军队无法比拟的。魏玛防卫军接受并传递了这份遗产，新国防军光荣地经受了首次考验。到目前为止，整个军队的领率机构仍能在没有外来干涉的情况下自主指挥作战，军事指挥官仍掌握全权，部队从事的依然是纯粹的军事斗争，因而能以颇具骑士风度的方式进行。

东线总司令

10月3日，冯·伦德施泰特大将出任东线总司令。弗兰克部长到他身边担任波兰占领区民政机构负责人，新设的帝国大区很快接掌了这项权力。集团军群司令部现在增添了军需处，继续配合东线总司令执行军事任务。北方集团军群司令部调往西线。

冯·伦德施泰特大将和他的司令部当然对这种安排感到不快。南方集团军群在波兰战局期间执行了大部分作战任务，眼下留在波兰靠边站，新的大规模作战任务却交给北方集团军群司令部。

我们的民政负责人

先前为进攻华沙，集团军群司令部迁到城西郊的赫莱努夫小宫殿。这是座漂亮的洛可可式小型建筑，长长的林荫大道通到这里，一座美丽的公园环绕四周，还有个很大的池塘。华沙陷落后没几天，日后的民政负责人来这里拜访我们。餐桌已摆好，大将和身边的参谋人员等候客人到来。预定的时间已过一个多钟头，对方还是没出现。伦德施泰特气冲冲地说道："不等了，我们吃吧！"我们刚吃完，一支车队就驶到小宫殿前方停下。第一辆车上下来个醉醺醺的家伙，浑身上下穿金戴银，换个场合，我们会以为他是个古巴海军上将。此人就是弗兰克先生。令我们震惊不已的是，其他车上下来一大帮随从，个个穿着不同的制服。厨师为我们准备的饭菜，显然不够这么多人享用，可还是端了上来。不过，碗里的辣味红烧牛肉大半是汤，肉块寥寥无几。我们饶有兴趣地看着弗兰克先生仔细挑出肉块，把汤水留给他的随从，看来，这就是"先公后私"口号①的实际应用。吃罢，弗兰克先生站起身，与大将在宫殿前合影，还摆了个最佳姿势，他随后解释道，时间不多了，他得去柏林谒见元首。弗兰克说完就上了车，那帮随从也赶紧爬上其他车辆，随即驶离。冯·伦德施泰特大将默默地看着他们离开。我们没有讨论日后这位民政负责人的任务，后来也再没提起。

不久后，我们搬到罗兹，这里是东线总司令的最终驻地。我建议大将把司令部设在沙皇的狩猎行宫，那里位于城郊，是个树林环绕的所在。可冯·伦德施泰特先生更喜欢罗兹，他觉得城内更便于开展工作。最后的结果肯定让他大失所望。我们住在原先的波军司令部，条件还可以。可城内熙熙攘攘，人头攒动，我在其他地方从没见过这种场面。总司令根本不可能混迹于人潮中。他别无选择，只好在公墓里散散步，这里是他唯一能运动和放松的地方。

我们的新任民政负责人一直没来罗兹，可民政管理机构必须设立，没办法，我们只好派军需长克吕维尔将军去接弗兰克。克吕维尔回到国内四处寻找，好不容易在上巴伐利亚湖畔的乡间别墅找到弗兰克，反复劝说后，弗兰克才答应去罗兹一趟。总司令与弗兰克这场会晤气氛冷淡，我也在场。冯·伦德施泰特大将指出，他无论如何都不能容忍党卫队全国领袖在自己的管辖区另立政府。弗兰克可能早就知道伦德施泰特要说什么，他毫无保留地赞同大将的观点，还郑重其事地说道："大将先生，您知道，我是个正直的人！"说完这句漂亮话，弗兰克先生匆匆宣布时间不多了，他得去柏林谒见元首……随后就告辞离开，简直和他在赫莱努夫

---

① 译注：纳粹党的25点政治纲领，特别强调"先公后私"原则。

做的一模一样。我们再没见过他。直到我们的司令部离开，弗兰克才来到波兰，不过，他这次担任大权在握的总督，而不是总司令部辖下的民政机构负责人。

尾声

在此期间，我们的 3 个集团军已调往西线，接替他们的军事指挥官只负责占领区相关事务。军队主力西调，留下几个师执行占领勤务，与开入波兰东部的苏联红军相比，我们的兵力少得可怜。我们知道，希特勒打算不久后就在西面发动进攻。而我们唯一的军事任务，是保卫既占的波兰领土，训练近期组建的新师，勘察地形，准备构设一条正面朝东的筑垒防线。

早在华沙阅兵期间，冯·伦德施泰特大将就告诉陆军总司令，他觉得把自己的司令部留在波兰担任占领机构，无异是一种冷遇。我也对哈尔德将军说过同样的话。最后我找到第一军需长施蒂尔普纳格尔将军，总算让他接受了这样的观点：仅凭一个集团军群司令部，根本无法执行西线攻势。

10 月 15 日，OKH 作战处的豪辛格上校来看望我们，还带来个好消息，我们这个司令部 10 月底就会调到西线。布拉斯科维茨大将的第 8 集团军司令部接替我们。没过多久我接到命令，10 月 21 日到措森的 OKH 报到，接受西线展开令。

10 月 18 日我离开罗兹，去看望了家人和身负重伤后在布雷斯劳住院的大舅哥。

接下来就要执行新任务了。

注释

1. 为表彰这番壮举，第 51 步兵团的施泰因哈特中尉和施托尔茨少尉成为首批获得骑士铁十字勋章的德国军人。

第二部

"……我们隐忍难堪的严冬变成了光荣体面的夏日。"

——莎士比亚《理查三世》

我们的司令部很高兴摆脱了占领波兰这项吃力不讨好的任务，1939 年 10 月 24 日到达西线，接掌新组建的 A 集团军群。集团军群编成内的第 12、第 16 集团军把辖内各师部署在比利时南部—卢森堡边界附近的前线，后方部队向东延伸到莱茵河右岸。集团军群司令部设在科布伦茨。

我们住在莱茵河畔的大皇宫饭店，当初我在附近恩格尔斯镇的军事学院学习，这座饭店优雅的建筑和各种美食给我留下了美好的回忆。现在由于战时管制，这座著名的建筑已黯然失色。我们的办公室设在德意志之角附近一座迷人的旧建筑内，战争爆发前，此处一直是科布伦茨师师部所在地。当初一个个漂亮的洛可可式房间，现在成了空空荡荡、光线昏暗的办公室。这座建筑附近有个小广场，栽了许多古树，还有块很有意思的纪念碑。这块方尖形纪念碑上刻有夸张的铭文，是科布伦茨的法国指挥官 1812 年为纪念拿破仑大军渡过莱茵河进军俄国而竖立的。但铭文下还刻有另一行字，大意是"收悉，照准"，签名的是 1814 年担任科布伦茨城防司令的俄国将领！

可惜，希特勒没看见这块纪念碑！

应我的请求，司令部作训处添了位年长但很出色的总参军官，他就是冯·特雷斯科夫中校，1944 年 7 月，他作为刺杀希特勒的骨干之一自杀身亡。特雷斯科夫是我的老部下，和平时期在总参谋部第一处工作。他是个极具才干的军官，也是个狂热的爱国者。机智、聪明、受过良好的教育、兴趣广泛、彬彬有礼，这些特点赋予他特殊的魅力。特雷斯科夫贵族派头十足的优雅形象，与他妻子的聪慧和美丽相得益彰，他的岳父是当年担任过战争部长和总参谋长的冯·法尔肯海因。当时的柏林军官圈，没有哪一对儿比特雷斯科夫夫妇更具魅力。

我俩当初在总参作训处共事期间建立了密切的信任关系，可以说是莫逆之交。调到科布伦茨后，我们竭力争取上级批准集团军群司令部主张的作战方案，他给了我很大帮助。

后来，我先是担任装甲军军长，尔后出任集团军司令，一再请求上级把特雷斯科夫调来担任我的参谋长。可上级否决了我的请求，理由是我"不需要这么聪明的参谋长"。1943年春季，上级准备让特雷斯科夫担任我的集团军群参谋长，但我选择了作训处长布塞将军，布塞和我共同经历过多次战役，是个久经考验的军官，我不能弃他而选择特雷斯科夫。我之所以提到此事，是因为某个与特雷斯科夫关系密切的先生散布了这样的说法：由于特雷斯科夫不是个可靠的国家社会主义者，所以我当时没让他担任集团军群参谋长。了解我的人都知道，我决不会以这种标准选择自己的助手。

特雷斯科夫业务能力超群，而且风趣幽默，非常健谈，每次值夜班，他都是集团军群司令小圈子里最受欢迎的人。有一次，他想好好款待我们和他自己，于是，早餐除了咖啡，还端上一大盘贻贝，看见这般奢侈的伙食，伦德施泰特只是疑惑地摇了摇头。

如果说科布伦茨这几个月是"我们隐忍难堪的严冬"，那这完全是1939年年末到1940年年初不战不和的状况造成的，也就是所谓的"影子战争"，法国人称之为"奇怪的战争"。要是一开始就告诉我们来年春季发动进攻的话，这几个月的日子还好过些，因为我们可以按照预定计划，有条不紊地部署辖内部队。可正如大家知道的那样，希特勒想在1939年秋末发动攻势，待事实证明无法做到这一点，他又打算在冬季展开行动。每当他那些"观象青蛙"（也就是空军的气象专家）预报会出现一段晴好天气，他马上命令军队开入待机地域。可气象专家的预报并不准确，不是大雨滂沱导致路面沦为泥沼，就是浓雾和大雪致使装甲兵团和空军力量无法顺利展开。结果，进攻令忽而下达，忽而取消，把全体官兵折腾得够呛。很明显，希特勒对不符合他意愿的军情报告满腹狐疑。待集团军群司令部再次报告，由于持续降雨，暂时无法发动进攻，希特勒就把他的副官长施蒙特派到我们这里，看看地形状况是不是真像我们说的那样。特雷斯科夫无疑是应付施蒙特的最佳人选。他毫不留情，拖着昔日在同一个团服役的施蒙特跑了一整天，奔波于无法通行的道路、湿漉漉的农田、潮湿的草地、湿滑的山坡，待他们傍晚回到司令部，施蒙特累得筋疲力尽。自那之后，希特勒再也不用这种方式验证我们的气象报告了。

朝令夕改不仅毫无意义，还导致我们工作效率低下，集团军群司令冯·伦德施泰特大将本来就缺乏耐性，现在更是觉得难以忍受。没过多久，我们的司令部就被潮水般涌来的文件淹没了，和平时期，这些文件定期送交部队和各指挥机构。

幸亏德国军队有一条非常正确的条例，高级指挥官不必亲自过问琐事，这才让大将摆脱了堆积如山的文件。他每天早上都沿莱茵河畔的木板路长时间散步，由于我也需要运动，所以经常遇到他。刺骨的寒冬，莱茵河冻得结结实实，伦德施泰特只穿着薄薄的橡胶雨衣。我劝他，这样会冻坏的，他却告诉我，他从来就没穿过大衣，现在这把年纪，也不想再买一件了！的确是这样，军校学员团接受的斯巴达式训练，时至今日对这位老先生仍有影响。他也让我想起自己当军校生的那段岁月。散完步，大将返回办公室，坐在办公桌后等待我或司令部其他人员汇报情况，他喜欢利用这点时间看几页惊险的侦探小说。读侦探小说是很常见的消遣方式，就连大人物也不能免俗，可备受我们敬重的伦德施泰特大将却对自己读此类小说有点不好意思。所以他把小说放在拉开的抽屉里，有人进来汇报工作，他赶紧把抽屉推上。我们在军校里也是这样，上课的时候，教官一进来，我们立马把小说塞入课桌抽屉。

漫漫长夜很难打发，我想让大将放松一番，就请他去战地露天电影院看电影，可惜效果不佳。他非常反感戈培尔的新闻纪录片，幸亏他的评论只有我们几个听见。

不过，也有些有趣的小插曲。有一次，我们在路上遇到奥地利山地师一名猎兵。这个小伙显然入伍没多久，身上的军装过大，还背着鼓鼓囊囊的背包，完全没有军人该有的样子。最过分的是，他的皮带没有扎在腰间，而是系在更低处，托着肚子。他的模样太可笑了，我拦住他，让他把皮带扎好。这个勇敢的小伙带着友好的微笑说道："军医少校先生，非常感谢！"就好像我悄悄提醒他衣冠不整似的，除了开怀大笑，我们还能做什么呢？

笔墨官司也给我们带来不少乐趣。尽管OKH不太愿意采纳我们的作战构想（后文会详述），但在另一个不太重要的问题上，我们赢得了意想不到的胜利。想必大家还记得，那时候的军官，除了皮带，还佩戴肩带。当初海耶将军为"美化"魏玛防卫军的军装，引入了这件纯属多余的装备。后来下级军官把这种肩带戏称为"豪塔娜"①。

---

① 译注:"豪塔娜"是第一批系列生产的胸罩。

纳粹党及其分支也配发了这种肩带，"豪塔娜"彻底声名狼藉了。军方几次要废除肩带，都因为军服装备部门反对而未果。但波兰战局期间，高级军官的伤亡很大，因为敌人从很远处就能通过肩带识别出他们的身份，于是 OKH 下令，到团一级的所有前线军官不再佩戴肩带。可这样一来，高级指挥部仍佩戴肩带的军官就成了"后方的种马"，因此，集团军群要求取消所有军官的肩带。这项请求没得到任何回应，于是我们再次报告，说我们已命令集团军群辖内所有军官摘掉肩带。可既然 OKH 还没做出决定，我们也不能自行其是，所以集团军群命令相关军衔的军官继续佩戴肩带。我们成功了！不到三天，上级终于废除了"豪塔娜"。看来，只要找到正确的做法就能达成目的！

这个冬季让我们"隐忍难堪"，部分原因是希特勒反复变更决心，部队无所适从，他们渐渐怀疑上级的命令是否明智，因为这些命令一次次撤销。来回折腾也打乱了部队的训练计划，而那些新组建的师，目前急需加紧训练。

但真正让我们深感不安的是两个重要的情况。

首先是我只能称为"OKH 失势"的事态发展。这种情况令我深感痛心，因为 1937 年年末 1938 年年初，我作为总参谋部第一军需长和弗里奇、贝克的助手，一直为之奋斗的就是在爆发战争的情况下让 OKH 在全面战争的范畴内获得应有的地位。

其次是整个冬季，集团军群司令部一直竭力争取 OKH 采纳我们的作战方案，该方案似乎是我军在西线赢得决定性胜利的唯一保证，至少我们是这样认为的。这番努力徒劳无获，直到希特勒亲自介入，该方案才最终成为西线攻势的基础。但此时 OKH 解除了我的集团军群参谋长职务，毫无疑问，完全是因为我坚持己见造成的。

这两个情况，也就是"OKH 失势"和"围绕西线作战方案进行的斗争"，基本代表了西方战局开始前的主要背景。至于战局开始后的战事发展，早已广为人知，不需要我再赘述。我只想叙述自己作为军长的亲身经历。

不管怎样，"隐忍难堪的严冬"过后，我们会迎来"光荣体面的夏日"！

第四章 OKH 丧失权力

南方集团军群调往西线——OKH 对西线攻势的态度，我对此的印象——希特勒、冯·布劳希奇、哈尔德——波兰战局胜利后，OKH 希望在西线保持防御——希特勒下令进攻——希特勒与冯·布劳希奇的冲突——希特勒 1939 年 11 月 23 日的讲话——我们能在西线保持防御吗？——最快何时能发动进攻？——对方的计划——联军打算到 1941 年充分获得优势后再进攻，此前从事消耗战——德国发生政变的话，联军会尽早发动进攻吗？——OKH 能保住自己的地位吗？

普遍的看法是，直到希特勒解除冯·布劳希奇元帅的职务，亲自担任陆军和国防军总司令，作为陆战重要指导部门的 OKH 或陆军总参谋部才失去权力。可事实并非如此，波兰战局结束几周后，OKH，特别是陆军总参谋部就失势了，尽管表面上看没什么变化。

1939 年 10 月 21 日，我代表南方集团军司令部前往措森，为计划中的西线攻势接受"黄色展开令"，此时，南方集团军群已更名为 A 集团军群。我在日记里写道："哈尔德、施蒂尔普纳格尔、格赖芬贝格的反应不太积极。"时任第一军需长的冯·施蒂尔普纳格尔将军是总参谋长哈尔德的得力助手，冯·格赖芬贝格上校是 OKH 作战处处长。

从他们三位的讲话，能明确无误地得出以下结论：OKH 以这些展开令阐明的作战方案，是希特勒施加压力的结果。很明显，陆军司令部这三位领导人，和陆军总司令一样，完全反对德国在西线发动进攻的想法。他们觉得这不是结束战争的正确方式。另外，从他们的讲话明显能看出，他们认为德国军队无法在西线赢得决定性胜利。展开令的具体内容（我会在后文详述）证实了这种印象，另外，陆军总司令和总参谋长几次到访集团军群司令部，进一步加强了这种印象。

　　讨论德国在西线发动进攻的合理性和获胜前景，肯定存在不同看法，特别是1939年秋末或冬季这个时期。但让我震惊的是，OKH在最高统帅部的地位居然一落千丈，而这一切发生在他们刚刚指导完德国历史上最辉煌的战局后！的确，苏台德危机期间，希特勒也没理会OKH的意见，可那次的情况与现在完全不同。当时不是军事指挥权，而是政治决断的问题。OKH（主要是总参谋长贝克）与希特勒的根本分歧，不在于如何指导军队展开行动，而是对捷克斯洛伐克采取行动是否会导致西方国家介入，继而引发一场两线战争，这是德国军队无力应对的。但最终决定这个问题的是政治领导人，他负责以各种政治手段防止危机发展成一场两线战争。虽然陆军总司令当时屈从于政治优先权，不得不承担沉重的军事责任，但并未放弃职权范围内的军事指挥权。

　　波兰危机期间，希特勒与OKH没有发生类似分歧，反正我们这些局外人没听说过。由于希特勒在捷克斯洛伐克危机期间对西方国家的政治判断正确无误，所以我觉得OKH可能希望1939年秋季的事态发展也会如此。不管怎样，我估计OKH在8月底最关键的那几天，可能和我们南方集团军群司令部一样，认为整件事会像慕尼黑那样，再次以政治解决而告终。此外，希特勒没有干涉波兰战局的指挥权，只是希望组织兵力在东普鲁士展开，而OKH也对此表示赞同。

　　可眼下的情况完全不同。不可否认，击败波兰后是否要继续战争，战争又该如何进行，这个问题关乎战争的全面指导，只能由希特勒做出最终决定，因为他是国家元首和国防军总司令。可如果以军队在西线发动陆地攻势来解决这个问题，那么决定性因素就是陆军能否、何时、如何完成这项任务。对这三个问题，OKH显然具有无可争辩的主导权。

　　但希特勒就这三点给OKH来了个既成事实，他事先没与陆军总司令商量，就在9月27日向国防军三军总司令宣布了他在西线发动进攻的决定，他打算1939年秋季采取行动，破坏荷兰、比利时、卢森堡的中立也在所不惜。这项决定很快体现在OKW（国防军最高统帅部）1939年10月9日的相关指令里。

　　1939年10月21日，我收到"黄色展开令"，从上述三位领导人的说法得出结论，OKH默然接受了"削权"。尽管他们仍持反对意见，可还是签发了进攻令。OKH的领导者认为无法赢得胜利，至少不会取得决定性胜利。必须承认，鉴于西线目前的兵力对比，他们的疑虑不无道理。对此，我只能得出以下结论：当前情况下，OKH 不再是陆战权威指导机构，它逆来顺受地降为技术、执行部门。可当初贝克大将和我建议，战时建立合理的领率机构，目的就是为了避免眼下发生的事情。我们当时要求建立的机构，在战争的军事问题上对国家元首负责，可以说是他唯一的咨询机构，同时统一指导军队和整体战事。战争在陆地决胜负的话，至少要让陆军总司令担任国防军最高统帅，或者选派一位帝国总参谋长，负责领导国防军，同时掌握陆军指挥权。但无论如何不能有国防军、陆军两个总参谋部，更别说国防军总参谋部还能干涉陆军总参谋部的指挥工作。现在发生的情况似乎就是这样。希特勒利用他掌握的 OKW，不仅决定陆军从事哪些行动，还决定了何时、如何完成任务的问题。OKH 现在所能做的，仅仅是拟制相关指令，哪怕陆军执行的行动根本不符合他们的意图。陆军总司令的地位，从国家元首的军事顾问降为只能服从命令的下级指挥官。没过多久，挪威出现的 "OKW 战区" 明确无误地说明了这种状况。

可能有人会问，OKH 怎么会被排挤到这般地步。有两方面的原因，一是人事问题，二是击败波兰后战争如何继续的问题。

希特勒、冯·布劳希奇、哈尔德

上述事态发展，主要归咎于希特勒的个性、对权力的不懈追求、过于自命不凡，他的狂妄自大，一方面是因为他确实在政治方面赢得了不可否认的胜利，另一方面是他那些党徒和身边亲信的阿谀奉承为此推波助澜。与军方反对者相比，希特勒占有得天独厚的优势，他不仅是国家元首，作为国防军总司令，他还是这些军人的上级。另外，希特勒很擅长以政治和经济理由打压军方反对者，这是他们无法轻易反驳的，因为在这些方面具有决定性发言权的是政治家，而不是军人。希特勒不仅是国家元首，还是政治领导人，可谓大权在握，但最终驱使他攫夺军队统帅权的可能是对权力的欲望。1943 年，我就这个问题与希特勒谈过一次，我深受启发。我当时抓住机会，竭力劝说希特勒对军事指挥机构做出合理的调整，也就是请他放弃军事指挥权，把这项权力交给全权负责的总参谋长。希特勒断然否认自己想当统帅（其实，最高统帅的头衔无疑对他深具吸引力）。相反，他认为决定性因素是他必须独掌权力，这样才能贯彻自己的意志。他只相信权力，视之为意志的体现。另外，波兰战局结束后，希特勒担心军方的赫赫战功影响自己在民众心目中的威望，他的顾虑也许不无道理。所以，这就是希特勒在西线战局指导问题上从一开始就对OKH如此独断专行的原因。

　　希特勒的权力意志坚定不移，不仅才智过人，而且为达目的不择手段，冯·布劳希奇和哈尔德将军面对的就是这样的对手。此人不仅是民众认可的国家元首，而且是这些将领的最高军事统帅。因此，无论从哪方面看，这都是场实力悬殊的斗争，就算希特勒的军方对手换作别人也是一样。

　　后来擢升元帅的冯·布劳希奇是个很能干的军人。虽说在高级将领和总参旅行中（当时我在冯·哈默施泰因男爵、亚当将军手下参加了这些活动），冯·布劳希奇还无法与冯·弗里奇男爵、贝克、冯·伦德施泰特、冯·博克、冯·莱布骑士这些顶级将领相提并论，但他的才干仅次于上述几位，事实证明，他完全有能力领导陆军。

　　至于布劳希奇的人品，他高尚的人生观无可挑剔。我不想否认他的意志力，但就我的印象而言，他的意志力缺乏创造性，经常以某种固执的形式消极地表现出来。他宁愿接受别人的决定，也不愿亲自决定并加以贯彻。有时候他拒不做出决断，想以此避免自觉力有不逮的冲突。布劳希奇多次为陆军的利益勇敢地斗争过，例如，他要求希特勒为冯·弗里奇男爵大将公开恢复名誉，尽管他知道此举会招致希特勒的反感。为悼念阵亡的弗里奇将军，布劳希奇签发了一道日训令，足见他的勇气。但从根本上说，他不是个斗士。布劳希奇从来没有全力以赴地贯彻自己的意志。至少贝克大将当初很不满地告诉我，捷克危机期间，布劳希奇没有全力支持陆军的立场，置贝克于尴尬的境地。但另一方面，贝克也不赞同前驻罗马大使冯·哈塞尔先生那帮人的看法，他们批评布劳希奇在以暴力推翻希特勒的问题上犹豫不决。不再承担任何责任的政客在办公桌上策划颠覆方案（就像冯·哈塞尔先生当时做的那样）与军队领导人发动政变完全是两码事，和平时期的政变会引发内战，而战时政变会让外敌赢得胜利。

　　冯·布劳希奇元帅气质高雅，举止庄重，贵族派头十足。他言行得体，彬彬有礼，甚至有些和蔼可亲，尽管这种亲切并不总是能让对方感受到内在的热情。

由于他天性缺乏让对手肃然起敬或至少谨慎对待的昂扬斗志，旁人并不觉得他是个魅力非凡、深具创造力的人。他看上去通常都很冷静、自制，经常以某种方式流露出羞怯之情，当然也有些敏感。凭借这些品质，他当然赢得了身边人员的忠诚，他们敬重这位绅士，可这些品质不足以让他像冯·弗里奇男爵大将那样，获得部队的充分信任，他也无法让希特勒这样的人产生敬佩之情。当然，泽克特将军比他更冷漠，甚至有些难以接近，可所有人都能感受到他内心炽热的火焰，钢铁般的意志让他成为领袖。冯·布劳希奇元帅缺乏这两种品质，另一方面，从他身上也见不到军人的大度，而他的前任冯·弗里奇男爵大将，除了高超的军事素质，正是凭这一点赢得了将士的心。

说到冯·布劳希奇元帅同希特勒的关系，我相信这场与冷酷无情、意志坚定的对手进行的斗争，早已让他的内心疲惫不堪。希特勒基于国家元首的地位，无所顾忌地使用各种"武器"，而布劳希奇因为自己的秉性、出身、受教育程度，不可能以同样的手段回敬。他只能忍气吞声，特别是因为他的口才不如希特勒。布劳希奇身心俱疲，心脏病发作最终让他在非常有利于希特勒的时机辞去职务。

为公平起见，我们必须指出，面对希特勒这个对手，布劳希奇的地位从一开始就远不如他的前任。首先，自布隆贝格辞去国防军总司令职务后，希特勒不仅是国家元首，还是军队最高统帅。帝国战争部长冯·布隆贝格给陆军的最后一击，是建议希特勒接掌国防军总司令职务。当然，布隆贝格不建议的话，希特勒是不是就会偃旗息鼓，这一点值得怀疑。最重要的是，冯·布劳希奇就职时，希特勒对陆军，特别是对 OKH 的态度，与前几年截然不同。希特勒刚刚上台时，无疑对军方领导人仍抱有一定程度的尊敬，也钦佩他们的能力。他对冯·伦德施泰特元帅就是这样，尽管战争期间两次解除元帅的职务，可他对伦德施泰特的敬佩之情一直保持到最后。

和平时期最后几年，希特勒对陆军的态度发生变化，主要原因有两点。

首先，希特勒发现，陆军在冯·弗里奇男爵大将领导下（冯·布劳希奇领导下也一样），秉承质朴、骑士风度的传统观点，以及军人的荣誉感。希特勒无法指责陆军不忠于国家，但很明显，陆军不愿抛弃他们的军人观点，转而接受国家社会主义思想。同样清楚的是，陆军这种态度势必会更受广大民众欢迎。希特勒起初并不相信党内人士针对军方高级将领在他面前进的谗言，可这些人对陆军的攻讦最终开花结果，戈林、希姆莱、戈培尔之流可能发挥了主导作用。战争部长冯·布隆贝格无意间为此助了一臂之力，结果引发了希特勒的猜忌。1939 年春季，以"国防军资深军官"自诩的戈林对军方高级领导人发表了近乎寡廉鲜耻的讲话，进一步加剧了对陆军的攻击。他在讲话中肆无忌惮地指责陆军有别于另外两个军种。在座的冯·布劳希奇大将绝对无法忍受这种指责。

导致 OKH 与希特勒关系紧张的第二点，是他后来经常挂在嘴边的一句话，尽管侮辱性不那么强："这些将军总是瞻前顾后。"这句话有两个意思：一是 OKH 对重整军备的速度问题所持的态度，他们认为速度过快势必影响部队的素质，因而想方设法加以阻挠；二是希特勒声称，他在外交方面取得的每一项成果，都是同过于胆怯的将军斗争的结果，他们总是反对自己的意见。应当指出，正如霍斯巴赫将军在《国防军与希特勒之间》一书里说的那样，冯·弗里奇男爵大将，也就是 OKH，在实施普遍义务兵役制或占领莱茵兰的问题上并未反对希特勒的意图。而贝克将军也没有反对希特勒进军奥地利的决定（冯·布劳希奇大将当时不在柏林）。帝国战争部长冯·布隆贝格出于对外交政策的担心，起初反对普遍义务兵役制，但很快就改弦更张。占领莱茵兰期间，还是布隆贝格，一听说法国实施局部动员，马上催促希特勒撤回莱茵河左岸的守军，OKH 事先并不知情。实际上，希特勒确实打算听从布隆贝格的建议，全靠帝国外交部部长冯·诺伊拉特男爵提醒希特勒保持镇定，他才打消了撤军的念头，一想起自己也有过软弱的时刻，希特勒就对那些将军恨得咬牙切齿。另外，重整军备那几年，OKH 一再强调陆军没有为战争做好准备，此举不过是职责所在。希特勒也多次同意这种观点，至少表面上赞同。尽管如此，这些警告还是加剧了希特勒对 OKH 的厌恶。1937 年 11 月 4 日，希特勒与外交部部长、国防军三军种总司令召开会议，首次阐明了他对捷克斯洛伐克的意图，但他对外交政策的构想第一次遭到旗帜鲜明的反对。帝国外交部部长冯·诺伊拉特、帝国战争部长冯·布隆贝格、陆军总司令冯·弗里奇男爵大加反对，无疑促使希特勒决心找机会摆脱这些唱反调者。

今天的普遍看法是，陆军将领听凭希特勒解除冯·弗里奇男爵大将的职务，相当于告诉希特勒，他现在可以对 OKH 为所欲为了。我不知道希特勒当时是否得出这个结论，不管怎样，要是他真这么想的话，就误解了陆军将领的动机。他们当时的态度不是软弱造成的，而是因为不了解这场阴谋的真实情况，正派的军人根本想不到政府会耍这种把戏，更别说及时识破了，基于这个原因，再加上当时的情况，军方不可能发动政变。

毫无疑问，上面提到的党内大员和另一些人反复在希特勒面前大进谗言，说"陆军将领总是对他的伟大目标顾虑重重"。

因此可以肯定，冯·布劳希奇大将发现，他与希特勒的关系从一开始就不太好。更要命的是，他上任后在人事方面做出诸多让步，例如毫无道理地让一批功勋卓著的将领退役，还让凯特尔的兄弟担任陆军人事局局长。布劳希奇就这样迈出下台的第一步。苏台德危机期间，希特勒的意志战胜了踌躇不决的OKH，由于西方国家做出让步，希特勒大获全胜，给OKH的地位造成致命打击。冯·布劳希奇大将为此失去了他的总参谋长贝克，当然，他在希特勒面前的地位只会进一步削弱，而不是加强。

贝克辞职后，OKH敢于对抗希特勒的第二位重要人物，是后来擢升大将的哈尔德，就军事才能而言，他与后来擢升元帅的冯·布劳希奇并驾齐驱。不管怎么说，两人本着相互信任的精神通力合作，我觉得布劳希奇之所以总是赞同哈尔德的作战方案，是因为他们有共同的信念。和大多数来自巴伐利亚的总参军官一样，哈尔德精通总参各部门的业务，工作起来不知疲倦。毛奇"天才就是勤奋"这句话，大概就是哈尔德的座右铭。可是，赋予统帅灵魂的圣火，从未在哈尔德身上闪现过。对苏战局开始前，哈尔德委派各集团军群参谋长和第一军需长保卢斯将军共同研究，最终拟制了作战方案，充分说明了他强烈的责任感。但战局作战方案的基本理念可能出自某位指导战局者的头脑。哈尔德的举止不像冯·布劳希奇那么优雅，但讲起话来客观准确、注重实际。我亲眼见到他以最明确的方式向希特勒阐述自己的观点。哈尔德在这种场合的言辞，充分说明他怀着多么炽热的情感为部队的利益据理力争，被迫接受错误的决定时又是多么痛苦。可惜，仅凭清醒的客观性无法打动希特勒，此人对前线官兵的死活早已漠然。

依我看，哈尔德最终失败的原因，在于他矛盾的意图。他接替贝克出任陆军总参谋长时就宣称以希特勒为敌。瓦尔特·格利茨在《德国总参谋部》一书里写道，哈尔德上任后告诉冯·布劳希奇大将，他之所以接受这项职务，完全是为了反对希特勒的战争政策。据说，他多次策划推翻希特勒，尽管这些企图不见得可行。

而另一方面，哈尔德是德国人，希特勒掌握陆军统帅权后，他成了希特勒的参谋长。同时扮演负责任的顾问和谋叛者的角色，政客也许能如鱼得水，但军人往往做不了这样的两面派。最重要的是，依据德国的传统，总参谋长对自己的总司令缺乏信任是不可想象的。鉴于希特勒的所作所为，总参谋长也许可以在和平时期策划推翻国家元首兼国防军总司令（其实以德国当时的情况看，这种做法完全无法想象），但战争期间，总参谋长和谋叛者的双重身份必然让他陷入两难境地。作为总参谋长，哈尔德的职责是全力确保陆军赢得胜利，他和他的总司令都对此负有责任，也就是说，他必须协助总司令赢得军事胜利。可他的第二个身份，又让他不希望赢得这种胜利。陷入两难境地的哈尔德大将，无疑决心忠实履行自己的军事职责，全力帮助艰苦奋战的德国陆军。另一方面，哈尔德的第二个角色要求他不惜一切代价保住眼下的职务，希望有朝一日利用自己的职务推翻希特勒。为此，尽管他并不赞同希特勒某些军事决策，但不得不俯首屈从。哈尔德留任陆军总参谋长，主要原因是他认为，自己在这个职位上能让陆军免遭希特勒的军事错误祸害。但他不得不为此付出代价，必须执行希特勒的命令，从军事角度看，他根本不赞同这些命令。双重身份让哈尔德身心俱疲，最后以下台告终。可以肯定，哈尔德大将在陆军总参谋长的职位上待了那么久，绝不是考虑自己的利益，而是为了事业。

在我评述的这两位军方要员领导下，1939年秋季发生的事情，只能称为"OKH丧失权力"。读者通过以上叙述就能明白，为何两位素质不凡的军人对付不了希特勒这样的人。不管怎样，德军在波兰赢得辉煌的胜利后，OKH就沦为纯粹的执行机构，当然，个中原因还关乎后续战争由希特勒还是由OKH指导的问题。

战前和战争爆发时，德国在西线只能保持防御，这一点显而易见。谁能想到西方国家会如此无耻地抛弃他们给予安全保证的波兰呢！他们以虚弱的兵力攻到萨尔区的西墙前方，很快又撤回法国境内，根本不是随后打算发动大规模攻势的先期准备。

　　面对这场意料中的进攻，我们只能拭目以待，看对方是否会在西墙前方停下，如果对方穿过卢森堡和比利时攻往鲁尔区，我们就从波兰腾出兵力发动反攻，但西方国家的克制，为我们创造了全新的局面。即便考虑到法国统帅部的教条主义和英国人迟缓的行动，我们估计对方也不太可能在波兰战败、德国军队悉数调往西线的情况下发动进攻。到 9 月 18 日，布祖拉河会战落下帷幕，苏联红军前一天跨过波兰东部边界，波兰的命运已定。最迟到这时，希特勒与陆军总司令想必已就如何在西线展开行动的问题交换了意见。但从目前出版的各种书籍（主要是 OKW 第一参谋洛斯贝格将军和 OKW 作战日志官格赖纳的著作）看，情况并非如此。

　　我们认为，德军在波兰赢得辉煌的胜利，西方国家出人意料的克制，希特勒对此的反应可能与 OKH 领导人截然不同。英法联军没有发动进攻，希特勒无疑把这种情况解释为对方软弱无力的表现，这反过来促使他在西线发起进攻。大获全胜的波兰战局也让他相信，德国陆军能胜任一切。但 OKH 并不赞同后一种看法，我会在后文详述。另一方面，从西方国家保持军事克制可以得出这样的结论，他们参战不过是为了保全颜面。因此，我们完全有可能与他们达成谅解。这种情况下，哈尔德将军可能想为双方的谅解铺平道路，必要情况下推翻希特勒。所以，德国军队此时绝不能在西线发动进攻。

　　不管怎么说，OKH 还坚信这样的事实：希特勒此前从未有过在西线发动进攻的想法，甚至击败波兰后也没考虑过这个问题。1939 年年末到 1940 年年初，我在这方面得到明确无误的证据。当时，希特勒又一次下达了西线攻势展开令，与 A 集团军群协同作战的航空队司令施佩勒将军找到我，说机场跑道湿软，他的战机无法起飞。我反驳道，他们有几个月时间，完全可以修建永备跑道。施佩勒解释说，希特勒严令禁止与日后西线攻势有关的一切工作。另一个证据是，我们的弹药产量还没达到在西线发动进攻所需要的规模。

　　OKH 显然认为希特勒不会改变自己的观点，因而误判了他的心态。正如格赖纳指出的那样，9 月份下半月，波兰战局大势已定，OKH 收到海因里希·冯·施蒂尔普纳格尔将军就后续指导西线战争的问题拟制的报告。施蒂尔普纳格尔在报告里得出结论，1942 年前，陆军无法在物质方面做好突破马其诺防线的准备。他没有考虑穿越比利时和荷兰，绕过马其诺防线的可能性，因为帝国政府近期还向这些国家保证，尊重他们的中立。基于这份报告和希特勒先前的态度，OKH 显然得出结论：西线继续保持防御。因此，波兰战局结束后，OKH 下令加强陆军在西线构设的防御，此举显然没预先征得希特勒同意。

面对波兰彻底崩溃造成的全新局面，OKH 这种做法相当于把制定一切新方案的决定权拱手让给希特勒。无论怎么看，这肯定不是军方领导人确保对后续战争发挥作用的正确方式。顺便说一句，施蒂尔普纳格尔的研究结果也不能视为后续战争问题的解决之道。要是我们等到 1942 年再突破马其诺防线，那么西方国家届时很可能已赶上德国目前的军备优势。另外，就算我们顺利突破马其诺防线，也无法把这场突破发展成决定性胜利。1939 年，对方的可用兵力至少有 100 个师，所以我们没办法以现有方式取得决定性胜利。就算敌人以强大的兵力据守马其诺防线，他们也会留下 40—60 个师作为战略预备队，足以挡住我军在筑垒防线达成的宽大突破。交战无疑会沦为胜负难分的阵地战，这绝非德国的作战目标。

当然，也不能说冯·布劳希奇大将和他的总参谋长认为，从长远看，纯粹的防御作战会取得进展。不过，他们目前大概寄希望于德国仍有可能与西方国家达成谅解，或西方国家先行发动进攻。但第一个希望能否实现由不得他们做主，而西方国家先行进攻的第二个希望也不现实，稍后发生的事情充分证明了这一点。其实，从军事角度看，1940 年春可能是德国有望在西线顺利发动攻势最早，也是最后的时机。

据格赖纳说，希特勒不知道上文提到的冯·施蒂尔普纳格尔将军的备忘录，但他无疑清楚 OKH 想在西线保持防御。照理说，最迟到 9 月中旬应该召开会议，商讨后续战争的相关事宜，可希特勒 9 月 27 日做出决定，10 月 29 日通过 OKW 下达相关指令，给陆军总司令来了个既成事实。希特勒事先没征询陆军总司令的意见，不仅下达了在西线发动进攻的指令，还自行决定了何时、如何进行的问题。按理说，没有陆军总司令的参与，这些问题无论如何不能轻易做出决定。希特勒要求尽早发动进攻，最迟到 1939 年秋季。据冯·洛斯贝格将军说，希特勒最初把进攻日期定于 10 月 15 日。就算运输情况不出岔子，要在规定期限内完成准备也得满足以下条件：待布祖拉河会战结束后，从波兰腾出装甲和空军力量。另外，希特勒从一开始就确定了如何从事拟议的进攻行动，也就是穿过比利时和荷兰，绕开马其诺防线。

陆军总司令所能做的，仅仅是在技术上执行进攻行动，他事先对此一无所知，1939 年秋季采取行动能否取得决定性胜利，他毫无把握。

也许有人会问，陆军总司令怎么会接受希特勒的意图，听凭对方以近乎侮辱的方式打压他的地位呢？依我看，格赖纳在《国防军最高统帅部》一书里给出的答案可能是正确的。据他说，冯·布劳希奇大将大概觉得，立即提出反对意见根本行不通。冯·洛斯贝格将军基于对希特勒的了解，以及对方当时的态度，也持相同的看法。另一方面，冯·布劳希奇大将可能抱有这样的希望：如果自己先展现出善意，也许能让希特勒放弃他的计划。他大概还期望，气候条件会导致深秋或冬季无法实施进攻。倘若能以这种方式把希特勒的决定拖到来年春季，那么届时也许能以政治协议结束战争。

如果这就是陆军总司令和陆军总参谋长的想法，那么就气候影响而言，他们的想法正确无误。

但在我看来，OKH 劝说希特勒改变如此重要的决定，这种念头毫无希望，就算他们派冯·赖歇瑙将军去做说服工作也无济于事，除非他们提出更好的、让希特勒赞赏不已的全新解决方案。

另一方面，当时根本没有以和平手段结束战争的可能性。波兰战局后，西方国家断然拒绝了希特勒提出的和平倡议。另外，如果我们合理解决波兰问题，也许能与西方国家达成谅解，但希特勒可能不愿意这样做，更何况苏联吞并了波兰东半部，"合理解决"根本无从谈起。倘若没有希特勒，德国当时能否达成光荣的和平，这个问题值得怀疑。最重要的是，在当时的情况下，如何推翻希特勒？要是哈尔德将军 1939 年 10 月重新提出以军事行动对付柏林政府的计划，那我只能说，他会发现，战胜波兰后，军队里的追随者比 1938 年秋季少得多。

我们先谈谈冯·布劳希奇大将如何应对希特勒的意图。按照希特勒的指导方针，OKH 制订了"黄色展开令"。但格赖纳指出，陆军总司令在他的总参谋长支持下，10 月 27 日以军事理由为借口，建议希特勒把进攻日期推延到更有利的季节，也就是 1940 年春季。几天前，冯·赖歇瑙将军也向希特勒提出同样的建议，可能是受冯·布劳希奇大将所托。另外，陆军总司令在这个问题上无疑得到西线几位集团军群司令全力支持。虽然希特勒没有断然否决布劳希奇的观点，但他 10 月 22 日定下的进攻日期保持不变，还是 11 月 12 日。

11 月 5 日，陆军总司令再次劝说希特勒更改进攻日期。如果真要在 11 月 12 日发动进攻，那么今天就要下达命令，让部队开入集中地域。

他们俩私下交谈了一番（据格赖纳说，凯特尔后来才被叫进去），但此次会晤的结果广为人知，我相信希特勒与冯·布劳希奇大将的关系出现了无法弥补的裂痕。凯特尔后来告诉格赖纳，布劳希奇向希特勒宣读了一份备忘录，总结了 OKH 反对秋季发动进攻的种种理由。除了气候条件、新组建的部队尚未完成战斗准备这些无可辩驳的理由，布劳希奇还提出另一个理由，导致希特勒大发雷霆。陆军总司令批评了部队在波兰战局期间的表现，说步兵没有展现出 1914 年那种进取精神，还说重整军备的速度过快，导致部队缺乏纪律，承受压力的能力欠佳。如果冯·布劳希奇大将对军方高级指挥官阐述这种观点，无疑会得到理解。指责步兵没有展现出 1914 年那种进取精神不太公平，至少有些以偏概全。他没有看见这些年来步兵的进攻方式已发生变化，1914 年的进攻方式早就过时了。另一方面也不可否认，某些部队的表现确实有点紧张，特别是在局部战斗中，但这是每场战争爆发后没经受过实战考验的部队普遍会出现的情况。另外，各高级指挥机构也对违纪现象做出严厉惩处。鉴于 10 万人的魏玛防卫军短短几年内扩充为数百万人的大军，再加上大批部队是在动员期间组建的，出现上述现象不足为奇。想想波兰战局的胜利，上述情况无法得出以下结论：由于这些缺点，我们的军队无法在西线发动进攻。倘若冯·布劳希奇大将只是明确指出，新组建的师训练不足，缺乏内在凝聚力，而进攻行动又不能仅靠经受过考验的现役师，那么，他的观点就和他提到的季节问题一样，完全是有理有据的。布劳希奇不该在希特勒面前提出以偏概全的理由，因为此人向来以新国防军的缔造者自居，陆军总司令现在却批评这支军队缺乏能力。的确，如果希特勒缺乏政治胆识，没有不懈地推行重整军备的政策，没有以国家社会主义运动振兴魏玛共和国时期遭排斥的尚武精神，那么德国国防军就不可能实现 1939 年的战斗力。但希特勒刻意忽略了以下事实：原魏玛防卫军做出的贡献，与他取得的成就同样重要。要是没有魏玛防卫军在物质和精神方面的准备工作，没有来自这支军队的军官和士官的奉献精神，希特勒可能得不到"他缔造的"这支国防军，更无法在波兰赢得胜利。

冯·布劳希奇大将在希特勒面前陈述了种种顾虑，可这位独裁者早已自命不凡，所以此次会谈完全可以说事与愿违。希特勒没理会陆军总司令合情合理的论据，待布劳希奇大胆地批评他的功绩，希特勒勃然大怒，粗暴地中断了会谈。他固执己见，要求 11 月 12 日按计划发动进攻。

幸亏天气不合适，希特勒被迫推延进攻。相关指令反复修改，到 1940 年 1 月底就达 15 次之多。

OKH 在进攻日期的问题上反对希特勒的决定，虽说做得没错，但上文叙述的事态发展导致领导层出现危机，给日后的战事进程造成灾难性后果。首先发生的情况是，希特勒和布劳希奇不再见面。不管怎么说，陆军总参谋部作战处处长、后来擢升将军的豪辛格 1940 年 1 月 18 日告诉我，自去年 11 月 5 日起，布劳希奇再没见过希特勒。当时的情况下，这种事完全无法想象。两人 11 月 5 日的会谈不欢而散，还造成另一个后果，希特勒 11 月 23 日把各集团军群、集团军司令和他们的参谋长召到帝国总理府，对他们发表了讲话。[①] 希特勒此次讲话的详细内容我不想赘述，因为许多已出版的著作早有涉及。他强调的重点是，尽早在西线发动进攻的决定不可更改，他担心帝国在东面无后顾之忧的局面保持不了多久。希特勒阐述了在西线发动进攻的必要性，在我看来，这些理由令人信服（除了进攻日期的问题），由此可见，他这番讲话是经过深思熟虑的。另外，希特勒还大肆攻击 OKH 和陆军将领，认为他们总是给他的大胆进取设置障碍。就这方面而言，我觉得希特勒的话一点也不客观。陆军总司令得出的唯一结论就是提出辞呈，但希特勒没有接受。不用说，领导层的危机没有解决。不管怎样，OKH 认清了自己的处境，不得不为他们并不赞成的进攻行动做好准备。陆军总司令不再是全面指导

---

① 译注：布劳希奇参加了此次会议，当天傍晚又与希特勒长谈了一次，并非"再没见过希特勒"。

战争的顾问，已沦为没有发言权的执行者。

国家元首与OKH的关系恶化到这种地步，还导致OKH丧失权力，究其原因，关键因素可能是希特勒攫夺权力的欲望，以及他日益加剧的狂妄自大。戈林和希姆莱之流大肆攻讦陆军将领，纯属火上浇油。但我必须指出，波兰战局结束后，OKH对继续进行战争的问题处置不当，结果被希特勒轻而易举地剥夺了权力。

OKH决定在西线保持防御，等于把主动权拱手让给希特勒！毫无疑问，陆军在空军有效支援下迅速击败波兰后，OKH的主要工作是就后续行动事宜向国家元首提出建议。

1939年秋季，鉴于季节原因，再加上新组建的兵团准备情况欠佳，暂时无法发动进攻，OKH的立场无疑是正确的。可是，仅仅提出这种观点，再下达几道指令加强西线防御工事，无法解决如何让这场战争在军事上圆满结束的问题。如果OKH想对战争的全面指导继续发挥影响，就必须解决这个问题！

陆军总司令当然有权建议与西方国家达成政治谅解。可如果双方没有达成谅解的前景，又该怎么做呢？面对希特勒这样的人，就算目前在西线发动进攻似乎不太可行，OKH也应该立即建议以军事手段结束战争。至于军事手段，波兰战局结束后，需要考虑三个问题：

第一，如果我们在西线继续保持防御，这场战争能否取得有利的结局？或者说，要想达成这个目的，是不是只能靠德国在西线的进攻大获全胜？

第二，何时发动进攻才有望赢得决定性胜利？

第三，如何实施进攻，才能在欧洲大陆取得决定性胜利？

第一个问题有两种可能性：

第一种可能性是帝国击败波兰后，与西方国家达成谅解。OKH想必从一开始就对这条道路的可行性深表怀疑。首先从英国人的民族性格看，大不列颠做出让步的可能性微乎其微。其次是因为德国战胜波兰后，很难说希特勒仍愿意做出理智的让步，以此解决德波边界问题。最后一点，希特勒把波兰东部让给苏联人，已无法重建波兰，继而与西方国家达成谅解。其实，就算希特勒垮台，换上另一个德国政府，也无法解决这个问题。

第二种可能性是西方国家决心发动进攻，我们在西线实施防御，直到胜利结束战争。届时，德国统帅部就有望发动反攻，在西线赢得决定性胜利。这种想法出现在《哈尔德谈话录》一书里，也可以称之为"后发制人"。但豪辛格将军指出，这个想法很迟才对 OKH 的作战构想产生作用，也就是 12 月前后，而不是对 OKH 的地位至关重要的 9—10 月。

毫无疑问，后发制人的作战思想深具吸引力，特别是敌人进攻西墙肯定会碰得头破血流，或是因为破坏卢森堡、比利时乃至荷兰的中立而背负罪名。但这番如意算盘近期能实现吗？德军主力被牵制在波兰，西方国家也没敢发动进攻。那么，又怎么能设想他们会在德军大举增兵的时候发动进攻呢？我那时候就觉得，德国实施后发制人的先决条件当时根本就不具备。

联军总司令甘末林将军下令制定的战争计划明确证实了我的观点，这份计划后来落入德军手里，该计划的主导思想如下：

联军要到 1941 年春季才能获得所需要的物质力量，从而在西线进攻德国。地面部队要想获得数量优势，必须争取更多盟友。

英国军队没做好准备，1941 年前无法参与大规模进攻，除非德国发生部分崩溃（这句话的意思显然是希望德国国内发生政变，所以我们应该料到，一旦发生政变会遇到怎样的情况）。

西方国家 1940 年的主要任务是确保法国领土的完整，当然，如果德国入侵比利时和荷兰，他们会赶去支援这些国家。

另外，他们还要努力开创更多战区，以此消耗德国，例如在北欧国家和巴尔干地区（如果意大利保持中立的话）。当然，他们还会继续努力，争取比利时和荷兰加入联军阵营。

最后，除了上文提到的开辟新战区，还要对中立国施加压力，加强封锁，切断德国获得重要资源的渠道。

因此，从这份战争计划清楚地看出，西方国家企图打一场消耗战，可能的话在其他战区进行，待他们取得明确的优势，就在西线发动进攻，但 1941 年前肯定做不到。

就算 OKH 此时对联军的战争计划一无所知，也应该估计到西方国家可能会从事上述的长期战争。

联军进攻西墙会付出重大代价，他们的民众可能会为此对"影子战争"心生厌倦，这些情况的确有可能发生，但OKH的决策不能建立在这些因素的基础上。

把发起决定性进攻的主动权拱手让给敌人，似乎是个颇具吸引力的构想，可这种计划几乎没有真正的基础。无论如何，帝国绝不能坐等敌人扩充军备，获得地面和空中优势，在这方面，鉴于罗斯福的态度，我们从一开始就要想到美国为他们提供援助的问题。至少要考虑到苏联！他们从希特勒手里得到了想要的一切，德国的切身利益现在对他们毫无吸引力。西方国家越强大，德国背靠苏联这样的强国，处境就越危险！

对军方领导人来说，波兰战局结束后面临的问题如下：

第一个问题，如果我们在西线保持防御，能否顺利结束战争？答案是否定的，除非政治领导人与西方国家成功达成谅解。毫无疑问，陆军总司令建议希特勒走和解之路是合理的，哪怕只是考虑到继续进行战争的军事风险。当然，西线军队必须在有限的时间内暂时等待。不管怎么说，OKH为希特勒提供军事方面的建议，既是任务也是权力。他们必须告诉他，如果无法以政治手段结束战争，那在军事上该做些什么！

希特勒显然希望与西方国家在政治上达成谅解，如果这种可能性没有出现，OKH就必须把军事应急方案呈交国家元首，不能寄希望于击败波兰后，希特勒仍抱定原先的宗旨，不肯在西线发动进攻，也不能坐等他自行做出军事决策。

至于后续战争的军事建议，不能仅限于在西线保持防御，除非假设我们能以空战和潜艇战击败英国，但这种假设毫无根据。

如果无法达成政治谅解，军方只能提出在西线发动进攻，继续进行战争的建议。

但OKH提出这种建议的同时，必须把何时开战、如何从事战争的决定权掌握在手里。

关于何时开战的问题，OKH和西线各集团军群司令一致认为，1939年秋末或冬季发动进攻，无法赢得决定性胜利。季节是关键因素。秋季和冬季，德国国防军的两张王牌，也就是快速装甲兵团和空军，由于气候条件的关系，无法充分发挥效力。另外，这些季节的白昼较短，一天内通常就连一场战术性胜利也难以赢得，因而增加了快速作战的困难。

另一个原因是，战争爆发时组建的新部队训练水平欠佳。1939 年秋季，只有现役师具备发动进攻的能力，其他兵团缺乏协同、射击训练，内部凝聚力也不足。另外，波兰战局结束后，装甲兵团尚未完成整补工作。要是我们打算 1939 年秋季在西线发动进攻，就得尽早腾出驻扎在波兰的快速师。可希特勒没考虑到这个问题。德国空军也存在严重缺陷。

所以很明显，1940 年春季前在西线发动进攻绝不是负责任的做法。从军事角度看，这段时间刚好可用于寻求政治解决方案，但希特勒 10 月初提出的和平倡议遭西方国家拒绝后，他没在这方面继续付诸努力。

至于如何从事战争的问题，也就是在西线发动进攻的战略规划，是下一章的内容，这里就不详述了。

有件事需要先说一下。希特勒 10 月 9 日责成 OKH 拟制的进攻计划纯属权宜之策，目的不是在欧洲大陆赢得全面胜利，仅仅是针对局部目标，至少一开始是这样。

就这一点而言，OKH 本该明确无误地告诉希特勒，他的军事顾问完全能提供更好的解决方案，为局部目标发动进攻是不值得的。但此举的前提条件，是 OKH 自己要坚信，通过进攻能在欧洲大陆赢得全面胜利。

波兰战局结束后至关重要的几周，OKH 领导人对西线继续进行战争的问题持克制态度，结果把军事决策权拱手让给希特勒，个中原因目前仍未公之于众。他们也许是想促使希特勒寻求政治谅解，也可能是对再次破坏比利时的中立心存顾虑，这些想法合情合理。但外界当时的印象是，OKH 领导人对德军的进攻能否取得决定性胜利至少是有所怀疑的。

不管实情是什么，反正 OKH 把军事决策权让与希特勒。另外，OKH 作为指导陆战的权威机构，屈从于希特勒的意志，还下达他们的领导人并不赞成的作战指令，实际上已大权旁落。没过多久，A 集团军群司令部提交了一份作战建议，可以说为 OKH 夺回他们失去的地位创造了机会，可惜 OKH 没有采纳。

A 集团军群司令部的作战建议为西线攻势赢得的胜利甚至超出了希特勒最初的预期，他本来觉得自己完全可以忽略 OKH 这个机构，即便在作战问题上也是如此。

　　希特勒掌握的权力，按照施利芬的说法，堪称我们这个时代国王、政治家、军队统帅三驾马车的职权，他现在甚至攫夺了军方将领的地位。施利芬当初指出，对三驾马车中的至少一架来说，"撒母耳的膏油"不可或缺，可是，这种膏油真会落在希特勒头上吗？

第五章 围绕作战计划展开的斗争

OKH 的作战计划——反对意见——计划中的进攻无法赢得决定性胜利——施利芬计划的翻版？——敌军统帅部会怎么做？——A 集团军群司令部的计划——目标：全面胜利——重点不在北翼，必须置于南翼——战局伊始就以装甲力量穿过阿登山区——以攻势防御应对敌人有可能发起的反攻——为贯彻新计划展开徒劳的斗争——A 集团军群司令部发给 OKH 的各份呈文——作战构想部分更改，但没有根本性改变——飞行事故——作者被解除职务——向希特勒当面汇报后，A 集团军群司令部的作战建议获得采纳——这份建议能在多大程度上得到执行？

直到战争结束后，构成我们西线攻势基础的作战计划，具体的来龙去脉才公之于众，这份计划与 1939 年 10 月 19 日和 29 日 OKH 签发的"黄色展开令"截然不同。按照新计划，我们在西线迅速打垮了英法联军、荷兰军队、比利时军队，赢得了决定性胜利。英国军事作家利德尔·哈特，根据他从集团军群司令冯·伦德施泰特元帅、我们当时的作战处处长布卢门特里特将军那里得到的信息，率先报道了新计划的来龙去脉，还以我的名字命名了这份计划。

因此我认为，自己作为主要参与者，现在应该利用现有资料，详细阐述这份至少具有一定重要意义的计划是如何形成的。的确，该计划的基本思路出自我的构想。我亲自撰写了所有备忘录，由集团军群司令部呈交 OKH，我们希望按照我们的构想发动进攻，认为只有这样才能在西线赢得决定性胜利。

1940 年 2 月，我已离开 A 集团军群参谋长的岗位，但终于得到向希特勒面陈作战构想的机会，集团军群司令部此前把这种构想呈报 OKH，可一直没有回音。我面见希特勒几天后，OKH 就根据我们的想法和建议签发了新展开令。

但我要明确强调，集团军群司令冯·伦德施泰特将军和我的同僚布卢门特里特、特雷斯科夫始终赞同我的构想，冯·伦德施泰特先生还在我们呈交的报告上签名，表示他完全赞成，而且大力支持。没有他的批准，我们不可能一再向 OKH 呈文，说服他们接受新计划。

对从事战争史研究的军官和历史学家来说，了解我们围绕作战计划展开的思想斗争的整个过程，也许是值得的。但我不想阐述集团军群司令部呈交 OKH 的各种文件，这些文件势必造成内容的重复，肯定会让读者厌倦。当然，这些呈文也提出了某些要求和理由，时至今日已没人感兴趣，因为它们针对的是当时的特定时刻，以及当时有可能实现的东西。

因此，我打算先介绍 OKH 展开令的基本作战思想，然后阐述我觉得 OKH（更准确地说是希特勒）的战略构想存在缺陷的原因。接下来我会介绍与 OKH 的作战计划完全不同的基本作战思路，集团军群司令部的战略构想就建立在这种思路的基础上。最后我要简短叙述一下，经过漫长而又徒劳的斗争，根据集团军群司令部的思路拟制的作战计划最终如何替代了原先的方案，无疑是希特勒的指示起了作用。

OKH（即希特勒）的作战计划

如果让我根据手头的展开令，先阐述 OKH（和希特勒）所策划的攻势的基本战略思想，那么我想这样来介绍：

按照希特勒 10 月 9 日的指令，OKH 打算以强大的右翼穿过荷兰和比利时北部，击败可能盘踞在比利时的英法联军，以及比利时和荷兰军队。这个强大的突击翼寻求的是决定性胜利，由 N 集团军级支队和 B 集团军群（司令冯·博克大将）组成，开入莱茵河下游和北艾费尔地区。B 集团军群编有 3 个集团军。德军北翼共计 30 个步兵师和快速兵团大部（9 个装甲师、4 个摩托化步兵师）。西线德军共 102 个师，北翼兵力占了近一半（参见附件一）。

N 集团军级支队的任务是歼灭荷兰军队，而 B 集团军群的 3 个集团军从吕蒂希①南北两侧穿过比利时北部。强大的装甲兵团应发挥决定性作用，一举击溃敌军

---

① 译注：即列日。

（A 集团军群的任务参见下文）。

10 月 19 日下达的第一道展开令，10 月 29 日做出修改，暂时把荷兰排除在外，可能是 OKH 提出的建议。（参见附件二）

按照新指令，B 集团军群现在必须把两个集团军（第 4、第 6 集团军）排在第一线，另外两个集团军（第 18、第 2 集团军）排在第二线，从吕蒂希两侧向前推进。荷兰后来再次纳入作战计划，交给第 18 集团军对付。

B 集团军群执行决定性进攻，A 集团军群掩护他们的南翼。A 集团军群编有两个集团军（第 12、第 16 集团军），共计 22 个步兵师，没有快速兵团，奉命开入艾费尔南部和洪斯吕克山地区，任务是穿过比利时南部和卢森堡。

第 12 集团军梯次配置在 B 集团军群左翼，伴随 B 集团军群一同攻击前进，以防敌人打击该集团军群翼侧。

第 16 集团军穿过卢森堡后转身向南，在纵深翼侧掩护整个行动，防御阵地大致沿马其诺防线西部边缘的北面延伸，位于萨尔河与色当东面的马斯河之间。

C 集团军群编有两个集团军，共计 18 个步兵师，任务是掩护从卢森堡延伸到瑞士边界的西墙。17 个步兵师和 2 个快速师留作统帅部预备队。

这场行动的目标，在 10 月 19 日展开令的第一段称为"总企图"（根据希特勒 10 月 9 日签署的 OKW 指令），具体如下：

"尽可能多地击溃法国军队及其盟军，同时尽可能多地占领荷兰、比利时、法国北部领土，以此作为基地，日后对英国展开极具成功希望的空战和海战，也作为鲁尔区广阔的前方保障地带。"

展开令第二段，OKH 阐述了率领进攻的两个集团军群的第一个目标：

"歼灭荷兰军队，尽可能多地击溃边境筑垒地域的比利时军队，迅速集中强大的兵团，特别是快速兵团，为强大的北翼继续进攻和迅速占领比利时沿海地区创造条件。"

我们在前面说过，10 月 29 日的展开令做出修改，OKH 重新确定了"总企图"，在一定程度上扩大了 B 集团军群进攻行动的目标，新的总企图如下：

"在法国北部和比利时境内接战并击溃尽可能多的法国军队，为我们在陆地和空中继续与英法两国交战创造有利条件。"

在"兵力配置和任务"段落，OKH 为 B 集团军群规定的作战目标如下：

"歼灭索姆河以北地域的联军，一路前出到海峡沿岸。"

A 集团军群的掩护任务大体不变，主要是遂行防御，但也有所扩大，右翼集团军（第 12 集团军）现在奉命迅速前进，尽快在菲迈附近及其南面渡过马斯河，穿过法国边境筑垒地域，朝拉昂这个总方向攻击前进。

两道展开令规定的作战企图概括起来大致如下：

实力较强的右翼负责粉碎比利时境内的英法军队，实力较弱的左翼掩护这场突击。就空间而言，作战目标是夺取海峡沿岸。首轮打击完成后该如何行事，指令里没有说明。

反对意见

很能说明问题的是，读罢两份展开令阐述的作战计划，我的第一反应更多地出自情感，而不是理智。OKH 的作战企图，看上去基本是 1914 年施利芬计划的翻版。我羞愧不已，我们这代人除了重复旧方案，提不出任何新构想，即便这份旧方案出自施利芬，我们还是丢人至极。要是我们从文件柜里取出一份敌我双方都经历过的战争计划，结果会怎样，更何况对方早就为这份计划的重演做好了准备！所有军事专家都知道，德军 1914 年冲击凡尔登—图勒—南锡—埃皮纳勒筑垒防线，与之相比，德国人不愿进攻马其诺防线，也不具备这种能力。

不过，要是我把出自情感的第一反应归咎于 OKH，无疑是不公正的。首先，这份计划出自希特勒，而不是 OKH；其次，它也没有完全照搬施利芬计划。不管怎样，"照搬施利芬计划"的普遍看法，只有两个方面是正确的：第一，德军 1939 年的进攻重点和 1914 年一样，都置于北翼；第二，两份计划都要穿过比利时。除此之外，可以说 1939 年的计划与 1914 年截然不同。

首先是完全不同的形势。1914 年还能像施利芬策划的那样，依靠作战突然性。就算德军无法以全部兵力穿过比利时，至少能把主力集中到最北翼。而 1939 年，希特勒这种企图根本无法遮敌耳目。

另外，1914 年还能像施利芬那样，希望法国人早早攻入洛林，给我们帮个大忙。而 1939 年已无法指望敌人助我们一臂之力。他们会投入强大的兵力，抗击我们从一开始就穿过比利时，甚至有可能穿过荷兰的突击，与 1914 年的情况相反，我们基本上要与敌人正面交战。法国人不会过早地在战线中央地段采取主动，有可能后发制人，对穿过比利时的我军主力的南翼发起强有力的反突击。所以，决不能全盘照搬施利芬计划。

但除此之外，我很清楚，OKH 和希特勒都没想过全盘照搬施利芬计划。施利芬计划设想的是全面、决定性地歼灭法国军队。也就是说，他打算以大规模深远迂回从北面合围敌军，肃清法国北部之敌，尔后穿过巴黎西部，最终把所有法国军队逼到梅斯—孚日山脉—瑞士边界一线，迫使他们投降。但另一方面，他得承受初期在阿尔萨斯遭遇敌军反突击的风险，同时指望敌人攻往洛林，为德军顺利完成合围助上一臂之力。

相比之下，1939 年的作战计划没有争取全面胜利的想法。作战目标很明确，就是歼灭盘踞在比利时北部的联军，赢得局部胜利。同时在空间上夺取海峡沿岸，以此作为后续作战的基地。

冯·布劳希奇大将和他的总参谋长拟制展开令时，也许想到毛奇说过的话，他在《论 1870—1871 年战争》的序言里谈到总参谋部的工作："没有哪份作战计划能准确预料与敌主力首次遭遇后的情况。只有外行会相信，预先确定的、包含各种细节并延续到最终的作战思想能在战局过程中始终如一地得到贯彻。"

如果 OKH 的作战思想以这种指导原则为基础，那么，他们就是想实现初期目标（北翼在比利时境内赢取局部胜利并夺得海峡沿岸）后，为是否和如何进行后续作战留下余地。

但就我在措森收到展开令后听说的情况看，我觉得 OKH 认为德国军队不可能在法国战区赢得全面胜利，最起码他们对此深感怀疑。陆军总司令和总参谋长随后多次视察我们的集团军群司令部，进一步加强了我这种印象。集团军群一再建议，必须努力争取全面胜利，可 OKH 从没给出明确答复。我还觉得，就连希特勒当时也不相信拟议的行动能彻底击败法国。相反，他首先想到的可能是，德国 1914 年的攻势失败后，甚至没看出控制必要的基地对英国展开潜艇战的必要性。这就是他现在非常注重夺取海峡沿岸的原因。

很明显，像施利芬策划的那样，以一场行动彻底击败法国，现在已不复可能。

如上文所述，由于形势发生变化，已不具备实施这种行动的前提条件。但如果OKH实现局部目标后打算继续作战，以期最终击败法国，那么，初期行动就得瞄准这个最终目标！首先，我们要彻底歼灭敌人的北翼，确保第二步行动的决定性优势，第二步行动的目标必须是歼灭法国境内的联军残部。但另一方面，初期行动也要为第二步行动创造有利的作战条件。

第二步行动能为我们赢得全面胜利，但在我看来，OKH目前策划的作战行动，无法满足展开第二步行动的两个条件。

受领突击任务的德国B集团军群，辖内43个师侵入比利时，会遭遇20个比利时师，倘若荷兰参战的话，还得加上10个荷兰师。尽管这些师的战斗力远不及德国军队，但他们可以依托吕蒂希两侧和阿尔贝特运河强大的筑垒地域，或利用地形障碍实施顽强抵抗，要知道，比利时境内的阿尔贝特运河延伸到安特卫普要塞，南面的马斯河筑垒防线以那慕尔为支撑点，而荷兰境内有无数条水道。另外，这些敌军几天内就会得到英法军队（包括所有装甲和摩托化师）增援，这股联军早已部署在法国—比利时边界，严防德国入侵比利时。

德军进攻翼不可能再像1914年那样，以出其不意的大规模迂回合围敌军。待英法军队开抵，我们就不得不以近乎正面进攻的方式击败实力旗鼓相当的对手。初期行动只能靠战术手段赢得胜利，根本没在战略层面做好准备。

敌人借助娴熟的指挥，完全能避免在比利时境内遭遇惨败。就算他们无法守住安特卫普—吕蒂希—马斯河（或瑟穆瓦河）筑垒防线，我们也得预料到，对方会退到索姆河下游后方继续战斗。他们可以投入强大的预备队，在那里构筑新防线。而德军的攻势在此期间已从顶点走向衰落。A集团军群的布势和兵力都无法阻止敌人构设从色当东面的马其诺防线顶端延伸到索姆河下游的防线。这样一来，德国军队就陷入与1914年秋季作战结束后类似的境地，唯一的好处是控制了海峡沿岸宽大的海岸基地。我们既无法按计划歼灭比利时境内之敌，为最终决战争取到足够的优势，也没能为后续作战创造有利条件。所以，OKH策划的作战行动只能赢得局部胜利。

而1940年的实际情况是，B集团军群以娴熟的指挥彻底打垮了比利时境内的敌军，比利时和荷兰军队被迫投降。尽管我们对德军的指挥和装甲兵团的战斗力充满信心，但对这种战果还是有些始料未及。如果敌人指挥得更好些，本来不会这样。他们在比利时北部大败亏输，可能是因为我们后来修改了作战计划，在比利时境内作战的敌军后方交通线被 A 集团军群装甲力量切断，被迫撤离索姆河。

最后还要指出，OKH 的作战计划有一个疏漏：对方果敢而又坚定的指挥带来的战斗力。我们不能假设敌人缺乏这种能力，特别是甘末林这样的将领，他甚至在我们这里也有很高的声望。贝克将军战前拜访过他，对他的印象非常好。

敌人果敢的指挥本来有可能挡住德军穿越比利时的突击，同时对北翼德军的南侧发起大规模反突击。即便指定用于支援比利时和荷兰的兵力已开入比利时，他们还是能为这种反突击集中 50—60 个师，当然，也许要抽调马其诺防线的兵力。在此期间，B 集团军群朝西面的海峡或索姆河河口挺进得越远，敌人对北翼德军纵深翼侧的反突击就越有效。A 集团军群的 22 个师能否挡住对方的反突击，这一点没有把握。不管怎么说，作战行动照此发展的话，我们就很难为西部战区的最终决战创造有利条件。

A 集团军群司令部的计划

以上概述的反对意见，是我研究 OKH 展开令期间想到的，构成了我们多次向 OKH 提出建议，竭力说服他们接受我们作战观点的基础。这些建议多少有些重复，这种情况无法避免，所以我在这里简单总结一下，同时与 OKH 的作战企图加以比较。

1. 西方攻势的目标，必须是在陆地寻求决战。如果致力于 OKH 展开令规定的次要目标，那么我们在政治（破坏三个国家的中立）和军事方面付出的代价就太不合理了。德国军队在欧洲大陆的进攻力对我们来说是决定性要素，把他们消耗在次要目标的做法不可取，特别是考虑到苏联这个因素。

2. 我们的进攻重点必须置于 A 集团军群，而不是 B 集团军群。B 集团军群计划中的突击，多多少少会正面遭遇预有准备之敌，也许能取得初期战果，但最终很可能停在索姆河畔。真正的机会是 A 集团军群穿过阿登山区发起突袭（由于地形复杂，敌人绝料不到我们会在这里使用装甲力量），朝索姆河下游攻击前进，在索姆河前方切断敌人投入比利时境内的军队。仅以这种方式就有望歼灭比利时境内的整个敌军北翼，为法国境内的最终决战创造先决条件。

3.A 集团军群既创造了最大的良机，也给德军的攻势造成最主要的危害。倘若敌人应对正确，他们会设法避免在比利时境内从事对他们不利的决战，必要情况下退到索姆河后方。与此同时，他们还可以集中所有兵力，对我们的南翼发起大规模反突击，目标是合围比利时境内或莱茵河下游前方的德军主力。尽管我们不太相信法国统帅部会采取如此大胆的解决方案，他们的盟友肯定也会反对，但我们必须考虑到这种可能性。可如果我们穿过比利时北部的攻势在索姆河下游受阻，敌人至少会以预备队建立一条绵亘防线。这条防线有可能从色当东面的马其诺防线西北端起，利用埃纳河和索姆河，一路延伸到海峡。为防止这种情况发生，只要敌人在我们南翼展开，例如在马斯河两侧或马斯河与瓦兹河之间，就必须立即予以粉碎，这一点至关重要。我们从一开始就得破坏该地域敌军防线的完整性，为日后绕过马其诺防线创造条件。

4.A 集团军群必须成为整个行动的重点，尽管出于空间原因，一开始可能会给 B 集团军群配备更多的师，但 A 集团军群应该编有 3 个集团军，而不是 2 个。按照计划，一个集团军穿过比利时南部强渡马斯河，尔后朝索姆河下游攻击前进，进入 B 集团军群当面之敌的后方。

另一个集团军必须按计划攻往西南方，任务是粉碎敌人集中兵力、在马斯河以西地域对我们南翼发起反突击的企图。

第三个集团军按计划在谢尔克与色当东面的穆宗之间，马其诺防线北面，掩护整个行动的纵深翼侧。

作战重点从 B 集团军群转到 A 集团军群，为此提出以下要求：

再调拨一个集团军和强大的装甲兵团，由于空间原因，这个集团军只能在我们的进攻取得进展后再投入，但从一开始就要做好准备。

以上就是集团军群司令部多次向 OKH 呈交备忘录提出的作战思路的简要概括。

为 A 集团军群的作战计划进行的斗争

当然，1939 年 10 月我不可能马上拟制出一份妥善的作战计划。凡人达成目标前，总是要辛勤地工作，还得进行一番斗争。完美的艺术品不可能像雅典娜那样，从宙斯的头颅里一跃而出。

毕竟，集团军群司令部 1939 年 10 月 31 日发给 OKH 的第一份呈文，就德国发动进攻的情况下如何遂行作战行动提出建议，其中包含"新计划"的基本思路。更准确地说，这份呈文是两封信。第一封信是集团军群司令写给陆军总司令的，谈到德国军队在当前情况下发动进攻的基本问题。

冯·伦德施泰特大将在信件开头处着重指出，根据 10 月 19 日和 29 日的展开令拟制的进攻计划，不可能取得决定性战果。敌我兵力对比没有为全歼敌军创造基础，纯粹的正面接敌致使我军无法攻击对方翼侧和背后。这场进攻很可能以索姆河的正面交战而告终。他还指出，装甲兵团和空中力量是我们的制胜王牌，但他们在深秋和冬季无法充分发挥效力，我方作战行动会遭遇种种困难。

可如果此次攻势获胜，为海空军打击英伦三岛创造条件的话，就必须发动进攻。根据第一次世界大战的经验，仅夺取部分海峡沿岸是不够的，必须占领整个法国北部的大西洋沿岸，以此作为实现上述目标的先决条件。

鉴于我们身后是苏联，为局部而不是全面胜利消耗军队的进攻力殊不可取。我方军队的进攻力是欧洲大陆的决定性要素，只要我们还有一支具备攻击力的军队，就能保持苏联与我们的友谊。

新组建的兵团的训练和内在凝聚力达到必要的水准前，我方军队的攻击力目前只能依靠现役师，但寻求决定性胜利的进攻，仅凭现役师是不够的。

要是我们对英国发动空战，这种压力也许会迫使西方国家主动进攻。但英国遭受高昂的伤亡后强行发动进攻，法国是否有足够的战斗意志配合，这一点殊难逆料。我们希望把进攻筑垒阵地的难题和破坏比利时、荷兰中立的罪名丢给敌人。但我们不能无限期地等下去，直到英国完善他们的陆军、空军军备。

从军事角度看，对英国的战争只能在海上和空中赢得。要是我们没等决战就把军队的进攻力消耗殆尽，那么只会在欧洲大陆大败亏输！所以，伦德施泰特大将在信里对德军过早（深秋或冬季）发动进攻提出警告。集团军群司令部在这方面与 OKH 观点一致，但对德军进攻行动的具体方案持不同看法。关于这个问题，集团军群司令认为，按照 OKH 的展开令行事，无法赢得全面胜利。

集团军群司令部 10 月 31 日呈送 OKH 的第二封信（参阅附件三），以积极建议的方式补充了集团军群司令的上述判断，陈述了我们对德军这场进攻该如何实施的看法。尽管形式不太完整，但信里包含"新计划"的基本思想，强调了以下必要性：

1. 整个行动的重点置于南翼；

2. 投入强大的摩托化力量，从南面出击，攻往比利时北部联军的身后；

3. 另一个集团军在 A 集团军群身后跟进，负责攻势防御，掩护我们的南翼免遭敌人大规模反突击。

陆军总司令和总参谋长 11 月 3 日视察集团军群，没有提起这些呈文。不过，我还是趁这个机会，代表冯·伦德施泰特大将陈述了我们的观点。但冯·布劳希奇大将否决了我们增派兵力（另一个集团军和强大的装甲力量）的请求，他说道："好吧，等我有多余的兵力就调给你们。"这句话表明，他当时根本没接受我们的思路。不过，他最后还是答应，从 OKH 预备队给我们调拨 1 个装甲师和 2 个摩托化团。

很不幸，此次视察也清楚地表明，OKH 领导人对计划中的进攻，特别是德军在西线赢得全面胜利的可能性持强烈的保留态度。他们想从各集团军司令和军长那里了解部队的状况，这不难理解。可他们听取关于新建师现况的汇报时，表现出的态度给人的印象是，他们对计划中的进攻没抱太大希望。

为消除这种印象，冯·伦德施泰特大将几天后召集麾下将领，阐述了司令部的作战观点，还指出我们在西线赢得决定性胜利的机会很大，但这场进攻只能到来年春季再发动。

OKH 要求我们在展开令框架内陈述意见，利用这个机会，我们 11 月 6 日再次提出建议，但没得到回复。

在此期间，希特勒的"观象青蛙"，也就是航空部的气象专家忙着在他们的梯子上爬上爬下。结果，只要他们预测到一段好天气，哪怕很短暂，希特勒就下达指令，让部队开入待机地域。但他的"观象青蛙"每次都撤销预报，于是，相关军事行动也随之取消。

11 月 12 日，我们收到一份完全出乎意料的电传电报，具体如下：

　　元首现在决定，在第 12 集团军南翼或第 16 集团军地域组建第三个快速部队集群，以第19军军部、第2和第10装甲师、1个摩托化师、党卫队警卫旗队、大德意志团编成，做好准备，利用阿尔隆、坦蒂尼、弗洛朗维尔两侧没有森林的地带，朝色当及其东面推进。

该集群的任务是：

A. 击溃敌人开入比利时南部的机动力量，缓解第12、第16集团军的任务压力；

B. 在色当附近或东南面出人意料地占领马斯河西岸，为后续行动创造有利条件，特别是在第6、第4集团军辖内装甲兵团没能在这里发挥作用的情况下。

OKH随后对展开令做出相应的补充。

电传电报的措辞表明，第19军调拨给A集团军群是遵照希特勒的命令。这是怎么回事？可能是第16集团军司令布施将军不久前向希特勒的汇报让他动了这个念头。布施将军知道我的思路，也许他在希特勒面前提到，我们想以装甲力量迅速突破阿登山区。不过，这也可能是希特勒自己的想法，他对战术机会独具慧眼，潜心研究地图后得出了结论。他也许意识到，在色当附近渡过马斯河是最容易的，而第4集团军辖内的装甲兵团在下游渡河会非常困难。他大概发现，渡过马斯河最有利的地点就是色当，马斯河防线在这里为B集团军群南翼开了个口子，一如既往，他想同时抓住所有深具吸引力的目标。虽然我们对装甲军配属给集团军群大为高兴，但这也意味着分散使用装甲力量。第19装甲军军长古德里安将军起初不同意这样使用他的军，因为他一直主张装甲力量必须集中在一处。直到我跟他介绍了集团军群司令部的作战构想，以及我们努力把整个行动重点置于南翼（也就是A集团军群）的目的，古德里安才发现敌军后方索姆河河口这个诱人的目标，对我们的计划兴奋不已。正是他的热情，驱使我方装甲力量在敌军身后长驱直入，一路前出到海峡沿岸。古德里安认为，尽管地形复杂，但以大股装甲兵团穿过阿登山区的想法完全可行，我对此当然如释重负。

我们把话题拉回第19装甲军配属A集团军群这件事，毫无疑问，希特勒认为此举仅仅是个战术措施，渡过马斯河也是为缓解B集团军群的压力。

OKH对展开令的补充说明，也没体现出设定新目标的想法。他们根本没提从

A 集团军群地域攻往索姆河河口，一举合围敌军，赢得决定性胜利的构想，甚至没要求为此做好准备。

11 月 21 日，陆军总司令和他的总参谋长再次视察我部。我们在科布伦茨召开会议，列席的除了 A 集团军群几位集团军司令，还有 B 集团军群司令冯·博克大将和他的几位集团军司令。

一个特殊原因让此次会议不同以往。冯·布劳希奇大将想听听集团军群和集团军司令的想法，以及他们根据 OKH 展开令做出的安排。可是，B 集团军群司令和他的几位部下讲完后，本该轮到我们发言，布劳希奇却宣布，说听听集团军司令的意见就够了。显然，他担心 A 集团军群司令部趁机发表不符合 OKH 展开令的观点。

我们别无选择，只能呈交备忘录（参阅附件四），以书面形式向 OKH 负责人再次陈述我们对此次进攻该如何实施的看法。

与上面提到的 2 份（10 月 31 日和 11 月 6 日），以及另外 4 份（11 月 30 日、12 月 6 日、12 月 18 日、次年 1 月 12 日）呈文一样，这份备忘录再次强调以往提过的主要观点，集团军群司令部提出的总体进攻计划建立在这些观点的基础上。由于当前形势的变化，个别呈文的内容略有些不同，但整体作战思想和建议与我们前面说过的基本相同，所以这里不再重复。

与此同时，希特勒似乎也在考虑第 19 装甲军用于 A 集团军群地域的问题，令他困扰的是，如果 B 集团军群辖内的装甲力量没能迅速取得预期战果，能否以更多兵力增援第 19 装甲军，如果可以的话，又该如何执行。不管怎样，据 OKW 战时日志官格赖纳说，希特勒 11 月中旬问过 OKH，必要情况下，能否和如何增援古德里安装甲军。据格赖纳说，希特勒 11 月 20 日前后下达指示，要求 OKH 做好预案，倘若 A 集团军群取得"比 B 集团军群更快、更大的战果"，就把作战重点从 B 集团军群迅速转移到 A 集团军群。

11 月底，OKH 把莱茵河东岸的第 14 摩托化军调入 A 集团军群展开地域后方，显然是遵照希特勒的指令行事。但该军仍留作 OKH 预备队，至于配属给 B 集团军群还是 A 集团军群，OKH 会根据日后的具体作战形势而定。希特勒把作战重点转到 A 集团军群的念头，是他自己想到的，还是听说了 A 集团军群司令部的作战思路，这个问题不甚明了。

我们在前面说过，希特勒 11 月 23 日在柏林向三军高级将领发表讲话，次日，希特勒接见了冯·伦德施泰特大将、布施、古德里安将军。返回科布伦茨的途中，布施告诉我，希特勒在会见中表示，他非常理解集团军群的观点。如果真是这样，就说明希特勒加强 A 集团军群装甲力量的意图，主要是为了实现他所希望的目标，也就是在色当突破马斯河防线，为 B 集团军群的行动提供便利。依我看，冯·伦德施泰特大将当时不太可能把我们与 OKH 展开令截然相反的作战草案呈报希特勒，特别是考虑到陆军总司令当时的尴尬处境。另外，真这样做的话，他事先会告诉我。

格赖纳还指出，希特勒 10 月底就通过他的副官长施蒙特知道了 A 集团军群司令部的计划，这种说法值得怀疑，至少从时间上看不太可能。正如我在前文说过的那样，施蒙特代表希特勒来我们这里，想看看气候和地形条件是不是真像我们报告的那样，给进攻行动造成严重妨碍。我们的作战处处长布卢门特里特上校和冯·特雷斯科夫中校利用这个机会告诉施蒙特，集团军群司令部向 OKH 提交了作战计划，他们认为这份计划更好。

几天后，布卢门特里特征得我同意（冯·伦德施泰特大将批准了，我只好勉强同意），把我拟制的最后一份备忘录的副本交给施蒙特上校。至于施蒙特把这份副本呈送希特勒还是约德尔将军，我就不知道了。不管怎样，1940 年 2 月 17 日，希特勒让我就如何遂行西线攻势的问题陈述自己的观点时，只字未提他看过我们呈送 OKH 的备忘录。

11 月底，希特勒也许确实考虑过，行动进行期间把进攻重点从 B 集团军群转移到 A 集团军群。但这绝不意味着他放弃了目前的作战计划，或接受了 A 集团军群司令部的基本作战思想。尽管第 14 摩托化军作为 OKH 预备队，变更部署到我们的展开地域后方，但先前的展开令依然有效。行动成功与否，主要取决于 B 集团军群在比利时北部的大举推进，而 A 集团军群仍执行掩护任务。只有在 B 集团军群没取得预期战果，或 A 集团军群作战地域有望迅速赢得胜利的情况下，希特勒才会转移进攻重点。

哈尔德将军给我的回复也明确说明了这一点，这份回复针对的是我 11 月 30

日就作战计划重新提交的新报告（参阅附件五），顺便说一句，这是他首次回复我们先前那些呈文。哈尔德指出，第二个重点（也就是 A 集团军群作战地域）似乎已出现，一旦突破阿登山区的行动大获成功，我们建议的作战目标就必然会扩大，整场行动也会按照我们的建议进行。

哈尔德将军指出，我们的大部分想法与 OKH 不谋而合，但不同之处在于，OKH 先前就第 19 和第 14 军下达的命令，不是建立新的重点，只是为建立新重点创造可能性。他继续指出："由于受到我们无法控制的力量影响，实际作战重点的形成，已经从部署问题变成行动期间的指挥问题。"

从哈尔德的答复可以看出两点：第一，希特勒保留了执行进攻期间最重要的决定权；第二，他显然认为作战重点的形成取决于战事进展，对 A 集团军群司令部的作战计划，他要么不知道，要么不想接受。我 12 月 15 日接到哈尔德将军打来的电话，证实了第二点。

12 月 6 日，我又给陆军总参谋长写了封私信，再次列举了支持我们这份作战计划的所有要点（参阅附件六）。实际上，我以作战建议的方式在信里完整地阐述了"新计划"。但到 12 月 15 日，我一直没得到哈尔德将军任何回复，于是打电话给第一军需长冯·施蒂尔普纳格尔将军，向他询问 OKH 是不是想对我们的建议装聋作哑，就这样一直拖下去。结果，哈尔德给我打了上面提到的那通电话。他对我保证，虽然他们完全赞同我们的意见，但必须执行严格的指令，作战重点仍置于 B 集团军群，或在进攻期间再决定是否转移重点。从这番话可以听出，OKH 实际上接受了我们的作战思想，还以某种形式汇报给了希特勒。但与此同时，约德尔的代表瓦利蒙特将军和国防军指挥参谋部第一参谋，后来擢升将军的冯·洛斯贝格却告诉我，OKH 从未向希特勒汇报过我们的建议！这种情况令我们困惑不解。

无论 OKH 是虚与委蛇还是真心赞同我们的意见，反正，进攻期间再考虑是否把作战重点转移到 A 集团军群，这种想法与 A 集团军群司令部设想的行动完全是两码事。

拿破仑的确说过"先投入战斗，然后就见分晓"，可这句话几乎成为法国人的公理，特别是他们 1914 年上当受骗，主动攻入洛林后更是如此。毫无疑问，这个公理也适用于 1940 年的联军统帅部，因为他们想让我们先发动进攻，然后伺机行事。他们肯定会规避比利时境内的决战，尔后以最强大的兵力对我们的南翼发起反突击。但对我们来说，决不能坐在这里考虑何时在何处打出我们王牌的问题，因为集团军群司令部的作战计划建立在出敌不意的基础上。敌人很难料到我们会以强大的装甲力量穿越阿登遍布森林的山地，身后还有一个集团军跟进。

但这场突击要想实现战术目标，也就是到达索姆河下游，必须打垮开赴比利时南部的敌军。与此同时，我们还得与敌军残部一同渡过马斯河，这样才能进入位于比利时北部 B 集团军群当面之敌的背后。同样，如果我们打算在对方采取行动前一举粉碎敌人部署在我们南翼（例如马斯河与瓦兹河之间）的强大预备队，为歼灭敌军残余力量的"第二幕"创造有利条件，我们部署在这里的兵力就必须强大到足以掌握主动权。

如果我们等战事发展后再决定作战重点置于何处，无异于放弃了从南面迂回、歼灭比利时北部之敌的良机。同时，此举也让敌人有了获胜的机会，因为他们可以投入强大的预备队，对我们的南翼发动反攻。但敌军统帅部没抓住这个机会。

如果说是否给 A 集团军群配备强大的兵力，从而形成作战重点，取决于我们能否以不足的兵力取得出敌不意的效果，那么，毛奇的话适用于这种思想："初期展开阶段犯的错是无法弥补的。"所以，无论 B 集团军群的强大突击能否粉碎比利时北部之敌，也无论孤军深入的第 19 装甲军能否到达色当，我们决不能坐等攻势发展。倘若上级打算采纳 A 集团军群的计划，那么从一开始就该给集团军群配属足够的装甲力量和 3 个集团军（哪怕第三个集团军只能在我军夺得更多空间后前调）。据此，我 12 月 6 日为集团军群起草的呈文，要求为 A 集团军群配属共计 40 个师的 3 个集团军，外加 2 个快速军，而不是编有 22 个步兵师的 2 个集团军和 1 个装甲军。希特勒介入并接受我们的作战思想后，A 集团军群获得的兵力终于达到这个数字。

所以，为了让上级采纳集团军群司令部的计划，我们还得继续斗争。现在的主要问题是，行动伊始不能只投入第 19 装甲军，第 14 摩托化军也得加入其中，按计划穿越阿登山区，在色当附近及其下方渡过马斯河，尔后攻往索姆河下游。另外，我们要求配属的第三个集团军，必须从一开始就发起进攻，打击有可能部署在马斯河西面我方南翼的敌军。

如果这两个要求得到满足，那么无论OKH是否全盘接受我们的思想，进攻行动必然会朝我们希望的方向发展，从而实现全面胜利的目标。

当然，就像毛奇说过的那样，我们的作战计划不可能预见到首度遭遇敌军主力后的情形，但可以肯定，倘若我们以不足的兵力发动进攻，初期阶段就会陷入停顿。不过，毛奇在同一段话里还说，与敌军首度遭遇后，指挥官"必须时刻紧盯自己的大目标"。我们认为，大目标就是在欧洲大陆赢得全面胜利。德军的攻势必须从一开始就瞄准这个目标，哪怕决定性胜利只能以两个阶段来实现。上文提到拿破仑的做法在其他情况下也许是最佳策略，希特勒据此保留了把作战重点置于何处的决定权，但在我们看来，此举意味着放弃了赢得全面胜利的机会。

由于我在12月6日写给陆军总参谋长的信件没取得预期结果，于是我按照我们的作战思想，为西线攻势拟制了一份"展开令草案"（参阅附件七），12月18日呈交冯·伦德施泰特大将。他会以这份文件为基础，向陆军总司令汇报情况，如果获得批准，他还要向希特勒汇报。12月22日，冯·伦德施泰特大将与冯·布劳希奇大将会晤，但没能面见希特勒。另外，我们还以书面形式，把这份展开令草案呈送OKH。我希望以这种具体的形式阐明我们的作战思路，也许比先前的理论性解释更具说服力，说不定能让总参作战处接受我们的思想。可直到战争结束后我才发现，总参作战处根本没有从哈尔德将军那里收到我们关于西线攻势的呈文。

12月下半月的天气情况排除了发动进攻的一切可能性。另外，现在似乎有必要停一停，然后再继续敦促上级更改作战计划。关于这个问题，我们提供的材料很充裕，所以我可以安安心心地回家过圣诞。从利格尼茨返回科布伦茨的途中，我打电话给措森的OKH，想知道他们这段时间对我们那份作战草案的态度。冯·施蒂尔普纳格尔将军又一次告诉我，OKH基本赞同我们的观点，但限于希特勒的指令，无法决定作战重点的问题。没人知道陆军总司令有没有把我们的建议告诉希特勒，应该没有，因为时任总参作战处长的豪辛格中校告诉我，冯·布劳希奇大将自11月5日起就没再见过希特勒。

随着新年到来，希特勒的"观象青蛙"再次活跃起来。晴朗、霜冻预示着一段好天气，为空军的行动创造了机会。但严寒导致艾费尔和阿登山区覆盖了一层厚厚的冰雪，对装甲兵团的行动很不利。

不管怎样，希特勒再次发出指令，让部队从待机地域开入进攻出发阵地。

尽管如此，集团军群司令部1月22日再次向OKH呈交了题为"西线攻势"的备忘录（参阅附件八），我们在这份备忘录里又一次阐明先前反复提过的关于西线攻势的想法，还强调进攻的目标是赢得全面胜利。尽管此时已无法更改展开令，但集团军群司令部还是坚信，我们的思路会在展开和作战实施过程中脱颖而出。另外，发动进攻的指令先前撤销了那么多次，这次也许还是这样，所以，仍存在彻底更改作战计划的可能性。

但要达成这个目的，就得清除一直妨碍我们的作战计划获得采纳的绊脚石，这块绊脚石在哪里呢？据我们从OKH听到的说法，希特勒的观点是最大的阻碍。OKH一再强调，他们基本赞同我们的观点，但受到希特勒指令的制约，他坚持认为，作战重点应当视作战进程而定。可由于我们的计划与OKH制定的展开令相去甚远，OKH把我们的计划呈报希特勒了吗？如果呈报希特勒的计划不仅能实现局部目标，还有望在西线赢得全面胜利，能说服希特勒改变主意吗？据我们所知，希特勒和OKH负责人到目前为止都不相信我们能在西线赢得全面胜利。

为澄清这个问题，我们随"西线攻势"备忘录一同附上冯·伦德施泰特大将签名的信件，具体如下：

> 集团军群从OKW下达的指令获悉，元首兼最高统帅保留了在作战过程中确定作战重点的决定权，借此获得最高指挥权，OKH因而无权自行做出作战决定，所以我请求你们把这份建议（指的是上面提到的备忘录）呈交元首。
>
> 签名：冯·伦德施泰特

当然，这项请求是我对伦德施泰特大将提出的建议，他听罢立即签名同意，但此举在某种程度上违背了德国的军事传统，因为只有陆军总司令和代表他的陆军总参谋长有权向希特勒提出建议。

可如果OKH真赞同我们的观点，就该主动采纳我们的作战计划，并上报希特勒。这是个机会，能让 OKH 得到好评，重新获得陆战指导权威的地位。没有谁比我更欢迎这种结果，当初我作为第一军需长，与冯·弗里奇大将和贝克将军一同为 OKH 的地位努力争取过。[1] 另一方面，如果 OKH 已经把我们的想法呈报希特勒，但徒劳无获，那么，希特勒非常敬重的冯·伦德施泰特大将亲笔签署的这份文件，可能会给 OKH 莫大帮助，说不定能打消希特勒视作战进程确定作战重点的决定。我们从 OKH 听到种种反馈后不得不推断，实现我们的作战思想，目前最主要的障碍就是希特勒的决定。

可这份备忘录得到的回复令我们大失所望。回函指出，我们认为 OKH 只寻求局部目标的看法纯属误解，他们会及时确定更多目标。至于提供更多兵力，为 A 集团军群配属另一个集团军的问题，他们已做好预案，投入时机必须由陆军总司令来决定。希特勒会根据陆军总司令的建议，最终确定作战重点。他们基本赞同我们的作战思路，因而认为没必要把这份备忘录呈送希特勒。

虽然 OKH 的回函称，陆军总司令赞同我们这份备忘录的主要思路，但无法掩盖的事实是，他们不打算建议希特勒按照我们的建议对作战计划做出根本性修改。相反，目前的展开令依然有效。比利时境内的决战仍以 B 集团军群的正面进攻来实施，至少在攻势第一阶段那里依然是作战重点。

A 集团军群继续掩护这场行动，受领的任务没有朝索姆河下游拓展，也就是说，没要求我们打击比利时北部 B 集团军群当面之敌的背后。作战重点是否调整到 A 集团军群，这个问题仍取决于作战进程。A 集团军群没获得装甲力量，按照集团军群司令部的作战建议，装甲力量配属集团军群是个先决条件，这样才能确保比利时南部的突袭大获成功，尔后再攻往索姆河河口，楔入敌军背后。集团军群也没得到配属另一个集团军的保证，我们的任务是以攻势防御抗击敌人有可能发起的反突击，再配属一个集团军很有必要。

就这样，上级没有解决"初期展开阶段无法弥补的错误"，他们不想就我们倡议的行动做出决定，就像约德尔将军 1940 年 2 月说的那样，他们认为这场行动"沿隐蔽的小径实施，纯粹是碰运气"。

显然，德军和联军最高统帅部的看法不谋而合，都认为在比利时北部展开正面交战更稳妥，因而不愿冒险实施大胆的行动。所谓"大胆的行动"，对德军来说就是采纳 A 集团军群的计划，对联军而言就是避免在比利时决战，对德军攻势的南翼发起强有力的反突击。

在此期间发生了一起事件，最高统帅部随后按照 A 集团军群司令部的建议，彻底更改了作战计划，许多人认为这起事件起到了决定性影响。

由于飞行事故，第 7 伞兵师作战参谋意外地降落在比利时境内。第 1 航空队的展开令至少有一部分落入比利时人手里。所以我们不得不猜测，西方国家通过比利时掌握了我们目前的作战计划。

虽说这起不幸的事件后来确实促使希特勒和 OKH 采纳了 A 集团军群的建议，但他们起初并没有为此更改作战计划。1 月 25 日，陆军总司令在科布伦茨和巴特戈德斯贝格分别会晤了 A、B 集团军群司令和他们麾下的集团军司令，此次会议表明，OKH 的基本观点没有任何变化。会议是在上述事件发生了一段时间后举行的，各集团军群和集团军受领的任务保持不变。只是 B 集团军群的任务有所扩大，第 18 集团军现在奉命占领整个荷兰，而不是像先前设想的那样，只占领"荷兰要塞"地域外的部分荷兰领土。不管怎样，A 集团军群的任务照旧。第 2 集团军司令部确实调到我们这片地域，但和第 14 摩托化军一样，仍由 OKH 掌握。至于第 14 摩托化军，我先前代表集团军群司令在发给 OKH 的呈文里指出，仅以第 19 装甲军穿越阿登山区是不够的，此举无法在色当赢得胜利，因为敌人在此期间会把强大的兵力（法国第 2 集团军）集结在马斯河畔。尽管我再三解释，但冯·布劳希奇却宣称他不能把第 14 摩托化军交给我们。这说明上级仍坚持己见，认为作战重点是否调整到 A 集团军群取决于作战进程。但也说明另一点，展开令落入比利时人手里的不幸事件并没让上级更改作战部署。

尽管如此，我除了在 1 月 25 日向陆军总司令阐述集团军群的观点，又在 1 月 30 日根据近期收到的敌情报告，向 OKH 递交了更新过的呈文。我告诉他们，必须料到强大的法国军队（特别是他们的快速兵团）开赴比利时南部的可能性。这种情况下，仅凭第 19 装甲军的实力不足以击败这股敌军，更谈不上强渡马斯河。

2 月 7 日，我们在科布伦茨举行的图上作业证实了这种观点，此次作业推演了第 19 装甲军和集团军群辖内两个集团军的行动，明确表明第 19 装甲军孤军深入是多么困难。我当时的印象是，参加图上作业的哈尔德将军开始认识到我们的观点正确合理。

但在此期间，我个人的命运出人意料地发生了变化。1月27日我接到通知，说我被任命为第38军军长，该军很快就要在国内组建。据冯·伦德施泰特大将说，1月25日那场会议期间，陆军总司令私下里告诉他，集团军群要换个参谋长。他给出的理由是，就连军龄不如我的赖因哈特将军也获得一个军，所以我的军长任命不能再拖了。我获得任命似乎并不违背常规晋升程序，可大规模攻势即将展开之际，集团军群更换参谋长有些蹊跷。职务问题本来可以用其他方式来解决，现在的说法纯属借口。所以很难不让人怀疑，把我调离集团军群参谋长岗位，完全是因为我敢于一次次反对OKH的作战计划，所以他们想赶紧摆脱我这个麻烦制造者。

我参与领导的图上作业结束后，冯·伦德施泰特大将当着所有在场人员的面对我作为他的参谋长取得的成绩表示感谢。这位高级指挥官的绅士风度和宽宏慷慨，在他的话里显露无遗。同样令我满足的是，集团军群辖内两位集团军司令，布施和李斯特将军，以及古德里安将军，不仅对我去职深表惋惜，还觉得非常震惊。

2月9日，我离开科布伦茨，先赶往利格尼茨。

但在此期间，我忠心耿耿的同僚布卢门特里特上校和冯·特雷斯科夫中校不愿放弃，没有因为我调离而停止斗争，继续努力让我们的作战计划获得采纳。我估计，可能是特雷斯科夫说服了他的朋友，也就是希特勒的副官长施蒙特，让我获得了向希特勒面陈西线攻势该如何进行的机会。

不管怎样，我2月17日奉命来到柏林，和另外几位新任命的军长一同面见希特勒。我们报到后，与希特勒共进早餐，一如既往，吃饭的时候主要是希特勒在讲话。我记得，他对敌国军事技术的创新有着惊人的了解。英国驱逐舰在挪威领海攻击"阿尔特马克"号轮船的消息，让希特勒发表了关于小国无法保持中立的长篇大论。

我们吃罢早餐道别时，希特勒让我跟他去办公室。落座后，他请我陈述对西线攻势的看法。我不清楚他是否通过他的副官长知道了我们的计划，或了解多少。不管怎样，我发现他对集团军群几个月来反复呼吁的观点理解得非常快，而且完全赞同我说的内容。

回来后，我立即根据自己的记忆，就此次会谈的内容写了份备忘录送交A集团军群司令部，具体内容如下：

1940年2月17日，A集团军群前任参谋长作为第38军军长向元首报到，趁机向他汇报了A集团军群对实施西线行动的想法，报告内容如下：

1. 西线攻势的目标必须是在陆地赢得决定性胜利。当前展开令规定的局部目标，例如在比利时击败尽可能多的敌军，夺取部分海峡沿岸，在政治和军事方面下的赌注太大。我们必须以陆地上的最终胜利为目标。因此，作战指导从一开始就应当致力于在法国赢得全面胜利，彻底粉碎法国的抵抗力。

2. 与当前的展开令相反，上述目标要求把进攻行动的重点明确置于南翼，也就是A集团军群，而不是留在B集团军群或暂不决定。目前的打法，充其量只能正面打击英法军队，迫使他们退往索姆河，我们的行动随后很可能在那里停滞不前。如果把作战重点转移到南翼的A集团军群，他们就可以穿越比利时南部，渡过马斯河，朝索姆河下游方向攻击前进，那么，盘踞在比利时北部的强大敌军会被切断，再遭到B集团军群正面打击，这股敌军就会全军覆没。但A集团军群必须向索姆河下游迅速突破，才有望实现上述战果。这是此次战局的第一部分。第二部分是以强大的右翼合围法国军队。

3. 执行这项任务的A集团军群需要配属3个集团军，所以，应当把另一个集团军部署到集团军群北翼。集团军群最靠北的集团军（第2集团军）的任务是突破马斯河，攻往索姆河下游，切断B集团军群当面之敌的退路。南面，第二个集团军（第12集团军）必须在色当两侧渡过马斯河，尔后转向西南方，发起进攻，粉碎法军以强大的兵力在马斯河西面实施反突击的一切企图。第三个集团军（第16集团军）最初的任务是在马斯河与摩泽尔河之间实施防御，掩护整个行动。德国空军尽早粉碎法军的展开至关重要，因为法军如果还有勇气的话，会设法在马斯河西面或两侧发起大规模反突击，可能会一路前出到摩泽尔河。

4. 只把第19装甲军投入色当附近的马斯河，肯定是不够的。如果敌人以强大的摩托化力量在比利时南部对付我们，那么，第19装甲军的实力太弱，无法迅速歼灭对方，同时以剩余力量渡过马斯河防线。倘若敌人只是以强大的兵力据守马斯河，那么，基于目前的兵力配置，该军也无法凭一己之力渡过马斯河。如果我们想以摩托化力量为先锋，至少要在集团军群目前的作战地带投入2个军，在沙勒维尔和色当同时渡过马斯河，而不考虑第4集团军辖内装甲力量在日韦强渡马斯河的情况。因此，第14摩托化军从一开始就应当置于古德里安军翼侧，A、B集团军群都不该干涉该军的使用问题。

元首说他赞同上述观点。新的展开令很快就会下达。

可惜，这道最终展开令不再由我经手，我只知道是基于希特勒2月20日下达的指令。新展开令的基本内容如下，与我长时间争取的要求相符。

1. 以两个快速军（古德里安将军的第19装甲军、冯·维特斯海姆将军的第14摩托化军）开进，在沙勒维尔—色当一线渡过马斯河。两个军编为新组建的装甲集群，由冯·克莱斯特将军统一指挥。

2. 原本隶属B集团军群的第2集团军，转隶A集团军群，并为A集团军群补充所需要的第三个集团军。如果第16集团军转身向南，集团军群进攻地段的宽度允许的话，第三个集团军就立即推进。

3. 原本隶属B集团军群的第4集团军转隶A集团军群，从而让集团军群攻往索姆河下游期间获得必要的机动空间。（为拓宽进攻地段，A集团军群一再要求，至少把第4集团军最靠南的一个军转隶过来。战时日志官格赖纳的记载把这场转隶的日期提早到11月，但这种说法是错误的。直到新展开令下达，隶属关系才发生变更。）

OKH下达的新命令，充分考虑了A集团军群司令部的所有观点。整个作战行动的重点转移到南翼，作战地段宽度扩大到马其诺防线以北地域和那里的交通网。不过，B集团军群仍有3个集团军，强大的兵力足以让他们完成比利时北部和荷兰的任务，众所周知，他们后来在那里赢得了辉煌的胜利。

A集团军群现在得以发起突袭，穿过阿登山区，渡过马斯河攻往索姆河下游，把敌人打得措手不及。这样一来，集团军群就切断了比利时北部之敌撤到索姆河后方的退路，还能有效应对敌人对德军这场攻势的南翼发起大规模反突击。

关于德军1940年5月实施的进攻作战，我想大致介绍如下：

由于德军部队，特别是装甲部队的优势，B 集团军群的进攻取得辉煌的战果，远比他们发起正面冲击，遭遇比利时强大的筑垒阵地好得多。不过，比利时北部的联军大败亏输的决定性因素是德军出敌不意地穿过阿登山区，渡过马斯河攻往索姆河河口，最终前出到海峡港口。这场胜利，除了冯·伦德施泰特大将的杰出指挥，功劳最大的可能是干劲十足的古德里安将军，他把集团军群的作战理念付诸实践。

比利时北部的战果没有完全实现预期目的。据丘吉尔说，联军从敦刻尔克撤走 338226 人（包括 26176 名法军官兵），尽管他们损失了所有重武器和其他装备。这一点归咎于希特勒的干预，他两次命令装甲兵团停止前进，一次是在他们赶往海岸期间，第二次是在敦刻尔克前方。后一道命令相当于为英军搭设了跨越海峡的金桥，希特勒为何要下达这种命令，有三种解释：第一种说法是，希特勒想保全装甲兵团的实力，用于法国战局第二阶段，而凯特尔也告诉过他，敦刻尔克周边地形不适合使用装甲部队。第二种说法是，戈林向元首保证，仅凭空军就能阻止英国人逃离敦刻尔克。戈林好大喜功，总是自吹自擂，所以我认为他完全有可能许下这种承诺。不管怎样，从军事角度看，这两种说法都是错误的。第三种说法出自希特勒与冯·伦德施泰特大将的谈话，据说是希特勒故意放走英军，因为他认为此举有利于日后与英国达成和解。

不管怎么说，放英军逃离敦刻尔克，是希特勒犯下的重大错误之一。纵虎归山后来导致他没敢入侵英国，之后又让英国得以在非洲和意大利作战。

希特勒采纳了 A 集团军群的作战构想，也就是穿过阿登山区攻往海边，一举切断比利时北部的敌军，最起码前出到敦刻尔克门前。但他没接受另一个构想，也就是作战行动第一阶段应当为第二阶段创造有利条件。A 集团军群的快速兵团攻往海边之际，德国统帅部所做的仅仅是掩护这场运动，把跟进的各个师像珍珠串那样排列在遭受威胁的南翼，以防敌人有可能在马斯河两侧发起反突击。他们大概认为，从马斯河西面向南发动进攻，从一开始就粉碎敌人实施大规模反突击的一切企图，同时撕开马斯河与瓦兹河之间的敌军防线，这种想法过于冒险。

正如后来的苏联战局表明的那样，希特勒在作战问题上有某种直觉。但他缺乏军事统帅所需的素质教育，合格的军事统帅能承受作战行动中的高风险，因为他知道自己能驾驭风险。所以在这种情况下，希特勒宁愿采用更保险的解决方案，也就是在南翼实施防御，掩护德军攻势的第一阶段，而不敢按照 A 集团军群司令部的建议，采取大胆的行动。他很走运，因为敌军统帅部没有发动大规模反突击。对方本来完全可以及时集中大约 50 个师，在马斯河两侧发起大规模反突击，一路向东攻往摩泽尔河，不过，他们可能要暂时放弃荷兰和比利时除筑垒地域外的其他地区。

所以，德军攻势的第一阶段结束后，双方再次沿绵亘的战线对峙，这条战线从马其诺防线延伸到卡里尼昂，然后沿埃纳河和索姆河下游递延。德军首先要做的是，必须再次突破这条防线。尽管德军第二阶段的攻势迫使敌人短时间内彻底投降，但主要原因是对方在比利时北部惨败后，已没有足够的兵力据守从瑞士边界到海边的防线。另一个原因是，法国军队的士气遭到决定性打击。当然也不能忽略这样的事实，敌人根本没有能与德军装甲部队匹敌的作战力量。倘若联军总司令像 A 集团军群司令部预计的那样正确行事，那么他们就会在马斯河两侧发起大规模进攻。不过，按照 A 集团军群的作战计划，敌人展开期间，我们就在马斯河与瓦兹河之间发动进攻，一举粉碎对方的企图。与此同时，B 集团军群合围比利时北部之敌，尔后转向索姆河下游，按照施利芬计划合围法军残部，这样一来，我们就可以在马其诺防线后方反转的正面与敌人决战。

除了英军从敦刻尔克逃离，我们最终在法国战区赢得辉煌的胜利，因此，以上考虑似乎纯属多余。唯一的作用可能是表明，就算敌人的行动更积极、更正确，我们的新计划也能取得胜利。不过，马斯河与摩泽尔河之间的第一阶段行动可能也出现了危急的时刻。

注释

1. 我们这些集团军群司令部人员，从没想过以新作战思想创造者的身份把这份计划公之于众。证明这一点的是，直到战争结束后，冯·伦德施泰特元帅和布卢门特里特将军与英国军事作家利德尔·哈特交谈期间，才透露了这份计划。

第六章 第38军军长

沦为旁观者——索姆河下游的防御作战——突破法军索姆河阵地——猛烈追击——停战

沦为旁观者

我突然调离冯·伦德施泰特集团军群参谋长岗位，以随后获得的职务参加了西线攻势的后续行动，但为此发挥的作用微乎其微，在这部回忆录里详细记述显得有些多余。我之所以记录以下内容，主要是为了向我麾下英勇的部队和他们取得的杰出战绩表达感激之情。另一方面，是因为第38军成功突破法军索姆河阵地后的作战行动，堪称追击战的范例，这场追击从索姆河起，途经塞纳河，直抵卢瓦尔河，实际上没给敌人丝毫喘息之机，一直到对方最终崩溃。

其他人为我先前反复争取的作战思想继续努力之际，那几个月，我的主要任务是在斯德丁组建第38军军部和军属通信营，还不时奉命去波美拉尼亚和波森视察新组建的师。

1940年5月10日，我在列格尼茨休假期间，从收音机里听到德军发动西线攻势的消息。不用说，接下来几天，我的全部思绪都在穿越阿登山区的我方部队身上，还对他们抱以热切的期盼。他们能赶在强大的法军开抵前穿过卢森堡，突破巴斯托涅两侧的比利时筑垒阵地吗？装甲兵团能一鼓作气地在色当强渡马斯河，为合围敌军北翼创造条件吗？但与此同时，读者想必能理解我心中的怨愤，为了让上级采纳我们的作战构想，我进行了长时间的激烈斗争，可这份计划在西线付诸实施之际，我却被排除在外，无所事事地待在德国腹地。

5月10日傍晚我们接到命令，第38军军部从斯德丁调往不伦瑞克。5月13日，我们又从那里调到杜塞尔多夫，隶属B集团军群。接下来几天我无所事事，像随军观战者那样，察看了马斯特里赫特附近的马斯河河段、阿尔贝特运河畔的比利时筑垒阵地，这些阵地是德军初期突击攻占的。我还参观了相当现代化的埃本埃马尔要塞，这是德军以突袭夺取的，他们当时冒着比利时炮兵连从身后射来的密集火力展开行动。另外，我还前往 B 集团军群司令部和第 6 集团军司令部，听取作战进展简报。我从那里获悉，我们并不清楚敌人的作战企图。OKH 显然也不了解，而且对我方后续作战企图一直缄默不语，只是把两个集团军群的分界线朝西北方延伸。

5 月 16 日，第 38 军转隶 A 集团军群。次日，我到巴斯托涅向原先的司令冯·伦德施泰特大将报到。我受到大将、我的继任者冯·佐登施特恩将军、参谋部昔日同僚的热烈欢迎，终于获悉德军穿越阿登山区、强渡马斯河的行动是多么顺利。我们的军部编入第 12 集团军，该集团军向西推进，也就是攻往索姆河下游，而新组建的第 2 集团军面朝西南方，楔入第 12 与第 16 集团军之间。

我刚刚到达第 12 集团军，就遇到希特勒干预军事指挥的事件。OKH 遵照希特勒的指示下达了命令，据此，克莱斯特装甲集群最初只能前出到瓦兹河。第 12 集团军转向西南方，随后转入防御。第 2 集团军现在要楔入第 4、第 12 集团军之间，接替继续向西攻击前进的任务。这道命令的理由是，希特勒无论如何都不想让德军遭遇哪怕是暂时的挫败，以免法国民众急剧下降的士气死灰复燃。他担心，如果第 12 集团军按照目前的计划向西攻往索姆河下游，那么，法军也许会从马斯河西面向南发起反突击，打击该集团军翼侧，造成一场挫败。

从这一刻起，政治家，或者说是鼓动家，开始干预军队统帅的事务。一方面，冯·克莱斯特装甲集群停在瓦兹河，显然会丧失全歼比利时北部之敌的机会，因为该集群本该从身后打击敌人。同时，第 12 集团军转向西南面实施防御的命令，意味着放弃马斯河与瓦兹河之间地域的主动权和优势。其实，我们估计法军不会在此处发动大规模反突击。据 A 集团军群判断，如果敌人仍有这种计划，那么至少需要一周时间前调兵力，才有可能发动反突击。而 A 集团军群整个冬季反复向 OKH 呈交的作战建议，一条核心内容恰恰是以攻往索姆河下游的进攻方案掩护南翼。

很明显，希特勒没有勇气让德军这场攻势的南翼暂时承受风险，可他却认为自己能事无巨细地指导军队的作战进程。

可以肯定，希特勒此时以担心德军受挫（哪怕是暂时的）为由，来证明自己干预作战指挥合情合理，可能是因为 OKH 违背了 A 集团军群当初的作战建议造成的，德军渡过马斯河后，OKH 没把第 2 集团军投入前线。如果他们把该集团军置于第 4、第 12 集团军之间，就可以继续攻往索姆河下游，倘若把该集团军置于第 12、第 16 集团军之间，就可以在马斯河与瓦兹河之间攻往西南方。缺乏作战空间，无法把更多师投入前线，这种说法毫无道理。因为把集团军及时投入前线，必然形成两个突击方向和任务，这一点至关重要；随着作战地域不断扩大，后续师就有足够的空间投入前线。

这个例子再次说明，作战计划如果不是由制定者，而是交给其他人执行，那么即便没有正当的理由，他也会对计划做出修改，最终执行情况可能与计划制定者的构想完全不同。

尽管希特勒此次的干预与他后来命令冯·克莱斯特装甲集群停在敦刻尔克前方相比，没造成严重的作战劣势，但他命令第 12 集团军转入防御，却让敌人得以在埃纳河畔设立新防线。法国战局第二阶段，我军不得不通过激烈的战斗再次突破敌军防线。在关键地段以进攻行动撕开敌防线的机会毫无必要地丧失了。但我们就德军攻势第二阶段提出的作战建议，基本思想之一恰恰就是这点，无论如何都是必要的，当然还有合围敌军北翼。

在此期间，我们的军部迁到卢森堡风景如画的小镇克莱沃，接到的命令是以几个师跟随第 2 集团军推进，所以，我们先前的旁观者角色结束了。击败敌军北翼的关键时刻即将到来，我却没能受领重要的任务。

我的小舅子埃格伯特·冯·勒施是斯图卡俯冲轰炸机中队长，这几天传来消息，说他在布鲁塞尔附近失踪了。埃格伯特是我妻子年纪最小的二弟，上学期间，他跟我们在德累斯顿和马格德堡住了好几年。我妻子最喜欢这个弟弟，我们俩待他像自己的孩子一样。埃格伯特年轻的妻子目前和我们一同住在利格尼茨。由于一直不知道埃格伯特和他那架飞机的下落，几周来，他妻子、母亲和我妻子忧心忡忡，因情况不明而焦虑不安。唯一能确定的似乎是，埃格伯特率领斯图卡中队遂行攻击期间遭击落。直到法国战局结束，我才得以深入调查此事。长时间搜索后，我们在布鲁塞尔附近找到了飞机残骸，询问附近城镇的居民后得知，这架飞机似乎是准备俯冲时被高射炮击落的。两名机组人员跳伞，结果被比利时士兵击毙，一人死在空中，另一个平安落地后被打死。我的小舅子和机上第四名组员被高射炮击中后丧生，也可能死于坠机。

埃格伯特·冯·勒施是个聪明、特别讨人喜欢的小伙。高高的个头，身材修长，一头金发，漂亮的双眼炯炯有神，仅凭外表就能博得别人的好感。而他的内心接受了一切善良和美好的事物，这种人格魅力让人乐于接近他。他充满理想，是个热情而又杰出的军官。执行任务前，他在中队留下遗言："别为我悲伤，我是个理想主义者，虽死犹生。我无法享受美丽的人间生活了。遗憾的是，我再也无法为祖国和妻子效力了，他们是我最后的挂念。"

5月25日，我的军部接到命令，在阿布维尔—亚眠地段接替第14摩托化军军部，冯·克莱斯特将军抽调该军军部和第9装甲师、第2摩托化师，掩护他位于索姆河下游的后方。5月27日，我军接防。

此时，德军在索姆河下游还没建立坚固的正面防线。第14摩托化军把第2摩托化师（第57步兵师正在赶来，很快会接替该师）部署在左侧，据守索姆河南岸阿布维尔镇周围的登陆场。第9装甲师在亚眠执行同样的任务。两座城市间的索姆河河段只加以监视。

敌人此时还没有调集足够的兵力，在索姆河下游后方设立新防线。一个法国殖民地师和部分英军似乎部署在我们的亚眠登陆场前方，一个英国师位于阿布维尔登陆场前方。

我们奉命据守登陆场。第9装甲师和阿布维尔登陆场换下来的第2摩托化师最初的任务是作为机动预备队留在索姆河北面，但很快调去参加海峡沿岸的决战。

第14摩托化军军长冯·维特斯海姆将军换防时告诉我，他估计敌人不会有大动作。可他刚刚离开一个钟头，我就接到报告，敌人对两座登陆场发起猛烈冲击。强大的敌装甲部队也出现在这两处。但到下午，我军击退了敌人对登陆场的进攻，在亚眠击毁法军数辆重型坦克，在阿布维尔干掉英军30辆轻型和中型坦克。在阿布维尔登陆场，坦克炮手布林格福尔特一人就击毁9辆敌坦克，是我推荐获得骑士铁十字勋章的第一名普通士兵。

不管怎样，依我看，敌人的进攻清楚地表明，对方要么是企图渡过索姆河，救援他们遭受合围威胁的北翼，要么是想在索姆河下游构设新防线。所以我们现在面临的问题，与我前面谈到希特勒下达给第12集团军的指令如出一辙，是奉命在索姆河下游保持防御呢，还是设法掌握作战主动权？

很明显，第14摩托化军奉命执行的防御，无疑给敌人提供了在索姆河下游构设强大新防线的机会。另外，如果敌人前调更多兵力，我们能否守住阿布维尔和亚眠登陆场很成问题。两个快速师最初在索姆河北面担任预备队，可他们并不适用于登陆场的战斗，不可能开入登陆场加强防御。只有等敌人攻入登陆场，粉碎据守登陆场的德国师，渡过索姆河后，两个快速师才会从防御发起反突击。

我一再向我军当时隶属的第4集团军司令部建议，以两个快速师（或接替他们的步兵师）在两座登陆场之间突然渡过索姆河，对进攻登陆场之敌的翼侧施以打击，一举击溃对方。所以我的看法是，以一个军在南面，也就是索姆河前方，实施机动作战，直到比利时北部的交战结束，德军北翼渡过索姆河下游。此举的企图是确保德军北翼的行动畅通无阻，同时阻止敌人构设绵亘的索姆河防线。不可否认，以这种方式展开行动，在索姆河南岸孤军作战的这个军可能会陷入困难的境地。但考虑到总体作战的连续性，我们必须承受这种风险，否则，敌人趁机沿索姆河构设牢固的防线，我们重新发动进攻，肯定很难攻克。

可惜，第4集团军司令没有采纳我们就这个问题多次提出的建议。他没有抽调二线师，这些师其实完全可用于渡河。他的无所作为是基于个人的决定，还是遵照OKH的指令，我不得而知。结果，我们不得不在登陆场从事防御作战，而敌人获得了在两座登陆场之间沿索姆河构设绵亘防线的机会。通常说来，许多人只知道在河流后方实施防御，或坚守登陆场，确保渡河通道，因为教科书里没有指出，争夺河流线的战斗也可以在它前方灵活实施。

接下来几天，敌人继续进攻两座登陆场。亚眠的态势一度看上去相当危急，但我视察了部队，发现那里的情况还不错。特别是第116步兵团（指挥该团的是我昔日第3禁卫团的老同事，后来擢升将军的赫尔莱因），为防御战的胜利做出重大贡献。

但阿布维尔登陆场5月29日经历了严重的危机。据守在此的是没经历过实战的第 57 步兵师，他们以强行军开抵，累得够呛，可还是接替了第 2 摩托化师。没过多久，敌人就在英军强大的装甲部队支援下发动进攻，第 57 步兵师局部地段遭突破，伤亡惨重，后来发现还有人被俘。我亲自驱车赶往阿布维尔，途中遇到一个营，他们可能误解了命令，因而撤出阵地，遇到我时，他们正穿过城镇退往后方，于是我命令该营返回阵地。不管怎样，第 57 步兵师最终控制住了登陆场的态势。

我们再次请求，以新开抵的第 6、第 27 步兵师在阿布维尔两侧渡过索姆河，对冲击阿布维尔登陆场之敌展开钳形攻势，冯·克鲁格将军不仅否决了我们的建议，甚至批准我们在紧急情况下撤离登陆场。由此可见，在比利时北部的交战结束，我方部队在敌人目前构设的新防线前方有序展开前，上级部门想避免一切风险。

但同样明显的是，敌人也利用这段时间前调预备队，在卡里尼昂地域的马其诺防线末端与索姆河河口之间构设新防线。希特勒主动放弃了瓦兹河与马斯河之间的主动权，让敌人得以构设埃纳河防线，这样一来，我们在索姆河南岸控制立足地的努力也付诸东流。

攻往卢瓦尔河

如果说我在德军西线攻势第一阶段基本上扮演了旁观者的角色，那么至少这场攻势的第二阶段让我这个部队高级指挥官有了全面参战的体验。

我们一再建议上级部门，趁敌人还没在索姆河后方构设、组织起绵亘的防线，批准我们渡过河去，可这些努力均告徒劳。第 4 集团军会在 6 月 5 日发动预有计划的进攻，所以，6 月份头几天，我们忙着从事进攻准备。

布罗克多夫伯爵将军的第 2 军接防阿布维尔两侧地段。霍特将军的第 15 装甲军插入第 2、第 38 军之间的阿伊地域。第 9 步兵师据守的亚眠登陆场交给冯·维特斯海姆将军的第 14 摩托化军，同时，该军转隶左侧的集团军。这样一来，第 38 军位于皮基尼两侧的进攻地段不到 20 公里。我把两个师部署在第一线，冯·哈泽少将的苏台德第 46 步兵师居右，贝格曼中将的施瓦本第 27 步兵师居左。冯·比格勒本少将的威斯特伐利亚第 6 步兵师起初作为军预备队留在第二线，待一线师渡过索姆河，我就投入第 6 步兵师完成突破。[1]

我们所在的北岸，起伏平缓的高地朝索姆河缓缓下降，没有任何林地遮蔽，而南岸的岸边高地非常陡峭，从那里望去，敌人对我们的进攻待机地域一览无遗。但只有几百米宽的索姆河河谷遍布树木，遮挡了双方的前沿视线。南岸河谷有几个村庄，特别是布雷伊、阿伊、皮基尼、德勒伊，敌人显然驻有强大的兵力。和大多数法国村庄一样，这些村落也有坚固的房屋和墙壁，为守军提供了出色的支撑点。从南岸陡峭的岸堤到敌防区纵深的高地，一个个村庄和树林为敌人提供了有利的防御据点，还能掩护他们的炮兵。

我这个军的当面地段有两个法国师，一个是殖民地黑人师，另一个是第13（阿尔萨斯）步兵师。根据侦察结果判断，我们认为敌人的火炮数量不仅不比我们少，很可能比我军更胜一筹。鉴于上述地形条件和兵力对比，我认为这场进攻要想获胜，最好的办法是达成突然性。因此，军部命令炮兵在进攻开始前保持沉默，不得实施炮火准备。待进攻发起后，再以最猛烈的炮火覆盖南岸高地和河谷内的村庄，消除敌人从那里对我军渡河行动造成的一切影响。

两个师的步兵已经在进攻前的夜间带着橡皮艇、木筏、步行桥进入河流这一侧的树林。他们的任务是拂晓前突然渡过河去，不与驻有敌军的村庄纠缠。

6月5日拂晓，由于出敌不意，我们全线渡河的行动大获成功。但敌人随后依托陡峭的岸堤和河谷里的村落展开激烈抵抗。

敌人打得非常英勇。他们根本不在乎性命，而阿尔萨斯人像阿勒曼尼部落那般顽强，第一次世界大战期间，他们为德国提供了许多优秀的士兵。我们现在不得不把这些德国小伙视为敌人，真是出悲剧。我后来同一些俘虏聊天，他们不无自豪地指出，他们的父辈当初在德国陆军、禁卫军或帝国海军服役。我还记得自己在第3禁卫团训练过许多阿尔萨斯新兵，大多是优秀的军人，例如我当时的测距员德尚二等兵。

军指挥所设在靠近前线的小树林内，进攻开始时，我在这里监督整个行动。待我看见各处的渡河行动大获成功，立即赶往前方。争夺战随后爆发，目标是居高临下的岸堤和河流后方的村庄。出乎我们的意料，敌军炮兵的活动很消极，与我们探明的敌炮兵连数量完全不符。看来，法军炮兵还躺在昔日阵地战的经验中。他们的炮火不够灵活，也没有实现强大的火力集中，至少没达到机动作战的速度要求。他们在发展前进观察员的技术方面远不及我们，另外，他们也没有与我方观察营相当的机构。胜利者很容易满足于昔日的荣誉，长期不思进取。不管怎样，敌炮兵没有发挥第一次世界大战阵地战期间的效力，这让我们又惊又喜。

不过，越过索姆河畔洼地的行动有些棘手，因为刚刚架好的便桥仍在布雷伊村的敌军火力打击范围内。但我还是顺利赶到第 27 步兵师第 63 步兵团，这个团在杰出的团长格赖纳上校指挥下，刚刚攻克岸堤高地，伤亡不小。那些伤员的举止令人钦佩，他们隐蔽在河岸高地的死角处，默默地等待暂时还不可能赶来的后送车辆。我随后渡过索姆河返回，从另一个渡口赶到军左翼的第 27 步兵师第 40 步兵团。此时，该团被压制在讷伊树林前方，敌人据守的这片地域基本上属于友邻第 14 摩托化军的进攻地段。我们在此处的损失也不小，因为该团还遭到敌人从阿伊村射出的后方火力打击，敌人仍盘踞在阿伊村内。不过，该团最终夺得控制河谷的高地边缘。

部署在右侧的第 46 步兵师渡河行动也很顺利，还夺得岸堤高地。所以，尽管争夺河谷的战斗持续到深夜，但我对进攻首日的战果非常满意。

我从友邻军那里获悉，第 15 装甲军也渡过索姆河。但他们随后就长时间受阻，无法继续前进，因为敌人顽强据守大型城镇艾赖讷，这样一来，他们就封锁了我方机动车辆不可或缺的道路。

我们左侧的第 14 摩托化军，实施炮火准备后冲出亚眠登陆场，可是，敌人的地雷场似乎严重减缓了他们的装甲突击。因此，该军转身向南，结果，我们随后的进军与第 14 摩托化军脱离了接触。

6 月 5 日的进攻，我们不仅占领了河岸高地，还在索姆河南面夺得大片地域，因而趁夜间把第一批炮兵连送过河去。不过，目前无法确定敌人是已认输，还是在他们的防区纵深继续顽强抵抗。在目前的情况下，通常得不到澄清这个关键问题的报告。战争中唯一持续的东西，就是不确定的迷雾，遮掩了敌人的处境和企图。莽莽撞撞的冒进会招致严重后果。但另一方面，哪怕只拖延几个钟头，也会让敌人获得重新组织防御的机会，再次粉碎对方的防御势必要付出高昂的代价。

面对这种状况，倘若部队高级指挥官等待准确无误的报告送达后弄清情况，就很难抓住有利战机，会错失赢得胜利的大好前景。基于这个原因，我 6 月 6 日一早就赶到第 46 步兵师已前出到索姆河南岸的指挥所。很明显，他们的精神状态还没从昨天的需求里恢复过来。由于该师显然与敌人脱离了直接接触，所以我要求他们立即展开追击。我随后驱车赶往前方，来到该师第42步兵团，虽然前方的激战声清晰可辨，但该团没接到命令，于是我让他们赶紧行动起来，接下来我又赶往军右翼的步兵团。该团正准备开进，但他们想先看看炮兵对前方夸西村、毗邻高地、森林边缘的打击效果。我们手头没有敌情侦察报告。我认为村庄、高地、森林边缘都没有敌军据守，于是命令团长以宽正面的疏开队形推进。如果前方真有敌人，他们就会暴露出来，我方预有准备的炮兵会打垮对方。该团按照我的命令行事，不用担心遭受严重伤亡。我看出团长对我的判断满腹狐疑，于是我乘坐桶式车行驶在最前方。待我们靠近夸西村入口，发现这里设有路障，但无人据守。村内传来零星的枪声，显然是些散兵游勇。短暂观察后，我们进入村内，这里确实没有敌人，毗邻的高地和森林边缘也不见敌人的踪影。我带着这份侦察结果返回团里，他们此时已行动起来，我建议团长日后最好亲自侦察情况。当然，军长不该去执行侦察巡逻任务，但当前情况下，我觉得有必要以身作则，因为许多官兵还不认识我，而且我认为，要展开卓有成效的追击，先决条件就是指挥官的主动性。令我深感高兴的是，我的副官冯·施韦尔特纳中尉和我年轻的司机纳格尔中士对这场不同寻常的侦察之旅充满热情。

当天下午，我又赶到第27步兵师的两个团，他们正在进攻赛塞蒙村。我出现在最前线，让那里的一名连长吃惊不已。不过，他向我简短汇报情况后，觉得应该从我这个突然到访的高级指挥官身上捞点好处。于是我摊开大幅地图，趴在地上把我知道的总体态势向他详细介绍了一番。待我满足了他的求知欲，他才带着一名伤兵返回，这名伤兵对我讲解的情况也很感兴趣。幸运的是，返程缩短了，因为军指挥所在此期间迁到前线附近的林地。

6月7日，昨天已到达索姆河南岸的第6步兵师，在军右翼投入战斗。勇敢的威斯特伐利亚人向来是优秀的士兵，他们以令人钦佩的气势向前冲去。当天上午我驱车赶往该师，发现他们已攻克普瓦地段，此处的地形非常陡峭，为敌人提供了可靠的支撑，普瓦镇也落入我们手里，第6步兵师辖内一个团迅速攻往前方村庄。但普瓦镇和通往村庄的前进道路遭到敌人远程炮火打击，这种情况令人不快。不过，一名弹药车司机被敌军炮火挡在路上，居然躲到满载炮弹的汽车底下，这幅场景又让人捧腹大笑。

我下午赶到第46步兵师的一个团，他们仍被压制在普瓦地段前方。不过，他们与重武器和炮兵展开必要的协同后，傍晚前后终于越过这片地段。

由于我军的追击势头相当不错，第27步兵师经历了最艰巨的战斗，现在得以调回第二线。刚刚划拨给我们的第1骑兵师接替了军左翼的第27步兵师。

我军于6月8日继续追击，决定追击速度的仍是威斯特伐利亚人。第46步兵师报告，发现100辆敌坦克，我方斯图卡俯冲轰炸机对这股敌军发起打击。我命令该师利用斯图卡攻击之机干掉这些敌坦克，可惜没有成功，要是他们的行动再快些，敌坦克就逃不掉了。

6月7日和8日的战斗进程给军部的印象是，敌人已被击溃，充其量只能在开阔的战场上短时间实施局部抵抗。不难预料，他们会在塞纳河后方竭力挽救残余部队。待他们到达该河下游，可能会投入所有预备队再次实施抵抗。我军必须迅速行动，强渡塞纳河，决不能给对方组织河流防御留下任何时机。6月8日傍晚，我军离塞纳河仍有70公里左右，但军部还是命令几个前线师，以摩托化先遣支队火速前进，6月9日不仅要到达塞纳河，还要渡过河去。步兵主力和马匹拖曳的炮兵跟在快速部队身后全速行军，争取次日也到达塞纳河。第6步兵师奉命在莱桑德利渡河，第46步兵师的渡河地点在韦尔农。

对一连4天不停地战斗和追击的部队来说，这是个非同一般的要求。战争期间，高级指挥官为抓住有利战机，有时候不得不提出最苛刻的要求，否则部队会因为错失良机而付出更加高昂的代价。

当前情况下，从作战角度考虑，也有必要迅速采取行动。法国人似乎仍决心保卫巴黎。强大的敌军部署在巴黎防御阵地内，城市北面的这片阵地从瓦兹河延伸到马恩河。如果我们在巴黎下方迅速渡过塞纳河，那么，城市北面的防御就会土崩瓦解。据守阵地的敌军别无选择，只能赶紧撤出巴黎，否则他们的逃生通道就会被切断。

鉴于我军目前的态势，军部不得不对部队提出高要求，各级指挥官必须充分发挥主动性，迅速采取行动，这样才能抓住有利战机。

6月9日从早到晚，我一直在路上奔波，以确保第一线的两个师到达各自的目的地。我欣喜地见到，我方步兵不顾持续作战的疲劳，一个个兴高采烈，全力奔向塞纳河这个目标。

当然，常见的摩擦也不能说没有。不过，第6步兵师的进展相当顺利。我一早遇到两位师长，随后赶往第46步兵师。中午前后，我来到莱桑德利的第6步兵师渡河点，发现该师先遣支队已到达塞纳河。第6步兵师师部也设在这里，他们打算下午渡河，正为此加以准备。可惜，先遣支队赶到渡场时，敌人已炸毁河上的桥梁。莱桑德利小镇风景如画，坐落在高高的山崖上，由于斯图卡俯冲轰炸机的攻击，镇内燃起火焰，此举无异于告诉敌人，德军即将到来，这是我们不愿见到的。

但第46步兵师遇到些麻烦。首先，该师比预定时间晚了3个钟头。我视察完第6步兵师回到第46步兵师，发现他们与先遣支队失去联系，不管怎么说，这股先遣力量没有像第6步兵师那样到达塞纳河畔。我对此无能为力，驱车返回第6步兵师前，我告诉第46步兵师师长，黄昏时在他们的渡河点韦尔农见，届时他至少要带着失去联系的先遣支队赶到那里。

我先返回莱桑德利，发现第6步兵师在三个地段强渡塞纳河，敌人的抵抗相当微弱。该师步兵力量和马拉炮兵奋力向前，争取当日及时到达塞纳河。

19点左右我赶到韦尔农，发现第46步兵师师长和他的先遣支队已到达。可惜，敌人在此处也及时炸毁了河上的桥梁。由于敌人从南岸朝韦尔农射来的机枪火力相当猛烈，所以我命令先遣支队等到夜间，利用夜幕掩护渡河。

在此期间，第1骑兵师已开抵我军作战地域，但我无法按照自己的意愿，在这场迅猛的追击期间使用该师。这个师目前仍在我军深远后方，集团军把他们交给我指挥有个条件：必须用于瓦兹河畔，掩护集团军左翼，免遭敌人从巴黎构成的威胁。顺便说一句，第1骑兵师报告，他们仍在我军一线师后方很远处，遭到敌人强大的装甲力量攻击。对方显然是先前避开第46步兵师的那批敌坦克，目前在我们的纵深翼侧游荡。

短暂的夜晚过后，6月10日一大早我又赶到韦尔农，第46步兵师首批部队已渡过塞纳河。就这样，第38军成为首个在塞纳河南岸站稳脚跟的德军兵团，全体官兵完全有资格为他们这场追击而自豪。令我深感欣慰的是，这场快速行动让我军避免了强渡塞纳河期间有可能遭遇的艰巨战斗。

不过，我军的处境不容乐观。目前只有我这个军位于塞纳河南岸，在我们右侧推进的第15军于6月10日才到达鲁昂附近的塞纳河河段，次日转向勒阿弗尔，而该军身后的第2军离塞纳河还很远。位于我军左翼的巴黎到底驻有多少敌军，也是个很大的问号。另外，第38军还要两天才能把辖内部队悉数渡过塞纳河。我们在莱桑德利和韦尔农架设的两座简易浮桥成为英军战机反复攻击的目标，敌机一度炸断了韦尔农的桥梁。倘若敌军统帅部在这一侧仍有预备队，而又决心夺回主动权的话，孤军深入塞纳河南岸的第38军可能会沦为他们的打击目标。

此次攻势开始前，第4集团军司令冯·克鲁格大将告诉我，OKH下达给集团军的作战指令是"在塞纳河南岸夺得登陆场"。就算最高统帅部不打算秉承施利芬计划的精神，以强大的北翼绕过巴黎西面，寻求法国战局第二阶段的决定性胜利，而是集中装甲力量从巴黎东面向南突击，他们为第4集团军设定的目标也是欠妥的。如果打算从巴黎东面向南突击，借此寻求决定性胜利，也就是说，C集团军群突破马其诺防线、B集团军群渡过塞纳河下游都沦为次要行动，那么，我们仍有必要掌握外翼的主动权。A集团军群直到6月9日才渡过埃纳河发动进攻，他们这场推进能否取得预期的决定性胜利还是个未知数。另外，我们必须预料到，敌人很熟悉施利芬计划，不会忽略我军渡过塞纳河下游实施大范围合围的危险，必然采取反制措施。更重要的是，我们在右翼也得掌握主动权，决不能给敌人组织防御或发起反突击的时间。所以我认为，第4集团军的作战任务应该是在塞纳河南岸毫不拖延地继续进攻，因此，第38军停在登陆场内，坐等敌人调集优势兵力发起攻击极为不妥。

于是，我请求集团军批准，待军属炮兵渡过塞纳河，第38军立即向南攻击前进，而不是按照命令坚守登陆场（在此期间，我军已经把登陆场扩大到厄尔河）。为防万一，第27步兵师已调到塞纳河南岸。另外，我6月11日还请求上级，批准我把第1骑兵师也调到塞纳河南岸，该师目前坚守瓦兹河，当天与前面提到的敌装甲部队交战，大获全胜。鉴于当前态势，我认为应该以我们手头唯一的骑兵师率领追击，我打算把他们投入全军最前方，尽快切断从东南面通往巴黎的铁路和公路。

可惜，集团军司令部否决了我的建议，还告诉我下一步行动该如何进行，集团军必须等待上级指示。第1骑兵师随后调离我军，转隶在第二线跟进的第1军，这样，该师就可以在塞纳河北面的瓦兹河继续掩护集团军翼侧。第1骑兵师的特点非常适合追击行动，他们就这样失去了大显身手的良机，我对此深感惋惜。

6月11日傍晚发生了两件事，在我看来，充分证明我们的观点正确无误。第6步兵师第58步兵团击落一架敌机，在飞行员身上搜出的命令表明，敌人已下令全面后撤。所以，紧紧追击敌军至关重要。另一方面，第46步兵师报告，他们遭到敌坦克猛烈攻击。这说明我们位于塞纳河南岸让敌人头疼不已，再等下去不会给敌人造成更大的麻烦，只会让对方设法缓解困境。

第46步兵师夜间击退了敌人的进攻，自身的损失也不小，6月12日一早又报告，当面之敌准备再次发动进攻，请求紧急增援，报告里提到敌坦克多达110辆。我自行决定以麾下3个师发动进攻。命令刚刚下达，集团军司令就出现在我面前。虽然他赞同我的观点，但OKH还没设定新的作战目标，所以他认为只好等等再说。他显然担心我自行其是，孤军深入，因而下达了严格的命令，进攻行动绝不能越过埃夫勒—帕西一线，为保险起见，集团军傍晚下达的命令又重复了上述规定。

第27步兵师部署在左侧，他们的进攻取得不错的进展。而第46步兵师报告，他们在南岸没有足够的炮兵、弹药、补给，所以还没有投入进攻。不过，他们还是击退了敌坦克的冲击，尽管对方只有50—60辆坦克。

接下来几天又是我军奋勇追击的场面。6月13日，第2军在我们右侧渡过塞纳河。当天我们住在著名女作家科莱特·德阿维尔的小城堡里，可惜她不在。于是我在这位夫人的卧室兼客厅过夜。屋内布置得非常典雅，可能源于昔日更优雅的年代，还有扇门直接通入花园。花园里的泳池大受我们欢迎。

6月14日，陆军总司令来我们这里视察。我向他汇报了我军迄今为止取得的战果，他听得很认真，但对后续企图只字未提。

冯·克鲁格大将6月15日告诉我，集团军的作战目标现在定为勒芒。各部队必须迅猛前进，不必等待友邻部队跟上。在我们看来，这道命令毫无新意。

6月16日，我军辖内各师在费尔特—维达姆—瑟农什—新堡一线遭遇敌人有组织的抵抗。对方是法国第1、第2、第3机械化师残部，当初在佛兰德作战，经敦刻尔克逃离后，又在布雷斯特重新登陆。另外，两个阿尔及利亚骑兵旅和一个摩洛哥师的部分力量也出现了。傍晚前，我们粉碎了敌人的抵抗。我视察麾下各师期间，第 6 步兵师辖内部队给我留下的印象非常好。

傍晚，集团军司令部发来命令，指示我们攻往勒芒和卢瓦尔河畔的昂热。第 1 军插入我们左翼，第 46 步兵师转隶该军。第 15 装甲军以一个师攻占瑟堡，余部攻往卢瓦尔河下游，在那里"建立登陆场"。所以，这似乎就是最终目标。

6 月 17 日，我们获悉雷诺总理辞职，年迈的贝当元帅奉命组阁。这位第一次世界大战中著名的军人，是要重新组织抵抗，还是受一群政客所托签署降书呢？

6 月 18 日，我们收到元首下达的指令，要求各兵团展开最猛烈的追击，在我们看来，这道命令毫无新意。另外，德国军队还迅速占领了"帝国昔日的领土图勒、凡尔登、南锡"，以及勒克勒佐要塞、布雷斯特和瑟堡港。我们展开强行军，有个团一天内行进了 78 公里。林德曼上校率领的摩托化先遣支队到达勒芒西郊。我在博内塔布勒城堡过夜，这是座宏伟的中世纪建筑。城堡前后都有护城河，河上有吊桥，城堡正面筑有 4 座宏伟的塔楼，城墙厚达 3 米。后方的主建筑也有两座塔楼护卫左右。除了我后来见识的卢瓦尔城堡，此处可能是我在法国见到的城堡里印象最深的一座。城堡内部的装饰富丽堂皇，仍有些仆人留在这里，可惜城堡的主人杜代涅公爵罗什富科先生逃走了。

6 月 19 日清晨，我驱车 50 公里赶往林德曼先遣支队，途中没看见一个德国兵。我进入勒芒，参观了宏伟的大教堂。70 年前，我的祖父以胜利者的身份开入这座城市。我们在路上遇到一群群解除武装后向东跋涉的法国官兵，还有个向林德曼投降的炮兵营，携带着营里所有火炮和车辆。很明显，敌人已土崩瓦解。

尽管如此，我还是发现林德曼营被挡在勒利翁当热的马耶讷河前方。敌人的机枪火力控制着桥梁，对岸还看见敌坦克的踪影。林德曼企图以他仅有的 100 毫米摩托化炮兵连驱散敌军，但纯属徒劳。我离开桥梁，沿河岸来到最前方，发现敌人部署在桥梁旁的守军，就算有，实力也很虚弱。我们的一名连长待在岸边，似乎想看看敌人是否会弃守桥梁，我建议他从下游泅渡过河。要是他愿意的话，我陪他们一同行动。此举奏效了。全连官兵很快脱掉军装跳入河里，他们泅渡过河，没损失一兵一卒就占领了对岸。河上的桥梁终于落入我们手里，遗憾的是，桥口处躺着不少阵亡的士兵。我一直和先遣支队待在一起，直到他们朝对岸开进，这才返回军指挥所。不管怎么说，敌人仅凭寥寥几辆坦克和机枪，就把我们的先遣支队挡在马耶讷河长达8个钟头！因此，我回到指挥所，立即派我的第一副官格拉夫中尉去林德曼那里，严令先遣支队当晚必须渡过卢瓦尔河。果不其然，待他赶到那里，发现先遣营正准备在河流这一侧过夜。格拉夫传达了命令，终于让全营在夜间渡过河去，他自己身先士卒，第一个搭乘橡皮艇渡河。

夜间，两个师报告军部，他们的先遣支队都已渡过卢瓦尔河。我立即驱车赶往前方，发现河流湍急，西面的渡河点安格拉德，河面宽600米，水势很急。高高的桥梁上，两个桥拱已被炸毁，只能以浮桥填补缺口，可高度落差近9米，不得不以陡峭的斜板相连。这种情况下，就连桶式车攀越斜板也非常危险。宽阔的河面，湍急的水流，再加上许多沙洲，这一切造成种种困难，但不管怎样，所有重型车辆必须渡河。

另一处渡河点在沙洛讷，情况好得多，因为卢瓦尔河在这里分成三条支流。北面两条支流的桥梁完好无损地落入我们手里，所以我们只需要在最后一条支流架设桥梁，这里的河面宽达160米。我在此处亲身经历了一场奇特的战斗。当天上午，我们发现对岸的法军没有武装，但到下午，敌人的重型坦克出现在两座桥梁前方。已渡河的我方部队无力阻挡敌坦克，因为他们还没把火炮或反坦克炮运过河去。沙洛讷附近的桥梁处，我看见我方一门88毫米高射炮和对方一辆重型坦克同时部署就位，同时朝对方开火。很不幸，我们的高射炮立即被击毁。就在这时，我方一门轻型反坦克炮出现了，幸运地击中32吨敌坦克正面的薄弱部位，这辆坦克起火燃烧。

当晚我在沙洛讷附近的塞朗城堡过夜。这座大型建筑非常雄伟，两侧设有坚固的塔楼，马蹄形庭院环绕四周，外面还有护城河。这座城堡属于塔兰托亲王拉特雷穆耶公爵，这是昔日法国最早的姓氏之一。公元1500年前后，公爵与那不勒斯联姻，根据安茹继承法获得亲王封号。可他没能承继大统，因为天主教徒费迪南德攫夺了王位。只有拉特雷穆耶和巴亚尔获得"无畏骑士"的封号。城堡里有大量深具历史意义的纪念品，好多物品可以追溯到主人支持斯图尔特家族的岁月，里面的图书馆尤为神奇。但城堡整个底层不许进入，因为这里和其他城堡一样，摆放着凡尔赛王宫的家具。我睡在楼上的塔楼房间里，这里布置得像个会客室，华丽的大床挂着 8 米高的幔帐。旁边是一间同样豪华的更衣室，筒形拱顶饰有精美的格子。整个城堡坐落在宽敞的花园里，正面的墙壁以白色砂岩石砌成，4 个坚固的塔楼使用了粗石。文艺复兴时期的拱顶下，豪华的楼梯通往一楼几间客厅，有些客厅镶嵌了美丽的壁板，挂着名贵的绘画和精美的挂毯。不必多说，和在其他地方住宿一样，我们非常尊重他人的财物，对此倍加爱护。

到 6 月 22 日，我们已经把第 6、第 27 步兵师顺利运到卢瓦尔河南岸，几个先遣支队在稍前方推进，大批法军官兵向他们投降。

6 月 23 日，我们获悉两国昨天在贡比涅森林签订了停战协定。法国战局结束了。我签发了军日训令，感谢麾下几个师，他们"没获得坦克掩护，也没有车辆运送"，全凭英勇无畏和奉献精神取得了这番成就。进攻战大获全胜后，他们追击敌军超过 500 公里，以一场名副其实的强行军直抵卢瓦尔河！

"车轮仍在转动。"可是，从 1918 年的贡比涅到 1940 年的贡比涅，这是条漫长的道路，接下来会把我们引向何处呢？

注释

1. 三位师长都是久经考验的指挥官，冯·哈泽将军 1944 年 "7·20" 事件后遭处决，贝格曼将军阵亡在东线，冯·比格勒本将军战争期间因病去世。

第七章 两次战局之间

OKH 准备部分复员——柏林国会大厦召开的会议——"接下来该怎么办？"——缺乏战争计划——以海空作战击败英国？——争夺地中海？——入侵不列颠群岛？——海狮行动可行吗？——放弃入侵的理由——决心下得太晚，无法赢得"不列颠之战"——希特勒对英国的政治态度——两线战争的巨大风险

法国投降那天，可以说德国一扫自 1918 年 11 月 11 日放下武器以来蒙受的无尽耻辱。当年，德国在贡比涅森林福煦元帅的专列里签署了降书，今天，法国不得不在同一地点的同一节车厢内签署降书。1940 年 6 月 22 日，希特勒的执政生涯到达顶点。自 1918 年以来，法国的军事力量一直对德国构成威胁，现在，他们和东面的盟国，作为帝国的敌人已土崩瓦解。虽然我们还没彻底击败英国，但已经把他们逐出欧洲大陆。苏联现在是帝国的邻国，尽管与我们签订了《莫斯科条约》，可还是在东面构成潜在威胁。不过，鉴于德国先后击败了波兰和法国，估计苏联近期内不会发动入侵。如果克里姆林宫企图趁德国被牵制在西面之际，继续扩张领土的话，那么可以说他们错失了采取此类行动的时机。很明显，就连莫斯科也没想到，德国国防军会如此迅速、如此彻底地击败西方国家的联军。

尽管德国军队在波兰和法国大获全胜，但绝不能归因于德国统帅部自贡比涅那天起就一直致力于复仇战争。与所有敌对宣传的说法相反，德国陆军总参谋部清醒地分析了战争会给帝国带来的危险，1918—1939 年，他们的目标不是发动侵略或复仇战争，而是全力确保帝国的安全。但希特勒在政治上赢得惊人的胜利后，军方领导人终于折服了。也可以说他们承认了政治的优先地位，尽管他们并不赞同相关政策，但确实无力阻止，除非发动政变。

顺便提一句，我们目前赢得的胜利，决定性因素绝不仅仅是希特勒竭尽全力让德国重整军备。当然，鉴于强加给帝国的《凡尔赛和约》让我们丧失了防御能力，重整军备是成功从事一切作战行动（包括防御作战）的先决条件。但这并不是说德国国防军投入交战时，具有和后来苏联在陆军方面或西方国家在空军方面大致相当的优势。实际上，西方国家在作战部队、坦克、火炮数量上与德国旗鼓相当，某些方面甚至占有优势。西方战局的决定性因素不是军备数量，而是德国军队更高的素质和更好的指挥。自第一次世界大战结束以来，德国军队学到很多东西，还掌握了战争艺术不变的法则。

停战后，OKH裁撤了相当一部分师，同时把一些步兵师改编为装甲师或摩托化师。

第38军军部先是迁往卢瓦尔河中游的桑塞尔地域，在那里领导部分师的改编工作。所以，我们离开满是历史纪念品而又雄伟的塞朗城堡，搬到世界著名的君度酒制造商在俯瞰卢瓦尔河河谷的陡峭山坡上建造的一座小型城堡。我们这处新居意图效仿那些旧城堡，可拙劣的模仿只流露出两个字——俗气。伫立在主建筑旁的塔楼从一开始就修成废墟状，并没有为主建筑锦上添花。平台上摆放的小型火炮，很难给人留下战利品的印象，与君度酒制造商的意愿大相径庭。这里唯一值得称道的是，从山顶可以俯瞰广阔而又肥沃的卢瓦尔河河谷美景。可是，城堡书房里挂的大幅油画，充分暴露出主人的暴发户形象。

这幅油画画的是世纪之交欧洲各国的君主，我们的老皇帝弗朗茨·约瑟夫和维多利亚女王也在其中，他们围坐在圆桌旁。君度酒似乎让这些君王多少有了点醉意，但在他们上方，城堡的主人居高临下地站在桌子上，得意扬扬地举着杯君度酒。这幅拙劣的油画，是我们从这座"城堡"唯一搬走的东西。

7月19日，德国国防军所有高级指挥官被召到柏林，参加帝国国会召开的会议，希特勒在会上宣布西方战局胜利结束。他还表彰了一批高级军事指挥官，以此表达国家对他们的感谢之情。

此次授勋晋衔的规模表明，希特勒认为他已赢得战争。

当然，德国民众认为，恪尽职守的军人获得荣誉是理所当然的，但方式和范围超出了必要的程度，至少我们这些陆军将领的感觉是这样。

除了一位海军元帅，希特勒此次任命了12位陆军元帅，此举只会降低这种军衔的价值，迄今为止，元帅一直是德国最尊贵的军衔。此前，除了德皇威廉二世在和平时期任命过几位陆军元帅，获得元帅军衔的先决条件是独立指挥一场战局、赢得会战的胜利或征服某座要塞。

波兰战局后，陆军总司令和两位集团军群司令是符合上述条件的，但希特勒没有擢升他们为元帅，借此表达对陆军的感谢之情。可他这次一下子晋升了12 位陆军元帅，其中包括领导了两场辉煌战局的陆军总司令，以及国防军最高统帅部参谋长，可他这个职务，既不是指挥机构，也不是总参谋长。另外，航空部国务秘书也成了元帅，无论他在组织方面取得多大的成就，也无法与陆军总司令相提并论。

但希特勒的态度表现得最明目张胆的是，他擢升空军总司令戈林为帝国元帅，还授予他大铁十字勋章，戈林是唯一获得这种勋章的人，这样一来，他就凌驾于陆海军总司令之上。希特勒的做法，只能视为刻意贬低陆军总司令，清楚地暴露出他对 OKH 的态度和评价。

国会会议当天，我得知我们的军部接到新任务。我们即将调到海峡沿岸，准备入侵英国，为此，3 个步兵师划拨给我军。我们住在勒图凯，这片优雅的海边度假胜地位于布洛涅附近，许多英国人在这里也有漂亮的别墅。我们把军部设在一座耗费巨资修建的大型宾馆内，而我和身边人员住在一名法国船主的小别墅里。虽然别墅的主人逃走了，可他的管家还在，所以，我们请他把房子和家具整理好并加以照料。与我后来在德国的亲身经历相反，我们从来没以主子自居，更不会随心所欲地处置别人的财产。我们处处留意，确保部队征用的房屋保持井然有序。擅自取走别人的全套家具或贵重物品，任何情况下都不符合德国陆军的传统。有一次，我驱车驶过一座别墅，发现刚刚离开的部队把这里搞得遍地狼藉，第二天，涉事连队的军士长就带着清理班回来，亲自把这里打扫干净。

由于我方官兵的行为举止无可指摘，所以我待在法国的 6 个月里，与当地居民的关系非常融洽。尽管我们表现得彬彬有礼，可他们始终不卑不亢，不过，这种态度反而赢得了我们的尊重。我觉得每个人可能多多少少都会沉醉于这片天佑之地的魅力。此地让我们见识了古老的文化、瑰丽的风光、著名的美食。这片富饶的国土，各种物品琳琅满目。可惜，我们的购买力有限。我们的军饷，只有一部分能兑换成占领国货币，至少陆军严格遵守了这项规定。所以，我们的购物欲受到限制，这对德国国防军的声誉是有好处的。但那几个月，我们偶尔可以去巴黎待上一天，感受一下那座城市的魅力，这就够了。我们在海边驻防期间，直到11月仍能享受海水浴的快乐。我的新副官施佩希特中尉、忠实的司机纳格尔、马夫龙格经常在海滩上策马驰骋，而且乐此不疲。有一次，我们在海里沐浴，没考虑到海峡潮汐的高度异常，与退潮时相比，此时的落差高达8米。这种情况，对我们登陆英国海岸和入侵港口登船时间的影响非常严重。就这样，我们游到海里很远处，停在沙滩上的梅赛德斯车突然被海浪卷走。直到最后一刻，我们才调来拖车，驶入被海水浸软的沙滩，把我们的车辆拖了回来。纳格尔有一次在海里搞到些"战利品"。他游到很远处一艘沉没的轮船的船桥上，他爬了进去，很快带着乒乓球网、球拍、球从船长室爬了出来，这些东西丰富了我们的运动器材库。可能从来没有谁以这种奇怪的方式得到过乒乓球。

不过，此次战局获胜后，这个美丽的国家带给我们的快乐和舒适，以及悠闲的休整期，并没有削弱部队的意志，通常说来，占领军容易犯下这种错误。就算有懈怠倾向，也被入侵英国这项全新任务抵消，因为我们必须加紧训练。部队每天在沙丘和毗邻的湿软地带操练，这些场地在许多方面与我们计划中的登陆地段相似。改装过的莱茵河和易北河驳船、小型渔轮、摩托艇，这些摆渡装备运抵后，风平浪静的日子，我们就和海军一同操练登船和海上登陆。有时候，登陆驳船笨拙地搁浅，参加演练的官兵不免要洗个冷水澡。年轻的海军候补军官也得学会这项新技能，不能怪他们对此缺乏热情，每个人都想去漂亮的巡洋舰或潜艇服役，谁愿意跑来操作易北河驳船呢？更何况与老船长、驳船或渔轮的主人相处并不容易，他们和年轻的海军候补军官一同站在船桥上。以这些船只实施入侵，多少有些冒险，不过，每个人都还是积极投入准备工作，虽说这是个完全陌生的任务，但我们坚信一定能掌握相关技能。

海狮行动

看来，我在这里有必要对希特勒登陆英国的计划，以及促使他放弃这种企图的原因发表些批评性评论。

如果说击败法国后希特勒真以为自己赢得了战争，就等英国接受客观事实的话，那他就大错特错了。尽管相当含糊，但英国冷淡地拒绝了希特勒的和平提议，表明英国和英国政府无意接受现状。

所以，希特勒和OKW面临这样一个问题："接下来该怎么办？"

战争期间，如果在军事上遭遇挫败，或在政治方面出现意想不到的变局，例如另一些国家加入敌方阵营参战，从而造成全新局面的话，政治家和军队统帅无疑要面对上述问题。那么在某些情况下，除了推翻原先的战争计划，没有其他选择。

在这种情况下，也许有人会指责统帅部高估了本国的实力，低估了敌人的力量，误判了政治局势。可如果军事行动按预想决定性地战胜了一个敌人（击败法国甚至超出了预想），迫使另一个敌人逃回海岛，在这种情况下，国家领导人和军事统帅却自问"接下来该怎么办"，那么我们不禁要问，德国方面到底有没有"战争计划"？

当然，没有哪场战争会按照固定程序，依据一方制定的计划进行。可是，既然希特勒1939年9月冒险与英法开战，那么他就该预先想清楚，必要情况下如何对付这两个国家。显然，入侵法国前，甚至是进攻期间，德国最高统帅部根本没有战争计划，以此指导如何赢得预想的军事胜利，以及获胜后又该怎么做。希特勒指望英国屈服，而他那些军事顾问显然认为必须等待"元首的决断"。

这个例子明确说明，不完善的最高军事领率机构会造成怎样的局面，还说明希特勒掌握国防军最高指挥权的同时，没有委派帝国总参谋长负责总体作战，会产生怎样的结果。

实际上，除了制定政策的国家元首，我们根本没有掌握全权的军事机构负责全面指导战争的实施。

希特勒从一开始就把OKW降为军事秘书处的地位。OKW负责人凯特尔的职务不可能为希特勒提供战略方面的建议。

另外，国防军各军种总司令也没得到充分的权力，根本无法对全面指导战争发挥影响。他们有时候会就作战问题提出自己的观点，但希特勒置若罔闻，总是按照自己的考虑做出最终决断。

希特勒在任何情况下都独断专行，除了雷德尔元帅就挪威问题提出过异议，我不知道三军种总司令部有哪个在全面指导战争的问题上做出过重要决定。

既然没有一个机构获准制定战争计划（至少 OKW 无权这样做），所有人只好等待"元首的直觉"。凯特尔和戈林这些人对希特勒奉若神明，而另一些人，像布劳希奇和雷德尔，只好听天由命。其实，三军种总司令部肯定也考虑过，这种情况从长远看会影响战争的进行，但又无力改变现状。例如，1939 年年末到1940 年年初的冬季，雷德尔元帅让海军司令部研究过登陆英国的技术可行性和相关需求。但希特勒从来没有把哪个军事机构或哪个人视为专家或执行者，委托他担任全面指导战争的顾问，行使总参谋部或总参谋长真正的职权。

我们目前这种最高军事领率机构造成的结果，必然是我前面提到的问题，在西线赢得决定性胜利后，"接下来该怎么办？"

可除了这个问题，德国最高统帅部还得面对两个现实：

1. 英国还没被击败，他们显然不打算与我们达成谅解。

2. 苏联现在成为帝国的邻国，对我们构成潜在威胁，无论克里姆林宫先前对德国展现出多么大的善意，他们迟早会介入战争。早在 1939 年 11 月，希特勒强调必须毫不拖延地在西线取得决定性胜利时，就暗示过这种威胁。

鉴于这两个现实，帝国的首要任务显然是尽快结束对英国的战争。只有实现这一点，才有望粉碎斯大林的企图，让他无法趁欧洲各国纷争之机继续奉行扩张主义政策。

要是找不到办法与英国达成谅解，那么，帝国就必须尽快以军事手段干掉英国这个最后的敌人。

这么短时间内就要决定欧洲长远的命运，而双方都没有认真探寻在合理的基础上达成谅解的途径，实在是一出悲剧。

可以肯定，希特勒不愿与英国展开殊死决战，因为他真正的目标在东方。

但法国战局结束后，希特勒在国会会议上向英国发出的和平倡议过于含糊，很难让对方做出积极回应。另外，就算英国认真对待这项倡议，得意忘形的希特勒是否愿意在合理、公平的基础上达成和平，这一点很值得怀疑。更何况，他过去的所作所为给自己造成严重束缚，他把半个波兰和波罗的海诸国拱手让给苏联，只能以另一场战争为代价，才能改变既成事实。意大利觊觎法属殖民地，希特勒为他们的贪婪大开方便之门，现在不得不依赖盟友。最后一点，布拉格事件后，希特勒已失信于全世界，就算他愿意签署协定也没人相信了。

战胜法国后，要是希特勒在合理的基础上与英国达成和平，德国民众肯定会欢呼雀跃。他们没那么贪婪，并不想把波兰人占多数的地区纳入帝国版图，也不愿响应某些梦想家的呼吁，索取昔日属于德意志民族神圣罗马帝国的土地。"优等民族"统治欧洲乃至全世界的思想，在德国除了少数纳粹党狂热分子，没人认真对待过。只要希特勒吹哨召回他那些宣传暴徒，无疑会为民众接受合理的和平肃清道路。

但另一方面，英国的民族性格在丘吉尔首相身上体现得淋漓尽致，因此，英国现在和日后都不会认真考虑两国达成合理妥协的可能性。英国人的坚忍顽强令人钦佩，一旦投入战争，无论当前形势多么严峻，他们都会不屈不挠地奋战到底。另外，他们对希特勒及其政权的敌视和"无条件的仇恨"（某些政治领袖甚至痛恨普鲁士—德意志），让他们丧失了辨别能力，没认清对欧洲构成更大威胁的苏联。很明显，英国的政策依然秉承"欧洲势力均衡"的传统观点，他们最后一刻投入战争就是为恢复势力均衡，这种政策的基础是击败欧洲大陆越来越具有统治地位的帝国。可他们对整个世界已发生变化的事实视而不见，鉴于苏联的实力不断壮大，对欧洲的威胁与日俱增，再加上他们致力于世界革命的信念，现在重要的是建立"世界势力均衡"。

另外，英国首相丘吉尔无疑是个非常好斗的战士。他过于看重战斗，一心期待赢得胜利，没能超越军事目标看清政治前景。直到几年后，苏联人逼近巴尔干地区，触动了英国的利益痛点，丘吉尔才认识到这种发展造成的危险。可当时他已无法凭一己之力对抗罗斯福和斯大林。起初他相信本国人民的力量，认为罗斯福总统最终会率领美国人民站在英国一方参战，可是，尽管美国人不喜欢希特勒，但他们中的大多数人并不愿意参战。

丘吉尔这样的人，不可能看不到苏联对德国构成的潜在威胁。他把英国的希望寄托于苏德两国爆发战争。另一方面，他从来没想过与德国达成谅解，因为他认为两个极权主义国家可能很快会爆发权力之争。冷静分析苏德两国的强弱对比，没人会得出一方彻底击败另一方的结论，相反，这场长期斗争会牵制两个国家，让他们相互削弱。两个盎格鲁－撒克逊大国无疑会利用这种情况扮演世界调停者的角色。而两个极权主义国家的权力之争，很可能导致他们的政权土崩瓦解。

不幸的是，在专制、意识形态、"十字军东征"、铺天盖地的宣传鼓动民众的时代，没人在乎"理性"这个词。英德两国似乎认为以武力定胜负是唯一的解决之道，这就给两国人民和整个欧洲造成了不幸。

西方战局结束后，德国最高统帅部面临的问题是"接下来该怎么办"，看来，要解决这个问题，只能与英国继续打下去。但鉴于上面提到的原因，德国方面没有超出西方战局的战争计划，这种情况无疑会造成严重后果。希特勒构想以入侵的方式进攻英国的计划时（但还没下定决心），并没有为此展开实际行动。结果，利用英国目前实力虚弱的良机就此错失。我们现在开始的准备工作耗费了太多时间，仅从气候条件看，能否顺利登陆英国就很成问题。

这种情况，再加上我后面要谈的其他原因，成为希特勒放弃入侵英国，转身进攻苏联的理由或借口。当然，最终的结果人尽皆知。

分析德军战线发生决定性改变的原因前，似乎有必要谈谈，倘若希特勒准备与英国斗争到底，获胜的可能性有多大。

我们在这方面有三种途径。

第一种途径是切断英国的海路补给，迫使对方屈服。由于帝国现在彻底控制了挪威、荷兰、比利时、法国海岸，以此作为空战和潜艇战基地，可以说条件非常有利。

不太有利的是，我们的作战手段不多。

德国海军的潜艇数量远远不够，重型舰只更谈不上，特别是与潜艇协同行动的航母。另外，情况很明显，只要英国空军没被击败，他们就能在反潜防御方面继续保持优势。

至于德国空军，此次作战承担的任务如下：

夺取制空权，至少要让英国空军无法介入潜艇战；

通过轰炸瘫痪英国的港口；

与潜艇有效协同，打击敌人的海上交通线。

实际上，这些任务也是击败英国空军，摧毁他们军备来源的先决条件。

不列颠之战的进程表明，1940 年的德国空军没有强大到足以完成上述任务的程度。就算当年 8 月和 9 月的气候条件更有利，就算德国统帅部没有在敌人最危急的时刻把打击英国空军的作战重点改为轰炸伦敦，能否取得不同的结果还是很难说。

不管怎样，由于德国空军的轰炸机数量有限，再加上缺乏作战半径更大的战斗机，1940 年夏季很难迅速实现击败英国空军、摧毁对方军备来源的目标。主要靠物质手段决定的交战需要的时间和力量可能远远超出最初的预计。实力大致相当的对手展开交战，要想迅速赢得决定性胜利，只能通过高超的指挥艺术来实现，很少像我们这样硬碰硬。

因此，我们一开始就该做好长期斗争的准备。潜艇舰队必须大力扩充才能确保胜利，德国空军也应当这样做。

还应该明确指出，以杜黑将军倡导的"战略性空战"，迅速迫使英国这样的大国屈服，这种想法至少在当时纯属白日做梦。后来盟军对德国发动的空中作战同样如此。

不管怎样，如果决定以切断英国海上交通线的办法迫使对方屈服，帝国就必须以全部军备生产能力加强潜艇和空中力量。为实现这个目的，必须裁减军队，腾出用于军备生产的工人。

但这场斗争的长期性隐藏着危险。没人知道苏联的和平状态还能保持多久。倘若德国裁减陆军，空中力量彻底牵制在对英国的战争中，那么就算苏联不参战，也会走上政治讹诈的道路。

另一个危险是美国可能会提早介入。他们不会坐视我们慢慢扼杀英国。美国也许会较早加入这场海空战，可如果德国入侵英国本土，无论美国怎样介入都为时过晚。

归根结底，倘若德国确实有全面指导战争的方案，那么赢得胜利还是大有希望的。苏联和美国干涉的危险始终存在，我们必须小心提防。当然，前提条件是严格遵循既定目标，也就是消灭英国空军，切断英国海上交通线。攻击对方的城市，打击敌国民众的士气，这种含糊的观点只会给我们赢得胜利造成危害。

有可能击败英国的第二种途径，我们称之为争夺地中海。许多人批评希特勒或德国军事领导层跳不出大陆思维的框架，一直没认清地中海作为英国生命线的重要性。

希特勒的思维完全放在欧洲大陆，这也许是事实。但另一个问题是，英国丢失地中海的话，真的会被迫放弃战斗吗？另外，征服地中海地区又会给德国造成怎样的后果呢？

不可否认，英国丧失了在地中海的地位，对她肯定是个沉重的打击，可能会给印度和中东以及英国的石油供应造成严重后果。另外，彻底封锁地中海航道，会导致英国的补给情况严重恶化。

可这是致命的打击吗？依我看，答案可能是否定的。英国绕道好望角，仍可以和远东、近东保持联系，我们根本无法封锁这条交通线。除非我们按照上文提到的第一种途径，以潜艇战和空战严密封锁英伦三岛。可是，此举需要德国空军投入全部军力，根本无力顾及地中海！英国丢失直布罗陀、马耳他，丧失在埃及和中东的地位，无疑是件痛苦的事，但不会致命。另一方面，就像英国人目前表现的那样，这些损失可能只会进一步加强他们的战斗意志。英国这个民族不会默默地接受这些损失，就此认输，反而会更加顽强地战斗下去！"地中海是英国的生命线"这句口号很可能纯属胡诌。如果战争继续下去，各自治领会不会背弃英国，这一点也值得怀疑。

第二个问题是，为争夺地中海展开决战，会给帝国造成怎样的后果？

首先可以确定，意大利会为这场交战提供出色的基地，但他们的军队能做出的贡献非常有限。这一点无须相关事件证明，当时就应该估计到。

最重要的是，我们无法指望意大利舰队能把英国人逐出地中海。

因此，这场斗争的重负落在德国肩头，而我们的盟友把地中海视为禁脔，他们会要求得到相应的指挥权，必然加剧不利的影响。

要想剥夺英国在地中海的地位，给予她致命打击，我们就必须夺取马耳他和直布罗陀，把英国人赶出埃及和希腊。毫无疑问，如果德国国防军把作战重点转到地中海地区，就可以通过军事手段解决这个问题。

可是，这条路径必然给我们带来更多问题。占领直布罗陀，我们必须征得西班牙同意（实际上他们是不会同意的），要么对西班牙施加压力后再执行。两种做法都会导致西班牙的中立地位告终。无论是否符合西班牙和葡萄牙政府的意愿，帝国都别无选择，只能承担起掩护伊比利亚半岛海岸的任务，同时为该地区提供补给。我们必须料到，这两个国家会抵抗，特别是葡萄牙，英国很快会占领该国殖民地。但不管怎样，从长远看，伊比利亚半岛会牵制大批德国军队。以武力占领伊比利亚诸国，会引发美国和拉美国家的激烈回应，对我们非常不利。

鉴于意大利和西班牙都对法属殖民地提出领土主张，因而不可能与法国达成真正的谅解，要是我们想阻止英国这个海上强国有朝一日重新踏足地中海，就必须占领法属北非。

如果我们把英国人逐出埃及，倘若他们登陆希腊，我们也得把他们赶走，那么，东地中海这条路径很可能把我们领向中东国家，特别是考虑到我们必须切断英国的石油供应。有人认为，德国在中东建立基地有两个好处，一是有可能对印度构成威胁，二是获得对付苏联的翼侧位置，阻止他们干涉德国。但我认为这种观点很不现实。从长远看，德国军队驻扎在中东，会给当地民众的态度造成怎样的影响，这一点值得怀疑，除此之外，还有两个问题：

从中东地区对印度或苏联展开军事行动，仅仅因为补给问题，就不可能取得真正的胜利。海上强国英国在此处始终占有优势。

德国军队开入中东，不仅无法阻止苏联干预德国，反而会促使他们提早动手。

依我看，争夺地中海这个问题的症结如下：

丧失了在地中海的地位，不会给英国造成致命打击；

另外，从长远看，争夺地中海的决定性交战，必然牵制德国强大的军力，这就给苏联提供了可乘之机，他们入侵德国的可能性倍增，特别是考虑到苏联企图攫夺巴尔干、在中东占据主导地位，要实现这一点，他们只能与德国开战。

征服地中海，借此击败英国的想法，是一条迂回路线，与拿破仑一世当年打算取道埃及进攻印度，置英国于死地的构想类似。这种行动必然把德国军队长期置于非决定性方向。真这样做的话，一方面会让英国本土获得重整军备的时间，另一方面也给苏联提供了对付帝国的良机。

之所以有人提议征服地中海，是因为他们觉得进攻英国本土毫无成功的希望，故而不愿做出相关决定。

这就带来 1940 年讨论的第三种途径，也就是入侵英伦三岛。

探讨这个问题前，我们先谈谈地中海作战行动的实际执行情况。这里和苏联战区后来多次发生的事情一样，希特勒没有及时投入必要的兵力。他犯的主要错误是没有占领马耳他，我们在初期阶段完全能做到这一点。希特勒放弃了，此举可能对我们最终丢失北非，以及由此引发的后果具有决定性影响。

不管怎样，希特勒 1940 年 7 月制定了入侵英伦三岛的计划（但没做出最终决定），还下令展开相应的准备工作。

此次行动的代号是"海狮"，但只能在具备一定条件的情况下付诸实施。计划中的行动该如何执行，陆海军总司令部对此的反复争执，以及最终促使希特勒放弃行动的理由或借口，许多人早已详细介绍过，这里不再赘述。

所以，我在此只讨论三个最重要的问题：

入侵英国能否迫使对方放弃抵抗，这场行动成功的话，能赢得全面胜利吗？

这场入侵有成功的把握吗？失败的后果是什么？

最终导致希特勒放弃入侵，不再与英国决一死战，转而对付苏联的原因是什么？

对第一个问题，答案是入侵英国本土的确是击败英国最快的办法。我们在前面讨论的两种途径都无法迅速赢得决定性胜利。但入侵英国的行动成功的话，就能赢得全面胜利吗？关于这个问题，我们必须承认，就算征服英伦三岛，丘吉尔政府可能，甚至有很大的可能逃到加拿大继续斗争。英国各自治领是否会继续追随他，这个问题无法确定。不管怎样，就算我们征服英伦三岛，也不意味着英国彻底败亡。[1]

但最重要的一点可能是：德国征服英伦三岛，敌人就丧失了从海上进攻欧洲大陆不可或缺的基地，至少当时是这样。即便美国参战，若没有英伦三岛这块跳板，根本没办法渡过大西洋发动入侵。如果我们占领英国，消灭英国空军，把英国舰队赶出大西洋，彻底消除英伦三岛的战争潜力，那么帝国就可以迅速解决地中海问题，这是毫无疑问的。

因此，就算英国丢失英伦三岛后企图继续抵抗下去，也毫无获胜的希望。但各自治领会继续追随英国吗？

如果苏联在短期内无法指望欧洲的"第二战线"，他们对德国的潜在威胁还存在吗？斯大林会不会与希特勒达成一致，转而向亚洲扩张？

如果美国不得不独自承担战争的重负，还会对德国发动"十字军东征"吗？

别说当时，就连今天也没人能回答这些问题。

当然，德国无法隔着海洋迫使对方接受和平。但有一点可以肯定：成功入侵英伦三岛的话，帝国的处境肯定比希特勒采用的途径造成的局面有利得多。

从军事角度看，如果确实有成功的希望，那么1940年夏季入侵英国无疑是正确的解决之道。德国获胜后，如何通过谈判达成和平，这应该是德国合理政策的目标，不在军事考虑范畴内。

所以我们还是回到军事方面，谈谈关键问题：1940年入侵英国能否成功。

海狮行动能否成功，对这个问题的看法，可能始终存在分歧。可以肯定，这场行动的风险非常大。

尽管德国1940年夏季不具备相关优势，无法与1944年的盟军相提并论，但另一方面，我们也有个决定性优势，英国人起初没有沿他们的海岸组织防御，这项任务本该由装备精良、训练有素、领导得力的部队来执行。实际上，英国1940年夏季几乎没有抵抗登陆入侵的防御，要是希特勒当初不让英国远征军逃离敦刻尔克，那么英国本土本该毫无防御能力。

1940年夏季入侵英国本土，成功与否取决于两个因素：

1. 尽快发动入侵，在英国缺乏防御能力的情况下打击对方，同时利用夏季有利的气候条件（7月、8月、9月初，我们发现前方的海峡大多数时候平静得犹如湖面）；

2. 渡海期间和之后一段时间，尽可能充分消除英国海空军对海峡地域的影响力。

但可以肯定，鉴于气候因素的不确定性，以及德国空军能否在海峡上空夺得最低限度制空权的不确定性，海狮行动始终是个风险很大的任务。

考虑到这种风险，负责这场行动的高级指挥部门多少有些犹豫，对海狮行动有所保留。

当时就能看出，希特勒从一开始就没认真对待这场行动。许多人注意到，行动准备期间，从上级部门到执行机构，普遍缺乏以往的动力。国防军指挥参谋部参谋长约德尔将军把入侵企图视为绝望之举，通常情况下没理由这样做。

德国空军总司令戈林向来凌驾于国防军统帅部之上，没把他指挥的对英空战视为国防军整个入侵行动的组成部分，而且是最重要的部分。相反，戈林投入、最终大量消耗空军力量的方式表明，他把针对英伦三岛的空战更多地看作独立作战行动，而且据此实施指挥。

最早提出入侵英国问题的海军总司令部研究行动实际可行性期间得出结论，满足一定条件的话，海狮行动有可能成功。尽管如此，他们也意识到技术手段严重不足，因而倍感压力。

态度最积极的可能是OKH，但最初，也就是法国崩溃前，他们似乎根本没考虑过入侵英伦三岛的可能性。

有一点可以肯定，指定用于入侵的陆军部队，不得不承担海狮行动的主要风险，但他们不仅展开密集的准备工作，还对入侵的成功前景充满信心。我之所以这样说，是因为我指挥的第38军是计划中的第一波次渡海部队，从布洛涅—埃塔普勒出发，在贝克斯希尔—比奇角登陆。我们坚信这场行动能成功，但也没低估风险。不过，另外两个军种，特别是海军，他们担心的问题我们不太了解。

众所周知，希特勒最终放弃海狮计划，主要出于两个理由，或者说是借口。

首先是准备工作耗费的时间太长，第一波渡海行动最快也要到9月24日才能付诸实施。届时，就算第一波渡海行动取得成功，也无法保证海峡的好天气还能保持多久，以便后续部队继续渡海。

第二个理由最重要，到渡海行动的最早日期，德国空军仍没能按计划夺得英国上方的制空权。

就算我们承认，1940年9月这两个理由看上去非常棘手，不得不放弃入侵英国的计划，可还是无法回答以下问题：要是德国的领导班子不同，是否有可能发动入侵？评估希特勒不与英国决一死战，转而进攻苏联的决定，这个问题至关重要。

所以问题在于，上面提到的两个理由，也就是海狮行动延误，以及英国上方的空战结果不尽如人意，是不是无法避免。

第一个理由，也就是登陆日期推延到9月下旬，显然是可以避免的。如果我们有完整的战争计划，必然从一开始就考虑到击败英国的问题，那么，入侵行动的大部分技术准备工作本来可以在西方战局结束前完成。要真有这种计划，那么无论希特勒出于什么原因，放任英国远征军逃离敦刻尔克都是无法想象的。倘若法国崩溃之际，德国统帅部就决定入侵英国，也就是 6 月中旬而不是 7 月中旬定下决心，那么登陆日期就不会拖延到秋季。根据 7 月份下达的指令，入侵准备工作到 9 月中旬完成。要是提早 4 周下定决心，我们最快在 8 月中旬就能渡过海峡。

希特勒放弃海狮行动的第二个原因，是不列颠之战的结果很不理想，关于这个问题，我想说的是：

有可能发动入侵的最早日期前几周就发起孤立的空战，企图夺取英国上方的制空权，可以说是领导层面犯下的错误。

入侵前夺取英国上方的制空权，目的是确保入侵行动成功。结果，德国空军不得不在不利的条件下过早投入交战，耗尽了自身的实力。

要是德国空军总司令部清醒地分析敌我实力和能力对比，至少会严重怀疑己方力量是否足以、是否适合击败英国空军，打垮他们的生产基地，继而赢得决定性胜利。

首先，德国空军总司令部低估了英国战斗机部队的实力，高估了己方轰炸机部队的效力，还被敌人卓有成效的雷达体系搞得措手不及。

另外，众所周知，我们的轰炸机，特别是战斗机，作战半径和侵彻深度都不足，无法给予敌空军毁灭性打击。与敌人相比，英国上空的德国战斗机不得不在不利的战斗条件下作战，而我方轰炸机一旦超出战斗机航程，就得在没有护航的情况下展开行动。

仅仅出于这种考虑，德国空军指挥部门就应该迫使英国空军在同等条件下决战，也就是在海峡或海岸上空，换句话说就是与入侵行动直接协同。

最后，德国空军指挥部门又犯了另一个错误，关键时刻改变了空中攻势的作战目标，原因就像前面提到的那样，归咎于预料到和没预料到的各种不利条件。9 月 7 日，空中攻势的重点转到伦敦，这个作战目标与入侵行动的准备工作并无关联。

发动入侵前夺得制空权当然至关重要，可如果德国最高统帅部冷静分析所有因素，就会得出结论：空军实施的决定性打击，必须与入侵行动直接关联。

肯定有人提出反对意见，因为这样做的话，德国空军就得承担太多任务，也就是：

攻击英国南部的敌空军基地；

掩护法国港口的装载作业；

掩护运输船队渡过海峡；

支援第一波入侵部队登陆；

与己方海军和海岸炮兵协同，阻止英国舰队介入。

不过，尽管这些任务紧密相连，但并非同时完成。例如，除了驻锚在英国南部港口的轻型舰只，英国舰队可能到第一波入侵部队登陆后才会介入。

整个行动成功与否，取决于陆海军发动入侵之际海峡或英国南部上空大规模空战的结果。但对德国空军来说，这场交战的战斗条件比他们攻击英国内陆有利得多。

当然，这种做法就是孤注一掷，可我们既然要发动入侵，这就是特定条件下不得不付出的代价。

若说希特勒 1940 年 9 月由于上述两个原因搁置了入侵英国的计划，那么就当时的情况看，这些原因还是很有说服力的。可这些原因之所以出现，完全是因为除了政治家希特勒，德国最高统帅部没有指导整体战争的机构。这个机构，本来可以及时拟制针对英国的战争计划，实际指挥国防军三军种协同一致的入侵行动。

如果说德国统帅部 1940 年夏季以上述方式放弃了与英国展开决战的大好时机，那么原因不仅仅是领率机构不完备，更重要的是希特勒的政治考量。

毫无疑问，希特勒一直不愿与英国人和英国发生战争。他多次说过，消灭英国并不符合帝国的利益。他钦佩英国的政治成就。就算这些话一下子难以让人相信，但有个问题可以肯定：希特勒知道，一旦英国倒下，受益的不是他或德国，而是美国、日本或苏联。不管怎样，这种清醒的考虑可以解释他对英国的态度。他不想也不期望与英国爆发战争，他希望尽可能避免与这个国家决一死战。

基于这种态度，再加上希特勒大概没料到德国会如此彻底地战胜法国，也许能解释他为何没制定击败法国后再把目标对准英国的战争计划。希特勒根本不想登陆英国。他的政治理念与战胜法国后出现的战略要求相冲突。很不幸，他的理念没获得英国方面赞同。

与此相反，希特勒对苏联的态度就没变过，1939年他与斯大林结盟后也是如此。他不信任也看不起这个国家。他对俄罗斯帝国传统的扩张欲望心怀恐惧，可他却与苏联缔结了《莫斯科条约》，再次为对方打开了通往西方的门户。

可以设想，两个极权国家成为近邻后，希特勒知道双方迟早会发生冲突。另外，作为政治家的希特勒，始终受到"生存空间"理念支配，他认为必须确保德国人民的生存空间，而更大的生存空间只能从东方获得。

尽管以上两种思路让希特勒推迟了与苏联发生冲突的时间，但战胜法国后，他似乎成为欧洲大陆的实际主宰，像他这样的人，必然产生对付苏联的念头。更重要的是，苏联军队集结在德国东部边界构成的威胁，势必让他对克里姆林宫日后的立场产生猜疑。

希特勒现在面对入侵英国的问题，深知此时采取这种行动的风险非常大。倘若入侵失败，为此投入的陆海军力量就会损失殆尽，德国空军也会遭到严重削弱。不过，从纯粹的军事角度看，就算入侵英国的行动失败，也不意味着遭到削弱的德国军事力量再也无法恢复。但由此造成的政治后果很严重：首先，入侵失败会强化英国人抵抗到底的战争意愿；其次，还要考虑到美国和苏联的态度；最重要的是，这种显而易见的军事挫败，会决定性地削弱独裁者在德国乃至全世界的声望。

但独裁者不会把自己置于这种危险下。如果说他对英国的总体态度始终让他不愿与对方决一死战，如果说他对英国人想法的误判让他满心期待最终与对方达成谅解，那么，他现在面对危险退缩了，想避免与英国决战的风险。他的想法是，与其同英国硬碰硬，不如击落对方手里最后一柄寄予厚望的"大陆之剑"，借此迫使对方屈服。

面对军事和政治方面的高度风险，希特勒退缩了，尔后做出错误的决定。因为有一点可以肯定，如果希特勒在对他最有利的时刻不敢与英国决战，那么德国迟早会陷入难以为继的境地。对英国的战争拖得越久，帝国在东面遭受的威胁就越大。

希特勒1940年夏季没敢对英国发起决定性打击，错失了难得的良机后，他再也不能等待下去。现在，他不得不在西方还没出现足以在欧洲大陆对自己构成威胁的敌人前冒险发动先发制人的战争，消灭苏联这个对手。

希特勒不敢承担入侵英国的风险，可他反而冒上更大的风险展开一场两线战争。同时，他拖延，最终放弃了入侵计划，本该赢得决定性胜利的一年就这样白白浪费了，给德国造成无法弥补的时间损失。

海狮行动9月底撤销后，第38军恢复了常规训练。提供给我们的渡海器材撤离海峡各港口，英国空军的攻击给这些器材造成破坏。但我们对希特勒转而进攻苏联的企图一无所知，他大概很晚才做出最终决定。1941年春季我调任新职，这才收到第一批指示。

注释

1. 如果我们的入侵行动大获成功，英国民众是否有别于法国人继续抵抗下去？丘吉尔政府是否会签署降书？如果英国投降，我们有办法养活英国人吗？就像第一次世界大战中的比利时那样，这些问题纯属假设，无从探讨。

第三部

第八章 装甲兵突袭

1941 年 2 月底，我在海峡沿岸移交第 38 军指挥权，准备出任第 56 装甲军军长职务，这个军即将在德国国内组建。西线攻势前我就想指挥快速军，现在终于如愿以偿。

对苏战争是否会爆发，真爆发的话，这场战局又该如何进行，我只是个军长，对这些问题自然一无所知。

我记得直到很晚，大概是 1941 年 5 月，军部才收到展开令，但具体内容仅在我军所属的装甲集群范围内传达。

因此，我在回忆录里就 1941 年对苏战争指导问题的叙述不可能像阐述西线进攻计划那般详细，因为西线作战计划的最终形成与我本人的影响不无关系。

但在此期间发生了两件事，想必大家都已知晓：

首先是个错误，至少该归咎于希特勒，因为他低估了苏维埃国体的长处、苏联的人力资源、苏联红军的战斗力。结果，他的设想建立在以一场战局就能在军事上击败苏联的基础上。要想打败苏联，唯一的办法是在进攻该国的同时，促成苏维埃体制内部发生崩溃。可希特勒派出的帝国专员和保安处在东方占领区奉行的政策与军事当局付出的努力背道而驰，只会造成截然相反的效果。因此，虽然希特勒的战略目标是迅速粉碎苏联，但他在政治上的做法却与这种战略完全相悖。其他战争中，政治领导人与军事首脑的目标经常有分歧。但希特勒现在身兼二职，结果，他奉行的东方政策彻底背离了他的战略要求，导致我们丧失了迅速获胜的一切机会。

其次是个事实，最高军事领率机构，也就是希特勒与OKH之间，没有达成统一的战略构想。无论是规划总体行动期间，还是1941年战局的实施过程中，都缺乏这种必要的战略构想。

希特勒的战略目标主要基于政治和战争经济考虑。具体表现在占领被他视为布尔什维克主义摇篮的列宁格勒，他认为此举还能与芬兰人取得联系，并控制波罗的海；另外还要占领乌克兰的原料产地和顿涅茨地区的军备生产基地，他希望控制这些地区，瘫痪苏联的战争经济。

相比之下，OKH的观点正确无误，他们认为征服、控制这些无疑具有战略重要性的地区，首先要击败苏联红军。但与苏联红军主力的决战只能在攻往莫斯科的途中进行（由于苏联红军的实际部署情况，这种推断后来没得到充分证实）。莫斯科是苏维埃政权的中心，对方不会冒上丢失首都的风险。首先是因为现在的莫斯科与1812年不同，实际上已成为苏俄政治中心。其次是因为丢失莫斯科周围和东面的军备生产基地，至少会严重破坏苏联的战争经济。第三个原因从战略上说至关重要，因为莫斯科是苏联欧洲部分的中央交通枢纽，一旦攻占莫斯科，我们就把苏联的防御有效地切为两段，苏联最高统帅部再也无法统一指挥总体作战。

从战略角度看，希特勒与OKH的观点分歧在于：希特勒想在两翼赢得军事上的决定性战果（鉴于双方的军力对比，以及广阔的作战地域，德国军队难以做到这一点）；而OKH的目标是在整条战线的中央地段寻求决战。

由于基本战略构想存在分歧，德国统帅部最终失败了。希特勒同意OKH提出的兵力配置方案，也就是把陆军主力分成3个集团军群，其中两个部署在普里皮亚季沼泽以北地区，沼泽南面只部署一个集团军群。但整个战局期间，双方就作战目标的争论一直在持续。其结果只能是，希特勒没有实现他过于宏大的目标，还破坏了OKH的作战方案。

希特勒在巴巴罗萨指令里规定的"总企图"（装甲楔子应果敢作战，楔入敌深远纵深，歼灭部署在苏联西部地区的苏联红军主力，阻止对方尚具作战能力的部队撤入苏联纵深地区），充其量只是个战役，甚至只是个战术"处方"。多亏德国军事指挥机构和部队的杰出表现，这才赢得非凡的战果，让苏联红军濒临崩溃边缘。可这份"处方"无法替代作战计划，制定和实施作战计划的过程中，要求最高领率机构完全达成一致。鉴于敌我兵力对比和战区的辽阔，这份计划从一开始就该充分考虑歼灭苏联红军的可能性，必要情况下以两场战局执行。

但正如前文所述，我只是个军长，无从得知最高统帅部的计划和企图。因此，我当时并不知道希特勒与OKH在战略企图上的分歧，这种分歧后来造成了严重后果。但可以肯定，我在军长职位上很快也觉察到某些影响。

按照计划，第56装甲军作为北方集团军群辖内第4装甲集群的组成部分，从东普鲁士发动进攻。

冯·莱布骑士元帅的北方集团军群受领的任务是从东普鲁士出击，歼灭盘踞在波罗的海诸国的敌军，尔后攻往列宁格勒。

赫普纳大将的第4装甲集群隶属北方集团军群，任务是迅速攻往迪纳堡[①]附近及其下方的迪纳河[②]，为攻往奥波奇卡方向的后续行动夺取迪纳河渡场。

布施大将的第16集团军位于右侧，任务是穿过科夫诺[③]攻击前进，迅速跟上第4装甲集群；冯·屈希勒尔将军的第18集团军位于左侧，任务是朝里加这个总方向攻击前进。

到达东普鲁士后，我6月16日赶到第56装甲军展开地域。赫普纳大将就第4装甲集群的作战行动下达了以下命令：

第56装甲军（辖第8装甲师、第3摩托化步兵师、第290步兵师）从蒂尔西特东部梅梅尔河北面的林地出击，向东突破，在科夫诺东北方夺取通往迪纳堡的主干道。我军左侧，赖因哈特将军的第41装甲军（辖第1、第6装甲师及第36摩托化步兵师、第269步兵师）朝叶卡布皮尔斯的迪纳河渡场方向攻击前进。党卫

---

① 译注：即陶格夫匹尔斯。

② 译注：即西德维纳河。

③ 译注：即考纳斯。

队骷髅师也隶属装甲集群，先在第二线跟进，尔后跟随进展较快的装甲军前进。

为切断迪纳河前方之敌，确保北方集团军群的行动快速而又持续，完好无损地夺取迪纳河上的桥梁至关重要。这条湍急的大河是我们进军途中的巨大障碍，因此，第4装甲集群前进期间，两个装甲军展开竞赛，都想率先到达迪纳河。第56装甲军决心赢得这场赛跑。我军的优势在于，据我们掌握的敌军部署情况，我们在敌后方地域遭遇的敌人可能少于第41装甲军当面之敌。正是出于这个原因，装甲集群司令部为第41装甲军多配了一个装甲师。我提出把作战重点置于敌军兵力薄弱处，可这项建议没得到采纳。

第56装甲军的作战行动，非凡之处在于这是场真正的装甲兵突袭，但在此之前，我们先谈谈另一件事，这件事清楚地表明军人与政治领导人之间的观点存在巨大分歧。

发动进攻前几天，我收到OKW下达的一道指令，也就是后来所说的"政治委员令"。这道指令的主要内容是，所有被俘的苏联红军政治领导人，都应当立即枪毙。

无论怎样看待政治领导人在国际法框架内的身份，在战斗中俘虏他们后不分青红皂白就地处决的做法，还是有违每个军人的感受。政治委员令根本不是军事指令，执行这种命令，不仅会玷污部队的荣誉，还会影响士气。因此，我觉得自己必须向上级报告，我麾下的部队绝不执行政治委员令。我和下属指挥官对这个问题的看法完全一致，全军也照此执行。我的上级无疑赞同我的看法。但为撤销这道指令，我们付出的所有努力过了很久才见效，因为直到那时大家才发现，政治委员令唯一的"成果"是促使苏联红军政治委员以最野蛮的手段强迫他们的部队战斗到最后一刻。[1]

我们获得的准备时间很短，在此期间，军部设在因斯特堡。我和副官施佩希特中尉住在城外因斯特堡医院主任医师维德瓦尔德博士的别墅里。维德瓦尔德夫妇盛情款待我们，他们的热情好客在东普鲁士人尽皆知。在这所雅致的房子里，我们和亲切的主人共度了一段美好的时光。

我还经常回忆起这段时间结识的一位年迈的护林员，某个雨夜，我们参加了辖内一个师的夜间演习，在护林员的屋子里，这位老人给我们端上热咖啡，还提供了地道的东普鲁士早餐，让我们的疲劳一扫而光。主人眉飞色舞地谈起他的鹿和驼鹿，还聊到当年服兵役的经历。

发动进攻前最后几天，我们在伦肯骑士封地度过，这里离边界很近，封地的种马场在东普鲁士闻名遐迩。马场的主人冯·施佩伯先生已作为骑兵预备役上尉投入前线。伦肯骑士封地在一片美丽的森林里，我们刚刚到达，就看见一座纯种马围场。这是片美丽而又和谐的土地，眼前的景象在我们看来是个好兆头。祖国边陲一角，我们在德国领土最后的宿营地竟然如此美丽！我们停在一座具有东普鲁士特色、低矮而又简朴的庄园住宅前，看见一名美丽的年轻姑娘正忙着擦洗门廊，色彩艳丽的头巾衬托出她美丽而又清新的面容。我的一名随从开心不已，低声说道："啊，这里的一切都这么漂亮！"他走过去，向这位年轻姑娘打听屋子女主人的情况，对方抱以友好的微笑，答道："我就是，热烈欢迎！"顿时，他的脸上露出尴尬的神情。当然，最终皆大欢喜。年轻的女主人不久前生了个儿子，于是我成了孩子的教父。就这样，我和这个家庭建立起纽带，战争期间和战后的艰难岁月始终没有中断。丈夫在前线作战期间，年轻的冯·施佩伯夫人在家经营庄园和种马场，直到苏联人到来，她才不得不逃离。我们当初弄错身份的这位"年轻姑娘"，今天与她的丈夫和 7 个孩子住在莱茵河畔埃尔特韦勒。1953 年，我从英国监狱获释归国，她给我送来这座著名的葡萄酒小镇能找到的最好的一瓶美酒，了解莱茵河葡萄酒的人都知道这有多珍贵。

6 月 21 日 13 点，军部接到命令，次日清晨 3 点发动进攻。骰子已掷下！

梅梅尔河北面的林地，可供我军展开的地域较小，最初只能投入第 8 装甲师和第 290 步兵师，冲击已探明的敌军既占边境阵地。第 3 摩托化步兵师暂时留在梅梅尔河南面。

我们的进攻，起初在边境地区只遭遇微弱抵抗，可能是敌人的战斗前哨。但没过多久，我们就被对方永备发射点构成的阵地挡住，直到中午前后，第 8 装甲师在梅梅尔河北面突破敌军阵地，我们才攻克对方的筑垒防线。

交战首日，对苏战争的真面目就暴露出来。我们一个侦察组被敌人切断退路，我方部队后来找到他们的尸体。我和副官赶往前线的途中，经常穿越仍有小股敌军活动的地段，我们一致认为，决不能活着落入这种敌人的手里。后来还经常发生这样的事，苏联红军士兵高举双手，摆出投降的姿态，我方掷弹兵刚刚靠近，他们立即端起武器开火。有时候，敌伤员会装死，待我方士兵走过去，就从身后开枪射击。

敌人给我的总体印象是，虽然他们对我军在前线地域的进攻并不感到意外，但苏联统帅部大概没有或暂时没有料到这场进攻，因而没能以协同一致的方式把后方强大的部队投入战斗。

苏联红军的展开究竟是防御性的还是进攻性的，这个问题一直存在很多争议。从苏联西部地区集结的兵力数量，以及驻扎在比亚韦斯托克和伦贝格①周边地域强大的坦克力量看，很容易得出苏联迟早会发动进攻的结论，这恰恰是希特勒为入侵苏联提出的理由。但另一方面，苏联红军 6 月 22 日的兵力部署并未表明立即发动进攻的任何企图。

面对我北方集团军群的伏罗希洛夫方面军，共计 29 个步兵师、2 个坦克师、6 个机械化旅（引自冯·蒂佩尔斯基希的说法），只以 7 个师执行边境防御任务，其他兵团部署在深远后方的绍伦②、科夫诺、维尔纳③，部分兵力甚至驻扎在普列斯考④—奥波奇卡地域，也就是斯大林防线。苏联另外两个方面军（铁木辛哥和布琼尼）也呈纵深梯次配置，尽管他们在边境地区展开的兵力强大得多。

最接近事实的说法可能是，苏联红军以强大的兵力从波兰东部、比萨拉比亚、波罗的海诸国的占领行动展开，以此作为"应对各种情况的部署"。毫无疑问，苏联军队 1941 年 6 月 22 日仍呈纵深配置，从这种布势看，他们只能实施防御。不过，他们完全可以根据德国政治或军事形势的发展，在很短时间内变更部署。尽管德国各集团军群当面的苏联方面军并不占有兵力优势，但苏联红军完全可以在短时间内前调兵力，从而发动进攻。实际上，虽说苏联红军截至 6 月 22 日的兵力部署可能是防御性的，但还是构成潜在威胁。一旦苏联在政治或军事方面得到

---

① 译注：即利沃夫。

② 译注：即希奥利艾。

③ 译注：即维尔纽斯。

④ 译注：即普斯科夫。

机会，就会对帝国构成直接威胁。

当然，斯大林1941年夏季并不打算与帝国开战。可随着形势发展，苏联统帅部迟早会认为他们可以对帝国施加政治压力，甚至以军事干预相威胁，这种情况下，苏联红军的防御部署就会迅速变为进攻部署，也就是上面说的"应对各种情况的部署"。

我们把话题拉回第56装甲军的作战行动。

我军要想完成上级赋予的任务，也就是完好无损地夺取迪纳堡渡场，那么，突破敌边境阵地后，两件事至关重要：

进攻首日，我军必须突入敌纵深80公里，在艾罗加拉附近控制杜比萨河渡场。第一次世界大战的经历让我对杜比萨河河段有所了解。这是道深邃的河谷，岸堤陡峭，坦克无法攀越。一战期间，我方铁道工程兵花了好几个月时间，才在这道河谷架起一座杰出的木桥。如果敌人炸毁艾罗加拉附近的大型公路高架桥，我军就得停在这片地段前方。这样一来，敌人就争取到时间，在对岸陡峭的岸堤上组织防御，届时我们很难达成突破，突袭迪纳堡附近的桥梁也就无从谈起。因此，艾罗加拉附近的渡场是不可或缺的跳板。

尽管军部提出的要求很苛刻，但布兰登贝格尔将军的第8装甲师还是完成了任务，当天大多数时候我和他们待在一起。该师突破敌边境阵地，打垮对方纵深地域的一切抵抗后，6月22日傍晚前以先遣支队夺得艾罗加拉附近的渡场。第290步兵师以急行军跟进，第3摩托化步兵师当天中午渡过梅梅尔河，奉命赶往艾罗加拉南面的渡场。

第一步成功了！

要想在迪纳堡附近赢得胜利，第二个先决条件是，无论友邻部队是否跟上，我军必须一鼓作气地攻往迪纳堡。只有出敌不意地到达那里，我们才能夺得宝贵的桥梁。可是，这场行动的巨大风险不言而喻。

实际上，正如我们希望的那样，第56装甲军运气很好，进军期间恰好击中敌人的薄弱点。对方一再发起反突击，某些战斗相当激烈，但我军辖内各师还是迅速粉碎了敌人的抵抗。

我军左侧的第41装甲军，起初不得不对付敌人盘踞在绍伦周围的强大集群，因而落在后面，而我军右侧，第 16 集团军左翼为争夺科夫诺展开激战，第 56 装甲军 6 月 24 日在乌克梅尔盖地域夺得通往迪纳堡的主干道。我军深入敌方领土 170 公里，不仅把友邻部队，还把驻守边境地域的敌军远远甩在身后，距离迪纳河桥梁这个预定目标只剩 130 公里！可我们能继续保持这种速度吗？敌人肯定会从预备队抽调新锐力量拦截我们。另外，他们随时可能封闭我们身后的缺口，至少是暂时的，从而切断我们的补给线。装甲集群先前就这个问题提醒过我们。

可是，我们不想因为犹豫不决而让喜怒无常的幸运女神溜走。当然，第 290 步兵师没办法跟上全军的前进速度，但该师的跟进，给予我军一定程度的安全感，他们牵制了强大的敌军，否则对方可能会从背后打击我们。军部率领两个快速师，迅速赶往迪纳堡，第 8 装甲师沿主干道而行，而第 3 摩托化步兵师在他们南面的小路行进得较为费力。两个师途中多次击败敌人投入的预备力量，有些战斗相当艰巨。70 辆敌坦克（大致是我方坦克数量的一半）和大批火炮丢弃在路边，但我们既没有时间，也没有人手收容俘虏，

7 月 26 日清晨，第 8 装甲师到达迪纳堡城下。早上 8 点，我收到该师师部发来的报告，突袭迪纳河上两座大型桥梁的行动顺利完成。河对岸，城内的战斗已打响。大型公路桥完好无损地落入我军手里。而铁路桥入口处，本该引爆炸药炸毁桥梁的敌哨兵被干掉，小爆破导致桥梁轻微受损，但仍能使用。次日，第 3 摩托化步兵师也在迪纳堡上游出敌不意地渡过迪纳河。我们达成了目标！

进攻发起前，有人问我能否到达迪纳堡，需要多少时间。我回答道，要是我们 4 天内无法完成任务，就很难指望完好无损地夺得渡场。现在，从发动进攻那一刻算起，我们用了 4 天零 5 个小时达成了目标，以一场马不停蹄的突袭深入敌纵深 300 公里（直线距离）。之所以赢得这场胜利，完全是因为全军官兵只有一个想法——务必尽快赶到迪纳堡，还因为我们愿意为达成目标冒上巨大的风险。我们驱车驶过两座大桥进入城内时，强烈的满足感油然而生，可惜，敌人逃离前纵火焚烧了这座城市。特别值得欣慰的是，我们取得这番战果，并没有付出高昂的代价。

当然，我军的处境并不安全，因为迪纳河北岸只有我们这一个军。第 41 装甲军和第 16 集团军左翼仍落在后方 100—150 公里。他们与我们之间，苏联几个军

正撤往迪纳河。我们不仅要考虑到，敌人可能会以新开抵的部队在迪纳河北岸全力打击我们，还得在南岸加强防御，抗击上面提到的后撤之敌。军部的军需支队在距离指挥所不远的树林里遭到敌人从后方发起的攻击，充分说明情况相当危急。

我军孤立无援的境地固然是个问题，但这种情况不会持续太久，军部现在更关注接下来往何处去的问题。下一个目标是列宁格勒还是莫斯科？6月27日，装甲集群司令乘坐鹳式飞机来到我们这里，但他没透露任何情况。按理说，装甲集群司令应该知道作战行动的后续目标，可实际情况却不是这样。不仅如此，我们的满腔热情还被泼了盆冷水，上级命令我军扩大迪纳堡周边登陆场，确保渡场畅通无阻，等待目前在叶卡布皮尔斯渡河的第41装甲军和第16集团军左翼到达。

当然，这种做法比较保险，绝对是循规蹈矩的解决方案。但我们有不同的看法。我们认为，我军突然出现在敌防线深远后方，肯定会给他们造成严重的混乱。敌人势必从各处抽调兵力，想方设法把我们赶回河对岸。但我们的前进速度越快，敌人就越是无法按计划调集优势兵力对付我们。如果我们保住迪纳河渡场的同时继续攻往普列斯考方向，装甲集群派另一个装甲军尽快取道迪纳堡跟进，那么，敌人也许和先前一样，只能一次次以手头现有的兵力对付我们，暂时无法实施预有计划的行动。迪纳河南岸被击败的敌人，可以留给跟进的步兵集团军处理。

当然，孤零零的一个装甲军，甚至整个装甲集群，越是深入敌纵深，承受的风险就越大。但另一方面，深入敌防线后方的快速装甲兵团自身的安全主要取决于不断运动，一旦止步不前，很快会遭到对方调集的预备队从四面八方发起的攻击。

就像我说过的那样，上级部门并不认同这种观点，当然不能为此而指责他们。这是因为，如果我们继续攻击前进，企图抓住幸运女神的裙角，不啻为一场赌博，她会把我们诱入万丈深渊。列宁格勒这个目标离我们还很远，因此，我军不得不在迪纳堡等待。不出所料，敌人在此期间不仅从普列斯考，还从明斯克和莫斯科调来新锐力量。对方以一个坦克师为支援，在迪纳河北岸发动进攻，我们很快发现很难挡住敌人的冲击。

个别地段的情况相当危急，为夺回暂时丢失的地盘，第3摩托化步兵师发起反突击，他们发现，昨天在急救站落入敌人手里的伤员（3名军官和30名士兵）惨遭杀害。

这几天，红空军一次次发起空袭，竭力炸毁我们夺得的桥梁。他们以惊人的固执，一个中队接一个中队从低空飞来，结果只能是被击落。仅一天工夫，我方战斗机和高射炮就击落 64 架敌机。

党卫队骷髅师作为第三个快速兵团开抵我军，第 41 装甲军在我们左侧的叶卡布皮尔斯附近渡过迪纳河，7 月 2 日，我们终于再次向前推进。

针对后续行动，第 4 装甲集群受领的突击方向是取道罗西滕①—奥斯特罗夫攻往普列斯考。所以，列宁格勒这个目标在远处朝我们招手！

但是，自我军突袭迪纳堡以来，已耽搁了 6 天。敌人利用这段时间，克服了德国军队突然出现在迪纳河东岸给他们造成的恐慌。

第 56 装甲军突袭迪纳堡，势必给敌后方地域造成混乱和恐慌，破坏敌人的指挥控制网络，导致他们无法实施预有计划的指挥。第 4 装甲集群在迪纳河畔止步不前，虽说此举可能有合情合理的理由，但还是丧失了上述优势。日后是否还能获得同样的有利条件，这一点值得怀疑。不管怎样，装甲集群必须集中兵力，发挥整体效力。事实证明，尽管敌人的抵抗不足以阻挡装甲集群的挺进，可我们无法集中兵力。

起初，装甲集群从迪纳堡—叶卡布皮尔斯一线攻往普列斯考，第 56 装甲军沿迪纳堡—罗西滕—奥斯特罗夫—普列斯考这条主干道及其东面攻击前进，第 41 装甲军位于左侧。与战争头几日相比，敌人的抵抗现在变得更加顽强，更有计划。尽管如此，我们还是一次次击溃了对方。

我还记得在这些日子的战斗中发生的一个小插曲，我那些部下对此开心不已。凡是在这种战斗中指挥过装甲军的人都知道，无论德国军队的进攻势头多么令人赞叹，总是需要高级指挥官亲临前线，督促部队不停地追击敌人。所以，我某天来到第 8 装甲师一个战斗群的指挥所，敌军炮火挡住他们的前进步伐。从敌人射来的炮火看，我觉得对方不过是对主干道施以扰乱射击，我们不能因此而停止前进。可我刚刚说出自己的看法，敌人猛烈的炮火就朝我们袭来，我们赶紧隐蔽到散兵

---

① 译注：即雷泽克内。

坑里。我忠实的司机纳格尔想把我们的桶式车迅速驶离火制地带，结果负了伤，幸亏只是轻伤。我们不得不躲在散兵坑里，忍受这场"火力祝福"，战斗群指挥所人员看着他们的军长被现实狠狠教训了一顿，毫不掩饰脸上幸灾乐祸的表情。最后，我们开怀大笑，很快就继续前进了。

装甲集群现在逼近斯大林防线，苏联边境这道筑垒地域强度不一，从普列斯考西面的佩普西湖南端起，沿原先的边界延伸到俄国昔日的边境小型要塞谢别日。

装甲集群司令部把主干道分配给第41装甲军，命令该军继续攻往奥斯特罗夫，而第56装甲军转身向东，攻往谢别日—奥波奇卡。装甲集群的企图是突破斯大林防线后，第56装甲军转身向东，合围敌人有可能盘踞在普列斯考附近的强大坦克集群。如果确实存在敌坦克集群，而第56装甲军有望迅速执行这场合围的话，当然是个绝佳的主意。可据我们看，首先不存在这种敌集群，其次我军也无法实施这样的机动，因为按照上级规定的方向开进，我军不得不穿越斯大林防线前方广阔的沼泽地带。可是，我们以两个军继续攻往奥斯特罗夫的建议上级没有采纳。很不幸，我们对沼泽地的担心很快成为现实。

第8装甲师发现一条穿过沼泽地带的束柴路，但苏联红军一个摩托化师的机动车辆陷入此处，彻底堵塞了束柴路。肃清道路，修复损毁的桥梁，耗费了好几天时间，第8装甲师终于摆脱这片沼泽地后，又遭遇苏联红军顽强抵抗，经过激烈战斗才击退对方。

第3摩托化步兵师在受领的进军地段只找到一条狭窄的堤道，车辆根本无法通行。该师不得不后撤，跟随第41装甲军赶往奥斯特罗夫。

党卫队骷髅师奉命攻往谢别日，他们的地形条件不错，但也遭遇敌人以永备工事构筑的强大防线。由于指挥团队缺乏训练和实战经验，这个师的缺点不可避免地暴露出来。不过，骷髅师的纪律和军事作风无疑给人留下很好的印象。我要特别强调他们出色的行军纪律，这是摩托化兵团顺利运动重要的先决条件。骷髅师进攻时勇气十足，防御时坚如磐石。我后来多次指挥过该师，可以说他们是我指挥过的武装党卫队师里最优秀的一个。骷髅师当时的师长是个英勇的军人，没过多久就负了伤，后来阵亡了。但这一切无法弥补该师指挥团队缺乏训练的事实。这些指挥官不得不在战斗中学习陆军团级指挥官早已掌握的技能，结果，部队遭受了严重伤亡。这些损失，再加上缺乏经验，反过来导致他们丧失了有利战机，结果不得不再次投入交战，因为最难学会的，莫过于及时掌握对方不断减弱的抵抗力为进攻方提供的决定性良机。所以我不得不在交战期间一次次为该师提供支援，可还是无法阻止他们的伤亡急剧攀升。仅仅过了 10 天，骷髅师的 3 个团就合并为 2 个团。

无论武装党卫队各个师战斗得多么英勇，也无论他们取得多么大的战果，毫无疑问，组建这种军事特别组织是个不可原谅的错误。精心挑选的后备人员，本来可以在陆军担任士官，结果大量消耗在武装党卫队里，这种消耗甚至超出了合理的程度。通常说来，他们付出的高昂代价，与取得的战果不成比例。这当然不能责怪部队。毫无必要地消耗兵力，责任归咎于那些出于政治考虑的人，他们不顾陆军相关部门的反对意见，组建了这些特殊的部队。

但不管怎样都得记住，武装党卫队是陆军的忠实战友，总是在前线与我们并肩奋战，一贯表现得英勇而又坚定。当然，如果武装党卫队脱离希姆莱的势力范围加入陆军的话，相信他们的大多数成员会对此深表欢迎。

结束这个话题回到第 56 装甲军的作战行动前，我先谈谈上一场世界大战期间快速兵团的指挥工作，好让读者有个清晰的认识。

1870—1871 年战争的圣普利瓦—格拉沃洛特会战中，我的祖父作为军长，把他的指挥部设在敌火力射程内的高地上，从这里可以俯瞰整片战场，还能亲自指挥全军的战斗。他策马赶到遂行冲锋的各个团，据说他"严厉申斥"了部署得离敌人不够近的一个炮兵连。

这种情形当然早已消失不见。第一次世界大战期间，由于敌炮兵射程不断提高，迫使我方高级指挥部迁往后方。战斗宽度导致指挥官无法在战场上直接观察、指挥战斗。运作良好的电话通信深具决定性。施利芬认为，日后的指挥官会在办公桌前通过电话发号施令，他描绘的这幅场景成为现实。

但第二次世界大战又要求不同的指挥方式，特别是对快速兵团。战场上的态势瞬息万变，有利战机稍纵即逝，因此，快速兵团指挥官不能待在远离战场的后方指挥所。如果你总是等待前线发回报告，那么相关决定通常会下得过晚，还会错失许多机会。指挥官经常有必要出现在前线，特别是赢得交战后，以此消除部队明显的疲惫迹象，给予他们新的动力。可是，只做到这些是不够的。

更重要的是，鉴于我们恢复的运动战对部队官兵提出前所未有的要求，高级指挥官应当尽量出现在前线。不能让普通士兵产生这样的感觉：高级指挥官躲在后方拟制各种命令，根本不了解前线的真实情况。要是他们看见军长与前线官兵患难与共，同享胜利果实，肯定会感到心满意足。只有每天和部队待在一起，你才能了解他们的需要，聆听他们的疾苦，为他们提供帮助。高级指挥官绝不仅仅是为完成任务不断向部下提出要求的人，也是他们的帮手和战友。顺便说一句，视察部队总是能让高级指挥官汲取新的力量！我经常经历这种情况，我赶到某个师部，往往听到他们对部队战斗力不断下降、兵力过于紧张的担忧和抱怨。随着时间推移，这种焦虑必然会越来越多地影响到师长，因为他们要对手下的营长和团长负责。但我随后驱车赶往前线，作战部队经常令我情绪振奋，因为他们对局面的评估更自信，对战斗前景也比我认为的更乐观，也许是他们刚刚赢得胜利造成的。接下来，要是你和一个坦克车组凑在一起抽根烟，或给一个连队讲讲更高层面的作战态势，那么，德国军人奋勇向前的强烈欲望、倾尽全力的意愿会一次次迸发出来。这种相遇可以说是高级指挥官所能经历的最美好的事情。可惜，职务越高，这种机会就越少。集团军和集团军群司令，再也不能像军长那样，深入部队体验那里的一切。

可就连军长也不能总是在途中。身为指挥官，总是在战场上跑来跑去，让部下无法联系上自己，等于把指挥权交给他的参谋部。某些情况下这可能是件好事，但终归不是正常的做法。因此，合理地组织指挥工作，在任何情况下都保持指挥工作的连贯性，这一点至关重要，指挥快速兵团更是如此。

军部的军需支队通常会在某处停留数日，确保补给工作持续进行，这很有必要。但军长和他的指挥机构，为跟上快速师的运动，不得不每天甚至一天两次前移指挥所。当然，这要求军部具备高度机动性。要做到这一点，就得尽量精简战斗指挥所（顺便说一句，这只会有利于指挥工作），舍弃一切安逸舒适的生活设施。繁文缛节只会带来麻烦，遗憾的是，陆军也有这种恶习。

我们从来不为寻找宿营地耗费太多时间。当初在法国，到处都有大大小小的宫殿或城堡供我们使用。而在东线，那些小木屋毫无吸引力，特别是屋里满是跳蚤和臭虫。战斗指挥所人员几乎总是住在帐篷和两辆指挥车里，除了几辆桶式车、电台和电话车，两辆指挥车也是我们的交通工具。我和副官共用一顶小帐篷，记得在这场装甲兵突袭期间，我只有三次睡在床上，其他时候总是裹着睡袋躺在帐篷里。只有我们的第一副官对帐篷深恶痛绝，宁愿睡在自己的汽车里。可他不得不把两条长腿伸到车门外，夜间下雨的话，一觉醒来，他湿漉漉的靴子怎么也脱不下来了。

我们总是把小小的帐篷营地设在主要行军道路附近的森林或树林里，可能的话设在湖畔或河边，这样，我们结束前线之旅，满身尘埃地返回后，或早上盥洗时，就可以跳入水里简单地洗个澡。

参谋长和工作人员当然得待在指挥所，负责相关工作和电话联络，我白天外出，经常忙碌到夜里。通常情况下，我收到早间报告，下达各种命令后，一早就动身出发，赶去视察辖内各师或前线部队。我中午返回指挥所，稍事休息后再去视察其他师。胜利的迹象出现，或激励起部队的干劲后，往往天色已晚。我们满身尘埃，看上去活像摩尔人，拖着疲惫的双腿回到帐篷营地，在此期间，营地已转移到另一处。如果晚餐不是千篇一律的面包、硬香肠、人造黄油，而是烤鸡，甚至还有一瓶美酒的话，大家就会欢欣鼓舞了，这归功于我们的第二副官尼曼少校，他从一座小仓库搞到了这些美食。但鸡鹅很少见，无论我们多么靠近前线，大多数家畜已被其他人搜罗一空。初秋的降雨来临，帐篷里很冷，桑拿为我们提供了令人愉快而又精神焕发的暖意，几乎每座农庄都能找到这种最简陋的取暖设施。

当然，我之所以能如此灵活地指挥部队，完全是因为外出期间，我总是带上通讯车和我们杰出的通信军官、后来擢升总参少校的科勒。他总能在最短时间内设立起指挥所与各师之间的无线电通信，手法熟练得令人叹服，行进期间也能保持通信畅通。这样一来，我总是能掌握全军作战地段的情况，当场下达的命令可以及时发给指挥所，也能收悉指挥所传来的报告。顺便说一句，战后我身陷囹圄那个时期，科勒还成为我妻子忠诚的朋友和帮手。

外出视察期间，除了两名忠实的司机纳格尔和舒曼，以及两名摩托车传令兵，经常陪在我身边的还有副官施佩希特中尉。施佩希特个头不高，身材敦实，朝气蓬勃，无忧无虑，我们叫他"佩波"。他看上去像个骑兵军官，实际上也确实是个年轻的骑兵军官。他精力充沛，英勇果敢，面对危险无所畏惧，机智灵活，理解力强，总是兴高采烈，还有点滑头。我很喜欢他这些品质。施佩希特是个出色的骑手（他父亲对饲养马匹情有独钟，而他母亲是个杰出的女骑手），战争爆发前不久，他还没当上少尉就已赢得几场大型马术赛事。他总是常备不懈，很喜欢陪同军长外出侦察敌情。我担任装甲军军长期间，我们每天都外出巡视战场，这让他心满意足。但我后来出任集团军司令，无法经常亲临前线，他开始牢骚满腹，缠着我要求去部队。这是年轻军官常见的态度，我几次满足了他的愿望，在克里木，他两次率领侦察营骑兵中队，展现出高超的技能和勇气。在列宁格勒前方，我再次派施佩希特去某个师，结果因鹳式飞机失事而丧生，他的阵亡令我深感悲痛。

话题回到第56装甲军军部。住在帐篷和桶式车里的日子把我们折腾得够呛，经常觉得疲惫不堪。后来我们经历了一些愉快的插曲，事情虽小，却起到鼓舞人心的效果。有一次，我们夹在第3摩托化步兵师的行军纵队间前进，车速慢得要命，可道路太窄，根本没办法超车。我们笼罩在浓厚的尘埃里，无法看清前方的情形，桶式车的散热器上方，我们充其量只能看见前方车辆的影子，或为防止碰撞而打开的尾灯。最后，我们在一座村庄的岔路口停下，尘埃渐渐散去，我们朝前方望去，不由得大吃一惊，坐在车里一动不动地停顿了好几秒。停在我们前方的是两辆苏联红军装甲侦察车。不知不觉间，他们夹在我们的行军纵队里行驶了很长一段时间。幸运的是，车上的红军士兵发觉自己置身何处后，惊异的程度并不亚于我们。要是他们沉着镇定，就该以所有武器朝我们开火，可他们却加大油门，向左驶上横穿道路的岔路逃离。

还有一次，我们冒着酷暑赶到第8装甲师师部，疲惫不堪，满脸污秽，看上去活像黑人。师长汇报情况时，装甲部队杰出的总参军官贝伦德森少校（现在是联邦议会议员）给我们送上一瓶浸在冰块里的法国白兰地。赤日炎炎，哪里来的冰块？后来才知道，工兵连修筑桥梁的新入口时，挖开个大土堆，底下是奶制品厂的冰窖。我从没喝过这么美味的白兰地！

几天后，我们驱车穿过燃烧着的索利齐镇。烟雾里跌跌撞撞地走出个苏联人，来到我们车前。他拉着辆小推车，车上摆着几个箱子，箱子里，国营伏特加酒厂出产的小瓶伏特加闪耀着诱人光泽。看来，他打破了某些人的垄断，"抢救"出这些战利品，还以一箱伏特加的方式向我们"交了税"。我们回到指挥所，取出这些小瓶伏特加，受到众人前所未有的欢迎，这些伏特加很快被我们瓜分一空。一般人很难相信，生活中普普通通的小趣事在战场上会发挥多么大的作用。

装甲军军长经常亲临前线，除了能评估部队的战斗力，及时抓住有利的战术时机，还有另一个好处：他可以摆脱后方的电话纠缠，避免纯属多余的询问和建议。无论电话通信对指挥机构有多重要，都很容易成为限制指挥官自主决策的桎梏。

接下来，我们继续讲述当时的战事。

到 7 月 9 日，相关情况清楚地表明，由于沼泽地形和敌人的激烈抵抗，装甲集群司令以第 56 装甲军向东卷击，迂回普列斯考周边之敌的企图无法实现。现在别无选择，只能停止迂回运动，军部只好命令第 8 装甲师向北攻往奥斯特罗夫，第 3 摩托化步兵师早些时候已赶往这个方向。7 月 10 日的敌情报告表明，装甲军自离开迪纳堡后，已击败敌人至少 4—5 个步兵师、1 个坦克师、1 个摩托化师，也就是说，对方的兵力优势远远大于我军。另外，自离开帝国边界以来，我们已俘获数千名敌军官兵，还缴获 60 架飞机、316 门火炮（包括反坦克炮和高射炮）、205 辆坦克、600 辆卡车。可是，虽说我们把敌人逐向东面，但没能歼灭对方，这一点很快得到证实。

军部希望趁第 4 装甲集群集中在奥斯特罗夫周边地域之际，以装甲集群辖内所有兵力迅速对列宁格勒发起协同一致的直接行动，也就是说，第 56 装甲军取道卢加，第 41 装甲军取道普列斯考，攻往列宁格勒这个总目标。至少在我们看来，这样一场行动不仅能迅速攻克列宁格勒，还能切断第 18 集团军当面之敌的退路，粉碎他们经利夫兰①逃往爱沙尼亚的企图。在第 4 装甲集群身后跟进的第 16 集团军，应当在敞开的东翼发动进攻，掩护此次行动。

不过，大概是最高统帅部下达了指令，第 4 装甲集群司令部做出了不同的决定。

第 41 装甲军分配到主干道，经卢加攻往列宁格勒方向。

第 56 装甲军取道波尔霍夫—诺夫哥罗德，再次向东进击，任务是尽快在丘多

---

① 译注：即利沃尼亚。

沃附近切断列宁格勒与莫斯科之间的交通线。尽管后一项任务非常重要，但这种安排再次分散了两个装甲军，每个军不得不面临的风险是缺乏必要的冲击力。另外，通往列宁格勒的作战地域通常遍布沼泽和森林，完全不适合投入装甲军。

特别令人遗憾的是，第290步兵师开抵后，在谢别日—奥波奇卡地域接替了第56装甲军辖下的党卫队骷髅师。骷髅师作为装甲集群预备队，据守在奥斯特罗夫南面。就和当初离开德国边界时一样，装甲集群又一次把重点置于左翼突击群，也就是第41装甲军。奉命朝丘多沃展开深远运动的第56装甲军只能投入一个装甲师和一个摩托化步兵师。我军暴露的南翼，本该由梯次配置在右侧的党卫队骷髅师提供不可或缺的掩护，可这个师调走了。鉴于我军在先前的战斗中只是击溃了敌军，并没有歼灭对方，南翼暴露在外的情形特别让人担心。

尽管如此，军部还是坚信，快速机动能确保我军的安全。

第3摩托化步兵师在奥斯特罗夫附近归建后，经过激烈战斗，7月10日夺得波尔霍夫，目前位于北面的一条支路。第8装甲师取道索利齐攻击前进，任务是尽快控制姆沙加河与伊尔门湖交汇处的渡场。

经过大多都很激烈的持续交战，我们接下来几天取得些进展。我军敞开的南翼，敌人到目前为止还没发起任何值得一提的行动，只是7月14日清晨以侦察力量袭击了军部设在舍隆河北岸的指挥所。同一天，第8装甲师与配备强大炮兵力量和重型坦克的敌军交战后，攻占了索利齐，尔后在我的影响下攻往姆沙加河河段。他们发现敌人早已炸毁河上的桥梁。

在此期间，装甲集群司令部把进军重点从通往卢加的公路调整到西面。辖3个快速兵团的第41装甲军从普列斯考向北进击，企图切断第18集团军当面之敌的退路，这股敌人从佩普西湖北面取道纳尔瓦逃窜。该军只有一个步兵师（第269师）留在通往卢加的道路上。

这样一来，第56装甲军突然发现，朝丘多沃方向的卷击运动比先前更加孤立。因此，军部向装甲集群提出，要执行攻往丘多沃的任务，必须立即前调党卫队骷髅师，以及跟在我军身后的第16集团军第1军。

没等我们的请求得到回复，第56装甲军就陷入困境。7月15日清晨，军部收到索利齐西面舍隆河畔的指挥所发来的坏消息。敌人投入强大的兵力，从北面打击前出到姆沙加河的第8装甲师翼侧，同时从南面渡过舍隆河发起攻击。索利齐落入敌人手里。结果，第8装甲师位于索利齐与姆沙加河之间的主力作战部队与师后方部队的联系遭切断，军部也在这片地域。另外，敌人还封闭了我们身后的退路，以强大的兵力从南面冲击我方补给线。与此同时，向北攻击前进的第3摩托化步兵师在小乌托戈尔什遭到优势之敌从北面和东北面而来的攻击。

敌人的企图显然是合围孤立的第56装甲军。原本在我军右后翼侧担任掩护力量的党卫队骷髅师调离，这让敌人得以渡过舍隆河打击我军南翼。但与此同时，第41装甲军离开通往卢加的公路，致使敌人腾出重兵攻击我军北翼。

我军的处境现在丝毫不令人羡慕。我们不得不扪心自问，此次行动是不是有些过于冒险？我们自以为迄今为止的行动大获成功，是不是过于忽略了南翼之敌？我们要想完成受领的任务，现在还能采取哪些措施呢？鉴于眼下的情况，除了让第8装甲师取道索利齐后撤，摆脱陷入合围的险境，看来别无他法。第3摩托化步兵师也得暂时与敌人脱离接触，这样我军才能重新获得机动自由。接下来几天的形势相当危急，敌人想方设法保持对我军的合围。除了步兵师，他们还投入两个坦克师，以及强大的炮兵和空军力量。尽管如此，第8装甲师还是经索利齐顺利向西突围，与师里的后方部队会合。不过，他们一度不得不靠空投补给维持。第3摩托化步兵师击退敌人17次冲击后，才与对方脱离接触。在此期间，装甲集群司令部把党卫队骷髅师转隶我军，我们的补给线这才转危为安。

7月18日，这场危机看来已告终。我军在德诺高地附近站稳脚跟，面朝东面和东北面。第8装甲师得到党卫队师换防后，获得喘息之机。第16集团军辖下的第1军靠近德诺，这就消除了我军到目前为止一直敞开的南翼构成的危险。

我们在苏联红军的通信联络飞机上缴获了苏联元帅伏罗希洛夫的一封信，这让我们稍感慰藉，1931年，我在莫斯科与他有过一面之交，我们当面的苏联方面军就是他指挥的。信里指出，苏联红军很大一部分集团军遭粉碎，还专门提到争夺索利齐的交战。

当然，陷入合围那几天，我们充其量只能以电台或飞机与后方保持联络。可是，与后方的联络刚一恢复，比以往更多的各种文件犹如雪片般飞来。特别值得一提的是，最高统帅部发来一份带有威胁性内容的询问电报。莫斯科广播电台过早地庆祝了我军陷入合围一事，还说苏联红军缴获了我们的密件。这是份关于火箭炮的绝密规定，由于这款新式武器也能发射液体燃烧弹，苏联人显然对此很不高兴。我们对面的苏联集团军发来明码电报，警告我们不要使用液体燃烧弹，否则他们就施放毒气（其实他们缺乏防毒气设备，根本不敢施放毒气）。所以，莫斯科广播电台兴高采烈地向全世界宣布，他们掌握了我方绝密规定，也就不足为奇了。最高统帅部现在要我们上报，绝密规定"怎么会"落入敌人手里。当然，敌人掌握的这份绝密规定不是得自我方作战部队，而是切断我军补给线期间，从一支运输车队缴获的。一个装甲军攻入敌军深远纵深，这种事随时有可能发生。我们据实回复了最高统帅部的询问，还补充道，为避免受到指责，日后我军的作战行动不再超过集团军战线100公里。

早在7月19日，装甲集群司令部就通知我们，计划派第56装甲军取道卢加攻往列宁格勒。第269步兵师就在通往卢加的公路上，该师现在转隶我军。取道卢加的进攻路线势必穿越广阔的森林，似乎不太有利，所以我们建议装甲集群把兵力集中在北部，也就是第41装甲军所在的纳尔瓦东面，那里有4条可用的道路通往列宁格勒，可上级没采纳这项建议。另外，我们必须和第1军先向东攻往我军先前到达的姆沙加河河段。最高统帅部显然还是坚持原先的大范围迂回计划，甚至主张一路向东绕过伊尔门湖。所以我们投入新的战斗，会同第1军把敌人驱赶到姆沙加河对岸。

7月26日，OKH第一军需长保卢斯将军来我军视察。我向他介绍了前段时间的战斗，还指出，由于地形不适合使用装甲力量，我军的损耗相当严重，而装甲集群分散兵力的做法也存在弊端。第56装甲军3个快速师的损失上升到6000人。尽管第8装甲师利用休整的几天，设法把作战坦克的数量从80辆增加到150辆左右，但部队的兵力和物资都很紧张。

我告诉保卢斯，我认为最好把整个装甲集群撤出无法快速挺进的地区，用于进攻莫斯科。如果一定要进攻列宁格勒，还要取道丘多沃向东卷击，那么就该为此使用步兵力量。必须把装甲军保留下来，待克服森林地带后，用于对城市的最终突击，否则，几个快速师就算到达列宁格勒门前，也已丧失战斗力。不管怎么说，这样的行动必然要耗费时日。要是我们想迅速夺得海岸线和列宁格勒，唯一的办法是把整个装甲集群集中在北部，也就是纳尔瓦以东地域，直接进攻列宁格勒。保卢斯将军完全赞同我的看法。

可实际情况截然不同。第16集团军以第1军和新开抵的一个军接防伊尔门湖西面的姆沙加河防线之际，第56装甲军奉命经卢加攻往列宁格勒，为此，第3摩托化步兵师、第269步兵师、新开抵的党卫队警察师划拨给我军。

就这样，装甲集群快速力量的分散使用到达顶点。党卫队骷髅师作为第16集团军辖内兵团留在伊尔门湖，装甲集群把第8装甲师留作预备队，暂时用于肃清后方的游击队，这项任务不仅是严重的浪费，而且根本不适合装甲师。卢加附近，我军只有第3摩托化步兵师这一个快速师，而第41装甲军以3个快速师在纳尔瓦东面作战。装甲部队的缔造者古德里安大将对使用装甲兵有过这样一句格言："集中，不要分散！"可我们现在完全是反其道而行。无论第56装甲军用于哪个方向，保留辖内3个快速师至关重要，但我们一再争取也没得到上级首肯。顺便说一句，以往的经历表明，兵力短缺的情况下，只有少数指挥官能保持有序的作战结构，避免兵力分散。

描述卢加争夺战未免把话题扯得太远。那里的战斗异常激烈。几周前，敌人在该地域只部署了小股兵力，现在增加到辖3个师的一个满编军，还配备了强大的炮兵和坦克力量。另外，卢加周边地域是苏联红军的训练场，敌人当然很熟悉此处的地形，而且他们也有足够的时间构筑强大的阵地。

我军8月10日投入进攻，接下来几天，尽管交战相当激烈，但我们还是不断取得进展。遗憾的是，我军的伤亡也很大。党卫队警察师失去了他们英勇的师长——警察将军米尔费施泰特。敌人以坦克为支援，一次次发起反突击，给我们造成很大的麻烦，因为我军现在没有可用的装甲力量。这些战斗中值得一提的是，军属炮兵观察营干得非常出色，敌人在这方面根本无法与我们相提并论。炮兵观察营侦察、观察目标，协助我方炮兵消灭了敌人很大一部分炮兵力量，至少迫使对方向后变更阵地。不过，就连炮兵观察营也没办法有效对付敌人近期部署的大量重型迫击炮。

交战进行之际，军部接到新的任务。现在，我们终于能在北部会同第41装甲军进攻列宁格勒了。但军部还是只掌握第3摩托化步兵师，第8装甲师和党卫队骷髅师继续执行当前任务。

8月15日，我们把卢加地域的指挥权移交给第50军军部，该军军长林德曼将军是我在第一次世界大战期间的老熟人，我军随后向北开拔。我们的新指挥所设在纳尔瓦东南方40公里的萨姆罗湖畔，通往那里的道路路况极差，我们耗时8个钟头才行进了200公里。当天傍晚，我们好不容易到达萨姆罗湖，随即接到装甲集群司令部打来的电话，命令跟在我们身后的第3摩托化步兵师立即停止前进，次日清晨转身向南开赴德诺，向第16集团军司令部报到。我们现在率领第3摩托化步兵师，以及调自伊尔门湖的党卫队骷髅师，转隶第16集团军。不用说，没人会对这种来回折腾感到高兴。唯一令人钦佩的是我们的军需官克莱因施密特少校，他满怀干劲地接受了新任务，现在必须180度调整他的补给方案。

就这样，我们8月16日沿昨天那条恶劣的道路折返，赶往德诺。260公里路程这次耗费了13个钟头。幸亏第3摩托化步兵师向北开进得不太远，早早掉转了方向。我方官兵对这场来回折腾有何感想，我不愿猜测。

之所以来回调动，可能是因为我们的总兵力不足，另外，列宁格勒、普斯科夫、伊尔门湖之间的整片地域极不适合投入装甲部队。

第16集团军当时的情况如下：集团军右翼的第10军在伊尔门湖南面作战，遭到优势之敌（辖8个师和骑兵力量的苏联第38集团军）攻击，不断后退。该军正面朝南，在伊尔门湖南面遂行激烈的防御作战。敌人显然企图从西面迂回该军。第56装甲军的任务是紧急支援第10军。

我军要做的是，尽可能隐蔽地把两个快速师从德诺东面调到敌人暴露的西翼，尔后对进攻第10军之敌的翼侧或背后施以打击。我们受领的任务还不错。党卫队骷髅师重归装甲军建制，他们很高兴，我们也深感满意。可惜，我们没能让第8装甲师也来参加这场重要的行动。

到8月18日，两个快速师隐蔽前出到敌军西翼，进入伪装待机地域。8月19日清晨，我军发动进攻，敌人显然猝不及防。我们从翼侧卷击敌军的计划大获全胜，接下来的交战过程中，我们与重新转入进攻的第10军协同行动，决定性地击败了苏联第38集团军。尽管两个快速师的步兵力量不得不在几乎无路可寻的沙地徒步跋涉，但我军还是在8月22日到达旧鲁萨东南面的洛瓦季河。仅我们军就俘虏 12000 名敌军官兵，还缴获 141 辆坦克、246 门火炮、数百挺机枪、大批汽车和其他车辆。缴获的战利品，有两件武器很有意思：一件是 88 毫米高射炮，这门崭新的火炮是德国 1941 年制造的！另一件是德军首次缴获的苏制多管火箭炮。我觉得回收这门火箭炮非常重要，可随即获悉火箭炮车的轮胎被拆走，因而无法运送，我不由得火冒三丈。谁干的？很快就查明，干这事的不是别人，正是我的第二副官尼曼少校，他发现火箭炮车的轮胎可用于我们的指挥车。最后，他悻悻地交还轮胎，重新装回火箭炮车。

第 56 装甲军辖内部队又一次倾尽全力，随后获准在洛瓦季河短暂休整，官兵议论纷纷，认为我军很快会调去执行其他任务。但伊尔门湖南面的第 16 集团军，随后恢复向东推进。夏天第一个雨季于 8 月底到来，各条道路很快沦为泥沼，两个快速师不时陷入其中动弹不得。与此同时，敌人调来新锐兵团，第 27、第 34、第 11 三个新集团军替代了被击溃的第 38 集团军，出现在第 16 集团军前方的霍尔姆—伊尔门湖战线。此举引发了新的交战，考虑到篇幅问题，我不打算详细描述此次交战的具体过程。第 56 装甲军强渡波拉河，逼近杰米扬斯克。除了敌人的顽强抵抗，在无路可寻的地段艰难前行对我方部队和装备来说是个沉重的负担。这段时间，我白天经常和麾下各师奔波在途中，可这些所谓的道路，就连我那辆马力强劲的桶式车也经常陷入泥泞，不得不靠牵引车拖曳前行。有一次，天色已黑，我们来到波拉河一座桥梁前方，此处刚刚落入我们手里，据说已清除了地雷，可我们刚要驶上桥梁，一颗地雷突然在桶式车右前轮下爆炸。炸飞的车轮抛到 100 米外，车窗震得粉碎，但车载电台完好无损，车上 4 名乘员安然无恙，我坐在司机右侧居然毫发无损，真是个幸运的巧合！

我们的帐篷营地现在又湿又冷，住得很不舒服，可这片地区找不到理想的军部驻地。我们只好以桑拿取暖，尽管这里贫穷落后，但总能找到有桑拿设施的小村落。

这几周，我们终于觉察到希特勒与 OKH 在作战目标方面的分歧，希特勒提出的是列宁格勒，而 OKH 主张径直攻往莫斯科。第 16 集团军司令布施大将告诉我，他打算以第 16 集团军向东攻往瓦尔代丘陵，为尔后攻往加里宁—莫斯科方向创造条件。北方集团军群司令部似乎不赞成这种做法，主要是担心该集团军东翼随后会暴露在外。一方面，调自中央集团军群作战地域的第 57 装甲军 9 月初从南面加入我们的作战行动；另一方面，我们 9 月 12 日接到命令，不久后就要率领第 3 摩托化步兵师向南开拔，转隶中央集团军群第 9 集团军。就连我这个军长也不明白来回调动部队的意义何在。但我觉得，这场调动归根结底还是希特勒与 OKH 就作战目标到底是莫斯科还是列宁格勒来回拉锯造成的结果。

尽管如此，第 16 集团军这几周的交战还是不断赢得胜利，第 56 装甲军也参与其中。9 月 16 日，OKW 得以宣布，德国军队击败了兵力强大的苏联第 11、第 27、第 34 集团军，歼灭对方 9 个师，重创另外 9 个师。

但这些战果没让我们获得真正的满足感，因为我们到现在也不知道作战目标究竟是什么，换句话说，我们不清楚这些交战为何种更高的目标服务。不管怎样，我们突袭迪纳堡期间那种迅猛突击的日子结束了，而我担任第 56 装甲军军长的日子很快也要告一段落。

9 月 12 日傍晚下着倾盆大雨，我和军部几名工作人员坐在我的帐篷里。由于现在天黑得很早，我们决定夜间报告送抵前打打桥牌，以此消磨时间。旁边的电话突然响起，我估计是我的朋友集团军司令布施打来的，夜里的电话通常没什么好事。可布施向我宣读了 OKH 发来的电传电报：

"步兵上将冯·曼施泰因立即前往南方集团军群，接掌第 11 集团军。"

我要去指挥一个集团军了，任何一个军人都能理解我此刻的喜悦和自豪。这似乎就是我军事生涯的顶峰。

次日清晨，我向装甲军辖内各师道别，可惜只能通过电话，随后又与军部人员依依惜别。我心怀感激地想起装甲军和军部最近几个月取得的战绩，这些日子里，军部与辖内各师已凝聚成真正的团体。

虽然更重大的新任务令我欣喜不已，但我知道，军旅生涯期间最愉快的日子就此结束了。一连 3 个月，我和部队紧密接触，分担他们的忧虑和艰辛，也分享他们胜利的喜悦。从这种分享一切的经历，从每个人恪尽职守的奉献精神和喜悦之情，从亲密的战友情谊，我一次次汲取到新的力量。日后，我的职务不会再给我亲密接触部队的机会。

战争头几天，第 56 装甲军的迅猛突击可以说实现了装甲兵团指挥官的所有梦想，我以后大概很难再体验到了。对我来说，与军部人员道别不是件容易的事。特别是值得信赖的参谋长冯·埃尔弗费尔特男爵上校，他是个思想进步、头脑冷静、始终可靠的顾问。当然还有热情奔放、聪明机智的作战处处长德特勒夫森少校，情报处处长吉多·冯·克塞尔少校，以及不知疲倦的军需官克莱因施密特少校。另外还有人事处处长冯·德·马维茨少校，他是波美拉尼亚人，几周前才调到我们军，但我当初在恩格尔斯军校期间就与他结下深厚的友情，可惜，现在也得向他道别了。9月13日早上，我先驱车去见我的朋友布施大将，向他告别，陪伴我的只有副官施佩希特，以及两名司机纳格尔和舒曼。今天，他们都已不在人世！

注释

1. 顺便说一句，我出任第 11 集团军司令时，整个陆军可能已普遍认同我的观点，他们也没执行政治委员令。少数被枪毙的政治领导人不是在战斗中被俘的，而是作为游击队的领导者或组织者，在后方地域被俘后移交给军方，按照战争法规受到相应的处置。

第九章 克里木战役

我现在打算描述第 11 集团军和罗马尼亚战友在克里木从事的战斗，主要是为纪念我那些克里木集团军的战友，同时，我想让生还者掌握这场战役的全貌，因为他们当时各司其职，只了解局部战事。

1941—1942 年那段时间，面对总是占有数量优势的敌人，他们凭借不间断的战斗取得了巨大的成就，以无与伦比的突击势头反复发起冲锋和追击，在看似无望的情况下英勇坚守。大多数情况下，他们也许不知道，集团军司令部为何要对他们提出看似不可能做到的要求，为何要把他们从一场交战投入下一场交战，从一条战线调到另一条战线。尽管如此，他们还是以最大的奉献精神完成了这些任务，他们充分信任集团军司令部，而司令部也知道，完全可以信赖自己的部队！

要是我详细阐述此次战役期间的所有交战，再介绍个人或某些部队的英勇事迹，未免会让本书的篇幅过长。另外，由于缺乏相关资料，如果我褒奖英勇奋战的个别官兵，对无数有着同样表现的人来说，未免不够公平。所以我只能大致介绍相关行动的过程。这种描述完全能突出部队的作战表现，他们的战斗力是进攻作战的决定性因素，也让指挥部门在最严重的危机下得以转危为安，部队的杰出表现，最终让此次战役以刻赤半岛堪称经典的歼灭战、塞瓦斯托波尔海军要塞陷落而胜利告终。

除了参战者，第 11 集团军从事的克里木战役对局外人同样有吸引力。毕竟这是一个集团军在相对隔绝的战场独自作战的罕见战例之一。集团军凭一己之力顽强奋战，但也避免了最高统帅部的干预。另外，这场历时 10 个月的战役，不间断的交战汇集了各种作战样式：进攻和防御作战、具有行动自由的运动战、猛烈的追击、掌握制海权之敌实施的登陆作战、反游击战、对强大要塞的进攻作战。

最后要指出，克里木战役之所以深具吸引力，还因为这片战场在控制黑海的半岛上，时至今日，岛上仍能找到希腊人、哥特人、热那亚人、鞑靼人的遗迹。昔日（1854—1856 年的克里木战争）这里就是历史的焦点。当初起到重要作用的那些地点，例如阿尔马、巴拉克拉瓦、因克尔曼、马拉科夫，现在再次为世人所瞩目。不过，1854—1856 年克里木战争的作战形势无法与 1941—1942 年的克里木战役相比。当年，作为进攻方的西方国家控制着海洋，因而能利用制海权的一切优势，而 1941—1942 年的克里木战役，苏联人享有黑海制海权。遂行进攻的第 11 集团军不仅要征服克里木和塞瓦斯托波尔，还得面对制海权为苏联红军提供的各种机会。

接任第 11 集团军司令时的情况

1941 年 9 月 17 日，我到达第 11 集团军司令部接掌指挥权，司令部设在布格河入海口的苏联军港尼古拉耶夫。

第 11 集团军前任司令冯·朔贝特骑士大将昨天在尼古拉耶夫下葬。例行视察前线期间，他乘坐的鹳式飞机降落在苏联红军布设的一片地雷场，结果他和飞行员都被炸死。朔贝特的阵亡，让德国陆军失去了一位思想高尚的指挥官，他深得前线官兵信赖，他将永远活在这些将士心中。

集团军司令部人员几乎个个是精英，作战处后来升级为顿河、南方集团军群司令部。接下来历时两年半的艰难战争岁月，能与这些优秀的助手合作，我深感幸运。这段漫长的日子里，我们不断面对各种艰巨的新任务，总是要驾驭新的局面。通过这种方式，我们的司令部才没有落入例行公事的窠臼，对高级指挥部来说，阵地战期间或在平静的战线上，很容易出现这种状况。同时，共同解决新问题的过程中，司令部人员增进了互信，这种互信反过来又促进了每个人的独立工作能力。

我不可能记住那段岁月里所有袍泽的名字，因此，我列举几位最亲密的助手，他们的名字可以说代表了所有人。首先是我当时的参谋长韦勒上校，他沉着冷静、坚定不移的作风为我提供了宝贵的支持，特别是克里木战役最危急的那几周。然后是我的作战处处长，后来擢升将军的布塞，日后成为南方集团军群参谋长，他一直陪在我身边，直到我离开指挥岗位。在那些艰难的岁月里，他始终是我最可靠的助手，我总是信赖他的判断，他的工作从不懈怠，即便在最危急的时刻也不会丧失勇气。布塞也是我最忠实的朋友，战后他搁置了自己的所有计划，没理会一切职业前途，耗时一年多为我的案子辩护。最后我要提到我们杰出的军需长，后来擢升将军的豪克，集团军经常面临困难的补给状况，我对此忧心忡忡，但豪克缓解了我的焦虑情绪，战后他依然是我忠诚的朋友。

从最初的第11集团军司令部，到后来的顿河集团军群、南方集团军群司令部，工作人员的关系非常密切，我和他们相互信任，但一开始，第11集团军司令部人员对新司令的到来多少有些忐忑不安。我的前任冯·朔贝特将军颇具巴伐利亚人彬彬有礼的风度，就算口吐粗言也不令人反感。我到任前，普鲁士人冷漠和矜持的名声可能就不胫而走。不管怎样，直到很久后我在汉堡接受庭讯期间，才通过有趣的小插曲获悉了这一点。这场"昂贵的报复"鬼魅般展开之际，首席检察官发现第11集团军司令部作战日志里有一段文字用胶纸贴上了，于是把它作为证据提交法庭。这是个重大发现，胶纸覆盖的内容肯定能定我的罪！于是，可能藏有秘密文字的胶纸在法庭上被小心翼翼地揭开。接下来会披露何种罪行呢？我对作战日志里的胶纸一无所知，作为集团军司令，我只是按规定在日志上签字，根本没时间仔细阅读，这是集团军参谋长的工作。胶纸揭开后，检察官在法庭上当众宣读了下面的文字，他越读越沮丧，一脸尴尬。胶纸覆盖的这段文字大意如下：

"新司令即将到任。他是个绅士，不太好相处，但还是能与他坦率交流。"

法庭上的人面面相觑，最后一笑置之。控方寄予厚望、想公之于众的"重大证据"，显然没给被告造成轰动性负面影响。庭上的法官当然也领教过这样的上司。顺便说一句，这件事很快得以澄清：我到任前不久，参谋长韦勒召集众人开会，简短地介绍了新司令的特点。负责撰写作战日志的军官把韦勒的话记录下来，但把作战日志交给我签字前，他巧妙地用胶纸把这段话遮上了。所以说，意外事件有时候会披露别人对自己的看法。正如我说过的那样，我们处得很好。我 1944 年离开指挥岗位时，司令部许多同事也不想再干了。

我接掌第 11 集团军司令职务时，发现自己面临的新情况不仅仅是指挥范畴从军扩大到集团军。待我到达尼古拉耶夫才知道，除了指挥第 11 集团军，罗马尼亚第 3 集团军也在我麾下。

出于政治方面的原因，东线战区这种指挥关系不太好处理。

罗马尼亚第 3、第 4 集团军、德国第 11 集团军组成的联军，最高指挥权交给罗马尼亚国家元首安东内斯库元帅。但在作战指令方面，他听命于冯·伦德施泰特元帅的南方集团军群。为此，第 11 集团军可以说是安东内斯库元帅与南方集团军群司令部之间的纽带，负责为安东内斯库元帅提供作战建议。

但我到任时，情况已发生变化，安东内斯库只指挥罗马尼亚第 4 集团军，以这个集团军进攻敖德萨。罗马尼亚第 3 集团军隶属德国第 11 集团军，而第 11 集团军现在直接接受南方集团军群指挥，继续向东挺进。

集团军司令部除了指挥自己的集团军，还得统率另一个独立集团军，无疑是件麻烦事，可如果那个集团军是联军的话，指挥难度肯定会更大。雪上加霜的是，两个集团军不仅在组织、训练、指挥惯例方面存在差异（联军总是面临这种问题），战斗力的差距也很大。因此，与指挥自己的集团军相比，更有力地介入联军集团军的指挥工作很有必要，但另一方面，我们希望与联军保持良好的关系。

尽管存在这些困难，但我们与罗马尼亚各级指挥机构和他们的部队合作得不错，从没发生过重大摩擦，这主要归功于罗马尼亚第 3 集团军司令、后来擢升大将的杜米特雷斯库将军的忠诚。我们在罗马尼亚师、旅级以下的指挥部派驻了联络组，他们也以自己的聪明才智，必要时通过他们的干劲，为双方的合作做出重要贡献。

但说到双方的紧密合作，我们最该记住罗马尼亚国家元首安东内斯库元帅的功劳。无论他作为政治家的历史评价如何，安东内斯库元帅无疑是个真正的爱国者，是个优秀的军人，也是我们最忠实的盟友。作为军人，他把祖国与帝国的命运紧紧连在一起，竭力为我们提供罗马尼亚的军事力量和战争潜力，直到自己垮台。尽管他没能实现平生理想，但这是他的国家和政权的内在条件造成的。不管怎么说，他始终忠于盟友，想起与他的亲密合作，我心中只有感激之情。

至于罗马尼亚军队，无疑存在不可忽视的缺点。罗马尼亚官兵大多是农民出身，虽说简朴、能干、英勇，但受教育程度普遍较低，所以很难把他们训练成能独立作战的战士，更别说把他们培养成合格的士官了。有些德意志少数民族倒是符合条件，但罗马尼亚人的民族自尊心成为这些德裔士兵晋升的障碍。而体罚这种过时的做法，也没能提高部队的战斗力，相反，此举只会促使德裔罗马尼亚士兵想方设法加入德国国防军，由于上级禁止这样做，他们干脆投身武装党卫队。

就罗马尼亚军队内部结构的强度而言，一个决定性劣势是缺乏我们这种士官团队。遗憾的是，我们现在常常忘记我们优秀的士官团队在这方面取得的巨大成就。

还有个非常重要的问题，罗马尼亚军队里很大一部分中高级军官不称职。特别是他们的官兵间缺乏亲密的关系，而我们这里把这种关系视为理所应当。至于军官对部下的照料，可以说他们完全缺乏"普鲁士式的"教育。

由于缺乏实战经验，罗马尼亚军队的作战训练也不符合现代战争的要求。这造成高昂的损失，继而影响到部队的士气。

他们的军事领导层自 1918 年以来就受法国影响，军事理念仍是第一次世界大战那一套。

罗马尼亚军队的武器装备，部分已过时，要么就是数量不足，反坦克武器更是如此，所以很难指望他们挡住苏联红军坦克的冲击。帝国在这方面能否提供更有效的帮助，这个问题有待观察。

最后还要说说罗马尼亚人的精神负担，他们对苏联人怀有强烈的敬畏之情，严重影响到罗马尼亚军队在东线战场的效用。艰巨的态势下，这种状况很容易引发恐慌。顺便说一句，对苏战争期间，东南欧所有民族多多少少都有这种精神负担，而保加利亚人和塞尔维亚人对斯拉夫民族血缘关系的认同感，是另一个不稳定因素。

评价罗马尼亚军队的战斗力，另一个情况必须加以考虑。罗马尼亚现在已实现他们原先的战争目标，也就是收复苏联近期攫夺的比萨拉比亚。就连希特勒承认或强加给罗马尼亚的德涅斯特河沿岸（这片地区位于德涅斯特河与布格河之间），也超出了罗马尼亚人的愿景，继续攻入可怕的苏联腹地，许多罗马尼亚人对此没太多热情，这一点可以理解。

可是，尽管存在上述种种缺点和不足，罗马尼亚军队还是尽己所能地履行了职责。最重要的是，他们一直心甘情愿地接受德国军队指挥。与我们的其他盟友不同，他们没有把声望问题置于实际需要之上。具有军人思维的安东内斯库元帅肯定在这方面发挥了至关重要的影响。

具体说来，我的参谋人员当时对集团军辖内罗马尼亚第 3 集团军的评价是，只要遭受相对较高的损失，他们就无法再进攻，而且只能在德国军队这件"紧身胸衣"介入的情况下勉强自保。

我与罗马尼亚同志打交道期间，遇到的几个小插曲值得在这里说说。1942 年春季，我去视察罗马尼亚第 4 山地师，师长马诺柳将军率领该师奉命在亚伊拉山地清剿游击队。当时我们不得不投入整个罗马尼亚山地军，配以几支德军小股部队从事反游击战。我先视察了几支部队，随后来到师部。马诺柳将军站在大幅地图前，自豪地向我介绍他的师从罗马尼亚开抵克里木的进军路线。他显然想暗示这番努力可能已足够。我评论道："是啊，前往高加索的路途您已经完成了一半！"这句话肯定不会起到任何激励作用。视察营地期间，一座新营房前方突然响起号声。号声对我可能是某种敬意，对部队来说则是个提醒："有长官到来！"熟练的向导领着我来到一处营地，我走入热气腾腾的战地厨房，想尝尝士兵的伙食，结果却让我大吃一惊。

饭菜很难吃，汤也难以下咽，高级指挥官大概从来没尝过这些东西！当然，我随后不得不到师部用餐。这里的情况完全不同！罗马尼亚人根本不懂得官兵伙食平等，师部的午餐很丰盛，但也有等级之分。年轻军官少一道菜，师长身旁摆的酒无疑更好些。虽然我们为罗马尼亚部队提供了大部分补给物资，但不太好干涉他们的食物分配。罗马尼亚军官认为，罗马尼亚士兵大多是农民出身，习惯了最简单的食物，所以军官多分点东西是理所应当的。部队小卖部的货物更是如此，特别是香烟和巧克力，我们是按照罗马尼亚部队的口粮分配人数提供给他们的。可罗马尼亚军官声称，普通士兵从来不买这些奢侈品，所以大部分香烟和巧克力都放在军官食堂。我就这个问题向安东内斯库元帅提出过抗议，但无济于事。他确实调查了此事，随后告诉我，底下人报告一切都很好。

我指挥的作战地段构成东线最南翼，主要包括布格河下游、黑海（更确切地说是亚速海）、扎波罗热南面的第聂伯河河曲部之间的诺盖草原，外加克里木半岛。此处与第聂伯河北面的南方集团军群主力没有直接联系，这种情况有利于第11集团军自由行动。我先前率领装甲军在苏联北部的森林地域行动，那里的地形并不适合装甲部队，现在来到辽阔的草原，这里几乎没有任何障碍，当然也没有遮蔽物。对装甲部队来说，这是片理想的战场，可惜我的集团军没有装甲力量。

这里只有些小河，夏季干涸后，河床形成岸堤陡峭的深邃沟壑，称为"干谷"。尽管这片草原看上去很单调，可还是具有独特的魅力，它的广阔和一望无垠让所有人折服。仅凭指南针，你可以在这里驱车驰骋几个钟头，途中不会遇到任何山丘或房屋，甚至见不到人烟。遥远的地平线似乎有一道山脊，山脊后方可能是向你招手的天堂。但无论你如何向前，它却不断退往后方。打破单调的只有英国—伊朗电报线的电线杆，这是西门子公司当年修建的。不过，日落时的草原闪烁着最绚丽的色彩。我们在诺盖草原东部，梅利托波尔周围和东北面，遇到些德国名称的美丽村庄，例如卡尔斯鲁厄、黑勒嫩塔尔等。这些村庄坐落在果实累累的果园里，坚固的石屋诉说着昔日的富足。这里的居民一直保留着纯正的德语，可现在只剩老人、妇女、孩子，青壮年都被苏联人带走了。

最高统帅部赋予第11集团军的任务，位于两个不同的方向。

一项任务是在南方集团军群右翼推进，继续追击向东退却之敌。为此，集团军主力必须沿亚速海北岸挺进，朝罗斯托夫这个总方向攻击前进。

但与此同时，集团军还得夺取克里木半岛，这项任务尤为紧迫。一方面是因为最高统帅部希望夺取克里木半岛和塞瓦斯托波尔军港，对土耳其的立场产生积极影响。但更重要的是，敌人设在克里木半岛的大型空军基地对罗马尼亚产油区构成威胁，而这些产油区对我们至关重要。占领克里木半岛后，第11集团军辖下的山地军就渡过刻赤海峡攻往高加索方向，显然是个补充措施，借此加强德军越过罗斯托夫继续进攻的行动。

当时，德国最高统帅部为1941年战局定下的目标非常大。但事态很快证明，赋予第11集团军的双重任务完全不切实际。

12月初，第11集团军在别里斯拉夫附近强渡第聂伯河下游，来自下萨克森的第22步兵师为这番壮举发挥了重要作用。但从这一刻起，集团军受领的双重任务致使辖内部队朝两个不同的方向前进。

我接掌集团军指挥权的时候，情况如下：冯·扎尔穆特将军的第30军（第72、第22步兵师及警卫旗队）和屈布勒将军的第49山地军（第170步兵师及第1、第4山地师），继续向东追击在第聂伯河畔被击败的敌军，已逼近梅利托波尔—扎波罗热南面的第聂伯河河曲部一线。

汉森将军的第54军率领第46和第73步兵师转身攻往克里木半岛入口，也就是彼列科普地峡。调自希腊的第50步兵师部分兵力跟随罗马尼亚第4集团军到达敖德萨前方，另一部忙着肃清黑海岸边的残敌。

编有罗马尼亚山地军（第1、第2、第4山地旅）和罗马尼亚骑兵军（第5、第6、第8骑兵旅）的罗马尼亚第3集团军目前仍在第聂伯河西面。该集团军打算在那里休整一番，他们已渡过布格河，根本不想再渡过第聂伯河继续向东推进，因为这超出了罗马尼亚的政治目标。

第11集团军奉命向东追击残敌，攻往罗斯托夫，同时征服克里木半岛，尔后渡过刻赤海峡进入高加索，集团军司令部面临这样一个问题：能否同时或先后完成这项双重任务？就算能完成，又该如何实施？本该由最高统帅部做出的决定，现在却交给集团军司令部。

以现有兵力同时完成两项任务，看来肯定无法做到。

要想征服克里木半岛，需要比暂时部署在彼列科普的第54军更加强大的兵力。虽说敌情报告表明，敌集团军只有3个师从第聂伯河逃入彼列科普地峡，可我们不知道据守克里木半岛的敌人有多少兵力，特别是塞瓦斯托波尔。没过多久我们就发现，敌人用于地峡作战的不是3个，而是6个师。他们后来还把守卫敖德萨的一个集团军调到这里。

从地形特点看，敌人以3个师顽强据守地峡，足以阻止第54军进入克里木半岛，或至少在争夺地峡的战斗中极大地消耗该军的兵力。

把克里木半岛与大陆隔开的锡瓦什湖又叫"腐海"，是片滩涂或盐沼，步兵难以通行，另一方面，由于水深较浅，对冲锋舟也构成很大障碍。进入克里木只有两个固定入口：西面的彼列科普地峡、东面的格尼切斯克西部。后一处入口非常窄，只有一条公路路堤和一条铁路路堤，中间还有长长的桥梁，因而无法用于进攻。

彼列科普地峡只有 7 公里宽，用于进攻也很成问题，部队必须在无遮无掩的地形上展开正面冲击。由于两侧临海，我们无法实施迂回。苏联红军早就在地峡构筑了强大的防御工事，另外，深达 15 米的"鞑靼壕沟"横贯整道地峡，这条历史悠久的壕沟可以追溯到古代。

就算我们突破彼列科普地峡，南面还有伊顺地峡，几座盐湖在那里把进攻地段进一步缩窄到 3—4 公里。

鉴于进攻地形极为困难，再加上敌人掌握空中优势，不难预料，争夺地峡的交战不仅艰巨，还会消耗大量兵力。即便突破彼列科普地峡，第 54 军是否还有足够的兵力克服伊顺地峡也很成问题。不管怎么说，仅投入 2—3 个师，肯定无法攻占包括强大的塞瓦斯托波尔要塞在内的整个克里木半岛。

因此，要想实现迅速征服克里木半岛的目标，集团军司令部无论如何都得从向东追击残敌的集群抽调更多兵力。只要敌人继续退却，追击集群剩余的兵力是足够的，可如果敌人在后方地域构筑新防线，甚至前调新锐力量的话，那么追击集群的兵力就太少了，无法到达罗斯托夫这么深远的目标。

如果上级认为，攻往罗斯托夫方向的行动深具决定性，那么就必须暂时搁置进攻克里木的行动。但能否、何时调集进攻克里木的兵力，这个问题难以回答。顺便说一句，敌人享有制海权，克里木半岛控制在他们手里，对东线德军的纵深翼侧构成巨大威胁，更别说这里作为空军基地对罗马尼亚油田造成的持续威胁了。

以两个军朝罗斯托夫及其前方展开深远的行动，同时以一个军征服克里木，结果只能是两个目标都无法实现。

集团军司令部因而决定，优先目标是夺取克里木半岛。不管怎样，我们决不能以不足的兵力执行这项任务。所以，我们把集团军所有可用炮兵、工兵、高射炮力量调拨给第 54 军，用于猛攻彼列科普地峡。我们还把深远后方的第 50 步兵师调来交给该军，用于克服第二道地峡，也就是伊顺地峡。这些措施还不够。争夺伊顺地峡不需要投入第二个军，但突破地峡后迅速征服克里木半岛，第二个军必不可少。为此，集团军司令部打算投入辖两个山地师的德国山地军，反正按照最高统帅部的指示，该军晚些时候要取道刻赤海峡进入高加索。在此之前，该军可用于征服克里木南部山地，这项任务远比草原上的追击更适合该军。另外，突破两道地峡后，我们打算派摩托化兵团快速推进，以突袭夺取塞瓦斯托波尔要塞。为此，党卫队警卫旗队必须部署在遂行进攻的第 54 军身后。

集团军司令部这种安排自然严重削弱了集团军东面的战线。除了第 22 步兵师部署在海岸，确保克里木半岛北部安全的部分力量，我们只能以罗马尼亚第 3 集团军替换上面提到的部队。为打消罗马尼亚人的顾虑，我与杜米特雷斯库将军私下交换了意见，让他率领部队迅速渡过第聂伯河。

可以肯定，倘若集团军东部战线之敌停止后撤，企图重新夺回主动权的话，那么集团军司令部采取这些措施就得冒上很大的风险。可我们要想以充足的兵力征服克里木半岛，就必须付出这种代价。

两条战线上的会战——突破彼列科普地峡，亚速海会战

由于后勤补给方面的困难，第 54 军进攻彼列科普地峡的准备工作一直拖到 9 月 24 日才完成，上面提到的兵力再部署也在进行中，但集团军东部战线的情况自 9 月 21 日起发生变化。敌人在扎波罗热南面进入梅利托波尔以西—第聂伯河河曲部一线的预设阵地，我军不得不停止追击，但集团军司令部还是决定调离德国山地军。为尽量降低风险，我们命令剩下的德军部队与罗马尼亚第 3 集团军混编，战线南段的罗马尼亚骑兵军加入德国第 30 军，德国第 170 步兵师转隶战线北段的罗马尼亚第 3 集团军，充当罗马尼亚山地军的"紧身胸衣"。

9 月 24 日，第 54 军进攻彼列科普地峡。虽然我们以最强大的炮兵力量提供支援，但第 46、第 73 步兵师在无遮无掩的盐碱草原遂行冲击，烈日当头，见不到任何水源，进攻条件恶劣至极。敌人早已把地峡打造成纵深 15 公里的强大防御阵地，为每道堑壕、每个支撑点展开顽强抵抗。

尽管如此，第 54 军还是在 9 月 26 日夺得彼列科普，越过鞑靼壕沟，还击退了敌人强有力的反突击。又经过历时三天的猛烈冲击，第 54 军得以突破剩余的敌防御纵深地带，攻克筑垒据点阿尔米扬斯克镇，进入开阔地域。溃败之敌退到伊顺附近的窄湖，伤亡惨重，还被俘 1 万多人，112 辆坦克和 135 门火炮落入我军手里。

这场来之不易的胜利，果实是最终突破到克里木，但我们还没采摘到。虽说敌人损失很大，但第 54 军当面之敌的兵力增加到 6 个师。鉴于双方的兵力对比，以及第 54 军不得不付出的重大代价，立即发起突击攻克伊顺地峡似乎超出了该军的能力。但敌人破坏了集团军司令部立即前调新锐力量（山地军和警卫旗队）的企图，他们显然觉察到德军打算迅速征服克里木，已经把新锐部队调到亚速海与第聂伯河之间的防线。

9 月 26 日，敌人以两个新集团军冲击我方东部战线，他们投入的第 18、第 9 集团军共计 12 个师，大多是新调来或补充过的兵团。尽管这里的局势相当危急，但面对德国第 30 军，敌人的首次进攻没取得任何战果。不过，他们在罗马尼亚第 3 集团军作战地段打垮了第 4 山地旅，在该集团军正面撕开个 15 公里宽的缺口。第 4 山地旅损失了大部分火炮，战斗力似乎已耗尽。另外两个罗马尼亚山地旅也遭受了很大损失。

德国山地军已靠近彼列科普地峡，可现在除了派该军折返，赶去恢复罗马尼亚第 3 集团军的态势，没有其他办法。与此同时，集团军司令部也失去了警卫旗队的指挥权，这是我们手头唯一的快速兵团。最高统帅部命令警卫旗队参加向罗斯托夫的进军，很快就要编入第 1 装甲集群。所以，集团军司令部无法以警卫旗队发展我们在地峡取得的胜利，这支部队奉命返回东面的战线。

为更靠近集团军的两条战线，集团军司令部作战处 9 月 21 日在诺盖草原的阿斯卡尼亚诺瓦设立指挥所。阿斯卡尼亚诺瓦是德国法尔茨－法因家族昔日的领地。

此处以前是整个俄国都有名的模范农场，现在成了集体农庄。庄园里的一座座建筑破败不堪，后撤的苏联红军破坏了所有农用设备，还给堆积如山的谷物浇上汽油纵火焚烧。这些谷堆燃烧、闷燃了数周，根本无法扑灭。

安哈尔特公爵最初在这里获得一大片土地的特许权，阿斯卡尼亚诺瓦因而得名，他后来把此处割让给法尔茨－法因家族，这里的动物园不仅在整个俄国，甚至在国外也很有名。草原中央有个很大的公园，布满溪流和池塘，从黑、白、红野鸭到苍鹭和火烈鸟，这里栖息着数百种不同的水禽。草原里这座公园是个名副其实的小天堂，就连布尔什维克分子也没加以破坏。旁边还有个数平方公里的草原禁猎区，放养了各种野兽，红鹿、黇鹿、羚羊、斑马、盘羊、野牛、角马、骆驼在这里和平共处，悠闲吃草，只有少数猛兽单独圈养。在这片禁猎区策马驰骋于各种动物间，的确令人心旷神怡。这里还有个养蛇场，据说苏联人离开前，把笼子里的蛇全都放了出来。我们搜寻了毒蛇，却一无所获，不过，肯定还有蛇存在。某天响起空袭警报，为防万一，参谋长韦勒上校早就派人在作战处办公楼旁边挖了条避弹壕，于是命令参谋人员鱼贯进入坑道。依照军队的惯例，作战处人员按军衔高低列队走向避弹壕。第一架低空飞行的敌机出现后，所有人朝通往坑道的台阶跑去，韦勒上校冲在最前面，他突然停在最下面的一节台阶，像被钉住那样一动不动。后面的人喊道："上校先生，请您再往前去点，我们还在外面呢。"韦勒没往前走，恼火地回头吼道："伙计，你喊什么！我走不了啦，前面有条蛇！"真有条蛇！凑到前面来的人这才看见，避弹壕的地上有条模样很吓人的毒蛇，它竖起半个身子，愤怒地晃着脑袋，发出令人毛骨悚然的嘶嘶声。

是面对低空飞行的敌机还是毒蛇，他们选择了前者，幸亏敌机投弹不会百发百中。当然，这件滑稽事成了晚餐的话题。有人建议我们的工兵指挥官，除了探测地雷，还应该把探测毒蛇纳入训练大纲。也有人建议向OKH上报敌人这种新式秘密武器，对方显然想以这种武器专门对付我们的参谋部。顺便说一句，一个德国司令部在基辅、一个罗马尼亚司令部在敖德萨沦为定时地雷的牺牲品后，上级就规定，必须在司令部营地和其他建筑附近搜索此类爆炸物。

这座动物庄园也给我们带来些乐趣。某天，我们的作战处处长坐在地图桌前潜心工作。一头温顺的雌鹿误入办公楼底楼，以温柔的目光好奇地看着墙上挂的作战态势图，然后用鹿角用力推了推布塞上校的后背，没发现雌鹿进来的上校跳了起来，吼道："干什么……太过分了……简直是……"他回头望向"肇事者"，这才看见雌鹿那忠诚而又忧郁的眼睛！他随后彬彬有礼地把这位好奇的到访者送到门口。我们离开阿斯卡尼亚诺瓦时，布塞从一间鸟舍带走两只虎皮鹦鹉，还给它们起名为"阿斯卡"和"诺瓦"，自那之后，两只鹦鹉就在作战处的办公室里欢快地飞来飞去。与不计其数的苍蝇相比，两只鹦鹉给我们造成的干扰也不小。它们喜欢用嘴啄红色的标牌，结果，墙上挂的作战态势图，代表敌军的红色标牌越来越少。可惜，实际情况恰恰相反！

有个总参军官说过一件小事，充分说明了集团军司令部里的关系："作战处处长布塞上校对我们这些年轻的总参军官管得很严，总是简洁地把我们称作'作战处小伙'。当然，无论他管得多严，也无法阻止我们这些年轻人偶尔放纵一番。所以，我们某天晚上办了场内部伏特加酒会，就在作战处办公室，这里也是我们5个人的宿舍，有人睡在行军床上，也有人睡在地图桌上。午夜过后，随着最后几份报告送抵，酒会也到达高潮。我们穿着睡衣在走廊里搞了场阅兵式，上校和参谋长的卧室与我们的办公室一样，都在走廊两侧。先是单列行军，骑兵与步兵的行军式存在显著差异，命令声和批评声在空荡荡的房间内回荡。突然，一扇房门打开了，冯·曼施泰因将军出现在眼前，我们顿时愣住了，一个个呆若木鸡。他用冷漠的眼神看看我们，压低声音不失礼貌地说道：'诸位，声音小点儿不好吗？你们会把参谋长和布塞吵醒的！'说罢，关上了房门。"

集团军战线上的态势日趋恶化，促使我们于9月29日率领一个小型战斗指挥部赶到面临危险的战线后方。紧急情况下，这种做法通常都很有效，一方面可以阻止下级指挥部过早向后转移，这种转移往往会给部队留下很坏的印象；另一方面，由于某些罗马尼亚指挥部刚刚交战就转移到后方，我们采取这种措施非常适宜。

当天，德国山地军和党卫队警卫旗队进攻敌军南翼，对方已突破罗马尼亚第3集团军的防线，但没能充分发展他们取得的初期胜利。这里的态势刚刚扭转，第30军北翼又发生新的危机。一个罗马尼亚骑兵旅在那里溃退，我不得不赶到现场积极干预，竭力阻止他们加速后撤。我们投入党卫队警卫旗队，这才挡住苏联红军即将达成的突破。

上述事件导致东部战线的态势险象环生，但也带来个良机。为挫败我们突破到克里木的企图，敌人以两个集团军反复发起正面冲击。他们显然已没有预备队，无法掩护扎波罗热和第聂伯罗彼得罗夫斯克的第聂伯河渡场，这给冯·克莱斯特将军的第1装甲集群突破敌军北翼创造了条件。前几天我就建议南方集团军群采取这种行动，10月1日，集团军群司令部下达了进攻令。敌人仍在进攻，第11集团军牵制对方的同时，第1装甲集群从北面对敌人施加的压力越来越大。对方的抵抗逐渐减弱，集团军司令部10月1日命令第30军和罗马尼亚第3集团军转入进攻和追击。接下来几天，第11集团军与第1装甲集群紧密协同，把两个敌集团军的主力合围在大托克马克—马里乌波尔—别尔江斯克地域，还在追击期间歼灭部分敌军。我们俘虏65000名敌军官兵，缴获125辆坦克和500多门火炮。

征服克里木

亚速海会战结束后，德军东线南翼的兵力重新分配。德国最高统帅部显然意识到，一个集团军不可能既执行罗斯托夫方向的行动，同时又进攻克里木。

于是，攻往罗斯托夫的任务交给第1装甲集群，为此，第11集团军把第49山地军和党卫队警卫旗队转隶该装甲集群。

第11集团军现在只执行一项任务，就是以剩下的两个军征服克里木半岛，第30军辖第22、第72、第170步兵师，第54军辖第46、第73、第50步兵师，但第50步兵师仍有三分之一兵力位于敖德萨前方。

罗马尼亚第3集团军再次交给安东内斯库元帅指挥，目前只掩护黑海和亚速海海岸。不过，我直接联系安东内斯库元帅，征得他同意，把罗马尼亚山地军军部和1个山地旅、1个骑兵旅调入克里木，掩护半岛东部海岸。

虽然第11集团军眼下的任务仅限于征服克里木这一个目标，但最高统帅部一再敦促我集团军尽快派一个军渡过刻赤海峡攻往库班方向。

希特勒提出的要求明显低估了敌军，集团军司令部不得不指出，采取这种行动的先决条件是彻底肃清克里木半岛。敌人无疑会为守住半岛战斗到最后一兵一卒，他们宁愿放弃敖德萨，也不会弃守塞瓦斯托波尔。

实际上，苏联红军掌握制海权，只要他们在克里木半岛还有立足地，阻止第11集团军以部分力量经刻赤海峡攻往库班就不成问题，更何况我集团军只有两个军。不管怎样，集团军司令部趁此机会请求上级，再调拨辖3个师的一个新军部。鉴于希特勒提出的要求，接下来几周，第11集团军获得了编有第132、第24步兵师的第42军军部。后续战事证明，苏联红军竭力守住并夺回克里木半岛，我集团军获得的这股援兵对争夺半岛的斗争至关重要。

争夺伊顺地峡的交战

但眼下首先要做的是恢复战斗，夺取克里木半岛入口，突破伊顺地峡。也许有人会说，此次进攻与其他作战行动没什么不同。可是，这场历时 10 天的激烈斗争与常见的进攻行动形成鲜明对比，堪称德军官兵进取和奉献精神的光辉典范。

此次交战，进攻敌筑垒阵地需要具备的先决条件，我们几乎一个也不占。

具有兵力优势的是敌守军，而不是遂行进攻的德国军队。第 11 集团军的 6 个师很快就要面对苏联红军 8 个步兵师和 4 个骑兵师。10 月 16 日，苏联红军撤离罗马尼亚第 4 集团军久攻不下的敖德萨要塞，把据守该城的集团军经海路调到克里木。虽然德国空军声称击沉对方 32000 吨船舶，但从敖德萨起航的苏联红军船队主力还是顺利驶入塞瓦斯托波尔和克里木半岛西海岸港口。我们刚刚发动进攻，该集团军的头几个师就出现在前线。

德军炮兵无疑优于对方，为步兵的进攻提供了卓有成效的支援。但敌人配备装甲防护的海岸炮兵连，可以从克里木西北海岸和锡瓦什湖南岸介入交战，德军炮兵起初无法打击对方。另外，苏联红军还以大量坦克发起反突击，而第 11 集团军没有战车。

但最要命的是，高级指挥部门无法采取战术措施，缓解部队的进攻重负。鉴于当前情况，我们根本不可能对敌人施以突袭。对方守在精心构设的野战阵地里，等待我军进攻。和彼列科普地峡一样，这里一侧是大海，另一侧是锡瓦什湖，我们无法合围敌人，甚至没办法以侧射火力打击对方。相反，我方部队不得不沿三条狭窄的通道实施正面冲击，通道间的湖泊把此处的地峡隔开。

三条进攻地段的宽度，起初只允许第 54 军军部展开 3 个师（第 73、第 46、第 22 步兵师），待他们向南夺得些空间，才能投入第 30 军。

另外，整片盐碱草原一马平川，只有些青草，进攻方无遮无掩，而红空军控制着天空！敌人的战斗机和驱逐机无情地朝他们识别出的每个目标俯冲而下。不仅在前线战斗的步兵和炮兵连必须挖掘散兵坑，就连交战地域后方的车辆和马匹也需要掩壕，以躲避敌机攻击。情况甚至严重到这样的程度：我们的高炮连不敢开火，生怕被敌机的空袭立即摧毁。直到默尔德斯和他的战斗机联队调来，才在这场进攻的最后几天肃清了空中的敌机，至少昼间是这样。可就连默尔德斯也无法阻止敌人的夜间空袭。

这种战斗条件下，面对寸土必争、顽强防御的守军，进攻部队承担的任务极为艰巨，损失很大。这些日子，我不断赶去察看战事进展，寻思如何为作战部队提供帮助。

部队战斗力的下降令我深感担忧。投入这场猛烈进攻的各个师，先前在彼列科普地峡和亚速海会战期间付出了重大牺牲。此时不得不考虑的问题是：我们能否赢得争夺地峡的斗争，或者说，就算我们成功突破地峡，面对不断获得加强的敌军，我们剩余的兵力是否足以占领克里木半岛。

10月25日，我方部队的进攻力似乎已耗尽。表现特别优异的某个师，师长两次报告，他麾下几个团的兵力消耗殆尽。这场交战的命运岌岌可危，这是此类斗争必然到来的时刻。现在就看进攻方和防御方的意志孰强孰弱了！

指挥官必须定下决心，要求部队付出最后的努力，否则先前的重大牺牲就会毫无意义。可如果部队缺乏信心，战斗意志不坚定，那么指挥官定下任何决心都无济于事。

第11集团军领率机构先前对部队提出种种要求，绝不想在最后一刻因为自身的软弱与胜利失之交臂。尽管困难重重，但我军将士不屈不挠的进攻精神最终粉碎了敌人顽强的抵抗意志。又经过一天苦战，我军10月27日终于达成突破。激烈的厮杀持续10天后，10月28日，苏联红军的防御土崩瓦解，第11集团军得以发起追击。

追击

通常说来，失败方的行动往往快于进攻方。在后方寻找安全处的迫切心情，促使他们加快后撤速度。相比之下，获胜方会在胜利时刻过度沉浸于喜悦中。另外，溃败之敌总是能以后卫阻挡追兵，为主力的后撤争取时间。因此，战争史上很少有追击期间歼灭溃败之敌主力的战例。要想歼灭敌主力，唯一的办法是从侧面追上退却之敌，切断他们的退路。这就是第11集团军接下来几天力争实现的目标。

很明显，敌人在地峡南面的防御崩溃后，就把调自敖德萨的滨海集团军（5 个步兵师、2 个骑兵师）向南撤往克里木首府辛菲罗波尔。半岛上仅有的几条硬面道路沿亚伊拉山地北部边缘通往塞瓦斯托波尔和刻赤半岛，还越过山地通往南部海岸和那里的港口，而辛菲罗波尔就是这些道路上的要点。苏联红军另一个集群（辖 4 个步兵师、2 个骑兵师的第 9 军）似乎想朝东南方后撤，也就是退往刻赤半岛方向。敌人好像还以 3 个师担任预备队，部署在辛菲罗波尔—塞瓦斯托波尔周围。

我们虽然击败了敌军，可对方仍有不少兵力，还能从海路获得援兵，他们接下来会怎么做，有以下几种可能。

他们也许会顽强坚守克里木半岛南部，以此作为海空军基地，以及后期作战行动的出发阵地。为此，他们可能会在亚伊拉山地北部边缘重新构设防线，依托难以通行的山地守卫克里木半岛南部。同时，他们会在阿尔马河畔封锁进入塞瓦斯托波尔的道路，在帕尔帕奇地峡堵住进入刻赤半岛的通道。

如果敌人觉得兵力不济，可能会以主力据守塞瓦斯托波尔要塞地域，再把部分兵力撤到刻赤半岛，这样至少能守住克里木阵地的两根支柱。

第 11 集团军必须预料到敌人这些企图，并先发制人。为此，尽快控制半岛寥寥无几的硬面道路至关重要，这些道路从克里木南部的辛菲罗波尔通往上面提到的克里木阵地的两根支柱。

基于这些考虑，我们派新开抵的第 42 军军部率领 3 个师（第 73、第 46、第 170 步兵师）追击退往费奥多西亚—刻赤半岛方向的敌集群。可能的话，在帕尔帕奇地峡挡住对方，阻止他们从费奥多西亚或刻赤港登船撤离。

集团军主力必须展开最猛烈的追击，粉碎敌人在亚伊拉山地重新构设防线的一切企图。但最重要的是，我们必须阻止退往辛菲罗波尔的敌主力集群逃往塞瓦斯托波尔要塞地域。

为此，集团军司令部把第 30 军（第 72、第 22 步兵师）派往辛菲罗波尔，阻止敌人在亚伊拉山地边缘站稳脚跟。该军应当沿辛菲罗波尔—阿卢什塔公路迅速突破亚伊拉山地，尽快控制阿卢什塔—塞瓦斯托波尔沿海公路。

第 54 军编有第 50 步兵师、新开抵的第 132 步兵师和临时组建的一个摩托化旅，奉命朝巴赫奇萨赖—塞瓦斯托波尔方向追击。重要的是，该军必须尽快切断敌军退路，也就是从辛菲罗波尔通往塞瓦斯托波尔的公路。另外，集团军还希望以突袭攻克塞瓦斯托波尔。

但集团军没有突袭要塞需要的快速或装甲兵团。否则，我们本来可以避免艰巨、付出大量牺牲的冬季交战，以及随后对要塞的冲击，整个集团军也可以及时腾出，尽早参加东线后续战事。党卫队警卫旗队已调离我集团军，在第 1 装甲集群麾下因缺乏油料而动弹不得，为弥补快速兵团的空缺，集团军司令部一再要求获得第 60 摩托化步兵师，可由于希特勒固执己见，这番努力未果，此时他的目光只盯着罗斯托夫。集团军司令部只好把一个罗马尼亚摩托化团、一个德国侦察／坦克歼击营、一个炮兵营编为快速旅（齐格勒旅），但这种临时性举措无法弥补装甲兵团的空缺。

这场追击又一次展现出各级指挥官的果敢和主动性，以及部队的奉献精神。我们的各个团，实力由于高昂的损失而遭到削弱，此次战役前所未有的要求令他们疲惫不堪，可他们还是冲向目标，也就是克里木半岛南部诱人的海岸。这一幕不禁让人想起 1796 年拿破仑军队征服意大利的情形。

11 月 16 日，这场迅猛的追击落下帷幕，除了塞瓦斯托波尔要塞区，整个克里木半岛落入我们手里。

第 42 军挫败了敌人在帕尔帕奇地峡挡住我军追击的企图，没等大股敌军登船逃离，他们就攻占了至关重要的费奥多西亚港。到 11 月 15 日，该军已占领刻赤，只有少数敌人渡过海峡逃往塔曼半岛。

第 30 军穿过辛菲罗波尔快速挺进，还沿山路大胆攻往南部海岸的阿卢什塔，把敌军主力切为两段，第 72 步兵师先遣支队 11 月 1 日攻克辛菲罗波尔。这样一来，敌人不仅无法在亚伊拉山地北部边缘构设防线，被我军逼入辛菲罗波尔—阿卢什塔公路东面山地的敌军还陷入灭顶之灾。第 42 军封锁了敌人赖以逃生的费奥多西亚港，第 30 军迅速控制了阿卢什塔—雅尔塔—塞瓦斯托波尔沿海公路。第 105 步兵团在英勇的团长米勒上校（后来死在希腊人手里）率领下，一举攻克巴拉克拉瓦要塞，第 30 军的推进就此结束。巴拉克拉瓦这座小港口落入我们手里，当年的克里木战争期间，此处是西方国家军队的作战基地。

齐格勒摩托化旅投入集团军右翼，任务是尽快切断敌人撤往塞瓦斯托波尔的退路。他们沿这条公路及时控制了阿尔马河、卡恰河畔的渡场。冯·博迪恩中校率领第 22 步兵师侦察营越过山地攻往雅尔塔附近的南部海岸，彻底封闭了敌人撤往塞瓦斯托波尔的退路。被逼入辛菲罗波尔—阿卢什塔公路东面山地的部分敌军只能利用崎岖的山路逃往要塞。但我们不得不放弃以齐格勒旅突袭塞瓦斯托波尔的诱人念头。就算敌人目前还没在要塞前方部署强大的防御力量，齐格勒旅的兵力也不足以攻克这座要塞。

第 54 军在齐格勒旅身后迅速跟进，任务是渡过别利别克河、乔尔纳亚河，彻底切断仍盘踞在山地的敌军撤往塞瓦斯托波尔的退路。但经过一场快速追击，该军穿过山地攻往乔尔纳亚河之际，在卡恰河与别利别克河之间的要塞前方遭遇敌军顽强抵抗。要塞内，敌人仍有 4 个完整无损的海军陆战旅，构成要塞防御的核心力量，要塞炮兵也投入战斗。敌滨海集团军被逼入山地的大批部队尽管丢弃了火炮和车辆，可还是沿山路逃往塞瓦斯托波尔。这些敌军很快通过海路补给重新恢复了战斗力。塞瓦斯托波尔这座大型海军基地抽调劳力组建了若干工人营，以要塞贮存的武器武装起来，进一步加强了守军的实力。在塞瓦斯托波尔要塞司令的积极领导下，敌人把第 54 军挡在要塞前方。他们获得海路补给后，甚至觉得己方实力强大，因而在舰炮火力支援下，从塞瓦斯托波尔北部海岸攻击第 54 军右翼。因此，我们必须从第 30 军抽调第 22 步兵师提供支援。

集团军司令部原本打算追击期间从东面和东南面发起突袭，一举夺取塞瓦斯托波尔，可面对眼前的情况，这项计划不得不放弃。还有个原因，我们从东面发动进攻，没有可供运送补给的道路。我们缴获的地图上标注的硬面道路实际上并不存在。相反，道路的起始都是难以通行的岩石和森林地形。

虽说我军这场追击没能以夺取塞瓦斯托波尔胜利告终，可还是在开阔地带歼灭大批敌军。第 11 集团军 6 个师，基本上歼灭了敌人共计 12 个步兵师和 4 个骑兵师的两个集团军。对方的作战兵力原本有 20 万人左右，但在争夺地峡的战斗以及随后的追击中，被俘人数超过 10 万，还损失了 700 多门火炮和 160 辆坦克，至少 2.5 万人丧生。苏联红军渡过刻赤海峡和逃往塞瓦斯托波尔的残兵败将已没有重武器。不过，他们在要塞里很快会恢复战斗力，因为苏联红军控制着海洋，完全能为他们及时运来补充兵和武器装备。

　　征服克里木半岛，到达塞瓦斯托波尔要塞地域前方，可以说第 11 集团军获得了自己的战场。尽管日后可能还有艰难的时刻，我们也许还得把部队推向他们所能承受的极限，但此处美丽的风光和温和的气候提供了某些补偿。不过，克里木北部是荒芜的盐碱草原，唯一值得一提的是大型制盐厂。锡瓦什湖湖水在辽阔的盆地里蒸发，产生了苏联其他地区很少能得到的盐。这片地区的居民一贫如洗，大多数人住在简陋的泥屋里。值得注意的是，这里也有些纯粹的犹太村落，居民都是布尔什维克强行迁移过来的犹太人。

　　克里木中部是一片平坦、几乎没有任何树木的沃土，但到冬季，从乌克兰东部广阔的草原地区吹来的凛冽寒风在这里呼啸而过。此处有些经营得不错的大型集体农庄，当然，苏联人已经破坏或带走了农庄财产。我们很快把苏联政府剥夺的土地归还农民，让他们恢复耕作。这样一来，大多数农民就站到我们一边，不过他们受到游击队暴力活动威胁，这些游击队在亚伊拉山地战斗。

　　亚伊拉山地形成克里木半岛南部，从克里木中部的平坦平原突然隆起，升高到 2000 米，然后向南陡降到黑海。大部分山地覆盖着灌木丛，地势很高，难以通行，为游击队提供了合适的藏身地。山谷从山地向北延伸，风景如画的鞑靼村落散布其间，一个个果园硕果累累。果树春季开花的时候，大量鲜花怒放，果园里五颜六色，这幅美不胜收的景象是我在其他地方从未见过的。鞑靼可汗昔日的首都巴赫奇萨赖坐落在从山地流出的一条小河旁，风光别致，颇具东方风情。王侯的宫殿堪称鞑靼建筑的明珠。经常与里维埃拉相提并论的南部海岸可能在美景方面更胜一筹。奇异的山势，陡峭地插入海里的岩石山崖，让此地成为欧洲美景之最。雅尔塔周围的山地，缀满你能想象到的最为壮丽的森林，昔日沙皇的利瓦季亚宫就在附近。山脉留下的部分空地，沃土上栽满葡萄和其他果树。热带植物随处可见，沙皇利瓦季亚宫周围美丽的花园里更是如此，漫步其间宛如置身伊甸园。我们都没想到，短短几年后，这处伊甸园居然成为签署《雅尔塔协定》的现场，根据该协议，半个欧洲落入苏联人手里。谁又能想到，两个伟大的盎格鲁－撒克逊国家的领导人，竟会如此彻底地落入野蛮残酷的专制暴君的圈套。这处天堂让我们心醉神迷，没看见隐藏其间的毒蛇。

　　除了美丽的风景，这里随处可见的历史遗迹也让我们着迷。叶夫帕托里亚、塞瓦斯托波尔、费奥多西亚这些港口城市可以追溯到古希腊时代。征服塞瓦斯托波尔后，我们在赫尔松涅斯半岛发现了希腊神庙的废墟。哥特人后来在塞瓦斯托波尔东面的岩山建起他们的帝国，雄伟的岩石城堡留下的遗迹堪称那段历史的见证。他们在这里居住了几个世纪，热那亚人有段时间也在几座港口定居，后来，克里木成为鞑靼帝国，始终持反俄立场，这种情况一直持续到近代。鞑靼人很快就站到我们一边，视我们为把他们从布尔什维克枷锁拯救出来的解放者，特别是因为我们非常尊重他们的宗教习俗。他们派了个代表团来见我，还带来水果和精美的手工织物，献给他们的解放者"阿道夫阁下"。

克里木东部山麓就是狭长的刻赤半岛，呈现出完全不同的面貌。这片平原只在个别地方稍有些起伏，仅在东海岸，把克里木与库班地区隔开的狭窄海湾，平原上升为若干光秃秃的高地。刻赤半岛蕴藏着煤矿、铁矿，还有少量石油。港口城市刻赤坐落在海湾，周围建有若干大型工厂。周边山地有很多岩洞，为游击队提供了藏身处，后来苏联红军入侵兵团被击溃后，许多散兵游勇也躲入这些山洞。

我们的军需支队驻扎在首府辛菲罗波尔，这座美丽的城市坐落在亚伊拉山地北部边缘，几乎已彻底俄罗斯化，而集团军司令部入驻辛菲罗波尔北面的大型村庄萨拉布斯。我们把办公室设在一所新建的学校里，苏联人修建的此类学校几乎每个大型村庄都有。我和参谋长以及几名军官住在果木集体农庄的小农场里，每人分到个简陋的房间。我屋里的家具是一张床、一张桌子、一把椅子、一个放脸盆的凳子、几个挂衣钩。当然，我们可以从辛菲罗波尔运些家具过来，但这不符合集团军司令部的作风，我们从来不搞特殊化，因为普通士兵也没享受到这些东西。

我们在这个简陋的住处一直待到1942年8月，其间有两次短暂的外出，一次是去刻赤前线的指挥所，还有一次是1942年6月，我们待在塞瓦斯托波尔前方的指挥部。经历了先前吉普赛式的奔波，眼下这种新的生活方式不见得受我们欢迎，因为司令部驻地固定下来，必然会带来千篇一律的日常工作，各种笔墨官司也随之而来。整个冬季，我坐在屋里两座小砖炉间处理文件，这些砖炉是我们按照苏联人的暖炉式样搭建的，因为苏联人撤离前破坏了所有取暖设施。

我想在这里谈一个始终困扰我的问题，尽管1941年年末到1942年年初的冬季我对作战事务深感担忧，这个问题退居次位。作为集团军司令，我也是集团军军事法庭的最高法官，发现最难办的事情莫过于批准死刑判决。一方面，维持部队的纪律是我义不容辞的责任，为了部队的利益，我必须严厉惩处战斗中拒不服从命令的人。可另一方面，只要我签下名字就了结了一条性命，太难了！当然，战争期间每天都有成百上千人丧生，每个军人都得做好献出生命的准备。但战斗期间被子弹击中后光荣牺牲，与站在战友的枪口前耻辱地被处决，完全是两码事。

当然，要是某个军人以卑劣的行径玷污军队的荣誉，其行为导致其他战友阵亡的话，那么他就不能也不该得到任何同情。可往往有这样的情况，相应的过失是出于某种可以理解的人之常情，而不是品质低劣造成的，但军事法庭不得不根据相关法律判处他死刑。

任何一起涉及死刑的案件，尽管集团军军事法官都很优秀，但我从不轻信他们的报告，总是仔细研究案件卷宗。战争刚刚爆发时，我那个军有两个士兵奸杀了一名老妇，结果被判处死刑，这当然是天经地义的。但也有不同的案件，例如某个在波兰战局期间获得铁十字勋章的士兵，伤愈后加入陌生的部队。投入战斗第一天，他那个机枪班的班长和其他战友悉数阵亡，他丧失了勇气，惊慌逃窜。按照军法，确实要判处他死刑。尽管怯懦的行径会给部队造成危害，可这起案件也许可以采用不同的量刑标准。我不能轻而易举地推翻军事法庭的判决，但这起和其他类似案件，我与团长磋商后，把死刑批准推迟了4周。如果此人在4周的战斗中经受住了考验，那么我就撤销判决。要是他故态复萌，死刑判决就生效。以这种方式戴罪立功的人，只有一个后来投敌，其他人的表现都很好，还有些人作为恪尽职守的军人，在激烈的战斗中英勇牺牲。

首次进攻塞瓦斯托波尔

第11集团军现在面临的任务，是进攻敌人在克里木半岛最后的堡垒塞瓦斯托波尔。我们越早展开行动，敌人组织防御的时间就越少，成功的机会也越大。而且我们不用太担心对方从海路实施干预。

但首先要做的是彻底封锁要塞。第54军左翼必须加紧准备，最重要的是封闭他们与第30军之间的缺口，该军驻扎在塞瓦斯托波尔东南面的山地。这要求我们展开一连串艰巨的山地作战，集团军司令部为此投入调拨给我们的罗马尼亚第 1 山地旅。

要想发动进攻，首先得解决兵力问题。可以肯定，我们目前部署在要塞周围的 4 个师不足以实施进攻，这么点兵力甚至无法彻底包围要塞。另外，敌人通过上文提到的措施，在很短时间内把防御力量加强到 9 个师。这种情况强调了切断敌人海上补给线的必要性。

为确保进攻取得成功，第 11 集团军必须投入手头可用的一切兵力。另一方面，情况很明显，敌人掌握不受任何限制的制海权，只要我们没有充分控制海岸线，他们就可以随时登陆对他们有利的任何一处海岸。集团军司令部面临这样一个问题：是冒险放弃克里木其他地方，特别是刻赤半岛，以此集中兵力，还是以不足的兵力发起攻击，从一开始就冒上行动有可能失败的风险？我们最后还是决定以现有兵力发动进攻。

以下考虑对我们的行动至关重要。我方部队必须尽量从多个方向进攻敌人，阻止对方把兵力集中到要塞遭受攻击的一个正面。

攻陷要塞的前提条件是尽快控制谢韦尔纳亚湾的港口。就目前的情况看，只要塞瓦斯托波尔要塞通过海路获得补给，敌人就始终能在物资乃至兵力方面保持优势。因此，我们必须从北面或东北面，朝谢韦尔纳亚湾方向发起主要突击，与当年克里木战争期间的打法完全不同，那时候的联军享有制海权。重要的不是城市，而是港口。集团军只能把强大的突击炮兵力量调到北面，鉴于眼下的运输条件，我们无法翻越山地，把弹药运到南部地段。

另外，沿海公路始终会遭受敌人从海上袭来的火力打击，进一步加剧了运输难度。虽说北部地段的敌防御工事明显比南部地段更多更强，可南部是崎岖的岩石山地，这种地形给我们造成的困难更大。南部地段的道路网极不发达，加以拓展会耗费很多时间。

基于这些考虑，集团军司令部决定把进攻重点置于北面和东北面，同时在南面发起辅助突击，主要目的是牵制敌军，分散对方的注意力。

第 54 军军部负责北面的进攻，编有 4 个师（第 22、第 132、第 50 步兵师和新增的第 24 步兵师）和集团军大部分重型火炮。

南面的牵制进攻交给第 30 军，除了第 72 步兵师，该军还编有调自刻赤的第

170 步兵师，以及罗马尼亚山地旅。

第 73 步兵师也从刻赤调来，为北部的进攻担任预备队。因此，刻赤半岛只留第 42 军军部和第 46 步兵师。

罗马尼亚山地军军部和第 4 山地旅不得不部署在亚伊拉山地，因为我们从一开始就觉察到这里实力强大、预有准备的游击运动。敌滨海集团军大批散兵游勇逃入山区，极大地加强了游击队的实力，我们沿通往费奥多西亚和塞瓦斯托波尔战线南部山地的道路运送补给的工作不断遭到游击队破坏。

除了东部海岸的罗马尼亚第 8 骑兵旅，我们用于海岸防御的力量，只有各作战师的后方部队，外加几个新组建的海岸炮兵连。

当然，鉴于红海军控制着海洋，集团军领率机构冒的风险很大。可如果我们抢在库班或高加索地区之敌调集新锐力量渡海展开行动前就进攻塞瓦斯托波尔，相应的风险似乎可防可控。

因此，进攻日期至关重要。按照我们的计算，调动部队和运送弹药可在 11 月 27 日或 28 日前完成，于是我们把进攻日期定在这两天。

俄罗斯的冬季随后以两种更有效的形式给我们造成麻烦。克里木的降雨持续不停，很快导致所有非铺面道路无法通行。克里木的硬面道路网始于辛菲罗波尔，从内陆到此地只有一条路面平坦、两侧有排水沟的道路。天气干燥时，苏联南部坚硬黏土构成的道路通行无虞，可到了泥泞期，如果不想彻底毁掉这些道路，就得立即加以封闭。所以随着雨季到来，从内陆到辛菲罗波尔这一段，集团军补给纵队实际上已停止作业。到 11 月 17 日，车队 50% 的车辆由于技术故障无法使用。另一方面，北面的内陆降下严重的霜冻，很快导致第聂伯河南面 5 个可用的火车头损坏了 4 个。结果，集团军获得的补给物资急剧减少，每天通常只有一两列火车开抵。第聂伯河冻结，但冰面承载力不够，另外，各座桥梁也结了冰。进攻准备工作不得不推延，我们只好把炮火准备日期从 11 月 27 日改为 12 月 17 日。推延时间显然对敌人有利，他们在要塞地域没有这些麻烦。另外，新锐敌军经海路介入交战的危险与日俱增。

延误 3 周后，北部地段的第 54 军和南部地段的第 30 军得以发动进攻，事实证明，我们损失的这段时间深具决定性。但在此之前，集团军司令部不得不做出艰难的决定。10 月 17 日，由于罗斯托夫附近态势告急，集团军群司令部命令我们立即抽调第 73、第 170 步兵师驰援罗斯托夫。此举会导致我们无法进攻塞瓦斯托波尔，第 11 集团军一再提出异议，可最终只留下第 170 步兵师，该师正沿南部海岸开往第 30 军，就算调往罗斯托夫恐怕也太晚了。但留下第 170 步兵师也无法改变这样的事实：第 73 步兵师调离，北面的进攻行动就没有可用的预备队。集团军司令部面临抉择，这种情况下是否该发动进攻呢？我们最后决定，冒险展开行动。

我在这里不可能详细描述进攻的过程。集团军的首要任务是从东面发起突袭，把敌人驱离卡恰河与别利别克河之间的前沿阵地。同时，我们还得攻克对方设在别利别克河河谷及其南部边缘的支撑点。尔后，我们的进攻就得穿过别利别克河南面的要塞实际前沿阵地，直奔谢韦尔纳亚湾。这场交战的重负落在英勇的下萨克森第 22 步兵师肩头，该师师长是杰出的沃尔夫中将。第 22 步兵师肃清了卡恰河与别利别克河之间的敌前沿阵地，会同第 132 步兵师向南推进，冲击别利别克河河谷南部边缘的高地，突入高地南部的要塞地域。可是，突击楔子越来越窄，原因是山地地形极为复杂，部分覆盖着几乎无法通行的灌木丛，导致从东面攻往谢韦尔纳亚湾方向的第 50、第 24 步兵师没取得重要进展。敌人借助碉堡实施顽强防御，争夺碉堡的激烈战斗严重削弱了我方部队。此时袭来的严寒迫使部队把自身的力量发挥到极致。圣诞节期间战斗仍在继续，12 月最后几天，我们的突击楔子已逼近斯大林堡，一旦攻克这座堡垒，我们至少能以炮兵力量控制谢韦尔纳亚湾。倘若投入新锐力量，我们就能顺利攻往谢韦尔纳亚湾。但第 73 步兵师调离后，我们已没有新锐预备队，各突击师集中在进攻战线也无法弥补这一点。

在这种情况下，苏联红军先在刻赤，尔后在费奥多西亚登陆，对我集团军构成致命威胁，因为除了 1 个德国师和 2 个罗马尼亚旅，集团军所有兵力此时都用于进攻塞瓦斯托波尔！

很明显，我们必须尽快从塞瓦斯托波尔抽调兵力，开赴遭受威胁的地段，任何犹豫都可能造成致命后果。但现在看上去我们只要再加把劲，就能实现目标，控制谢韦尔纳亚湾，值此关键时刻，我们难道要放弃对塞瓦斯托波尔的进攻吗？

另外，似乎可以肯定，待北部战线获胜后，再从塞瓦斯托波尔腾出兵力，比过早与敌人脱离接触容易得多。

因此，尽管苏联红军登陆费奥多西亚，可集团军司令部还是决定冒险行事，尽力拖延从塞瓦斯托波尔抽调兵力。我们起初只是命令第30军停止进攻，以第170步兵师开赴遭受威胁的刻赤半岛。另一方面，我们征得第54军军长和各师师长同意后，决心在北部战线付出最后的努力，实现作战目标，控制谢韦尔纳亚湾。一如既往，各部队拼尽了全力。第22步兵师先遣力量冯·肖尔蒂茨上校率领的第16步兵团突破了斯大林堡的障碍。但此时，我方突击势头已然耗尽。12月30日，遂行冲击的各师师长报告，继续进攻已没有获胜的希望。集团军司令部通过电话向集团军群和希特勒汇报了情况，征得他们批准，给辖内部队下达了停止进攻的命令。另外，我们还忍痛命令北部战线撤到别利克河河谷北面的高地。不采取这项措施，就无法腾出足够的兵力。从长远看，尖锐的突击楔子无法保持下去。希特勒没批准这项决定（不过他没能改变我们的决定），因为他近期下达了严格的命令，禁止部队主动放弃任何东西。部队已付出重大牺牲，我们对他们负有责任，与之相比，希特勒的异议无足轻重。基于这种考虑，为保全部队，我们下定了决心。

强攻塞瓦斯托波尔要塞的首次尝试就这样失败了。但我们也取得了一些有利战果：收紧了合围圈，投入较少兵力就能封锁要塞，还为日后的进攻夺得出发阵地。第30军也在南面为日后继续进攻夺得重要的地形点。但考虑到我们付出的牺牲，这种慰藉未免太小了。

企图夺回克里木的斯大林攻势

塞瓦斯托波尔附近的北部战线，第11集团军的进攻即将取得决定性结果时，红军登陆刻赤半岛，战事很快表明，敌人此次绝非单纯的牵制行动。苏联广播电台宣布，这场决定性攻势旨在夺回克里木，是遵照斯大林的指示和计划执行的。他们还声称，此次交战不歼灭克里木的德国第11集团军决不罢休。敌人投入大股军力，迅速证明上述威胁绝非空话，他们以最无情的方式使用己方部队，斯大林的意志暴露无遗。

12月26日，敌人渡过刻赤海峡，先以两个师登陆刻赤城两侧。他们随后又在半岛北部海岸实施了几场小规模登陆。

施波内克伯爵将军的第42军军部只能依靠第46步兵师守卫半岛，处境相当不利。施波内克伯爵请求集团军司令部批准他撤离刻赤半岛，在帕尔帕奇地峡封锁半岛。集团军司令部不赞同他的观点。倘若敌人在刻赤站稳脚跟，就在半岛上开辟了第二条战线，只要我们还没攻克塞瓦斯托波尔，集团军就面临极其危险的局面。

因此，集团军司令部命令第42军，趁登陆之敌立足未稳，把他们赶下大海。同时，为了让第46步兵师腾出全部兵力执行这项任务，我们还命令辛菲罗波尔周围的罗马尼亚第4山地旅、守卫克里木东部海岸的罗马尼亚第8骑兵旅立即开赴费奥多西亚，击退敌人在这个重要地点的一切登陆企图。另外，开进途中的第73步兵师最后一个团级战斗群，也就是获得加强的第213步兵团，刚刚到达克里木，奉命从格尼切斯克开赴费奥多西亚。

实际上，到12月28日，第46步兵师已成功肃清刻赤南北两侧的敌军登陆场，仅在北岸尚有小股残敌。可施波内克伯爵又一次请求上级批准他撤离刻赤半岛。集团军司令部下达了禁止后撤的明确命令，因为我们始终觉得，一旦放弃刻赤半岛，可能会出现以集团军现有兵力再也无法掌握的局面。

在此期间，第54军12月28日在塞瓦斯托波尔附近实施了最后一次攻击。

但敌人此刻也发起新的打击。12月29日清晨，我们接到费奥多西亚发来的报告，敌人在强大的海军力量掩护下，夜间登陆此处。费奥多西亚附近的守军实力虚弱（1个工兵营、几个反坦克和海岸炮兵连，罗马尼亚军队当天上午才到达费奥多西亚前方），无法阻止敌军登陆。我们与半岛中部第42军军部的电话通信中断，但上午10点收到电报，由于敌人在费奥多西亚附近登陆，施波内克伯爵已下令立即撤离刻赤半岛。集团军司令部赶紧撤销他的命令，但第42军军部没收到我们的指令。他们生怕登陆费奥多西亚之敌会把第46步兵师切断在刻赤半岛，这种担心可以理解，但我们认为仓促后撤无法改善态势。如果我们此时丢下刻赤附近的残敌，他们会立即追击第46步兵师。该师随后会在帕尔帕奇地峡遭到两面夹击。集团军司令部禁止第42军撤离刻赤半岛（如上文所述，第42军军部没收到这道指令）的同时，还命令罗马尼亚山地军军部立即以上面提到的两个旅和一个开进中的罗马尼亚摩托化团发动进攻，把登陆费奥多西亚的敌军赶下大海。当然，我们对罗马尼亚军队的攻击力不抱幻想，但登陆费奥多西亚的敌人也没多少兵力。我们必须趁对方实力虚弱之际，果断地施以打击。我们估计，罗马尼亚军队至少能把敌人挡在费奥多西亚周围狭窄的登陆场内，直到德军部队开抵。

刻赤半岛的事态发展

可我们的希望很快就破灭了。罗马尼亚山地军的进攻非但没奏效，面对区区几辆敌坦克的反冲击，他们还一路撤到旧克里木。

第46步兵师以强行军退守帕尔帕奇地峡，但他们不得不把大部分火炮丢在冰冻的道路上。另外，这场后撤也让该师官兵疲惫不堪。他们身后的敌军，完全可以从几座小型登陆场立即发起追击。刻赤海峡已上冻，敌人可以迅速前调更多兵力。

倘若对方利用眼下的态势，从刻赤迅速追击第46步兵师，同时从费奥多西亚猛追后撤中的罗马尼亚部队，那么不光这条新形成的东部战线的态势会趋于无望，就连整个第11集团军的命运也会变得岌岌可危。敌人下定决心的话，仅用少量兵力就能直奔占科伊，切断我集团军整个后勤补给。奉命从塞瓦斯托波尔赶来的部队（第170步兵师和在北面执行进攻任务的第132步兵师）最快也要14天才能到达费奥多西亚西面和西北面地域。

但敌人没能把握有利战机，可能是因为苏联红军指挥部没看清眼前的良机，或者是他们不敢迅速抓住机会。我们缴获的地图表明，登陆费奥多西亚的苏联第44集团军起初只打算以辖内6个师攻击前进，1月4日前进抵旧克里木以西和西北地域，然后在他们到达的一线设立防御！显然，尽管敌人有3倍兵力优势，可还是不敢大胆实施深远的作战行动，这种行动本来有可能导致第11集团军土崩瓦解。看来，敌人打算集结更强大的兵力。

不过，敌人实际上没能到达上面提到的旧克里木以西一线。

经刻赤投入的苏联第51集团军迟疑不决地跟在第46步兵师身后。登陆费奥多西亚的苏联第44集团军，起初朝西面和西北面这两个决定性方向的推进相当谨慎。但出乎我们意料，他们以更强大的兵力朝东面进击，企图与第51集团军会合。很明显，敌人只看到歼灭刻赤半岛我方部队的战术目标，完全忽略了切断第11集团军补给线的战役目标。

在此期间，获得加强的第213步兵团已经从格尼切斯克开抵，他们和疲惫的第 46 步兵师及罗马尼亚部队得以在旧克里木附近的亚伊拉山地北坡与阿克莫奈西面的锡瓦什湖之间建起一条薄弱的防线。为加强罗马尼亚部队，我们从各兵团，甚至从集团军司令部腾出可用的军官、士官、士兵，作为中坚力量编入罗马尼亚部队。

施波内克伯爵将军的悲惨下场

施波内克将军撤离刻赤半岛，最高统帅部对此采取的措施不够公正，考虑到我们英勇奋战的官兵的荣誉，我必须在这里做出说明。

南方集团军群现任司令冯·赖歇瑙元帅起初取消了第 46 步兵师的一切嘉奖。这项措施显然是希特勒断然下达指令的结果，他 1941 年 12 月接掌陆军最高指挥权后，就命令所有部队任何情况下不得后退一步。尽管如此，赖歇瑙的做法对作战部队是不公正的，军长下达了后撤令，部队只是执行而已。直到冯·赖歇瑙元帅意外丧生后，我才说服接替他的冯·博克元帅，取消了对这支英勇作战的部队施加的错误惩罚。可惜，第 46 步兵师师长希默中将没过多久就在帕尔帕奇地峡的防御作战中阵亡了。

施波内克事件是个悲剧，充分说明了高级指挥官经常遇到的情况，也就是服从命令的责任与自己对作战需要的理解发生冲突。他们知道，违抗命令就得冒上掉脑袋的风险，但有时候面对实际情况又不得不违令行事。只有军人才能体会到这种尖锐的冲突。

当时我接到报告，获知第 42 军军长违抗集团军司令部的明确指示，下令撤离刻赤半岛，立即撤销了施波内克伯爵的指挥权。我之所以这样做，不是因为他自行其是，我自己也经常违抗希特勒的作战指令，并不反对下级指挥官在必要情况下自行做出决定。相反，解除施波内克的职务，是因为我无法确定，面对刻赤半岛如此严峻的局面，他能否挺得住。争夺第聂伯河渡场的激烈战斗期间，他承受了巨大的压力。我派第 72 步兵师师长、久经考验的马滕克洛特将军接任第 42 军军长。

当然，施波内克伯爵想在军事法庭上为自己的行为辩护。这场诉讼按照希特勒的指示举行，施波内克伯爵被召到元首大本营。克里木局势最紧张的那几天，戈林在元首大本营主持了庭审。经过简短的审理，法庭判处施波内克死刑，但希特勒把死刑改为要塞监禁。上级没把开庭日期告知第 11 集团军司令部，也没邀请我对施波内克伯爵的行为发表意见。

对这起事件的客观评述如下：

毫无疑问，施波内克伯爵认为自己面临极为困难的局面。尽管集团军司令部严令禁止撤离刻赤半岛，但由于苏联红军登陆费奥多西亚，无疑出现了新的局面。现在的主要问题是把第 46 步兵师迅速撤到帕尔帕奇地峡，保全该师战斗力，这种想法不能说是错的，因此，施波内克伯爵自行采取了行动。

如果要指责的话，那就是第 42 军军部给集团军司令部发来电报，说他们已下令撤离刻赤半岛，给我们造成了一个既成事实，另外，他们还关闭电台，导致集团军司令部无法介入，为他们提出其他解决方案。还要指出，第 46 步兵师仓促后撤无法确保他们保全战斗力。要想撤离刻赤半岛，一切取决于该师是否有足够的战斗力到达帕尔帕奇地峡。倘若敌人在费奥多西亚采取正确的行动，该师很可能无法向西突破到帕尔帕奇地峡。

尽管如此，经验丰富的前线指挥官组成的军事法庭肯定不会像戈林那帮人那样做出如此草率的判决。不管怎样都得承认，面对极为困难的局面造成的巨大压力，施波内克伯爵坚信自己别无选择，必须凭良心行事。另外，他当初作为第 22 步兵师师长，在鹿特丹和别里斯拉夫的第聂伯河渡场经受的考验足以排除相关判决对他做出的评判。

一得知判决结果，我就在发给集团军群司令的报告里替施波内克伯爵辩护，要求上级先听听我的想法。冯·博克元帅完全赞同我的看法。可凯特尔的复电毫无道理地否决了我们的意见。不管怎么说，死刑改为监禁的判决是希特勒做出的。接下来几年，施波内克伯爵将军不得不在盖默斯海姆要塞里度过。我多次设法为他恢复名誉，但都没有成功。1944 年 7 月 20 日后，按照希姆莱的命令，他被无耻地枪杀了，这件事直到战争结束后才公之于众。施波内克伯爵是个光荣的军人，也是个尽职尽责的指挥官，所有认识他的人都会永远记住他。

我们把话题拉回第 11 集团军的处境。

1942 年 1 月份头几天，正如上文提到的那样，集团军后勤补给线，也就是占科伊—辛菲罗波尔铁路，部分暴露在登陆费奥多西亚和从刻赤逼近的敌军面前。我们构设的薄弱防线，根本无法抵御强大敌军的冲击。到 1 月 4 日，我们确定费奥多西亚周围已有敌人 6 个师。从塞瓦斯托波尔抽调的德国师开抵前，第 11 集团军的命运可谓岌岌可危！可是，为阻止我们从塞瓦斯托波尔战线抽调兵力，敌人对我们设在此处尚未加固的阵地发起新的进攻。

这些天，最让我们牵肠挂肚的是，辛菲罗波尔战地医院还有 1 万名伤员无法疏散。布尔什维克分子在费奥多西亚野战医院杀害我方伤员，还用牵引绷带把部分伤员拖到海边，浇上海水，让他们冻死在刺骨的严寒下。倘若敌人突破费奥多西亚西面的薄弱防线到达辛菲罗波尔，会发生什么情况呢？

一切似乎都对我们不利。辛菲罗波尔和叶夫帕托里亚周边机场遭遇严重的霜冻，我方斯图卡和其他轰炸机无法像往常那样，清晨起飞后赶去打击在费奥多西亚卸载的敌军部队。如前文所述，敌人现在可以踏着冰面越过刻赤海峡。另一方面，由于气候条件恶劣，停在赫尔松和尼古拉耶夫周围的我方轰炸机编队无法起飞。

由于过去几周的后勤补给情况很不好，除了燕麦，我们根本无法为马匹提供粗饲料。驻守塞瓦斯托波尔前方南部海岸的我方部队从当地搞不到粗饲料，他们的马匹饥肠辘辘，损失率很高。因此，第 170 步兵师在阿卢什塔与辛菲罗波尔之间翻越山地期间，不得不把所有马匹拖曳的火炮留下，交给汽车牵引。

我想借此机会说说另一个话题。由于缺乏运输工具，我们暂时没把大批俘虏运走，尽管集团军后勤补给遇到很多困难，可我们还是想方设法为俘虏提供最起码的伙食，有时候甚至削减我们自己的口粮配给。这番努力的结果是，俘虏的平均死亡率甚至不到 2%，鉴于落入我们手里的大部分俘虏不是身负重伤就是精疲力竭，可以说这是个很低的数字。苏联红军登陆费奥多西亚期间，他们自己找出了我们善待俘虏的证据。有个战俘营关押了 8000 名俘虏，警卫已逃离，但这 8000 人没有投奔他们的"解放者"，而是在没有卫兵看押的情况下，列队赶往辛菲罗波尔方向，也就是朝我们这里而来。

另外，集团军还尽全力帮助当地居民。他们遭的罪不轻，因为苏联人撤离克里木前，专门组建了"破坏营"，这些人成为组织严密的游击队，不仅破坏了几乎所有工厂和磨坊，还把大部分现存的粮仓付之一炬。尽管集团军军需长豪克上校和集团军杰出的地方事务行政长官拉布斯对后勤补给深感担忧，可还是以堪称模范的方式解决了这个问题。

我们为当地居民提供的帮助大获成功，再加上我们尊重他们的宗教习俗，克里木半岛的大多数鞑靼人对我们非常友好。我们甚至以鞑靼人组建了武装自卫队，任务是保护自己的村庄，防范亚伊拉山地的游击队袭扰。

克里木半岛的游击运动从一开始就相当强大，给我们造成很多麻烦，原因是克里木半岛的居民除了鞑靼人和其他少数民族，还有大量俄罗斯人，其中一部分是布尔什维克政权强行迁到此处的。游击队成员主要就是这些人，以及首次山地交战被打散的大批苏联红军散兵游勇。

克里木半岛的游击运动预先做好了精心准备。游击队在人迹罕至的亚伊拉山地找到藏身处，还在难以到达的地方建起粮食、弹药仓库。他们封锁了寥寥几条道路。特别是前文描述的那段态势紧张期，所有罗马尼亚山地部队不得不部署到前线，游击队就构成很大的威胁。有时候，道路上的交通只能以车队的形式来保持。另外，和东线其他地区一样，游击队以最阴险、最残酷的手段从事战斗，完全无视国际法规。为保护部队和本分的居民，我们只能按照战争法处置每个被俘的游击队员，除此之外没别的办法。游击队构成的威胁，以及他们精心组织的准备工作，在1月份头几天危急的情况下暴露无遗。

苏联红军登陆刻赤和费奥多西亚，对第11集团军构成致命威胁，谁也不知道我们能否消除当前的险情，可就在这时，对方又发起新的打击。

1月5日，苏联红军在红海军掩护下登陆叶夫帕托里亚港。与此同时，城内发生了暴动，部分居民和溜入城内的游击队参与其中。我们守卫城市和港口的兵力很少，无力阻止敌人登陆，也没办法镇压城内的暴动。守卫海岸的罗马尼亚炮兵团逃离阵地。要是我们不能立即消除这场新的"火源"，敌人也许会从附近的塞瓦斯托波尔调来更多兵力实施登陆，届时的后果不堪设想。

尽管费奥多西亚战线的情况极为严峻，但集团军司令部不得不决定，把乘坐汽车从塞瓦斯托波尔南部战线率先赶来的第105步兵团派往叶夫帕托里亚，任务是尽快消灭登陆之敌，平息城内的暴动。第22步兵师侦察营、几个炮兵连、第70工兵营也奉命赶往叶夫帕托里亚。

开赴叶夫帕托里亚的部队起初由里特尔·冯·海格尔上校指挥，后来交给第105步兵团团长米勒上校，他们很快控制了叶夫帕托里亚的局面。暴乱分子和游击队员在一座大型建筑物里展开激烈抵抗。我方部队无计可施，只好在工兵帮助下炸毁了这座建筑。第22侦察营营长冯·博迪恩中校是我们最勇敢的军官和指挥官之一，深受部下爱戴，在叶夫帕托里亚的战斗中英勇牺牲，是被躲在身后的游击队员射杀的。

1月7日，叶夫帕托里亚之战结束。登陆的苏联红军官兵有的阵亡，有的被俘，我们还击毙了大约1200名武装游击队员。

在此期间，费奥多西亚前方岌岌可危的战线也奇迹般地守住了。不过，我们从塞瓦斯托波尔调来的两个师，还要一周时间才能介入此处的激战。集团军司令部还把塞瓦斯托波尔南部战线的第30军军部调来，准备在费奥多西亚实施反突击。第30军军长冯·扎尔穆特将军患了严重的黄疸病，弗雷特－皮科将军接替了他的职务。

但这段时间，苏联红军继续在费奥多西亚弃船登岸，还经刻赤调来更多部队。与此同时，由于敌人从塞瓦斯托波尔要塞发动进攻，这条战线的态势相当危急，我们只有4个德国师和1个罗马尼亚山地旅据守封锁线。

1月15日，部署到费奥多西亚战线的第30和第42军军部终于能发动反突击了。大胆投入进攻的决心很不容易下，我们只有3.5个实力虚弱的德国师，外加1个罗马尼亚山地旅，而当面之敌的兵力目前增加到8个师又2个旅。另外，苏联红军还有少量坦克，而我方没有任何战车。空中支援更谈不上，因为前几天的气候条件导致我方空军无法升空，对费奥多西亚之敌施以打击。尽管如此，我们还是决定大胆发动进攻。

由于我方部队英勇无畏，这场进攻大获全胜，第105步兵团和希策费尔德上校率领的第213步兵团战斗表现尤为突出。第213步兵团先前在冲击鞑靼壕沟和征服刻赤的战斗中就有过杰出的表现。到1月18日，费奥多西亚已控制在我们手里。敌军阵亡6700人，1万人被俘，还损失了177门火炮和85辆坦克。我们现在获知，尽管气候恶劣，但德国空军干得很棒，在费奥多西亚港击沉数艘敌运输船。

苏联红军这几天在费奥多西亚西面苏达克附近实施的小规模登陆

也被我军粉碎。

我们在费奥多西亚取得胜利后，另一个问题随之而来：是否能发展胜利，彻底肃清刻赤半岛的敌军？愿望是好的，但集团军司令部仔细考虑后，不得不得出结论：以我们手头现有的兵力无法实现上述目标。另外，上级答应调拨给集团军的1个装甲营和2个战斗机联队，现在转隶南方集团军群，这股力量本来是我们完成以上任务急需的。

因此，集团军司令部只好放弃发展费奥多西亚这场胜利的念头，仅限于把敌人逼入帕尔帕奇地峡。集团军得以在此处，也就是黑海与亚速海之间的最窄部，封锁刻赤半岛。我们以这种方式限制己方作战目标，不是出于胆怯，而是充分认识到，我们已经对部队提出很高的要求，继续加大压力的话，很可能招致严重的挫败。

斯大林攻势继续进行

虽说我们夺回费奥多西亚，还在帕尔帕奇地峡封锁刻赤半岛，消除了第11集团军面临的致命威胁，但绝不能幻想敌人就此偃旗息鼓。此时，对方企图在整个东线扭转夏季惨败的颓势，重新夺回主动权，怎么可能放弃克里木呢？苏联红军掌握制海权，此处为他们提供了特别有利的机会。在克里木赢得胜利，对东线总体态势至关重要，在政治上会影响土耳其的立场，而在战争经济方面，夺回克里木的空军基地，就能打击罗马尼亚产油区！不管怎么说，苏联方面的宣传，把夺回克里木的攻势与斯大林的名字相连，因而不可能轻易放弃。

所以，我们发现敌人把更多兵力运往刻赤半岛。他们控制着"刻赤冰上通道"，因而弥补了丢失费奥多西亚港的损失。我方空中侦察发现，敌人往黑海各港口和北高加索地区的机场不断调集重兵。1月29日的敌情报告表明，对方在帕尔帕奇战线驻有9个师、2个步兵旅、2个坦克旅。

塞瓦斯托波尔战线，敌人的活动越来越频繁，特别是他们的炮兵。

另一方面，我们不得不静观其变，在两条战线做好一切准备，待敌人发动进攻，就给予他们迎头痛击。

虽然OKH现在意识到我们的处境岌岌可危，但鉴于东线其他地段的兵力都不足，因而暂时无法为我们提供帮助。不过，安东内斯库元帅又给我们调拨了两个罗马尼亚步兵师，其中第 10 师用于掩护克里木西部海岸，特别是叶夫帕托里亚港。我们把罗马尼亚第 18 步兵师部署到帕尔帕奇战线北翼，希望该师依托亚速海守住己方阵地，他们有个特别有利的条件，此处的沼泽地导致强大的敌军很难接近。

经过外松内紧的几周，1 月 27 日，敌人终于发起意料中的大规模进攻。

塞瓦斯托波尔战线，敌人企图朝北面和东面突破第 54 军作战地域薄弱的封锁线。面对 4 个德国师和 1 个罗马尼亚山地旅，对方在要塞地域投入的兵力多达 7 个步兵师、3 个旅、1 个骑兵师（没有马匹）。除了这些师的炮兵力量，他们还投入获得装甲掩护的要塞炮兵。敌人的进攻重点是下萨克森第 22 步兵师和萨克森第 24 步兵师作战地段，尽管战斗异常激烈，但在炮兵卓有成效的支援下，表现出色的我方部队击退了敌人的冲击。

帕尔帕奇战线，敌人投入 7 个步兵师、2 个旅、几个坦克营，对付我方第 30 军军部（辖第 170、第 132 步兵师）和第 42 军军部（辖第 46 步兵师、罗马尼亚第 18 步兵师）。敌人还有 6—7 个步兵师、2 个坦克旅、1 个骑兵师随时准备投入交战，发展一线部队达成的突破。

几个德国师击退敌人进攻之际，罗马尼亚第 18 步兵师的防御却崩溃了，还损失了部署在他们防区的 2 个德国炮兵营。为阻止敌人在北部达成突破，我们别无他法，只能投入担任预备队的第 213 步兵师，再从战线南部调来第 170 步兵师师部和第 105 步兵团。但在深深的泥泞中，携带重武器的这些部队行进得非常缓慢，致使敌军一路向西突破到基耶特，对方实际上在北部打开了帕尔帕奇地峡。罗马尼亚师已撤出战斗。

这里和塞瓦斯托波尔战线激烈的战斗势头毫未减弱，一直持续到 3 月 3 日。然后，疲惫不堪的交战双方稍事停顿。我们终于利用帕尔帕奇战线的沼泽地带封闭了敌人在北部地段达成的突破。由于战线大幅度收缩，我们得以重新建立绵亘的防线，但在北段形成了一个向西凹陷的弧形防线。

3 月 13 日，敌人再次大举进攻，把 8 个步兵师和 2 个坦克旅投入前线交战。头三天的激战，我们就击毁 136 辆敌坦克，尽管如此，好几个地段还是出现了严重的险情。苏联红军的主要突击这次针对第 46 步兵师辖内几个团，头三天，这些团击退敌人 10—22 次冲击，战斗的激烈度可见一斑。

第 42 军军部 3 月 18 日报告，他们已无力应对敌人再次发起的大规模冲击。

在此期间，OKH 把新组建的第 22 装甲师调拨给我们，该师已开抵帕尔帕奇战线后方。

鉴于危急的态势，集团军司令部决定以第 22 装甲师发起反突击。此次进攻的目标是夺回原先沿帕尔帕奇地峡延伸的主防线，切断战线北翼凹陷部的 2—3 个敌军师。

我率领一个精干的指挥小组赶赴险象环生的帕尔帕奇战线后方的前进指挥所，亲自监督、指导第 42 军军部领导的这场反突击的准备工作。

此次进攻于 3 月 20 日发起，第 46 和第 170 步兵师也在翼侧投入战斗，可还是以失败告终。晨雾中，第 22 装甲师误入苏联红军进攻待机地域。事实证明，集团军司令部事先没让这个新组建的师接受协同作战训练，就把他们投入大规模交战，无疑是错误的做法。虽然该师目标有限的进攻失败了，但辖内部队经受了实战考验，几周后，他们的战斗表现完全符合我们的期望。话说回来，帕尔帕奇战线当时的情况极为紧张，除了投入新开抵的装甲师，我们还能怎么做呢？不过，该师的出现还是让敌人猝不及防，在最紧要的关头，阻止了敌人重新发起大规模进攻的企图。不管怎样，敌人直到 3 月 26 日才发动进攻，但被第 42 军击退。对方此次只投入 4 个师，可能是因为他们的其他兵团在先前的战斗中打得筋疲力尽，也可能是因为我方坦克首次出现在战场上，迫使敌人缩小了作战目标。

第 22 装甲师调到战线后方休整之际，第 28 轻装师[1] 部分力量开抵前线。现在我们可以泰然应对敌人新的进攻了。

4 月 9 日，敌人以 6—8 个步兵师和 160 辆坦克发动进攻，这是他们为夺回克里木半岛付出的最后一次努力。到 4 月 11 日，我们已击退这场进攻，对方损失惨重。

至此，敌人彻底耗尽了他们的突击势头。

我方英勇奋战的各个师，尽管承受了巨大的压力，可还是顺利挺过了这场防御作战，虽然目前还不能撤离前线，但终于可以喘口气了。

这个冬季充满了前所未见的危机，集团军司令部经历了这一切，接下来的任务是为己方的进攻加以准备，最终把苏联红军逐出克里木半岛。

猎鸨行动——夺回刻赤半岛

刻赤半岛最后两场防御作战的间歇，罗马尼亚领导人安东内斯库元帅来到克里木，我陪同他视察了几个罗马尼亚师和塞瓦斯托波尔战线。他的军人风度给我的印象非常好。罗马尼亚高级军官似乎都很怕他。在我看来最宝贵的是，除了已开抵的第22装甲师和第28轻装师，OKH再也无法为我们策划的进攻提供更多兵力，而安东内斯库元帅却答应再给我调拨两个罗马尼亚师。

OKH发来的指令称，把苏联红军彻底逐出包括塞瓦斯托波尔在内的整个克里木半岛，是最高统帅部计划在东线南翼发动大规模攻势的序幕。

不言而喻，第11集团军的首要任务是歼灭刻赤半岛上的敌军。这固然是因为我们现在无从预测攻克塞瓦斯托波尔要塞需要多少时间，但最重要的是，敌人可以把新锐力量迅速运抵刻赤战线，那里依然是第11集团军的心腹大患。我们不能在此处给予敌人重整旗鼓的时间，待歼灭刻赤半岛之敌，再腾出手来解决塞瓦斯托波尔要塞。

不过，从克里木半岛的兵力对比看，我集团军能否顺利完成这两项重要任务，好像并不特别乐观。

敌人似乎新组建了克里木方面军，辖3个集团军，司令部大概设在刻赤。

塞瓦斯托波尔要塞仍由滨海集团军据守，我们2月份确定，该集团军有7个步兵师、1个步兵旅、2个海军陆战旅、1个（不骑马的）骑兵师。我们在刻赤半岛按计划展开攻势期间，只能把第54军和新调来的罗马尼亚第19师部署在要塞北部和东部战线，对付以上这股敌军。我们还要腾出德国第50步兵师用于刻赤半岛的行动，在塞瓦斯托波尔南部战线只留第72步兵师。

罗马尼亚山地军必须以第4山地旅掩护克里木整个南部海岸，对付敌人有可能从海路发起的突袭。为尽可能以最强大的兵力在刻赤半岛遂行计划中的进攻，集团军司令部不得不最大限度地削弱其他战线的兵力。

苏联第44、第51集团军仍部署在刻赤战线。1942年4月底，这股敌军编有17个步兵师、3个步兵旅、2个骑兵师、4个坦克旅，共计26个大型兵团。

面对这股强大的敌军，除了从塞瓦斯托波尔调来的第50步兵师，集团军司令部能投入的兵力不超过5个德国师，外加第22装甲师。另外，我们还有新调来的罗马尼亚第 7 军军部，该军编有罗马尼亚第 19 步兵师、第 8 骑兵旅、调自西部海岸的第 10 步兵师。由于罗马尼亚军队只能承担有限的进攻任务，这场代号"猎鸨"的攻势，兵力对比因而比先前差距更大。

除此之外，我们穿过帕尔帕奇地峡的突击不得不从正面遂行。两侧都是大海，排除了实施迂回的一切可能性。另外，敌人的布势呈纵深梯次配置。面对这些情况，再加上敌人至少占有 2 ：1 的兵力优势，我们如何能实现歼灭对方两个集团军的目标呢？

有一点很明确，正面击退两个敌集团军，哪怕是仅仅取得突破，都无法达成目标。倘若敌人丢失帕尔帕奇阵地后，设法在某处重新构筑阵地，那么我们的行动必然陷入停滞。刻赤半岛越向东越宽，敌人越能发挥他们的兵力优势。我们共计 6 个德国师的兵力，穿过只有 18 公里宽的帕尔帕奇地峡遂行进攻绰绰有余，这么窄的作战地段，敌人无法同时展开所有兵力。可如果我们继续向东进击，作战正面拓宽到 40 公里，敌人充分发挥他们的兵力优势，那么这场行动又该如何进行呢？所以，我们不仅要突破敌人的帕尔帕奇防线，随后朝纵深发展，而且要在首次突破期间歼灭敌主力，或至少粉碎敌军大部，这一点至关重要。

就这方面而言，敌人为我们创造了机会。他们的南段防线在黑海与科伊阿桑之间，由于先前几次进攻受挫，他们仍待在原先精心构筑的帕尔帕奇阵地内。而他们的北段防线越过上述阵地向西延伸到基耶特，形成了一个宽大的弧形，这是他们打垮罗马尼亚第 18 步兵师后构成的。

从对方的兵力部署可以看出，苏联红军指挥部认为我们可能会设法切断这个突出部。我们通过侦察发现，敌人把包括一线兵团和预备队在内的三分之二的兵力部署在北段防线或防线后方。而南段防线只派驻了 3 个师，另外 2—3 个师担任预备队。毫无疑问，敌人之所以这样部署兵力，是因为第 22 装甲师那场失败的进攻，目标就是切断科伊阿桑西面的敌突出部。

基于这种情况，集团军司令部制定了猎鸨行动的进攻计划。我们不打算直接对敌突出部发起决定性突击，而是沿黑海海岸在南部地段实施。换句话说，就是打击对方最意想不到的地方。

这项任务交给第 30 军，该军编有第 28 轻装师、第 132 及第 50 步兵师、第 22

装甲师。第170步兵师先留在中央地段欺骗敌人，尔后在南部地段跟进。

第30军的具体任务是把3个步兵师摆在第一线，突破帕尔帕奇阵地，越过深邃的防坦克壕向东夺取地盘，为装甲师穿越障碍铺平道路。然后，他们与第22装甲师一同转向东北方，再转身向北，从翼侧和背后打击北段防线及其后方的大股敌军，与第42军和罗马尼亚第7军协同，把对方合围在半岛北部海岸。

这场机动导致第30军东翼暴露在外，以德国和罗马尼亚摩托化部队组建而成的格罗德克旅负责掩护该军翼侧，防止刻赤之敌干预。该旅必须以攻势防御完成任务，迅速攻往刻赤方向，同时阻止后方阵地的敌人逃脱。

为降低初期突破帕尔帕奇阵地的难度，集团军司令部打算以突击舟越海展开行动，这大概是我集团军首次实施此类行动。按照计划，一个营拂晓时搭乘突击舟，从费奥多西亚渡海，在帕尔帕奇阵地后方登陆。

除了强大的炮兵力量，第30军这场决定性突击还获得整个第8航空军支援。

第8航空军编有强大的高射炮部队，可以说是德国空军支援陆军作战行动最强大、最得力的兵团。该军军长冯·里希特霍芬男爵将军确实是二战期间最重要的德国空军指挥官。他对麾下部队的要求非常严格，还亲自监督各场重要的空中突击。为有效支援陆军的行动，他经常亲临前线，赶到最前沿的部队了解一手情况。我们在第11集团军，后来在顿河集团军群和南方集团军群，合作得一直很密切。想起他和他的航空军取得的成就，我经常满怀敬佩和感激之情。我和他的参谋长克里斯特上校合作得也很愉快。

战线其他地段，第42军和罗马尼亚第7军实施佯攻，借此牵制敌军。待我们在南面突破帕尔帕奇阵地，两个军就投入进攻。

行动成功与否取决于两个先决条件：首先要让敌人确信，我们的决定性进攻会从北面而来，待他们觉察真相，把预备队投入南部地段已为时过晚；其次是第30军，特别是第22装甲师向北推进的速度。

我们通过大规模欺骗措施实现了第一个先决条件。无线电欺骗制造出中央和北部地段炮兵准备的假象，部队也在该地域运动，以此迷惑敌人。这些措施显然很有成效，因为敌预备队主力一直待在北翼后方，待他们发觉上当受骗，一切都太晚了。

至于第30军执行作战行动的速度，天气之神这次似乎又站在敌人一方。

此次攻势即将开始前，我们失去了久经考验的参谋长韦勒将军，冬季那些艰难的日子，他为我提供了宝贵的帮助，还为猎鸨行动的准备工作发挥了重要作用。集团军即将夺回作战主动权之际，我们俩都对这场离别深感惋惜。不过，韦勒升任中央集团军群参谋长，我当然不能妨碍他的升迁。

接替韦勒的是舒尔茨将军，他也成为我忠实的朋友和值得信赖的顾问。1943年冬季战局最为艰难的态势下，第6集团军覆灭的那些日子，舒尔茨为我提供了极为宝贵的帮助。他是个勇敢的人，不仅具有钢铁般的意志，而且心地善良，对部队的疾苦和需求感同身受。当初他担任师长期间经受过最艰巨的考验，为此荣膺骑士铁十字勋章，后来在南方集团军群辖内担任军长，他依然堪称中流砥柱。

5月8日，第11集团军发起猎鸨行动。

第30军顺利越过防坦克壕，一举突破敌前沿阵地。搭乘突击舟的几个连队渡海展开行动，把敌人打得措手不及，为我们沿海岸推进的翼侧提供了帮助。不过，战斗并不轻松。我方部队越过防坦克壕，夺得的地盘不足以让装甲师迅速推进。第42军的进攻开始得稍晚，起初也没取得太大进展。不过，我们已经与敌人10个师正面接战，还粉碎了对方的南翼。实际上，敌预备队似乎仍留在他们的北翼后方。

直到5月9日，第22装甲师才得以前调，准备发起突击。他们打算转身向北之际，首先得击退敌人强大的坦克攻击。可随后下起大雨，雨势持续了一整夜，导致德国空军的密接支援力量10日上午无法投入，就连坦克也没办法前进。直到5月10日下午天色放晴，各部队才重新展开行动。由于速度是整个行动的关键，因降雨而损失的24个钟头很可能深具灾难性。令人欣慰的是，格罗德克旅降雨前就向东疾进，破坏了敌人在后方阵地重新构设防线的一切企图。对方显然没料到我们会以这样的大胆突击深入他们后方纵深地域。很不幸，该旅英勇的指挥官冯·格罗德克上校在行动中身负重伤，不久后就伤重不治。①

---

① 译注：格罗德克此次负伤后并未阵亡，后来还担任了第161步兵师师长，军衔升为中将，1943年8月身负重伤，1944年伤重不治。

从 5 月 11 日起，我们的行动继续进行，没再发生任何重大延误。向北突击的第 22 装甲师到达北部海岸，把敌人大约 8 个师困在"口袋"里。集团军下达了追击令，包括罗马尼亚人在内的所有部队，全力以赴地执行了这道指令。5 月 16 日，第 170 步兵师和第 213 步兵团占领刻赤。不过，要以局部战斗歼灭逃窜到东部海岸的残敌，还需要进行激烈的厮杀。

进攻开始前，我再次赶到前线后方的前进指挥所，一整天奔波于各师部和前线部队。从军人的角度看，这场迅猛的追击令人终生难忘。各条道路停满敌人的车辆、坦克、火炮。我们一次次遇到长长的俘虏队列。我和冯·里希特霍芬将军在刻赤附近的高地相逢，从这里望去，前方的大海、刻赤海峡、海对岸沐浴在耀眼的阳光下。我们长期以来梦寐以求的目标终于实现了。我们面前的海滩停放着无数各种类型的车辆。苏联红军快艇一次次企图救走岸边人员，但每次都被我方火力驱离。敌人最后一些部队仍在海岸殊死抵抗，为了让他们放下武器，也为了减少我方步兵的伤亡，我们集中炮火猛轰敌人最后几个支撑点。

5 月 18 日，刻赤半岛的交战胜利结束。只有小股敌军在刻赤周围的地下岩洞负隅顽抗了数周。战果报告称，我们俘虏大约 17 万敌军官兵，还缴获 1133 门火炮和 258 辆坦克。

5 个德国师和 1 个装甲师，外加 2 个罗马尼亚步兵师和 1 个骑兵旅，歼灭了两个敌集团军，共计 26 个大型兵团。只有部分残敌渡过刻赤海峡逃到塔曼半岛。我方部队又一次完成了艰巨的任务，第 8 航空军功不可没，这场名副其实的歼灭战，我军大获全胜！

捕鲟行动——攻克塞瓦斯托波尔要塞

第 11 集团军还面临一项最艰巨的任务——攻克塞瓦斯托波尔要塞。

早在 4 月中旬，我就在元首大本营向希特勒汇报了我们进攻要塞、发动刻赤半岛攻势的企图。自 1940 年 2 月就西线攻势的实施问题向希特勒阐述自己的想法以来，这是我作为高级指挥官首次与他会面。和上次一样，此次会晤给我的印象是，希特勒不仅了解先前交战的所有细节，还充分理解我汇报的作战构想。他聚精会神地听取了我的介绍，完全赞同集团军司令部就实施刻赤攻势和进攻要塞方面的想法。他没有干涉我们的方案，也没有像他后来常做的那样，喋喋不休地列举生产数据或离题万里地讨论其他问题。

可是，我们当时没讨论一个根本性问题：就计划中的乌克兰攻势而言，在无从预测长短的时间段内，以整个第 11 集团军进攻强大的塞瓦斯托波尔要塞，这个决定正确吗？特别是我们在刻赤半岛赢得胜利后，排除了克里木遭受的威胁。毫无疑问，应该由最高统帅部，而不是集团军来决定这个问题。我当时和现在的观点始终如一，要求第 11 集团军先夺取塞瓦斯托波尔的命令正确无误。如果我们仅限于包围要塞，那么除了罗马尼亚军队，至少 3—4 个德国师，也就是第 11 集团军半数力量，会被牵制在克里木。另一方面，我们及时攻克塞瓦斯托波尔后，最高统帅部却把第 11 集团军从东线南翼调到列宁格勒，用于填补那段战线的缺口，此举无疑是个错误。塞瓦斯托波尔陷落后，第 11 集团军本该按照原定计划，跨过刻赤海峡进军库班，切断从 A 集团军群当面撤离、自顿河下游退往高加索的敌军。如果为时过晚的话，集团军无论如何应该留在南翼后方担任预备队，这样一来，我们也许能避免斯大林格勒的悲剧。

刻赤附近的交战刚刚结束，集团军司令部就为进攻塞瓦斯托波尔重组麾下兵团。

第 42 军军部的任务是掩护刻赤半岛和克里木南部沿岸。该军辖内唯一的德国师是第 46 步兵师，还编有罗马尼亚第 7 军，辖罗马尼亚第 10、第 19 步兵师及第 4 山地师、第 8 骑兵旅。其他兵团立即开赴塞瓦斯托波尔。[2]

此时进攻塞瓦斯托波尔要塞，显然比去年 12 月更困难。敌人毕竟获得 6 个月时间加强防御工事，补充各兵团，还经海路为要塞运来储备物资。

尽管塞瓦斯托波尔筑有不少现代防御工事，但要塞的强大之处不在于这些工事，而是因为此处的地形极为复杂，无数小型工事起到补充作用。这些工事犹如密集的网络，覆盖了别利别克河河谷到黑海海岸的整片地域。

特别是别利别克河河谷与谢韦尔纳亚湾之间的整片地域，堪称严密构设的要塞战场。

北部战线沿别利别克河南岸延伸，当然，敌人在北岸的柳比莫夫卡镇周围及其北面还据守着一座大型支撑点。河谷和向南升起的陡坡都在对方最现代化的装甲炮台配备的 305 毫米火炮射程内，我们称之为马克西姆·高尔基 I 号炮台。密集的野战工事网覆盖陡坡边缘，纵深达 2 公里，部分工事以钢筋混凝土构筑。再往后是结构坚固的支撑点，大多以钢筋混凝土浇筑而成，我方部队分别称之为斯大林、伏尔加、西伯利亚、莫洛托夫、GPU、契卡。这些支撑点以一连串野战阵地相连。第三道防区由顿涅茨、伏尔加、列宁支撑点、巴尔捷尼耶夫卡筑垒镇、原先的北部堡垒、"炮台舌头"上的海岸炮台构成，是封锁谢韦尔纳亚湾北面峭壁通道的最后一条防线。敌人在岩石下方 30 米挖掘了山洞存放弹药和物资。

东部防线在别利别克村东面 2 公里左右与北部防线相连，然后向南延伸。陡峭的卡梅什雷峡谷掩护着两条防线的拐点。另外，东部防线北段穿过一片茂密的灌木林地，这片林地覆盖着陡峭的崖壁，此处形成亚伊拉山麓。敌人在这片灌木林修筑了无数小型火力点，有些是在岩石地面炸开的，进攻方的火炮很难有效打击这些据点。东部防线密林覆盖的北段，一直延伸到盖塔尼南面和东南面的陡峭高地。

林地没再向南延伸，但地形越往南越复杂，最后在海岸地带呈现出岩石山脉的特点。

从南部海岸通往塞瓦斯托波尔的主干道两侧，乔尔纳亚河南面一连串陡峭的山脊阻断了南部要塞地域接近地，苏联红军在山脊顶部构筑了许多支撑点。经历过克里木战役的人都记得"宝塔糖块""北部鼻子""教堂山""废墟山"这些名字。接下来就是严密防御的卡马雷村，最后是巴拉克拉瓦湾东北面的绝壁。1941 年秋季，第 105 步兵团大胆夺取巴拉克拉瓦要塞后，苏联红军就一直坚守在上面提到的几个地方。要突破一连串筑垒高地和山崖构成的障碍，远比从翼侧进攻山地难得多。

南面第一道防区后方，塞瓦斯托波尔公路北面仃立着费久希内高地的山崖，一路向南延伸到沿海山脉，高地上设有"雕峰"这类支撑点，以及卡德科夫卡筑垒村。可以说，这一切构成萨蓬山上最强大的敌军阵地的前沿。这道向东陡降的山脊始于因克尔曼的崖壁，起初控制着乔尔纳亚河河谷到盖塔尼南部这片地域，然后转向西南方，遮断通往塞瓦斯托波尔的公路，经沿海山脉的"风磨山"与海岸相连。由于山坡陡峭，再加上敌人从两侧袭来的侧射火力，步兵很难攻克这处阵地。敌人凭借他们的炮兵观察所，基本能控制前方的整片要塞地域。顺便说一句，克里木战争期间，西方国家的军队进攻塞瓦斯托波尔，就是依托萨蓬山阵地防线阻挡俄国援兵的。

就算进攻方夺取这处制高点阵地，也不等于肃清了通道。岸边还有许多海岸炮台，其中包括现代化的马克西姆·高尔基Ⅱ号装甲炮台。接下来还有一道连贯的半圆形阵地，从谢韦尔纳亚湾的因克尔曼起，一路延伸到斯特列列茨卡亚湾附近的塞瓦斯托波尔要塞西面。这道阵地设有防坦克壕、铁丝网、无数碉堡。塞瓦斯托波尔东南面，克里木战争中的英军公墓也改造成强大的炮台网。

最后一道筑垒防线沿塞瓦斯托波尔郊区延伸，几道横向阵地把赫尔松涅斯半岛与东面隔开。虽然俄国人向来以巧妙构设、伪装野战工事的能力而著称，但塞瓦斯托波尔的特定地形为他们提供了充分利用侧射火力的机会。另外，岩石地带掩护了他们的迫击炮和其他重武器，除非直接命中，否则很难摧毁敌人这些武器装备。毫无疑问，苏联红军不仅在各片防区前方，甚至在防区内也布设了大范围地雷场。

考虑如何进攻这片要塞地域时，集团军司令部得出的结论与去年冬季基本一致。我们排除了在整条要塞防线中央发起决定性突击的可能性。林地的战斗势必招致重大伤亡，因为我们的两张王牌，也就是炮兵和航空兵支援，无法充分发挥效力。因此，我们只能再次从北面和东北面，以及东部地段的南面发动进攻。突击重点还是置于北面，最起码一开始是这样。虽说谢韦尔纳亚湾北面的要塞北部地域敌人构筑的工事无疑比南部更强大，数量也更多，但地形造成的困难较小。最重要的是，与南部的山地相比，我方炮兵和航空兵在北部地段能发挥更大效力。不过，我们显然也得从南部发动一场进攻，首先是因为从多个方向遂行冲击，分割对方的防御至关重要；其次是因为我们必须料到，即便敌人丢失谢韦尔纳亚湾北面的要塞地域，他们也会设法守住塞瓦斯托波尔要塞和赫尔松涅斯半岛。要知道，解决塞瓦斯托波尔不仅仅是夺取要塞的问题，还得对付兵力与我们旗鼓相当的一个敌集团军，尽管对方在物质方面处于劣势。[3] 不过，遂行冬季进攻期间具有决定性的观点，也就是尽快控制港口，现在已起不到同样的作用。只要第11集团军获得第8航空军支援，敌人就无法经海路不受妨碍地获得补给。

基于上述考虑，集团军司令部拟制了代号"捕鲟"的进攻计划，具体如下。

集团军企图在北部战线和东部战线南段发动进攻，同时在中央地段的梅肯济亚—上乔尔贡牵制敌军。北面的首批进攻目标，是谢韦尔纳亚湾北岸和盖塔尼附近的高地；而南面的目标，是控制从南部海岸和巴拉克拉瓦通往塞瓦斯托波尔的公路两侧萨蓬阵地居高临下的高地。

第54军军部受领北面进攻的任务，该军编有第22、第24、第50、第132步兵师[4]，以及获得加强的第213步兵团。集团军司令部指示该军集中兵力，对谢韦尔纳亚湾东面的北部高地实施主要突击。起初留在两侧没攻克的部分要塞地域，暂时予以压制，日后再从后方夺取。军左翼应当占领盖塔尼及其东南面高地，为罗马尼亚山地军向南进击创造条件。

第30军军部编有第72、第170步兵师及第28轻装师[5]，负责南面的进攻。该军首先要为尔后朝萨蓬山方向的进攻夺取出发阵地和炮兵观察所。他们必须攻克敌人第一道防区，也就是"北部鼻子"—"教堂山"—"废墟山"—卡马雷—卡马雷南面的岩石高地，消除敌人从巴拉克拉瓦东面的山地高地向南袭来的侧射火力。为完成这项任务，第72步兵师部署在通往塞瓦斯托波尔的主干道两侧，第28轻装师，依据他们的特点，奉命夺取巴拉克拉瓦湾东面岩石山地最北端的一连串高地。第170步兵师暂时留作预备队。由于此处地形错综复杂，上述任务必须以精心准备的各场局部进攻来完成。

罗马尼亚山地军位于上面提到的两个德军突击集群之间，首先要做的是牵制当面之敌。特别是罗马尼亚第18步兵师，必须掩护第54军左翼的进攻行动，以局部冲击对付敌人从南面发起的侧翼突击，同时以炮火压制敌军。更南面的罗马尼亚第1山地师应当夺取"宝塔糖块"，支援第30军北翼。

至于进攻的炮火准备，集团军司令部不打算采用敌人见惯的急袭射击。鉴于地形特点，以及对方构设的大量工事，这种炮火准备无法达成重大效果，再说我们也没那么多弹药。相反，我们会在步兵投入进攻5天前，以空中突击和炮兵火力急袭实施炮火准备，使用大量弹药打击已知的敌预备队驻地和补给线。5天内，炮兵以精确的观察射击消灭敌炮兵，同时炮击我军准备冲击的敌防御前沿。在此期间，第8航空军对城市、港口、补给设施、机场施以不间断攻击。

这里要谈谈我们的突击炮兵力量。

集团军司令部当然把手头所有武器悉数投入进攻，OKH 也为我们提供了最重型的进攻兵器。

第 54 军炮兵指挥官楚克图特将军的军属炮兵，加上辖内各师的炮兵力量，共计 56 个重型和超重型、41 个轻型炮兵连，以及 18 个迫击炮连、2 个突击炮营。这 121 个炮兵连共配备 2 个炮兵观察营。

超重型炮兵是几个配备 190 毫米火炮的加农炮连，另外几个榴弹炮、臼炮连配备了 305 毫米、350 毫米、420 毫米火炮。我们还有两门特种火炮，其中一门口径 600 毫米，另一门是著名的"多拉"，口径高达 800 毫米。"多拉"最初的设计目的是对付马其诺防线最坚固的工事，但后来没有用上。它堪称火炮技术的奇迹，身管长 30 米左右，炮架有两层楼那么高，把这头怪兽置入专用轨道需要动用 60 节车皮。为保障这门巨炮的安全，两个高炮营时刻守护左右。总的说来，这门火炮的能效比很不合算，不过，它射出的一发炮弹摧毁了谢韦尔纳亚湾北部边缘敌人设在岩石下方 30 米的一座大型弹药库。

指挥第 30 军炮兵力量的是奥地利将军马蒂内克，他是个优秀的炮兵专家，可惜后来作为军长阵亡在东线。

第 30 军有 25 个重型和超重型、25 个轻型炮兵连及 6 个迫击炮连、1 个突击炮营、1 个炮兵观察营。该军还配属了第 300 装甲营，这个营装备的是载有炸药的遥控坦克。

执行牵制任务的罗马尼亚山地军，有 12 个重型、22 个轻型炮兵连。

第 8 航空军军长冯·里希特霍芬将军也投入几个高炮团用于地面作战，为我们的突击炮兵提供了深受欢迎的加强。

总的说来，整个二战期间，德国军队可能从来没有像进攻塞瓦斯托波尔这样，集中如此强大的炮兵力量，特别是超大口径火炮。但与苏联红军后来在开阔地遂行突破进攻必然集中的火炮数量相比，未免相形见绌！我们在塞瓦斯托波尔 35 公里正面投入 208 个炮兵连（不包括高炮连），也就是说，每公里正面不到 6 个炮兵连。当然，实际进攻地段的炮兵连数量多好几倍。而苏联红军 1945 年的进攻计划规定每公里突击正面部署 250 门火炮！

进攻准备的最后几天，我赶到南部海岸待了段时间，想从第 30 军了解更详细的情况。我们的指挥所是个颇具摩尔人风格的小城堡，以前是某位大公的宫殿，这座漂亮的城堡伫立在俯瞰黑海海岸的峭壁上。逗留在这里的最后一天，我乘坐意大利快艇外出勘察，沿南部海岸一直到巴拉克拉瓦，这艘快艇是我们手头仅有的"海军力量"。我想确定第30军整个后勤补给依赖的沿海公路距离大海究竟有多远，是否会遭到观察火力打击。其实，苏联黑海舰队没敢遂行这项任务，可能是出于对我方航空兵的敬畏。

返程途中，我们在距离雅尔塔港很近的地方遇到麻烦。咯咯作响的机炮炮弹骤然袭来，在我们周围炸开。两架敌战斗机朝我们的快艇俯冲而下。由于对方从刺眼的阳光方向而来，我们没看见他们，另外，快艇功率强大的发动机发出剧烈轰鸣，掩盖了敌机的引擎声。短短几秒钟，快艇上的16个人，就有7人伤亡。快艇起火，由于舷侧挂有鱼雷，此时的情况极为危险。艇长是个年轻的意大利海军少尉，表现得非常出色。他镇定自若地采取措施，竭力挽救快艇和艇上的人员。我的副官佩波跳入海里，朝最近的海岸游去，完全没理会岸边布有水雷，上岸后，他光着身子拦下辆卡车，风驰电掣地驶向雅尔塔，在那里找到艘克罗地亚摩托艇，这才把我们的快艇拖入港内。真是场不幸的旅程！一名意大利下士阵亡，3名水兵负伤。陪同我们外出的雅尔塔港口司令冯·布雷多海军上校也牺牲了。他是个老水兵，这次以港口司令的身份出海，再次感受脚下的战舰甲板，无论这块甲板多么小，都让他兴奋不已。可水兵之死的厄运降临到他头上！我最忠实的战友、司机弗里茨·纳格尔也躺在我脚下，他大腿中弹，意大利海军少尉撕下自己的衬衫为他紧急包扎，但根本无法止住动脉喷出的鲜血。

弗里茨·纳格尔来自卡尔斯鲁厄，自1938年起就是我的司机。我们一同经历了风风雨雨。我担任第56装甲军军长期间，他在我身边负过伤。这些年来，他一直是我忠实的同伴，也是我的朋友。纳格尔中等身材，满头黑发，一对棕色的眼睛漂亮而又真诚，他从不阿谀奉承，喜欢运动，是个非常正派、热情奔放的军人，他总是乐观开朗，战友和上司都很喜欢他。上岸后，我亲自送他去医院。他动了手术，可由于失血过多，这个年轻人当晚就离世了。我们把他和其他阵亡的德国、意大利战友葬在雅尔塔公墓，墓地位于整片海滩最美丽的地段上方，俯瞰着大海。

我在这里引述当时在他的墓地前诵读的一篇悼文，以表怀念，时至今日之所以还能找到这篇悼文，是因为葬礼结束后我把它寄给了他父母。

> 我们与亲爱的战友弗里茨·纳格尔上士告别了。你一生都是个满怀激情的军人。内心的召唤促使你投身军旅，父亲遗传的军人气质决定了你的思想和品质。这就是你英勇忠诚、精力充沛、恪尽职守的原因，你是个堪称表率的军人，本该不断获得晋升，可命运做出了其他安排。
>
> 你是个好战友，开朗且乐于助人，这就是你赢得我们欢心的原因。你快乐地度过了短暂的一生。
>
> 你在自己挚爱的家里，以堪称模范的方式长大，可能很早就学会了如何做事。但无论工作还是勤务，你总是怀着新的勇气，愉快地接受每一项任务，所以总能完美地解决问题。
>
> 你睁大双眼目睹了世上的美景，以开放的心态经历了我们这个时代的重大事件。你愉快地享受着生活的乐趣，但对自己的职责从未有过丝毫懈怠。性格开朗、乐于助人的你，赢得了所有与你相识者的心。
>
> 幸福、成功、快乐、友爱的阳光照亮了你的人生道路，从未被忧虑、悲伤的阴霾遮蔽。当初居住在这片海岸的古希腊人说过一句话，用来概括你的生与死可谓恰如其分："诸神过早地带走了他们的宠儿。"
>
> 5年多来，你作为我的司机和忠实的同伴，在车上总是坐在我身旁。你坚定的目光，稳健的双手，带着我们行驶数千公里，穿过许多国家。我们相处融洽，亲密无间。这些年我们一同见识过许多美好的东西，共同经历了历次战局的重大事件，也分享了胜利的喜悦。去年，你在我身旁负伤，现在致命的子弹夺走了你的生命。几年的朝夕相处和共同经历，让我们成为朋友。邪恶的子弹击中了你，但无法切断你我友情的纽带。
>
> 我的谢意和忠诚，我们所有人的思念，陪伴你直到永远。
>
> 安息吧，我最亲密的战友！

但战争容不得任何停滞，哪怕是思绪。几天后，集团军司令部指挥小组迁到塞瓦斯托波尔前线附近的指挥所，这个前进指挥所设在鞑靼村落大卡拉列兹。狭窄的岩石山谷里，小小的村庄风景如画。不过苏联人肯定知道，这里驻有一个携带电台设备的指挥部，因为每天傍晚，他们都出动例行飞行的老式轰炸机，朝这里投下几颗炸弹，幸亏这些炸弹无一命中。我们在村子上方的岩石山顶设立了观察所，就在切尔克兹克尔缅山脉间，哥特人当年在这里修筑过城堡。我们6月6日傍晚迁到此处，这样，次日晨就可以观察我方步兵沿整条战线发动的进攻。这是座小型地下掩体，旁边设有几个配备炮队镜的观察所，我和集团军参谋长、作战处处长、情报处处长、佩波在这里度过风暴前平静的傍晚时光。佩波又一次给气氛沉闷的指挥所带来了欢快的音符。

有人建议我给部队发一道日训令，阐明此次交战的重要性。我不太赞成这种做法，因为这种日训令大多丢在办公室，而且我方官兵知道即将发生些什么，并不需要任何激励。但此类行动前下达日训令是惯例，于是我草草写了几句，交给佩波，让他传达给各军部。他很快就跑回来报告："大将先生，我把'烦人的东西'发下去了。"这种做法确实有些肆意妄为，但基本说明了前线官兵对这些训令的看法。我们开怀大笑。

次日（6月7日）清晨，拂晓的第一道曙光把天空染成金色，山谷里的暮色逐渐消退之际，我方炮兵发起猛烈炮击，引导步兵攻向敌军，一个个航空兵中队也朝分配给他们的目标扑去。眼前的场景激动人心。集团军司令居然能看见整片战场的情形，在现代战争中是很难得的机会。目光掠过西北方林地，那里遮掩了第54军左翼的激烈战斗，再望向别利别克河河谷南面的高地，那里的争夺战会非常艰巨。西面可以看见盖塔尼高地，高地后方的远处，谢韦尔纳亚湾汇入黑海的入海口波光粼粼。赫尔松涅斯半岛的山麓，在晴朗的日子清晰可见，那里仍能找到希腊文明的遗迹。西南方的萨蓬山和沿海山脉隆起的岩石隐约可见。但要塞宽大的弧形防线上，夜间可以看见火炮闪烁出的火光，而昼间，我方射出的大口径炮弹和战机投下的炸弹、激起的石块、腾起的硝烟清晰可见。这幅宏大场面的景观真是奇妙！

这片争夺激烈的土地堪称"钢土"，进攻方和防御方都使用了大量技术手段，但与士兵为赢得胜利而付出的努力和献身精神相比，未免相形见绌。塞瓦斯托波尔前方，不仅仅是遂行进攻的一个集团军与兵力旗鼓相当的守军对阵，也不仅仅是炮兵和航空兵以最现代化的进攻手段对付钢铁、混凝土、岩石构成的防御工事，更多的是德国军人的精神，他们英勇，充满主动性，具有自我牺牲精神，与顽强抵抗的敌人展开殊死斗争，地形对敌人有利，苏联红军士兵顽强、坚韧不拔，而布尔什维克体制钢铁般的纪律进一步强化了他们的意志。冒着酷暑（我们清晨测到的温度就高达50度），这场激战毫不停顿地持续了一个月左右，根本找不到恰当的方式来描述交战双方的表现。我方部队在这场斗争中取得的成就，堪称一篇英雄的史诗！由于篇幅所限，我在这里只能简单地叙述交战过程。

第54军把第132步兵师部署在右翼，没理会敌人的柳比莫夫卡登陆场，而是越过别利别克河河谷，正面冲击河谷南面的高地。该师左侧，第22步兵师的任务是从东面穿过卡梅什雷峡谷，攻往别利别克河南面，为第132步兵师穿越别利别克河河谷开辟道路。第22步兵师左侧，第50步兵师也加入这场突击，取道卡梅什雷村攻往西南方。第54军最左翼的山区林地，第24步兵师奉命攻往盖塔尼高地，罗马尼亚第18步兵师掩护该师左翼。

战役首日，强大的突击炮兵提供了压倒性支援，再加上第8航空军不间断的攻击，第54军跨过卡梅什雷峡谷和别利别克河河谷，在河谷南面的高地占据了立足地。

南翼，第30军首先要在通往塞瓦斯托波尔的主干道两侧夺取出发阵地，以便军主力几天后发起连续进攻。

第二阶段的进攻持续到6月17日，两个攻击正面，交战双方为每一寸土地、每一座碉堡、每一处野战阵地激烈厮杀。苏联红军发起猛烈的反冲击，一次次企图夺回失地。获得加强的支撑点，甚至包括小型碉堡，他们经常奋战到最后一人。步兵和工兵承担了这些激战的重负，而炮兵前进观察员同样功不可没，正因为他们准确地指引炮火，炮兵才得以摧毁敌人单个支撑点或碉堡。他们和突击炮一样，都是步兵最得力的帮手。

6月13日，英勇的第22步兵师第16步兵团在冯·肖尔蒂茨上校率领下攻克斯大林堡垒，去年冬季，他的进攻在这座堡垒前方停滞不前。团里一名伤兵指着自己的断臂和裹着绷带的脑袋说道："没什么大不了的，我们攻占了斯大林！"这就是我方步兵的气概。

尽管损失惨重，但到 6 月 17 日，我们还是在北面的要塞地域深深地插入了根楔子。第二道防线上的阵地，例如"契卡""GPU""西伯利亚""伏尔加"，都落入我们手里。

到 6 月 17 日，第 30 军也在萨蓬阵地前方的敌前沿防区插入根楔子。激烈的战斗中，第 72 步兵师夺得敌前沿防区的支撑点"北部鼻子""教堂山""废墟山"，而第 170 步兵师攻克了卡马雷。该军北面，罗马尼亚第 1 山地师的冲击多次失利后，终于占领了"宝塔糖块"。另一方面，第 28 轻装师翻越沿海山脉的崎岖山崖不太顺利，"玫瑰山""朱砂Ⅰ号""朱砂Ⅱ号"高地导致该师进展缓慢。崎岖复杂的山地，只能以小股突击队的方式从事战斗，这给我方部队造成很大损失。

尽管我们赢得了这些艰巨的战斗，但整个攻势成功与否，这些天似乎还没有定论。敌人的抵抗毫未减弱，而我方部队的战斗力明显下降。第 54 军不得不把第 132 步兵师暂时撤离前线，以调自刻赤半岛的第 46 步兵师替换该师损失惨重的几个团。从军左翼腾出的第 24 步兵师接替该师的位置。可 OKH 此时却催促，如果集团军短期内无法攻克要塞，他们就打算把第 8 航空军调离克里木，用于乌克兰的攻势。对此，集团军司令部认为，这场进攻无论如何必须坚持下去，直到赢得最终胜利，第 8 航空军留在克里木是先决条件。我们的意见占了上风。但我方部队的冲击力明显下降，谁能保证迅速攻克要塞呢？集团军司令部预见到我方步兵可能会提前耗尽兵力，因而请求增派 3 个步兵团，OKH 批准了我们的要求。这些团至少应该在这场斗争的最后阶段赶到。

当前情况下，我方遂行突击的两个军都能利用这样的优势：进攻方可以随心所欲地变更进攻方向或突击重点，让敌人猝不及防。

第 54 军以第 213 步兵团和第 24 步兵师转身向西。希策费尔德上校率领第 213 步兵团一举攻克马克西姆·高尔基Ⅰ号装甲炮台。炮台里的一门火炮已被我方超重型炮兵连一发直接命中的炮弹炸毁。我们的工兵冲上堡垒，炸毁了另一门火炮。但这座炮台的工事深入地下，有好几层，守军顽强抵抗，直到我方工兵从上面的通风塔投入炸药包，他们才投降。部分守军企图突围，政委被击毙后，其他人束手就擒，颤抖的嘴唇嘟囔着"天哪"。到 6 月 21 日，第 24 步兵师顺利夺得西部海岸整片北部地段，直到掩护谢韦尔纳亚湾入口的工事。

第 30 军也突然变更突击重点，到 6 月 17 日已取得重大战果。军部决定停止进攻巴拉克拉瓦东面沿海山脉的北部地段，把兵力集中到主干道及其南面，出敌不意地向前推进。这场进击，仅以炮兵掩护沿海山脉形成的翼侧。实际上，第 72 步兵师也顺利打垮了公路南面的敌阵地。巴克少校率领师侦察营大胆发展初期战果，穿过猝不及防的敌军，一路前出到萨蓬山前方的"雕峰"。6 月 18 日清晨，巴克侦察营一举攻克戒备森严的"雕峰"支撑点，并坚守到师后续部队赶来，这为扩大向北插入敌防御体系的楔子创造了先决条件。

接下来的第三阶段，我方部队突然变更突击重点，特别是炮兵力量方面，再次取得战果。在北部，我们彻底实现第一个进攻目标，顺利控制了谢韦尔纳亚湾，而在南部，我方部队为冲击萨蓬山夺得出发阵地。

我们集中在北部地段的火炮充分发挥了效力，第 24 步兵师顺利夺得半岛控制谢韦尔纳亚湾入口的工事，"北部堡垒"也在其中，这处工事陈旧过时，但仍是敌人强大的支撑点。

第 22 步兵师在他们的作战地段夺得俯瞰谢韦尔纳亚湾北岸的山崖。第 22 步兵师与第 50 步兵师之间的分界线，交战双方围绕铁路隧道展开异常激烈的厮杀，敌人投入近期以巡洋舰运来的一个旅，发起强有力的反突击。我们以直瞄炮火打击入口，最终夺得铁路隧道，出来投降的不仅有数百名敌军官兵，还有包括妇孺在内的许多平民百姓。事实证明，把敌人逐出谢韦尔纳亚湾北岸最后的藏身地非常困难。苏联人在陡峭的山崖上挖掘了深深的隧道，用于贮存弹药和物资，隧道还安装了钢门。受到政委逼迫的守军毫无投降的意思，面对这种情况，除了炸掉钢门，没有别的办法。我方工兵刚逼近第一条隧道的入口，隧道内突然发生爆炸，岩石港湾被炸塌一大块，把隧道里的敌人和我们的工兵埋入废墟。看来是苏联红军政委故意炸毁了隧道。最后，突击炮连一名少尉不顾敌人的火力，从谢韦尔纳亚湾南岸驶上海岸公路，在近距离以直瞄火力轰击隧道入口的射孔，强行打开另外几条隧道。苏联红军政委自杀，隧道内筋疲力尽的士兵和平民投降。

第 50 步兵师的进攻地段布满灌木丛，不得不在这种地形艰苦作战，最终到达谢韦尔纳亚湾东端，还夺得控制乔尔纳亚河河谷出口的盖塔尼高地。

该师左侧，罗马尼亚山地军艰难地穿过盖塔尼东南方高地的森林地带，在这里指挥进攻的是罗马尼亚将领拉斯卡尔，他后来阵亡在斯大林格勒。①

第 30 军也取得很大进展，他们突然变更突击方向，把敌人打得措手不及。第 72 步兵师夺得雕峰，第 30 军军部迅速发展胜利，派跟在该师身后的第 170 步兵师从南面进攻费久希内高地的山崖。敌人的注意力放在东面，认为我军肯定会冲击萨蓬山，完全没料到我们从南面发起攻击。我方部队相对较快地攻占了费久希内高地，为我们对萨蓬山的决定性突击夺得出发阵地。

这几天，罗马尼亚山地军左翼的第 1 山地师也取得些进展。

因此，第 11 集团军 6 月 16 日早上发现，几乎整个要塞外围地域已控制在我们手里。敌人退守要塞内环防区，谢韦尔纳亚湾南岸的陡峭高地形成这片防区的北部战线，而东部防线从因克尔曼高地起，沿萨蓬山延伸到巴拉克拉瓦周围的峭壁。

集团军目前面临的问题是如何粉碎这条要塞内环防御带。敌人肯定会继续顽抗，特别是因为他们的上级（克里木方面军）反复宣称绝不撤离半岛。

另一方面，毫无疑问的事实是，虽然敌人的预备队基本消耗殆尽，但我们各个团的攻击力也几乎耗尽。

这几周，我每天早上和下午都外出，奔波于各个军部、炮兵指挥所、师、团、营、炮兵观察所。所以我非常了解己方部队的状况。各团的兵力下降到几百人，我记得某个撤出战斗的连队发来报告，称他们的战斗兵力只剩 1 名军官和 8 名士兵。

谢韦尔纳亚湾就在第 54 军前方，而第 30 军面临冲击萨蓬山阵地的激烈战斗，仅凭这些实力严重受损的兵团，我们怎样才能胜利结束塞瓦斯托波尔争夺战呢？

鉴于眼下的态势，最好是把整个进攻重点调整到南翼第 30 军，但这一点无法做到。就连从北部地段抽调几个师赶往南部地段，也得耗费几天时间，这会让敌人获得重整旗鼓的机会。只有一条狭窄的道路连接两个作战地段，是我们冬季费了很大力气才建成的，但穿越山地的这条道路无法承载超重型火炮。把北部地段的炮兵主力经雅尔塔调到南部地段，再往那里运送弹药，需要好几周。另外，最高统帅部无疑想在短期内把第 8 航空军调离克里木。

---

① 译注：拉斯卡尔在斯大林格勒没有阵亡，而是被俘了。

第 22 步兵师刚刚到达谢韦尔纳亚湾北岸，我立即驱车赶往该师辖内各团，想从海湾北岸的观察所察看整体情况。在我前方是 800—1000 米宽的海湾，当初这里停泊过整支舰队，对岸的右侧就是塞瓦斯托波尔城，陡峭的岸边高地布满工事，就在我正对面。我产生了一个念头，也许能从这里，也就是从翼侧，迂回萨蓬山阵地，因为敌人绝对料不到我们会从这里渡过谢韦尔纳亚湾发动进攻。

但我与第 54 军首次商讨这个计划时，一些下属指挥官大摇其头，对此深表怀疑。敌人在南岸高地构设了强大的工事，还驻有重兵，我们如何能以突击舟渡过宽阔的港湾呢？就算载有部队的突击舟靠岸，寥寥几道陡峭的峡谷根本没有通道，部队又如何翻越陡峭的山崖呢？我们的一举一动都在南岸敌军的监视和火力控制下！

可话说回来，正因为渡过谢韦尔纳亚湾发动进攻看似不可能，才会让敌人猝不及防，这种突然性也许能结出胜利的果实。尽管存在种种质疑，但我还是坚持自己的想法。下令实施这种大胆的行动非常困难，因为我的职务不允许我亲自参与其中。

一旦做出决定，各部门就积极着手准备。我在这里要特别称赞我们的工兵，他们与步兵并肩奋战，攻克敌人一座座碉堡，充分证明了自身的价值。

6 月 29 日清晨，我们对要塞内环防御带发动总攻，第 54 军强渡谢韦尔纳亚湾，第 30 军冲击萨蓬山。第 50 步兵师 6 月 28 日已渡过乔尔纳亚河下游，攻占了因克尔曼。这里发生的一出悲剧，充分说明了布尔什维克分子战斗得多么狂热。因克尔曼上方有一道长长的峭壁，一直延伸到南面。峭壁内有一片很大的空间，是克里木香槟厂的酒窖。除了存有大量香槟酒，布尔什维克分子还堆放了许多弹药，数千名伤员和难民也安置在这里。我方部队冲入因克尔曼，就在这时，伴随剧烈的轰鸣，镇子后方的整道山崖颤抖起来，大约 30 米高、长度超过 300 米的山崖坍塌了，埋葬了数千人。

6 月 28 日午夜前后几个钟头，所有参加强渡谢韦尔纳亚湾的人惴惴不安地从事着进攻准备。为掩盖海湾北岸的一切动静，第 8 航空军不停地轰炸塞瓦斯托波尔城。我方炮兵已做好准备，只要南岸敌军射出火力，表明他们发现了我们的企图，就以最猛烈的炮火覆盖南岸高地。但对岸此时一片平静。把突击舟推入水里并搭载部队的困难任务顺利完成。凌晨 1 点，第 24、第 22 步兵师第一登陆波次离开北岸，突击舟朝南岸而去。

这场强渡大获成功，显然彻底出乎敌人意料。待南岸高地上的敌守军采取行动，我们英勇的掷弹兵已经在南岸站稳脚跟。我方火力摧毁了南岸高地斜坡暴露出来的敌防御武器，突击队攀上高地。这样一来，我们就从侧面绕过了致命的萨蓬山阵地。

不过，伴随枪炮射击闪烁出的火光，我方部队也对这处阵地的正面发起攻击。

第 54 军左翼，第 50 步兵师和新投入的第 132 步兵师，以及第 46 步兵师辖内几个步兵团，从盖塔尼及其南面攻往因克尔曼附近和南面的高地，谢尔纳亚湾北岸的炮兵从翼侧提供炮火支援，罗马尼亚山地军右翼也加入这场进攻。

拂晓时，第 30 军对萨蓬山发起决定性突击，第 54 军若干远程炮兵连和第 8 航空军提供支援。该军投入炮兵，敌人误以为这场进攻会沿宽大正面遂行之际，第 170 步兵师作为突击力量集结在费久希内高地的狭窄空间。一个高炮团提供直瞄火力支援，突击炮和第 300 装甲营伴随进攻，第 170 步兵师迅速到达塞瓦斯托波尔主干道两侧的高地。趁敌人猝不及防，该师很快朝北面、东面、南面拓展了足够的空间，为其他师攻往高地创造了条件。

我军顺利渡过谢韦尔纳亚湾，因克尔曼高地陷落，第 30 军突破萨蓬阵地，可以说塞瓦斯托波尔要塞的命运已定。

接下来就是最后的决战，对苏联红军来说，他们既无法挽救自己的军队，也无力扭转总体作战态势。这场决战甚至对维护军队的荣誉都是多余的，因为红军将士战斗得够英勇的了！可是，政治制度要求他们继续从事这场无谓的斗争。

第 54 军渡过谢韦尔纳亚湾的几个师夺得南岸高地后攻入敌军外围阵地，这道宽大的弧形阵地环绕着塞瓦斯托波尔城。他们坚守既占地域，敌人已陷入绝望境地。

就这样，第 54 军以部分兵力攻往南面的阵地，主力转身向西，奔向塞瓦斯托波尔及其城郊阵地。著名的马拉霍夫岗落入该军手里，克里木战争期间，交战双方在此处付出过高昂的代价。第 54 军已到达城郊。

在此期间，第 30 军 6 月 29 日派后续师迅速跟随第 170 步兵师挺进，这两个师（第 28 轻装师和第 72 步兵师）原先负责模拟一场宽大正面的进攻。他们从第 170 步兵师在萨蓬山夺得的跳板呈放射状展开，准备夺取赫尔松涅斯半岛。

第28轻装师夺得可追溯到克里木战争时期的"英军公墓"，就此突破塞瓦斯托波尔东南面的外围阵地。苏联红军把这处墓地打造成外围阵地的主支撑点。为英军阵亡官兵竖立的大理石纪念碑被炸碎。新的阵亡者倒在炮弹掀开的墓地旁。该师随后穿过城市南部赶往西面，打算从西面夺取这座城市，或阻止敌人朝这个方向突围。

第170步兵师的目标是赫尔松涅斯半岛最西端的灯塔，伊菲革涅亚当初就在那里翘首凝望希腊故土。

第72步兵师沿南部海岸攻击前进，向南卷击萨蓬阵地，先夺得居高临下的"风磨山"，尔后为第30军控制了通往塞瓦斯托波尔的主干道。罗马尼亚第4山地师紧随其后，从后方攻克了巴拉克拉瓦周围的敌防御体系，俘虏1万名敌军官兵。

据我们迄今为止对苏联红军指挥部门的了解，不得不估计敌人会在城郊，甚至在城内实施最后的抵抗。斯大林"坚守到最后一人"的指令不断发往塞瓦斯托波尔。我们知道，包括妇女在内的所有居民都武装了起来，苏联军方动员他们投入战斗。

如果不考虑上述可能性，那么集团军司令部就是对辖内官兵渎职。城内的战斗势必让进攻方再次付出高昂的代价。为避免这种情况，集团军司令部命令炮兵和第8航空军在各师进攻城区前再次施以猛烈的炮击和轰炸，务必让敌人明白，别指望在逐屋逐房的巷战中让我们付出更多伤亡。

因此从7月1日起，我们集中火力打击城郊和城内的敌支撑点。此举大获成功。没过多久侦察兵就报告，敌人的激烈抵抗已不复存在。我们停止炮击和轰炸，各师向前推进。敌人7月1日夜间可能把大部分部队从要塞撤往西面了。

但战斗并没有结束。敌滨海集团军之所以弃守城区，仅仅是企图依托封锁赫尔松涅斯半岛的阵地再次实施抵抗。他们打算执行斯大林"坚守到最后一人"的指令，要么就是企图趁夜间在塞瓦斯托波尔西面的港湾，借助红旗舰队的舰船，至少把集团军部分官兵撤离。实际上，只有少数高级指挥员和政治委员乘快艇逃离，其中包括滨海集团军司令员彼得罗夫将军。他的继任者也想以同样的方式逃离，但在黑海被我们那艘意大利快艇俘获。

赫尔松涅斯半岛最后的战斗持续到 7 月 4 日。第 72 步兵师攻克了数千名敌军官兵据守的马克西姆·高尔基 II 号炮台。其他师把残敌逐步逼向半岛顶端，敌人一次次企图趁夜间向东突围，可能是想与亚伊拉山地的游击队会合。他们排成密集的队列冲向我方封锁线，每个士兵胳膊挽着胳膊，以防有人畏缩不前。共青团的妇女和姑娘冲在最前方，她们全副武装，还大声鼓励其他士兵。毫无疑问，这种突围方式的伤亡非常大。

最后，滨海集团军残部躲入赫尔松涅斯半岛峭壁巨大的山洞，徒劳地等待海军船只把他们救走。这股残敌 7 月 4 日投降，仅半岛最顶端这片地带就有 3 万名敌军官兵被俘。

我们在要塞地域抓获的俘虏总数超过 9 万人，敌人的损失数倍于我方。我们缴获的物资一时间无法清点。这座地势险要、以各种手段加固、还以一个集团军据守的天然要塞终于陷落了。敌集团军灰飞烟灭，整个克里木半岛现在落入德军手里。第 11 集团军终于可以腾出来，及时参加德国军队在东线南翼的大规模攻势。

7 月 1 日傍晚，我和司令部几名最亲密的同事坐在指挥所里，这是大卡拉列兹一座鞑靼人的小木屋。红军执行夜间勤务的飞机通常会在傍晚飞来，朝我们这处峡谷投掷几颗炸弹，但现在不再出现。我们的思绪飘回到过去几个月的鏖战，想起长眠在地下的战友。

收音机里突然传出胜利进行曲，插播塞瓦斯托波尔要塞陷落的特别公报。我们随后收到以下电文：

致克里木集团军司令冯·曼施泰因大将：

克里木战役大获全胜，此次战役以刻赤歼灭战和攻克地势险要、设有强大防御工事的塞瓦斯托波尔要塞圆满告终，为表彰您的突出功绩，特晋升您为陆军元帅。我代表全体德国人民，以您的晋升和为全体克里木将士颁发纪念盾章，向您指挥的部队取得的英勇功绩深表敬意。

阿道夫·希特勒

为完成克里木战役的最终目标，我们工作、战斗了好几个月，但我们比谁都清楚，第11集团军的命运一度岌岌可危，不难理解，这一刻我们是多么自豪和喜悦。

在战场上体会胜利，是一种独特的经历！

元帅权杖是赢得一场战局的象征，也是我军旅生涯的顶点，但我没有忘记，实现这个目标需要多少军人付出牺牲。许多人没能获得胜利的桂冠，仅仅因为太年轻或太老。

顺便说一句，集团军司令对麾下部队，对成千上万名将士，从某种程度上说，甚至对国家的命运负有责任，与这份重任相比，外在的荣誉又算得了什么！

但最重要的是，正是这一刻，我和身边的同事想起我方将士的无私奉献、英勇无畏、坚定不移、恪尽职守，正是凭借这些素质，他们克服了重重危机，最终让第11集团军胜利赢得了此次战局。还有一点，全体将士秉承了德国军人的传统，战斗得英勇而又得体！

现在我们胜利完成了任务，我觉得必须对我的战友表达谢意。当然，我不可能与所有人握手致谢，只能邀请营以上指挥官，以及荣膺骑士铁十字勋章或德意志金质奖章的军官、士官、士兵，出席我们在沙皇昔日的利瓦季亚宫花园举办的庆祝会。我们先缅怀了为胜利铺平道路而献身的战友，归营号响起，《爱的力量》和我们默默的祈祷升入天堂。鼓声渐渐消退，《好战友之歌》响起，这首歌可能在东线战场最为贴切，是我们对安葬在克里木的战友最后的问候。永别了，我们的好战友！接下来，我感谢了第11集团军和第8航空军全体将士，包括没能参加此次庆祝会的官兵，感谢他们的奉献精神，他们的英勇无畏，他们在最无望的情况下表现出的坚忍不拔，也感谢他们所做的一切。我们随后吃了顿简单的晚餐，烦人的是，几架敌机从高加索地区飞来，朝我们投下几颗炸弹，幸好没命中。

当然，攻克塞瓦斯托波尔后，我收到很多祝贺，但有三份礼物特别令我欣喜。

7月1日傍晚，我们收到元首发来的电报，获知我晋升陆军元帅、集团军全体官兵获得克里木盾章后，就在鞑靼小屋的露天门廊庆祝了一番。集团军情报处处长艾斯曼总参少校连夜驱车赶往辛菲罗波尔，在那里叫醒了一个银匠，把自己的银表交给他，委托对方务必在天亮前为我的肩章打造一对银质元帅权杖。7月2日早上我去吃早餐时，一对雕工精美的元帅权杖放在我桌上。这种忠诚的情谊令我深受感动，我非常喜欢这件礼物。

没过多久我收到个包裹，寄件人是德国皇储，包裹里是个沉甸甸的金质烟盒，烟盒正面雕刻着塞瓦斯托波尔要塞的平面图和各处工事，非常精美，身居高位的赠送者还在烟盒内签了名。但最让我感动的是随烟盒附上的短函。皇储写道，自己当初没能攻克凡尔登，他深以为憾，如今我胜利攻克强大的塞瓦斯托波尔要塞，他对此欣喜不已。王储的几句话写得很亲切，不愧是真正的战友！

第三件礼物有点特殊，是个逃离布尔什维克政权、目前居住在维希的俄国牧师从法国寄来的。这根粗大的手杖用缠绕起来的葡萄藤制成，非常精致，手柄嵌了块黄玉，狭窄的金属环上刻有俄语铭文。这位牧师在信里写道，克里木战争期间，他的祖父是守卫塞瓦斯托波尔的团长，战斗中腿部负了重伤，团里的士兵为他做了这根手杖。如今我攻克塞瓦斯托波尔，把克里木从布尔什维克手里解放出来，他作为牧师非常高兴，把这根手杖送给我，以表谢意。

我还收到两本皮革装订的精美书籍，是冯·曼施泰因将军的回忆录。安娜女皇时代，冯·曼施泰因将军在俄国军队服役，接受米尼赫元帅指挥，征战于黑海沿岸。虽然我与他名字相同，但并无血缘关系，不过，阅读法文写就的这些回忆录，对我还是很有吸引力。我不仅追随了这位曼施泰因将军的足迹，可以说还在同一片战场鏖战，这部回忆录为我呈现出他的冒险生涯。伊丽莎白女皇执政后，曼施泰因被迫逃离俄国，他的保护人米尼赫也被流放到西伯利亚。他们俩过去一同推翻了俄国真正的统治者——库尔兰的比龙公爵。米尼赫乘雪橇前往西伯利亚的途中，遇到从西伯利亚返回的比龙公爵，据说两人颇具骑士风度地互致了问候。曼施泰因随后加入普鲁士军队，科林战役期间身负重伤，返家途中遭遇故军，因拒不投降而被杀。

在罗马尼亚休假

克里木战役结束后，我方部队在风景雅致的克里木南部获得几周他们该得的休整，这里的水果已成熟，我也得以好好休息一下。

夏季，刻赤半岛战役结束后，安东内斯库元帅赶来看望我们，还邀请我，待塞瓦斯托波尔战役结束，就作为他的贵宾，带上妻子去喀尔巴阡山度假。元帅还亲切地邀请了我们的长子，他参加对苏战争后进入军校学习，春季已晋升少尉，前一段时间他得了猩红热，现在需要好好休养。

接下来几周，我们会得到罗马尼亚最热情、最慷慨的招待，不过，此次休假多少有点国事访问的意思。

我们作为普通旅客到达罗马尼亚边境，一节豪华车厢已等在那里。一位将军和一名外交部特使特地赶来迎接安东内斯库元帅和罗马尼亚政府的贵宾。穿越喀尔巴阡山的旅程非常惬意，我们次日中午到达普雷代亚尔，这处气候宜人的疗养胜地位于山顶，靠近著名的锡纳亚皇家城堡，安东内斯库元帅在这里有一座漂亮的乡间别墅。安东内斯库夫人和罗马尼亚战争部长在车站迎接我们，元帅的警卫营还派出一个连队，以全套军礼接受我的检阅。值得注意的是，元帅之所以组建自己的警卫营，可能是因为铁卫队近期企图发动政变推翻他。警卫营的着装与国王卫队一模一样，只是国王卫队佩戴白色绶带，而元帅的警卫营佩戴的是红色绶带。

我们驱车穿过挂满旗帜、小学生夹道欢迎的街道，来到一座迷人的小别墅，这里是政府招待所。我和妻子，以及我们的儿子（应安东内斯库元帅邀请，他过几天就来），就住在这里，副官施佩希特和派到我身边的两名罗马尼亚军官住在旁边一座房子里。戈加夫人非常亲切地接待了我们，她是罗马尼亚前总理的遗孀，也是安东内斯库家族的密友。这座别墅原先就是她的，她为我们介绍了布设精美的房间——客厅、餐厅、两间卧室。她还给我们介绍了这里的工作人员，同时低声但非常认真地强调，厨师完全可以信赖。这不禁让我想到自己置身巴尔干，实际上，促成罗马尼亚走上亲德路线的戈加总理就是被毒死的。我们住在此处期间，安东内斯库元帅因轻微的胃部不适而病倒，他做的第一件事就是辞退了厨师。总的说来，我们得到严密保护。两名德国和两名罗马尼亚便衣警察总是"悄悄地"跟在我们身后。先前在那节豪华车厢里，一名罗马尼亚官员本该睡在我们包厢门口的地上，可我们坚持给他找了个更舒适的栖身地。这是我有生以来第一次，也是唯一一次受到如此尊敬的对待，得到这般谨慎的保护，一开始还真有点不适应，还是作为普通旅客更舒服些。

我们住在普雷代亚尔期间，安东内斯库元帅多次邀请我们去他家里作客。他和他妻子能说一口流利的法语，是最殷勤的主人。安东内斯库曾在巴黎和伦敦长期担任武官，他的亲德态度令人深感欣慰。

罗马尼亚国王和他的母亲海伦娜王太后也邀请我们共进早餐。王太后依然美丽，她和蔼可亲，机敏睿智，谈吐大方。她一直想回佛罗伦萨，她丈夫卡罗尔国王当初与卢佩斯库夫人坠入爱河，她曾在那里居住过多年。王太后指出，她身上流淌着霍亨索伦家族的血液。

年轻的米夏埃尔国王当时给我的印象有点迟钝、冷漠，他的兴趣似乎集中在汽车和摩托艇上。王太后展现出深刻的政治理解力，而国王对自己作为一国之君的职责似乎有些陌生或兴味索然。以国王的年龄看，他好像很顽皮，难道这是他故意制造的假象？不管怎么说，他的青少年时代是在不靠谱的父亲与大多数时间住在国外的母亲之间度过的，这大概是造成他性格不够成熟的主要原因。另外，安东内斯库元帅也不让他过问任何具体的政府工作。年轻的国王偶尔视察军队时，甚至不知道自己该怎么做。

有一次，我们在罗马尼亚人陪同下，穿过锡本比尔根①，参观了赫尔曼施塔特②的骑兵学校。安东内斯库当过该校校长，因而对这所学校倍加关照。学校的条件无可挑剔，骑术表演的水平也很高。

我们还应罗马尼亚主教邀请，去他的庄园拜访，这座庄园坐落在美丽的森林里，旁边有个小小的修道院。与所有东正教牧师一样，主教和几名年轻随从蓄着漂亮的大胡子，以此强调他们职位的尊贵。主教受过高等教育，当初还在布雷斯劳和图宾根学习过神学，我和他聊得非常愉快。傍晚，我们坐在这座简朴的乡间别墅的露台上，吃了顿简单又不失乡村风味的晚餐，与世俗活动完全不同。

不过，我们在罗马尼亚休假期间，最愉快的经历莫过于拜访德国少数民族，安东内斯库掌权，再加上德国的影响力，他们享受的自由比过去大得多。顺便说一句，很多人把他们称为"锡本比尔根萨克森人"，这种称谓并不正确，因为锡本比尔根的德国人来自卢森堡和洛林。我们乘车游览了美丽的锡本比尔根，早上去一座古老而又坚固的教堂做了礼拜。教堂筑有围墙，昔日战争期间，许多人在这里避难，教堂设有牛棚和存放粮食的"熏肉屋"。锡本比尔根的主教主持了仪式。

---

① 译注：即特兰西瓦尼亚。
② 译注：即锡比乌。

当地农民带着他们的妻儿从邻近村庄赶来，都穿着绣有图案的传统服装。然后，我们驱车穿过美丽的村庄和他们富饶的农场，四处飘扬着旗帜，学校的孩子挥舞鲜花欢迎我们。我们参观了马林堡，这是普鲁士马林堡的前身。条顿骑士团当初不得不离开圣地，先是在锡本比尔根执行殖民任务，尔后才来到德国，为德意志民族夺得普鲁士。

当天中午，我们参加了一个德国男孩的洗礼，我应邀成为孩子的教父。当地农民对自己的富足和美丽的家园深感自豪，为洗礼后的盛宴端上了农庄产出的一切。下午，我们去另一个村庄参加乡村庆典，年轻姑娘和小伙穿着五颜六色的当地服饰，在森林间的草地上跳起优美的传统舞蹈。真是个美妙的场面！我们随后在喀琅施塔得与一群德国少数民族一同过夜，居住在这里的主要是德国人，他们对此地宏伟的黑教堂深感自豪，黑教堂这个名字缘于火焰熏黑的教堂墙壁。

此次休假的最后几天，我们待在布加勒斯特，参观了普洛耶什蒂油田和罗马尼亚兵工厂，我还拜访了一所野战医院。医院设在宫廷为大臣修建的豪华建筑内，战争爆发后，安东内斯库元帅从宫廷要来这座建筑，交给野战医院使用。此举完全正确，但安东内斯库元帅的态度过于强硬，让他在宫廷圈子里树敌颇多。更招人恨的是，安东内斯库某天突然把王太后身边的侍从悉数开革，派其他人取而代之。冯·罗塞蒂少校也是此次人员调整的受害者，他是罗马尼亚外交官的儿子，也是保卢斯将军的小舅子。冯·罗塞蒂后来作为罗马尼亚联络官来到我身边，他善于调解各种纠纷，是个很好的战友。虽说国王不够成熟，可安东内斯库元帅以这种严厉的措施控制他，无疑对自己很不利。不过，要是你当时见过国王，绝对想不到他有朝一日会鼓起勇气逮捕安东内斯库元帅。但国王作为霍亨索伦家族的成员背叛德国，最终导致自己的统治土崩瓦解，此时还看不出任何端倪。

不管怎样，我们只能满怀感激之情地回忆起在罗马尼亚受到热情款待的那几周，特别是德意志锡本比尔根给我们留下了难以磨灭的印象。今天，那里还没被驱逐的德国人再次遭到奴役。唯一令我欣慰的是，我的教子和他父母逃离了清洗大潮，目前居住在汉诺威。

注释

1. 新型轻装师，与过去介于装甲师和摩托化师之间的"轻装师"不同，编制和装备更像山地师，这些轻装师后来改称猎兵师。

2. 第 22 装甲师转隶南方集团军群。

3. 第 11 集团军司令部的文件指出，此时要塞内的敌军是：彼得罗夫将军领导的滨海集团军司令部，辖步兵第 2、第 25、第 95、第 172、第 345、第 386、第 388 师，骑兵第 40 师（没有马匹），海军陆战队第 7、第 8、第 79 旅。滨海集团军遭受重创后逃入要塞的各个师应该已获得整补。

4. 几位师长分别是沃尔夫将军、冯·特滕男爵将军、施密特将军、林德曼将军。

5. 几位师长分别是米勒 - 格布哈德将军、桑德尔将军、辛胡贝尔将军。

第十章 列宁格勒—维捷布斯克

最高统帅部没把第11集团军投入夏季攻势，而是用于夺取列宁格勒——准备进攻列宁格勒城——敌人破坏了希特勒的计划——在拉多加湖南面歼灭敌集团军部分力量——我的副官施佩希特中尉阵亡——空军野战师——希特勒的战略幻想——我们的儿子格罗·冯·曼施泰因阵亡——集团军司令部迁到中央集团军群作战地域——新任务

经历了先前的艰苦作战，第11集团军辖内各师在克里木休整，我去罗马尼亚休假之际，集团军司令部着手准备渡过刻赤海峡的行动。东线南翼的德国军队已发起大规模攻势，第11集团军渡过刻赤海峡，标志着我们开始投入这场攻势。虽然我身处普雷代亚尔，但集团军作战处处长布塞上校不断与我联络，所以我对准备工作了如指掌。可惜，这些工作又一次沦为废纸。一如既往，希特勒又犯了同时追求多个目标、高估我方攻势初期战果的毛病，放弃了以第11集团军加入此次攻势的原定计划。

我8月12日回到克里木，对最高统帅部发来的新指令深感遗憾。集团军渡过刻赤海峡的计划被放弃了。新指令要求我们仅以第42军军部、第46步兵师和罗马尼亚军队执行这场行动，而第11集团军的任务是夺取列宁格勒，突击炮兵已离开塞瓦斯托波尔，正开赴列宁格勒。最可惜的是，我们的3个师被分割使用。第50步兵师留在克里木，集团军辖内最精锐的第22步兵师改编为空降师，开赴克里特岛，这个师后来待在那里无所事事，直到战争结束。集团军开拔后，第72步兵师又转隶中央集团军群，赶去解决那里的局部危机。最后，集团军司令部用于执行新任务的力量只剩第54、第30军军部这些老班底，以及第24、第132、第170步兵师及第28猎兵师。无论最高统帅部出于什么原因，分割使用集团军司令部和

各军部辖内这些师实在很可惜，因为我们协同作战了很长一段时间，配合得非常默契。各部队共同经历了艰苦斗争，培养起的相互了解和信任之情是战争中举足轻重、不容忽视的因素。

除了这点，还有另一个更重要的问题。第11集团军刚从克里木腾出，就立即调离东线南翼，赶去夺取无疑不太重要的目标列宁格勒，这个决定合理吗？德国军队1942年夏季应当在东线南翼寻求决定性胜利，可我们的兵力并不足以赢得这场决战。雪上加霜的是，希特勒寻求的目标从一开始就把德军的攻势分散到两个方向——斯大林格勒和高加索，这样一来，我方军队向东推进得越远，突击楔子暴露在外的北翼就越长。

战事进展表明，第11集团军留在南翼是多么必要。我们本该立即渡过刻赤海峡，阻止敌人撤往高加索地区，或作为战役预备队，在遂行进攻的集团军群身后跟进。

我飞往北方，去文尼察的元首大本营商讨新任务期间，就这个问题与陆军总参谋长哈尔德大将长谈了一番。哈尔德明确指出，希特勒不仅要在南翼发动攻势，还急于征服列宁格勒，他（哈尔德）对此并不赞同。可希特勒固执己见，说什么也不愿改变想法。我问哈尔德，调离第11集团军，南翼的兵力是否足以完成预定任务，他做出肯定的回答。我对此持怀疑态度，可又无法未卜先知地反驳总参谋长的观点。

通过这件事，我震惊地发现希特勒与总参谋长的关系是多么恶劣。态势研讨会期间发生了这样一件事，苏联红军的局部攻势在某些地段给中央集团军群造成危机，我集团军辖内第72步兵师开赴那里解决问题。希特勒为此厉声斥责那里的作战部队，总参谋长哈尔德针锋相对地指出，很长一段时间以来，部队的兵力就已捉襟见肘，特别是军官和士官的损失过高，这种情况必然给部队的战斗力造成影响。哈尔德的反对意见陈述的完全是事实，希特勒却勃然大怒。顺便说一句，这是我唯一一次目睹他们的争吵。希特勒毫不客气地指出，总参谋长没资格唱反调。他（希特勒）之所以能做出准确的判断，是因为第一次世界大战期间他在前线当过步兵，而哈尔德却没有这种经历。会场的气氛非常尴尬，我不得不离开地图桌，待希特勒火气渐消，才应他的要求回来继续开会。事后，我觉得有必要与陆军人事局局长施蒙特将军谈谈，他还是希特勒的国防军副官长。我告诉他，总司令与陆军总参谋长的关系绝不能这样。要么希特勒听从总参谋长的意见，维护对方的尊严，要么总参谋长汲取教训，改善自己的进言方式。遗憾的是，双方都没这样做，哈尔德大将6周后辞去职务，两人分道扬镳。

8月27日，第11集团军司令部到达列宁格勒战线，在第18集团军作战地段勘察实施进攻的可能性，同时拟制进攻列宁格勒的计划。集团军司令部打算接防第18集团军正面朝北的战线，而第18集团军负责沃尔霍夫的东部战线。第11集团军负责的北部战线分成几段，包括从拉多加湖延伸到列宁格勒东南方的涅瓦河地段，列宁格勒南面原先的进攻战线，以及芬兰湾南岸奥拉宁包姆周围包含宽大登陆场的战线，这处登陆场仍在苏联红军控制下。

除了实力强大的突击炮兵（部分调自塞瓦斯托波尔），集团军司令部下辖12个师，包括西班牙蓝色师、1个装甲师、1个山地师、1个党卫队旅。但我们必须从这股军力中抽调4个师，分别用于涅瓦河战线和奥拉宁包姆战线，所以我们只有9.5个师可用于进攻列宁格勒。鉴于敌人在列宁格勒地域部署了一个集团军，共计19个步兵师、1个步兵旅、1个边防旅、1—2个坦克旅，我们的兵力实在不算多。

考虑到这种兵力对比，要是此时在北面卡累利亚地峡封锁列宁格勒地域的芬兰军队投入进攻的话，无疑会发挥重要作用，至少能牵制他们当面的5.5个红军师。可德国派驻芬兰大本营的埃尔富特将军提出这项建议后，芬兰总司令部却不愿参与进攻。埃尔富特将军解释了芬兰的立场，自1918年起，芬兰始终坚持绝不对列宁格勒构成威胁的政策。出于这些原因，我们只好排除芬兰军队参与进攻的可能性。

看来，集团军司令部只能以现有兵力执行受领的任务。我们很清楚，这场行动能否成功很成问题。眼下的进攻纯属多余，我们对此毫无激情。1941年夏季，我们确实有过以突袭攻克列宁格勒的机会。迅速攻占该城原本是希特勒最优先的目标之一，可出于种种原因，德国军队没能利用当时出现的良机。希特勒后来又认为，可以用饥饿的手段迫使这座城市及其居民投降。苏联人夏季使用船只，冬季在冰面上铺了条铁路，经拉多加湖为城内运送物资，挫败了希特勒的如意算盘。德军现在面对的是从拉多加湖到奥拉宁包姆西面这条耗费兵力的战线，消灭这条战线当然再理想不过。唯一的问题是，鉴于德国军队正在东线南翼寻求决战，我们在北面发动进攻是否合理。"失去一分钟就永远无法挽回。"这句话似乎笼罩着进攻列宁格勒的行动。

不管怎样，我们不得不为受领的任务进行充分准备。我们在列宁格勒南面的战线实施侦察期间，发现这座城市虽然受到纵深梯次配置的野战工事网掩护，但看上去近在咫尺。我们看见涅瓦河畔科尔皮诺的大型工厂，那里仍在生产坦克，芬兰湾的普尔科沃造船厂也清晰可辨。远处伫立着圣以撒大教堂和海军部的尖塔，以及彼得保罗要塞。天气晴朗时，还能看见涅瓦河里停着艘损毁的装甲巡洋舰。这艘 1 万吨的装甲舰是我国 1940 年卖给苏联的。再次看见沙皇那些宫殿令我伤感不已，我 1931 年参观过皇村美丽的叶卡捷琳娜宫、最后一位沙皇住过的小宫殿、芬兰湾迷人的彼得霍夫，可这些地方已沦为战争的牺牲品，苏联红军炮兵把这些宫殿打得起火燃烧。

我们通过侦察得出结论，第 11 集团军无论如何不能卷入城内的战斗，否则我们的作战兵力很快会消耗殆尽。希特勒认为，也许能以第 8 航空军的狂轰滥炸迫使列宁格勒投降，别说我们，就连经验丰富的冯·里希特霍芬大将也不赞同这种看法。

因此，集团军司令部的企图是，充分发挥炮兵和航空兵的威力，以 3 个军突破列宁格勒南面的敌防线，但只突破到城市南部边缘。然后两个军转身向东，出敌不意地渡过城市东南面的涅瓦河。他们的任务是歼灭列宁格勒城与拉多加湖之间的敌军，切断对方穿越拉多加湖的后勤补给线，从东面封锁城市。这样一来，我们很可能像当初攻克华沙那样，不需要从事逐屋逐房的艰巨巷战就能迫使列宁格勒投降。

可是，"失去一分钟就永远无法挽回"这句话一语成谶。德军朝列宁格勒战线调动兵力自然无法遮敌耳目。苏联红军 8 月 27 日冲击第 18 集团军正面朝东的战线，迫使我们投入刚刚开抵的第 170 步兵师。接下来几天，对方以强大的兵力发起解救列宁格勒的进攻，显然想先发制人，借此阻止我们的进攻。

9 月 4 日下午，我接到希特勒亲自打来的电话。他指出，为避免灾难，立即在沃尔霍夫战线采取行动至关紧要。他命令我马上接掌指挥权，恢复进攻性态势。可敌人当天在拉多加湖南面第 18 集团军薄弱的防线达成宽大的纵深突破。

在我们看来，值此危急时刻，从第18集团军手头接过战线危险地段的指挥权，这项任务多少有些尴尬。最高统帅部把进攻列宁格勒的任务交给第11集团军，第18集团军司令部对此不太高兴，完全可以理解。不过，尽管受到上级明显的冷落，可他们还是全力配合，以一切必要手段为缺乏军需部门的我集团军提供便利，好让我们顺利完成任务。

原定对列宁格勒的进攻，现在改为"拉多加湖南部交战"。

从列宁格勒经姆加通往东面的铁路线以北地区，敌人在第18集团军战线上撕开个8公里宽的缺口，向西突破12公里左右，一路前出到姆加。第11集团军的首要任务是以手头现有兵力挡住敌人。接下来几天，经过激烈交战，我们顺利完成了这项任务。在此期间开抵的其他师归建后，集团军司令部得以发起决定性反突击。我们从战线南北两面依然稳定的基石发动进攻，企图从根部切断敌人伸向西面的突击楔子。

第30军以第24、第132、第170步兵师，以及第3山地师从南面展开行动，第26军军部率领第121步兵师、第5山地师、第28猎兵师从北面发起进攻。经过激烈战斗，到9月21日，我方兵团已切断敌军。接下来几天，新锐敌军从东面发起强有力的冲击，企图解救他们陷入合围的突击集群，但被我们击退。列宁格勒集团军也投入8个师展开救援，一部渡过涅瓦河，另一部从列宁格勒南部战线发动进攻，可这场行动同样无济于事。

但与此同时，我们必须彻底歼灭在姆加与盖托洛沃之间陷入合围的强大敌军。一如既往，尽管被围之敌的处境趋于无望，再打下去也改变不了作战态势，可他们无意投降。相反，这股敌军千方百计突出合围圈。由于合围圈整片地域遍布密林（顺便说一句，面对这种地形地貌，我们绝不会设法突破对方的防御），要是我们以步兵进攻的方式解决被围之敌，势必给我方部队造成重大伤亡。出于这种考虑，集团军司令部从列宁格勒战线调来最强大的炮兵力量，持续不停地轰击合围圈，提供支援的德国空军也反复发起空中突击。这场狂轰滥炸没用几天就把整片林地变成了一个巨大的弹坑，原先高大挺拔的树木现在变成一个个树桩。我们后来从缴获的一本苏联红军团长日记了解到这场炮火的效力，日记里还透露，政治委员严令合围圈内的苏联红军官兵抵抗到底。

到 10 月 2 日，我们以这种方式结束了合围圈之战。敌突击第 2 集团军为此次进攻投入不下 16 个步兵师、9 个步兵旅、5 个坦克旅。其中 7 个步兵师、6 个步兵旅、4 个坦克旅在合围圈内覆灭。其他兵团徒劳地企图解救被围部队，也遭到重创。我们俘虏 12000 名敌军官兵，击毁或缴获 300 多门火炮、500 门迫击炮、244 辆坦克。敌人的伤亡是被俘人数的数倍。

虽然我们胜利完成了稳定第 18 集团军东部战线态势的任务，但第 11 集团军辖内几个师的损失也不小。另外，本打算用于进攻列宁格勒的弹药也消耗了很大一部分。因此，我集团军立即对列宁格勒发动进攻也就无从谈起了。可希特勒不愿放弃占领列宁格勒的企图，不过，他打算缩小进攻目标，此举当然无法彻底肃清这条战线，而最终肃清列宁格勒战线才是重中之重。集团军司令部认为，部队得不到充分整补，或者说没有足够的兵力，就无法对列宁格勒采取行动。一次次讨论，一个个新计划，10 月份就这样过去了。

我们在东线北翼停滞不前，而东线南翼，德国军队的突击势头似乎在高加索地区和斯大林格勒前方逐渐消退，这种局面令人不快。我的副官施佩希特又一次显得闷闷不乐，年轻军官不得不在高级指挥部工作，无法执行重要的任务，产生这种情绪情有可原。于是，佩波缠着我，一再要求上前线。我理解他的心情，只好满足了他的愿望。我派他去目前在涅瓦河作战的第 170 步兵师，当初在克里木，他参加过这个师的战斗。飞赴该师途中，他乘坐的鹳式飞机坠毁。10 月 25 日，我们安葬了这位可爱的小伙。对我们所有人，特别是对我本人，这是个沉重的打击。我们再也听不到他爽朗的笑声和洪亮的嗓音。他总能让我们的营帐充满欢笑，他陪我经历了那么多艰辛而又危险的旅程，他从来不失朝气、信心、进取精神，我怎么少得了这位年轻的伙伴！继我的司机和好战友纳格尔之后，东线战争又夺走了我身边最亲密的第二位随从。

施佩希特的葬礼刚刚结束，我不得不飞赴元首大本营接受元帅权杖。要是施佩希特与我同行，他会多么开心啊！

一如既往，希特勒对我格外亲切，连声称赞拉多加湖交战期间第 11 集团军辖内部队的表现。我赶紧抓住机会，向他陈述了我方步兵负担过重的问题。由于敌人异常顽强，我方部队必然在东线战争中付出高昂的损失，因此，各步兵团及时得到兵员补充至关重要。可是，自对苏战局开始后，补充兵几乎总是无法及时开抵，也就是说，各个团不得不在战斗兵力完全不足的情况下投入战斗，这又不可避免地导致各部队的兵力消耗得越来越严重。

我们现在得知，根据希特勒的指示，空军正在组建 22 个空军野战师，他们为此从空军内部抽调了 17 万人。空军能抽调这么多人不足为奇，因为戈林在他那个领域向来很阔绰，不仅仅是经费和营房，士兵的数量同样如此。德国空军当时的规模是为了执行重大战略任务，可事实证明，他们的飞行员和战机数量都不足以完成相关任务。为什么会这样，我在此不做讨论。不管怎样，空军完全能腾出 17 万兵员，他们本该早点腾出这些人员，毕竟对英国展开战略空战的梦想已告破灭。

现在，这 17 万人编为空军部队从事地面作战。德国空军目前从替补人员里挑出的这些兵员无疑都是第一流的军人。如果这些空军人员作为补充兵提供给各个陆军师，让这些师充分保持战斗力的话，那么德国陆军很大程度上能避免 1941 年年末到 1942 年年初的危机。这些优秀的士兵在空军框架内编为作战师纯属胡来，这些师从何处获得必要的战斗和部队训练？从哪里得到东线必不可少的作战经验？空军又能从何处找到师、团、营级指挥官？

此次会晤期间，我对希特勒详细阐述了这些看法，为引起他的重视，我后来又呈交了备忘录。他认真倾听了我的意见，但坚称自己仔细考虑过这些问题，不会改变主意。此后不久，与希特勒的副官过从甚密，因而消息灵通的中央集团军群作战处处长，对我道出这件事的缘由：戈林请求希特勒批准他在空军内部组建自己的野战师，为此给出的理由是，他不能把"自己"受过国家社会主义教育的士兵交给陆军，陆军里仍有牧师，而且指挥陆军部队的都是深受威廉二世时代影响的军官。戈林对身边的亲信说过，空军也得付出牺牲，不能让陆军独享牺牲的荣誉，也不能让他们在这种牺牲里占大头。这就是戈林让希特勒采纳空军野战师计划的论据！

另外，我们在列宁格勒前方的任务即将结束之际，我到访文尼察，希特勒告诉我，第 11 集团军司令部可能会在维捷布斯克地域转隶中央集团军群，有迹象表明，敌人即将在那里发动大规模攻势。必要情况下，我这个集团军应当以反突击阻挡对方。但他又指出，要是他和元首大本营离开文尼察的话，就把 A 集团军群交给我指挥。希特勒解除了 A 集团军群司令李斯特元帅的职务，此举毫无正当理由，完全是因为双方意见不合，自那之后，希特勒就亲自兼任该集团军群司令。从长远看，这种做法难以为继。更令人惊异的是，他还谈到我接任 A 集团军群司令后有可能受领的任务。他打算次年派一个摩托化集团军群翻越高加索，进军中东地区！这说明他当时对总体军事态势和战略前景的评估是多么脱离现实。

在列宁格勒前线的最后几天发生了一件事，给我、我的爱妻和几个孩子造成此次战争中最沉重的打击——我们的长子格罗阵亡了。他在我以前指挥的第 18 步兵师第 51 摩托化步兵团当少尉，10 月 29 日为国捐躯。在我指挥下，成千上万名德国年轻人同样为祖国献出了生命，可我却谈起个人的损失，这一点敬请读者原谅。当然，我儿子英勇阵亡，与成千上万名德国小伙的牺牲没什么不同，父母的悲痛之情如出一辙。但想必读者能理解我在回忆录里花点笔墨谈谈为国捐躯的儿子。他和那么多英勇牺牲的年轻人一样，永远活在亲人的心中。

我们的格罗出生于 1922 年除夕，阵亡时年仅 19 岁。他生下来体弱多病，很小的时候就患有哮喘，多亏我妻子悉心照料，他才成长为能当兵的年轻人。尽管虚弱的身体让他失去了许多童年的乐趣，但也让他以特殊的方式成熟起来，培养起坚定的意志，完全能克服一切困难，应对生活提出的种种要求。

格罗是个特别可爱的孩子，稳重，爱动脑筋，却又不乏乐观。他谦虚诚恳，乐于助人，恪尽职守，正如他洗礼时接受的赐福说的那样，他愉快地走完了自己的一生。

他 1940 年从利格尼茨的骑士学校毕业后就想参军入伍，而且想和我一样当步兵，步兵总是在战斗中首当其冲，因而被称为战场上的皇后。我们作为父母，完全理解他继承祖业的愿望，这种愿望对他来说是理所当然的，特别是在战争期间，我和妻子也从未干涉过他的职业选择。格罗的血统注定他会成为军官，这是他梦寐以求的：和平时期指导德国的年轻人，战争期间指挥他们冲锋陷阵。

就这样，格罗高中毕业后在利格尼茨加入第 51 摩托化步兵团，作为一名掷弹兵参加了 1941 年夏季的对苏战局。他很快晋升为士官，某次侦察巡逻期间，他救了一名负伤的战友，还率领其他志愿者继续前进，为此获得铁十字勋章。1941 年秋季他返回德国就读于军校，1942 年春季成为军官。

他生了场重病，痊愈后回到他热爱的步兵团，这个团作为第16集团军辖内部队在伊尔门湖南面作战。拉多加湖交战期间，我乘坐指挥车赶赴前线，他跑来与我短暂地见了一面，我欣慰地目送他离去。后来我又见了他一面，那是10月18日，我去看望第16集团军司令布施大将，他是我的老朋友。布施把格罗叫来，我们几个一同过了一个愉快的傍晚，我的副官施佩希特也在场，没过几天，施佩希特就阵亡了。

1942年10月30日清晨，我忠实的参谋长、韦勒的接任者舒尔茨将军做了晨报后告诉我，格罗昨晚死于敌机投下的炸弹。他当时作为营副官赶往前线向各排长传达命令，途中遭遇不测。

10月31日，我们把这个可爱的小伙安葬在伊尔门湖畔。第18摩托化步兵师的随军牧师克吕格尔致悼词时称他为"一名步兵少尉"，我觉得特别符合格罗的愿望。

葬礼结束后，我飞回国内和爱妻待了几天，多年来她无微不至地照料、关怀这个孩子，格罗带给我们的只有快乐，可见到他勇敢地与病魔斗争，又让我们揪心不已。现在我们把他的灵魂托付给上帝。

和许多德国小伙一样，格罗·埃里希·西尔维斯特·冯·曼施泰因作为一名勇敢的军人牺牲了。成为军官是他的天职。他以罕见的成熟充实了自己的人生！要是谁能说出真正意义上的贵族小伙，格罗无疑就是其中之一。不仅仅因为他的外貌——高大修长的身材、窄而精致的贵族面庞，更重要的是他的性格和品质。这孩子从不弄虚作假，谦逊，有爱心，总是乐于助人，他的处世之道很严肃，却又不乏乐观开朗，他不自私自利，特别看重战友情谊，除此之外还有颗仁慈的心。他的思想和灵魂对一切美好和善良的东西敞开怀抱。几代军人遗传的素质体现在他身上，他是个充满热情的德国军人，也是个真正意义上的贵族，是个基督徒，更是个男子汉。

格罗的葬礼结束后我回到利格尼茨期间，第11集团军司令部从列宁格勒调往中央集团军群的维捷布斯克地域。一连数周，那里没什么需要报告的重要情况。没等上级以我们这个集团军司令部对预料中的苏联红军攻势采取任何行动，东线南端的战事又赋予我们一项新任务。

　　集团军司令部 11 月 20 日接到指令，我们作为最高统帅部新组建的顿河集团军群立即接掌斯大林格勒两侧的指挥权。我当时和作战处处长布塞上校在前线视察冯·德·歇瓦勒里将军的第 59 军，一枚地雷挡住了我们的火车。这片地区有游击队，我们外出视察，要么乘坐装甲车辆，要么搭乘有特殊防护的火车。

　　由于气候条件不允许飞机起飞，我们 11 月 21 日不得不乘火车离开维捷布斯克，途中又一次因为地雷袭击而受阻。11 月 24 日，也就是我 55 岁生日那天，我们到达 B 集团军群司令部，他们目前继续指挥很快要移交给我们的作战地域。我们在这里获悉了第 6 集团军和附近第 4 装甲集团军、罗马尼亚第 3 和第 4 集团军的情况，这些情况我们留到"斯大林格勒的悲剧"一章再详述。

第十一章 希特勒行使军队最高指挥权

战争头几年的印象——希特勒的战略洞察力——他对技术的兴趣导致他高估了技术手段的效力——他缺乏战略素养和经验，也不具备判断能力——政治和经济方面的考虑，很大程度上决定了他的战略目标——他坚信凭自己的意志能实现一切，却忽视了对手的意志——他害怕作战方面的风险——总是拖延自己不愿做出的决定——他不愿主动放弃任何东西——他对严防死守笃信不疑——沉溺于各种数据——希特勒有军人的情感吗？——勋章问题——我方军事领率机构是个错误的体制——OKW 战区——希特勒干涉指挥细节，却从不下达长期性作战指令——与希特勒的争论——他的顽固，他的论点，他的态度——说服他接受更合理的最高领率机构体制——前线指挥官为何要摈弃战争期间发动政变的想法？

希特勒是国防军最高统帅兼陆军总司令，我出任顿河集团军群司令后，第一次直接接受他的指挥。直到此时，我才得以真正了解和评价他除了领导国家外作为军事统帅履行自己职责的方式。在此之前，他对军事指挥机构的影响，我的感受是遥远而又间接。鉴于所有作战问题需要严格保密，我无法做出合理的评判。

波兰战局期间，我们不知道希特勒对陆军指挥机构有过任何干预。他两次视察伦德施泰特集团军群，都耐心听取了我们汇报的态势和集团军群司令部的企图，不仅赞同我们的观点，还表现出很强的理解力，从来没做出任何干涉。

至于占领挪威的计划，外人根本无从得知。

关于西线攻势，我在前文详细介绍过希特勒的立场。当然，他在这个问题上完全抛开了 OKH，这种情况不免令人遗憾而又担忧。但不得不承认，从军事角度看，他认为在西线必须以进攻寻求决定性战果的观点基本正确，尽管他原先主张的进攻时间不太合适。当然，正如我们前文讨论过的那样，他为此次攻势的作战计划制定的大纲无法赢得全面胜利。希特勒起初可能也没想到，这场攻势会取得那么大的战果。但他收到 A 集团军群呈交的新计划时，立即意识到赢得全胜的可能性，马上接受了新作战思路，还把它据为己有，尽管不愿冒险的心态让他对新计划有所保留。他命令装甲兵团停在敦刻尔克前方是个重大错误，但局外人当时很难看清这一点，因为没掌握这方面的任何信息。英国人在敦刻尔克周边海滩丢下的军用物资堆积如山，这个场景误导了我们，谁能想到英国人把远征军官兵救过海峡的行动会大获成功呢。

可是，由于缺乏指导战争的总体计划，我们没能及时准备入侵英国的行动，这种情况明确表明，国防军领率机构（也就是希特勒）失败了。另一方面，局外人无从判断，转而进攻苏联的决定出于政治方面的原因是不是真的不可避免。但不管怎样，苏联在德国、匈牙利、罗马尼亚边境部署的军事力量，似乎构成了重大威胁。

至于希特勒对进攻苏联的作战计划、战局第一阶段的作战实施、1942 年夏季攻势的方案有过哪些影响，别说我最初是军长，就是后来擢升第 11 集团军司令也知之甚少。不过，希特勒从未干预过克里木战役。相反，我 1942 年春季向他汇报战况时，他毫不犹豫地批准了我们的计划，还尽一切可能帮助我们赢得塞瓦斯托波尔攻坚战。这座要塞陷落后，我认为最高统帅部错误地使用了第 11 集团军，这一点前文已说过。

但现在，我作为集团军群司令直接向希特勒报告，这才真正了解到他是如何行使军队最高指挥权的。

评价希特勒这位军事统帅，我们决不能以"一战中的二等兵"这句陈词滥调来否定他。

毫无疑问，希特勒对战略机会具有某种洞察力，当初在西线，他决定采纳 A 集团军群的方案充分证明了这一点。我们经常在军事外行身上发现这种洞察力，否则就无法解释军事史上为何有那么多王侯成为杰出的军事统帅。

除此之外，希特勒还有渊博的知识和惊人的记忆力，对技术和关乎军事装备的所有问题具有创造性想象力。他甚至对敌人新式武器的效力、敌我双方的生产数量也有惊人的了解。希特勒遇到不想讨论的问题，就以这一套来转移话题。毫无疑问，他的理解力和孜孜不倦的干劲，促使军备领域获得长足发展。但他对自己在这些问题上的长处过于自信，最终造成灾难性后果。他的干预导致空军没能及时得到稳定发展，而在火箭推进和核武器领域，他无疑也起了反作用。

希特勒对所有技术问题的兴趣让他高估了技术手段。例如，只有投入大股兵团才有望恢复态势的战线，他却认为使用几个突击炮营或寥寥几辆新型虎式坦克就能做到。

总的说来，他缺乏基于经验的军事能力，这种经验是他的直觉无法取代的。

尽管希特勒对战略机会具有某种洞察力，旁人为他提供此类机会时，他也能迅速抓住，但对贯彻某种作战思路的前提和可能性，他缺乏判断力。而对每个作战目标与由此形成的作战空间，以及所需要的时间和兵力之间的关系，他也缺乏理解力，更不必说这些作战目标对后勤补给的依赖了。他不理解或不愿理解，任何一场远距离进攻都需要不断提供动力，投入的兵力远远超过首次突击。他这些缺点，在1942年夏季攻势的策划和实施过程中暴露无遗。另外，希特勒1942年夏季告诉我，他打算派一个摩托化集团军群翻越高加索地区攻往近东，继而直奔印度，这种神奇的想法也暴露出他固有的缺陷。

与政治领域一样，至少是他1938年大获成功后，希特勒在军事领域也缺乏"能实现哪些目标"的判断力。1939年秋季，尽管他对法国的抵抗力嗤之以鼻，但起初并没有认识到，合理策划德国军队的西线攻势完全有可能赢得全面胜利。而胜利到来后，面对意想不到的情况，他又茫然不知所措。这两种情况下，他都缺乏真正的战略或战术素养。

因此，希特勒以他的理解力抓住每个深具吸引力的目标，可结果是，他把德国军队同时分散在几个目标或不同战区。他不懂得一项基本规则：决定性地点的兵力永远不嫌多，必要时可以放弃或彻底削弱次要战线，冒上相应的风险，全力实现决定性目标。所以，希特勒1942年和1943年的攻势都没有为赢得胜利倾尽全力。他也没能或不愿预想，万一战事不顺，该采取哪些必要的措施来扭转局面的不利发展。

就希特勒的战略目标而言，至少在对苏战争中，很大程度上取决于政治和战争经济方面的考虑。这一点我评论对苏战局时就已说过，后面描述1943—1944年的防御作战还会再提到。

当然，政治和战争经济问题对确定战略目标至关重要，今天更是如此。但希特勒忽略了一点，赢得并守住领土目标的先决条件是击败敌人的军队。正如对苏战争表明的那样，不实现这项军事成果，就很难夺得对战争经济深具价值的地域，也就是说无法实现领土目标，从长远看，守住这些地域更是难以做到。当时的技术还无法以空军或远程武器摧毁敌人的军备来源和运输系统，导致敌军丧失继续作战的能力。

战略固然是为政治领导人服务，但每场战争的战略目标无疑是粉碎敌人的军事抵抗力，而希特勒确定的战略目标恰恰忽略了这一点。只有赢得军事胜利，才能为实现政治和经济目标铺平道路。

说到这里，我要谈谈决定希特勒领导风格的重要因素——高估了意志的力量。他认为只要把自己的意志变为每个年轻掷弹兵的信念，就能证明自己的决定正确无误，并确保他的各道指令取得胜利。

当然，坚定的意志是统帅赢得胜利的必要条件之一。许多次战役之所以大败亏输，许多次战役之所以功败垂成，都是因为统帅在关键时刻的意志不够坚定。

统帅一心赢得胜利的坚定意志，能加强他的信心，帮助他克服严重的危机，但希特勒的意志不同，他的意志缘于对自己肩负的“使命”笃信不疑。这种信念必然导致他固执己见，居然坚信人的意志足以克服严酷现实造成的限制。这些限制也许是敌人的兵力占有数倍优势，也许是在空间和时间方面，甚至仅仅是敌人也有必胜的意志。

总的说来，希特勒从一开始就没考虑过敌军统帅部的企图，因为他坚信自己的意志最终会赢得胜利。就连敌人可能有数倍兵力优势的可靠情报，他也不愿接受。他不肯听取此类报告，要么指出敌军的种种缺点大肆贬低对方，要么滔滔不绝地列举己方的生产数据。

每个军事统帅做出决定前必须参考的“态势评估”，由于不符合希特勒的意愿，多多少少受到排斥，就这样，他逐渐脱离了现实。

希特勒高估了自己的意志力，对敌人可能的企图和兵力视若无睹，奇怪的是，他做出的决定却缺乏相应的勇气。希特勒1938年前在政治上取得巨大的成就，这让他成为政治赌徒，但在军事领域他却尽量规避一切风险。希特勒唯一做出的大胆军事决定是占领挪威，尽管这项建议最初出自雷德尔海军元帅。可即便在挪威，纳尔维克刚刚发生危机，希特勒就立即下令撤离该镇，放弃了整个行动的主要目标，也就是确保铁矿石供应畅通无阻。如前文所述，遂行西线攻势期间，希特勒也表现出不愿承担军事风险的倾向。而他进攻苏联的决定，归根结底是不敢入侵英国的必然结果，他觉得登陆英国本土的风险太大。

对苏战局期间，希特勒不愿冒险的倾向体现在两个方面。一方面，他拒不接受机动作战理念，因为这种作战方式要求我们主动放弃既占地域，尽管是暂时的，而1943年后的态势表明，机动作战势在必行。另一方面，即便面对不可否认的危险，他也不愿为确保主要战线或战区而放弃次要战线或战区。

希特勒不愿在军事领域冒险，可能是出于三个原因：首先，希特勒私下里意识到自己缺乏应对此类危机的军事技能，但他认为，自己无力做到的，他那些将领更无法做到；其次，每个独裁者都担心军事上的失败会动摇自己的威望，可最终结果往往是，必然发生的军事失误会给独裁者的威望造成更大的破坏；第三个原因是希特勒对权力的欲望，导致他不愿放弃到手的一切。

说到这里，我必须谈谈希特勒的另一个特点，我担任集团军群司令期间，和后来担任陆军总参谋长的蔡茨勒大将多次与希特勒争执过，可惜均属徒劳。

希特勒面对自己不愿做出但又无法避免的决定总是尽量拖延。每次我们根据形势判断，及时投入兵力就能破坏敌人有可能赢得的胜利，或阻止对方进一步发展胜利，这种情况就会发生。为了从前线受威胁较小的地段抽调兵力用于发生危机的地域，总参谋长要与希特勒争执好几天。大多数情况下，他批准的时机太晚，给的兵力也太少，最后的结果是，为恢复态势，我们不得不投入更多部队，远远超过最初请求的兵力。可如果我们打算放弃已无法守住的阵地，例如1943年的顿涅茨地区，1944年的第聂伯河河曲部，总参谋长就得与他争执好几周。有时候我们为获得更多兵力，必须弃守毫无作战价值的突出部，撤离目前还没遭受威胁的部分战线，希特勒又会故态复萌。他总是认为战事会按照他的意愿发展，完全可以规避自己不愿做出的决定，因为做出这些决定相当于承认自己被敌人的行动牵着鼻子走。同时，他也不愿承担削弱部分战线的风险。

高估自己的意志力，由于无法预先保证行动一定能成功，因而不愿冒险采用机动作战（例如后发制人的回马枪），再加上不肯主动放弃任何东西，这些特点决定了希特勒的军事领导方式，而且随着时间推移，这种情况越来越严重。

寸土必争逐渐成为希特勒指挥方式的唯一原则。战争头几年，德国国防军以机动作战赢得非凡的战果后，在莫斯科附近首次遭遇危机，希特勒却接过斯大林的衣钵，要求部队顽强坚守每一处阵地。这种做法导致苏联统帅部 1941 年差一点土崩瓦解，因此，德军 1942 年攻势期间，敌人放弃了这种打法。

可是，德军 1941 年冬季的顽强防御终于挡住苏联红军的反攻后，希特勒却坚信，全凭他禁止后撤的命令，才让德国军队免遭拿破仑大军 1812 年的厄运。身边亲信和某些前线指挥官的大肆吹捧，让他进一步加强了这种信念。1942 年秋季，德军的攻势在斯大林格勒附近和高加索地区陷入停顿，新的危机陡然出现，希特勒又一次把不惜一切代价坚守到底视为扭转乾坤的灵丹妙药。结果，再也没有人能说服他放弃这种观念了。

现在的普遍看法是，防御是一种强有力的交战样式。但这种交战样式只适用于有效的防御配置强大到足以让进攻方在防线前付出惨重的代价。我们在东线不具备这种条件。德国师的数量从来就不足以构设这种强大的防御。而敌人占有数倍兵力优势，总能在任何地点集结重兵，一举突破我方过度拉伸的防线。结果，大批德军部队再也无法逃脱陷入合围的厄运。德军指挥部和部队要想发挥自身的优势，唯一的办法是展开机动作战，这种打法最终也许能削弱苏联红军。

希特勒越来越多地强调"不惜一切代价坚守到底"的原则，造成的影响我会在介绍 1943—1944 年东线防御作战时详述。希特勒之所以越来越坚持这项原则，根源在于他的本性。他是个只知道以最野蛮的手段从事斗争的人，他的想法仅仅是让大批敌人在我们的防线前血流成河，却不懂得优雅的剑客有时候会闪避，随后在更安全的状态下刺出致命的一剑。归根结底，他把战争艺术与蛮力的概念相对立，而蛮力发挥的最大效力，完全凭借意志力。

希特勒把蛮力置于精神之上，更看重士兵的勇气，而不是技能，这不足为奇，与他高估技术手段，总是痴迷于各种数据如出一辙。他陶醉于德国军火工业的生产数据，毫无疑问，德国军火工业的迅猛发展归功于他的大力推进，但他故意忽略了敌人军火产量更高的事实。

希特勒还忽略了一点，要让新式武器充分发挥效力，士兵需要额外的训练和技能，可他认为，只要新式武器投入前线就能解决一切，完全不在乎配备新式武器的部队是否掌握了使用方法，新式武器是否在实战条件下接受了测试。

同样，希特勒还下令组建越来越多的新师。毫无疑问，我们当然希望增加大型兵团的数量。可新师的组建却以削减现有师的补充兵为代价。前线各个师的兵力几近枯竭，而新组建的兵团由于战斗经验不足，起初不得不付出过高的伤亡。这方面最典型的例子是前面说到的空军野战师，以及新组建的武装党卫队兵团，后来还有所谓的人民掷弹兵师。

最后要谈的是，希特勒总是强调自己的军人作风，喜欢谈论他在前线当兵时获得的军事经验。实际上，他内心深处的本质与军人的思想和情感相去甚远，就像他那个政党的所作所为与普鲁士气质毫无关系，可他们却经常自诩深具普鲁士风范。

通过各集团军群、集团军发来的报告，希特勒非常了解前线的情况。他也经常听取前线军官的口头汇报。所以他不仅知道我方部队的战斗表现，也清楚自对苏战局开始以来，各部队由于负担过重而遭受的艰难困苦。他对前线的情况了如指掌，可能是他不愿视察东线的原因之一。请希特勒视察我们的集团军群司令部非常难，他从来没想过再往前走得更远些。他也许害怕这种行程可能会粉碎他"意志战无不胜"的梦想。

尽管希特勒不时强调自己昔日的前线军人素质，可我从未觉得他的心与部队同在。在他看来，伤亡不过是导致部队战斗力下降的数字，从来不会在人性层面真正地触动他。[1]

但希特勒对战争勋章这个问题的看法确实像个军人。他的主要目的是想给英勇的战士颁发勋章，让他们获得荣誉。战争爆发后，他颁布的铁十字勋章授勋条例堪称典范。按照规定，铁十字勋章只颁发给英勇作战和实际指挥的官兵，按照后一条标准，只能颁发给指挥官和他的第一助手。遗憾的是，某些授勋部门从一开始就没遵守这条明确而又完美的规定。但部分原因是战功十字勋章设立得稍晚，这款勋章颁发给应该获得奖励，但又不符合颁发铁十字勋章官方条例的人。对战功赫赫的将军来说，要获得希特勒亲自颁发的骑士铁十字勋章，比前线官兵难得多。

尽管希特勒战争期间设立的各种勋章后来受到嘲笑，但我认为大家应该记住，德国官兵在这场漫长的战争期间取得的成就。像近战勋饰或授予第 11 集团军的克里木盾章，官兵佩戴起来无疑会充满自豪。而佩戴多条勋带的官兵也从另一个方面表明，战争勋章的问题不是 Lametta[①] 这句愚蠢的陈词滥调能否定的。

上述种种缺点，无疑让希特勒成功地扮演自封的最高军事统帅角色的能力大打折扣。

要是希特勒愿意听取一位经验丰富、尽职尽责的参谋长提出的建议，并给予他充分的信任，那么他的缺点也许能得到纠正。不过，希特勒也具备军事统帅的一些基本素质：坚定的意志和神经，即便面对最严重的危机也毫不动摇，不可否认的敏锐头脑，另外，就像我说过的那样，他除了在作战领域有些天赋，还能认清技术方面的内在潜力。如果希特勒懂得如何利用总参谋长的能力来弥补自己缺乏的军事素养和经验，特别是在战略和战役领域，那么就算他有上述种种缺点，也能建立个卓有成效的军事领率机构。可希特勒不愿这样做。

由于希特勒把自己的意志力视为各个方面的决定性因素，还把政治上的成功和战争初期取得的军事胜利归功于自己，结果越来越狂妄自大，越来越高估自己的能力。在他看来，接受共同负责战事的参谋长提出的建议，不是对自己想法的补充，而是让自己的意志屈从于对方。另外，他的身世和经历让他对军事领导人有种无法克服的不信任感。他与他们宛如来自另一个世界的气质和思想格格不入，所以他不想让一位真正掌握职权的军事顾问追随左右。他想效仿拿破仑，只允许秉承自己意志的助手和执行机构存在，可他既没有拿破仑的军事天赋，也不具备拿破仑的军事素养。

我在前文介绍入侵英国的计划时就指出过，希特勒设立的最高军事领率机构，没有一个部门有权就战争总体指导问题对他提出建议，更谈不上制定总体战争计划。从理论上说，OKW 的国防军指挥参谋部本该受领这项任务，可他们实

---

① 译注：这个词指的是胸前挂满勋章和勋表，带有讽刺意味。

际上只扮演军事秘书处的角色，具体工作仅仅是把希特勒的想法和指示转化为军事指挥语言。

更糟糕的是，希特勒把挪威定为 OKW 战区，OKH 无权置喙，就此开创了陆战碎片化的先例。结果，其他战区也逐渐纳入 OKW 业务范畴。最后，OKH 只负责东线战区，而 OKH 负责人由希特勒兼任。陆军总参谋长就这样被排除在外，对其他战区发挥不了任何影响力，而国防军另外两个军种的总司令对总体战争的问题也没有发言权。陆军总参谋长几乎无权过问各战区的陆军兵力分配问题，甚至对补充给各战区的兵力和物资也知之甚少。面对这些情况，国防军指挥参谋部与陆军总参谋部发生冲突在所难免。但制造这种对立可能是希特勒的策略，这样一来，他就成为所有问题的决定性因素。最高军事领率机构组织得如此混乱，可以说最终的失败很大程度上归咎于此。

希特勒高估了自己的意志力和能力，因而以亲自下达指令的方式，越来越频繁地干预下级指挥部门的工作。

德国军事指挥机构的特殊优势，向来是依靠各级指挥官的责任感、自主性、主动性，同时尽可能鼓励部下发挥这些素质。因此，高级指挥部门的"指令"，中下级指挥部门的"命令"，通常只给下属部队指派任务。这些任务该如何执行，则是下级指挥官的事。德国陆军之所以能战胜敌人，很大程度上归功于这种指挥方式，而敌人下达的命令，往往要为下级的行动做出细致的规定。只有在别无选择的情况下，我们才会下达详细命令，干预下级部门的指挥工作。

希特勒却相反，他认为就算自己坐在办公室里，也比前线指挥官更清晰地洞悉一切。不言而喻，他那份态势图无疑非常详细，标注了很多内容，可惜这些情况已过时，肯定不符合前线的实际情况。更别说他从这么遥远的地方根本无法判断，前线该采取何种正确而又必要的行动。

他越来越习惯于亲自下达指令，干预集团军群或集团军的指挥，但这根本就不是他的工作。虽然我们的指挥部到目前为止还没受到希特勒干预，但我从维捷布斯克前往罗斯托夫的途中，在某个火车站遇到冯·克鲁格元帅，他就这个问题提醒了我。克鲁格告诉我，中央集团军群作战地域，以营级兵力展开的一切行动，预先都得获得希特勒批准。虽然希特勒后来没对我们的集团军群司令部做出这种很不像话的干涉，但他在其他方面的干预还是让我们与最高统帅部发生了好几次冲突。

希特勒频频下达的个人指令，通常只会束缚下级指挥部门并造成损害，与之相反，需要他下达长期作战指令时，他却迟疑不决。他越是把"不惜一切代价坚守到底"的原则视为自己指挥艺术的要旨，就越不愿意下达长期性指令，因为这种指令必须考虑到后续作战态势的发展。他可不想见到，自己以这种指挥方式领导战争，最终还是输给对手。由于他不信任下属指挥官，因而不可能给他们下达长期性指令，这些指令会赋予他们行动自主权，下属将领可能会以不符合他意愿的方式使用这种权力。但这样一来，他就多多少少破坏了真正的指挥艺术。最后发展到，没获得最高统帅部批准，就连集团军群司令部也无权下令在自己的防线采取行动，反过来又给友邻部队造成妨碍。我们经常怀念当初在克里木鏖战的那段时光，可以说，那是在我们自己的战场上作战。

最后，我想就自己的亲身经历谈谈希特勒与高级军事领导人发生的冲突，鉴于希特勒对军事指挥问题的看法，这些冲突不可避免。某些记述声称，希特勒在争吵中暴跳如雷，他怒不可遏，唾沫四溅，有时候甚至会咬地毯。他暴怒时会丧失自制力，这是事实。但这种场面我只见过一次，就是前文提过的希特勒与哈尔德大将的争吵，我当时作为旁听者在场，希特勒厉声咆哮，大失体统。另外，他与凯特尔打交道时的口气，也与他的身份极不相符。

但很明显，希特勒非常清楚如何区别对待自己的谈话者，有时候他大发雷霆很可能是故意为之，企图以这种手段加强自己的震慑力。

就我本人与希特勒打交道的经历而言，我不得不指出，就算彼此的观点不符，甚至发生冲突，他还是能保持礼节，做到对事不对人。只有一次，他对我做出不太客观的个人评价，我的回答相当尖锐，他默然接受了。

面对他想要说服的交谈对象，希特勒很能把握对方的心理特点，可谓这方面的高手。当然，他很清楚对方跑来找他的原因或意图，所以早就准备好应对的说辞。

他以自己的信心感染他人的能力可谓出众，无论这种自信是真是假。特别是那些从前线赶来、不了解希特勒的军官，很容易落入彀中。所以经常发生的情况是，他们来的时候"想把前线危急态势的真相告诉希特勒"，离开时却昂首挺胸，满怀信心。

我作为集团军群司令，就作战问题与希特勒有过多次争论，印象最深的，是他为自己的观点辩护时令人难以置信的顽强。从他那里得到你想要的东西，几乎总是要争论几个钟头，有时候争了半天却一无所获，或只得到空头承诺。我没见过有谁在此类争论中具备与希特勒旗鼓相当的耐力和韧性。前线指挥官与希特勒的争执最多持续几个钟头，而陆军总参谋长蔡茨勒将军，为说服希特勒采取某些必要的措施，经常在夜间态势研讨会上与他争论不休，一连持续几晚。我们经常问蔡茨勒：斗争进行到第几个回合了？

希特勒为自己的观点辩护时提出的理由，哪怕是纯粹的军事理由，通常都很难立即驳倒，至少举不出有力的证据。因为讨论作战企图时，谁也无法言辞凿凿地预测结果，毕竟战争中没有什么是绝对的。

一旦希特勒发现自己的作战观点无法说服其他人，马上就提出政治或经济方面的理由。由于他对政治处境和经济情况的了解是前线指挥官无法相比的，所以他在这方面的理由往往难以驳倒。最后，汇报者只好指出，要是希特勒不同意他们提出的意图或要求，不仅军事上会出岔子，就连政治和经济领域也会遭受更加恶劣的后果。

但另一方面，希特勒也经常展现出他的另一面，尽管他不爱听对方汇报的内容，可还是能做到耐心倾听，然后展开客观的讨论。

这位独裁者想的只是他的政治目标，狂热地坚信自己"肩负使命"，与军方领导人自然无法形成亲密的内在关系。很明显，希特勒对他人丝毫不感兴趣，他把人视为工具，服务于自己的政治目标。希特勒与德国军人之间缺乏忠诚的纽带。

德国军事领率机构的缺点，随着战事的发展暴露得越来越明显，这种情况固然是希特勒本人造成的，但最高统帅部极不合理的组织机构也难辞其咎，这一点我们在前文提过。这自然引起一个问题：能否改变这种状况？如果答案是肯定的，那么又该如何改变呢？关于这个问题，我不想涉及政治方面，实际上我在整本书里都不愿谈政治。

为合理地指导战争，我不下三次竭力劝说希特勒，让他改变最高军事领率机构的现状。我相信没有谁提出过这种建议，当面指出希特勒的军事领导能力不足。

我很清楚，希特勒绝不会公开放弃最高指挥权。作为独裁者，这种做法会让自己威望扫地，这是他无法容忍的。因此，依我看重要的是劝说希特勒在名义上保留最高指挥权，把各战区的军事指挥权主动交给一位总参谋长全权负责，再为东线战区任命一位特别总司令。可惜这番努力没有成功，我在后文介绍 1943—1944 年的战事时，还会重提此事。我在这个问题上的处境很尴尬，因为希特勒非常清楚，陆军里不少人希望我出任掌有实权的总参谋长或东线总司令。

我在这里不想探讨以武力推翻帝国领导人的问题，也不打算评论 1944 年 7 月 20 日的事件，也许以后会谈吧。在这部描述我战时经历的回忆录里，我只想说，作为一名负责任的前线指挥官，我认为决不能有战争期间发动政变的念头，在我看来，这会立即导致前线崩溃，甚至有可能引发德国国内的混乱，当然，还因为我们当初都曾宣誓效忠，以及出于政治原因实施谋杀能否被其他人接受的问题。

就像我接受审判时说的那样："作为高级军事指挥官，我不能多年来一直要求麾下官兵为胜利献身的同时，亲手制造失败。"

顺便说一句，当时的情况清楚地表明，就算发动政变，也无法改变盟国要求德国无条件投降的立场。依我看，在我担任前线指挥官那个时期，我们的处境还没到不得不以政变解决问题的地步。

注释

1. 有位前线军官在战斗中身负重伤，伤愈后调到 OKW 任职，几乎每天都能见到希特勒，特别是在态势研讨会上。他就我说的这个问题写信给我：

   "我完全理解您产生这种主观感受（也就是希特勒的心没和部队同在，伤亡在他看来不过是数字而已）的原因。他在更大的圈子里确实表现得如此，但实际情况完全相反。从军人的角度看，他可能太软弱了，不管怎么说，他甚至有点多愁善感。典型的表现是，他无法面对战争的恐怖。他害怕自己的软弱善感会阻止他的政治意愿要求他做出的决定。他不得不研究的伤亡数，或旁人绘声绘色地描述部队的惨重损失，对他来说是件可怕的事。这些伤亡，以及获知他认识的人阵亡的消息，的确让他痛苦不已。

   "经过多年观察，我不觉得他在惺惺作态，流露出的完全是他本性的一面。所以他对外表现得冷漠麻木，生怕上面提到的那些性格特点分散自己的注意力。这也是他不去前线视察，也不去慰问遭轰炸城市的深层原因。肯定不能归咎于他缺乏勇气，而是因为他害怕这种恐怖的经历。

   "经常出现的非正式场合，许多人聚在一起，不分军衔职务地谈论部队的作战表现和经历的艰难困苦，能明显看出希特勒对作战部队怀有体谅和恻隐之心。"

   这位军官不是希特勒的追随者或仰慕者，他的判断至少说明，希特勒的本性和想法给不同的人留下的印象截然相反，要想真正看清是多么困难。倘若希特勒真像这位军官说的那么"软弱"，又该如何解释他的政权不断加剧的野蛮暴行呢？

第十二章 斯大林格勒的悲剧

> 异乡人，你若到斯巴达，请转告那里的公民，
> 我们阵亡在此地，至死犹恪守誓言！

以上诗句让世人知道了温泉关保卫者的英雄事迹，自那之后，它就被视为英勇、忠诚、服从的赞歌，但伏尔加河畔的斯大林格勒永远不会竖立刻有这种诗句的纪念碑，来缅怀在那里覆灭的德国第 6 集团军的自我牺牲精神。

德国官兵战死、饿死、冻死的那片废墟，可能永远不会出现十字架和纪念碑。

胜利者的欢呼早已消散，哀叹和源自失望、不满的愤怒也逐渐沉寂，但对德军将士遭受的难以言述的痛苦和牺牲，对他们无与伦比的英勇、忠诚、恪尽职守

的缅怀，绝不会随时间的推移而淡忘。

他们的英勇也许纯属徒劳，他们的忠诚也许并不值得，因为那个人大概既不理解也没做出回报，他们恪尽职守的结果也许是阵亡或囚禁，但这种英勇、这种忠诚、这种恪尽职守依然是德国军人气概的一曲赞歌！这种军人气概今天已不复存在，似乎不容于这样的时代——从遥远的安全处发射核武器，就能抹杀一切生命。但他们展现出的英雄主义，与那些诗句颂扬的精神一样，值得大书特书。为失败的事业付出牺牲也许纯属徒劳，对并不尊重忠诚的政权效忠也许毫无意义，如果事实证明服从的前提完全是欺骗，那么服从就是错误的，尽管如此，第6集团军全体将士心中的伦理价值让他们舍生忘死直到最后一刻，这种精神永远值得纪念。

也许有一天，一位真正的诗人能以他的笔描绘德国第6集团军的英雄气概。德国官兵遭受的苦难、付出的牺牲应该是神圣不可侵犯的，决不能把它变成渲染恐怖的哗众取宠、可疑的揭秘文章的来源或政治争论的机会。提笔描述这出悲剧的人，应当心存敬意，而不是仇恨。但凡像我这样在指挥岗位亲身经历斯大林格勒战役的人（尽管我身处外部，无法亲自对战事发挥影响），作为参与者，胸中跳动着一颗军人的心，绝不会以卑劣的话语亵渎斯大林格勒的阵亡将士。空洞的陈词滥调，不合时宜的仇恨，都不能用于描述这出悲剧。笔者只能如实地记录下自己的看法，以及客观的判断。最终裁决权应当留给历史，可以肯定，历史至少会为那些相信自己的职责、迈步走上苦难征程的人伸张正义。同样可以肯定，历史也许会谴责疏忽、错误、失职，但肯定会把那些要求别人忠诚、自己却违背这道训令的人送上审判台。

我不想描述第6集团军将士的英勇奋战和无尽苦难，因为我所处的职位没能让我参与其中。所以，我在这里不会阐述亲身经历这出悲剧的将士，他们遭受的磨难、他们的绝望或愤怒、他们的英勇牺牲、国内家人的担心和悲伤。但这绝不是说我和我的袍泽，以及当时为拯救第6集团军顽强奋战的将士不清楚这一切，实际上，我们每天、每个小时都对他们的可怕遭遇感同身受。除了在斯大林格勒付出牺牲的人，以及他们国内的家人，可以说没人比我们更深刻地经历并感受到这出悲剧，为救助战友，我们拼尽了全力。这出悲剧的参与者经受了难以言状的痛苦，尽管纯属徒劳，可还是展现出无与伦比的英雄主义，所以我们这些目睹一切的人，无论怎样妙笔生花，都难以呈现客观的场景。真这样做的话，我们不仅无法缓减他们经历的痛苦，反而会揭开旧伤疤，不但无益于促进和解，还会制造新的仇恨。

所以我打算理智而又客观地描述这出悲剧的过程。对德军将士遭受的苦难和他们展现出的英雄主义，我觉得自己应该保持沉默。我会站在自己所处的位置，从更广阔的视角看待第 6 集团军的命运，尽管斯大林格勒是这出悲剧的焦点，但仅仅是整场会战的组成部分。我不会把读者带入战役的喧嚣、斯大林格勒周边草原的冰天雪地、争夺沟壑和居民区的鏖战，而是把大家领入更高的指挥层级，希望读者能理解这一点。大家体会到的不是战斗的激烈或草原的酷寒，而是各种考虑和责任感形成的气氛。相信读者能感受到，我们的心与那些在斯大林格勒顽强奋战、经受磨难、英勇牺牲的将士同在。

苏联人把斯大林格勒会战称为战争转折点，这完全可以理解。英国人同样看重不列颠之战的结果，也就是 1940 年间抵御德国对英伦三岛的空中攻势。而美国人认为，盟国最终赢得胜利归功于他们参战。

德国也有许多人认为，斯大林格勒战役确实是一场具有"决定性意义的会战"。

但应当指出，这些或另一些个别事件都不该冠以"决定性"称谓。相反，决定性结果是多种因素造成的，其中最重要的可能是，由于希特勒的政策和战略，德国最终发现自己在敌人面前处于全然无望的劣势。

德国军队的突击，犹如潮水般涌向伏尔加河，随后又像碎浪般退潮，从这一点看，斯大林格勒会战确实是第二次世界大战的转折点。但无论第 6 集团军的损失多么惨重，东线战事乃至整场战争，并没有因此而大败亏输。如果德国政治和军事领导人此后及时做出调整，还是有可能达成平局的。

通往斯大林格勒之路

第 6 集团军覆灭的原因是希特勒不肯主动放弃斯大林格勒，毫无疑问，他考虑的主要是个人威望问题。

但第 6 集团军之所以陷入这种境地，是因为德国最高统帅部策划和实施 1942 年攻势前就犯了错误，而最大的错误发生在此次攻势即将结束的时候。

1942 年晚秋，这些错误给德军东线南翼造成的作战态势，我会在介绍 1942 年年末到 1943 年年初冬季战局时再讨论。我在这里只想强调攸关第 6 集团军命运的几点。

希特勒的战争经济观很大程度上决定了他的进攻目标，因此，德军 1942 年的攻势分为两个不同的方向——高加索和斯大林格勒。结果，德军的突击势头衰退后，手头的兵力不足以守住既有战线。而第 11 集团军胜利完成克里木的作战任务后，却分拆用于不同方向，结果，德国统帅部在整条战线的这一翼没有战役预备队。

就这样，A 集团军群正面朝南，停在黑海与里海之间的高加索地区北部。而 B 集团军群据守的防线正面朝东和东北方，始于斯大林格勒南面的伏尔加河，在该城北面转向顿河中游，再沿顿河延伸到沃罗涅日北面。两个集团军群不得不守住过度拉伸的防线，可他们的兵力相当虚弱。特别是考虑到我方军队实际上没有击败敌军南翼，尽管对方损失惨重，但还是逃脱了覆灭的厄运。另外，敌人在战线其他地段和后方仍有相当强大的战役预备队。最后，两个德国集团军群之间的卡尔梅克草原有个 300 公里宽的缺口，而我们在埃利斯塔只部署了一个师（第 16 摩托化步兵师），掩护力量过于薄弱。

除了夏季攻势策划和执行期间犯下的错误，德国军队企图长时间守住这条过度拉伸的战线，可以说是导致第 6 集团军 1942 年 11 月底陷入绝望境地的第一个原因。

第二个更严重的错误，是希特勒强行命令 B 集团军群把主要突击力量，也就是第 6 集团军和第 4 装甲集团军投入斯大林格勒及其周边的交战。这股突击力量的纵深北翼位于顿河，由罗马尼亚第 3 集团军、1 个意大利集团军、1 个匈牙利集团军掩护，而沃罗涅日地段的防御任务交给实力虚弱的德国第 2 集团军。希特勒应该知道，即便守在顿河后方，轴心国集团军也无法挡住苏联红军的猛烈进攻。罗马尼亚第 4 集团军同样如此，他们负责掩护第 4 装甲集团军敞开的翼侧。

德军初期行动只取得部分战果后，以预有计划的进攻夺取斯大林格勒、控制伏尔加河的企图，充其量在短时间内尚可一试。但把 B 集团军群主力置于斯大林格勒达数周之久，仅以不足的兵力掩护翼侧，是个严重的错误。这样一来，斯大林格勒的僵局实际上是把整个南翼的主动权拱手让给敌人，不啻为邀请对方抓住机会，一举合围第 6 集团军。

第三个错误是德军南翼近乎荒诞的指挥结构。

A 集团军群根本没有自己的司令，是由希特勒顺便兼顾。

B 集团军群辖内不下 7 个集团军，包括 4 个轴心国集团军。合理的做法是，一个集团军群司令部最多只能统辖 3—5 个集团军。可如果辖内主要是轴心国集团军，那么集团军群掌握的兵力就不足以完成受领的任务。B 集团军群司令部设在顿河防线后方的旧别利斯克，以便更好地掌控轴心国集团军，这种做法正确无误。但他们选择的地点，不可避免地导致集团军群司令部距离战线右翼太远。另外，希特勒对集团军群司令部的指挥工作横加干涉，严重妨碍了他们对第 6 集团军的指挥。

OKH 大概也发现了指挥控制方面的困难，因而准备组建新的顿河集团军群，交给安东内斯库元帅指挥。但顿河集团军群司令部没有启用，希特勒想等斯大林格勒陷落后再说。没让安东内斯库这位罗马尼亚元帅发挥作用，是个严重的错误。他的作战指挥能力确实没经受过考验，可他是个出色的军人。最重要的是，他能加强罗马尼亚高级将领的战斗意志，他们对他的敬畏之情，一点不亚于对苏联人。安东内斯库出任顿河集团军群司令的话，还能提供更多兵力掩护斯大林格勒战线的翼侧。他毕竟是国家元首，也是德国的盟友，与第 6 集团军或 B 集团军群司令相比，希特勒肯定会更耐心地听取他的意见。

我出任集团军群司令后，安东内斯库元帅写信来道贺，他在这封热情洋溢的信里一再提到危急的态势，特别是罗马尼亚第 3 集团军作战地域。可是，由于他不负责前线指挥事务，这些提示没得到重视，要是这番话出自在危机重重的防线上担任集团军群司令的国家元首，结果肯定大不相同。而 B 集团军群和第 6 集团军司令部也就敌人准备对斯大林格勒两侧的掩护防线发动大规模进攻提出过警告。

最后还有个问题需要指出，它对第 6 集团军乃至整个南翼的态势造成严重影响。整个 A 集团军群，以及第 4 装甲集团军、第 6 集团军、罗马尼亚第 3 和第 4 集团军、意大利集团军，都依靠唯一的第聂伯河渡场，也就是第聂伯罗彼得罗夫斯克铁路桥。扎波罗热铁路桥，以及穿过乌克兰，取道尼古拉耶夫和赫尔松通往克里木，再从那里越过刻赤附近海峡的交通线，修复工作不是被忽略就是尚未完工。德军战线后方的南北向交通线也不足。与敌人相比，德国最高统帅部在兵力补充或战线后方部队调动的速度方面始终处于劣势，苏联红军在各个方向的交通效率更高。

要想赢得胜利，任何一位统帅都得冒险。但德国最高统帅部 1942 年深秋所冒的风险，不该是把 B 集团军群几个强大的军团长时间滞留在斯大林格勒，还长期满足于在顿河维持一条很容易遭突破的薄弱防线。之所以如此，可能是因为他们没想到轴心国集团军会像后来发生的那样土崩瓦解。毕竟罗马尼亚军队是战斗力最强的联军，基于克里木战役的经历，他们的作战表现完全可以预见。至于意大利人的战斗力，就不要抱以任何幻想了。

德军夏季攻势确实夺得大片地域，但没能决定性地击败敌军南翼，因此，德国统帅部之后不得不冒的风险，不该是上面提到的那些。他们应当在高加索与顿河中游之间，利用顿河河曲部提供的有利条件展开机动作战，绝不能让敌人获得主动权。但这种风险交换不符合希特勒的心态。他倡导的攻势没取得决定性战果，他却没有从中得出结论，这就为斯大林格勒的悲剧铺平了道路！

斯大林格勒周边的态势发展——接掌顿河集团军群指挥权

11 月 21 日，第 11 集团军司令部在维捷布斯克地域收到 OKH 的指令，这道指令规定，为更紧密地协同在斯大林格勒西面和南面卷入激烈防御作战的几个集团军，第 11 集团军司令部改编为顿河集团军群司令部，接手指挥第 4 装甲集团军、第 6 集团军、罗马尼亚第 3 集团军。由于我们缺个军需支队，OKH 打算把他们为安东内斯库元帅的司令部组建的军需支队先调拨给我们。总参上校芬克负责军需支队，他人品高尚，是后勤补给系统的出色组织者，想方设法克服了集团军群不时遇到的各种后勤难题。但第 6 集团军的空运补给不归他负责，也超出了他的能力。我 1944 年 4 月被解除职务后，芬克上校调任西线总司令的军需长，后来有人告诉我，他在很短时间内充分完善了那里的后勤组织，尽管敌人完全掌握制空权，但没能彻底破坏德军的补给工作。芬克卷入刺杀希特勒的密谋，1944 年 7 月 20 日后遭处决。

OKH 在指令里规定，顿河集团军群的任务是"挡住敌人的进攻，夺回对方发动进攻前我军的既占阵地"。

起初只派了一个军部和一个师到米列罗沃，部署在 B 集团军群右翼后方。

从 OKH 的措辞，以及他们增派的些许兵力看，颁布这道指令时，OKH 没有意识到斯大林格勒周边岌岌可危的态势，就在当天，敌人封闭了困住第 6 集团军的合围圈。

我们在维捷布斯克获知了更多消息，专列停留期间，我还遇到冯·克鲁格元帅和他的参谋长韦勒将军。据他们透露，敌人投入相当强大的兵力（1—2 个坦克集团军和大批骑兵，共计 30 个兵团），在斯大林格勒西北面的顿河河段突破了罗马尼亚第 3 集团军的防线。敌人还在斯大林格勒南面突破了罗马尼亚第 4 集团军的防线，该集团军隶属第 4 装甲集团军。

因此，我从维捷布斯克给陆军总参谋长发了封电报，明确指出，鉴于敌人投入的兵力，我们在斯大林格勒的任务绝不仅仅是收复一段战线的问题。

为恢复态势，需要投入相当于一个集团军规模的强大兵力，应当尽可能彻底展开后再发动反突击。

一如既往，蔡茨勒将军赞同我的看法，答应先提供 1 个装甲师、2—3 个步兵师的援兵。

我还发电报给 B 集团军群，请他们指示第 6 集团军把辖内部队果断撤出防线，确保后方卡拉奇地域的顿河渡场畅通。至于 B 集团军群司令部有没有给第 6 集团军下达指示，我就无从得知了。

直到我们 11 月 24 日到达 B 集团军群司令部驻地旧别利斯克，才从集团军群司令冯·魏克斯男爵大将和他的参谋长冯·佐登施特恩将军那里了解到过去几天发生的事件，以及眼下的态势。

11 月 19 日清晨，敌人实施猛烈的炮火准备后，冲出克列缅斯卡亚的顿河登陆场，还在西面渡过顿河，对第 6 集团军左翼（第 11 军）和罗马尼亚第 3 集团军（罗马尼亚第 4、第 5 军）发动进攻。与此同时，敌人投入强大的兵力，在斯大林格勒南面打击霍特大将与罗马尼亚第 4 集团军混编的第 4 装甲集团军。虽然第 6 集团军守住了自己的左翼，但敌人在两条战线上彻底打垮了罗马尼亚军队。苏联红军强大的坦克兵团立即穿过两个突破口，这一招是从我们这里学到的。11 月 21 日清晨，两股敌军在卡拉奇附近的顿河河段会合，那里的桥梁对第 6 集团军的后勤补给至关重要，现在完好无损地落入敌人手里。自 11 月 21 日上午起，敌人封闭了合围圈，落入口袋的是德国第 6 集团军，以及第 4 装甲集团军被逼入斯大林格勒南部地域的部分德国和罗马尼亚部队，共计 5 个德国军（19 个师）和 2 个罗马尼亚军，外加德国统帅部炮兵主力（只要不在列宁格勒战线）和强大的统帅部工兵力量。后来，就连集团军群也不清楚合围圈内德军官兵的准确数量。根据第 6 集团军提供的信息，这个数字介于 20 万—27 万，但必须指出，这个"领取口粮数"，除了罗马尼亚官兵，还有数千名"志愿者"和俘虏。许多人声称被围人数超过 30 万，无疑是夸大其词。集团军部分后勤单位、部分运输部队、伤员、休假者都在合围圈外。这些残部后来成为第 6 集团军辖内大多数师重建的基干力量。总的说来，每个师的兵力为 1500—3000 人。如果考虑到第 6 集团军辖内各师的兵力 11 月期间严重下降，那么合围圈内共计 20 万—22 万人的估计可能是准确的，当然还有提供加强的统帅部炮兵和工兵力量。

11 月 24 日的态势大致如下：

第 4 装甲集团军仍以完整无损的第 16 摩托化步兵师据守南翼，这个师广泛散布在埃利斯塔两侧的草原上，罗马尼亚第 18 步兵师位于他们北翼。其他罗马尼亚部队都已投入斯大林格勒，有些被敌人打垮，还有些逃之夭夭。第 4 装甲集团军拼凑起罗马尼亚兵团残部和德军后方勤务部队，企图在科捷利尼科沃前方守住一条防线。他们暂时没再遭受攻击。罗马尼亚第 4 集团军包括司令部在内的残部统归霍特大将指挥。集团军编成内的德国第 4 军，原本部署在斯大林格勒南面的战线上，罗马尼亚军队溃败后，该军退守斯大林格勒南面和西南面一条正面朝南的防线，转隶第 6 集团军。

第 6 集团军在斯大林格勒周围陷入合围，辖内编有第 4、第 8、第 11、第 51 军及第 14 装甲军。他们把第 11 军和东面紧邻的第 8 军部分力量从顿河两侧正面朝北的防线撤入合围圈内新构设的西部防线，这条防线的突出部位于卡拉奇大桥东面。集团军以预备队和第 4 装甲集团军、罗马尼亚第 4 集团军先前投入斯大林格勒战事的部分部队，构成新的南部防线。合围圈东西长 50 公里左右，南北长 40 公里左右。

罗马尼亚第 3 集团军两翼都遭到突破。塞瓦斯托波尔攻坚战期间表现出色的拉斯卡尔将军在中央防线指挥大约 3 个师编成的一个集群，实施了英勇抵抗。他们陷入合围，估计已被敌人俘房。

第 48 装甲军作为预备队部署在顿河登陆场弓形阵地后方，发起的反突击显然为时过晚，没能取得战果。该军辖内 2 个师也陷入合围，不得不奉命向西突围。希特勒解除了军长海姆将军的职务，把他召回元首大本营。希特勒把第 48 装甲军反突击失利归咎于海姆，戈林（他总是乐意干这种事）主持的军事法庭判处海姆死刑。但海姆后来获得平反。实际上，他的兵力过于虚弱，根本无法胜任他受领的任务。第 48 装甲军当时编有新组建的罗马尼亚装甲师，这个师没有任何实战经验，另外还有技术方面显然达不到标准的德国第 22 装甲师。

罗马尼亚第 3 集团军（罗马尼亚第 1、第 2 军）可能只有 3 个师没遭到敌人打击，部署在顿河畔，毗邻意大利军队。

据 B 集团军群称，第 6 集团军的弹药最多只够消耗两天，食物也只能维持一周！后来证明，这个数字估计得太低了。到目前为止，气候条件允许的情况下，空运补给只能满足集团军十分之一的弹药或油料需求。德国空军承诺提供 100 架容克斯运输机，减去不可避免的损失，有效载荷实际上只有 200 吨，他们说随后还会投入更多运输机。

苏联红军的态势表明，他们投入大约 24 个兵团（师、坦克或机械化旅），穿过斯大林格勒南部战线的缺口，尔后转身向北，对第 6 集团军南翼发起猛烈打击。

罗马尼亚第 3 集团军遭突破的地段，敌人投入大约 24 个兵团（师）穿过缺口，攻往第 6 集团军身后的卡拉奇地域，另有报告称，敌人部署在西面的 23 个兵团朝南面或西南面攻往奇尔河。另外，斯大林格勒城内的敌军继续坚守阵地，抵御第 6 集团军的进攻，敌人还渡过伏尔加河增援城内守军。而伏尔加河与顿河之间，第 6 集团军北部防线前方仍有强大的敌军。毫无疑问，对方通过铁路不断运来援兵。实际上，早在 11 月 28 日，新组建的顿河集团军群就在作战地域内发现敌人 143 个大型作战兵团（师、坦克旅）。

我指挥的顿河集团军群，辖内第 6 集团军被三倍优势之敌合围在斯大林格勒周围，共计 19 个德国师和 2 个罗马尼亚师，这些兵团遭到严重削弱，没有足够的弹药、油料、食物储备，也得不到持续补给。另外，除了陷入合围，该集团军也

没有任何作战自主权，因为希特勒严令他们坚守"斯大林格勒要塞"。第4装甲
集团军和两个罗马尼亚集团军残部也在顿河集团军群编成内。集团军群目前最精
锐的兵团是完整无损的德国第16摩托化步兵师，可该师在草原上构成A集团军群
唯一的后方掩护，因而无法抽调，我们还有4个完好的罗马尼亚师，但毫无疑问，
这些师的战斗力不及敌军。

第6集团军隶属顿河集团军群其实是一纸空文，到目前为止，该集团军几乎
直接听命于OKH。他们仍有机会凭借自身的力量突出重围时，希特勒却指示他们
原地坚守。现在，第6集团军已无法实施作战机动。集团军群指挥不了他们，只
能提供些帮助。另外，希特勒还派了个总参联络官，携带电台驻守第6集团军司令部，
以这种方式直接指挥。第6集团军的补给基本上也掌握在希特勒手里，因为只有
他具备空运补给的手段。面对这些情况，要是我拒不接受第6集团军隶属顿河集
团军群的安排，正式要求OKH继续直接指挥第6集团军，这种做法完全合乎规定。
但我当时没这样做，因为我希望救援力量开抵后，自己能比OKH更好地指挥救援
力量与合围圈内第6集团军协同。至于他们为何在关键的几天没能实现这种协同，
我会在后文详述。

除了陷入重围、在作战方面已派不上用场的第6集团军，顿河集团军群起初
掌握的兵团都是些残兵败将。

集团军群即将获得的新锐力量如下：

第4装甲集团军的任务是从南面发动进攻，救援斯大林格勒的第6集团军，
他们获得A集团军群调拨的第57装甲军军部和第23装甲师，以及强大的统帅部
炮兵力量，另外还有调自西线、近期获得整补的第6装甲师。

向罗马尼亚第3集团军左翼增派1个军部和4—5个师，编为霍利特集团军级
支队，从奇尔河上游向东攻击前进，解斯大林格勒之围。

我记得11月22日或23日，我在B集团军群司令部见到第6集团军司令保卢
斯将军发给希特勒的电报。保卢斯在电报里称，他和麾下将领一致认为，集团军
朝西南方突围是绝对必要的。为获得突围需要的兵力，他们必须在集团军内部调
动部队，从北部防线撤到更短的防线，从而腾出兵力。B集团军群认为，就算希
特勒立即批准，这场突围至少也要到11月28日才能发起。

但希特勒没批准第 6 集团军突围，还禁止他们撤离北部防线。为强调不得后撤的指令，他把北部防线的总体指挥权交给第 51 军军长冯·赛德利茨将军。

我们身处顿河集团军群司令部，既没有时间也没有可能探究第 6 集团军先前发生的事情。显然，保卢斯将军在希特勒死守斯大林格勒的指令范畴内，想方设法从集团军受威胁较小的防线腾出兵力。他以原先隶属第 4 装甲集团军的第 4 军在敞开的南翼成功构设了新防线。他还把第 14 装甲军从顿河东岸调到西岸，确保自己的后方畅通。但第 14 装甲军在顿河西面遭遇优势之敌，与此同时，敌人还攻往第 11 军身后，该军仍在北部防线坚守顿河西面的阵地。这种情况迫使第 6 集团军司令部后撤两个军，先退守顿河西面的登陆场阵地，尔后渡过顿河退到东面，这样至少能在伏尔加河与顿河之间构设一条环形防线。

通过这些举措，第 6 集团军没有立即卷入友邻集团军溃败而形成的漩涡，但必然的结果是就此陷入重围。

必须明确指出，最高统帅部本该及时给第 6 集团军下达指令，赋予他们作战自主权，以免陷入合围。有远见的最高统帅部应该清楚，德军所有突击力量集中在斯大林格勒及其周边，翼侧掩护力量不足，一旦敌人突破防线结合部，我方军队就面临陷入合围的致命危险。苏联红军 11 月 19 日渡过顿河，还从斯大林格勒南面发起大规模进攻，德国统帅部肯定意识到情况不妙，这时就该立即采取行动，决不能坐等敌人打垮罗马尼亚军队。就算几个罗马尼亚集团军没被敌人迅速打垮，为控制 B 集团军群南翼的态势，也应该把第 6 集团军作为机动作战力量使用。因此，最迟到 11 月 19 日傍晚，OKH 本该给第 6 集团军下达新指令，赋予他们作战自主权。

不需要详细阐述苏联红军攻势头几日的进程，我们完全可以说，只要第 6 集团军在敌人进攻的头几天向西或向西南方渡过顿河突围，是能避免陷入合围的。这取决于最高统帅部下达的指令，当然保卢斯将军自己也该做出撤离斯大林格勒的决定。但他无法像 OKH 那样尽早下定决心，因为他与 OKH 不同，并不了解几个友邻集团军的情况。待他 11 月 22 日或 23 日请求上级批准集团军朝西南方突围，可能已错过最佳时机。保卢斯向希特勒提出突围请求，此举是否正确另当别论。他了解希特勒，1941 年冬季战局也让他非常清楚希特勒对东线战事的主张。保卢斯当时在 OKH 担任第一军需长，知道希特勒的看法：德国军队之所以免遭拿破仑大军冬季后撤的灾难，完全归功于自己"不惜一切代价坚守到底"的指令。他应该清楚，希特勒在柏林体育宫就斯大林格勒的战事发表讲话后，绝不会批准军队撤离这座城市。在这位独裁者看来，斯大林格勒这座城市的名字关乎他的军事威望。因此，唯一的办法是给希特勒造成集团军已突出斯大林格勒的既成事实，特别是在最高统帅部一连 36 小时保持沉默的情况下。但此举可能会让保卢斯将军人头不保。公正地说，保卢斯没做他认为正确的事，并不是出于对这种下场的担心。他之所以寻求上级批准集团军突围，可能更多的是出于对希特勒的忠心，更何况他还与 OKH 保持着无线电联络。另外，正如我说过的那样，他对整体态势缺乏清晰的了解。另一个原因加剧了保卢斯定下突围决心的难度——集团军此时突围，所冒的风险可能大于坚守斯大林格勒。

鉴于 11 月 24 日的态势，顿河集团军群司令部的观点如下：

顿河集团军群司令部暂时没办法下达指令，以此介入战事进程。必须等集团军群司令到达新切尔卡斯克的司令部驻地，设立至少能展开工作的指挥参谋部和必要的通信系统，这样才能接掌指挥权，负起相应的职责。但这两项工作还需要几天才能完成。由于暴风雪，我们的座机滞留在中央地区，所以我们只好继续使用铁路。

不管怎样，作为日后要负起责任的集团军群司令，我必须做出决断：鉴于 11月 24 日的态势，第 6 集团军是否应该、是否能立即突围，尽管此举为时已晚；另外，由于成功突围的首个机会显然已错失，第 6 集团军等待援兵赶来是不是更正确的选择？

缜密考虑后，我得出以下结论，参谋长舒尔茨将军和作战处处长布塞上校完全赞同：敌人首先要做的是设法歼灭陷入重围的第 6 集团军。但除此之外我们必须考虑到，敌人会利用罗马尼亚第 3 集团军溃败之机，以顿河河曲部的快速兵团朝罗斯托夫方向突破。一旦他们到达那里，不仅会切断第 6 集团军和第 4 装甲集团军与后方的联系，就连 A 集团军群也难逃厄运。敌人无疑会调来更多新锐兵团，加强手头的兵力，完全能同时寻求上述两个目标。

不管怎样，集团军群司令部的首要任务是解救第 6 集团军。一是因为此举关乎 20 万德军将士的命运，二是因为不解救该集团军，不保全这股战斗力量，就很难恢复东线南翼的态势。很明显，即便我们以救援行动与第 6 集团军重新建立联系，他们也绝不能继续留在斯大林格勒。斯大林格勒关乎希特勒的威望，但我们不太在乎这个问题。相反，如果我们顺利救出第 6 集团军，就能以这股急需的兵力稳定德军南翼的态势，安然度过这个冬季。

但眼下最重要的问题是，最佳时机已错失，第 6 集团军是否该发起突围行动。保卢斯将军提出突围请求已过去两天，据 B 集团军群称，第 6 集团军最快也要到 11 月 29 日或 30 日才能突围，这样，敌人就获得了一个多星期时间加强他们的合围圈。

第 6 集团军只有两个突围方向，敌人在这两个方向都做好了防范准备。

第 6 集团军可以朝卡拉奇的顿河渡场方向突围，但就算他们突破敌人设在这个方向的合围圈，随后也会遇到顿河这道障碍。他们的弹药会在首次突围期间基本消耗殆尽，渡河过程中还会遭遇强大的敌军，对方正从顿河西岸朝奇尔河下游展开行动，并未遇到德军拦截。第 6 集团军没有足够的弹药，北面、东面、南面受到敌人施加的压力，西面再遭遇强大的敌军，能否强渡顿河似乎很成问题。

如果第 6 集团军从顿河东面朝第 4 装甲集团军残部所在的西南方向突围，情况可能会好些。但敌人也针对这种可能性做好了准备。必须考虑到，就算第 6 集团军成功突破敌人设在西南方向的合围圈，最初可能无法指望己方兵团接应。敌人部署在斯大林格勒北部、东部、西部战线的集团军会对他们发起追击，顿河西面的敌军也会向南追击，阻止第 6 集团军渡过顿河向西逃窜。第 6 集团军没有足够的弹药、油料、食物，也得不到友军接应，迟早会在草原上被敌人再次截住。他们的部分力量，特别是装甲部队，也许能顺利逃脱，但第 6 集团军迅速覆灭的命运已定！目前困住他们的敌军很快就能腾出，随后有可能打垮东线整个南翼，就连仍在高加索地区的 A 集团军群也难逃厄运。

考虑到第 6 集团军和整个南翼的态势，我们的目标必须是把第 6 集团军作为战斗力尚存的军团救出合围圈。要是该集团军刚一面临陷入合围的危险，最高统帅部就赋予他们作战自主权，上述目标是有可能实现的。可眼下，在没有解围部队救援的情况下，集团军凭自身力量突出重围，同时保持战斗力的时机似乎已错失。

另一方面也要考虑到，计划中的两个解围集群展开行动，虽说不一定能为第

6集团军的初期突围创造有利条件，但肯定能减轻他们的作战负担。一旦其他部队牵制住朝顿河西面攻击前进的敌军，第6集团军至少不再需要与这股敌军交战。第6集团军展开行动的同时，如果另一个解围集群攻往顿河东面，进入封锁合围圈之敌的身后，对方势必削弱合围圈的兵力，这样就让第6集团军的初期突围更容易些。[1]

毫无疑问，任何等待都有风险，因为敌人会利用这段时间加强他们的合围圈。承受这种风险的前提是，最高统帅部确定空运补给能让第6集团军恢复自主作战的能力。

成功突围的机会可能已错失，因此，这种先决条件针对的不是第6集团军孤军突围的绝望方案，而是等待新的机会。如果解围集群介入的话，第6集团军就不再等待下去。

基于上述考虑，我打电话给陆军总参谋长，汇报了集团军群司令部的看法：

第6集团军朝西南方突围仍有成功的可能。考虑到他们的弹药和油料状况，继续留在斯大林格勒非常危险。

尽管如此，但从作战角度看，第6集团军最好还是等待计划中的解围集群展开行动，因为我们认为第6集团军已错失突围的最佳时机。但等待的前提是该集团军通过空运获得足够的补给。这个问题对下定决心至关重要。

恢复态势的作战行动，要到12月初部队调来后再发起。不过，要想赢得决定性战果，必须不断提供兵力，因为敌人也在前调强大的力量。

倘若敌人施加的强大压力导致我们无法展开新锐力量，第6集团军就必须孤军突围。

每天通过空运提供400吨物资补给，是第6集团军放弃立即冒险突围不可或缺的先决条件。[2]

我在交谈中明确无误地指出，除非切实保证这个补给量，否则绝不能让第6集团军暂时冒险留在斯大林格勒。

要是有谁亲身经历了斯大林格勒随后的一出出悲剧，知道希特勒顽固地命令部队原地坚守，第6集团军司令部没抓住最后的机会（我们会在后文详谈这个问题），第4装甲集团军的解围集群迟迟才完成集结，苏联红军在意大利集团军作战地域取得突破，导致霍利特集团军级支队没能参与斯大林格勒的解围行动，那么他肯定会得出结论，第6集团军当初立即突围可能是更好的选择。

可以料到，第6集团军至少部分部队能突出合围圈，与第4装甲集团军余部会合。他们的装甲部队能做到这一点，部分步兵师的战斗力量也许同样能冲出合围圈。

但另一方面，我们无法预料第6集团军是否能作为战斗力尚存的军团继续存在。另外，到第6集团军仍能发起突围行动的最早时刻，态势已变得岌岌可危。

同时，就算第6集团军突出重围的部分部队与第4装甲集团军会合，敌人用于合围圈的全部兵力也可以腾出，这股力量很可能决定包括A集团军群在内的整个南翼的命运。

但我要强调，集团军群司令部11月24日的观点并不包括后一种考虑。我们从未想过，为保全整个南翼而牺牲第6集团军。相反，我们希望第6集团军与两个解围集群协同，创造更好的机会，而不是孤军发起已为时过晚的突围。

我和我的同事希望，救出的不只是残兵败将，而是战斗力尚存的一个集团军。我们根本不看重斯大林格勒这个名称和它关乎的威望问题。

因此，我们当天既没有再次强烈要求希特勒批准第6集团军立即突围，也没命令集团军自主行事。需要补充一点，希特勒的指示与集团军群司令部的命令发生冲突的情况下，该听命于谁，保卢斯将军大概不会选择后者。

另外，我们非常清楚，就算解围集群突破到第6集团军身旁，该集团军也不能继续留在斯大林格勒周围。重要的是，第6集团军在此之前尽量保持自身的战斗力。如果获得足够的空运补给，他们就能在斯大林格勒周边地域立足，至少某些方面的生存条件尚可忍受，比突围后逗留在草原上强得多。

但这种方式能否解救第6集团军，取决于两个标准：首先，空军能否维持第6集团军的生存；其次，最高统帅部是否愿意并能够提供更多救援力量。

我们发给OKH的报告，明确指出这两个问题。希特勒是国防军总司令，掌握各战区所有陆空军力量，只有他能评估各种可能性并做出相应的决断。如果他做出肯定的判断和决定，那么就得承担以下责任：搁置孤军突围的冒险解决方案，让第6集团军留在斯大林格勒。

可如果希特勒不愿投入最大兵力及时解救第 6 集团军，或违背自己的最佳判断，对空军的效力抱以幻想，那么他的做法就是不负责任。正如事实证明的那样，这一点也适用于激发并加强他这种幻想的人，以及不愿明白第 6 集团军的命运必须优于所有战区要求的家伙。

戈林轻率地承诺以空运为第 6 集团军提供足够的补给，事后却没有尽最大努力兑现最起码的保证，我作为一名军人，怎么也想不到会发生这种事。

我们也没想到，希特勒随后会为了他"不惜一切代价坚守到底"的理论，置所有客观考虑于不顾。谁能想到他为了斯大林格勒这个名字，甘愿牺牲一个集团军呢。

最初的印象和决断

11 月 24 日下午，我们继续从旧别利斯克赶往新切尔卡斯克。十年前，我应邀参观苏联红军在高加索地区举行的军演，沿同一条路线前往罗斯托夫。那次的经历给我留下很多有趣的印象。而今天，我和我的同事面临的是我们绝不敢抱有幻想的艰巨任务。我们的思绪一次次飘到斯大林格勒合围圈内的战友身上。我的副官施塔尔贝格中尉不停地说笑话，播放唱片或谈论其他话题，以此分散我们的注意力。佩波阵亡后，我以前的同事特雷斯科夫把他的侄子施塔尔贝格推荐给我。施塔尔贝格在我身边一直待到战争结束，是个忠实的助手，负责我所有私人事务。

11 月 26 日上午途经罗斯托夫，我与豪费将军会晤，他是德国驻罗马尼亚军事代表团团长，原先内定为安东内斯库集团军群的德国参谋长。他向我们介绍了斯大林格勒战线上两个罗马尼亚集团军令人沮丧的状况。他描述的情况打消了我们的一切怀疑，原先的 22 个罗马尼亚师，9 个被彻底粉碎，另外 9 个溃逃，已不适合作战，只剩 4 个师尚具战斗力。他希望过段时间至少能以残兵败将拼凑起几个兵团。

与豪费的汇报相对应的是安东内斯库元帅写给我的一封信，他在信里言辞激烈地批评了德国统帅部。安东内斯库多次提醒过，罗马尼亚第 3 集团军当面，敌人在克列缅斯卡亚的顿河登陆场内构成迫在眉睫的威胁，可德国统帅部置若罔闻，还一再拖延他接掌指挥权的任命，他对此严加斥责。

　　这位元帅不无道理地指出，德国的所有盟友里，他和罗马尼亚为共同的事业做出的贡献最大。尽管他对德国并不负有任何条约义务，但他自愿为1942年战局提供了22个师，还毫无保留地把这些师交给德军指挥，与意大利和匈牙利的做法完全不同。

　　看见别人的错误导致自己的军队遭受损失，这位军人在信里流露出的失望之情完全可以理解。

　　从内心说，我实在没理由反驳元帅对德国最高统帅部的批评。我回函称，我会把这封信转呈希特勒，由于我没有参与相关事件，因而无法评论他对希特勒的批评。不管怎样，希特勒应该读读他最忠诚的盟友毫不掩饰的批评，这些意见不会造成任何伤害。安东内斯库的信里还谈到政治问题，关乎两个盟友间的互信关系。他在信中指出，希姆莱救走了他的死敌，也就是罗马尼亚铁卫队领袖，送回德国保护起来"以备后用"。铁卫队是个激进的政治组织，曾发动政变企图推翻安东内斯库政权。这场政变起初很顺利，把安东内斯库元帅困在办公楼里，但最终被镇压下去，铁卫队领导人逃亡海外。希姆莱现在对此人加以保护，安东内斯库自然觉得盟友毫无信义可言。希姆莱阴险的行径显然无助于强化盟友间的关系。

　　顺便说一句，安东内斯库写信给我的真正原因，是抗议德军勤务部门和个别官兵以诽谤性言论大肆攻讦罗马尼亚人。尽管这种情况可以用近期发生的事情以及罗马尼亚军队一触即溃来解释，但我还是立即介入。德军官兵对友邻部队抛下自己逃之夭夭的愤慨完全可以理解，可他们的做法只会破坏我们共同的事业。

　　我在前面说过，根据不同的情况，能或不能指望罗马尼亚军队做到些什么。他们毕竟是我们最好的盟友，在许多地方尽己所能地从事了英勇的战斗。

　　11月26日，我们到达新司令部驻地新切尔卡斯克。我们手头唯一可用的警卫力量是一个哥萨克志愿营，他们在司令部门前站岗执勤，显然视之为特殊的荣誉。我们晚上终于设立起最重要的通信线路，这才得以在11月27日上午接掌顿河集团军群指挥权。

　　我们面临的是一项双重任务。重要的是发起解围行动，解救第6集团军。无论从人道主义还是纯粹的军事角度看，这都是最紧迫、最重要的任务，要是无法保全第6集团军的实力，那么就很难恢复东线南翼乃至整个东线的作战态势。

必须注意的另一个问题是，整个东线南翼土崩瓦解的危险已然出现。其结果很可能决定东线战事，从而导致我们输掉整个战争。如果苏联人突破主要由罗马尼亚兵团残部、德军辎重队、警戒部队³暂时构设的薄弱防线，那么不仅第6集团军会丧失一切希望，就连A集团军群的处境也会变得更加危急，因为这条防线（所谓的"斯大林格勒要塞"除外）为A集团军群身后与现存的顿河战线之间的整片作战地域提供了唯一的掩护屏障。

多亏第4装甲集团军司令霍特大将和出任罗马尼亚第3集团军德国参谋长的文克总参上校，11月底最危急的那几天，想方设法在第6集团军、A集团军群、顿河战线之间几个巨大的缺口设立起薄弱的防线，这才阻止了敌统帅部迅速发展胜利的企图。倘若敌人当时派一个快速集团军直奔顿河下游的罗斯托夫，他们无疑具备这种实力，那么，A集团军群和第6集团军很可能全军覆没。

在顿河集团军群看来，尽管整个南翼土崩瓦解的危险始终存在，但我们不能把解救第6集团军的兵力和弹药用于解除南翼的危险。哪怕只有一线希望，我们也要倾尽全力，在自己的指挥范畴内展开救援行动。为此，集团军群不得不承担最大的风险。

尽管集团军群最终没能解救第6集团军，但主要是敌军兵力占有绝对优势、我方兵力严重不足造成的。气候条件也造成妨碍，很大程度上导致德国空军无法投入，特别是为第6集团军运送补给，另外就是运输状况不佳，致使我们无法迅速前调解围力量。

我们还首次受到德国最高统帅部束缚，这种干涉缘自希特勒的个性、观点、性格。我在前一章描述过这些。在解救第6集团军的行动中，上述情况意味着最高统帅部没有冒上其他战线受挫的风险，全力以赴地救援第6集团军。尽管态势发展清晰可见，集团军群司令部也多次向希特勒阐明情况，可他们还是一再拖延，迟迟不做出急需的决断。

谈到我接掌指挥权时集团军群面临的两项任务，第一项任务，也就是解救第6集团军，实际上1942年圣诞前后就已落下尾声。此时的情况清楚地表明，第4装甲集团军的救援行动无法实现与被围集团军取得联系的目标。在此期间，希特勒仍要求第6集团军坚守斯大林格勒，第6集团军司令部违背了集团军群下达的指示，没有抓住关键时刻尚存的最后机会。这样一来，该集团军的命运已定。希特勒还想派 1 月份调往哈尔科夫的党卫队装甲军解救第 6 集团军，这种念头从一开始就纯属幻想。

随着第 4 装甲集团军的解围进攻陷入停顿，第 6 集团军只能在斯大林格勒合围圈内奋战到底了。可是，考虑到我们还肩负着另一项任务，也就是阻止东线整个南翼崩溃，集团军群只能等到第 6 集团军的苦战濒临尾声，为减少他们的痛苦和牺牲，这才建议他们投降。

解救第 6 集团军的一场场战斗自然与德军整个南翼的态势发展紧密相关。我在下一个小节单独介绍南翼的态势发展，是为了更明确地阐明作战思路。

接掌指挥权时的态势

我接掌指挥权时，集团军群面临的态势与 11 月 24 日相比，没太大变化。

很明显，敌人起初把主力用于合围对内正面。相关报告称，集团军群作战地域约有 143 个敌大型兵团，对方最初至少以 60 个兵团合围第 6 集团军。该集团军的南部防线 11 月 28 日遭到猛烈冲击，但设法击退了对方的进攻。11 月底，第 6 集团军其他防线只发生局部战斗，他们趁机加强了防线。不管怎样，情况很明显，集团军这几天突围的话，必然遭遇敌人强大的防御，合围圈内现存的弹药和油料肯定会消耗殆尽。就算达成突破，集团军到达顿河时也会陷入一无弹药油料、二无解围集群接应的境地。

另外，对德军在斯大林格勒西面和南面缺口构设的薄弱屏障，敌人不断发起试探，而我们的解围力量就部署在这些防线后方。

集团军群的首要任务是尽可能弄清第 6 集团军的状况和企图，因为我们从 OKH 和数百公里外的 B 集团军群司令部了解到的情况远远不够。

早在 11 月 26 日，一名军官就飞出合围圈，给我送来保卢斯将军的亲笔信（参阅附件九）。保卢斯强调他需要"紧急情况下的自主行事权"，因为集团军必须立即朝西南方突围的情况随时可能发生。信里没有提及集团军的补给状况，但飞出合围圈的航空兵上将皮克特将军提交的报告对此做出了补充，他是冯·里希特霍芬男爵大将第 4 航空队的参谋长，负责组织空军的补给工作。据他说，集团军降低了口粮标准，现有的食物仍能维持 12 天，而他们的弹药只有正常配发标准的 10%—20%，只能满足一个战斗日的用量！油料只够部队小规模调动，不足以集中装甲战车实施突围。如果这些情况属实，集团军如何能执行他们 4 天前提出的突围计划，实在令人费解。

基于这份情报，我决心亲自飞入合围圈与保卢斯磋商。但我的参谋长和作战处处长坚决反对，我只好打消念头。由于气候恶劣，我飞入合围圈的话，很可能要在里面待上两天或更久。其他集团军的情况也很危急，再加上需要把集团军群的看法不断汇报给 OKH，我离开司令部这么长时间显然不妥。因此，我先派参谋长舒尔茨将军，后来又派作战处处长布塞上校飞入合围圈。

舒尔茨的主要任务，除了了解第 6 集团军及其领率机构的情况和处境，还要把我们的解围计划告知保卢斯。这样，保卢斯将军就可以评估这场行动的前景和发起时间。重要的是协调保卢斯与我们对态势必要条件的看法，因为缺乏电话和可靠的书面联络，对第 6 集团司令部做出的决定，集团军群的影响力显然很有限。更何况 OKH 派驻集团军司令部的联络官不断以希特勒的想法和指示影响第 6 集团军。

保卢斯的信中流露出深深的沮丧之情，完全可以理解，因为造成这种局面的责任不在集团军司令，而在最高统帅部。保卢斯将军提出授予自己"紧急情况下的自主行事权"，似乎表明他正在考虑，合围圈内的局面无法维持下去的话就突围。无法维持下去指的是敌人步步进逼，甚至突破集团军一条或多条防线，导致战术态势难以为继，要么就是集团军辖内部队的兵力耗尽。但依我看，这两种情况下发起突围，只会以灾难告终。眼下的情况，两件事至关重要：首先是顽强防御，暂时保全集团军的实力；其次，不要等到态势趋于无望再突围，应当在集团军尚具战斗力的情况下及时展开行动，同时与合围圈外的解围进攻紧密协同。

舒尔茨负责把这些意见传达给保卢斯将军。

舒尔茨将军从合围圈带回的情况，后来得到布塞上校证实，给我们留下的总体印象是，如果获得充足的空运补给，第 6 集团军在合围圈内的处境和抵抗前景并非那么悲观。后来的事实证明，这种看法非常危险。

我由此产生疑问，第 6 集团军是否真能通过空运获得足够的补给。

集团军群司令部 11 月 24 日从旧别利斯克给 OKH 发了份报告，明确指出这个问题深具决定性。只有确保足够的补给，第 6 集团军才能坚守合围圈，直到解围集群介入，为他们创造更好的突围机会。

希特勒前一天否决了保卢斯的突围请求，实际上就是对上述问题做出肯定的回答。他之所以这样做，依赖的是戈林能为第 6 集团军空运补给的承诺。

实际上，空军是否有足够的力量和手段为陷入重围的集团军空运补给，唯一能做出合理判断的机构是空军总司令部。

第 4 航空队与集团军群协同，航空队司令冯·里希特霍芬男爵大将负责为第 6 集团军空运补给，我接掌顿河集团军群时，他对我透露了以下情况。在他看来，鉴于目前的气候状况，无法以空运为第 6 集团军提供充足的补给。他还认为，即便气候好转，也无法长时间维持空运行动。他向戈林汇报了自己的看法，但他无从判断戈林还会动用哪些力量和手段。

集团军群司令部立即把第 4 航空队司令的观点上报 OKH，可这份报告和"空运补给量远没达到预定目标"的每日报告一样，得到的回复始终是新的运输机中队正在赶来。新运输机中队确实赶来了，一个个机组为完成任务拼尽全力。德国空军在斯大林格勒损失了 488 架飞机，牺牲了 1000 来名飞行员！尽管如此，空运补给量还是达不到第 6 集团军的最低需求。

因此，戈林对希特勒做出的承诺，11 月 23 日（甚至更早）已沦为一纸空文。我不知道戈林脱口而出的保证究竟是误判了空军的空运能力，还是出于虚荣心或为迎合希特勒。不管怎么说，戈林对此负有责任。当然，希特勒也应该核实戈林的保证是否可靠。他了解戈林，也清楚德国空军的实力。

集团军群司令部和第 4 航空队司令都无法对此加以核实。我们没理由从一开始就把空运补给第 6 集团军的行动视为无稽之谈，毕竟 1941 年年末到 1942 年年初，德国空军一连几个月实施空运，为杰米扬斯克合围圈内的 10 万德军官兵提供了他们需要的一切。

可现在，陷入合围的官兵人数两倍于杰米扬斯克。但另一方面，空运补给只要维持几周即可，至少我们是这样认为的。在我们看来，一旦解围集群逼近斯大林格勒合围圈，第 6 集团军无论如何都得突围，决不能长时间留在斯大林格勒附近。

对德国空军总司令来说，清醒的估算至关重要。

第6集团军各种物资的最低需求量是每天550吨，合围圈内现有的物资耗尽前，每天至少需要空运400吨。

按照每架运输机每天飞行一个架次，空运550吨物资需要225架Ju–52运输机，使用He–111的话，需要的飞机数量更多，因为He–111的最大载荷只有1.5吨。

从莫罗佐夫斯克和塔钦斯卡亚空军基地起飞，空运补给的飞行距离分别为180公里、220公里，但飞越敌占区的距离只有50公里。这两座机场直到1942年圣诞前后第6集团军命运已定才丢失。如果天气晴好，每架运输机每天能执行两个飞行架次，所以这种日子的飞机需求量可以减少一半。

能否为第6集团军空运充足的补给物资，以上数据是空军总司令做出判断的重要依据。但他还得考虑以下因素：

首先，冬季气候经常导致运输机中队无法起飞。因此，适宜飞行的日子必须加大空运量，以此做出弥补，这就需要相应地增加飞机数量。但很难预料气候条件会给空运作业造成多大妨碍。不过，空军气象专家必须从去年冬季的资料得出必要的依据。

其次，还得考虑到部分飞机无法起飞的情况。这方面是有经验可循的。有多少飞机无法起飞，很大程度上还取决于空军基地的维修人员和相关措施，以及能否得到补充。我们在后文还会谈到这个问题。

最后还要考虑到一定比例的运输机会被击落，或在地面上被摧毁。敌人的行动会给运输机群造成多大损失，很大程度上取决于德国空军能投入多少战斗机和作战部队掩护空运。

因此，空军总司令就空运补给第6集团军的任务做出承诺前，必须仔细研究两个问题：

考虑到临时性技术故障和冬季气候状况造成的额外需求，他能为550吨空运量立即提供必要的舱位吗？

他能通过持续不断的补充保持这个数量，最重要的是他能投入相应的战斗机和作战部队，有效应对敌人的防御，直到第6集团军获救吗？

只有戈林能准确回答这些问题。鉴于德国空军还有其他任务，能否执行上述任务，也只有戈林知道。倘若两个问题的答案都是否定的，那么 11 月 22 日或 23 日就第 6 集团军的去留做出决断时，他有责任明确无误地告知希特勒。

另外，希特勒命令第 6 集团军留在斯大林格勒周围后，戈林有责任立即投入空军最后的运输机、战斗机、维修设备等预备力量。

戈林是否在这些方面尽到了全力，这一点值得怀疑。由于集团军群不断上报第 6 集团军获得的补给不足，希特勒 1 月初命令米尔希元帅负责空运补给。米尔希掌握国内一切空军力量和相关手段，因而具备改善空运状况的先决条件。可惜这番努力为时已晚，空运方面的难度也进一步加剧，因为上面提到的两个空军基地在此期间已丢失，导致运输机的飞行距离大幅度增加。

戈林 11 月 22 日或 23 日草率地做出承诺，第 6 集团军陷入合围的头几周至关紧要，他却没有倾尽全力。当时，解救第 6 集团军仍有可能。

空运补给第 6 集团军的问题越是可疑，越是具有争议，尽快解救该集团军的问题就越发重要。OKH 在此期间通知集团军群，会为解围行动提供以下兵力：

（a）基希纳将军的第 57 装甲军（调自 A 集团军群）转隶第 4 装甲集团军，该军编有第 6、第 23 装甲师和第 15 空军野战师。这股力量会在 12 月 3 日前开抵科捷利尼科沃周围。

（b）新组建的霍利特集团军级支队开赴罗马尼亚第 3 集团军作战地域，编有第 62、第 294、第 336 步兵师，第 3 山地师，第 7、第 8 空军野战师，以及冯·克诺贝尔斯多夫将军的第 48 装甲军军部，该军辖第 11、第 22 装甲师。12 月 5 日前后，该支队应当在奇尔河上游做好战斗准备。

总之，集团军群认为，两个解围集群的兵力共计 4 个装甲师、4 个步兵或山地师、3 个空军野战师。但从一开始就很清楚，空军野战师充其量只能用于防御任务，也就是掩护突击集群的翼侧。

要是 OKH 及时、如数调拨上述援兵，这股力量最多只能与第 6 集团军暂时恢复联系，让他们重新获得行动自由。但这股兵力无论如何都不足以击败敌人全部力量，按照希特勒以阵地战术语下达的指令恢复态势，"夺回敌人进攻前的既占阵地"。

11 月 27 日，OKH 给集团军群发来电报，回复了集团军群 11 月 24 日对当前态势的看法。这封电报表明，希特勒似乎仍坚持原先的主张。他决心坚守斯大林格勒的理由是，放弃这座城市，意味着来年要付出更大努力，重新夺回 1942 年以重大牺牲征服的一切。

这个问题根本不值得讨论，仅从实际情况和兵力方面看，我们就无法重复1942 年的攻势。问题在于我们能否恢复东线南翼的态势，无论在何处。第 6 集团军不获得作战自由的话，我们似乎很难做到这一点。

因此，我 11 月 28 日给希特勒发了份详细的态势报告，明确列出我们当面之敌的兵力（143 个大型兵团）。我还清晰地阐述了第 6 集团军的状况和处境，并强调指出，由于缺乏弹药，再加上丧失机动性，他们的炮兵力量很快就无法再发挥效力。

面对这些情况，第 6 集团军是否应当等待所有解围力量，特别是霍利特集群到来，这个问题值得商榷。第 4 装甲集团军的解围集群可能要早点展开行动。当然，现在还不能做出决定，正如我 11 月 24 日的报告指出的那样，这个问题取决于能否提供更多兵力。

我们能实现的最佳结果，是打开连接第 6 集团军的走廊，为他们补充油料和弹药，恢复集团军的机动性。但第 6 集团军随后必须突出合围圈，决不能待在空阔的草原上过冬。最重要的是，敌人在数百公里长的战线上享有行动自由，而我方部队牵制在一片很小的地域，从作战角度看这是难以为继的。无论如何我们必须恢复作战能力。去年杰米扬斯克合围圈的解决办法已不再适用，事态的后续发展充分证实了这种观点。

对如何实施作战行动这个重要的问题，我们直到 12 月 3 日才收到回复，再次说明希特勒对他不愿回答的问题总是推三阻四。

但这份回电的内容至少说明希特勒同意我们的看法，只对两点持保留意见。他不希望为腾出兵力而缩短（也就是撤离）斯大林格勒北部防线；他没否认集团军群给出的敌兵团数量，但坚持认为苏联红军师的兵力消耗严重，意外赢得的胜利导致敌指挥机构在后勤和指挥方面面临种种困难。

敌人各个师的实力有所削弱可能是正确的，但足以抵消这一点的是，我方部队在历时数月的激烈战斗中也蒙受了严重损失，集团军群的报告明确阐明了这种情况。我们不能认为苏联红军在后期补给方面遇到困难，也不能推断对方的指挥遭遇难题，这些纯属假设。

不管怎样，最重要的是，从希特勒大体同意的态度看，我们认为他接受了集团军群最重要的观点：就算解围集群经过苦战与第 6 集团军取得联系，该集团军也不能长时间留在斯大林格勒；必须以空运为集团军提供每日所需的平均补给量；正如集团军群自 11 月 21 日以来反复强调的那样，必须不断前调救援力量。

后续事态表明，希特勒实际上从来没想过让第 6 集团军撤出斯大林格勒。确保解围行动成功的另外两个先决条件也没得到满足。

相反，事实首先证明，OKH 为解救第 6 集团军提供的兵力以及这些兵团获得的作战准备时间远没达到他们当初在旧别利斯克做出的承诺。

首先，这些兵团的运输严重耽搁。霍利特集团军级支队姗姗来迟是铁路运输能力不足造成的，而第 4 装甲集团军的解围集群迟迟没能开抵，是因为高加索地区化冻，斯大林格勒周围的草原严重霜冻。结果，第 23 装甲师的轮式车辆部队无法展开计划中的陆地行军，不得不依靠铁路运输。由于铁路运输能力低下，第 57 装甲军投入救援行动的时间推迟了好几天，而当时的情况，每一天都很重要。

对我们更不利的是解围集群的兵力问题。计划配属第 57 装甲军的第 15 空军野战师刚开始组建，需要几周才能完成。待他们最终组建完毕，紧急情况下投入部署（此时早已谈不上救援被围集团军），却在交战头几日就土崩瓦解。除了一个火箭炮团，A 集团军群答应提供的统帅部炮兵力量根本就没到来。计划配属给霍利特解围集群的 7 个师，有 2 个（第 62 和第 294 步兵师）不得不投入罗马尼亚第 3 集团军防线，至少要为罗马尼亚军队提供一定程度的支援。调离这两个师，会导致罗马尼亚第 1、第 2 军的防线立即崩溃。因此，两个师从一开始就排除在解围任务外。

OKH 承诺的第 3 山地师也没到来。该师半数力量已在途中，OKH 把他们派往 A 集团军群，赶去解决那里发生的局部危机。中央集团军群出于类似原因，扣下该师另一半力量。苏联红军发动攻势时，第 22 装甲师与罗马尼亚第 3 集团军投入交战，实力严重受损。他们在 11 月的一次次交战中损失惨重，已不具备任何战斗力。鉴于空军野战师无力承担解围集群的进攻任务，第 4 装甲集团军用于解围行动的突击力量只有第 57 装甲军 2 个装甲师，而霍利特集团军级支队只有第 48 装甲军军部和配属的第 11 装甲、第 336 步兵师。为替代没能开抵的师，OKH 随后运来第 17 装甲师和第 306 步兵师，可他们无法充分弥补兵力的不足，也没能尽快做好战斗准备，及时投入解围行动。

面对这些状况，事情很快就清楚了，我们从两个方向（第 4 装甲集团军从顿河东面的科捷利尼科沃地域，霍利特集团军级支队从奇尔河中游攻往卡拉奇）发起救援行动，与第 6 集团军会合的企图由于兵力不足而无法实现。我们只好寄希望于在一处保持强大的兵力。从目前的情况看，只能考虑以第 4 装甲集团军执行救援行动，他们距离斯大林格勒较近，途中也不必克服顿河障碍。

我们还希望，敌人不会料到我们在顿河东岸发起救援行动，因为从总体态势看，德军把强大的兵力集中在这里，所冒的风险很大。所以，敌人起初在科捷利尼科沃方向部署的兵力相对较少，仅用于掩护合围圈。第 4 装甲集团军当面，最初只有敌人 5 个师，而奇尔河战线上，敌人投入了 15 个师。

集团军群 12 月 1 日为“冬季风暴”行动下达的命令，具体设想如下：

第 4 装甲集团军主力在某个尚待确定的日子（最早 12 月 8 日）从科捷利尼科沃地域攻往顿河东面。突破敌掩护力量后，他们的任务是从后方和翼侧进攻并卷击斯大林格勒周围的南部和西部合围圈。

霍利特集团军级支队的第 48 装甲军应以部分力量冲出下奇尔斯卡亚地域的顿河—奇尔河登陆场，打击敌掩护力量背后。发动进攻前，如果科捷利尼科沃北面，第 4 装甲集团军当面之敌获得极大加强，又或者掩护第 4 装甲集团军纵深东翼的罗马尼亚第 4 集团军再次遭遇危机，就采取以下补救措施：第 4 装甲集团军辖内几个装甲师出敌不意地沿顿河西岸向北机动，进入下奇尔斯卡亚的顿河—奇尔河登陆场，从那里发起主要突击。另外，实力较弱的一个突击集群，从顿河西岸的顿河—奇尔河登陆场攻往卡拉奇，任务是切断那里的苏联红军交通线，为第 6 集团军打通顿河大桥。

至于第 6 集团军，集团军群司令部的命令规定，待第 4 装甲集团军发动进攻，第 6 集团军就遵照集团军群规定的日期，从合围圈西南部防线朝顿斯科耶察里察河方向突围，与第 4 装甲集团军会合，参加卷击苏联红军南部和西部合围圈的交战，夺取顿河畔的渡场。

按照希特勒的明确指令，第6集团军应当在合围圈内继续坚守现有阵地。倘若集团军朝西南方突围，与第4装甲集团军会合的话，显然无法执行上述指令。如果苏联红军对合围圈北部或东部防线发动进攻，第6集团军辖内部队势必步步后退。这样一来，希特勒除了接受既成事实别无选择，就像他后来常做的那样。（但集团军群司令部下达的命令当然不会指明这一点，因为希特勒会通过派驻第6集团军司令部的总参军官及时获悉情况，立即下达指令撤销我们的命令。）

我接掌指挥权头几天，集团军群防线上的态势还算比较平静。敌人显然准备对第6集团军发起向心突击。但他们似乎不敢以强大的坦克力量立即往罗斯托夫，或进攻对集团军群至关重要的顿涅茨河渡场或利察察铁路枢纽。他们大概认为自己在顿河河曲部的兵力占有绝对优势，无论怎样都能赢得胜利，因而不愿冒险发动这种突袭。这样一来，他们无疑错失了天赐良机，因为11月底到12月初这段时间，德军根本没有用于阻挡这种突击的兵力。

敌人进攻第6集团军

12月2日，敌人开始进攻第6集团军。12月4日和8日他们又发起两次冲击，但这些进攻都被第6集团军辖内英勇的部队击退。幸运的是，被围集团军的补给状况比我们原先的预想好得多。第6集团军12月2日报告，他们降低了口粮配发标准，还宰杀了大量马匹，从11月30日算起，现有的食物还能维持12—16天。同时从天气状况看，进一步改善空运状况似乎大有希望，12月5日我们首次实现了300吨物资的空运量，可惜，这也是唯一一次。不管怎样，目前至关紧要的显然是与第6集团军建立陆地联系，把他们救出合围圈。

但就这方面而言，迄今为止对我们唯一有利的是，如上文所述，敌人没敢抓住眼下的良机，在顿涅茨河渡场或罗斯托夫附近（那里还有A集团军群）切断集团军群后方交通线。否则，我们为解救第6集团军准备发动进攻的作战地域态势会严重恶化。

第4装甲集团军作战地域，由于上文提到的原因，从高加索调来第57装甲军的运输工作受到延误。完成集结的日期从原定的12月3日推迟到12月8日，最后又改为 12 月 12 日。在这么长的时间，敌人肯定不会无所事事。12 月 3 日，他们以强大的兵力攻往科捷利尼科沃，这里是第 57 装甲军的主要卸载点，对方显然想肃清这片地域。但第 6 装甲师已做好战斗准备，12 月 4 日击退了敌人的进攻。从 12 月 8 日起，实力更加强大的敌军开始集结在第 4 装甲集团军北部战线当面（科捷利尼科沃东北方）。

敌人在那里部署了一个新集团军（第 51 集团军）。但第 4 装甲集团军东部战线前方依然平静，部署在那里的主要是罗马尼亚第 4 集团军司令部指挥的罗马尼亚部队，埃利斯塔周围的第 16 摩托化步兵师也没遇到什么情况。为打消罗马尼亚集团军的顾虑，集团军群命令第 16 摩托化步兵师派小股摩托化力量大胆向北，攻往罗马尼亚军队当面之敌身后，此举明确表明，敌人在伏尔加河西面还没有部署强大的兵力。

奇尔河的态势恶化

罗马尼亚第 3 集团军和霍利特集团军级支队作战地域，事态的发展极为严峻。

这里位于奇尔河下游，从奇尔河与顿河交汇处朝奇尔河上游延伸 70 公里，除了寥寥几个高炮群，只有辎重队人员和第 6 集团军休假归队者组成的警戒部队。计划配属给霍利特集团军级支队的两个空军野战师后来调到此处，可他们没有任何实战经验，受过训练的指挥官也很少，因而只能发挥有限的作用。

敌人 11 月间突破罗马尼亚第 3 集团军的防线，在大捷尔诺夫卡的奇尔河河曲部与依然完好的顿河防线之间打开了一个缺口，迫使罗马尼亚第 3 集团军据守顿河防线的力量（罗马尼亚第 1、第 2 军）向后弯曲右翼，并以严重受损的第 22 装甲师和几个被打垮的罗马尼亚师残部封闭缺口。除此之外，本该调拨给霍利特集团军级支队的几个步兵师（第 62、第 294 师）也被迫部署到此处，目的是加强这条超过 120 公里的防线。12 月初，敌人即将大举进攻的阴云笼罩了奇尔河防线。12 月 3 日，我们在奇尔河下游地段发现了敌人强大的炮兵力量。12 月 4 日，苏联红军在这里发动进攻，随后不断变更突击重点。对方一次次企图突破这条防线，还投入强大的坦克兵团。奇尔河下游的态势岌岌可危。这条防线必须守住，因为我们设在奇尔河与顿河交汇部的登陆场，以及顿河东面下奇尔斯卡亚附近的顿河大桥对解救第6集团军至关重要。另外，一旦敌人突破奇尔河防线，就能畅通无阻地攻往莫罗佐夫斯克和塔钦斯卡亚空军基地，他们距离这两处分别只有40公里、80公里，而通往顿涅茨河渡场和罗斯托夫的最短路线也会为他们所用。因此，集团军群司令部只好批准第48装甲军，投入在此期间开抵的第11装甲师和第336步兵师，暂时加强奇尔河下游防线。该军发挥了真正意义上的救火队作用，无论在何处，只要敌人的进攻即将突破德军警戒部队的薄弱防御，第48装甲军的救援力量就及时介入。当然，由于执行这项任务，霍利特集团军级支队可用于解围行动的几个师暂时无法投入这个方向的进攻。但我们还是打算，一旦情况允许，就让第48装甲军利用上文提到的顿河大桥，与第4装甲集团军解围集群的行动紧密协同。

冲击第6集团军的敌人碰得头破血流，12月9日偃旗息鼓。但他们可能已着手腾出兵力，应对德军一切解围企图。

另一方面，敌人对奇尔河防线施加的压力有增无减，而第4装甲集团军北部战线之敌在科捷利尼科沃受挫后退却了一段距离。

为必要的决断所做的徒劳斗争

当前这种紧急情况下，我自然与陆军总参谋长保持电话联络。我汇报了作战态势可预见的发展，以及由此得出的结论，蔡茨勒将军深表赞同。但他能否让希特勒及时批准必须要做的事，则完全是另一回事。

除了我们一再要求加强空运力量，为第6集团军提供更多补给物资，还有两个问题：

首先，无论如何不能让第6集团军继续留在斯大林格勒地域，哪怕解围行动取得成功也不行。但希特勒仍希望再次实现去年冬季在杰米扬斯克合围圈取得的成就，守住斯大林格勒，通过打开的走廊为集团军提供补给。

但集团军群司令部认为，这种解决方案是行不通的，要想避免灾难，必须让被围集团军恢复机动作战能力。这场争执一直持续到解救第6集团军最后的机会丧失殆尽。

第二个问题是加强救援力量。情况很明显，既然OKH原先答应调拨给我们的供霍利特集团军级支队发起解围突击的 7 个师充其量只有第 48 装甲军 2 个师可用于这个目的，那么加强第 4 装甲集团军就势在必行。实际上，第 4 装甲集团军仅凭 2 个师（第 6、第 23 装甲师）是无法突破到斯大林格勒的，这个问题根本不需要讨论。

加强解围集群的兵力有两个途径。

集团军群司令部一再要求 OKH 把 A 集团军群辖下的第 3 装甲军调来，该军编成内的 2 个装甲师在山区派不上任何用场。可我们的请求每次都被否决，原因是 A 集团军群声称，只有批准他们撤离深入高加索的突出部阵地，才能腾出这个军，但希特勒绝不会允许这种后撤。我们还请求 A 集团军群派 1 个团，替换在埃利斯塔掩护第 1 装甲集团军纵深翼侧的第 16 摩托化步兵师，可还是没能如愿。待 A 集团军群同意，早已来不及解救第 6 集团军。

及时加强第 4 装甲集团军，让他们继续攻往斯大林格勒的第二个办法，是由 OKH 调来新锐力量。第 17 装甲师正开赴顿河集团军群，新组建的第 306 步兵师紧随其后。由于第 57 装甲军部署到科捷利尼科沃发生延误，第 17 装甲师也许恰好能赶上救援行动。但 OKH 却把这个师卸载在集团军群左翼后方担任预备队，这种做法不无道理，因为敌人显然即将在那里发动大规模进攻，OKH 担心会发生危机。可两者兼顾是做不到的，要么确保第 4 装甲集团军取得成功，要么掩护集团军群左翼，而我们的左翼一旦出现危机，仅凭第 17 装甲师也无济于事。我们宁愿让第 4 装甲集团军取得成功，但希特勒却扣住第 17 装甲师，以获得某种虚假的安全。尾随其后的第 306 步兵师开抵后，希特勒这才放手，可惜为时已晚，第 17 装甲师没能参加第 4 装甲集团军的首轮解围行动。决定性的机会也许就这样错失了！

为加强我通过电话对蔡茨勒施加的影响力，我不得不频频以电传打字机直接给他或希特勒发送态势评估报告，以此支持蔡茨勒每天的"斗争"。

1942 年 12 月 9 日的态势评估报告（参阅附件十）就是个例子，充分说明集团军群多么详尽地把情况及时告知希特勒和 OKH。这份报告有力地阐明了集团军群当面之敌占有怎样的数量优势，以及我们不得不以何种力量（除了新调来的几个师）在斯大林格勒合围圈外遂行交战。最后还表明集团军群竭力让最高统帅部明白作战问题的核心所在。

对抱有批评目光的读者，我想就这份态势评估报告补充两点说明。

也许有人会指责，这份报告讨论的仅仅是一旦打开连接第6集团军的走廊，该如何继续从事作战的问题，而第6集团军仍留在斯大林格勒。对此我必须指出，即便打通走廊为第6集团军提供补给，也决不能让他们继续留在斯大林格勒，这种观点根本无法说服希特勒。只有让他认清，要守住斯大林格勒需要前调多少兵力，才有望让他明白，无论如何都得把第6集团军撤出斯大林格勒。可惜，面对他在个人声望方面的固执，就连这种只要具有正常思维的人都能理解的诉求也没能说服他。但我们当时仍希望，希特勒届时会迫于形势而让步。

其次，鉴于集团军群面对的敌兵团数量，集团军群司令部竟然认为仍有可能救出第6集团军，这似乎令人惊异。也许有人会指责我们低估了敌人。

但我们非常清楚，为了让第6集团军的战友得到获救的一线机会，我们不得不承受最大的风险。事实证明，我们差一点就打开解救第6集团军的通道，可惜最终功亏一篑，个中原因我会在后文讨论。

生死角逐

当时，我们与敌人无疑展开了一场生死角逐。

我们的目标是解救第6集团军！但这项任务不仅危及顿河集团军群的生存，甚至关乎A集团军群的命运。

这场角逐的重点是，第4装甲集团军的解围集群能否在敌人迫使我们取消救援行动前与顿河东面的第6集团军会合。如果敌人顺利打垮我们薄弱的奇尔河防线，或击败集团军群左翼（霍利特集团军级支队）和B集团军群右翼，他们就能打开通道，在罗斯托夫切断顿河集团军群和A集团军群所有后方交通线。

一方面，我们从顿河东面朝斯大林格勒方向发起并维持攻势，另一方面，我们面临的上述危险日趋严重，意味着我们必须承受前所未有的风险。我认为希特勒当时没有认清这场风险真正的意义，否则他可能会采取更有力的措施，最起码会加强第4装甲集团军，迅速解救第6集团军。相反，正如蔡茨勒将军说的那样，他"总是给我们使绊子"。例如上文提到的，他在关键日子里把第17装甲师留在错误的地方，再譬如他直到很晚才腾出第16摩托化步兵师。希特勒一再声称，他那些将领和陆军总参谋部只会"算计"，却不敢大胆行事。可这次的情形是个有利的反证，顿河集团军群司令部冒着德军整个南翼土崩瓦解的危险，命令第4装甲集团军攻往斯大林格勒，而且一直坚持到势不可为的最后一刻。

这场生死角逐始于12月12日，第4装甲集团军发动进攻解救第6集团军，对此我只做简略的介绍。面对不断投入新锐力量，特别是坦克兵团的敌人，第57装甲军从事的激战，态势瞬息万变，我不可能做出详尽描述。那些日子里，我方装甲指挥部的灵活性、坦克车组的优势、装甲掷弹兵的英勇、反坦克部队的技能都得到最充分的证明。但同时，一个久经考验的老装甲师又一次大显身手，这就是第6装甲师，在杰出的师长劳斯将军和装甲指挥官冯·许纳斯多夫上校（可惜，他升任该师师长后阵亡）率领下，齐装满员的第6装甲师投入坦克和突击炮，战斗得非常英勇。相比之下，只剩20辆坦克的第23装甲师打得很辛苦，该师师长冯·福曼将军是我当初在OKH作战处的同事。

接下来，我们至少要谈谈这场斗争，这场生死角逐的主要经过。

准备发起解围行动的第57装甲军在顿河东面的科捷利尼科沃地域完成集结之际，自12月10日起，顿河西面之敌再次以强大的兵力冲击我们设在奇尔河下游的防线。我们现在显然无法考虑从这条防线腾出第48装甲军，派他们冲出奇尔河—顿河登陆场，与第57装甲军紧密协同。

这导致第57装甲军投入行动的要求愈发紧迫。该军卸载后集结在科捷利尼科沃周围，与企图破坏他们展开的强大敌军激烈交战，基本粉碎了这股敌军，12月12日，第57装甲军得以朝斯大林格勒方向发动进攻。罗马尼亚第7军掩护第57装甲军面朝伏尔加河的东翼，罗马尼亚第6军掩护该军面朝顿河的西翼。这场进攻显然出敌不意，至少对方没料到我们这么早就展开行动。第57装甲军起初取得不错的进展，但敌人从斯大林格勒地域匆匆调来新锐力量。对方没有局限于防御，而是反复发起反突击，企图夺回我方两个装甲师占领的地域，或以优势坦克力量合围两个装甲师部分部队。第57装甲军一再粉碎强大的敌集群，但到12月17日，始终没能取得决定性战果，当天，第17装甲师终于投入顿河东面的交战。

经集团军群司令部反复催促，OKH最终批准第17装甲师从集团军群左翼后方的卸载地域前调。但该师首先要长途行军，到达并跨过波捷姆金斯卡亚的顿河大桥，尔后才能介入顿河东面的交战。

为赢得决定性胜利，第57装甲军在顿河东岸苦战之际，西岸之敌加强了行动，企图打垮奇尔河的德军防线。最重要的是，对方显然意识到奇尔河与顿河交汇部仍控制在我们手中的登陆场至关重要，顿河大桥也在此处。从12月12日起，敌人集中兵力冲击这座登陆场和顿河大桥。12月14日，顿河大桥易手，但我们炸毁了桥梁。12月15日，奇尔河下游前方的交战看上去只能再维持寥寥几天。

在此期间，顿河河曲部也出现了新的危机。12月15日，我们发现敌人在顿河集团军群左翼、B集团军群右翼前方从事进攻准备。12月16日，敌人在这里发起局部进攻。我们暂时不清楚对方的企图是一如既往地在决定性突破进攻前展开试探，还是打算以这些进攻阻止我们从这一翼抽调兵力支援顿河东岸战场。但我们截获了敌人的无线电通信，获悉对方投入新锐的近卫第3集团军，这表明敌人企图实现目标深远（罗斯托夫？）的突破。

集团军群在顿河东面为解救第6集团军继续鏖战之际，自然无法承受左翼另一场决定性交战，所以只得放弃这里的战斗。为了让霍利特集团军级支队腾出必要的预备力量，在此处持续从事防御作战，集团军群司令部批准他们撤入一条缩短的后方防线，同时与B集团军群右翼保持联系。

12月18日是情况最危急的一天。

顿河东面，尽管第17装甲师投入战斗，但第57装甲军还是没能取得决定性战果，迅速前出到斯大林格勒合围圈附近，为第6集团军的突围创造先决条件。相反，由于敌人不断从斯大林格勒合围圈抽调兵力对付第57装甲军，该军似乎要被迫转入防御。

尽管敌人尚未突破我们的防线，但奇尔河下游的激战仍在继续。

另一方面，集团军群左翼的危机极为严重。敌人对霍利特集团军级支队和构成B集团军群右翼的意大利集团军发起大规模冲击。

事实证明，霍利特集团军级支队辖下的罗马尼亚军无法抵御敌人的猛烈冲击。倘若友军逃离战场，寥寥几个德国师能否相对完整地撤到指定的后备阵地，似乎很成问题。

雪上加霜的是，敌人的首轮进攻一举打垮意大利集团军，顿河集团军群的翼侧就此暴露在外。

当天，集团军群司令部请求 OKH 立即指示第 6 集团军突围，与第 4 装甲集团军会合。只要第 17 装甲师充分发挥战斗力，第 57 装甲军仍有机会朝合围圈方向更进一步。因此，顿河东面的交战赢得有利的决定性战果大有希望。要是第 17 装甲师和目前仍守在埃利斯塔的第 16 摩托化步兵师从一开始就参加第 4 装甲集团军的解围行动，我们可能早已取得有利的战果。

尽管集团军群司令部指出，批准第 6 集团军突围的决定极为紧迫，可希特勒还是拒绝了。他的参谋长还告诉我们，由于意大利集团军溃败，正朝这里开来的援兵悉数调拨给了 B 集团军群。与之相关的问题摆在我们面前，也就是斯大林格勒是否还能坚守，这表明最高统帅部根本没有认识到情况的严重性，也可能是他们不愿承认这一点。

希特勒拒不批准第 6 集团军撤出斯大林格勒，但无法阻止集团军群司令部至少为不久后必然发生的状况做好相应的准备。12 月 18 日，我派集团军群司令部情报处处长艾斯曼总参少校飞入合围圈，把集团军群司令部对第 6 集团军实施突围的设想传达给该集团军司令部，在我们看来，第 6 集团军不久后必须突围。

我们的设想大致如下：

鉴于奇尔河防线，特别是集团军群左翼的危急态势，第 4 装甲集团军在顿河东面为解救第 6 集团军从事的交战只能持续有限的时间。另外，由于敌人不断从合围圈抽调新锐力量对付第 4 装甲集团军，该集团军的解围行动能否突破到斯大林格勒合围圈附近，似乎很成问题。但从另一方面看，第 6 集团军突出合围圈的机会比先前大得多。第 6 集团军要想与第 4 装甲集团军建立联系，就得积极介入交战。只要第 6 集团军从合围圈朝西南方发起突围，敌人就不敢从合围圈封锁线继续抽调兵力。这就为第 4 装甲集团军进一步攻往斯大林格勒合围圈助了一臂之力。

第 6 集团军 12 月 1 日已接到实施"冬季风暴"行动的命令，也就是做好准备，朝西南方攻往顿斯科耶察里察河，与第 4 装甲集团军会合，这项任务现在可能要扩大。他们也许要超出"冬季风暴"规定的有限目标，朝西南方继续突围，直到与第 4 装甲集团军辖内部队会合。按照希特勒的指令，"冬季风暴"行动要求第 6 集团军坚守斯大林格勒周边地域，但现在考虑的替代方案要求他们依据朝西南方突围的进展实施分阶段后撤。

艾斯曼少校还指出，集团军群司令部认为，为改善第6集团军的空运补给状况，以便他们在斯大林格勒地域坚守更长时间，尽管付出了种种努力，可还是无法实现。

艾斯曼少校的使命是让第6集团军领率机构接受集团军群司令部的观点，可结果并不令人鼓舞。

他阐述的想法肯定给保卢斯将军留下印象，但这位第6集团军司令也强调指出，集团军执行集团军群司令部赋予的任务，面临种种困难和风险。艾斯曼少校还与集团军作战处处长和军需处处长交谈了一番，他们俩也强调了困难，但还是宣称，鉴于眼下的处境，第6集团军必须尽快突出合围圈！

不过，第6集团军参谋长阿图尔·施密特少将的意见对第6集团军的立场具有决定意义。他认为第6集团军眼下不可能突围，声称这是个"灾难性方案"。他还对艾斯曼说道："第6集团军会坚守阵地到复活节，你们只要改善补给就行了。"施密特显然认为，把第6集团军救出合围圈，在此之前提供充足的空运补给，完全是最高统帅部和集团军群的事，因为陷入重围不是他们的错。这种看法可以理解，甚至从理论上说不无道理。只是形势不饶人。艾斯曼强调指出，为保障第6集团军的补给，集团军群司令部已竭尽全力，可我们既无法改变不利于空运飞行的气候状况，也没办法凭空变出更多运输机，但施密特根本不予理会。

艾斯曼还提出作战方面的理由，认为第6集团军必须突围，可还是没能让这位参谋长放弃自己的观点。

事实证明，也许第6集团军司令受过更好的作战训练，思维也更清晰，但他的参谋长却具有更坚强的个性。[4]

保卢斯将军最后宣布集团军不能突围，就此结束了与艾斯曼的争论。他还补充道，"元首的指令"禁止他们弃守斯大林格勒！

艾斯曼少校这趟行程，可能向第6集团军司令部强调了当前态势，也阐明了集团军群司令部的企图，但没能就我们交给第6集团军的任务达成一致。集团军司令和他的参谋长对任务的可行性深表怀疑，这种情况下，集团军群司令部能指望他们成功执行一场无疑异常艰巨的行动吗？

换作其他时候，这种意见分歧肯定会导致集团军司令和参谋长换人。可眼下第6集团军的处境岌岌可危，撤换指挥官肯定不合适。新换的司令或参谋长需要时间熟悉情况，这断不可行，因为眼下的时间至关紧要。另外，我们也根本无法指望希特勒批准，因为他满心希望我们要撤换的这些人替他守住斯大林格勒。

尽管如此，集团军群司令部还是不愿放弃解救第6集团军唯一也是最后的机会，无论要承担多大的困难，要冒上多大的风险也在所不惜。

为此，必须下达命令，赦免第6集团军司令部弃守斯大林格勒、冒险突围的一切责任，我们对此做好了准备。

最终导致第6集团军没执行这道命令的原因，我会在后文详述。围绕突围问题，我和保卢斯将军，以及我们俩的参谋长，利用新设立的短波通信讨论了好几次，集团军群司令部与最高统帅部也反复磋商。

次日，也就是12月19日，顿河东岸的态势趋于好转，集团军群司令部以两个集团军协同行动的计划有望达成，第6集团军也许能重新获得作战自由。

第57装甲军当天取得巨大的战果。他们顺利渡过阿克赛河，继续向北攻往梅什科瓦河。先遣部队距离斯大林格勒周围的南部合围圈不到48公里！解围集群逼近，为第6集团军突出合围圈创造了机会，自我接掌集团军群指挥权以来，我们一直期盼的时刻终于到来了。

只要第4装甲集团军继续向北攻击，或至少牵制合围圈上更多敌军部队，而第6集团军发起突围的话，那么敌人就会遭到两个集团军前后夹击。这样一来，第4装甲集团军与第6集团军最起码能建立陆地连接，为第6集团军提供继续突围所需要的弹药和油料。集团军司令部为此在第4装甲集团军身后组织了运输车队，载有3000吨物资，还为第6集团军部分火炮准备了牵引车辆。只要装甲力量打通第4装甲集团军与第6集团军之间的走廊，哪怕只是暂时的，这些运输车队和牵引车辆就穿过走廊赶往第6集团军。

12月19日，集团军群位于顿河西岸的战线，态势也有所好转，似乎能确保顿河东面的行动不至于放弃，至少能维持到第6集团军在第4装甲集团军协助下朝西南方杀出重围。

我们仍控制着奇尔河下游防线！

虽然集团军群司令部为确保后撤行动顺利执行需要动用霍利特集团军级支队，

但那里的指定阵地仍有望守住。不过，集团军级支队敞开的左翼危险依然存在。

顿河两岸这场生死角逐已进入决定性的最后阶段！

集团军群能否把顿河河曲部的态势再稳定几天，直到第 6 集团军抓住顿河东面出现的最后机会？当然，前提是决不能浪费哪怕是一个小时！

为此，集团军群司令部 12 月 19 日中午致电最高统帅部（参阅附件十一），紧急呼请他们批准第 6 集团军撤出斯大林格勒，朝西南方突围，与第 4 装甲集团军会合。

一如既往，这份电传电报没有立即得到回复，因此，集团军群司令部当天 18 点给第 6 集团军和第 4 装甲集团军下达了命令（参阅附件十二）。

这道命令要求第 6 集团军尽快朝西南方突围。第一步行动与 12 月 1 日下达的"冬季风暴"命令规定的一样，但必要情况下，第 6 集团军应当渡过顿斯科耶察里察河继续突围，与第 4 装甲集团军取得联系，以便载有补给物资的运输车队顺利到达身边。

但命令里还包含对突围行动第二步的指示，"冬季风暴"进攻完成后，代号"霹雳"的行动可能需要立即付诸实施，也就是说，第 6 集团军继续突围，直到与第 4 装甲集团军会合，同时分阶段撤离斯大林格勒周边地域。

"霹雳"行动的命令之所以没有下达，是因为我们必须确保两个集团军同时发动进攻，还涉及运输车队能否在这些行动中顺利通过的问题。最重要的是，集团军群司令部想尽力说服希特勒，撤销他要求第 6 集团军坚守斯大林格勒的指令。因为这道指令制约了第 6 集团军司令，哪怕集团军群司令部下达"霹雳"行动令，并为此承担一切责任，保卢斯恐怕还是不敢越雷池一步。

错失解救第 6 集团军的良机

11 月底，保卢斯请求立即突出斯大林格勒周围敌人尚未彻底封锁的合围圈，但希特勒拒不批准。之后，如果说还有解救第 6 集团军的机会，那么这个机会出现在 12 月 19 日。集团军群司令部下令抓住机会，无论第 6 集团军的突围可能会遇到怎样的困难，也无论集团军群其他防线的态势此刻多么危急。集团军群司令部面临的风险，我会在后文详述。但现在（12 月 19—25 日）的首要问题是，第 6

集团军能否又是否会执行下达给他们的命令。

希特勒同意第6集团军攻往西南方，与第4装甲集团军建立联系。可他坚持要求合围圈内的集团军坚守斯大林格勒东部、北部、西部防线。他仍希望打开"走廊"，长时间为斯大林格勒合围圈内的集团军提供补给物资。就这方面而言，两个问题非常明确：

首先，集团军群的整体态势，特别是B集团军群作战地域的态势发展，已不允许第4装甲集团军和第6集团军继续留在顿河东面。这些日子，不仅第6集团军岌岌可危，就连顿河集团军群和A集团军群的处境也险象环生，倘若敌人果断采取行动，就有可能切断两个集团军群与后方的联系。

其次，第6集团军残余的战斗力有限，朝西南方突围的同时，不可能继续守住斯大林格勒周边既占阵地。这种状况最多只能维持一两天，因为敌人很快会发觉他们的突围企图。不管怎样，绝不能指望第6集团军长时间守住斯大林格勒周边地域，同时确保与第4装甲集团军的联系畅通无阻。

对集团军群司令部12月19日下达的命令，希特勒和第6集团军司令部都持反对意见，如果说希特勒的理由站不住脚，那么第6集团军司令部的顾虑倒是不无道理。他们指出，执行集团军群的命令势必要承担巨大的风险。

如果集团军宣称，只要希特勒不改初衷，命令他们继续坚守斯大林格勒，集团军就不可能实施突围，那么这种说法无疑是正确的。正因为如此，集团军群司令部才明确指示第6集团军执行"霹雳"行动，撤出要塞地域。但集团军司令面对的问题是，他该服从希特勒还是集团军群司令的命令。

另外，第6集团军认为执行突围需要6天准备时间，在我们看来，即便考虑到集团军辖内部队因机动能力严重下降而面临种种困难，6天时间也太长了，以眼下的情况看，解围部队根本坚持不了这么久。鉴于集团军群左翼的态势，集团军群司令部似乎无法等待6天。但最重要的是，部署在斯大林格勒周边合围圈的敌军不可能袖手旁观，无动于衷地看着第6集团军从事突围准备。第6集团军为拼凑突围力量而削弱其他防线，短时间内也许能瞒住敌人。但往西南防线集结兵力实施突围的准备工作长达6天的话，敌人肯定会在德军突围前就对其他防线发动进攻。这种情况无论如何都要避免。

另外，能否从其他防线抽调出用于突围的兵力，第6集团军对此深表怀疑，因为敌人这段时间已对他们的其他防线发起局部进攻。这种情况再次表明，迅速采取行动至关重要。如果集团军尽早突围，以阻滞战斗逐步撤离，就用不着肃清敌人在其他防线达成的渗透。

我与保卢斯将军，以及我们的参谋长之间以电传电报反复磋商，第6集团军强调，"冬季风暴"行动后必须立即发起"霹雳"行动，决不能在顿斯科耶察里察河等待，这种看法不无道理，我们完全赞同。其实集团军群司令部下达的命令已指出，"冬季风暴"行动后立即执行"霹雳"行动。

当然，辖内部队的实力和状况也让第6集团军司令忧心忡忡，例如大量宰杀马匹导致部队的机动能力大幅度下降，再加上天寒地冻，这场大胆的突围必然困难重重，能否成功确实值得怀疑。

但最终导致集团军司令部不敢冒险发起突围的决定性因素是油料状况，他们从这个问题出发，认为无法执行集团军群司令部的命令。保卢斯将军报告，他还有至少100辆可用坦克，而他手头的油料最多只能供这些战车行驶30公里。因此，要么我们为他们提供足够的油料和食物补给，要么第4装甲集团军逼近到距离合围圈30公里处，这样他才能下达突围的命令。不可否认，这些坦克是第6集团军的主要突击力量，现存的油料只能让他们行驶30公里，无法完成与第4装甲集团军相距的50公里路程。另一方面，我们也不可能等待第6集团军的油料补给达到他们要求的标准（4000吨）。除此之外，以我们以往的经验看，空运这么多油料是不可想象的。第6集团军继续等待的话，就意味着白白浪费目前尚存的突围机会。所以我们只能看菜下饭，也就是借助手头现有资源行事，其中包括集团军部署期间空运来的油料。另外，我们还指望第6集团军突围期间空军能继续为他们提供空运补给。

顺便说一句，各部队现存的油料通常多于他们向上级汇报的数量。即便不考虑这种情况，我们还是希望整个行动能按照以下预期进行。待第6集团军朝西南方发动进攻，第4装甲集团军就能松口气，敌人届时无法再从斯大林格勒合围圈抽调新锐力量对付他们。第4装甲集团军12月19日不一定能渡过梅什科瓦河，但第6集团军的行动缓减他们的压力后，第4装甲集团军也许能向北再推进20公里。

当然，寄希望于此不啻为冒险，可不这样做，就无法指望救出第6集团军。

但这个问题之所以最终导致第6集团军留在斯大林格勒周围，决定性因素是希特勒在合围圈里派了个联络官。他通过这名联络官获悉，保卢斯将军不仅宣称由于油料状况无法朝西南方突围，还指出甚至无法为这种行动加以准备。

我打长途电话给希特勒，想让他批准第6集团军弃守斯大林格勒，突出合围圈，他答道："您究竟想做什么？保卢斯的油料只够行进20公里，最多30公里，他自己报告说，现在根本无法突围。"

因此，集团军群司令部一方面要面对最高统帅部，他们规定第6集团军攻往西南方的行动取决于同时守住斯大林格勒其他防线；另一方面我们还要面对第6集团军司令部，他们宣称缺乏油料，无法执行集团军群要求他们突围的命令。由于面对艰巨任务的是第6集团军司令，于是希特勒参照他的意见做出决定。如果希特勒手头没有这个反对理由，迫于形势，他也许会放弃第6集团军即便朝西南方突围也要守住斯大林格勒的指令。这样一来，保卢斯将军很可能从不同角度看待整个问题，完全不受希特勒明确指令的束缚。

我之所以这么详细地解释第6集团军司令没抓住集团军获救的最后良机的原因，是因为我认为第6集团军领率机构对此负有责任，与集团军司令的品格和他后来的所作所为无关。就像我上文指出的那样，他为自己的决定给出的理由合情合理。可事实上，当时是解救第6集团军唯一也是最后的机会。无论风险多大，不抓住机会就等于放弃解救第6集团军。但抓住机会就意味着孤注一掷，集团军群司令部认为，现在必须这么做！

批评后来擢升陆军元帅的保卢斯在那些关键日子的态度是很容易的。但不管怎样，绝不能用"盲目服从希特勒"这种话来指责他。突围的话必然要弃守斯大林格勒，这违背了希特勒明确表达的意愿，是否该采取这种行动，保卢斯的内心肯定产生了激烈斗争。但应当指出，迫于敌人的压力而采取突围行动，固然违背了希特勒的指令，却是按照集团军群的命令行事，因而不需要他承担责任。

除了内心的冲突，如果遵照集团军群的命令行事，这位集团军司令还面对巨大的风险。突围也许能让集团军获救，但也可能导致整个集团军覆灭。万一冲破敌军合围圈的初期突围没能成功，第6集团军停在半途，而第4装甲集团军又无力继续前进，敌人打垮德军掩护力量，在后方或翼侧达成突破的话，第6集团军的命运很快也就决定了。这就是第6集团军面临的最大风险和最艰巨的任务。可以说他们就像个四面受敌、赶去与第4装甲集团军会合的方阵，朝西南方突围期间，始终面临中途陷入停滞、后卫或翼侧掩护力量遭打垮的危险。另外，执行这项任务的部队，由于食物匮乏，再加上机动性严重下降，实力遭到严重削弱。尽管如此，重获自由、逃离死亡或囚禁的希望，也许能让部队做到看似不可能做到的事情！

如果说保卢斯将军当时没抓住最后的机会，犹豫不决，最终放弃了冒险，那么肯定是因为他觉得自己肩负千钧重任才这样做的。集团军群司令部竭力减轻他的责任感，还为此下达了命令，可保卢斯觉得在希特勒，乃至在他自己面前，都无法摆脱这种责任感。

集团军群司令部12月19日给第6集团军下达命令，要求他们尽快做好突围准备，之后的一周决定了第6集团军的命运。

整整6天，集团军群司令部冒着种种风险，想方设法让第6集团军与第4装甲集团军协同，冲出合围圈。

在此期间，集团军群始终面临威胁，敌人有可能充分发展他们在意大利集团军作战地域达成的突破，要么穿过他们面前敞开的顿涅茨河渡场攻往罗斯托夫，切断整个德军南翼的生命线，要么转身攻往顿河集团军群左翼后方的霍利特集团军级支队。

我们的解围行动持续之际，还存在另一个危险——敌人有可能突破我们设在奇尔河下游（罗马尼亚第3集团军）和霍利特集团军级支队作战地域的薄弱防线。

尽管如此，集团军群司令部还是把第4装甲集团军长时间留在顿河东面暴露的位置上，仍希望第6集团军抓住最后的突围机会。可随着集团军群左翼态势恶化，迫使我们不得不从顿河东面抽调兵力回援，再加上第57装甲军位于梅什科瓦河的阵地到12月25日已难以为继，最终期限终于到来了。

我在此只简要概述这一周扣人心弦的战事发展。

危急的事态始于集团军群左翼，更准确地说，发生在霍利特集团军级支队左翼。

意大利军队的防区究竟出了什么事，详情不得而知。显然只有一个轻装师和一两个步兵师从事了稍稍像样的抵抗。不管怎样，12月20日清晨，负责指挥意大利军队右翼的德国军长跑来报告，说他麾下的两个意大利师逃之夭夭，显然是相关报告称两个敌坦克军出现在他们纵深翼侧造成的。这导致霍利特集团军级支队的翼侧彻底暴露在外。

集团军群司令部获知霍利特将军的处境，立即命令这位军长（他实际上隶属B集团军群）务必采取一切手段阻止意大利师溃逃。霍利特集团军级支队奉命以梯次配置掩护自己的左翼，守住奇尔河上游阵地。

可就在当天，霍利特集团军级支队自身的薄弱防线两处遭突破。罗马尼亚第7师擅自退却。罗马尼亚第1军军部惊慌失措地逃离了他们的指挥所。

到12月20日傍晚，霍利特集团军级支队纵深翼侧已彻底陷入混乱。没人知道与集团军级支队毗邻的意大利军队是否还在抵抗或在何处战斗。有报告称，霍利特集团军级支队后方到处是敌坦克先遣部队，对方甚至出现在卡缅斯克－沙赫京斯基至关重要的顿涅茨河渡场前方。

接下来两天，霍利特集团军级支队的处境越来越危险。他们的正面遭突破，已无法掩护自己的翼侧和后方，苏联红军打垮了意大利人的作战地段，敌坦克部队肆意驰骋，很快会危及罗马尼亚第3集团军设在奇尔河下游的防线。

霍利特集团军级支队首先要做的是，设法在与罗马尼亚第3集团军防线大致平行的位置构设新防线，掩护自己的翼侧，同时为莫罗佐夫斯克和塔钦斯卡亚空军基地提供安全保障，这两座机场对空运补给第6集团军不可或缺。另外，他们还要在福希施塔特①和卡缅斯克－沙赫京斯基全力确保重要的顿涅茨河渡场畅通。

这些措施对稳定集团军群左翼的态势聊胜于无。那里充其量只能再坚持两三天，肯定无法维持更久。集团军群司令部12月20日给OKH发了份电传电报，明确无误地指出，倘若敌人果断采取行动，一举突破意大利军队的防线，他们就会直奔罗斯托夫方向，对顿河集团军群和A集团军群施以决定性打击。可就连陆军总参谋长当天也没能把这份电报面呈希特勒，因为元首忙着接见意大利代表团，与会者只有OKW人员，这就是德国最高统帅部的咄咄怪事。集团军群司令部直

---

① 译注：即白卡利特瓦。

到12月22日才收到回复，OKH指示霍利特集团军级支队坚守一条早已丢失的防线。其实，集团军级支队当天仍在前线苦战的德国和寥寥几支罗马尼亚部队能否脱离战斗并构设新防线很成问题。

由于意大利军队溃败，从我们这里到B集团军群正面出现了个巨大的缺口，集团军群司令部显然无法指望最高统帅部采取有力措施稳定态势。就连我们要求从A集团军群作战地域迅速抽调一个步兵师立即用于掩护罗斯托夫的建议也遭到否决。除了自救，我们别无选择。所以唯一的办法是削弱集团军群右翼，也就是从顿河东面抽调作战力量，这是个痛苦的决定。但再也不能拖延了，因为霍利特集团军级支队的危急处境12月24日到达顶点，敌人3个坦克或机械化军穿过意大利军队和罗马尼亚第7师敞开的缺口。其中两个军（坦克第25军和机械化第50军）已逼近莫罗佐夫斯克和塔钦斯卡亚空军基地，这两处对空运补给第6集团军至关重要。另一个军（坦克第8军）进入霍利特集团军级支队仍在奇尔河中游和上游作战的部分部队身后。

集团军群左翼，特别是我们敞开的西翼，情况越来越危急，但集团军群司令部仍竭力劝说希特勒，请他放弃斯大林格勒，批准第6集团军突围，同时争取第6集团军司令部大胆采取行动。

在此期间，第4装甲集团军拼尽全力，朝斯大林格勒迈出最后一步，并等待第6集团军朝西南方攻击前进，以缓解这一步承受的压力。

第4装甲集团军12月19日到达梅什科瓦河，接下来几天，激战持续不停，敌人从斯大林格勒调来越来越多的部队投入交战，竭力阻止我方解围部队继续前进。尽管如此，第57装甲军还是在梅什科瓦河北岸夺得立足地，控制了对岸的渡场，反复争夺后在北岸建起登陆场。他们击退敌人一次次发起的大规模冲击，让对方付出了惨重的代价。第57装甲军先遣部队已经看见，遥远的地平线上出现了斯大林格勒战线闪烁的炮火！胜利似乎近在咫尺，只要第6集团军实施进攻准备，至少阻止敌人继续抽调新锐力量对付第4装甲集团军，缓解解围集群的压力即可。但出于前文讨论过的原因，这种进攻没能付诸实施。

面对集团军群左翼的态势，集团军群司令部不得不考虑朝那里派遣作战力量，12月23日下午终于做出艰难的决定。我们命令在奇尔河下游指挥作战的罗马尼亚第3集团军司令部派第48装甲军军部率领第11装甲师恢复西翼态势。为接替第11装甲师，第4装甲集团军必须腾出一个装甲师用于奇尔河下游防线，否则那里无法坚持下去。

次日的事态证明，我们紧急做出的决定是多么及时。塔钦斯卡亚机场丢失，我们暂时失去了为第6集团军提供补给的一处空运基地，直到12月28日，我们才重新夺回机场。

直到集团军群司令部清楚已无法指望第6集团军及时突围，这才被迫做出重大决定，削弱第4装甲集团军的解围集群，抽出一个师。如果我们当时掌握第16摩托化步兵师，本来是可以推迟做出这项决定的。集团军群反复敦促后，12月20日，OKH终于命令A集团军群派党卫队维京师接替驻守埃利斯塔的第16摩托化步兵师。但换防需要10天！就在10天前，集团军群首次提出抽调这个师的请求！要是OKH当初批准的话，第16摩托化步兵师本来可以在12月23日投入奇尔河防线，这样就用不着抽调一个装甲师，削弱第57装甲军了。一如既往，这次又可以用"太晚"一词来描述希特勒的决定！尽管希特勒向集团军群承诺，把第7装甲师调给我们，可此举对进行中的解围行动来说实在太晚了。同时，希特勒还寄希望于首次投入实战的虎式装甲营扭转态势，可事实证明，这种希望纯属幻想。别说虎式装甲营开抵前线还需要一段时间，而且他们完全没经受过实战检验，还存在许多研发阶段的问题，所以这款战车最初根本无法提供任何有效帮助。顺便说一句，这是希特勒高估新式武器作战效力的典型例子。

就这样，敌人掌握主动权后，顿河以东战场的决定性时刻到来了。

12月25日，第57装甲军在梅什科瓦河河段遭到实力不断加强的敌军猛烈冲击，被迫退到阿克赛河。接下来几天的态势表明，敌人显然企图从东西两面合围该军。

第4装甲集团军北部和东部战线前方发现敌人2个集团军（第51、近卫第2集团军）、3个机械化军、1个坦克军、3个步兵军、1个骑兵军。这些兵团大多调自斯大林格勒合围圈。当然，敌人也从伏尔加河对岸调来新锐力量。

这样，敌人得以集中数倍兵力优势对付第4装甲集团军，接下来几天迫使他们退往科捷利尼科沃，12月12日，第4装甲集团军就是从这里发起解围行动的。这场后撤之所以不可避免，主要是因为仍归第4装甲集团军指挥的罗马尼亚第4

集团军辖内部队已无力执行他们受领的任务——掩护在阿克赛河河段苦战的第57装甲军翼侧。罗马尼亚第7军辖内部队负责掩护第4装甲集团军面朝伏尔加河的东翼，而罗马尼亚第6军辖内部队负责掩护第57装甲军与顿河之间的地域，但这两个军都丧失了战斗意志，最要命的是，两个军的领率机构没有为维持士气付出任何努力。罗马尼亚第4集团军司令杜米特雷斯库大将是个值得信赖的将领，可凭他一己之力也无法阻止麾下部队的士气土崩瓦解。除了把他们调离前线打发回国，没有别的办法。

我们12月12日发起的解救第6集团军的行动宣告失败，至少目前是这样。

鉴于当前的情况，重新展开解围行动还有希望吗？

今天回顾B集团军群作战地域的态势发展，这个问题的答案可能是否定的。但当时不可能预料到，意大利集团军会在1月份遭受灾难，甚至比匈牙利集团军在顿河河畔的遭遇严重得多。

因此，尽管困难重重，但顿河集团军群司令部这些日子始终没放弃解救第6集团军的念头。我们怀着这种想法，12月26日对OKH提出以下建议：

敌人在集团军群左翼构成朝罗斯托夫突破的威胁，为了让左翼至少维持一段时间，我们请求OKH尽快投入一个集团军级集群，该集群集结在米列罗沃地域，也就是B集团军群右翼后方。另外，A集团军群辖内第17集团军应抽出一个步兵师，尽快开赴罗斯托夫，承担起防御任务。原本答应配属集团军群的第7装甲师，用于顿河以东的交战为时已晚，但可以投入集团军群左翼的战斗。

最严重的情况下，集团军群会把防线中央地段撤到顿河—顿涅茨河一线。另外，奇尔河下游的态势这些天有所缓解，因为敌人显然集中兵力向西，赶去夺取我们的塔钦斯卡亚、莫罗佐夫斯克空军基地。

是否还有机会重新发起解围行动，这个问题的关键在于我们能否在顿河东面集结足够的兵力，让第4装甲集团军击败追兵。为此，顿河集团军群司令部向OKH提出（其实我们以前就提过，12月18日后更是反复提起），立即从第1装甲集团军抽调第3装甲军和第1步兵师，加强第4装甲集团军。集团军群认为，这些兵力再加上尽快调来的第16摩托化步兵师，足以让第4装甲集团军再次朝斯大林格勒方向发动进攻。我们认为，第4装甲集团军6天内就能获得这些援兵。

这段时间必须为第6集团军空运他们急需的油料（1000吨）和口粮（500吨），因为最高统帅部在此期间宣称会投入更多运输机中队。塔钦斯卡亚和莫罗佐夫斯克空军基地，接下来几天就能重新投入使用。不用说，我们反复请求上级赋予第6集团军自主行事权。尽管此时突围看似毫无希望，但集团军群司令部认为，除了孤注一掷别无他途，因为长期为合围圈内一个集团军空运补给是无法做到的。但考虑到总体形势，以及第6集团军辖内部队的状况，集团军群司令部认为，最迟突围日期应当在新年前后。届时，如果我们请调的援兵迅速开抵，第4装甲集团军就可以再次朝合围圈方向发动进攻。当然，就算第6集团军成功突围，能否作为战斗力尚存的军团与第4装甲集团军会合，这一点无从预料。但我们认为会有相当一部分将士冲出合围圈，到达第4装甲集团军身边。

问题在于，第1装甲集团军此时会不会交出上面提及的兵力。希特勒和A集团军群司令部都不同意我们的建议。

他们的拒绝是否合理，这个问题暂且不谈。不管怎样，顿河集团军群司令部12月27日向OKH呈交了一份兵力对比报告，请他们转呈希特勒。这份报告表明，A集团军群完全可以交出上述三个师。即便少了三个师，A集团军群作战地域的敌我兵力对比还是比顿河集团军群有利得多。另外，顿河集团军群辖内各兵团从事激战长达一个半月之久，已遭到严重消耗。顿河集团军群不得不在开阔地作战，而A集团军群辖内几个集团军，自高加索地区的攻势停顿后就据守阵地，这个时期他们肯定加强了防御。就算第1装甲集团军交出这三个师，面对优势之敌的猛烈冲击，无法守住己方阵地，他们也可以实施机动作战，尽可能阻滞敌人的推进，直到解救第6集团军的行动以这样或那样的形式结束。但希特勒不赞同这份解决方案，尽管集团军群司令部一再指出，就算第6集团军重获自由，我们也不可能长期守住高加索防线。我们提出的"大解决方案"，包括解救第6集团军，并在顿河集团军群和A集团军群作战地域展开机动作战，希特勒不愿接受。

他拒不批准从A集团军群抽调兵力，除了他向来不愿放弃到手的一切，还有另一个原因：他显然觉得，自己手头有另一股力量可用于解救第6集团军，哪怕这股力量晚些时候才能投入。

不管怎么说，集团军群司令部12月31日收到OKH发来的指令，说希特勒决定把重新装备和整补过的党卫队装甲军从西线调来，该军编有警卫旗队师、骷髅师、帝国装甲掷弹兵师。该军准备集结在哈尔科夫周围，从那里朝斯大林格勒发起救援行动。由于铁路勤务有限，这个军要到2月中旬才能彻底集结在哈尔科夫周围。但在此之前第6集团军如何存活，这个问题悬而未决。就算当时没人料到匈牙利集团军会像刚刚遭殃的意大利人那样遭遇灾难，可考虑到B集团军群和顿河集团军群作战地域的态势日趋危急，前调党卫队装甲军还是很有必要的。但无论如何不能认为，党卫队装甲军的兵力足以执行解围行动，一路杀到斯大林格勒。从科捷利尼科沃到斯大林格勒的距离是130公里，第4装甲集团军获得加强的话，12月份尚有可能完成这段路程，而党卫队装甲军2月份从哈尔科夫出发，就得奔袭560公里，这种行动从一开始就纯属幻想。要是希特勒真认为这场长途奔袭可行的话，那恰好证实了我在前一章对他的评论。

希特勒12月底拒绝了顿河集团军群提出的一切请求，没有迅速加强第4装甲集团军，就此决定了第6集团军的命运。为解救第6集团军，我们投入最后一名士兵，射出最后一发炮弹，可这番努力纯属徒劳！我们的救援行动坚持到最后一刻，为此赌上整个集团军群的命运也在所不惜，但最终还是功亏一篑！

自1月初起，顿河集团军群地域发生的事情大致可归纳为两场交战：

第6集团军在斯大林格勒周边地域的最后之战；为掩护整个德军南翼，包括B集团军群、顿河集团军群、A集团军群作战地域从事的交战。

考虑到作战行动的连续性，我会单独阐述后一场交战，专门把前一场交战放在本章最后一节，以此说明第6集团军的最后之战对掩护整个德军南翼是多么重要！

第6集团军的最后之战

第6集团军的垂死挣扎始于1942年年末到1943年年初，这段经历堪称德军将士遭受难以言述的痛苦和牺牲的故事。尽管他们陷入绝境，完全有理由对辜负他们信赖的人充满怨恨，但面对毫无道理却又无可避免的命运，这些将士英勇无畏，展现出男子汉的气概、最忠诚的责任感和战友情谊，坦然面对现实，谦恭地听从上帝的安排！

如果我不谈这些，肯定不是因为置身集团军群司令部的人对这一切没有深刻体会。而是因为第6集团军全体将士展现出无与伦比的英雄主义，我对他们的崇敬之情无法找到合适的话语来描述。

但我认为自己必须回答一个问题，作为当时的顿河集团军群司令，我也有资格回答。这个问题就是：要求我们英勇的将士慷慨赴死是否合理？是否有必要？这种牺牲又该持续多久？这个问题关乎第6集团军最后之战的意义，要想做出正确的回答，不能只考虑战争最终的失败，而是要想到当时的作战态势及其必要性。

第6集团军司令12月26日发来报告，集团军群司令部立即转呈OKH，这是我们的一贯做法，从来不掩饰集团军的状况。但从这之后，我们只能通过电台或第6集团军派出的联络官了解合围圈内的情况。短波通信已中断，我和保卢斯再也无法用电传打字机交谈了。

保卢斯大将在报告里写道：

战斗伤亡、酷寒、缺乏补给近期导致各个师的战斗力急剧下降。为此，我不得不报告如下：

1. 一如既往，我集团军会击退敌人的小规模进攻，尚能在一定时间内解决局部危机。但前提条件依然是尽快空运更多补给物资和补充兵。

2. 倘若苏联人从霍特当面抽调强大的兵力，集中这些或其他部队进攻要塞，我集团军可能无法长时间抵抗。

3. 如果不预先打通走廊，为集团军补充兵力和物资的话，我们就无法遂行突围。

因此，我请求您向上级交涉，如果整体局势没要求我集团军做出牺牲的话，就采取得力措施尽快解救我们。当然，我集团军会想方设法坚持到最后一刻。

另外，第6集团军还报告：

今天只获得70吨空运物资。面包最多维持到明天，油脂今晚就会耗尽，几个军明天就供应不上晚饭了，现在急需采取紧急措施。

第 6 集团军参谋长 8 天前宣称，只要有足够的补给，他们就能在合围圈内坚持到复活节，可这份报告表明他的估计大错特错。

这份报告还证明，鉴于第 4 装甲集团军当时不断逼近，集团军群司令部 8 天前命令第 6 集团军突围，不仅是他们冲出合围圈的第一次机会，考虑到第 6 集团军的处境，也是他们最后的机会。

另外，12 月底和 1 月初，除了敌人的局部进攻，第 6 集团军各条战线相对比较平静。敌人也许是打算为大规模进攻集结炮兵力量，要么就是企图集中现有兵力，先歼灭第 4 装甲集团军，在顿河河曲部赢得胜利。

1 月 8 日，第 14 装甲军军长胡贝将军从元首大本营来到集团军群司令部。希特勒命令他飞出斯大林格勒合围圈，去勒岑向他汇报第 6 集团军的状况。胡贝将军告诉我，他把合围圈内的情况毫无保留地汇报给希特勒。顺便说一句，希特勒通过集团军群的每日报告已掌握这些情况，可他怎么也不相信。但值得注意的是，胡贝在勒岑逗留期间显然一改初衷，也不知道希特勒给他灌了什么迷魂汤。希特勒保证，他会想方设法为第 6 集团军长时间空运补给，还谈到后续救援计划。胡贝满怀信心地飞回合围圈，但后来又奉希特勒的命令再次飞出合围圈，负责从合围圈外为第 6 集团军提供补给。其实，胡贝也无法改变空运不力的状况，因为这是气候恶劣和空运力量不足造成的，与组织工作无关。就我个人而言，胡贝说的一条消息令我深受感动，他告诉我，第 6 集团军内部流传着一句话，据说是我在电报里写的："挺住，我会救你们出去，曼施泰因。"尽管我竭尽全力解救第 6 集团军，但我从来没对他们承诺过什么，因为这种承诺并无兑现的把握，而且也不是凭我一己之力就能决定的。

胡贝将军非常勇敢，与希特勒交谈时明确指出，第 6 集团军陷入重围这类事情肯定会损害他作为国家元首的威望。他建议希特勒把军事指挥权交给军人，至少在东线应该这样。由于胡贝飞赴勒岑前在我们这里逗留了片刻，希特勒无疑认为是我唆使胡贝大胆进言的，其实完全不是这么回事。

后来，斯大林格勒合围圈覆灭后，我建议希特勒改组最高军事领率机构，他早已有所警觉，因而断然拒绝了。否则，他当时对第 6 集团军的覆灭负有责任，而且深感内疚，这种情况下也许会愿意接受我的建议。

1月9日，敌人要求第6集团军投降，集团军遵照希特勒的指示拒绝了。

我从来不会盲目接受希特勒的一切军事决定或措施，但这次我完全赞同他的决定，因为就当时的情况而言，第6集团军绝对不能放下武器，尽管从人道主义看，这种决定无疑有些残酷。

从纯粹的军人立场看，一支军队只要还能以任何方式战斗，就绝不能投降。放弃这种立场，就意味着军人气概的沦丧。只要国家没有武装力量、没有军人的美好时代还没到来，就必须保持军人的荣誉观。即便投降能避免显然已毫无希望的战斗，这一点也不能成为投降的理由。如果每个指挥官都觉得自己的处境趋于无望而投降，那就永远无法赢得战争。即便在看似全然无望的情况下，也经常能绝处逢生。不管怎么说，保卢斯将军认为，拒绝投降是军人的职责，除非集团军不再承担作战任务，除非继续战斗已徒劳无益。问题的关键就在于此，充分证明希特勒"不得投降"的命令正确无误，也是集团军群赞同这道命令的原因所在。无论第6集团军继续抵抗的前景多么无望，他们仍对总体作战态势起到至关重要的作用。该集团军必须尽可能长时间牵制当面之敌。

12月初，我们探明敌人在合围第6集团军的封锁线上部署了60个大型兵团（步兵师、坦克和机械化旅）。第4装甲集团军的进击无疑迫使敌人从封锁线抽调了部分兵团，但对方同时也投入新锐力量。相关报告称，顿河集团军群作战地域1月19日共计259个敌大型兵团，其中90个部署在第6集团军当面！鉴于先前描述的集团军群的处境，如果第6集团军1月9日投降，90个敌兵团中的大部分得以腾出的话意味着什么？毋庸讳言，整个东线南翼会面临灭顶之灾。

第6集团军仍能战斗，尽管这种战斗从长远看对他们自身是毫无意义的。但就南翼的形势而言，他们的抵抗至关重要。第6集团军牵制敌军兵力的每一天，都对东线的命运具有决定作用。现在也许有人会说，战争总归是要输掉的，早点结束还能减少些生灵涂炭。这种观点纯属马后炮。那个时期，并不能肯定德国会在军事上输掉整场战争。要是我们以某种方式最终恢复东线南翼的态势，完全有可能以军事上的平局换来政治平局。但要想成功实现这种可能性，最紧迫的前提是第6集团军继续战斗，只要还具备抵抗能力，就尽可能长久地牵制当面之敌。战争紧迫的必要性迫使最高统帅部要求这个英勇的军团付出最后的牺牲。他们对第6集团军陷入这般境地负有怎样的责任，则是另一个问题。

第6集团军1月9日拒绝了对方提出的投降要求，敌人发起最猛烈的炮火准备，随后投入大批坦克，从各个方向发动进攻。他们的主要突击指向集团军阵地的"鼻子"，也就是越过马里诺夫卡伸向西面的突出部，在这里达成多处渗透。

1月11日，第6集团军的处境明显恶化。由于缺乏弹药和油料，他们已无法恢复态势。一处处阵地丢失，特别是卡尔波夫卡河河谷的阵地落入敌人手里，导致合围圈西部防线的守军丢失了多多少少能抵御酷寒的容身处。气候状况致使我们的空运补给难以为继。

第6集团军1月12日的报告阐述了他们恶化的处境，集团军群立即转呈OKH，报告里写道：

> 尽管我们实施了英勇的抵抗，但过去几天的激烈战斗导致敌人取得纵深突破，到目前为止，我们只能勉强挡住对方。我们没有预备队，也无法组建。弹药只能再支撑三天，油料已耗尽。重武器再也无法移动。高昂的伤亡，缺乏补给物资，再加上天寒地冻，导致部队的抵抗力严重下降。如果敌人继续以当前兵力进攻，我们估计要塞防线最多只能再坚持几天，抵抗随后会转为各自为战。

1月12日，气候状况又一次导致我们没能为第6集团军空运补给，也没能投入空军作战力量支援他们的防御作战。

当天傍晚，航空队负责处理空运架次的皮克特将军飞出合围圈，对我们描述了合围圈内的惨状。他估计第6集团军最多还能抵抗2—4天，但第6集团军全体将士的英勇和献身精神推翻了他的预测。皮克特认为，就算空运勤务获得改善也于事无补，因为集团军的兵力已不足以封闭敌人达成的突破。

另外，皮克特将军还带来第6集团军司令的一份报告，保卢斯将军在此期间擢升大将，他在报告里描述了合围圈内的战术态势：

敌人以10—12个师冲击西北部防线。第3、第29摩托化步兵师部分力量遭到敌人从北面而来的打击，已被粉碎。在那里重建防线似乎不复可能。这些英勇的师击毁 100 辆敌坦克，可敌人似乎仍有 50 辆完好的坦克。

合围圈南部防线，敌人猛烈的炮火准备一连持续了两天，尽管第 297 步兵师英勇抵抗，可敌人还是取得纵深渗透。我们在这里也没有任何部队可用于封闭缺口。敌人投入 100 多辆坦克，其中 40 辆被我们击毁。

我们仍在坚守东部防线，但敌人在那里同样施加了沉重的压力。

敌人在东北部防线成功取得纵深渗透，据守在那里的第 16 装甲师战斗力已然耗尽。

保卢斯大将还报告，集团军无论在何处都会战斗到最后一颗子弹。希特勒委派胡贝将军设法缩小合围圈（第 6 集团军当初能为突围行动集中兵力的关键时刻，希特勒却禁止他们这样做），此举只会加快崩溃的速度，因为几乎所有重武器都已无法移动。空运补给量一直不足，即便获得改善也改变不了任何局面。集团军还能抵抗多久，主要取决于敌人的攻击力度。

当天，皮托姆尼克机场丢失，斯大林格勒合围圈内，只剩古姆拉克机场可用。

但当天夜间，保卢斯大将又报告，要是能把几个全副武装的营立即运入合围圈，集团军仍有望继续抵抗。他先前一再提出，以空运的方式提供数千名战斗兵，弥补集团军的损失。但集团军群没有同意，因为我们也没有预备力量，更别说闲置未用的营了。另外，第 4 装甲集团军的解围行动陷入停滞后，我们根本不会考虑第 6 集团军这些要求，此时把部队或补充兵送入合围圈完全是不负责任的做法。由于第 6 集团军一再催促，我们不得不把他们休假返回的指挥官和总参军官送入合围圈，这让我们痛心不已。集团军急需这些军官，另一方面，这些军官也急于返回自己的部队。他们当中不乏俾斯麦、贝洛这些古老军事世家的后人，这种情况证明，恪尽职守和袍泽情谊的传统经受住了最严峻的考验。

1 月 13 日，保卢斯大将的第一副官贝尔总参上尉带着集团军作战日志来到我们这里。这名年轻军官佩戴着骑士铁十字勋章，仪态举止堪称表率。他向我们汇报，仍在战斗的部队是多么英勇，全体将士又是如何慨然面对严酷的命运。

贝尔上尉还带来保卢斯大将写给我、集团军参谋长写给集团军群参谋长的信件，这些信充分体现出德国军人英勇、尽责、正直的态度。他们承认，集团军群为解救第 6 集团军已竭尽全力，当然，他们对空运补给集团军的承诺没能兑现不无抱怨。不过，冯·里希特霍芬大将和我从未做出过这种承诺，应该对此负责的是戈林。

1月16日，第6集团军各处防线再度爆发激战。由于敌人的地面防空力量和战斗机昼间给我方运输机造成的损失过高，我们的飞机此时已无法着陆，只能趁夜间空运或空投补给。在此过程中，势必会丢失很大一部分物资。

当天，希特勒委派米尔希元帅负责第6集团军的空运补给。第6集团军1月17日报告，古姆拉克机场又能使用了，但空军不这么认为，不过，集团军群坚持要求他们设法在古姆拉克机场降落。

1月19日，我与米尔希首次会晤，他昨天乘车赶往集团军群司令部途中撞上火车，受了轻伤。尽管态势已然无望，但我还是强调了采取紧急措施，改善第6集团军补给状况的紧迫性。一方面是因为我们始终对合围圈内的战友心怀愧疚，另外，第6集团军仍牵制着敌人90个兵团，因此，他们肩负的战略任务意义重大。鉴于顿河集团军群其他战线和B集团军群敞开的翼侧态势危急，我们必须全力确保第6集团军继续战斗，哪怕多坚持一天都至关重要。米尔希向我们保证，他会动用国内一切可用手段，腾出最后一批预留的运输机，以及地勤人员和设备。地勤人员和设备非常重要，因为塔钦斯卡亚和莫罗佐夫斯克机场已落入敌人手里，补给物资不得不从新切尔卡斯克和罗斯托夫机场，以及更后方的空军基地起运。从米尔希的话里明显能听出，要是他早几周负责空运任务，情况也许会好得多，因为他在国内掌握很多资源，这是里希特霍芬不具备的。但最不负责的是戈林，他从头到尾就没有确保这些资源得到及时利用。

1月24日，集团军群收到陆军总参谋长蔡茨勒将军发来的电报：

我部收到以下电报：

要塞只能再坚守几天。补给匮乏，兵员耗尽，重武器无法移动。最后一座机场很快会丢失，补给物资也会降到最低限度。坚守斯大林格勒，这项战斗任务的基础已不复存在。敌人能在任何一条防线达成突破，因为遂行防御的官兵阵亡后，整条防线已丢失。全体将士的英勇气概依然牢不可破。为了在崩溃前以这股勇气做最后一搏，我打算命令所有部队朝西南方发起有组织的突围。个别集群有望突出重围，在苏联红军战线后方制造混乱。如果留在原地，他们肯定会全军覆没，要么被俘，要么饿死、冻死。我建议把少数官兵作为专业人才送出合围圈，以备日后作战所用。这道命令必须尽快下达，因为飞机很快就无法飞入合围圈。请您开列这些军官的姓名。我本人当然不在考虑之列。

签名：保卢斯

（OKH）答复如下：

电报收悉。与我4天前的建议完全一致。我已把电报再次呈送元首。元首决定：

1. 关于突围：元首保留最后决定权。因此，如有必要请再给我发电报。

2. 关于人员的飞出：元首暂时不考虑这个问题。请把齐策维茨派来我处再次商讨此事，我会带他去见元首。

签名：蔡茨勒

关于保卢斯大将这封电报，特别是个别人员飞出合围圈的问题，我想谈谈个人的看法。实事求是地说，我们当然希望尽可能多地抢救重要的专业人才，在此过程中不考虑军衔问题。从人道主义的角度看，我们也希望并努力把每个人都救出去。但部分人员飞出合围圈的问题还得从军人的角度考虑。军人的传统要求先把伤员送走。当前情况下，这种做法值得钦佩。当然，疏散专业人才肯定会影响伤员撤离。另外，飞离合围圈的专业人才大多是军官，这种情况无法避免，由于他们先前接受过训练，在后续作战中，他们比普通士兵更重要（除非普通士兵也是受过专业训练的技术人才）。但以第6集团军的情况看，按照德国军人的传统，面对逃生的机会，军官必须位居士兵身后，这是他们的责任。出于这个原因，集团军群没有敦促希特勒采纳第6集团军司令的建议。

至于第6集团军企图在最后时刻以小股集群冲出合围圈的问题，希特勒对此保留"最后决定权"，可他们没有付诸实施。

但集团军群还是在敌军封锁线后方各处空投食物，竭力为也许能成功突围的集群创造生存条件，还派出侦察机搜寻这些集群。可是，没有任何此类集群到达集团军群防线前方，我方飞行员也没有任何发现。

不管怎样，保卢斯大将的电报表明，英勇的第6集团军，至少那些战斗力尚存的将士，直到最后一刻也没丧失战斗意志。集团军群还知道，那些尚具战斗力的将士，特别是年轻官兵，决心无论怎样都要在最后关头冲出敌人的合围圈。出于这个原因，我们采取了上述措施，可惜徒劳无获。

1月22日，苏联人到达古姆拉克机场，我们空运补给的飞机终于无法着陆了。保卢斯大将报告，他再也无力封闭敌人在古姆拉克撕开的缺口。第6集团军的弹药和物资告罄，他请求希特勒批准他就投降事宜立即与敌人谈判。我在电话里就这个问题与希特勒长时间争论，竭力劝说他批准集团军投降。即便第6集团军的抵抗日趋微弱，导致集团军群的处境不断恶化，可我还是认为，是时候结束这支英勇军队的垂死挣扎了。面对占据绝对优势的敌军，他们顽强战斗到最后一刻，为当年冬季挽救整个东线做出了重大贡献。从这一刻起，第6集团军遭受的苦难，已经与他们继续牵制敌军所能带来的好处不成比例了。

经过长时间激烈争论，希特勒否决了保卢斯和我的请求，命令第6集团军战斗到底。他提出的理由是，集团军多坚持一天都对总体态势至关重要，否则，敌人投入斯大林格勒合围圈的各个师就会用于其他地段。实际上，苏联人在此期间打垮了顿河畔的匈牙利集团军，导致B集团军群在地图上已不复存在，形势非常严峻。从伏罗希洛夫格勒附近的顿涅茨河到顿河畔的沃罗涅日敞开了一个缺口，敌人投入强大的兵力，如入无人之境。这种情况下，顿河集团军群和正撤离高加索地区的A集团军群能否挺住，似乎很成问题。

希特勒认为，就算第6集团军无法构设绵亘的防线，还可以在各个小包围圈内继续战斗，再坚持一段时间。他最后宣称，投降毫无作用，因为苏联人不会遵守任何协议。总的说来，希特勒这句话是正确的。事实证明，落入苏联红军手里的9万名俘虏，活下来的只有几千人。必须强调指出，苏联人仍控制着完好无损、直达斯大林格勒的铁路补给线，如果他们心存善意，完全能为俘虏提供补给并把他们运走。即便酷寒和虚弱必然导致死亡人数居高不下，可这种情况下的死亡率还是超出了常规标准。

我记得，与希特勒这次电话交谈至少持续了45分钟。他一再告诉我，第6集团军继续战斗，牵制大股敌军的每一天都至关重要，苏联人绝不会善待俘虏，我不想复述他的观点。出于这种狂热的态度，他绝对无法接受第三帝国一个集团军投降的建议，人道主义根本不在他的考虑范围内。

希特勒拒绝了我批准第 6 集团军投降的请求，我面对以下问题：是否该辞去集团军群司令的职务以表抗议？

这不是我首次考虑辞职问题。1942 年圣诞前后，我没能说服希特勒批准第 6 集团军突围，这个念头就像块巨石般压在我心头。

顺便说一句，这段时间和接下来几个月，辞职的想法一直在我脑海里萦绕。采取每个必要的军事措施前，几乎都要与最高统帅部展开无休止的、令人神经紧张的斗争，这种情况实在让人难以忍受，萌生辞职的念头我觉得是可以理解的。1942 年圣诞节过后不久，我的作战处处长布塞上校对第 6 集团军工兵指挥官说的话，足以证明那个时期我一直在考虑这个问题。布塞说："要不是我为部队着想，再三请他（曼施泰因）留下的话，他可能早就向希特勒提出辞呈了。"这句肺腑之言出自我最亲密的同事，充分说明了我当时的处境和心态。

关于战地高级指挥官辞职的问题，我觉得有必要再补充几句。首先，战争期间的高级指挥官和所有普通士兵一样，显然不能随意撂挑子。希特勒不会被迫接受辞呈，当前情况下更是这样。战场上的军人不像政治家那么自由，事情出了岔子，或不赞成政府的政策方针，政治家可以一走了之，而军人必须服从命令，在规定的地方按照规定的方式作战。

当然，有时候高级指挥官执行某道命令时，会与他的责任感发生冲突。这种情况下，就像赛德利茨在佐恩多夫会战期间说的那样："我的脑袋战后任由国王处置，但会战中他得让我使用它。"任何一位打了败仗的将领，都不能以这样的借口为自己开脱：我本来有更好的判断，完全因为执行上级的命令才吃了败仗。这种情况下，他唯一该做的是违抗命令，并以自己的脑袋为此负责。胜利往往取决于此。

正是出于这个原因，我才违抗了希特勒的明确指令，12 月 19 日命令第 6 集团军尽快朝西南方突围。这道命令没能奏效，是因为第 6 集团军司令部拒不服从。这种观点是否正确，放弃这次获救机会是否合理，这些问题难以得出结论，因为没人能肯定突围一定成功。

后来，每次发生绝对必要的情况，我都违抗希特勒的作战指令，相应的战果证明我的决定正确无误，希特勒也只好对这种抗命行为听之任之。当然，如果有可能导致友邻集团军群陷入险恶境地，就绝不能擅自行动。

关于辞职问题，除了上述无法做到的原因，还有另一个重要因素，即高级指挥官必须对自己的部下负责。

我当时考虑的不仅仅是第6集团军，整个顿河集团军群乃至A集团军群的命运都危在旦夕！如果我为抗议希特勒不许第6集团军投降而甩手不干，虽然从人道主义的角度看情有可原，但我觉得，此举不啻为背叛了我们在斯大林格勒合围圈外从事生死之战的英勇将士。

如果说顿河集团军群司令部后来成功控制了这场战争中最严峻的局面之一，那么我认为，自己当时没有向希特勒提出辞呈还是有道理的。

简述顿河集团军群、A集团军群、B集团军群作战地域1943年1月的态势发展，就能看出，第6集团军面对优势之敌实施的顽强抵抗是多么必要。

由于顿河集团军群一再施加压力，12月29日，OKH终于命令A集团军群撤离高加索地区，先把他们左翼的第1装甲集团军撤到皮亚季戈尔斯克—普拉斯科韦亚的库马河一线（萨利斯克东南方270公里）。为尽量挽救技术装备，这场后撤执行得异常缓慢，起初无法腾出任何部队。

1月9日，也就是敌人要求第6集团军投降但遭到拒绝那天，第1装甲集团军仍未到达库马河一线。

第4装甲集团军的任务是掩护顿河南面A集团军群的身后，同时确保穿过罗斯托夫的交通线畅通，他们在顿河南面与优势之敌（3个集团军）苦战后，取道科捷利尼科沃向西退却。1月9日，该集团军在马内奇河与萨尔河之间的库别尔列地段从事激烈的防御作战。敌人显然企图从两翼实施迂回。部署在康斯坦丁诺夫卡附近顿河河段的敌近卫坦克第3军从那里转向东南方，攻往第4装甲集团军身后的普罗列塔尔斯卡亚。敌人刚刚从卡尔梅克草原调来的第28集团军沿马内奇河攻击前进，企图从南面包抄第4装甲集团军。

霍利特集团军级支队在顿河河曲部从事了激烈的防御作战，被迫退往卡加利尼克河地段。敌人在那里突破了他们的南翼阵地。1月7日，一股实力较弱的敌军在新切尔卡斯克（集团军群司令部驻地）东北面渡过顿河。霍利特集团军级支队北翼，第7装甲师在贝斯特拉亚格尼拉亚河与卡利特瓦河之间以短促突击竭力阻滞敌人从福希施塔特开赴顿涅茨河渡场。而对于卡缅斯克渡场，我们只能派警戒部队和罗马尼亚军队残部加以掩护。顺便说一句，罗马尼亚人也逃离了这片战场。

霍利特集团军级支队西北面，B集团军群作战地域内，意大利集团军的溃败留下了一个巨大的缺口。B集团军群辖内实力虚弱的弗雷特－皮科集群据守米列罗沃期间差点陷入合围。

1月24日，原本能依托绵亘防线作战的第6集团军已被敌人分割成3个孤立的集群，分别位于斯大林格勒城内和郊区，再也无法牵制大股敌军，其他战线的情况如下：

A集团军群北翼仍在白格利纳附近，南面，他们甚至位于阿尔马维尔以东，距离罗斯托夫150—200公里。OKH终于批准第1装甲集团军主力取道罗斯托夫后撤。

顿河集团军群作战地域，为了让第1装甲集团军顺利后撤，第4装甲集团军在罗斯托夫东南方殊死奋战，全力确保顿河渡场，我打算随后把第1装甲集团军投入集团军群左翼，扼守从伏罗希洛夫格勒向北延伸的顿涅茨河防线。

霍利特集团军级支队据守从顿涅茨河与顿河交汇部到福希施塔特的顿涅茨河河段。

在此期间转隶顿河集团军群的弗雷特－皮科集群（编有2个师）在卡缅斯克两侧据守顿涅茨河河段。

由于意大利集团军和顿河畔的匈牙利集团军相继溃败，B集团军群作战地域自1月19日起出现了一个巨大的缺口，从顿涅茨河畔的伏罗希洛夫格勒延伸到顿河畔的沃罗涅日，宽度约为320公里。1月23日，这段延伸到旧别利斯克的"防线"交给顿河集团军群。实际上，在这里战斗的只有实力严重受损的第19装甲师，面对敌人3个军，他们不得不弃守旧别利斯克。

第6集团军最后的抵抗2月1日停息之际，敌人以3个坦克军、1个机械化军、1个步兵军组成的集群在伏罗希洛夫格勒地域渡过顿涅茨河，他们显然还派

3—4个坦克军、1个步兵军组成的另一个集群攻往利西昌斯克—斯拉维扬斯克的顿涅茨河防线。

若非第6集团军的英勇抵抗把敌人部署在斯大林格勒的强大兵力牵制了那么久，1月9日—2月1日这段时间的态势会如何发展，接下来又会发生什么事，我想用不着多说了。

我们还是把话题拉回第6集团军的最后之战。1月24日，敌人把第6集团军的防线分割成3个较小的包围圈，分别位于斯大林格勒北部边缘、中央、南部边缘。

1月31日，擢升陆军元帅的第6集团军司令和他的司令部一同被敌人俘虏。

2月1日，仍在苦战的北部集群（第11军残部）投降。

第6集团军的战斗结束了！

对落入苏联人手里的德军官兵来说，被俘并不意味着战斗就此结束，面对无情的饥饿和俄罗斯草原的酷寒，他们再次展开最艰巨的斗争。这些将士是在虚弱的双臂再也无力举起武器、冻僵的手指再也不能扣动扳机、弹药耗尽再也无法抗击强大敌军的情况下才投降的！多亏德国空军人员的奉献精神，我们至少从合围圈内救出3万来名伤员。

不过，第6集团军的悲剧究竟该由谁来负责的问题，希特勒亲自做出了明确的回答。

2月5日，我奉命来到元首大本营，此前我多次请求希特勒亲自视察我方防线的情况，至少派陆军总参谋长或约德尔将军去我们那里看看，可这些请求均属徒劳。

会晤开始前，希特勒说了以下这番话：

> 我对斯大林格勒独自承担责任！我也许可以说，是戈林对空军补给能力的不实估计误导了我，这样至少可以把部分责任归咎于他，但他是我亲自指定的接班人，所以我不能把斯大林格勒的责任推给他。

必须承认，希特勒这次完全承担起责任，没有寻找替罪羊。

遗憾的是，他没有从亲自指挥造成的此次重大失败中汲取教训，以用于后续战事。

无论追责问题如何，也无论后来如何评述囚禁生涯的残酷、宣传的影响、第6集团军部分官兵完全可以理解的愤懑之情，不容抹杀的事实是：

第6集团军全体将士以他们无与伦比的英勇和责任感，为德国军人的精神竖起一座纪念碑，尽管不是以钢铁和石块建成，但还是会永垂不朽。在这座无形的丰碑上，篆刻着本章开头的诗句，以悼念这出最伟大的军事悲剧。

第6集团军在斯大林格勒周围覆灭的兵团如下：

第4、第8、第11、第51军及第14装甲军军部；

第44、第71、第76、第113、第295、第297、第305、第371、第376、第384、第389、第394步兵师；

第100猎兵师；

第14、第16、第24装甲师；

第3、第29、第60摩托化步兵师；

以及大批统帅部和集团军直属部队。

除此之外还有罗马尼亚第1骑兵师和第20步兵师。

注释

1. 实际上，虽然计划中的霍利特解围集群没有真正投入救援行动，但他们牵制了顿河以西的红军主力。而第 4 装甲集团军的进击，迫使敌人拓展了斯大林格勒周围的封锁线。

2. 每天 400 吨物资补给，是集团军对油料、反坦克弹药、步兵弹药的最低需求量。食物储备耗尽后，他们的最低需求量上升到每天 550 吨。

3. 警戒部队是以司令部人员、空军部队、休假和伤愈归队者临时组建的力量，不属于作战部队。他们缺乏坚实的组织结构、战斗经验丰富的指挥官、武器（特别是重武器、反坦克武器、火炮）、补给设施，大多数人没接受过战斗训练，也缺乏实战经验，因而战斗力低下。尽管如此，他们拧成一股绳从事一段时间的战斗后，往往能取得优异的战绩。

4. 施密特将军在这个问题上的固执深具致命性，被俘后，他在监禁期间依然固执。据说他在狱中展现出令人钦佩的军人气概和战友情谊，结果被判处 25 年苦役。公正地说，这种态度值得赞赏。

第十三章 1942—1943年，苏联南部的冬季战局

战略不过是权宜之策。

——毛奇

关乎整个德军南翼的命运——冬季战局的战略背景——作战指导思想：从东翼转向西翼——第一阶段：解救第6集团军的交战——第二阶段：掩护A集团军群身后的交战——陷入阵地战僵局的后果——德军的指挥原则——第4装甲集团军在顿河以南的交战——霍利特集团军级支队在顿河河曲部的交战——第三阶段：确保德军南翼交通线的交战——1943年1月中旬的态势——1月下半月的交战——A集团军群和第1装甲集团军，是取道罗斯托夫退往决定性战场，还是退守库班登陆场？——顿涅茨地区及其经济重要性——就后续作战行动交换意见——2月6日与希特勒的会晤——撤离顿涅茨地区东部和最高指挥问题——兵力转移付诸实施——为后续作战评估态势——第四阶段：德军的反攻——希特勒到访扎波罗热的集团军群司令部——顿涅茨河与第聂伯河之间的交战——哈尔科夫战役——回顾

1942—1943年交替之际，整个德国热切地关注着斯大林格勒的战事，忧心忡忡地为在那里鏖战的子弟祈祷，但与此同时，东线南翼爆发的激烈交战，甚至比为解救第6集团军20万英勇将士的生命和自由而从事的战斗更具决定性。

这场决战关乎的不仅仅是一个集团军，还包括德军东线整个南翼，乃至东线战事的最终命运。此次交战让我们避免了覆灭的悲剧。战局后期，德军昙花一现地赢得了一场胜利，也是此次战争期间的最后一次胜利。但这场交战，除了最初解救第6集团军的苦战，还充满紧张的气氛和近乎致命的危机，几乎可以说是第二次世界大战中最扣人心弦的战役之一。德国不再幻想赢得最终胜利，由于最高

统帅部 1942 年夏秋季战局犯下的错误，我们现在要做的不过是"避免失败"，就像施利芬当年指出的那样。敌人占有数倍兵力优势，这让他们得以充分利用作战态势提供的一切制胜良机，面对这种状况，德国统帅部不得不一次次采取临时性应急措施，德军为此付出了令人难以置信的努力。尽管这场战局没有胜利的号角声，但也没像第 6 集团军覆灭时那样响起沉闷的丧钟，所以还是值得记上一笔。作为一场战斗后撤，此次战局注定与光荣无缘。但实际情况是，它也没有以失败告终，而是再次为德国最高统帅部提供了至少以军事平局解决问题的机会，其价值可能远远超过"普通的胜利"。

冬季战局的战略背景

为了让读者了解这场决战的重要性和危险的严重程度，我在这里有必要简述此次战局的起始情况。

1941 年年末到 1942 年年初的冬季，苏联红军的兵力只够阻挡德军进攻莫斯科，遏止德军的总体攻势。

1942 年夏季，德军突击大潮再次向东席卷，这股势头直到伏尔加河和高加索地区才消退。

但现在，也就是 1942 年年末到 1943 年年初的冬季，敌人觉得自身实力强大，足以夺回战争主动权。问题在于，这个冬季是否朝德国在东线的失败迈出了关键的一步。第 6 集团军遭受的灾难相当惨痛，但以第二次世界大战的庞大规模看，这种打击不算特别严重。可如果东线整个南翼遭粉碎，就为敌人尽早战胜德国铺平了道路。基于两个原因，苏联统帅部期望在南翼实现这个目标：第一，苏联红军占有绝对兵力优势；第二，德国统帅部在斯大林格勒的问题上犯错，苏联人认为战略态势对己方有利。毫无疑问，他们力求实现上述目标，但最终没能如愿。

我先简述东线南翼这场冬季战局开始时的战略态势。

1942 年 11 月，德军在高加索地区和乌克兰东部的战线形成了一个远远向东伸出的弧形突出部。突出部右翼在新罗西斯克倚靠黑海。第 17 集团军和第 1 装甲集团军编成的 A 集团军群防线穿过北高加索地区，但与东面的里海没有可靠的连接。

这道正面朝南的防线，敞开的纵深翼侧由第 16 摩托化步兵师掩护，该师部署在埃利斯塔东面的卡尔梅克草原，正面朝东，对着伏尔加河下游。

B 集团军群的绵亘战线从斯大林格勒南部才开始，从斯大林格勒折返顿河，再沿顿河伸向沃罗涅日。由南向北，部署在这条战线上的是罗马尼亚第 4 集团军、第 4 装甲集团军、第 6 集团军、罗马尼亚第 3 集团军、1 个意大利集团军、1 个匈牙利集团军、1 个德国集团军（第 2 集团军）。一连几个月，德军主力集中在斯大林格勒周围，而其他地段，特别是顿河防线，基本上交给轴心国集团军。A 集团军群和 B 集团军群战线后方都没有值得一提的预备力量。

相比之下，敌人把他们的兵力分为高加索方面军、西南方面军、沃罗涅日方面军，不仅在前线占有数量优势，还在这些地段后方部署了强大的预备队，东线中央地段（莫斯科）和苏联腹地同样如此。

为了让读者了解当前态势的实际危险性，以及敌人的时机是多么有利，我必须谈谈具有战略重要性的距离问题。

从罗马尼亚第 3 集团军 11 月 19 日被打垮的顿河河段，也就是克列缅斯卡亚的苏联红军顿河登陆场及其西面，或从意大利集团军在卡赞斯卡亚两侧据守的顿河河段，到罗斯托夫的顿河渡场，直线距离只有 300 多公里。不仅整个 A 集团军群，就连第 4 装甲集团军和罗马尼亚第 4 集团军，通往后方的交通线都穿过罗斯托夫。但 A 集团军群位于高加索地区的左翼，距离罗斯托夫至少 600 公里，斯大林格勒南面的第 4 装甲集团军离罗斯托夫也有 400 公里左右。

后方地区，南翼德军的交通线穿过扎波罗热和第聂伯罗彼得罗夫斯克的顿涅茨河渡场。而取道克里木和刻赤海峡通往高加索地区的交通线效率太低。德军南翼后方至关重要的第聂伯河渡场距离斯大林格勒将近 700 公里，离高加索战线左翼 900 公里左右。相比之下，敌人的顿河战线，无论是从卡赞斯卡亚地域到扎波罗热，还是从斯沃博达到第聂伯罗彼得罗夫斯克，都只有 420 公里左右！

根据我的经验，我非常清楚这种情况意味着什么。1941 年夏季，我率领第 56 装甲军从蒂尔西特赶赴迪纳堡，4 天内挺进了 300 公里，遭遇的抵抗远比罗马尼亚、意大利、匈牙利集团军在顿河畔实施的防御顽强得多。当时，苏联人在他们的防线后方还有大量预备队，实力远比我们 1942 年冬季强大。

除了有利的战略态势，苏联红军还占有巨大的兵力优势。交战伊始，顿河集团军群与敌人的兵力对比，我们在上一章已介绍过。两个数字也许能说明冬季战局期间这种兵力对比的发展情况。1943 年 3 月，从亚速海到哈尔科夫以北这条 700 公里长的防线上，南方集团军群（原顿河集团军群）只有 32 个师，而敌人部署在这条战线及其后方的兵团（步兵师、坦克或机械化旅、骑兵师）多达 341 个。

因此，顿河集团军群在两种情况下作战，这两种情况构成了下文要叙述的诸多事件不变的背景：

第一，敌人的压倒性兵力优势。即便我集团军群获得 A 集团军群辖下的第 1 装甲集团军主力，再加上 OKH 补充的兵力，也只有 3 个（后来增加到 4 个）德国集团军，敌我兵力对比高达 7 ∶ 1，而且已考虑到苏联红军兵团的兵力通常少于德国师这个因素。

第二，战略危险。由于我们的轴心国集团军土崩瓦解，占有兵力优势的敌人在此期间彻底获得自由行动权，他们离德军南翼生命线（罗斯托夫或第聂伯河渡场）比我们更近。

两种情况共同构成以下危险：德军南翼的后勤补给遭切断，被逼到亚速海或黑海沿岸，在那里被敌人歼灭。苏联黑海舰队仍能封锁这片海域，让我们得不到补给。一旦顿河集团军群和 A 集团军群覆灭，也就决定了整个东线的命运，不过是早晚的问题。

作战指导思想

1942 年年末到 1943 年年初的冬季东线南翼的整个作战行动，也可以说是当年冬季的东线战事，建立在上述战略态势基础上，交战双方的问题是：苏联红军能否合围德军南翼，朝最终胜利迈出决定性的一步；德国最高统帅部能否成功避免这场灾难。

苏联红军的作战企图可以说非常明显。德国最高统帅部命令德军战线停在夏季攻势的最终阵地，为对方创造了良机。苏联人当然会抓住有利态势，一举合围集中在斯大林格勒附近的第 6 集团军。

后续作战行动中，敌人一次次利用他们在罗马尼亚、意大利、匈牙利军队防区取得的战果，投入的兵力越来越多，作战范围越来越大，企图从北面或西面迁回德军南翼。他们的目标是切断德军南翼通往西面的交通线，最终把这批德国军队合围在海边。德国最高统帅部把南翼拉伸得过长，为对方的战略构想创造了条件。

如何摆脱眼下的险情，对德军而言相当困难，这种危险是自身的失误，以及敌人在斯大林格勒两侧出人意料地赢得初期胜利造成的。鉴于总体战略态势，从敌人发动进攻第一天起，德国最高统帅部就该认清事态会如何发展，特别是 A 集团军群的危险处境。

总之，解决之道只有两个，德国最高统帅部必须做出抉择。第一个办法是敌人在斯大林格勒两侧发动进攻后，趁第 6 集团军尚未陷入合围，立即把他们撤离伏尔加河，并前调强大的兵力，设法恢复顿河河曲部的态势。与此同时，还必须投入德军部队，全力加强轴心国集团军据守的顿河河段。但这个方案存在的问题也很明显，因为德国最高统帅部没有足够的兵力，寥寥几条铁路线不足的运输能力也导致他们无法及时前调援兵。他们没有下定决心，让第 6 集团军撤离斯大林格勒。相反，苏联红军发动进攻短短几周，情况就明确表明，第 6 集团军难逃覆灭的厄运，从总体作战框架考虑，他们所能做的仅仅是尽量长时间牵制尽可能多的敌兵团。为完成这项任务，英勇的第 6 集团军牺牲了自己，战斗到最后一刻！

尽管希特勒的固执己见导致斯大林格勒态势恶化，解救第 6 集团军的一切希望化为乌有，但德国最高统帅仍有第二个办法可供选择。只要放弃夏季战局期间征服的地盘（反正也守不住），我们就有可能转败为胜！为此，必须把 A 集团军群和顿河集团军群辖内部队按计划撤出伸向东面的突出部，先退到顿河下游和顿涅茨河后方，尔后撤往第聂伯河下游。

与此同时，必须把所有可用兵力，包括两个集团军群缩短防线腾出的师集结到哈尔科夫周围。这股力量的任务是，如果敌人追击后撤中的两个集团军群，或企图切断我军退往第聂伯河渡场的道路，就打击敌军翼侧。所以，德军现在的问题是从总后撤转入合围行动，目标是把追击之敌逼向大海，在那里歼灭他们。

解救第 6 集团军的行动已然无望，另外，情况很明显，A 集团军群在高加索地区已无法立足，敌人突破意大利集团军的防线构成切断德军整个南翼的危险。因此，集团军群向 OKH 呈报了这份方案。

但希特勒不是轻易接受这种方案的人，尽管形势所迫，可他不愿放弃 1942 年夏季的战果，而且我们这份方案无疑会带来巨大的作战风险。我在"希特勒行使军队最高指挥权"一章详细阐述过此人的性格特点，可以说，这种个性妨碍了他做出上述决断。由于他对作战问题缺乏经验，因而把恢复南翼态势的希望寄托于正朝哈尔科夫开进的党卫队装甲军。

在顿河集团军群领率机构看来，上述两个办法的第一个，也就是设法恢复顿河河曲部的态势，在新集团军群司令部刚刚成立之际，就随第 6 集团军彻底陷入合围而无法付诸实施。顿河集团军群接收的不是残兵败将，就是 OKH 零零碎碎提供的援兵，以这样的实力在顿河河曲部从事交战，成功的前景并不乐观。另外，由于意大利集团军溃败，提供给我们的援兵很快滞留在 B 集团军群作战地域。至于第二个办法，也就是先实施大规模后撤，展开追击的敌人必然会在行动中暴露出来，然后我们对追兵的北翼发起反突击，但集团军群无权采取这种行动。该方案付诸实施的前提是，集团军群接掌从高加索到沃罗涅日的整个南翼战线指挥权，并获准自主使用 OKH 预备队。

相反，集团军群只能在自身指挥范畴内奉命执行相关任务。我们不得不一次次采取应急措施，解决战略问题引发的危机，随着时间推移，德军整个南翼遭切断的危险越来越大。

集团军群面对的第一项任务是解救第 6 集团军，其他一切作战考虑不得不退居次位。

由于我在上一章解释过的原因，解救第 6 集团军的任务无法完成，集团军群随后的作战思路，是无论如何都要避免更大的灾难，绝不能让敌人切断东线整个南翼。OKH 掌握的预备力量不足以确保南翼跨过顿河下游和第聂伯河通往后方的交通线畅通无阻。唯一的办法是收缩集团军群东翼，腾出兵力加强西翼。因此，有预见性地由东向西调动兵力，及时阻止敌人不断向西发展的合围行动，对集团军群而言至关紧要。这项任务相当艰巨，雪上加霜的是，由于轴心国集团军损失殆尽，部署在北面的 B 集团军群逐渐消失在地图上。另一方面，要把足够的兵力调到西翼，必须动用 A 集团军群辖内部队，但 A 集团军群不归顿河集团军群司令部指挥。

尽管规模更大，持续的时间更长，但这项任务与保卢斯将军 11 月 19—23 日在斯大林格勒面临的情况如出一辙，都是把部队及时调到关键地点，确保后方交通线畅通，不考虑局部后果，同时保持作战行动自由。不同之处在于，保卢斯将军必须在短短几天甚至几个钟头内做出决断，而且他起初无法指望获得任何援兵。但对集团军群来说，这种思路是一切作战考虑的指导思想，也成为我们与最高统帅部争执数周甚至数月的主题。

由东向西及时调整兵力，破坏对方切断我军退路的企图，基本上可以说是个非常简单的思路，绝非特别复杂的战略方案。但战争中，最简单的事往往是最难的。真正的困难不在于决定本身，而在于坚定不移地执行。当前情况下，从东翼抽调任何部队都意味着给那里造成危险，而且无从得知能否克服这种危险。但更重要的是，这番兵力调整要想及时奏效，就得赶在遭切断的危险尚未显现，希特勒没有意识到或没有认清前采取行动，有时候需要提早数周。最后一点，A集团军群作战地域的态势发展很长一段时间内给我们的"王车易位"思路造成妨碍，我会在后文详述。

集团军群领率机构秉承的作战思路简单明了，易于理解，可由于我们始终面对危急的局面，很难坚定不移地执行这种思路。让最高统帅部接受，至少及时批准这种想法同样困难，因为双方的观点几乎截然不同。希特勒始终坚持严防死守的原则，而我们主张机动作战，在这方面，我们的指挥和部队的执行都优于敌人，堪称制胜法宝。

顿河集团军群司令部接掌指挥权时面临的状况，自身的行动很大程度上受到友邻集团军群的情况和行动影响，再加上最高统帅部的种种束缚，导致集团军群领率机构不得不采取毛奇所说的"权宜之策"，尽量不以牺牲指导原则为代价。

基于上述分析，顿河集团军群遂行的1942年年末到1943年年初的冬季战局，可以分成四个连续的阶段：

第一阶段是为解救第6集团军展开的交战，集团军群为此承担了最大的风险！

第二阶段是集团军群为掩护A集团军群后方地域展开的交战，A集团军群当时正撤出高加索地区。

第三阶段是为确保德军南翼的后方交通线，阻止敌人将其切断而从事的交战。

冬季战局的第四阶段由此引发，集团军群在后撤期间发起反突击，尽管战果没达到预期值，但还是以哈尔科夫的胜利到达顶点。

第一阶段：解救第 6 集团军的交战

我在上一章介绍过我们为解救第 6 集团军，竭力让他们突出合围圈而付出的努力。

为确保解围行动成功，集团军群司令部倾尽全力，所冒的风险已到达极限。第 6 集团军 1942 年 12 月底大势已去前，我们一直以最少的兵力，在集团军群战线中央和左翼维持一条薄弱的警戒线，目的是尽量延迟战线这些地段的决战，直到第 4 装甲集团军赢得顿河东岸的交战，为第 6 集团军打开逃生通道。

出于前文解释过的原因，我们最终不得不放弃第 6 集团军与第 4 装甲集团军仍有可能取得联系的希望，在此期间，意大利集团军的溃败导致顿河集团军群西翼暴露在外，通往罗斯托夫的道路也对敌人敞开，面对这种情况，集团军群司令部被迫把掩护东线整个南翼作为优先考虑事项。

我在这里还要简要叙述恶化的态势，之所以出现这种局面，一方面是因为第 6 集团军不肯突出斯大林格勒合围圈，另一方面是因为 B 集团军群右翼（意大利集团军）的态势发展，导致顿河集团军群正面暴露在外。

如前文所述，敌人不断从斯大林格勒合围圈抽调强大的兵力对付第 4 装甲集团军，位于集团军群东翼的该集团军，处境越来越艰难。阿克赛河与科捷利尼科沃之间的交战，以及争夺科捷利尼科沃（这是第 4 装甲集团军执行解围行动的基地）的交战，由于罗马尼亚集团军溃败，第 57 装甲军不得不在战场上孤军奋战，伤亡很大。已遭到严重削弱的第 23 装甲师损失尤为惨重。由于集团军群司令部请求 A 集团军群调派的援兵没有开抵，第 4 装甲集团军能否坚持下去，阻止敌人腾出更强大的兵力投入第 1 装甲集团军后方，似乎很成问题。

集团军群战线其他地段的情况同样严峻。罗马尼亚第 3 集团军原先据守的地段，由于顿河东面的第 4 装甲集团军退却，致使敌人得以先后在波捷姆金斯卡亚、齐姆良斯卡亚渡过冰冻的顿河，对奇尔河阵地的翼侧和后方构成威胁。在此期间，米特将军从罗马尼亚第 3 集团军司令部手里接过这段防线的指挥权。由于苏联人从东面和南面渡过顿河，现在没有别的办法，只能让米特集群实施战斗后撤，先退到卡加利尼克河段后方。

集团军群左翼的情况，看上去比这里更加严重。尽管几个罗马尼亚师溃败后，霍利特集团军级支队设法把辖内部队从奇尔河上游撤到南面，但近期开抵的一个新建师，负责在贝斯特拉亚格尼拉亚河畔掩护霍利特集团军级支队翼侧，没发生任何紧急情况，就在米柳京斯卡亚地域弃守渡场，为敌人进入霍利特集团军级支队翼侧和重要的莫罗佐夫斯克空军基地大开方便之门。

更严重的是，由于意大利集团军土崩瓦解，原先部署在霍利特集团军级支队左翼的罗马尼亚第1、第2军几乎彻底退出交战，敌人得以到达福希施塔特、卡缅斯克、伏罗希洛夫格勒的顿涅茨河渡场，途中没遭遇任何抵抗。只有B集团军群右翼新组建的弗雷特－皮科集群仍在米列罗沃附近顽强抵抗，犹如红色大潮中的孤岛。不管怎样，敌人如入无人之境，转身向东进入霍利特集团军级支队和米特集群身后，或继续向南攻往罗斯托夫。

顿河集团军群的处境相当危急。如果集团军群有酌情处置权的话，就会立即贯彻上文提到的"王车易位"构想，这是摆脱危机唯一的正确解决之道。第4装甲集团军应当直接退往罗斯托夫，尔后以这股力量肃清集团军群左翼和通往西面的后方交通线。仍在顿河河曲部苦战的米特集群和霍利特集团军级支队也应撤往顿涅茨河。

但给这份解决方案造成妨碍的是，A集团军群仍在坚守高加索地区的阵地。顿河集团军群变更部署，把兵力调到西翼的话，会导致A集团军群的后方暴露在外，这种做法断不可行。相反，顿河集团军群面临的任务不仅仅是掩护A集团军群身后，还要确保穿过罗斯托夫通往后方的交通线畅通无阻。

把重心转移到西翼，阻止敌人切断德军南翼的企图，这种作战指导原则本该对集团军群的指挥工作起到决定性作用，但目前暂时无法实施。集团军群司令部接掌指挥权头几周，不得不抛开这种想法，全力解救第6集团军。

现在，也就是战局第二阶段，尽管集团军群西翼的情况越来越危急，但我们被迫展开殊死战斗，保障A集团军群后方安全。

第二阶段：掩护A集团军群身后的交战

德国最高统帅部从一开始就该清楚，如果解救第6集团军的行动不成功的话，A集团军群就不能继续留在高加索地区。这样一来，就无法指望在顿河河曲部建立相对稳定的态势。敌人在 B 集团军群右翼撕开个缺口，通往罗斯托夫的道路敞开了，A 集团军群坚守高加索战线显然不复可能。当然，除非希特勒能够并愿意从其他战区抽调大股军力提供支援。

早在 12 月 20 日，也就是两个意大利师溃逃导致霍利特集团军级支队的翼侧暴露在外，为苏联人让出通往顿涅茨河渡场的道路那天，我就对蔡茨勒将军指出，倘若敌人攻往罗斯托夫方向，会对德军整个南翼施以决定性打击。

12 月 24 日，我再次提请他注意，上述问题关乎的不仅仅是顿河集团军群，还包括 A 集团军群的命运。

前面说过，我请求 OKH 从 A 集团军群抽调兵力，用于守卫罗斯托夫，加强第 4 装甲集团军，但遭到否决。即便不考虑重新发起解救第 6 集团军的行动，仅从 A 集团军群的利益看，也有必要加强第 4 装甲集团军。一旦敌人击败第 4 装甲集团军，就会进入 A 集团军群身后。A 集团军群不愿交出任何部队，这种心态不难理解。及时平衡两个集团军群的兵力是最高统帅部的事。A 集团军群拒不交出我们请求提供的几个师（参阅上一章），可能是因为他们辖内的兵团混乱不堪。确实，抽调大股兵团不是件容易的事，至少很费时间。但此举的部分原因是形势所迫，由于没有足够的预备队，为填补敌人打开的缺口，我们只好向 A 集团军群借兵。但 A 集团军群辖内兵团之所以混乱不堪，无疑与他们一连几个月没有自己的司令，无法监督各兵团的秩序有关。不管怎样，有些军事指挥官没弄清一点：要让部队发挥最大效力，保持作战灵活性，就必须维持他们的常规编制。可眼下，A 集团军群长期没有具体负责的司令，各兵团陷入混乱也就不足为奇了。

经顿河集团军群司令部一再催促，希特勒 12 月 29 日终于命令 A 集团军群，把大部分暴露在外的东翼，也就是第 1 装甲集团军撤到皮亚季戈尔斯克—普拉斯科韦亚的库马河河段。但他并不想放弃整个高加索战线。他把 A 集团军群东翼撤到库马河，显然希望在马内奇河河谷获得立足地，稳定马内奇河与顿河之间，以及顿河河曲部的态势，同时确保德军南翼向西跨过第聂伯河下游、通往后方的交通线畅通无阻。去年 11 月，德军深入高加索地区，还进抵伏尔加河畔，导致战线上形成个"阳台"，这恰恰是态势发展不利于我方的原因所在，可这座"阳台"没有消除，只是缩小了。从何处抽调部队弥补两个罗马尼亚集团军和意大利集团军（很快还要加上匈牙利集团军）的损失，不得而知。结果，高加索战线的其他部分，不久后也不得不放弃。

冬季战局第二阶段，顿河集团军群面临以下任务：不是按照形势的要求，把重心迅速调整到西翼，消除遭切断的危险，而是在日趋危急的情况下为争取时间而战。

在顿河下游的南面，我们不得不掩护A集团军群后方，同时确保他们穿过罗斯托夫的交通线畅通。鉴于高加索地区与顿河之间辽阔的地域，以及敌人投入其中的强大兵力，实力虚弱的第4装甲集团军可能无法完成这项双重任务。

顿河河曲部和顿涅茨河前方，霍利特集团军级支队必须阻滞敌人从顿河下游北面的推进，以免对方从东面迅速攻到罗斯托夫，一举切断第4装甲集团军和A集团军群。同时，他们还得阻止敌人在福希施塔特—卡缅斯克—伏罗希洛夫格勒一线渡过顿涅茨河，从北面进入罗斯托夫。

最后，集团军群必须想方设法，以自身的兵力，或在OKH提供的、陆续开抵的援兵协助下，确保向西通往第聂伯河下游的后方交通线畅通无阻。

执行这项任务的部队早已不堪重负，他们面对的敌人占有数倍兵力优势。

这项任务也许很艰巨，但最大的危险是A集团军群能否迅速撤离高加索地区。高加索地区的战事已沦为阵地战，眼下的情况又一次证明，阵地战必然导致部队和指挥陷入停滞。仅仅为节省兵力，他们就把无法移动的武器半埋起来，还大量囤积弹药和食物，同时修建各种设施，尽量让官兵过得舒适些，由于缺乏预备队，前线部队无法换防，舒适的设施就很重要了。静止不动的作战地域通常无法饲养马匹，必须把它们转移到后方，这多少给部队的机动造成限制。俄罗斯冬季恶劣的路况，特别是山区，进一步限制了部队的运动。

结果往往是，面对运动战每天迅速变化的态势，部队和指挥官丧失了应对能力。惰性和僵化占了上风，因为每次换防都涉及艰难的撤离、兵力调整，有诸多不便，经常还带来风险。大量储备的各种武器弹药和补给物资对后续作战非常重要，没人会轻易丢弃。结果，需要指挥部门做出大规模后撤的决定时，他们首先会提出，后撤需要很长的准备时间。因为不舍得丢弃看似不可或缺的大量物资，他们有时候甚至拒不接受大踏步后撤的想法，哪怕这是日后赢得胜利的唯一办法。也许还有人记得，德军 1918 年的攻势陷入停滞后，就连著名的军事指挥官鲁登道夫也没有勇气实施大踏步后撤，从阵地战转为运动战，而运动战是德军当时赢得胜利的唯一希望。归根结底是他不舍得丢弃德军战线及后方囤积的大量物资，或是因为他不愿放弃当初付出重大牺牲夺得的地盘。

A 集团军群战线的情况与之类似。我们 12 月 29 日与该集团军群参谋长交谈后得知，第 1 装甲集团军要到 1 月 2 日才能后撤。我们紧急提供了油料，1 月 1 日他们总算行动起来。可没过几天，A 集团军群又宣称，第 1 装甲集团军只能分阶段撤到库马河防线，以便把必要的物资和高加索疗养地的伤员运出。该集团军的后撤需要 155 列火车（每个师 20 列），由于铁路运输能力有限，他们 25 天后才能到达库马河防线。早在 11 月底就能看出，A 集团军群后方迟早会遭受威胁，但他们没有为有可能实施的后撤做任何准备。毫无疑问，这是因为希特勒禁止他们这样做，如果他发现的话，肯定也会下令撤销。但造成这种不作为的主要原因，无疑是 A 集团军群前一段时间一直没有全权负责的司令。

冯·克莱斯特大将现在出任 A 集团军群司令，OKH 一度考虑让他听从我指挥。让一个集团军或集团军群隶属友邻的同级指挥机构，这种做法不太妥当。可鉴于眼下的危急状况，这么做也许能带来些好处，前提是这种隶属关系必须彻底，没有附加的限制条件。这样，希特勒就不能横加干涉，A 集团军群也不会因为忌惮他的决定而违抗我的命令。但 OKH 让我接掌两个集团军群时，我提出的条件是希特勒不愿接受的。因此，A 集团军群继续保持独立。顿河集团军群领率机构现在所能做的，就是反复催促 A 集团军群加快速度，尽快腾出作战力量，先投入顿河南面的交战，尔后加入顿河集团军群西翼，这一点至关紧要。重要的是，我们必须尽量缩短冬季战局第二阶段，也就是确保 A 集团军群后方的交战，最终恢复南翼态势。要实现这个目标，必须粉碎敌人从西面迂回南翼的企图。实际上，大幅度缩短撤离高加索地区的时间完全能做到。

以上提到的种种障碍，部分是阵地战的必然结果和山地战场过于复杂造成的，另一部分归咎于最高统帅部不愿放弃任何东西。这导致顿河集团军群从 12 月底到 2 月初一直困在顿河地区的交战中，鉴于 B 集团军群发生的事件，长时间拖延意味着德军南翼遭切断的危险与日俱增。

　　要想给"战略不过是权宜之策"这句话找个实例，那么，顿河集团军群辖内两个集团军遂行的交战再合适不过了。尽管危机重重，可我们还是成功完成了上述任务，主要因为各集团军和集团军群领率机构遵循了久经考验的德军指挥原则，也就是：

　　机动灵活地指挥作战行动；

　　尽可能为各级指挥官的主动性和自主性提供更大发挥空间。

　　但这些原则，很大程度上与希特勒的想法背道而驰。

　　描述两个集团军的交战情况时，我介绍过第一条原则，这里再简单说说第二条原则。

　　德军指挥部门的优点，向来是给下级指挥官的自主性提供更大发挥余地，也就是说，只给他们下达命令，具体执行办法由他们自行决定。至少从老毛奇时代起，德军指挥部门就长期秉承这项原则，与大多数其他国家的军队完全不同。在其他国家的军队里，下级指挥官的自主性在战役和战术领域得不到这么大的发挥空间，相反，冗长而又详尽的指令限制了他们的执行手段，甚至对战术行动也做出规定。德国军队认为这种做法有害无益，尽管看上去似乎确实能降低平庸的指挥官犯错的风险，但很容易导致具体执行者照本宣科，完全不考虑局部态势的要求。最要命的是，"保险起见"的倾向，会让具有自主精神的下级指挥官缩手缩脚，不敢大胆抓住有利态势的关键时机。而德国军队的做法，归根结底是基于德国人的性格，与"绝对服从"这句愚蠢的口号截然相反，不仅具有强烈的个人特点，可能还兼备日耳曼人遗传的素质，也就是以冒险为乐事。但赋予下属这种自主性的前提是全体官兵必须掌握一定的战役和战术原则。可能只有德国总参院校能培养出这种统一的观点。尽管如此，负有全权的集团军群司令还是经常面临以下问题：是否要干涉麾下各集团军司令部的指挥工作？情况越是危急，手头掌握的兵力越少，就越容易促使他介入下属的工作。但问题的关键始终在于他是否相信下属的能力。

　　至于顿河集团军群司令部，我觉得只有在各集团军确实需要的情况下，我们才会介入他们的指挥，特别是在集团军群的作战企图涉及某种责任，无法指望相关集团军承担的情况下。但我们基本上不会提出不负责任的"建议"，这种做法不仅会扼杀他们的主动性，还为逃避责任提供了借口。

我在前文提到过，希特勒对久经考验的德军指挥原则知之甚少，总是亲自下达指令，一次次干涉下级部门的指挥。如果这些指令涉及友邻集团军群的运动，或OKH预备队的部署使用，就很难拒不服从。但很多时候，希特勒要求在某条防线坚守到最后一兵一卒的指令最终不得不屈从于更强大的现实。

我在前面说过，面对自己不愿做出但又不得不做出的决定，希特勒总是再三拖延，这是个更难克服的问题，毕竟我们不能强迫他下达指令。这种情况下我们没有别的办法，只能报告，如果到某日某时还没收到OKH的指令，我们就按照自己的判断行事。

与此相反，在此次战局和后来的作战行动中，集团军群司令部麾下各集团军大概从未抱怨过我们迟迟不做出必要的决断。只要他们向集团军群司令部提出询问或请求，总能及时收到我们的回复。即便在复杂的情况下，集团军群也会在很短时间内做出决定，最多几个钟头或到次日。

总的说来，面对希特勒的干预和犹豫，除了斯大林格勒，集团军群司令部最终总是能按照自己的决断采取必要的行动。

第4装甲集团军在顿河下游以南的交战

要确保A集团军群后方地域的安全，第4装甲集团军就得完成两项不同的任务。

他们必须阻止展开追击的敌军攻向第1装甲集团军身后，直到该集团军从高加索地区撤入正面朝东的防线。

与此同时，他们还得阻止敌人沿顿河下游突破到罗斯托夫，一举切断第4装甲集团军和A集团军群的后方交通线。

很明显，第4装甲集团军的兵力不足以在顿河下游与高加索北麓之间的整片地区阻挡敌军。

如前文所述，罗马尼亚军队溃败后，第4装甲集团军在科捷利尼科沃地域只有实力严重受损的第57装甲军，该军编有2个师（第17、第23装甲师）。第15空军野战师还没做好战斗准备，而第16摩托化步兵师仍在埃利斯塔，A集团军群还没派部队接替该师。

集团军群司令部及时增援第4装甲集团军的一切努力均告无效。我在前面提过，我们要求 A 集团军群提供第 3 装甲军，可 OKH 没答应。集团军群司令部本打算以第 7 装甲师加强第 4 装甲集团军，但意大利集团军溃败后，希特勒把这个师留在罗斯托夫附近，掩护北面的渡场。这种想法无可厚非，但我们请 A 集团军群司令部从第 17 集团军抽调一个步兵师，就足以完成这项任务。正如我在前文说过的那样，希特勒没批准顿河集团军群的要求，因为他担心这个步兵师一旦离开新罗西斯克地域，几个罗马尼亚师就会溜之大吉。

追击第 4 装甲集团军的敌军，腾出主力转身向南攻往第 1 装甲集团军，后撤中的第 1 装甲集团军身后的情况岌岌可危。第 16 摩托化步兵师成功地对这股敌军施以打击，把对方挡在马内奇河后方，但此举进一步延误了他们加入第 4 装甲集团军的作战行动，直到 1 月中旬该师才投入其中。

集团军群司令部打算在自己的作战地域内采取措施，支援第 4 装甲集团军，但被敌人破坏。我们的计划是把第 11 装甲师调离顿河河曲部，经顿河下游开赴第 4 装甲集团军。但与此同时，敌人也在两处渡过顿河，企图从南面和东南面打击米特集群身后，该集群正面朝北，仍在坚守奇尔河下游地段。为挫败这场突击，确保米特集群撤到卡加利尼克河后方正面朝东的防线，我们不得不把第 11 装甲师投入顿河北面，致使该师没能加入第 4 装甲集团军。

编有两个装甲师的第 57 装甲军最后只得到 A 集团军群腾出的党卫队维京师加强，1 月中旬，第 16 摩托化步兵师也编入该军。

另一方面，敌人以两个集团军（第 51、近卫第 2 集团军）攻往科捷利尼科沃，共计 1 个坦克军、3 个机械化军、3 个步兵军、1 个骑兵军。没过多久，调自卡尔梅克草原的第三个集团军（第 28 集团军）出现在南面。

很明显，三个敌集团军的目标，不仅仅是从正面牵制或打垮实力虚弱的第 4 装甲集团军，还企图从南北两面迂回，一举合围该集团军。

鉴于上述兵力对比，以及第 4 装甲集团军作战地域的宽度，要是希特勒认为他下达集团军不得不遵从的严防死守令，或要求一切后撤必须获得他批准，就能解决问题的话，那他就大错特错了。当前情况下，把整个集团军限制在防线上，企图让他们在这里完成任务，无异于结一张蜘蛛网阻挡敌军。可希特勒下达坚守令，一再限制我们的机动作战自由，还拒不批准集团军群司令部加强第 4 装甲集团军的请求，所以到 1 月 5 日，我觉得有必要辞去集团军群司令职务。我在发给陆军总参谋长的电传电报里写道："鉴于这些建议没获得批准，我们在最狭窄的范畴内受到进一步限制，我认为自己无法有效履行集团军群司令职务。建立相应的军需总监分局似乎更加合适。"（军需总监分局负责人只能由年长的总参军官担任，接受军需总监直接领导，负责集团军群的后勤补给。）

从眼下的情况看，第 4 装甲集团军目前要做的是集中辖内兵力，而不是在严重拉伸的防线实施力有不逮的防御。只有这样，他们才能视情况在最重要的地段展开强有力的抵抗，可能的话，出其不意地打击敌军。毫无疑问，他们有时候不得不把防区某些地段彻底暴露在外，在其他地方构设薄弱的防线。

霍特大将在杰出的参谋长范格尔将军协助下，以冷静、果断、灵活的指挥方式完成了这项艰巨的任务。他知道如何巧妙阻滞正面追击之敌的进逼，从来不长时间坚守某处阵地，以免暴露在失败的危险下。另一方面，他把麾下兵力迅速集中在两翼，以短促突击一再挫败敌人合围第 4 装甲集团军的企图。

第 4 装甲集团军执行的任务相当艰巨，尽管集团军群司令部无法为他们提供充足的兵力，但至少能下达一道道指令，解除他们遇到最困难的问题时面临的责任。正如前文所述，第 4 装甲集团军实际上不得不同时完成两项任务。他们必须阻止遂行追击的三个敌集团军攻入第 1 装甲集团军身后，直到该集团军完成撤离高加索地区的任务，进入正面朝东的防线。但与此同时，他们还要挫败敌人沿顿河下游突破到罗斯托夫的企图。如果敌人达成目的，就意味着他们切断了仍在顿河下游以南地域鏖战的三个德国集团军。

如果说第 4 装甲集团军的实力只能完成两项任务中的一项，那么，该执行哪项任务只能由集团军群司令部决定，并为相应的后果承担责任。

集团军群司令部决定，把掩护第 1 装甲集团军后撤列为优先事宜。的确，从长远看罗斯托夫是个更大的危险。可如果敌人攻入后撤中的第 1 装甲集团军身后，一举合围该集团军的话，那么即便我们守住罗斯托夫也无济于事，顿河下游以南地域的 3 个德国集团军会面临灭顶之灾。可如果第 1 装甲集团军顺利撤出，我们就掌握了相应的办法和手段，完全可以解决罗斯托夫附近的危机。

实际上，敌人企图利用上文提到的两个机会。我在前面说过，提前掉转方向的部分敌军攻往第 1 装甲集团军后方，结果被第 16 摩托化步兵师挡在马内奇河上游。出于同一个作战目标，敌人一再企图从南面合围第 4 装甲集团军，插入他们与第 1 装甲集团军之间。与此同时，敌人还以一个坦克军沿顿河下游攻击前进，企图经康斯坦丁诺夫卡攻往罗斯托夫方向。1 月 7 日，守卫顿河河段的哥萨克和海关边防部队逃窜后，一股实力较弱的敌军出现在顿河北岸，距离集团军群司令部驻地新切尔卡斯克 20 公里左右。我们不得不从维修车间弄来几辆坦克，在第一军需长安努斯上尉率领下，驱散这股擅自闯入的敌人。结果，上面提到的敌坦克军从康斯坦丁诺夫卡转向东南方，攻往第 4 装甲集团军身后的普罗列塔尔斯卡亚方向，这样一来，至少接下来几天罗斯托夫面临的危险解除了。第 4 装甲集团军随后得以解决北翼遭受的威胁。

第 1 装甲集团军在此期间加快速度，1 月 14 日终于完成后撤行动，目前据守切尔克斯克—彼得罗夫斯科耶一线，左翼正面朝东。这样至少能让第 1、第 4 装甲集团军在一定程度上协同作战，但两个集团军之间仍有个很大的缺口，从彼得罗夫斯科耶延伸到普罗列塔尔斯卡亚，不过，马内奇河河谷的沼泽地带为这个缺口提供了部分掩护。

因此，第 4 装甲集团军顺利完成第一项任务，也就是确保顿河以南地域 A 集团军群的后方。现在还剩下第二项任务，他们必须确保 A 集团军群经罗斯托夫通往后方的交通线。

敌人占有数倍兵力优势，再加上第 1 装甲集团军必须在他们到达的防线停留几天，为进一步撤离他们的后方单位加以准备，致使第 4 装甲集团军完成第二项任务非常困难。实际上，第 4 装甲集团军受领的这项任务几乎无法完成，因为希特勒到现在仍不愿彻底放弃高加索地区。第 1 装甲集团军是否该取道罗斯托夫撤往顿河北岸，整个 A 集团军群是否该留在库班地域，这些问题悬而未决。

霍利特集团军级支队的交战

1 月份下半月，第 4 装甲集团军在顿河南面遂行作战之际，霍利特集团军级支队在顿河河曲部需要解决的问题同样艰巨。正如我在上一章说过的那样，过去几周，敌人投入优势兵力，反复冲击霍利特集团军级支队设在奇尔河畔的防线。

霍利特将军目前据守的防线长 200 公里左右，从顿河畔的下奇尔斯卡亚延伸到卡缅斯克－沙赫京斯基，算上辖内的米特集群，他总共有 4 个步兵师（第 62、第 294、第 336、第 387 师），但这些师在先前的战斗中严重受损。防线上还有些警戒部队，久经考验的施塔赫尔将军指挥的高炮部队，为他们提供了强有力的支援。隶属集团军级支队的两个空军野战师，现在只剩残兵败将，不得不编入各陆军师。霍利特集团军级支队的战斗力，现在全凭第 6、第 11 装甲师和新调来的第 7 装甲师，遭受重创的第 22 装甲师不得不解散。

霍利特将军必须以这些兵力完成的任务是阻止敌人从北面攻往顿河下游，也就是不能让对方进入第 4 装甲集团军身后。但最重要的是，只要第 4 装甲集团军和 A 集团军群仍在顿河下游以南地域，他就必须阻止敌人突破到罗斯托夫。另外，集团军级支队还得阻止左翼当面之敌突破到福希施塔特与伏罗希洛夫格勒之间的顿涅茨河渡场，确保从西北面通往罗斯托夫的道路畅通无阻。但与此同时，集团军级支队的两翼受到威胁。西翼，由于意大利军队逃离战场，介入他们作战地域的弗雷特－皮科集群实施战斗后撤，从米列罗沃地域缓缓退往顿涅茨河。东翼，敌人几个军先在波捷姆金斯卡亚尔后在齐姆良斯卡亚渡过顿河。如前文所述，为挡住敌军，集团军级支队投入第 11 装甲师，还把米特集群撤到卡加利尼克河段后方正面朝东的防线。

与第 4 装甲集团军一样，霍利特集团军级支队为完成任务从事了艰巨的交战，面对不断出现的危机，他们的指挥坚定而又灵活。集团军群司令部几次解除集团军级支队的最终责任，命令他们在遭受威胁较小的地段，冒上巨大的风险，集中装甲力量实施短促突击。

如果说集团军级支队在瞬息万变的交战中最终把敌人挡在顿涅茨河，确保了第 4 装甲集团军和 A 集团军群没被切断在顿河下游以南地域，那么，除了集团军级支队杰出的指挥，这番成就主要归功于各步兵师和参加防御作战的其他兵团，他们顽强奋战，挡住敌人反复发起的冲击。可如果不是我们的装甲师总是在关键时刻出现在关键地点，步兵师的防御作战也不可能取得成功。例如，装甲师消除了集团军级支队右翼遭受合围的威胁，让他们得以撤到卡加利尼克河段正面朝东的防线，后来又挡住敌人对这条防线深具威胁的突破。又例如，几个装甲师在顿涅茨河前方集团军级支队正面朝北的防线上，出其不意地冲入敌待机地域，这场成功的打击消除了即将发生的危机。发起此类短促突击是防御任务的组成部分，是否该这样做由集团军级支队司令部决定，他们当然要为这种大胆的举措负责，但集团军群司令部通常会主动承担相应的责任。为解除集团军级支队的责任，集团军群司令部下令集中装甲力量发起打击，承担起防线其他地段必然会陷入危险的责任。

第三阶段：确保德军南翼后方交通线的交战

1943 年 1 月中旬的作战态势

1943 年 1 月中旬，东线南翼的作战态势终于结出苦果，而种子是 1942 年深秋播下的，德国统帅部当时非要让我们的正面停滞在从长远看难以维系作战行动的战线上。1942 年圣诞前后，第 6 集团军没抓住最后的机会突出重围，从那时起，作战态势接下来会作何发展就清晰可见了。全凭德军将士殊死奋战，才让态势没有朝更坏的方向发展。

第 6 集团军命运已定，充其量只能以残余的兵力在短时间内牵制强大的敌军，为仍在顿河河曲部草原和高加索地区苦战的战友奉献最后的忠诚。

很明显，第 6 集团军的覆灭导致德国军队再也无法坚守高加索地区，哪怕是在有限的范围内。

不管怎样，多亏第 4 装甲集团军在顿河以南地域顽强而又灵活的作战，至少没有让 A 集团军群随着高加索地区的丢失而覆灭。该集团军群把最容易遭受攻击的东翼顺利撤回。尽管第 1 装甲集团军距离罗斯托夫的顿河渡场仍有 300 公里，但他们已撤离山区，身后遭受的威胁也已解除。最坏的情况下，他们也能凭借自身的力量实施战斗后撤。

顿河与顿涅茨河之间地域，我们到目前为止封锁了敌人攻往罗斯托夫的通道，这就阻止了敌人从北面关闭陷阱，困住仍在顿河下游以南地域的 3 个德国集团军。

但情况很明显，一旦敌人获得加强，无论霍利特集团军级支队，还是在米列罗沃周围苦战的弗雷特－皮科集群（辖第 3 山地师和第 304 步兵师的第 30 军军部），都无法阻止他们从卡缅斯克－沙赫京斯基渡过顿河上游，尔后全力向西进击。这样一来，从西北面通往罗斯托夫或通往亚速海沿岸的道路就对敌人敞开了。

最要命的是，就在这几天，B 集团军群作战地域，匈牙利集团军据守的顿河中游防御地段遭突破，毗邻的集团军群北部防线也告破裂。B 集团军群打算把辖内部队撤到艾达尔河后方，也就是旧别利斯克上方。这样一来，从伏罗希洛夫格勒起的顿涅茨河下游地带就对敌人敞开了。实际上，B 集团军群的翼侧没过儿天就不复存在。从伏罗希洛夫格勒到北面，出现了一个硕大的缺口，这里只有 B 集团军群辖内少量德军战斗群仍在殊死战斗，实施局部抵抗，和意大利人一样，匈牙利集团军早已逃离战场。

OKH 指望以开进中的预备队堵住这个缺口，看来是不可能的。

不管怎样，顿河集团军群司令部认为，是时候把辖内主力从顿河以南地域调到顿涅茨河中游了，这样才能防止顿河集团军群和 A 集团军群陷入合围。

可德国最高统帅部并不赞同这种观点，要么是他们没有预见到，如果不尽快在关键地段采取果断措施，也就是在顿涅茨河与第聂伯河下游之间投入强大的兵力，态势会作何发展，要么是他们对危险的局面视而不见。

希特勒还是不愿彻底放弃高加索地区。他觉得自己仍能守住顿河以南的防线，这样一来，至少能保住迈科普油田。但最低限度是，他希望守住库班河畔宽大的登陆场，在适当的时候重新控制高加索的石油资源。

就这样，为确保 A 集团军群按计划后撤，顿河集团军群接下来几周不得不在顿河两侧继续从事殊死交战。但与此同时，围绕朝顿涅茨河地域转移兵力的问题，我们与最高统帅部展开激烈而又艰难的争执。这场斗争不仅涉及兵力转移的问题，还关系到能把 A 集团军群多少兵力经罗斯托夫撤到至关紧要的战场。我们认为，让 A 集团军群主力留在库班登陆场，留待日后作战使用，可能是个永远无法实现的梦想。

1 月下半月的交战

1 月 14 日，也就是第 1 装甲集团军到达切尔克斯克—彼得罗夫斯科耶一线，进入正面朝东的防线当天，霍利特集团军级支队作战地域的态势变得更加危急。

B 集团军群右翼，米列罗沃南面的弗雷特－皮科集群作战地域，敌人投入一个坦克军，成功地朝顿涅茨河方向达成突破。虽然OKH给该集群调拨了一个新锐师（第302步兵师），可这么点兵力肯定不足以稳定顿涅茨河的态势。

1月16日，OKH把弗雷特－皮科集群转隶顿河集团军群，集团军群的防线随之延伸到艾达尔河，可眼下甚至无法确定该集群能否撤到顿涅茨河后方。在此期间，敌人的企图暴露无遗，他们打算以3—4个快速军穿过弗雷特－皮科集群作战地域，在卡缅斯克－沙赫京斯基两侧对顿涅茨河发起突击。

幸亏霍利特集团军级支队几天前在左翼赢得一场杰出的胜利，他们以两个装甲师朝卡利特瓦河发起突如其来的打击，一举粉碎了在那里从事进攻准备的敌军。

集团军群司令部因而命令集团军级支队尽快腾出一个装甲师，在福希施塔特—卡缅斯克的顿涅茨河河段实施机动防御，通过这种方式，按计划撤入顿涅茨河阵地。可是，从卡缅斯克到伏罗希洛夫格勒，刚刚移交给顿河集团军群的这片顿涅茨河河段，除了溃逃到这里的意大利官兵，根本没有可用的作战部队。顿河集团军群的顿涅茨河防线很快会面临敌人从西面迂回的危险，这种状况不容忽视。

但与此同时，敌人还企图从东面合围霍利特集团军级支队。顿涅茨河与顿河交汇部的集团军级支队右翼与第4装甲集团军之间的缺口处，敌人两个军出现在萨尔河、顿河、马内奇河三角地带，此时，为掩护第1装甲集团军北翼，第4装甲集团军仍在萨利斯克前方的马内奇河抗击优势之敌。不难预料，敌人这两个军企图渡过顿河攻往罗斯托夫，或进入霍利特集团军级支队顿涅茨河阵地的后方。

因此，集团军群司令部请求上级批准，把第4装甲集团军调到集团军群西翼，在罗斯托夫前方暂时留下一个师，为第1装甲集团军确保顿河渡场畅通。当然，这要求OKH同时命令A集团军群后撤，第1装甲集团军退到罗斯托夫，第17集团军退到库班半岛。

可是，需要希特勒迅速做出决定的请求又一次落空。集团军群司令部还建议，把A集团军群辖内的装甲师集中到第4装甲集团军作战地域，对顿河以南地域实施短促突击，为第1装甲集团军的后撤和迅速腾出第4装甲集团军创造空间，但希特勒没批准。

直到1月18日，OKH终于批准第4装甲集团军获得部分机动自由，不再要求他们据守萨利斯克东北面的马内奇河，掩护第1装甲集团军北翼。另一方面，顿河集团军群必须确保 A 集团军群能够使用罗斯托夫—季霍列茨克铁路线，直到 88 列为库班登陆场运送补给物资的火车顺利通过。第 1 装甲集团军撤往罗斯托夫还是库班半岛，这个问题悬而未决。

希特勒迟迟不批准南翼兵力向西转移，自然对敌人有利。他们抓紧时间，利用 B 集团军群作战地域内意大利和匈牙利集团军据守的防区土崩瓦解之机，投入德军根本无法匹敌的强大力量，企图强渡顿涅茨河中游，攻往亚速海沿岸或第聂伯河渡场。同时，他们还获得机会，集中各个兵团直接攻往罗斯托夫，还可以取道伏罗希洛夫格勒，一举合围霍利特集团军级支队西翼。

为此，敌人 1 月 20 日集中 4 个军的兵力，在第 4 装甲集团军作战地域发动进攻，从顿河以南地域经马内奇河下游直奔罗斯托夫。敌坦克到达罗斯托夫机场。第 4 装甲集团军把第 16 摩托化步兵师投入北翼，从马内奇河南岸攻击前进，不断从翼侧打击在马内奇河与顿河之间推进的敌军，以此阻滞对方的行动，可仅凭这么点兵力当然无法挡住敌人 4 个军。

与此同时，第 4 装甲集团军辖内第 57 装甲军从马内奇河中游逐步退往罗斯托夫，该军也遭到敌人攻击，对方企图把第 4 装甲集团军主力牵制在罗斯托夫前方，待他们控制罗斯托夫渡场，再从后方施以打击。

另外，敌人还猛烈冲击霍利特集团军级支队的防线，目的显然是牵制我方部队，待他们攻占罗斯托夫，渡过顿涅茨河中游就实施合围。敌人还在顿河与顿涅茨河交汇部以及卡缅斯克两侧猛攻米特军，可能是想阻止我们从这条防线抽调兵力加强顿涅茨河中游。

集团军群司令部再次面对先解决哪个威胁的问题。霍利特集团军级支队作战地域内，第 7、第 11 装甲师已做好准备，随时可以开赴顿涅茨河中游的西翼。从长远看，无论那里多么危险，集团军群司令部的当务之急是消除罗斯托夫遭受的威胁。必须采取一切措施，不仅让第 4 装甲集团军，至少还要让整个第 1 装甲集团军经罗斯托夫撤离。否则我们无法在集团军群西翼集中足够的兵力，避免整个南翼被敌人合围在海边的风险。

基于这个原因，集团军群司令部决定以上面提到的两个装甲师对渡过马内奇河下游攻往罗斯托夫之敌实施短促突击，以防敌人攻占罗斯托夫。由于缺乏油料（所有补给火车这几天都穿过罗斯托夫驶往库班登陆场），再加上气候状况导致空军无法提供支援，这场反突击的成效迟迟没有显现出来，实在让人难以忍受，因为眼下的时间非常紧迫。第6集团军的抵抗已进入尾声，我们必须估计到，目前仍被牵制在斯大林格勒的大股敌军，两三周内就会朝我们扑来。我1月22日告诉蔡茨勒将军，我估计这些敌军会出现在旧别利斯克地域，也就是顿河集团军群与B集团军群之间宽大的缺口部。

希特勒当天终于决定，第1装甲集团军至少部分力量不再开入库班登陆场，而是取道罗斯托夫，开赴日后具有决定性的战场。尽管这个决定在我们看来有些三心二意，但从集团军群的作战理念看，还是深受欢迎的。重要的是尽快执行这场后撤，这样，第4装甲集团军就可以调到集团军群西翼。第1装甲集团军取道罗斯托夫后撤的先决条件是A集团军群辖内其他部队调整他们的运动速度。但很明显，A集团军群的运动速度还没有加快到当前态势所要求的程度。为何会这样，我没办法清楚地解释个中原因。不过，第1装甲集团军纳入我麾下后解释过，说他们本来从一开始完全可以更快地后撤，可上级下达的指令一再拖他们的后腿。A集团军群和OKH坚决否认这种说法。不管怎样，A集团军群似乎故意减缓左翼的运动速度，他们1月23日仍在季霍列茨克以东50公里的白格利纳，按这种速度看，要到2月1日才能到达季霍列茨克！

1月23日，顿河集团军群司令部又继承了一份"遗产"！这次是B集团军群位于顿涅茨河与旧别利斯克之间的南部防线。一如既往，这种"遗产"的负债远远大于收益。我们接管的这段防线长100公里左右，敌人至少以3个军在该地域推进，包括一个坦克军和一个机械化军。意大利军队早已指望不上，我们唯一的"资产"是驻守旧别利斯克的第19装甲师。但该师1月24日被迫弃守旧别利斯克。全师官兵英勇奋战，在师长波斯特尔中将（阵亡）杰出领导下，他们突出重围向西退却，实在是个了不起的成就，可他们无法阻止敌人转身向南渡过顿涅茨河。

希特勒1月24日决定，可能的话，整个第1装甲集团军现在应当取道罗斯托夫后撤。

由于第1装甲集团军南翼此时仍在阿尔马维尔，也就是说，第4装甲集团军还得继续留在顿河以南地域，确保罗斯托夫畅通无阻。他们能否及时赶到集团军群西翼，越来越值得怀疑。

不管怎样，还是传来两个好消息。

A 集团军群不愿见到辖内一个集团军渡过顿河后脱离建制，这种心态完全可以理解，但他们也意识到，集团军群的命运会在顿涅茨河，而不是库班半岛决定。另外，渡过刻赤海峡为库班地区的强大兵力提供补给，这种可能性越来越值得怀疑。因此，A 集团军群现在也主张，让尽可能多的部队经罗斯托夫后撤。

第二个消息是，前面提到两个装甲师对渡过马内奇河下游之敌发起攻击，1 月 25 日终于取得预期效果。这样我们就暂时排除了罗斯托夫渡场遭受的直接威胁。

但第 4 装甲集团军南翼的态势再度恶化。敌人似乎从追击 A 集团军群的几个集团军抽调了新锐力量，企图楔入第 4 装甲集团军与第 1 装甲集团军北翼之间，目的是从南面合围第 4 装甲集团军，同时把第 1 装甲集团军驱离罗斯托夫。因此，顿河集团军群司令部强烈要求 A 集团军群以一个装甲师投入这场交战，同时采取一切手段，加快第 1 装甲集团军撤往罗斯托夫的速度。

1 月 27 日，至少第 1 装甲集团军的北半部部队终于转隶顿河集团军群，这样我们就可以下令采取上述措施了。

由于第 4 装甲集团军眼下还得确保罗斯托夫渡场畅通，集团军群司令部因而决定，先把从顿河以南地域腾出的第 1 装甲集团军司令部投入顿涅茨河中游。第 1 装甲集团军经罗斯托夫后撤的各个师以及第 4 装甲集团军腾出的部队随后开赴那里。

到 1 月 31 日，第 1 装甲集团军终于如我们所愿，可以取道罗斯托夫后撤了。但他们能否及时开抵顿涅茨河，阻止敌军渡过顿涅茨河朝沿海地带突破，则是另一个问题。可惜，第 1 装甲集团军辖内部队并没有悉数调到日后具有决定性的战场。希特勒对第 1 装甲集团军撤到罗斯托夫还是库班半岛的问题犹豫不决，导致驻守阿尔马维尔的第 50 步兵师（这个久经考验的师原先隶属克里木集团军）没能跟上撤往罗斯托夫的行动，只好转隶第 17 集团军。希特勒犹豫数日，最后一刻还是下令把第 13 装甲师留给 A 集团军群用于库班半岛，而我们为了让该师顺利撤入罗斯托夫，一直在坚守通道。因此，这两个师没能投入关键地点的交战。大约 40 万德军官兵在库班登陆场内几乎动弹不得。当然，他们也把强大的敌军牵制在那里。

敌人消灭这座登陆场的企图纯属徒劳，但希特勒期望的作战效果没能实现。最后，敌人完全可以自主决定在登陆场对面留下多少兵力。之所以把这么多部队留在库班，希特勒给出的理由是不让苏联红军夺回新罗西斯克军港，可这个理由根本站不住脚，最后他不得不彻底放弃库班半岛。

顿河集团军群 1 月 12 日把司令部设在塔甘罗格，1 月 29 日迁往斯大林诺，因为集团军群的作战重点现在不得不从顿河转到顿涅茨河。

顿河以南地域和顿河河曲部的交战，目的是掩护 A 集团军群撤离高加索，但更重要的是确保德军南翼。上述交战进行之际，新的问题接踵而至：南翼能否守住顿涅茨地区？

早在 1941 年，顿涅茨地区就是希特勒战略构想的重要组成部分。他认为战争期间控制顿涅茨地区至关重要，这片地区位于亚速海、顿河河口、顿涅茨河中游和下游之间，西面的边界大致是马里乌波尔—红军村—伊久姆一线。希特勒宣称，不控制该地区的煤炭资源，我们在经济方面就没办法维持战争。他认为失去此处的煤炭资源，对战争中的苏联无疑是个重大打击。顿涅茨地区出产的煤，至少在苏联欧洲地区是唯一适合炼焦的煤，失去这些资源，迟早会瘫痪苏联的坦克和弹药生产。希特勒的观点有多少可取之处，这里不做详细探讨。可事实是，就算没有顿涅茨地区出产的煤，苏联人 1942—1943 年还是生产了数千辆坦克和数百万发炮弹。

关键问题是，我们在军事上能否守住顿涅茨地区。不可否认，从战争经济的角度看，希特勒的观点是可取的。可眼下的局限是，虽然顿涅茨地区有大量煤炭可供我们使用，但行驶在这片广阔地区的火车使用的燃煤不得不从德国运来，因为顿涅茨地区出产的煤不适用于我们的火车头。为满足自身需求，帝国铁路部门每天都得派出数列运煤火车，这种情况必然严重影响部队运输。

尽管如此，希特勒还是坚持自己的主张，声称从经济战的角度看，无论如何不能放弃顿涅茨盆地（一年后，他对尼科波尔的锰矿也说了同样的话）。

可是，从沃罗涅日南面匈牙利集团军的防线土崩瓦解，通往顿涅茨河，渡过该河连接第聂伯河渡场和亚速海沿岸的道路对敌人敞开的那一刻起，我们能否继续控制顿涅茨地区就成了问题。

1月19日，我打长途电话给蔡茨勒将军，首次谈到据守顿涅茨地区的事宜。他昨天与希特勒谈到这个问题，但没取得任何成果，所以想听听我的意见。当天，从伏罗希洛夫格勒到沃罗涅日的整条防线出现了缺口。我告诉蔡茨勒，无论这片地区多么重要，也无论此处的经济意义有多大，他提出的问题很容易回答。要想守住整片地区，我们就得在最短时间内尽量向东部署强大的兵力，也就是说，尽可能投入哈尔科夫前方。我们做不到这一点，是因为我们认为：首先，中央和北方集团军群抽调不出任何兵力；其次，国内组建新军的工作还没完成；最后，OKW 从其他战线也调不出任何部队，再加上铁路承载能力无法满足这种快速部署，所以我们不得不承受这些短缺造成的后果。德军南翼继续留在顿河下游，凭他们自身的力量是无法封闭缺口的。如果我们期盼的新锐援兵要过很长一段时间才能投入，而且部署在深远后方，与南翼作战行动完全脱节的话，那么南翼部队就无法继续在那里孤身奋战。德军南翼的交战和新锐部队的展开，必须在空间上协同，以此建立作战联系。我们期盼的新锐援兵必须迅速投入，而且尽量向东展开，只有这样，集团军群才有可能在顿河下游和顿涅茨河立足。如果做不到这一点，就只好撤销这番部署。否则，没等开进的援兵发挥作用，敌人就把德军整个南翼切断了。蔡茨勒将军赞同我的看法。

不管怎样，可以肯定的是，计划2月中旬集中到哈尔科夫附近的党卫队装甲军实力不足以封闭伏罗希洛夫格勒到沃罗涅日这条防线上出现的缺口。倘若德军南翼留在顿河下游和顿涅茨河，为确保南翼的翼侧安全，该军也无法及时投入顿涅茨河北面的进攻行动。

接下来几天，集团军群纵深翼侧的态势发展加剧了我们的担忧。

早在1月20日，我们就注意到，伏罗希洛夫格勒方向，敌人两个军企图迂回集团军群左翼、卡缅斯克附近的弗雷特－皮科集群。敌人还攻往伏罗希洛夫格勒东面，位于顿河后方的意大利集团军残部。但除此之外，敌人似乎还企图以主力向西攻往旧别利斯克，显然是为了获得机动自由。可以预料，一旦对方实现了这个目标，不仅会合围弗雷特－皮科集群，还会以强大的兵力继续向西，渡过顿涅茨河攻往第聂伯河渡场方向，或直奔亚速海沿岸。

1月24日我们接到报告，敌骑兵出现在顿涅茨河以南的伏罗希洛夫格勒地域，但也可能是惊慌失措的当地指挥官发出的虚假警报。

1月31日，我给OKH发了份电传电报，再次就坚守顿涅茨地区的问题谈了自己的看法。

我指出，解决这个问题的先决条件是在泥泞期到来前及时缓解哈尔科夫方向的压力，击败哈尔科夫西北地域之敌。如果这两点都无法做到，那么我们就守不住顿涅茨地区，至少守不住向东伸出的整片地域。从作战角度看，继续留在顿河下游和顿涅茨河的企图是错误的。不容忽视的第二个要点是，如果（几乎可以肯定）敌人从高加索和斯大林格勒继续调来强大的兵力，凭我们手头现有的力量，不足以守住整个顿涅茨地区。我们不能寄希望于敌人的实力已近枯竭（无论他们进攻德军部队期间会遭受多大损失），或后勤补给方面的困难导致他们提早结束作战行动。蔡茨勒将军每次根据我们提交的基本正确的敌情报告指出敌人巨大的兵力优势时，希特勒总是以上述理由反驳。这些理由当然没错，但值得注意的是，敌人进攻我们的轴心国联军，付出的代价非常小，他们在补给方面的困难也远远小于身处敌国领土的我方军队。接下来几天，集团军群对敌军行动的估计得到证实。对方的企图显然是打垮，同时迂回我们设在顿涅茨河的北部防线。

2月2日，敌人在伏罗希洛夫格勒东面渡过顿涅茨河，驻守在那里的意大利军队没有认真抵抗。敌人投入的突击集群编有3个坦克军、1个机械化军、1个步兵军，显然调自当初在顿河打垮意大利集团军的突击力量。我们估计，敌人这个突击集群的目标是罗斯托夫附近或塔甘罗格。

敌人把第19装甲师逐出旧别利斯克后，以编有3—4个坦克军和1个步兵军的另一个强大集群转向西南方，攻往斯拉维扬斯克—利西昌斯克一线。他们显然企图进一步向西合围我们的翼侧，不难预料，对方会到达伏罗希洛夫格勒附近，甚至更东面。

因此，自1月底以来的这些日子，除了集团军群在自己的职权范围内，为尽快把第1装甲集团军投入顿涅茨河中游而采取的措施，我们还与OKH就继续实施大规模行动的问题展开激烈争执。

如前文所述，我1月19日就对蔡茨勒将军强调指出，只有从哈尔科夫方向调来的强大援兵迅速而又有效地介入，才有望守住整个顿涅茨盆地。由于这个前提无法满足，所以我要求缩短东翼，腾出必要的作战部队，会同 OKH 答应提供的援兵，阻止敌人切断我们的南翼。

霍利特集团军级支队的处境岌岌可危，为防止他们陷入合围，我们已命令第 1 装甲集团军开赴顿涅茨河中游。

现在，我们必须把第 4 装甲集团军撤出顿河下游和顿涅茨河的"阳台"。只有这样，我们才能及时应对隐约出现的危险，一旦敌人越过伊久姆—斯拉维扬斯克一线，很可能切断我们与第聂伯河渡场的联系。另外还要注意，相关报告称，除了斯拉维扬斯克之敌，另一股敌军渡过顿涅茨河上游，攻往第聂伯河下游方向。除了党卫队装甲军在此期间开抵哈尔科夫的第一个师，敌人在 B 集团军群整片作战地域面对的都是些残兵败将。这些部队无法阻止对方攻入我们的纵深翼侧。但第 4 装甲集团军只有在集团军群大幅度缩短防线后才能腾出。我们现在不能继续坚守从罗斯托夫到伏罗希洛夫格勒以西地域，顿河下游和顿涅茨河形成的绵长"弓臂"，必须把集团军群右翼撤到"弓弦"，也就是德军南翼 1941 年首次撤离罗斯托夫后据守的阵地。这处阵地位于米乌斯河后方，一路向北延伸到顿涅茨河中游，虽说破败不堪，可还是能提供些防御依托。我们把防线撤入这道阵地，自然意味着放弃了顿涅茨煤田的东部。

为说明这场后撤的合理性，我竭力从长期实施军事行动的角度，向最高统帅部阐明自己的思路。

我在发给希特勒本人的电传电报里指出：

以集团军群现有的兵力看，即便实施纯粹的防御，也不可能长时间据守顿河—顿涅茨河"弓臂"。如果说 1943 年损失了第 6 集团军的 20 个师，德国最高统帅部就被迫转入防御，那么不惜一切代价守卫整个顿涅茨地区，会导致所有可用防御力量都被牵制在这条突出的防线上。敌人得以腾出手来，以绝对优势的兵力进攻东线其他地段。顿河集团军群面临被敌人合围在亚速海沿岸的威胁，A 集团军群随后也会覆灭在库班半岛，就算我们能避免这种危险，守住整个顿涅茨地区，敌人随后的目标很可能是把东线德军整个南翼合围在黑海沿岸。

另一方面，如果最高统帅部认为，1943 年还能再次发动攻势寻求决定性结果的话，那么也只能在东线南翼实施。但我们决不能从顿河—顿涅茨河"弓臂"出击，一方面是因为众所周知的补给困难，另一方面是因为从这座突出的阳台发动任何进攻，都会导致暴露在外的翼侧受到威胁。如果这种决定性攻势可行的话，我们唯一的办法是先把南翼之敌吸引到西面的第聂伯河下游，尔后以强大的兵力从哈尔科夫周边地域发起攻击，一举粉碎那里的苏联红军正面，随后转身向南，反过来把敌人合围在亚速海沿岸。

可希特勒似乎不打算接受这份方案。陆军总参谋长告诉我，他对希特勒说过，眼下的问题仅仅是，要么放弃顿涅茨地区，要么让顿河集团军群和顿涅茨地区同归于尽。希特勒答道，从作战角度看，他（蔡茨勒）的观点可能是正确的，但出于战争经济的考虑，他决不允许放弃顿涅茨地区。弃守该地区，不仅会让我们失去此处的煤炭，更重要的是，敌人会重新获得对他们生产钢铁至关重要的资源。希特勒打算以党卫队装甲军刚刚开抵哈尔科夫的第一个师，也就是党卫队帝国师，从哈尔科夫地域出击，对攻往我顿涅茨河防线的敌军身后施以打击。

可帝国师的实力不足以执行这种深远行动（先要打垮敌人6个师），根本无法掩护他们逐渐拉伸的北翼，而且，孤零零地投入这个师，意味着从一开始就分拆使用党卫队装甲军，该军是我们日后作战唯一能指望的突击力量。另外，帝国师也无法用于这样的进攻行动，由于苏联红军迅速攻往哈尔科夫，B集团军群不得不投入该师阻挡敌人。因此，帝国师目前在哈尔科夫东北方的沃尔昌斯克附近从事毫无希望的防御作战。

接下来几天（2月4—5日），顿河集团军群防线上的态势急剧恶化。敌人对掩护第1装甲集团军撤过罗斯托夫的第4装甲集团军施加了巨大的压力。他们从原先的高加索战线调来第44、第58集团军，加强第4装甲集团军当面的3个集团军。A集团军群把第17集团军留在库班半岛，对苏联红军翼侧构成的"威胁"根本无法阻止对方抽调重兵开赴决定性战场。顿河集团军群必须估计到，敌人很快会对罗斯托夫和新切尔卡斯克两侧的顿河防线发动大规模进攻。

我们还发现，一支强大的敌摩托化兵团正从斯大林格勒开赴顿河方向。

集团军群左翼的态势也严重恶化。伏罗希洛夫格勒东面，霍利特集团军级支队按照集团军群的命令，1月14日投入第6装甲师攻往顿涅茨河中游，但没能把敌人逐过顿涅茨河，起初只能把对方压制在他们夺得的登陆场内。

西面，敌人得以沿宽大正面渡过顿涅茨河，因为我们在这里根本没有可用的防御力量。敌人攻占了伊久姆，已到达斯拉维扬斯克前方。

所以，霍利特集团军级支队能否顺利撤到米乌斯河阵地，现在似乎很成问题。按照集团军群的企图，他们本该在1月5日到达新切尔卡斯克—卡缅斯克一线。但由于希特勒拒不批准把防线撤到米乌斯河，该集团军级支队目前仍在据守顿河—顿涅茨河防线。因此，倘若敌人从斯拉维扬斯克迅速攻往东南方，那么从一开始就打垮了米乌斯河阵地。尽管第1装甲集团军司令部和集团军群配属给他们的兵力，此时正从罗斯托夫开赴顿涅茨河中游，但还需要几天才能有效介入那里的战事。更要命的是，沿海地带松软的路面给行进中的装甲师造成很大困难，而北面的地面仍冻得结结实实，没能限制苏联人的机动能力。

鉴于态势危急，集团军群不仅请求立即把右翼撤到米乌斯河，还对OKH提出具体要求，目的是让他们明白情况的严重性。我们要求投入在后方地域执行防空任务的第7高射炮师，为取道第聂伯罗彼得罗夫斯克的后勤补给线提供对空掩护，同时对付敌人的地面进攻。我们还要求立即着手准备为整个集团军群提供空运补给，以防敌人切断我们与后方的联系。

集团军群要求以削减B集团军群的补给量为代价，大幅度增加铁路运输能力，为顿河集团军群提供补给，因为B集团军群几乎已没有需要补给的部队了。

我们还提出，如果党卫队帝国师的进攻没能大获全胜，也就是2月6日前没到达库皮扬斯克，那么随着铁路运输能力加强，待党卫队装甲军集中在哈尔科夫附近，就从顿涅茨河以南地域发起突击，攻往伊久姆方向。

最后，我们要求立即把第13装甲师的战斗力量和第17集团军两个步兵师调到第聂伯河下游，在那里换装新式装备，接管第6集团军留在那里的辎重队和运输车队。就算希特勒对我们的后续作战构想充耳不闻，这些要求也会让他清楚情况的紧迫性。

这份电传电报的结果是，2月6日，元首派来的"秃鹰"运输机降落在我们这里，接我去元首大本营当面汇报情况。希特勒的副官长施蒙特将军1月底拜访了集团军群司令部，我们态度坚决地阐述了对当前态势和最高统帅部的看法，可能是这个原因促使希特勒决定亲自听听我的意见。

1943 年 2 月 6 日我与希特勒这场会晤，为避免德军南翼迫在眉睫的灾难创造了条件，也让德国最高统帅部再次得到至少在东线达成平局的机会。

正如我上一章提到的那样，会谈刚一开始，希特勒就毫无保留地承认，他对第 6 集团军几天前刚刚结束的悲剧单独负有责任。我当时的印象是，他不仅对这出悲剧深感痛心，因为这说明他的指挥犯了重大错误，还对第 6 集团军全体将士的命运内疚不已，他们信任他，英勇而又恪尽职守地战斗到最后一刻。但我后来开始怀疑，希特勒是否真在乎那些对他忠心不二的将士，他是不是仅仅把他们（从元帅到士兵）视为推行自己战争政策的工具。

不管怎么说，希特勒直截了当、毫无保留地为斯大林格勒承担责任，这种做法颇具军人风度。无论是有意还是无意，希特勒以这种巧妙的心理手段开始了此次会晤，他非常清楚该以何种语气应对谈话对象。

至于我，早已下定决心和他谈两个问题。

第一个问题是在我负责的地区继续从事作战行动，这个问题取决于希特勒批准我们放弃顿涅茨地区东部，今天必须征得他批准，这一点至关紧要。

我打算提出的第二个问题，是冯·布劳希奇元帅辞职后希特勒接掌的最高军事指挥权。这种指挥方式在斯大林格勒造成的后果，让我有充分的理由提出这个问题。

先谈谈第二个问题，简单地说，我们的交流毫无结果。我知道像希特勒这样的独裁者不可能轻易放弃最高指挥权，所以我提出个合情合理的方案，既不损害他的威望，又能保证日后的军事指挥尽善尽美。为确保军事指挥的一致性，我请他物色个充分信赖的总参谋长，赋予他相应的责任和绝对的权力。

可希特勒显然不愿意实事求是地解决这个问题。他一次次站在个人立场回避我提出的方案，还以前帝国战争部长冯·布隆贝格和冯·布劳希奇元帅为例，连声抱怨昔日失望的经历。他直截了当地指出，不可能委任一名地位凌驾于戈林之上的总参谋长。戈林绝不会听从总参谋长指挥，哪怕对方打着希特勒的名义履行职责。希特勒是真担心我提出的方案会激怒戈林，还是仅仅以此为托词，暂时不得而知。

希特勒不断把话题拉回当前的作战态势。前线的需求对我来说是当务之急，可我的作战企图还没获得希特勒批准，我别无选择，只好把话题集中到作战问题。无论怎样，我必须就这个问题让他做出紧急决定。

于是我回到第一个问题，也就是在顿河集团军群地域继续从事作战行动。

我先向希特勒汇报了集团军群当前的处境和由此得出的结论。我告诉他，以我们目前的兵力，无论如何不足以守住顿河—顿涅茨河弓臂。无论他把顿涅茨地区对我们和对敌人的价值估计得多高，面对的问题只有一个，要是我们全力坚守整个顿涅茨盆地，就得冒上丢失该地区、顿河集团军群（随后还包括 A 集团军群）全军覆没的风险，另一个选择是及时放弃顿涅茨地区，这样才能避免迫在眉睫的灾难。

除了当前显而易见的态势，我还向希特勒阐明我们继续留在顿河—顿涅茨河弓臂的"阳台"必然会造成的后果。由于 B 集团军群辖内部队几乎损失殆尽，获得自由行动权的敌人会在 B 集团军群作战地域内以强大的兵力转向第聂伯河下游，或直扑沿海地带，切断我们整个南翼。我告诉他，南翼的交战实际上决定了整个东线的成败。可以肯定，敌人会从他们依然强大的预备队（特别是斯大林格勒地区）源源不断地调来新锐力量，一举切断我们的南翼。因此绝不能指望仅凭党卫队装甲军就足以应对敌人即将实施的大范围迂回。对方的兵力非常强大，完全能遂行这种合围，同时在哈尔科夫地域掩护他们的西侧。就算把有望获得的所有德军援兵计算在内，也不足以阻挡敌人这场突击。因此，投入朝顿涅茨河中游开进的第 1 装甲集团军，同时派第 4 装甲集团军随后跟进至关重要，这样我们才能拦截敌人在顿涅茨河与第聂伯河之间的合围机动，对方这场机动目前还不激烈，但必然会到来。届时，我们才能与正在开抵的援兵相配合，稳定东线南翼的态势，也就是说，恢复亚速海沿岸地带与中央集团军群右翼之间的整条防线。不把第 4 装甲集团军撤离顿河下游，我们就无法做到这一点。但把第 4 装甲集团军调离此处，就意味着我们必须从顿河—顿涅茨河弓臂撤到缩短的米乌斯河阵地。这场后撤刻不容缓。由于迟迟没做出决定，目前从沿海地带到顿涅茨河中游沿整条防线遂行防御的霍利特集团军级支队能否顺利撤入米乌斯河阵地很成问题。因此，我今天必须获得批准，放弃顿涅茨地区东部到米乌斯河这片地域。

希特勒一声不吭地听完我介绍的情况，随后就顿涅茨地区的问题与我展开长达数个钟头的争论。此次会晤的后半部分，我私下里与希特勒谈到最高指挥权的问题，他还不断把话题拉回顿涅茨地区。

就像我后来在类似场合发现的那样，希特勒基本上对我的作战构想避而不谈。他从不打算提出另一个更好的方案，或驳倒我提出的作战前提和结论。他并不否认战事会像我估计的那样发展。与当前紧迫的作战态势没有直接关系的一切构想，他都视之为假设，也许会变为现实，也许不会。归根结底，所有作战考虑都基于设想，或假设敌人可能会采取何种行动，特别是在对方掌握战略主动权的情况下。谁也无法事先证明，态势会以这样或那样的方式发展。但另一方面，军事指挥官必须具备先敌思考的能力，才能赢得胜利。他必须看穿总是遮掩对手后续行动的迷雾，准确判断双方的行动创造的机会。军事将领的指挥范畴越大，越需要预见性思维。作战空间越广，调动的兵团越多，相关决定就需要更长时间才能生效。但希特勒没有这种预见性思维，至少在作战领域是这样。倘若结论不符合期望，他就不愿承认。由于无法反驳，所以他尽量避而不谈。

这次也不例外，希特勒的论点主要来自其他方面。他先是不无道理地指出，他认为没有证据表明，除了放弃既占地域就没有其他办法，因而不愿主动放弃付出重大牺牲才征服的地区。作为军人，我完全理解他的观点。由于我性格使然，当时和后来都很难强行让他放弃既占领土。我当然更愿意提出有望成功的进攻计划，而不是无可避免的后撤。可以往的经验告诉我们，战争中想守住一切的人，最后什么也守不住。

希特勒反复提出的另一个论点是，如果像我建议的那样，为腾出兵力而缩短防线，那么敌人也能腾出相应的兵力，把他们投入决定性地点发挥影响。这种看法同样不无道理。但问题的关键在于，两个对手看谁能在这种兵力转移中获得先机，换句话说，及时采取行动，在决定性地点掌握主动权的一方，就有可能让动作迟缓的对手陷入被动局面，哪怕他们的兵力更强大。另外，如果我们打算坚守顿河—顿涅茨河弓臂，过度拉伸的防线会抵消防御对进攻的固有优势。这种情况下，进攻方完全可以在任何地段突破这条过度拉伸的防线，甚至不需要投入特别强大的兵力，也不会付出高昂的代价。由于防御方缺乏预备力量，进攻方很快就能打垮整个防御。

希特勒还一再辩称，如果我们寸土必争，敌人每前进一步都得付出惨重的伤亡，那么苏联红军的进攻力量总有一天会消耗殆尽。到目前为止，敌人已持续不停地进攻了两个半月，他们的损失非常大，很快会呈强弩之末。另外，敌人现在离出发阵地越来越远，后勤补给的难度越来越大，最终会让他们企图实施的深远合围运动陷入停滞。

希特勒这些观点确实有许多正确之处。毫无疑问，敌人至少在进攻德军部队据守的地段期间损失惨重，进攻力量遭到严重削弱。但他们在没有德军部队实施顽强防御的地段，取得胜利比较轻松。高昂的损失导致苏联红军部队的战斗力大幅度下降，特别是他们的步兵，否则，面对敌人的数倍兵力优势，我们根本没办法站稳脚跟。可就算敌人各个师的战斗力因为损失惨重而大打折扣，他们总是能不断投入新锐兵团。当然，敌人推进得越远，后勤补给的困难就越大。可现在是摩托化时代，敌人的铁路终端到亚速海沿岸或第聂伯河下游的距离并没有远到让他们放弃计划中切断德军南翼的行动。

第一次世界大战期间，集团军与铁路终端的距离超过 150 公里就无法继续前进，但我们在西线和东线的亲身经历充分证明，这个数字已不适用于第二次世界大战。另外，俄国人是迅速修复铁路线的高手，他们从事这项作业也比较容易，因为开阔的平原上，工程结构的数量相对较少。不管怎样，我们决不能把己方的措施寄托于敌人的兵力即将耗尽、对方很快会丧失机动性这些模糊的希望。毕竟我们的各个师长期承担过重的任务，损失很大，即将耗尽实力，这一点不容忽视。我必须指出，希特勒非常清楚我方部队的状况和损失。他不愿承认，新组建的师由于缺乏实战经验，不得不在战场上付出过高的代价。但另一方面他又承认，组建空军野战师是个错误，完全是顾及戈林的威望而做出的让步。

关于作战态势，希特勒实际上只表述了一个观点，他认为派党卫队装甲军从哈尔科夫地域攻往东南方的伊久姆就能消除顿涅茨河中游防线的急迫危险。但这场行动的前提是，该军第二个师（警卫旗队师）到达前，先以帝国师对付沃尔昌斯克之敌（第三个师要到更晚些时候才能开抵）。希特勒似乎对新组建的党卫队装甲军的战斗力寄予无限希望。可这番陈述表明，敌人构成的后续威胁，特别是调自斯大林格勒的敌兵团出现在新战场，他对此依然没有清醒的认识，也可能他根本不想知道这些。希特勒反复提出的最重要的理由，是他认为决不能放弃顿涅茨地区。他担心弃守对战争经济如此重要的地区会对土耳其产生政治影响。希特勒还强调顿涅茨煤田对敌我双方的战争经济至关重要。一旦苏联人夺回顿涅茨煤田，就能维持他们的钢铁生产，大量制造坦克、火炮、弹药。我反驳道，尽管丢失了顿涅茨盆地，可苏联人还是生产了足够的坦克和弹药。他指出，这是因为对方目前仍有钢铁储备。可如果他们无法夺回顿涅茨地区的煤炭资源，就无力维持先前的生产水平，这样一来，他们就没办法发动大规模攻势了。不可否认，失去这处适合炼焦的煤炭资源以及这里的钢铁厂，肯定会给敌人的工业生产造成困难。至少在我看来，这方面的一个迹象是，敌人 1941 年间损失的大部分火炮到现在也没得到补充。正因为如此，我们才得以守住七拼八凑的奇尔河防线。当年冬季，他们的火炮可能足以在战线有限的地段部署具有压倒性优势的炮兵力量，一连三次突破顿河防线。但他们显然无法为所有师配备具有机动能力的炮兵。讨论顿涅茨地区对战争经济的重要性这个问题时，希特勒趁机展示了他对各种武器的产量、性能惊人的了解和记忆力。

我和他的观点截然不同。希特勒认为，无论是部分还是全部放弃顿涅茨地区，势必给我们的战争经济造成重大损失，同时让苏联人获得对战争具有决定性的收益。而我坚持认为，把防线撤到米乌斯河深具战略必要性，最后，我手里只剩下一张王牌。我飞赴勒岑前，帝国煤炭协会主席保罗·普莱格尔来到我的司令部。我向他询问顿涅茨地区对敌我两国的战争经济究竟有多重要。他告诉我，控制沙赫特周围的煤矿资源，也就是米乌斯河东面顿涅茨盆地的一部分，一点也不重要。那里出产的煤既不适合炼焦，也无法用于我们的火车。从战争经济的角度看，希特勒再也无法提出反对意见了！

可要是以为希特勒就此败下阵来，那就低估了他的韧性。他最终采取的手段是天气，以此说服我过段时间再撤离顿河—顿涅茨河弓臂。苏联南部这些日子的天气确实不太正常，霜冻期过早转暖，跨越塔甘罗格湾的冰上道路已无法安全使用。顿河和顿涅茨河依然封冻，可如果天气继续转暖，河上的冰面很快就会破裂。

希特勒以雄辩的口才告诉我，再过几天，宽阔的顿河河谷可能会构成难以逾越的障碍，夏季到来前，敌人也许再也无法发动进攻。另外，我们的第 4 装甲集团军，向西转移期间可能会陷入泥泞。所以他劝我再等等。

我坚持自己的观点，宣称决不能把集团军群的命运寄托于早早解冻的希望，于是，希特勒终于批准集团军群把东部防线撤到米乌斯河阵地。如果算上我们就指挥权问题的交流，那么此次会晤从 17 点到 21 点，整整持续了 4 个钟头。

希特勒是多么固执己见，从我道别时的一件小事就能看出来。他最终批准我的作战企图后，我刚要离开房间，他又叫住我说道，他当然不想改变自己刚刚做出的决定，但迫切地请求我再考虑一下，是不是可以再等等。顿河河谷解冻的话，也许能让德军继续留在顿河—顿涅茨河弓臂。我心意已决，可还是答应他，待我回去后，次日中午再颁布后撤令，除非夜间发生的情况要求我立即下达命令。

我用这么多篇幅阐述与希特勒的会晤，不仅因为它对这场冬季战局的结果具有重要意义，还因为在我看来，此次会晤在许多方面非常典型地说明了希特勒的态度，以及说服他接受与他的期望不符的现实是多么困难。

截至 2 月底的态势后续发展

要是有人觉得，我说服希特勒批准撤离顿涅茨地区东部，并把第 4 装甲集团军转移到西翼，就此解除了德军南翼的危机，那就错了。由于路途遥远，路况恶劣，第 4 装甲集团军从东面转移到西翼这场"王车易位"需要大约两周时间。另外，由于敌人已到达顿涅茨河南面的伏罗希洛夫格勒，进入霍利特集团军级支队纵深翼侧，所以我们无法确定该集团军级支队能否顺利撤到米乌斯河阵地。而第 1 装甲集团军是否能守住或重建顿涅茨河中游防线，这个问题也值得怀疑。但最重要的是，B 集团军群作战地域，也就是哈尔科夫周边地区的态势发展深具威胁，给敌人创造了各种机会。他们不仅可以突破到第聂伯彼得罗夫斯克和扎波罗热的第聂伯河渡场，一举切断顿河集团军群的交通线，甚至能到达并渡过第聂伯河上游，从西面截断我们。除了把第 4 装甲集团军调到集团军群西翼，现在必须组建个新集群，填补 B 集团军群辖内轴心国军队溃逃后留下的缺口。

2 月 7 日中午，我回到斯大林诺的集团军群司令部。由于敌人在顿河南岸攻占了罗斯托夫郊外的巴泰斯克，顿河的态势严重恶化。我到达司令部，立即下令撤到顿河后方，并着手安排第 4 装甲集团军司令部和辖内各师转移到西翼。霍利特集团军级支队也奉命撤往新切尔卡斯克—卡缅斯克一线。

2月8日，罗斯托夫和伏罗希洛夫格勒附近又出现了新的危机，敌人在那里冲出他们刚刚夺取的登陆场。在此期间投入顿涅茨河中游的第1装甲集团军也险象环生，敌人穿过利西昌斯克与斯拉维扬斯克之间的顿涅茨河段，本指望第1装甲集团军挡住这股敌军，可这个希望暂时落空了。

B集团军群作战地域内，兰茨将军指挥的集团军级支队在哈尔科夫周围组建，即将开抵的党卫队装甲军隶属该支队。我们获悉，党卫队帝国师本该打垮沃尔昌斯克之敌，尔后朝东南方攻往伊久姆方向，可他们没能击溃敌军。相反，帝国师退到顿涅茨河后方。面对这种情况，希特勒打算以党卫队装甲军发动进攻，缓解我们西翼压力的构想显然无法实现了，更何况党卫队装甲军目前只有帝国师可用。

2月9日，敌人夺得哈尔科夫和北面的别尔哥罗德，还从伊久姆附近的顿涅茨河河曲部向西攻击前进。实际上，第聂伯河与中央集团军群始于库尔斯克北面的右翼之间，只有兰茨集团军级支队，他们在哈尔科夫周围的展开很成问题，而库尔斯克西面还有B集团军群遭到重创的第2集团军。

基于眼下的态势，敌人很可能从第聂伯罗彼得罗夫斯克渡过第聂伯河上游，实施深远迂回，尽管集团军群命令第4装甲集团军转移到西翼，但仅凭自身的力量，显然无法长时间确保我们的后方交通线。现在必须采取强有力的措施。因此，我给蔡茨勒将军发了封电传电报，请他14天内在第聂伯罗彼得罗夫斯克以北地域，展开至少编有5—6个师的一个新集团军，再把另一个集团军部署到第2集团军防线后方，也就是库尔斯克以西地域，以这个集团军向南推进。为此，必须从根本上改善铁路运输勤务。再像以前那样，一个个师速度缓慢、零打碎敲地开抵，根本无法应对眼下的态势。

蔡茨勒将军随后承诺，这次会为我提供积极支援。他希望最终从中央、北方集团军群腾出6个师，以前所未有的速度把他们运来。他答应每天提供37列运兵车，也就是说，他承诺的6个师，每两天就能到达一个。当然，由于防线上的缺口过大，这些援兵只能起到应急作用，最多只能在泥泞期到来前缓解我们的燃眉之急。几个师能否及时开抵，取决于哈尔科夫周围的态势发展，顿河集团军群对此无能为力。不管怎样，致命危险的阴云仍笼罩着东线南翼，泥泞期之前或过后，敌人就会突破到亚速海沿岸，甚至有可能到达更远的黑海沿岸。

如果说集团军群最担心自己的纵深翼侧，那么这个时期的正面态势发展也不容乐观。

第1装甲集团军（司令冯·马肯森将军，参谋长文克上校）的任务是把渡过顿涅茨河中游之敌赶过河去，现在不得不对付敌人占有兵力优势的两个集群。第一个强大的敌集群在伏罗希洛夫格勒附近渡过顿涅茨河，企图在霍利特集团军级支队与第1装甲集团军之间达成突破，霍利特集团军级支队正退往米乌斯河，而第1装甲集团军正从南面开往顿涅茨河。第二个敌集群在利西昌斯克—斯拉维扬斯克一线渡过顿涅茨河，企图把重点置于克里沃伊托列茨河两侧的西翼。这对第1装甲集团军构成两面合围的威胁，该集团军必须逐一击破两个敌集群。集团军群的意见是，第1装甲集团军把重点置于西翼，先击败斯拉维扬斯克之敌，尔后转身对付伏罗希洛夫格勒的敌集群。但态势的发展表明，第1装甲集团军不得不以部分力量先对付伏罗希洛夫格勒的敌集群。这样一来，他们就没有充足的兵力迅速击败斯拉维扬斯克之敌，同时，他们在伏罗希洛夫格勒南面也没有足够的兵力，无法阻止敌人朝西南方突破。

危急的情况下，局部交战雪上加霜，这种情况很常见。面对从斯拉维扬斯克攻击前进的敌集群，第1装甲集团军打算以第40装甲军歼灭对方，但他们勘察地形后发现，己方装甲兵团无法在克里沃伊托列茨河以西地域合围敌军，那里地形陡峭，遍布峡谷，还覆有厚厚的积雪，无法使用装甲力量。因此，第40装甲军只能沿克里沃伊托列茨河河谷和以东地域发起正面突击。一如既往，俄罗斯的严冬使部队几乎不可能在野外露宿，这必然导致交战基本在克里沃伊托列茨河河谷内的村镇周围进行。他们首先要夺取的是大型工业镇克拉马托尔斯克。但这样的交战，不可能像我们迫切希望的那样，迅速击溃敌斯拉维扬斯克集群。承担交战重任的第11装甲师只能艰难地向前推进。

集团军群本打算从西面实施合围，切断敌人与顿涅茨河的联系，可惜这番企图无法实现。2月11日夜间，敌人反而投入强大的坦克力量，穿过看似无法通行的克里沃伊托列茨河以西地域，前出到格里希诺。这再次表明，西方人认为无法通行的地域，在苏联人看来却并非如此。泥泞和深深的积雪给我们造成了阻碍，而他们的坦克配有宽大的履带，穿越此类地形不成问题。敌人到达格里希诺，不仅进入第1装甲集团军翼侧纵深，还封锁了集团军群从第聂伯罗彼得罗夫斯克通往红军村的主要后勤补给铁路线。现在只有取道扎波罗热的铁路线依然畅通，但敌人1941年炸毁了扎波罗热附近的第聂伯河大桥，桥梁尚未修复，致使这条铁路线的运输能力大打折扣。所以物资到这里必须转运，装满燃料的油罐车无法直达前线。

前线的补给，特别是油料，受到严重影响，第1装甲集团军面临敌人从西面实施合围的威胁，在此期间，敌人企图以突破伏罗希洛夫格勒的兵力从东面卷击。特别是敌人一个骑兵军顺利突破到重要的铁路枢纽杰巴利采沃，此处不仅在第1装甲集团军右翼的深远后方，也位于霍利特集团军级支队打算占领的河流阵地后方。虽然我们把这个骑兵军合围在杰巴利采沃，可他们在镇内抵抗得非常顽强，消灭他们不仅困难，而且很费时间。结果，第1装甲集团军西翼急需的第17装甲师暂时被牵制在此处。

东部战线，敌人投入整补过的坦克力量，紧追退往米乌斯河阵地的霍利特集团军级支队，所以我们暂时无法腾出隶属该支队的几个装甲师。我必须在这里提前指出，尽管情况危急，但霍利特集团军级支队还是在2月17日顺利撤到米乌斯河阵地，并构设了防御。

西翼，在此期间从顿河开抵的党卫队维京师展开后，把敌坦克部队阻挡在格里希诺。但他们无法迅速歼灭敌军，部分原因是先前的激烈战斗导致该师严重受损，指挥官奇缺。另外，这个师的人员主要是波罗的海和北欧诸国加入党卫队的志愿者，由于损失惨重，已没有太多通晓各国语言的军官，结果不难理解，这个优秀的兵团战斗力大幅度下降。

在此期间，第4装甲集团军继续利用公路和铁路从顿河下游调往西翼，复杂的路况给这场调动造成很大的麻烦。所以，除了敌人在格里希诺进入第1装甲集团军纵深翼侧，随后可能调派新锐兵团加强此处的作战力量外，第1装甲集团军左翼与哈尔科夫地域之间巨大的缺口情况也非常危急，敌人彻底掌握了此处的自由行动权。

集团军群之所以面临这些危机，主要是因为顿河集团军群不得不以辖内部队掩护 A 集团军群后撤，长时间滞留在顿河和顿涅茨河。现在，集团军群司令部以越来越焦虑的目光注视着 B 集团军群作战地域的态势发展。

轴心国集团军溃败后，仍在库尔斯克西面鏖战的 B 集团军群只编有遭受重创的第 2 集团军，以及哈尔科夫周围刚刚组建的兰茨集团军级支队，这让敌人得以对顿河集团军群构成两个潜在的威胁。

第一种可能是，敌人留下部分兵力监视哈尔科夫，以剩下的兵力从伊久姆向西攻往巴甫洛格勒，以及更前方第聂伯彼得罗夫斯克和扎波罗热的第聂伯河渡场，一举切断顿河集团军群渡过第聂伯河通往后方的交通线。第二种可能是，敌人也许会全力打垮仍在集结的兰茨集团军级支队。此举一旦成功，从克列缅丘格两侧渡过第聂伯河的道路就对他们敞开了。这样，敌人就能封锁克里木的入口和赫尔松附近的第聂伯河渡场，一举合围德军整个南翼。就算通常 3 月底开始的泥泞期到来，迫使敌人推迟这场大规模行动，也不难预料，泥泞期一结束，敌人就会立即展开行动达成上述目标。

基于这些考虑，我 2 月 12 日给 OKH 发了份新的态势研判，请他们转呈希特勒。根据上述作战思路，我强调了两点：

首先是兵力对比问题。我指出，虽然敌人近 3 个月来显然企图粉碎或切断德军南翼，借此在东线赢得决定性胜利，可德军东线的兵力分布却与现实情况不符。尽管顿河集团军群这几个月获得若干师加强，但这里和 B 集团军群作战地域的敌我兵力对比仍高达 8∶1（某些地段甚至更加不利），而中央、北方集团军群作战地域的敌我兵力对比仅为 4∶1。OKH 不愿从上述两个集团军群抽调兵力，生怕引发新的危机，这一点完全可以理解。另外，OKH 先前回复我类似的要求时指出过，他们手头可用的补充兵和技术装备，几乎都调拨给了顿河集团军群，致使中央、北方集团军群各兵团的战斗力已不及顿河集团军群辖内兵团，这可能的确是实情。但我也有些不同的看法，一连几个月，顿河集团军群辖内各师持续从事异常激烈的交战，北面两个集团军群远远无法与此相比。另外，我们的各个师在开阔的战场上鏖战，而中央、北方集团军群却据守在筑垒阵地内。

不管怎么说，决定性因素是，敌人没有在东线中央或北翼寻求决战，而是把重点置于南翼，所以我们决不能在这里继续保持兵力劣势。

可以肯定，即便我们排除敌人截断第聂伯河渡场的紧迫危险，对方也不会放弃在沿海地带围歼德军南翼的宏大目标。因此，德国统帅部无论如何都得采取积极措施，大力改善南翼的兵力对比，哪怕牺牲其他战线或战区的利益也在所不惜。

我这份态势研判，除了谈到东线兵力分布这个至关重要的问题，还向OKH阐述了我对东线南翼后续作战行动的想法。

我会在下一章详述这个问题。

我们现在更名为南方集团军群，2月12日夜间，集团军群司令部迁到扎波罗热，以便更好地指挥即将到来的交战。

2月13日夜间，集团军群司令部收到OKH发来的指令，显然是对我2月9日的请求做出的回复。按照我的建议，应当投入一个新集团军，在波尔塔瓦—第聂伯罗彼得罗夫斯克一线展开，另一个集团军部署到第2集团军南翼后方。可是，两个集团军无一兑现。本该部署到第2集团军身后的集团军根本没有开抵。第2集团军得到些援兵，可这些援兵本来是调拨给我们的。本该部署到波尔塔瓦—第聂伯罗彼得罗夫斯克一线的集团军，由牵制在哈尔科夫附近的兰茨集团军级支队替代。该集团军级支队和B集团军群延伸到别尔哥罗德的作战地域随后划拨给南方集团军群。第2集团军转隶中央集团军群。B集团军群司令部撤销。

第四阶段：德军的反攻

就这样，1943年2月中下旬前后，南方集团军群作战地域的紧迫危机达到新高度。在此期间，敌人企图从北面的邻近地域实施大规模迂回，一举合围德军整个南翼。但值此危急时刻，转机的种子悄然萌芽了。

当然，起初的态势依然晦暗不明。

此时撤销B集团军群司令部，致使防线缺口部失去指挥，无疑是个危险的举措。除了第2集团军，B集团军群司令部麾下只有些残兵败将，尽管如此，他们依然是东线指挥链不可或缺的一环。撤销B集团军群司令部，导致中央集团军群与南方集团军群之间的防线出现了个巨大的缺口。

实际上，由于通信联络尚未建立，南方集团军群司令部目前甚至无法接手指挥哈尔科夫地域（由兰茨集团军级支队负责）。本来在我们接手指挥前，哈尔科夫就会丢失，全凭集团军群通信团的出色作业，以及集团军群通讯指挥官米勒将军指挥有方，我们才得以迅速接掌哈尔科夫地域的指挥工作。一如既往，我的朋友，通信兵负责人费尔吉贝尔将军提供了大力帮助。

B 集团军群司令部撤销，最初给东线最棘手地段的指挥工作造成很多麻烦，导致整个指挥缺乏连贯性，但另一方面也有些好处。兰茨集团军级支队转隶南方集团军群司令部，让我们得以在关键时刻和关键地点独立实施指挥，为 1942 年年末到 1943 年年初的冬季战局的最终胜利奠定了基础。

对南方集团军群来说，哈尔科夫地域起初成为新的焦点，尽管 B 集团军群，更准确地说是亲自介入的希特勒，在那里指挥了好几天。

希特勒命令兰茨集团军级支队不惜一切代价坚守哈尔科夫，这座城市和斯大林格勒一样，现在关乎他的威望。兰茨集团军级支队的核心力量是党卫队装甲军，但该军辖内 3 个装甲师只到达 2 个，集团军级支队命令该军攻往洛佐瓦亚方向，缓解南方集团军群左翼的压力。

很明显，兰茨集团军级支队的兵力只够完成两项任务中的一项，要么坚守哈尔科夫，要么加入南方集团军群左翼的战斗。因此我建议希特勒，兰茨集团军级支队应当暂时放弃哈尔科夫，先击败哈尔科夫南面的敌军。这样，我们就能暂时排除敌人从克列缅丘格渡过第聂伯河迂回集团军群的危险。待我们投入第 4 装甲集团军，就有望以自身的力量对付企图在扎波罗热和第聂伯罗彼得罗夫斯克夺取第聂伯河渡场的敌军。一旦兰茨集团军级支队击败哈尔科夫南面之敌，就可以重新夺回该城。但这份方案不符合希特勒的意愿，因为哈尔科夫这座乌克兰大都市的得失，已成为关乎他个人威望的问题。因此，希特勒 2 月 13 日通过 B 集团军群司令部，再次严令兰茨集团军级支队，无论如何都得坚守哈尔科夫。

我随后要求 OKH 做出决定，兰茨集团军级支队纳入我麾下后，这道指令是否依然适用，党卫队装甲军面临在哈尔科夫陷入合围的危险，是否该继续执行这道指令。同时，我还要求对我昨天发往勒岑的总体态势研判做出回复。蔡茨勒将军答复，说希特勒认为我"考虑得太多"。我告诉他，我觉得集团军群应该考虑到 4—8 周后的情况，最高统帅部似乎只想到 3 天后的事情，我倒要怀疑这种做法是不是正确了。

哈尔科夫周边态势显然不以希特勒的意志为转移。党卫队装甲军确实面临在哈尔科夫陷入合围的危险，2月15日，他们违抗兰茨将军的命令，撤离这座城市。B集团军群司令部把这个既成事实告知我们，就在这几天，该司令部撤销。如果撤离哈尔科夫的命令是陆军将领下达的，希特勒肯定会把他送交军事法庭，可撤离合围圈的是党卫队装甲军（这个决定正确无误），所以什么事也没发生。但几天后，装甲兵上将肯普夫接任兰茨集团军级支队司令一职，理由如下：兰茨将军是山地兵将领，而肯普夫是装甲兵将领。

B集团军群把哈尔科夫地域的指挥权移交给顿河集团军群这几天，此处的态势越来越严峻，与此同时，顿河集团军群渡过第聂伯河通往后方的交通线遭切断的可能性也出现了。

2月16日有报告称，不出我们所料，敌人投入强大的兵力，从伊久姆以西地域攻往巴甫洛格勒和第聂伯罗彼得罗夫斯克方向。倘若对方到达洛佐瓦亚或巴甫洛格勒的铁路枢纽，更准确地说是到达巴甫洛格勒西南面的锡涅利尼科沃火车站，那么他们就切断了通往波尔塔瓦的铁路线。

与此同时，OKH许诺的援兵，运输速度一再下降。他们答应每天开抵37列运兵车，可2月14日只到达6列。

另外，中央集团军群宣称兵力不足，无法在两个集团军群之间的缺口部与南方集团军群紧密协同。他们似乎很乐意让向西退却的第2集团军停在库尔斯克西面。

眼下的态势极为严峻，希特勒决定视察我的司令部。也许是我前几份态势研判促使他深思了一番。能当面向他陈述自己的想法，再让他亲眼看看危急的态势，我当然对此深表欢迎，不过，在扎波罗热这种大型工业城确保他的安全还是有些困难的，敌人正逼近此处。特别是因为他宣布要在这里待上几天。他和包括陆军总参谋长、约德尔将军在内的随行人员会入驻我们的办公楼，当然，他的私人厨师也一如既往地随行。我们不得不严密封锁整片地区，尽管如此，情况还是无法让人放心，因为希特勒到来的消息不胫而走，他从机场乘车进入扎波罗热，官兵和党员认出了他，纷纷向他挥手致意。除了警卫连和寥寥几个高射炮分队，我们在扎波罗热再也没有其他部队。不久前，敌坦克已逼近扎波罗热，他们甚至能炮击第聂伯河东面的机场。

2月17日下午，希特勒来到我的司令部。我首先向他汇报了目前的态势。

虽然敌人紧追不舍，但霍利特集团军级支队当天已到达米乌斯河阵地。

第1装甲集团军把敌人挡在格里希诺，但没能歼灭对方。他们还在克拉马托尔斯克地域迎战从利西昌斯克—斯拉维扬斯克而来的敌军，这场交战尚未决出胜负。

正如先前报告的那样，兰茨集团军级支队已撤离哈尔科夫，退往西南方的莫什河地段。

我随后向希特勒汇报了自己的企图，也就是把党卫队装甲军悉数调离哈尔科夫，在那里只留下兰茨集团军级支队部分兵力。

党卫队装甲军尔后从克拉斯诺格勒地域朝西南面巴甫洛格勒这个总方向攻击前进，与目前正在开进途中的第4装甲集团军协同。他们必须击败正攻往第1装甲集团军与兰茨集团军级支队之间宽大缺口部的敌军。这场行动成功的话，就消除了霍利特集团军级支队和第1装甲集团军遭切断的威胁，我们随后可以对哈尔科夫地域发起打击。

希特勒起初并不赞成我设想的这些行动的先后顺序。他不愿承认强大的敌军正开入第1装甲集团军与兰茨集团军级支队之间。他还担心我策划的行动会在第聂伯河与顿涅茨河之间陷入泥泞。由于冬季很快就要结束，这种可能性当然是存在的。但希特勒拒不接受我这份方案的主要原因，可能是他希望尽快夺回哈尔科夫，他想让党卫队装甲军彻底集中后就展开行动。但眼下的情况是，要想朝哈尔科夫方向发动进攻，必须先消除第聂伯河渡场面临的威胁。一旦第聂伯河渡场有失，第1装甲集团军和霍利特集团军级支队就难以生存。进攻哈尔科夫，还需要第4装甲集团军至少以部分兵力协同。解冻期到来，肯定会结束作战行动，而且顿涅茨河—第聂伯河地域的解冻期会早于哈尔科夫地域及其北部。所以，我们希望击败在第1装甲集团军与兰茨集团军级支队之间推进的敌军后，还来得及进攻哈尔科夫。可如果我们先完成后一个行动，接下来是否能执行前一个行动，很值得怀疑。在某些情况下，即便我们顺利夺回哈尔科夫，集团军群右翼和中央渡过第聂伯河通往后方的交通线可能已被切断，这种状况会导致我们无法度过几周的泥泞期。

由于希特勒向来固执己见，这自然引发了无休止的争论。结束会晤时我指出，党卫队装甲军无论如何都得集中在哈尔科夫—克拉斯诺格勒公路上，但这场集结最快要到 2 月 19 日才能完成。所以，该军究竟向南还是向北进攻，届时再做出最终决定。之所以拖延相关决定，是因为我知道第 4 装甲集团军 2 月 19 日前也无法投入作战。另外，我觉得希特勒现在近距离观察战事发展，会让他更清楚地了解眼下的情况。

2 月 18 日，我再次向希特勒汇报情况。敌人正以强大的兵力进攻米乌斯河防线，在几处渗透了霍利特集团军级支队尚未巩固的防线。这条防线后方，我们也没能歼灭在杰巴利采沃陷入合围的敌骑兵军。我告诉希特勒，尽管如此，还是要把摩托化兵团尽快从这里转移到西翼。我们尚未歼灭在格里希诺进入第 1 装甲集团军纵深翼侧的敌机械化军，所以暂时无法腾出那里的部队。

另一方面，现在有确凿的证据表明，第 1 装甲集团军与兰茨集团军级支队缺口部的敌军正以强大的兵力攻往第聂伯河渡场。我们发现敌步兵第 267 师位于克拉斯诺格勒南面，配备一个坦克营的敌近卫步兵第 35 师夺得巴甫洛格勒。敌人刚刚逼近，部署在那里的一个意大利师（意大利集团军的残部）就弃城而逃。

兰茨集团军级支队报告，在基辅卸载的党卫队骷髅装甲师目前陷入基辅与波尔塔瓦之间的泥泞。希特勒先向北发动进攻，夺回哈尔科夫的企图就此化为泡影。如果说骷髅师当初没有归建，党卫队装甲军无力守住哈尔科夫，那么现在想夺回这座城市就更难了，因为骷髅师看来暂时无法投入行动。目前唯一的选择是向东南方发动进攻，一举歼灭在兰茨集团军级支队与第 1 装甲集团军之间进入缺口部的敌军。由于那里的解冻期即将到来，所以必须尽快展开行动。面对这些情况，希特勒终于批准了我的方案，命令党卫队装甲军立即投入手头可用的帝国装甲掷弹兵师，攻往巴甫洛格勒方向。党卫队警卫旗队师挡住从哈尔科夫向南疾进之敌，掩护第 4 装甲集团军的行动。不管怎样，我们希望获得帝国师加强的第 4 装甲集团军能大获成功。

做出这项决定后，我向希特勒阐述了自己对总体态势的看法。就算我们在泥泞期到来前顺利避免态势进一步恶化（不一定能做到），我们还是要考虑得更远些。泥泞期给我们的喘息之机，最多不超过几周。集团军群随后不得不据守长达 700 公里的防线，而我们可用的兵力，包括兰茨集团军级支队在内，只有 32 个师。另一方面可以肯定，泥泞期过后，敌人会再次把作战重点置于东线南翼，竭力把德军合围在黑海沿岸。

700 公里长的防线，只有区区 30 来个师据守，占有兵力优势的敌军完全可以在任何地段达成突破。最要命的是，我们无法阻止敌人从北面迂回集团军群，一路奔向亚速海或黑海海岸，最终彻底结束这场角逐。

所以，泥泞期过后，集团军群决不能坐等敌人达成突破，或眼睁睁地看着敌人从北面实施迂回。OKH 必须及时发动攻势，缓解我们依然向东突出的防线承受的压力。

我这番话的目的，是想让希特勒未雨绸缪地考虑后续作战事宜。但他显然不愿意承诺什么。希特勒承认，集团军群的兵力太少，不足以守住日后的防线。另一方面，他又不愿承认我给出的兵力对比。虽然他不否认我们当面之敌多达 342 个兵团，可他认为这些敌兵团遭到严重消耗，战斗力不值一提。我反驳道，我方各个师的实力也严重下降，他却说，利用接下来的泥泞期，这些师会获得充足的补充兵和新式武器（其实早该这样）。他不愿承认，敌人在此期间也会把 1926 年出生的 150 万人送上前线。他也不相信，敌人能以两个月（大致相当于泥泞期的时间）的坦克产量重新装备大约 60 个坦克旅。但他强调，倘若顿涅茨地区落入敌人手里，对他们生产坦克会起到至关重要的作用。至于东线 1943 年的作战行动，希特勒说他既无法从其他战区抽调兵力，也无法组建新兵团，用于发动大规模攻势。不过，他认为投入新式武器实施局部打击是有可能做到的。这样，他就把话题转入新式武器和生产领域。看来，想让他为即将到来的夏季战局确定作战企图是无法做到了。我们就像活在不同的思想世界里。

2 月 19 日我们再次召开会议，冯·克莱斯特元帅也应邀出席。在我的司令部逗留期间，希特勒无疑对南翼的危险处境有了更深刻的认识。他宣布，A 集团军群必须全力以赴，把辖内兵力调拨给顿河集团军群。现在应当把 A 集团军群视为南方集团军群（顿河集团军群 2 月 19 日改称南方集团军群）的"就近兵力储备库"。谈到这个问题，希特勒可能暂时搁置了库班登陆场为后续作战行动发挥作用的想法。可惜，后来的事实证明，尽管取道克里木的交通设施完全能做到，但"就近兵力储备库"没有悉数腾出，全力支援我集团军群。库班登陆场仍处于孤立无援的境地。一条古老的经验表明，一旦把兵力投入错误的地点，再想把他们腾出就会异常艰难。

另外，实力强大的敌军当天到达锡涅利尼科沃火车站，气氛顿时紧张起来。对方不仅暂时封锁了集团军群中央和右翼的主要补给铁路线，而且距离德意志帝国元首所在的集团军群司令部只有60公里。我们与这股敌军之间没有任何部队！当天下午，希特勒飞回他的大本营，这才让我长长地松了口气，因为敌坦克次日完全有可能让我们无法使用第聂伯河东面的机场。

我最后告诉希特勒，我打算从集团军群西翼发起攻击，为此需要几乎所有装甲师，也就是说，必须从米乌斯河防线抽调。这条防线目前还能守住，是因为攻往这里的敌军主力必须穿过罗斯托夫隘路，暂时还没有到达。不能排除敌人从东面夺取顿涅茨地区的可能性。不管怎样，要对付这股敌军，我们首先要排除集团军群后方交通线面临的危险。希特勒似乎也很清楚这一点。

不管怎么说，我觉得希特勒此次到访集团军群司令部，能让他清楚地认识到东线南翼目前和将来遭受合围的威胁。可没过多久，OKW和施蒙特将军那里传来风声，说希特勒此行是"给集团军群打气"。我不认为集团军群司令部需要"打气"。尽管我们不打算像希特勒要求的那样，为每一寸土地顽强奋战，全然不顾"不惜一切代价坚守到底"的后果，但我相信，很难找到像我们这样的高级指挥部，哪怕危机重重，可还是怀着坚定的意志竭力争取胜利。就这一点而言，我和我的袍泽从未有过丝毫分歧。

顿河与顿涅茨河之间的交战

2月19日，集团军群命令第4装甲集团军对越过佩列谢皮诺—巴甫洛格勒—格里希诺一线，企图把集团军群与第聂伯河隔开的敌军实施反突击。

2月20日，敌人后续作战的企图彻底暴露，果然不出我们所料。

东部防线，敌人进攻霍利特集团军级支队的米乌斯河阵地，打开3个主要突破口。

为切断我们渡过第聂伯河通往后方的交通线，除了被我们挡在格里希诺和克拉马托尔斯克的部队，敌人似乎还投入了编有3个步兵师、2个坦克军和骑兵力量的一个集团军。

与此同时，敌人企图在哈尔科夫西南面和西面突破肯普夫集团军级支队（肯普夫将军在此期间已接替兰茨将军）虚弱的防线。另外，对方还企图合围该集团军级支队西北翼，同时从北面实施迂回。

相比之下，集团军群要完成两项任务。首先，我们必须竭力守住米乌斯河的东部防线。但由于兵力不济，再加上缺乏预备队，特别是装甲师，能否守住这条防线实在很成问题。

其次，我们必须投入第 4 装甲集团军，尽快打击第 1 装甲集团军与肯普夫集团军级支队缺口部的敌军，以防敌人切断集团军群与第聂伯河渡场的联系。否则，集团军群辖内大部分兵团很快会因为缺乏油料而动弹不得。

顿涅茨河与第聂伯河之间的敌集群正竭力实现这个目标，如果我们击败对方，就可以根据态势的发展来决定，是否集中所有机动力量向北攻击前进，恢复肯普夫集团军级支队的态势。可如果第 1 装甲集团军凭自身的实力无法对付格里希诺和克拉马托尔斯克的敌军，那么，第 4 装甲集团军首先要投入第 1 装甲集团军地域的交战。

不管怎样，我们必须暂时守住北翼，也就是肯普夫集团军级支队的防线。他们的任务是实施最顽强的抵抗，挡住敌人攻往第聂伯河的去路：对方可能取道克拉斯诺格勒攻往第聂伯罗彼得罗夫斯克，也可能经波尔塔瓦赶往克列缅丘格。要是敌人雄心勃勃地企图攻往基辅（的确有这方面的迹象，希特勒对此忧心忡忡），那我们只能祝他们一路顺风了。这样一场深远迂回运动可能为时过晚，泥泞期到来前不会见到任何成效。

2 月 21 日，集团军群目前的主要防御地段首次出现了压力缓解的迹象。

我们守住了米乌斯河的东部防线。杰巴利采沃周围，长时间被我们合围在战线后方的敌骑兵军残部终于投降了。在马特维耶夫库尔甘突破米乌斯河阵地的一个敌坦克军，陷入合围后就歼。

第 1 装甲集团军右翼，敌人继续对弗雷特 – 皮科集群施加压力，显然想从这里打垮米乌斯河阵地，或卷击第 1 装甲集团军的北部防线。第 1 装甲集团军的正面依然平静。截获的电报表明，格里希诺和克拉马托尔斯克地域，第 1 装甲集团军西部防线当面的敌集群（波波夫快速集群）进展缓慢，他们的后勤补给显然出了问题。

第4装甲集团军已夺回巴甫洛格勒，他们剩下的几个兵团有望在路面软化前开抵。一个实力较弱的敌坦克兵团逼近扎波罗热，但已无法构成重大威胁。由于缺乏油料，对方滞留在距离该城20公里处，随后被我们分割歼灭。可惜，朝巴甫洛格勒开进的一个新锐师（第332步兵师），接到OKH的指令，转身赶往中央集团军群右翼的苏梅。尽管第2集团军的处境不容乐观，但更具决定性的战场在我们这里，我们正竭力夺回主动权。在此期间，敌人是否会攻往基辅方向和北面，根本无关紧要。

敌人的确有这种企图，他们以强大的兵力从别尔哥罗德方向攻往阿赫特尔卡证明了这一点，对方的目的显然是从北面迂回肯普夫集团军级支队。

接下来几天，如我们所愿，第4装甲集团军的反突击大获全胜，此次战局的主动权终于回到德军手里。

第4装甲集团军先粉碎了攻往第聂伯河渡场的敌军，也就是位于巴甫洛格勒周边和南面的敌集群。希特勒不愿承认的东西现在得到证实，我们在这里对付的敌军至少有2个坦克军、1个步兵军、1个骑兵军。随后，第4装甲集团军与第1装甲集团军协同，一举击败第1装甲集团军西部防线当面的4个敌坦克和机械化军。

到3月1日，情况已经很明显，由于敌人在顿涅茨河与第聂伯河之间失利，他们开始减弱对第1装甲集团军北部防线施加的压力，第1装甲集团军很快会收复顿涅茨河一线。跨过依然冰封的河面追击敌军，尔后进入哈尔科夫周围及西面之敌的后方，是个很有诱惑的想法。

不过，要想掌握渡过顿涅茨河中游攻击前进的主动权，我们首先要击败哈尔科夫敌集群的南翼，也就是盘踞在哈尔科夫西南面别列斯托瓦亚河畔强大的敌军。但考虑到泥泞期即将到来，这场行动是否来得及完成似乎很成问题。集团军群不得不把作战目标局限于击败顿涅茨河以西的哈尔科夫之敌。

集团军群作战地域南端的沿海地带已开始解冻。因此，敌人2月底进攻米乌斯河防线，企图达成突破，他们投入步兵师，替代了坦克部队和其他快速兵团。对方显然想在泥泞期到来前，至少在米乌斯河西岸建立几座登陆场。他们沿宽大正面发起冲击，但以失败告终，这场攻势最终沦为毫无成效的局部进攻。

集团军群投入第 4 装甲集团军和第 1 装甲集团军左翼，打击顿涅茨河与第聂伯河之间的敌军，3 月 2 日，我们终于见到首轮反突击的效果。这场进攻，以及霍利特集团军级支队在米乌斯河卓有成效的防御，重创敌西南方面军辖内几个集团军，对方短时间内无力再发动攻势。进攻第 1 装甲集团军左翼，以及进入该集团军与肯普夫集团军级支队缺口部的敌军，遭受的打击尤为沉重，这些敌军包括第 6 集团军、在格里希诺作战的波波夫快速集群、近卫第 1 集团军。我们歼灭了敌坦克第 25 军和 3 个步兵师，还击溃敌坦克第 3 军、近卫坦克第 4 军、坦克第 10 军、1 个独立坦克旅、1 个机械化旅、1 个步兵师、1 个滑雪旅。另外，敌近卫坦克第 1 军、坦克第 18 军、6 个步兵师、2 个滑雪旅也遭到重创。

据我方部队报告，敌人在顿涅茨河与第聂伯河之间的战场遗尸 23000 具。我们还缴获 615 辆坦克、354 门火炮、69 门高射炮，以及大批机枪和迫击炮。相比之下，我们只俘虏 9000 人，这个数字似乎偏小。原因是我方部队大多是装甲师，没能严密封锁困住敌人的合围圈。严寒致使我方部队集中在村镇及其周围，特别是夜间，这样一来，中间地域就有足够的空间，供敌人的散兵游勇和丢弃车辆的小股部队逃脱。另外，顿涅茨河依然封冻，我们无法加以封锁，携带轻武器的敌军士兵完全可以跨过冰面逃往后方。

除了上述损失，在米乌斯河阵地后方陷入合围的敌近卫机械化第 4 军，以及近卫骑兵第 7 军，也被我们歼灭。

哈尔科夫战役

我们在顿涅茨河与第聂伯河之间赢得胜利，重新夺回主动权后，集团军群辖内部队遵照司令部 2 月 28 日下达的指令，对敌沃罗涅日方面军发动进攻，这股敌军盘踞在哈尔科夫周围。我们的企图是打击对方的南翼，要么从南面卷击，要么（情况允许的话）稍后从东面攻击敌军身后。我们认为，现在的问题不仅是夺回哈尔科夫，还要击败盘踞在那里的敌军，可能的话，一举歼灭对方。

因此，我们的首个目标是粉碎敌人位于哈尔科夫西南面别列斯托瓦亚河的南翼，也就是敌坦克第 3 集团军。到 3 月 5 日，第 4 装甲集团军已完成这项任务。

克拉斯诺格勒附近的小型包围圈内，坦克第 3 集团军辖内坦克第 12、第 4 军及 1 个骑兵军、3 个步兵师，部分遭歼灭，另一部分被俘。我方部队报告，虽然俘虏的人数较少，但击毙 12000 名敌军官兵，还缴获 61 辆坦克、225 门火炮、600 辆汽车。

集团军群的企图是，进入朝阿赫特尔卡和波尔塔瓦方向追击肯普夫集团军级支队的敌军身后，迫使对方转身迎战，可由于气候状况，这种企图没能实现。要完成这项任务，第 4 装甲集团军必须从哈尔科夫渡过顿涅茨河下游，尔后转身向西，从东面打击敌军身后。但顿涅茨河的冰面这段时间已开裂，很快会出现冰块流动的现象，根本无法搭设浮桥。由于地面解冻，我们甚至无法在哈尔科夫西南面渡过莫什河，对敌人实施小规模迂回，然后从后方夺取哈尔科夫，敌人的后勤补给线穿过这座城市。所以我们只能设法从翼侧卷击敌人，把他们逐出哈尔科夫。

为此，第 4 装甲集团军和党卫队装甲军（该军辖内最后一个师，也就是党卫队骷髅师，在此期间已归建）3 月 7 日从克拉斯诺格勒地域向北发起攻击。当面之敌施加的压力刚一减弱，肯普夫集团军级支队也转入进攻。

接下来几天，第 4 装甲集团军和党卫队装甲军的进攻取得不错的进展。他们从翼侧向北卷击，击溃大批敌兵团。

可以肯定，敌人现在也意识到沃罗涅日方面军面临的威胁。我们通过无线电侦听获悉，敌人正把几个坦克和机械化军从伏罗希洛夫格勒地域调往伊久姆，可能想以这股力量对付向北攻往哈尔科夫的第 4 装甲集团军的翼侧。但这股敌军没能发挥太大作用，可能是他们先前在伏罗希洛夫格勒地域或米乌斯河防线的交战中耗尽了实力，也可能是解冻的顿涅茨河阻止了他们的介入，反正这些敌军没能发动进攻。他们充其量只能在伊久姆西北面的顿涅茨河南岸建立并据守一座小型登陆场。敌人把近卫坦克第 2 军从东面调往哈尔科夫，还从西面把面对肯普夫集团军级支队北翼和第 2 集团军的部分部队撤到博戈杜霍夫。由于德国第 2 集团军实力太弱，根本无法发起进攻，所以他们能否阻止向西攻往阿赫特尔卡和向北突击的敌军退往东面，似乎很值得怀疑。但不管怎样，我们会竭尽全力，把南面位于肯普夫集团军级支队当面的敌军驱离哈尔科夫，或切断哈尔科夫东面的顿涅茨河渡场。此举成功的话，我们就能以突袭夺取哈尔科夫。集团军群会想方设法，绝不让这座城市成为困住我方突击力量的第二个斯大林格勒。

但哈尔科夫这个名字，不可避免地对部队和中级指挥部门产生神奇的吸引力。党卫队装甲军急于夺回乌克兰这座大城市，作为胜利的标志奉献给他们的元首，因而沿最短路线发起攻击。集团军群紧急干预了好几次，禁止该军正面冲击哈尔科夫，以免遭到牵制，让仍在城市西面战斗的敌军逃之夭夭。最后，党卫队装甲军从东面绕过哈尔科夫，轻而易举地攻克了这座城市，还切断了相当一部分敌军渡过顿涅茨河逃窜的退路。

哈尔科夫周边及南面的态势发展，迫使敌人削弱了部署在肯普夫集团军级支队前方的力量，如前文所述，这股敌军已逼近波尔塔瓦，还占领了北面的阿赫特尔卡，对方随后退往哈尔科夫—别尔哥罗德方向。

肯普夫集团军级支队紧追不舍。

3月10日，希特勒再次视察我们的司令部。除了当前态势，我还专门就泥泞期结束后的作战行动向他汇报了我们的企图。我会在下一章详细阐述这个问题。

3月14日，党卫队装甲军攻陷哈尔科夫。在此期间，肯普夫集团军级支队北翼的大德意志师迅速攻往别尔哥罗德方向。敌人再次投入强大的坦克力量迎战，但大德意志师在格赖沃龙附近击溃对方，随后攻往别尔哥罗德。

夺回哈尔科夫和别尔哥罗德，集团军群的第二场反突击落下帷幕。泥泞越来越严重，作战行动难以为继。集团军群本打算与中央集团军群协同，肃清库尔斯克周围向西深入德军防线的巨大突出部，缩短那里的德军防线。可中央集团军群宣称他们无意参加行动，我们只好放弃这个企图。所以，库尔斯克突出部在我方防线造成了一个烦人的凹陷，不仅为敌人提供了行动机会，还给我们的行动造成妨碍。但集团军群至少牢牢控制住了从别尔哥罗德到米乌斯河阵地的整条顿涅茨河防线，这也是德国军队1941年年末到1942年年初据守的阵地。

回顾

如果我们回顾苏联南部1942年年末到1943年年初的冬季战局的整个过程和结果，那么首先要承认，苏联方面取得了无可争辩的丰硕战果。苏联红军成功合围并歼灭了德国第6集团军，这是我方最强大的一个集团军。另外，红军还把站在德国一方参战的4个轴心国集团军从战场上抹去。这些集团军中，许多英勇的将士阵亡，还有很多人沦为俘虏，残部溃不成军，迟早会退出交战，再也不会作为战斗力量重新出现在战场上。尽管第6集团军辖内大多数师后来以残部和补充兵重建，霍利特集团军级支队1943年3月启用第6集团军的番号，但大约20个师的作战兵力以及大批统帅部炮兵和工兵力量损失殆尽。轴心国集团军的战斗力有限，罗马尼亚军队堪称其中的佼佼者，他们的溃败同样是个很大的损失。有他们存在的话，至少能让我们从战线较为平静的地段腾出德国军队。尽管德国一方总共损失了5个集团军，但不能说这个结果对战争起到了决定性影响。除了部队的损失，德军还丢失了1942年夏季攻势夺得的大片领土及其资源。夏季攻势的主要目标是征服高加索油田，结果以失败告终。应当指出，戈林竭力主张的这个战争经济目标，对分散德军夏季攻势的兵力起到决定性影响。他盲目寻求领土目标，却忘了实现和维持这种目标的前提始终是击败敌军主力。但不管怎么说，我们至少守住了顿涅茨盆地部分地区，此处对我们继续从事战争至关重要。

无论苏联红军取得多么大的战果，还是没能在东线南翼赢得决定性胜利，倘若他们彻底消灭南翼，可能会给我们造成无法弥补的破坏。冬季战局结束时，苏联红军遭受了两场失败，主动权再次回到德军手里。虽然我们赢得的胜利不具有决定性，可还是稳定了防线，为继续从事东线战事，最终达成平局创造了条件。但毫无疑问，我们必须放弃1943年夏季发动决定性攻势的期望。我方的战斗力损失过大。德国最高统帅部应该从当前结果得出结论：必须采取一切手段，至少与一个对手达成和解。他们还要认清，东线后续战事必须以消耗红军的进攻力量、节约己方兵力为目标，特别要避免斯大林格勒那种情况，决不能动辄损失整个集团军。为此，我们必须坚决放弃一切次要目标，只要西方的敌人还没有登陆法国，或从地中海地区发动决定性进攻，我们就应该把德国军队的重点置于东线战场。

基于这些考虑，回顾1942年年末到1943年年初的冬季战局及其结果，也许有人会问，苏联统帅部在这场冬季战局期间大获成功，可为什么没能消灭德军整个南翼，赢得决定性胜利呢？他们的各个兵团具有压倒性兵力优势，再加上本章开头描述的作战初始态势，可以说胜券在握。

首先应当指出，苏联红军绝不缺乏干劲。为达成目标，他们从不考虑部队的损失。苏联红军继承了俄国人的传统，战斗得非常英勇，某些情况下付出的牺牲令人难以想象。但显而易见的是，红军步兵的战斗力严重下降，1941—1942 年损失的炮兵力量也没得到充分补充。不可否认，自战争爆发以来，苏联红军指挥部门学到许多东西，特别是大型坦克兵团的组织和使用。敌人 1941 年就有大量坦克，但没有把它们集中起来独立作战。而他们现在卓有成效地组织了坦克和机械化军，还采用了德军的纵深突破战术。不过，尽管这些坦克和机械化兵团深入德军作战地域，可我们总是能击败或歼灭对方，当然，1942 年 11 月的情况除外。另一方面，德国第 6 集团军陷入重围后，苏联红军再也没能在决定性地点达成如此迅速、如此强大的突破，实现在顿河、亚速海沿岸或第聂伯河下游切断德军南翼的目标。除了希特勒大帮倒忙的斯大林格勒，苏联红军领率机构始终没能完成像我们 1941 年多次实现的那种合围，动辄俘虏数十万人。尽管苏联红军 1942 年年末到 1943 年年初占有压倒性兵力优势，作战初始态势对他们有利，轴心国集团军的溃败为他们进入德军战线后方让开了道路，但他们还是没能实现作战企图。而我们 1941 年在东线不得不从事正面交战，总的说来是这样。

我们接下来谈谈苏联最高统帅部。鉴于德军夏季攻势结束后的作战态势，对方不管怎样都不可能放弃以下战略目标：合围德军整个南翼。打垮轴心国集团军的防线也是理所当然的事。苏联红军 1942 年深秋拟制一份作战计划实在不需要太多天分。

他们的首轮打击是合围德国第 6 集团军，这种决定无疑是正确的。一旦成功（德国最高统帅部竭力促成了此事），就能歼灭德军最强大的突击力量。

但更好的办法是把首轮打击与进攻意大利、匈牙利集团军的防线相结合，这样，他们从一开始就可以施以协同一致的大规模进攻，完成在罗斯托夫或亚速海沿岸切断德国军队的目标。但显然因为可用的突击炮兵力量不足，他们不得不错开各场突破的时间。另外，苏联红军的运输状况可能也无法把所有突击力量同时运抵前线，并为他们提供补给。

不管怎样，几个轴心国集团军快速而又彻底的崩溃出乎苏联红军意料，很大程度上弥补了他们交替发动突破进攻的劣势。尽管如此，如果说苏联最高统帅部没实现唾手可得的目标，也就是在顿河下游、亚速海沿岸或第聂伯河切断德军南翼，那么肯定不是因为他们的攻势在开阔地域陷入停滞。与现代战争的能力相

比，苏联红军突击集群攻往决定性地点的距离并没有超出限度。德军投入的预备
队也没有强大到足以迫使红军突击力量停在关键地点，最终导致对方的攻势以严
重受挫而告终。

所以我们只能说，除了斯大林格勒，苏联最高统帅部没有以足够快的速度把
强大的兵力投入决定性地点。

冬季战局第一阶段，为逮住第6集团军这头猎物，苏联红军无疑投入了过于
强大的兵力，这样一来，他们就放弃了在顿河下游切断德军南翼补给线的机会。
他们用于对付奇尔河防线的兵力也很强大，但作战行动没能做到协同一致。

突破意大利集团军的防线后，苏联最高统帅部没有想方设法迅速渡过顿涅茨
河，一路前出到罗斯托夫。他们可能担心，倘若追寻如此深远的目标，自身的翼
侧说不定会遭到攻击。他们本该料到，对匈牙利集团军防线的下一轮进攻完全能
确保自身的安全。风险当然也是有的，但不冒险就不可能迅速赢得当前情况下至
关重要的决定性战果。

苏联红军顺利突破匈牙利集团军的防线，在顿涅茨河到沃罗涅日的德军防线
上打开了一个缺口，可苏联最高统帅部还是没有投入强大的兵力迅速攻往决定性
方向，也就是一路突破到第聂伯河渡场。他们没有为赢得胜利而孤注一掷，以紧
密协同的强大突击集群一路向西推进，而是越过库尔斯克，分别攻往阿赫特尔卡、
波尔塔瓦、第聂伯河，并沿斯拉维扬斯克—利西昌斯克—伏罗希洛夫斯克一线渡
过顿涅茨河，把兵力挥霍在这些路途遥远而又奇怪的进攻行动中。这样一来，德
军领率机构趁机从东面向西翼转移兵力，再加上前调的援兵，最终在决定性地点
实现了兵力优势。在此之前，我们得以及时摆脱困境，虽然A集团军群在高加索
防线据守得太久，后撤速度也过于缓慢，可我们还是获得了新的机会。

施利芬说过，一场战役或战局的军事结果是胜利方和失败方各自的行动共同
促成的。第6集团军的覆灭，以及1942年年末到1943年年初东线南翼的重重危机，
德国最高统帅部应负的责任，我们在前文说得清清楚楚。所以，公正的做法是再
谈谈德军挫败敌人合围己方南翼的企图，以及最终赢得的胜利。

我在这里只想说一点：如果不是德军将士在这场冬季战局中发挥近乎超人般
的战斗表现，如果不是各个英勇的步兵师一次次挡住占有数倍兵力优势的敌军，

如果不是他们在反坦克武器不足的情况下顽强抗击敌坦克突击，而且与轴心国部队不同，我方步兵师往往在敌坦克渗透后重新封闭防线，随后消灭突入的坦克，那么，集团军群不可能赢得胜利。同样，如果不是我方装甲师以无与伦比的灵活性四面出击，超常发挥战斗效力的话，这场冬季战局也就难以为继。德军部队始终坚信自己优于敌人，经历了一次次严重的危机，凭借他们的英勇和献身精神，很大程度上抵消了对方的兵力优势。

但不能忘记的是：英勇的第 6 集团军恪尽职守，坚持到最后一刻，为我们粉碎敌人歼灭东线德军南翼的企图做出重大贡献。倘若他们的处境刚刚趋于无望就停止战斗，而不是一直抵抗到 2 月初，那么敌人就可以腾出额外的强大兵力，投入决定性地点的交战，很可能成功合围德军南翼。第 6 集团军战斗到最后一刻，为我们 1943 年 3 月再次稳定东线态势起到了决定性作用。从战争结局看，第 6 集团军全体将士的牺牲也许纯属徒劳，可这种牺牲的道德价值无论如何是无法抹杀的。

因此，阐述这场冬季战局的结尾处，我必须再次提到第 6 集团军的英名！他们做到了军人所能做到的极限：面对绝望的处境，他们为自己的战友奋战到最后一颗子弹。

第十四章 "堡垒"行动

东线战场的"堡垒"行动主导了 1943 年春夏两季，这也是德军为保持东线主动权付出的最后努力。随着行动的中止，实际上等同于失败，主动权最终落入苏联红军手里。就这方面而言，"堡垒"行动堪称东线战事的决定性转折点，行动的战略背景和失败的原因值得我们研究。相比之下，我们只简要叙述这场行动的策划和实施过程。

1943 年春季的战略态势

1943 年春季，德国最高统帅部面临艰难的抉择。前两场战局没能像我们期望的那样击败苏联。希特勒在政治和战略上犯的错误，要为眼下的结果承担多大责任，或者说，就算政治目标合理，战略指挥无可挑剔，德国的军事力量是否足以推翻苏维埃政权，这些问题也许难以回答。但不管怎样，苏维埃政权的确已接近崩溃的边缘！

但现在，在西方的敌人决定性地介入战争前，留给帝国解决东方敌人的时间所剩无几。美军登陆北非，那里的战事即将结束，敌人在欧洲开辟第二战线似乎迫在眉睫。从现在起，对东线战事起到决定性作用的不仅仅是兵力问题，还有时间因素。

希特勒过早放弃英国这个目标，转而进攻苏联后，我们就丧失了给予西方敌人决定性打击的机会。顺便说一句，《卡萨布兰卡宣言》明确无误地表明，盟国要消灭的不仅仅是希特勒及其政权，还包括整个德国。如果说我们仍有可能与西方国家达成和平，那也要先击退对方即将发动的入侵，或在欧洲大陆粉碎对方后才有望实现。但这二者的前提，是从东线腾出强大的德国军队。

第一个要回答的问题是，我们当时在东线是否仍有可能达成可接受的解决方案。当然，这里说的不是彻底打垮苏维埃政权。但我们是不是还有实现平局的希望呢？这种解决方案能让帝国得以保全。

今天也许有人会说，1943年年初还想在东线达成平局纯属做梦。但就当时的情况而言，这种想法是不是"纯属做梦"，仍是个悬而未决的问题。我们这些军人无法判断，1943年春季的政治形势是否有可能与苏联达成和解。如果希特勒愿意的话，这种可能性是无法彻底排除的。

作战指导正确无误的话，我们当时在东线仍有望实现军事上的平局，至少顿河集团军群坚信这一点。毕竟从斯大林格勒到顿涅茨河，敌人不仅付出了惨重的代价，最后还遭受了两场重大挫败。尽管具备一切先决条件，可敌人没能实现合围德军整个南翼的目标。冬季战局结束时，主动权再次转入德军手中。冬季各场交战期间，德军部队和指挥部门技高一筹的能力再次得到证实。无论我们在斯大林格勒损失了多少将士，OKH可靠的评估指出，自开战以来，敌人被俘、阵亡、伤残的人数高达1100万！所以，苏联红军的突击力量已是强弩之末。这就是集团军群司令部当时对东线军事形势的看法。当然，我们想方设法从近乎绝望的境地转败为胜，也为眼前的态势发挥了重要作用。

许多事后诸葛亮指出，这场战争反正是要输掉的，这种说法对我们毫无用处。我们的责任是把面前的敌人挡在德国领土外。只有继续施以打击，才能迫使这个敌人与我们媾和。另一方面，《卡萨布兰卡宣言》导致我们别无选择，只能继续打下去，至少要在东线达成平局。

下一个问题是，我们1943年该如何遂行东线战事。

与敌人相比，我们的兵力不足，无法像前两年那样发动目标深远的攻势。

对我们来说，现在实施防御似乎是合适的。苏联人想把我们赶出他们的国土，就得承受继续进攻的重负和牺牲，在此过程中，他们可能会耗尽自身的力量。从现在起，我们必须把防御视为更强大的作战样式，这种想法很有吸引力。但出于两个原因，我们只能在一定程度上接受这种想法。

首先，1943年春季，谁也不知道泥泞期过后苏联红军是否会恢复攻势。他们也许会继续加强兵力，等待盟军在欧洲大陆开辟卓有成效的第二战线。为保存颜面，阻止德军撤离东线，对方也许会发起规模较小的进攻，但并不妨碍他们的观望战略。这种情况对德国当然很不利，因为防御期间我们只能无所事事地等待，最终不得不在两条战线对付实力强大的对手。出于这个原因，我们必须排除纯粹的防御作战，例如那种阵地战样式。

第二个原因很简单，我们在东线可用的师，数量不足以实施纯粹的防御作战。从黑海到北冰洋的防线太长，我方兵力不够，没办法转入决定性防御。至少南方集团军群作战地域的情况是这样的：我们当时据守的防线，从黑海边缘的塔甘罗格延伸到苏梅东南面，长760公里左右，可我们只有32个师。

双方的兵力对比给苏联红军提供了各种机会，如果我们仅限于纯粹的防御，他们就能凭借压倒性兵力优势，在东线各地段发动进攻，突破我方防线。我们的下场不是陷入重围，就是被敌人切断退路。死守防线会给我们造成怎样的后果，1944年的实例很多。

纯粹的防御绝不是我们该做的！相反，我们必须发挥自身优势，就算在战略防御的框架内也应当这样，这对我们至关重要。我们的长处在于更高明、更灵活的指挥，以及我方部队更强的机动能力，至少在夏季是这样。

就算我们现在总体转入防御，也必须对敌人施以强有力的局部打击，大量杀伤对方的有生力量，俘获大批敌军官兵，以积少成多的方式最终迫使敌人接受平局。我们必须在战略防御的框架内重新回到机动作战的路数，这才是我们的强项。要做到这一点，我们就得抓住进攻之敌为我们提供的良机，或者主动创造机会。

就灵活指挥这个问题而言，南方集团军群司令部1943年2月初已付诸实施，先是把辖内兵力从右翼大规模转移到左翼，随后就东线作战指挥事宜与OKH和希特勒磋商。东线作战指挥问题的构想主要出自集团军群司令部，双方不断交换意见，一直持续到 3 月底。

　　总的说来，我们现在只有两个选择。是把主动权先让给对方，等他们发动进攻，尔后创造有利战机后发制人，还是掌握主动权，不等敌人从冬季战局的挫败中恢复过来，就对他们施以先发制人的打击？

　　当然，确定这个问题，主要取决于我们对泥泞期结束后敌人会采取何种行动的判断。从总体态势看，只有在敌人准备立即发动进攻的情况下，我们才能施以后发制人的打击。

苏联红军的作战选择

　　虽然不能排除苏联红军消极等待盟军开辟第二战线的可能，但我们认为，敌人会在泥泞期结束后恢复攻势。对方在斯大林格勒大获全胜，他们的领率机构信心倍增，这一点无疑会促使他们继续进攻。另外，他们一再宣称要"解放神圣的俄罗斯领土"，现在却长时间止步不前，对苏联政治领导人来说，心理上很难接受。最后一点，估计克里姆林宫不希望盟国进入东欧，特别是巴尔干地区。基于这些原因，我们认为敌人会在泥泞期结束后恢复攻势，OKH 完全赞同我们的判断。

　　如果真是这样，那么占有兵力优势的敌人自然有几种选择。他们可能会设法突破北方集团军群的南翼，把对方逼向海边，再施以合围。他们也可能从南北两面发动钳形攻势，设法切断中央集团军群在奥廖尔周围伸向东面的突出部，动摇该集团军群的整条防线。

　　但从作战、战争经济、政治价值看，东线任何一处都比不上南翼的南方集团军作战地域！德军防线在这里围绕顿涅茨地区向东伸出，形成与亚速海北部海岸平行的"阳台"。如果敌人从东面渡过米乌斯河，从北面渡过顿涅茨河，进攻这座"阳台"，就有可能把驻守顿涅茨地区的德国军队逼向沿海地带，在那里聚而歼之。倘若他们在哈尔科夫地域，再朝基辅的第聂伯河下游方向发起辅助突击，就有可能达成他们1942年年末到1943年年初没能实现的目标：把德军整个南翼合围在亚速海和黑海沿岸。这样一来，不仅南方集团军群，就连 A 集团军群和据守库班登陆场的第 17 集团军也难逃覆灭的厄运。敌人在东线南翼取得胜利，收复对战争经济至关重要的顿涅茨地区，还能夺回乌克兰产粮区。这样，通往巴尔干地区，特别是罗马尼亚油田的道路就对他们敞开了。这种情况最终会对土耳其的政治立场产生影响。

由于苏联红军对其他任何地段发动攻势都不会取得同样的前景，所以我们估计，倘若对方真打算进攻，1943 年的重点肯定会置于东线南翼。考虑到红军的兵力优势，他们很可能同时在战线其他地段发动局部进攻。

敌人的兵力分布也证实了他们的上述企图。南方集团军群当面，敌军战线后方部署了 5 个强大的战役预备队集群，主要以坦克军、机械化军、骑兵军编成。其中一个部署在我们的米乌斯河防线前方，另外两个位于我们的顿涅茨河中游防线前方，还有两个驻扎在哈尔科夫东面和东北面。另外，敌人不断从高加索地区和斯大林格勒调来援兵，一直持续到 3 月份。不过，中央集团军群奥廖尔突出部的东部和北部防线对面，以及莫斯科附近，敌人也部署了强大的预备队。但总的说来，毫无疑问，敌人迟早会对南方集团军群发起决定性打击，必要的话，他们也可能全面进攻奥廖尔突出部，借此打击中央集团军群南翼。

南方集团军群司令部据此推断，敌人首先会从东面渡过米乌斯河，从北面渡过顿涅茨河中游，进攻"顿涅茨阳台"，牵制我们部署在那里的部队，或把他们逼向沿海地段。但这场进攻可能会交替实施，同时从哈尔科夫周边或北面发起辅助突击，攻往第聂伯河，再次实施他们 2—3 月以失败告终的深远合围。实际上，苏联红军领率机构 1943 年夏季就是这么做的。

后发制人？

基于对敌军企图的这些判断，南方集团军群司令部当年 2 月和 3 月几次向希特勒提出后发制人的作战思路。我们的想法是，抢在敌人即将对顿涅茨地区发动进攻前撤出，诱使敌突击力量一路向西，前出到马里乌波尔—第聂伯罗彼得罗夫斯克一线。与此同时，集团军群在左翼后方集中最强大的兵力，粉碎敌人有可能对这里发起的进攻，尔后攻往东南方或南方，对穿过顿涅茨地区奔向第聂伯河下游的几个敌集团军的纵深翼侧施以打击，把他们歼灭在沿岸地带。

这场行动与德军 1942 年攻势的本质区别如下：

我们想等敌人的突击力量基本已投入，而且遭到部分消耗后，再施以后发制人的打击。与 1942 年的斯大林格勒和高加索地区不同，此次作战的目标不是遥远东面的空间对象，而是把敌人的南翼围歼在亚速海沿岸。为实现这个目的，防止敌人像 1942 年那样退往东面，我们首先要为对方敞开通道，让他们穿过顿涅茨地区，直奔第聂伯河下游。想必他们很难抵抗这种诱惑。

倘若我们目标有限的首轮进攻大获全胜，歼灭大股敌军，那么随后就向北发动第二轮进攻，打击敌人的中部。

当然，东线其他地段也能为这种后发制人的打击创造条件。可这些地段只能牵制部分敌军，对方还是会在南面寻求决战。另外，我们策划的合围，只有南翼能以大海替代一支合围铁钳。但以后发制人的方式实施这种无疑相当大胆的行动，需要满足两个前提：

首先，德国最高统帅部必须把整个战争的重点更明确地置于东线，而东线的重点又在南翼。南方集团军群北翼，要想赢得胜利，必须确保对敌人的强大兵力优势。为此，毫不留情地削弱次要战区无法避免，哪怕冒上风险也在所不惜。要想确保所有战区安全无虞，那么在东线甚至无法赢得局部胜利。中央集团军群和北方集团军群辖内部队也应当后撤，至少要在那些地方组建战役预备队，必要情况下及时拉直防线，中央集团军群首先应当撤离目前岌岌可危的奥廖尔突出部。

其次，为了给后发制人的打击创造获胜机会，德国最高统帅部必须大胆放弃部分既占地域，这里指的是顿涅茨地区。如果我们无法以优于敌人的机动作战实施目标深远的进攻，就必须通过预有计划的后撤获得作战自由。我们在东方征服的广阔空间足以让德军大踏步后撤。归根结底，眼下的情况与第一次世界大战期间德军 1918 年的攻势陷入停顿后德国统帅部面临的问题如出一辙，而他们当时不敢解决这个问题。

可事实证明，希特勒不愿满足两个前提中的任何一个。

南方集团军群司令部一再向希特勒强调，必须明确无误地把作战重点置于东线，而东线南翼更是重中之重。希特勒也许在理论上赞同，但他从来没有及时而又充分地贯彻上述观点。当然，陆军总参谋长和国防军指挥参谋部参谋长在这个问题上也有利益分歧。

即便在东线，德国最高统帅部也没有像南方集团军群司令部一再请求的那样，把作战重点明确置于南翼。虽然 1943 年的总体态势明确无误地表明，敌人企图在南翼寻求决战，但在兵力数量、防线长度、敌我兵力对比方面，北方集团军群和中央集团军群的情况比南方集团军群好得多。不过，装甲力量除外。之所以出现眼下的局面，是因为希特勒不愿主动放弃任何东西，不愿在关键地段冒险，也不愿推测敌人有可能采取的行动。所以他选择了代价最高的做法，总是把过少的兵力过晚地投入决定性地点。

但最重要的是，希特勒无法接受南方集团军群司令部的作战构想，也就是弃守顿涅茨地区，为赢得重大胜利创造机会。当年 3 月，他在扎波罗热的集团军群司令部召开会议时宣称，决不能把顿涅茨地区让给敌人，哪怕是暂时的。倘若丢失这片地区，我们的战时生产就难以为继。而对敌人来说，没有顿涅茨地区，钢铁产量会减少 25%。另外，尼科波尔的锰矿对我们的重要性难以用一句话概括。尼科波尔位于扎波罗热西南面的第聂伯河畔，一旦丢失就意味着战争很快会结束。而扎波罗热发电厂对尼科波尔或顿涅茨地区都是不可或缺的。

这种观点是否正确，我们无从核实，但整个 1943 年战局，这成为希特勒最重要的指导思想。结果，南方集团军群始终没有获得所需要的作战自主权，从而对优势之敌发起卓有成效的打击，甚至没能加强至关重要的北翼。

主动后撤，然后再对敌人施以决定性打击，往往比直接发动进攻好得多，可希特勒不愿接受这种作战思路。他大概觉得，与不确定的胜利机会相比，丢失既占地域的风险大得多。就这方面而言，他缺乏冒险精神，对自己和麾下将领的指挥才能缺乏信心。

先发制人

由于顿涅茨地区至关重要，集团军群司令部后发制人的作战构想遭否决。基于上面提到的原因，希特勒没批准以这种方式展开行动的方案。但必须承认，敌人 1943 年春季是否会发动进攻，为我们后发制人创造条件，这一点无法确定。尽管西方国家要求苏联继续进攻，但斯大林也许会按兵不动。

另一种作战思路不可避免地浮出水面，趁敌人在冬季战局临近结束时遭受重创，特别是他们的坦克力量严重受损之际，抢在对方的战斗力彻底恢复前对他们施以打击。也就是在战略防御的框架内，实施先发制人的打击。

各种计划纷纷出炉，甚至有人提出不等泥泞期到来，就利用敌人遭削弱的良机，从哈尔科夫东南地域出击，打垮顿涅茨河中游的敌军防线，但这种方案断不可行，因为泥泞会给所有行动造成严重妨碍。

最后，我们终于制订了"堡垒"计划。

冬季战局结束时，我们在顿涅茨河与第聂伯河之间、哈尔科夫附近赢得胜利，恢复了从塔甘罗格起，沿米乌斯河和顿涅茨河延伸到别尔哥罗德的防线，但别尔哥罗德北面南方集团军群与中央集团军群分界线之间，敌军战线形成个伸向西面的突出部。围绕库尔斯克周边地域的这个突出部，从别尔哥罗德起，沿一条宽大的弧线延伸，途经苏梅、雷利斯克，直抵奥廖尔东南地域。深入我方防线的敌突出部不仅是个瑕疵，还导致我们的防线延长了近500公里，为了从北面、西面、南面加以封堵，我们耗费了大量兵力。它切断了中央集团军群作战地域通往哈尔科夫的铁路线，以及防线后方对我们非常重要的一条交叉铁路线。另外，这个突出部还可以作为敌人打击南方集团军群北翼、中央集团军群南翼的出发阵地。最要命的是，如果我们打算从南方集团军群作战地域对苏联红军的攻势发起反突击，库尔斯克突出部会对我们的行动构成威胁。

因此，南方集团军群司令部打算趁哈尔科夫战役刚刚结束，敌人实力虚弱之际消灭这个突出部，甚至不等该地区的泥泞期到来就展开行动。可中央集团军群宣称他们无法参与，我们只好放弃这种企图。虽然我们觉得敌人在哈尔科夫失利后实力遭到削弱，但仅凭南方集团军群的兵力，不足以消灭防线上这个巨大的突出部。

现在，库尔斯克突出部成为我们先发制人的首个打击目标。该突出部在作战方面的重要性我在上文介绍过。倘若我们从南北两面同时发动进攻，就有可能切断大股敌军，同时拉直己方防线，腾出大量守军。

但这并非此次策划的作战行动的唯一目标，至少南方集团军群司令部的看法是这样。可以肯定，敌人为守住具有战役重要性的突出部，会立即把他们部署在南方集团军群北翼、中央集团军群南翼当面的战役预备队投入交战。如果德军尽早发动进攻，也就是说泥泞期一结束就展开行动，那么，歼灭敌人没等整补工作完成就仓促应战的坦克、机械化军或集团军还是很有希望的。德军各兵团有望更快地完成整补，这场行动会给我们创造更大的机会。倘若我们这场交战顺利粉碎敌坦克预备力量，就可以对敌人的顿涅茨河战线或其他地方发起新的打击。和消灭库尔斯克突出部一样，上述任务也是 "堡垒" 行动的重要目标。

"堡垒" 行动的规划

我们发起 "堡垒" 行动的企图是趁敌人实力虚弱之际施以打击。

根据 OKH 的指令，南方集团军群和中央集团军群从南北两面发动钳形攻势，切断库尔斯克周围的敌突出部，歼灭突出部内的大股敌军。毫无疑问，两个集团军群都得为这场攻势冒上很大的风险。

中央集团军群必须从奥廖尔突出部的南部防线发动进攻。库尔斯克周围的敌突出部向西伸入我方防线，和它一样，中央集团军群的奥廖尔突出部向东伸入敌军防线。作为 "堡垒" 行动的出发阵地，奥廖尔突出部给敌人提供了全面进攻的机会，倘若对方的行动大获全胜，会对中央集团军群投入 "堡垒" 行动的作战部队的后方构成威胁。

南方集团军群作战地域也有风险，我们必须坚守顿涅茨地区，突出的阵地给敌人提供了以优势兵力从两侧发起攻击的机会。

尽管风险重重，但两个集团军群还是投入了尽可能多的兵力，全力确保 "堡垒" 行动赢得胜利。毫无疑问，留给敌人恢复实力的时间越长，两个集团军群所冒的风险就越大（参阅附件十三）。

中央集团军群准备投入莫德尔大将指挥的第 9 集团军，从北面发动进攻。

为了朝库尔斯克方向达成突破，中央集团军群打算使用 3 个装甲军，共计 6 个装甲师、2 个装甲掷弹兵师、7 个步兵师（装甲掷弹兵师是近期采用的新称谓，就是原先的摩托化步兵师）。

3 个装甲军从奥廖尔突出部南部防线出击，必须突破大约 50 公里宽的敌防线，与此同时，两个军在翼侧掩护突击楔子。但第 9 集团军这两个跟进的步兵军，除了掩护突击集群纵深翼侧，还要在东西两面发动进攻，尽量拓宽突破正面。第 1 航空师为第 9 集团军的进攻提供支援。

从西面挡住库尔斯克突出部的第 2 集团军据守的防线长达 200 公里左右，只有 9 个实力虚弱的步兵师，所能做的只是尽量牵制当面之敌，以便德军突击集群合围这些敌军。

南方集团军群以两个集团军扩大"堡垒"行动的规模，编有 5 个军，共计 11 个装甲师和 7 个步兵师。

集团军群司令部认为，我方几个集团军发动进攻，敌人会把部署在哈尔科夫东面和东北面强大的战役预备队迅速投入交战。所以，阻止敌坦克和机械化兵团向东发起增援突击，至少和攻往库尔斯克、切断突出部内敌军的任务同样重要。因为歼灭这些敌军是"堡垒"行动的主要目标。

肯普夫集团军级支队必须以一个步兵军据守顿涅茨河防线，这段防线从哈尔科夫东南面递延到沃尔昌斯克上方。再以一个步兵军和一个装甲军（共 3 个步兵师和 3 个装甲师）攻往东面和东北面，掩护突击集群朝哈尔科夫突破。执行这项任务时，集团军级支队必须从沃尔昌斯克—别尔哥罗德的顿涅茨河防线出击，步兵军沿科罗洽河占据正面朝东的防线，装甲军攻往东北方斯科罗德诺耶这个总方向。一旦集团军级支队在东北方向获得足够的空间和机动自由，最初留在后方担任集团军群预备队的另一个装甲军（辖 2 个装甲师），就转隶该集团军级支队。他们随后与前一个装甲军协同作战，任务是在开阔地带歼灭敌人匆匆赶来参战的坦克兵团。

霍特大将指挥的第 4 装甲集团军与第 9 集团军对进，任务是朝库尔斯克突破，尔后歼灭被切断在库尔斯克西面的敌军。他们编有两个装甲军（包括 1 个党卫队装甲军），共 5 个装甲师和 1 个步兵师，辖内另一个步兵军（第 52 军）在装甲突击集群西翼投入进攻。倘若第 4 装甲集团军迅速完成突破到库尔斯克、歼灭遭切断之敌的任务，那么他们辖内的装甲兵团随后就投入后续交战，粉碎赶来增援的敌战役预备队。

当然，OKH 调拨的统帅部炮兵力量和集团军群直属炮兵为两个集团军提供了支援。尽管如此，要突破敌军防御体系，突击炮兵力量仍有些不足。

我们的另一个弱点是，为突破敌军阵地，我们不得不把装甲师部署在第一线，因为 OKH 没有给我们调拨更多步兵师。

第4航空队为两个集团军的进攻提供支援，集团军群与该航空队成功合作了很长一段时间。可惜，进攻开始前不久，第4航空队司令冯·里希特霍芬元帅被调到意大利。该航空队以3个俯冲轰炸机大队、2个攻击机大队、3—4个战斗机大队提供空中支援。

为腾出上述兵力，集团军群司令部不得不最大限度地削弱防线其他地段。我们仅以霍利特将军的第6集团军据守米乌斯河防线，冯·马肯森大将的第1装甲集团军和上文提到的肯普夫集团军级支队右翼军据守顿涅茨河防线。所以，从塔甘罗格到沃尔昌斯克这条630公里长的防线上，我们只部署了21个师。这条严重拉伸的防线后方只有1个装甲师、1个装甲掷弹兵师、1个步兵师担任预备队。

但集团军群司令部认为，要实施先发制人的打击，必须投入手头一切力量，确保"堡垒"行动迅速赢得圆满胜利。如果这场打击大获全胜，我们顺利歼灭库尔斯克突出部遭切断的敌军，还在交战中把敌战役预备队消灭大半，那么就朝实现军事平局的目标迈出了第一步。在库尔斯克赢得胜利，还能排除集团军群防线上的危机。不管怎么说，我们在必要情况下从顿涅茨地区撤往第聂伯河下游的可能性依然存在，那么，我们在库尔斯克赢得胜利后，就可以贯彻集团军群司令部倡议的后发制人的作战思路。但我们估计希特勒不太可能批准这种措施，毕竟在库尔斯克赢得胜利能让他重新控制顿涅茨地区。

按照计划，"堡垒"行动应当尽快发起。集团军群司令部向OKH提出，泥泞期一结束，就在5月初展开行动。实际上，"堡垒"行动要到5月中旬前后才能发起。

致命的拖延

泥泞期到来后，冬季战局告终，我不得不请假就医，去做扁桃体切除手术。医生希望控制我刚刚出现、与年纪无关的白内障继续发展。暂代我职务的先是莫德尔大将，后来换为冯·魏克斯男爵元帅，但我和集团军群司令部、陆军总参谋长一直保持联系，就某些重要问题交换意见。我4月18日致函陆军总参谋长，请他转呈希特勒，我在信里再次阐述了自己的观点，必须采取一切措施确保"堡垒"行动成功，在库尔斯克赢得胜利，能抵消集团军群防线其他地段暂时遭受的挫败。我还强调，"堡垒"行动开始得越早，敌人对顿涅茨地区发动大规模进攻的危险就越小。

我打算 5 月 4 日返回司令部，因为"堡垒"行动会在 5 月中旬发起，最迟不会超过当月第三周。5 月 3 日，我的参谋长布塞将军来到利格尼茨，还带来份通知，让我们 5 月 4 日去慕尼黑参加元首召开的会议。出席会议的还有中央集团军群司令冯·克鲁格元帅、时任装甲兵总监的古德里安大将、空军总参谋长耶顺内克大将。此次会议的情况如下：

"堡垒"行动期间负责从北面遂行进攻的莫德尔大将向希特勒汇报了他那条战线的状况以及自己的企图。

1941 年和 1942 年战局期间，莫德尔先是担任装甲军军长，后来在中央集团军群辖内指挥第 9 集团军从事了激烈的防御作战，素以干劲十足、坚定不移而著称，深得希特勒信赖。

我很早就认识莫德尔，当初他在陆军总参谋部第八处任职，是我的部下。第八处负责研究世界各国的技术发展，并做出相应的评估，以此满足总参谋部的需求。莫德尔在这个岗位干得很出色，简直就像部门办公室这个鲤鱼池里的一条梭子鱼。他后来担任 A 集团军群辖内第 16 集团军参谋长，为西线进攻事宜加以准备，我当时是 A 集团军群参谋长。

莫德尔无疑是个非常能干的总参军官，聪明机智，头脑清醒，理解力强。他中等个头，身材并不魁梧，甚至有点瘦削，一头黑发，灵活有神的双眼有时候闪露出咄咄逼人的目光。他看上去年富力强，性格坚定，很有能力。莫德尔最突出的品质是干劲十足，甚至有点无情。阐述自己的看法时，他态度坚定，举止神态给人莫大的信心。他生性乐观，从不知困难为何物。这一点，再加上他无可置疑的干劲，以及他想方设法与高层人士建立良好私人关系的做派（他请希姆莱给他派个党卫队副官，此举当然招致军官团激烈批评），博得了希特勒的欢心。不可否认，莫德尔的野心是他这种态度的重要原因，但也可以说，他对希特勒和国家社会主义思想笃信不疑。与大多数高级军事指挥官相比，莫德尔很少批评纳粹政权，但不能把他归入在精神上对希特勒言听计从者之列。即便在希特勒面前，他也会毫无保留地坚持自己在军事方面的观点。不管怎么说，莫德尔是个勇敢的军人，对自己很严格，经常以粗鲁的方式要求部下和他一样。他总是出现在前线关键地点。

所以，莫德尔成了希特勒心目中真正的军人。

莫德尔是个大胆行事的指挥官，但没能赢得胜利的桂冠。希特勒越来越多地把他派往遭受威胁或摇摇欲坠的防线，恢复那里的态势，莫德尔执行这些任务干得非常出色。希特勒可能把他视为"进攻欠佳，但擅长防御"的集团军司令。莫德尔后来在鲁尔合围圈陷入穷途末路，最终自杀身亡。与许多党内领导人不同，他选择自杀肯定不是为了逃避责任，而是想让他的集团军群免遭覆灭的厄运。

向希特勒汇报情况时，莫德尔大将强调了第9集团军进攻敌人大力加强的阵地配系期间可能会遭遇的困难。他还谈到敌人异常强大的反坦克防御，特别是对方装备了新式反坦克步枪，能击穿我们的四号坦克。所以他从一开始就把自己受领的突破任务建立在为期6天的作战计划上。

希特勒显然很重视莫德尔这番介绍，他担心我们的进攻无法达成渗透，或至少无法迅速取得渗透，继而导致大规模合围功败垂成。他认为我们的装甲力量需要进一步加强，到6月10日，就能为我们提供大批虎式坦克、黑豹坦克、自行火炮、1个费迪南德超重型装甲（这是波尔舍公司设计的坦克，可事实证明这款战车毫无用处）营。另外，四号坦克和突击炮也要配备裙甲（可拆卸的装甲板，用于加强战车装甲防护），这样就能抵御苏联红军的新式反坦克步枪。总之，希特勒许诺，把我们的坦克数量增加一倍。

不过，希特勒想就推延"堡垒"行动的问题听听两位集团军群司令的意见。他没想到，就连陆军总参谋长蔡茨勒将军也赞同的这项提议，两位司令却提出反对意见。

冯·克鲁格元帅的发言安排在莫德尔之后，他显然觉得自己受到冷落，语气不免有点激烈。冯·克鲁格指出，莫德尔声称敌阵地配系深达20公里的说法有些言过其实。航拍照片表明，敌阵地配系包括了以往作战行动中摧毁的堑壕。这位元帅还指出，要是我们等得太久，就会陷入被动，很可能被迫从"堡垒"战线撤出兵力。说这番话时，他可能首先想到的是奥廖尔突出部面临的危险。

我也反对希特勒推迟行动的提议，理由如下：

我们增加的坦克数量很可能被苏联红军调来的大批战车抵消。可以肯定，敌坦克月产量至少有1500辆。敌人的士气和战斗力由于冬季战局的损失和近期的失利严重下降，如果我们等得太久，对方很可能恢复进攻力，他们的阵地会不断获得加强。

另外，推迟"堡垒"行动，会大幅度加剧南方集团军群防线面临的风险。虽然敌人现在不会进攻顿涅茨河和米乌斯河，但他们6月份可能会展开行动。

我特别指出，整个问题主要取决于总体态势。如果推迟"堡垒"行动，而突尼斯可能很快会丢失，我们就得冒上"堡垒"行动与敌人登陆欧洲大陆同时进行的风险，届时我们不得不在两条战线从事殊死决战。

尽管我方装甲力量获得加强的建议很有吸引力，可我还是认为必须立即发动进攻。如果推迟行动，我集团军群不仅要增加坦克数量，还需要更多步兵师来克服敌人的阵地配系。

我总结道，"堡垒"行动可能不是件容易的事，但我们必须保持尽快发动进攻的决定，像骑士那样，首先要做的是"下定决心"。但我很快意识到，这个比喻无法打动不喜欢马匹和骑士的希特勒。

空军总参谋长赞同两位集团军群司令的观点，他从空军的角度指出，推迟"堡垒"行动毫无益处。空中作战力量不会再得到显著加强。他还证实，从航拍照片判断，敌人似乎打算对南方集团军群作战地域发动决定性攻势。

古德里安大将建议，把所有装甲力量集中在一条进攻战线，全部交给南方集团军群或中央集团军群。

希特勒随后重复了把行动推迟到6月10日的理由。对交战双方都会增加坦克数量的问题，他指出，我方补充的虎式、黑豹、费迪南德战车完全能以技术优势抵消苏联红军有可能增加的坦克数量。但他不会提供更多步兵师。

推迟的"堡垒"行动可能会与敌人入侵欧洲大陆同时进行，关于这种风险，希特勒指出，待防空舰艇和轻型渡轮运抵地中海，我们就能维持突尼斯的补给，在那里坚守下去。即便突尼斯丢失，敌人也要6—8周后才能发起登陆行动。所以，他们6月中旬不会入侵。

希特勒最后宣布，"堡垒"行动尽快实施还是推迟，这个问题他还要再考虑一番，随后命令我们返回各自的司令部。

我们为进攻行动展开部署，从事准备工作的同时，等待上级下达命令，出于训练和伪装的原因，这些工作最初在集团军群防线后方进行。5 月 11 日，我们接到命令，"堡垒" 行动推延到 6 月中旬。

两天后的 5 月 13 日，非洲集团军最后的残部在邦角半岛投降！

接下来几周，我们忙于整补部队，最重要的是训练突击兵团，检查并加强我们的顿涅茨河、米乌斯河防线。希特勒答应提供的坦克到了，但不是在他承诺的时间内。所以，"堡垒" 行动一再推延，最后拖到 7 月份。突尼斯战役结束后，6 周时间就这样白白浪费了。[1]

我们还采取了大规模欺骗措施，以免敌人觉察到我方作战企图。一旦 "堡垒" 行动展开，所有暂时不参加进攻的摩托化部队就朝顿涅茨地区大举开进，同时，部署在该地区的部队也为佯攻加以准备。为欺瞒敌人的空中侦察，我们还制造了大量假坦克运往顿涅茨地区。

这段等待期，尽管气氛越来越紧张，但集团军群司令部与 OKH 还是就态势后续发展以及时间推延后是否还能执行 "堡垒" 行动的问题频频交换意见。

在此期间的敌情报告表明，敌人把他们的战役预备队调到前线，看来，对方显然已完成整补工作。虽然敌人暂时处于防御状态，但很明显，他们准备在米乌斯河、顿涅茨河战线发动攻势，可能还会以时间交错的方式，在哈尔科夫两侧战线投入进攻。中央集团军群作战地域的情况同样如此，敌人准备进攻奥廖尔突出部。东线其他地段，敌人的进攻企图也昭然若揭。但我们无法确定，对方究竟是要主动发起进攻，还是等待盟军开辟第二战线，又或者先以反突击对付德军的进攻，尔后再转入反攻。

集团军群司令部与 OKH 交换意见期间，一再指出以下几点：

1. 继续推延 "堡垒" 行动，会让我们难以遂行进攻。

2. 与此同时，集团军群据守的防线，特别是 "顿涅茨阳台"，面临的风险与日俱增，因为我们部署在那里的兵力无法长时间抵御敌人的大规模进攻。

3. 执行 "堡垒" 行动的话，竭尽全力迅速赢得全面胜利至关重要，即便顿涅茨地区冒上风险也在所不惜，必要情况下，我们甚至可能撤出该地区。

集团军群再次强调以下观点，敌人今年会在南方集团军群当面寻求决战，他们为此加强了北翼的兵力，看来是要获得作战自由度，而我们 2—3 月间提出机动作战和后发制人的建议，目的也是为获得作战自由度。

陆军总参谋长询问，南方集团军群司令部现在打算如何实施"堡垒"行动。我回答道，"堡垒"行动无论如何都是场艰难的进攻，获胜的话，就为后续的局部打击创造了条件，但无法保证能在短时间内为其他战区腾出兵力。至于现在发起"堡垒"行动是否合适，我只能从总体战的角度回答。日后一段时间，也就是到秋季，不再从东线抽调任何兵力，只有在这种情况下，我们才能执行"堡垒"行动。如果确信西方国家秋季前不会发动大规模登陆，那么"堡垒"行动仍可以实施。要是我们敢于让西方国家的军队先在某处登陆，待他们企图冲出登陆场时再一举击败对方，"堡垒"行动也可以付诸实施。

交换意见期间，集团军群司令部与陆军总参谋长、OKH作战处基本达成一致，可我们无从得知希特勒对这些重要作战问题的明确看法。我在最近几周寄给陆军总参谋长的信里写了几句重要的话：

> 由于距离遥远，集团军群无法用电话与OKH商讨所有重要问题，所以我认为有必要与最高统帅部建立更密切的个人联系，或赋予我在东线相应的自主行事权。各集团军群司令只能通过国防军公报了解总体态势，这种情况和我们与最高统帅部缺乏任何思想联系一样让人无法忍受。

事后可能有人会说，各集团军群司令应该告诉OKH，鉴于"堡垒"行动的发起日期一再推延，这场进攻已毫无意义，不该再执行。毕竟此次进攻的初衷是尽早打击对手，也就是趁对方实力虚弱之际先下手为强，可情况逐渐发生了变化。

就我而言，当时没提出取消进攻（这可能是个错误）的原因是：

首先，取消"堡垒"行动，我们就得在东线继续等待，这会造成种种危险，因为我们估计敌人即将开辟第二战线。但现在看来，苏联人确实不急于发动进攻。

其次，我们坚信尽管困难重重，但这场进攻肯定能赢得胜利，至少南方集团军群司令部是这样认为的。我们能否在顿涅茨地区击退敌人的进攻，这个问题似乎更值得怀疑。但我们还是相信，在库尔斯克获胜后，我们就能消除顿涅茨地区的危机，甚至有可能赢得巨大的胜利。从"堡垒"行动的进程和导致它结束的原因可以看出，我们认为此次进攻有可能获胜的观点并不像今天看上去那般牵强。这一点我会在后文探讨。

中央集团军群司令部的情况不太一样。倘若敌人在奥廖尔突出部赢得胜利，会立即影响到"堡垒"行动。我们最终有可能撤离顿涅茨地区，但奥廖尔突出部却不能如法炮制，因为那里是第9集团军的进攻基地。因此，如果中央集团军群司令部认为，他们无法挡住敌人对奥廖尔突出部发起的救援进攻，肯定会拒不执行推迟到7月份的"堡垒"行动。但据我们所知，他们并未提出反对意见，所以我们估计，中央集团军群司令部坚信，他们无论如何都能守住奥廖尔突出部。

等待"堡垒"行动是否继续实施的决定之际，适逢征服塞瓦斯托波尔周年纪念日，我打算飞赴布加勒斯特，为安东内斯库元帅颁发金质克里木盾章。即将起飞时，我接到希特勒的指示，要求参加"堡垒"行动的所有陆空军部队军级以上指挥官7月1日前往东普鲁士的元首大本营，所以我只好推迟了行程。

此次会议和以往一样，我们这群人只是聆听希特勒训话的听众，他宣布自己最终决定实施"堡垒"行动。这场进攻定于7月5日发起。

希特勒先是详细解释了他推延行动的理由。他认为推迟"堡垒"行动，对补充、加强参战兵团的兵力和装备非常必要。这些兵团现在齐装满员，而物质方面，我们首次在坦克数量上超过苏联红军。

他这次提出个新的理由，但鉴于他先前的说法，这个理由不太令人信服。希特勒声称推迟"堡垒"行动之所以必要，主要是因为我们过早发动进攻的话，苏联人肯定会向盟国求援，届时，西方国家的军队会立即登陆地中海地区。我们当时没有兵力应对这种入侵，根本无法指望意大利人的抵抗，而在巴尔干地区，敌人会得到当地民众支持。但现在，这个危急的阶段过去了，我们在撒丁岛、西西里岛、伯罗奔尼撒半岛、克里特岛都部署了足够的兵力。

大家想必还记得，我5月4日就提醒过，敌人可能很快会登陆，而希特勒宣称我们能守住突尼斯，即便守不住，西方国家也要6—8周后才能发动入侵。由此可见，他当时根本没想到西方国家应苏联的请求迅速介入的可能性。

另外，从希特勒现在说的这番话可以看出，他竭力守住各处，不断加强地中海地区的驻军兵力，完全以牺牲非洲集团军为代价。所以，他也没打算采取一切必要措施确保"堡垒"行动赢得胜利。这种态度在"堡垒"行动实施过程中也得到证实。

希特勒随后谈到他决定执行"堡垒"行动的理由：敌人可能到冬季或第二战线开辟后才会发动进攻，我们不能一直等下去。考虑到对盟友和国内民众的影响，他希望我们这场攻势迅速赢得决定性胜利。这些理由倒是无可厚非。

希特勒当着所有与会高级将领的面宣布了发动进攻的决定，还从最高统帅部的角度解释了此次进攻的必要性，这个决定自然也就不可能再更改。当然，我们在东线也确实不能再等下去了。

为确保"堡垒"行动赢得胜利，我提议让冯·里希特霍芬元帅回来指挥第4航空队，可惜没能奏效，还引发了与戈林的激烈争执。他不愿承认，像里希特霍芬这样的作战部队指挥官是多么重要。

希特勒讲话中的某些言论值得一提，这些话与当前态势无关，但对我们了解希特勒的思想很有帮助。

希特勒声称，为合理评估当前局势，我们必须回想一下，1936年（占领莱茵兰）、1938年（合并奥地利）、1939年、1940年的局面比现在危险得多。目前重要的是在边界地带保卫欧洲，也就是守卫意大利诸岛和巴尔干地区。放弃巴尔干和顿涅茨地区是无法容忍的。除此之外，他倒是信心十足。

美国各大报纸指出，苏联的损失，包括饿死的平民在内，高达3000万。希特勒据此估计，苏联红军的伤亡多达1200—1400万。基于这种损失，再加上粮食短缺，敌人肯定即将崩溃。

如果说希特勒这番论述加强了与会者的信心，那么他接下来的话就没得到太多响应。希特勒解释道，我们对苏联少数民族的承诺，会给我们的军人造成反作用，因而在战争期间不可能兑现。他们应该知道为何而战，也就是为子孙后代争夺生存空间。第一次世界大战期间，我们错就错在没有目标。

最后，希特勒重复了他以前当面对我说过的话，1939年8月24日，意大利决定保持中立，这个决定先告知伦敦，随后才通知柏林。正是这个决定，才让英国政府确定法国会参战。

现在，南方集团军群作战地域参加"堡垒"行动的各兵团开始展开，最后的大规模欺骗措施也付诸实施。7 月 3 日，我飞赴布加勒斯特，为安东内斯库元帅颁发金质克里木盾章，此举有助于隐瞒我们即将发动进攻的企图。7 月 3 日傍晚，我回到集团军群司令部。

进攻

为靠前指挥两个集团军的行动，集团军群司令部 7 月 4 日在进攻战线后方设立了战斗指挥所。我们把指挥专列停在森林里，以此充当作战指挥所。我和参谋长占用一节卧车兼办公车，另一节卧车兼办公车和一节餐车供作战处、规模较小的情报处和其他工作人员使用。专列还挂有电话和无线电车厢、警卫人员车厢、搭载 20 毫米高射炮的防空车厢。这部专列给指挥工作帮了大忙，我们需要的人员和技术设备一应俱全，不仅工作得心应手，住宿条件也很舒适，而且还能迅速变更地点。我们可以停在正展开重要行动的战线后方，换乘汽车或飞机赶赴任何一个指挥所或部队。我多次乘坐专列沿战线来回奔波，白天视察某个地段的指挥所或部队，夜间又驶往下一个地段。

7 月 5 日，集团军群辖内两个集团军发动进攻，前一天傍晚，第 4 装甲集团军就发起局部进攻，为次日的总攻夺得几个不可或缺的观察所。

尽管军事爱好者很想了解南方集团军群作战地域不断变化的态势，以及集团军群司令部相应的指挥和决策，但我只能对"堡垒"行动的过程做个简略而又必要的描述。因为整场战事只有头几天的突破进攻按照预先确定的路线进行。各突击兵团越过敌阵地配系，获得行动自由后，尽管基本作战思路保持不变，但集团军群和各集团军司令部，面对不断变化的态势，不得不做出相应的决策。

中央集团军群进攻正面，第 9 集团军头两天的突击让中央和左翼军楔入敌阵地配系深达 14 公里。但右翼军取得的进展微不足道，身后跟进的军几乎停滞不前。

进攻第二天，敌人就对第 9 集团军突击楔子的正面和翼侧不断实施反突击。他们还把驻扎在库尔斯克突出部西北部、奥廖尔突出部东南战线对面的战役预备队投入交战。这个迹象表明，敌人打算不惜一切代价坚守库尔斯克突出部，但另一方面也说明，倘若"堡垒"行动成功的话，我们就能合围大批敌军。尽管敌人一次次发起反突击，第 9 集团军的突击楔子目前的宽度只有 10 公里，但他们继续取得进展。可 7 月 9 日，这场突击在奥利霍瓦特卡周边高地的敌军阵地前方陷入停顿，距离第 9 集团军出发阵地 18 公里左右。他们投入预备队，击退敌人的反突击，变更突击重点后，集团军司令部打算 7 月 12 日前后恢复进攻，彻底达成突破。可惜，他们的企图没能如愿。7 月 11 日，敌人投入强大的兵力，从东面和东北面对据守奥廖尔突出部的第 2 装甲集团军发动进攻。面对突变的态势，中央集团军群司令部不得不命令第 9 集团军停止进攻，抽调强大的快速兵团驰援第 2 装甲集团军。

南方集团军群作战地域，初期突破敌阵地配系的行动非常艰难。用于初步突破的步兵师不足，突击炮兵的实力相对较弱，这些问题尤为明显。

肯普夫集团军级支队右翼，劳斯将军的第 11 军没能前出到克罗恰地段，在那里设立新防线，他们只到达科伦地段西面的高地。因此，尽管这场突击行动的最右翼没能实现预定目标，但第 11 军的猛烈冲击吸引了沃尔昌斯克东面的敌战役预备队，这番后续战果还算令人满意。接下来几天，该军英勇抗击敌预备队，取得防御作战的重大胜利，给敌方人员和坦克造成严重损失。最后，集团军群对科伦防线深感满意，因为这条防线不会对实际进攻正面的宽度造成影响。

第 3 装甲军打得也很辛苦。他们的首轮进攻是在别尔哥罗德两侧渡过顿涅茨河，虽然取得成功，但相当艰巨。随后，该军在顿涅茨河前方 18 公里左右面对敌人一道后方阵地陷入停顿。鉴于该军实力受损，是否该停止进攻，集团军级支队司令对此犹豫不决。我与第 3 装甲军军长布赖特将军和几位师长商讨后，决定继续进攻。尽管顿涅茨防线的风险日益加剧，但集团军群司令部还是把部署在第 1 装甲集团军身后担任预备队的第 198 步兵师调拨给第 3 装甲军。7 月 11 日，该军终于突破敌人最后一道阵地。这为我们在不设防地域对付敌人从哈尔科夫东面迅速调来的战役预备队肃清了道路。

第 3 装甲军右翼即将继续攻往克罗恰方向之际，集团军群司令部命令该军左翼与第 4 装甲集团军协同，先消灭敌人位于我们两个进攻集团军之间的第 69 集团军。

战役头两天，第 4 装甲集团军在激烈的交战中突破了敌人第一、第二道阵地。7 月 7 日，集团军左侧，冯·克诺贝尔斯多夫将军的第 48 装甲军顺利突破到距离奥博扬 11 公里左右的开阔地带。接下来几天，该军不得不抗击敌人以强大的兵力从东北面、北面、西面发起的反突击，在此期间粉碎了大量敌兵团。出现在这里和党卫队第2装甲军正面的敌军是对方的战役预备队，3个坦克军和1个机械化军在第69集团军和第1坦克集团军指挥下投入战斗。敌人还把其他快速军从哈尔科夫东面调来。

第4装甲集团军右翼，党卫队全国副总指挥豪塞尔的党卫队第2装甲军也设法突破到开阔地带。7月11日，该军进攻普罗霍罗夫卡，尔后继续向西，夺取普肖尔河渡场。

7月12日，敌人从战役预备队抽调新锐力量投入交战，打击我集团军群正面和翼侧。7月12—13日，两个集团军报告，他们击退了敌人所有进攻。7月14日，党卫队装甲军追击敌人到达普罗霍罗夫卡，第48装甲军已经看见奥博扬西面的普肖尔河河谷。这些交战中，敌战役预备队大部不是被歼灭就是遭到重创。

总之，敌人已投入10个坦克和机械化军对付我集团军群。我方战线对面的这股敌军基本上就是对方可用的全部预备力量了，部署在我方顿涅茨河、米乌斯河防线前方的敌集群除外，那里的敌人似乎正准备发动进攻。到7月13日，我们已俘虏24000名敌军官兵，还击毁或缴获1800辆坦克、267门火炮、1080门反坦克炮。

此次战役到达顶点！胜利还是失败，似乎即将见晓。但集团军群司令部得知，自7月12日起，第9集团军被迫停止进攻，敌人对第2装甲集团军发动进攻。但集团军群司令部决定，显然不能过早结束这场战役，最终的胜利也许就在眼前。另外，编有第17装甲师和党卫队维京师的第24装甲军还没有投入交战，这是我们手里的最后一张王牌。

但就这个军的使用问题，自进攻伊始，或者说早在进攻准备期，集团军群司令部就与希特勒发生激烈争执。读者应该记得，我们的立场始终如一，"堡垒"行动一旦付诸实施，就得采取一切措施确保行动成功，哪怕顿涅茨地区遭受巨大的风险也在所不惜。基于这种考虑，如前文所述，集团军群司令部在米乌斯河、顿涅茨河防线后只部署了两个快速师（第23装甲师、第16装甲掷弹兵师），第24装甲军用于"堡垒"行动，最初担任集团军群预备队。但此举遭到OKH几次指责，一向反对顿涅茨地区冒险的希特勒，最终批准该军部署到"堡垒"战线后方。第24装甲军在哈尔科夫西面做好了战斗准备，但他们现在是OKH预备队，也就是说，不再受南方集团军群直接指挥。

希特勒 7 月 13 日把我和冯·克鲁格元帅召到元首大本营，此次战役就此告终。倘若希特勒亲自去两个集团军群视察一番，或因为总体局势的缘故无法离开大本营，派陆军总参谋长代行，可能是更加正确的做法。但整个东线战局期间，希特勒很少亲赴前线，也不允许他的参谋长代劳。

7 月 13 日这场会晤，希特勒开门见山地指出，西方国家的军队 7 月 10 日登陆西西里，那里的态势相当危急。意大利军队毫无战斗力，西西里岛很可能丢失，敌人接下来也许会登陆巴尔干或意大利南部。因此，我们在意大利和巴尔干西部必须组建新集团军，这就要从东线抽调兵力，所以"堡垒"行动不能再继续下去。我 5 月 4 日在慕尼黑提醒过，一旦推迟"堡垒"行动会有怎样的后果，现在不幸被我言中了。

冯·克鲁格元帅报告，莫德尔第 9 集团军损失 2 万人，目前无法继续取得进展。另外，中央集团军群被迫把第 9 集团军所有快速兵团调离，用于阻止敌人在第 2 装甲集团军防线的 3 个地段达成纵深渗透。仅出于这个原因，第 9 集团军就无力继续进攻，此后也无法再恢复攻势。

相比之下，我指出，就南方集团军群而言，此次战役现在到达顶点。过去几天，面对敌人几乎悉数投入交战的战役预备队，我们的防御作战大获成功，胜利触手可及。现在停止交战，可能会让到手的胜利付诸东流！如果第 9 集团军暂时牵制当面之敌，或许日后再恢复进攻的话，我们就有可能最终击败正与我们两个集团军交战、已遭到重创的敌集群。然后，就像我 7 月 12 日向 OKH 汇报的那样，南方集团军群以两个装甲军在奥博扬东面强渡普肖尔河，尔后转身向西，迫使库尔斯克突出部西部之敌掉转战线迎战。为掩护这场行动，肯普夫集团军级支队的第 24 装甲军必须立即投入交战，朝北面和东面发起攻击。当然，集团军群无论如何必须有足够的兵力，这样才能继续攻往库尔斯克南面。所以，倘若第 9 集团军无法恢复进攻，即便奥廖尔突出部的危机排除后也做不到，那么我们就不得不想办法，至少与当面之敌脱离战斗，借此获得足够的活动空间。否则一旦敌人腾出尚具战斗力的兵团，别说顿涅茨地区，就连"堡垒"战线很快也会陷入危机。

冯·克鲁格元帅宣称，就算到晚些时候，第 9 集团军也无法重新发动进攻，相反，他们必须撤回出发阵地。希特勒因而决定取消"堡垒"行动，此举当然也考虑到抽调兵力支援地中海地区的需要。鉴于敌人的进攻威胁到顿涅茨地区，第24装甲军没有交给南方集团军群使用。

但希特勒至少同意南方集团军群继续交战，设法击败当面之敌，以便从"堡垒"战线撤出兵力。

我返回集团军群司令部，7月16日与两位集团军司令协商后，命令集团军群辖内部队继续打击当面之敌，直到我们停止库尔斯克突出部的交战。

第4装甲集团军应当朝北面和西面实施两场短促突击，最终粉碎普肖尔河南面之敌。

肯普夫集团军级支队应向东进击，掩护这些进攻，同时与第4装甲集团军协同，歼灭在两个集团军结合部陷入合围的敌集群。

集团军群尔后会把两个集团军撤回地形获得部分改善的出发阵地，从而腾出兵力。我们是否还有机会以装甲力量向西突击，卷击第52军当面之敌，这要视态势发展而定。

由于天气状况欠佳，第4航空队这几天没能在"堡垒"作战地域展开行动，我们要求他们介入米乌斯河、顿涅茨河防线，粉碎敌人的进攻准备。

可惜这些计划没能付诸实施。

7月17日，OKH命令我们腾出整个党卫队第2装甲军，交给他们支配，7月18日又抽调两个装甲师，转隶中央集团军群。

由于兵力不断遭到削弱，集团军群司令部被迫放弃计划中的进攻打击，停止交战，把两个集团军撤回出发阵地。

不出我们所料，敌人7月17日进攻米乌斯河、顿涅茨河防线，在第6集团军和第1装甲集团军防区达成重要的局部突破。因此，除了已开赴顿涅茨地区的第24装甲军，集团军群司令部暂时还能把党卫队装甲军用于顿涅茨地区，尽管希特勒打算把该军调往意大利。

虽然南方集团军群在即将取得决定性战果，或者说胜利近在咫尺之际（至少我们这条战线是这样），被迫停止进攻，但还是给予了敌人沉重的打击。除了对方原先部署在我们正面的步兵师和坦克旅，我们还部分粉碎了敌战役预备队快速兵团主力，这些敌军原本驻扎在库尔斯克突出部和哈尔科夫战线前方。敌人总共投入 11 个坦克和机械化军、30 个步兵师对付南方集团军群两个集团军。

我们俘虏 34000 人，毙敌约 17000 人，保守估计对方的负伤人数两倍于此，所以敌人共损失了 85000 人左右。

相比之下，集团军群辖内两个集团军损失了 20720 人，包括 3330 名阵亡者。除了一个装甲师，其他师仍具备进攻力，但个别步兵师的损失较大。

总结

"堡垒"行动失败的原因很多，但一个重要原因是没能达成突然性。尽管我们采取了各种欺骗和伪装措施，可这场进攻还是没能出敌不意。

要是有谁认为失败的原因主要在战术方面，那就错了。

德国最高统帅部在"堡垒"行动取得决定性战果前下令取消进攻：

首先是受到另一个战区（地中海）或另一条战线（奥廖尔突出部的第 2 装甲集团军）的战略影响，其次才是战术方面的失误，也就是第 9 集团军的进攻停滞不前，至少给我们迅速赢得战役造成问题。

如果德国最高统帅部从 1943 年春季的总体形势得出明确结论，想方设法在东线达成平局，或至少消耗苏联红军的进攻力量，那么上述两个原因都可以预见或避免。倘若德国最高统帅部在兵力和时间方面按照这个结论行事，同样可以避免失败。

兵力方面，步兵师增加的数量不够，导致第 9 集团军的进攻没能成功，南方集团军群首轮突破战承受的压力也没得到缓解，结果我们没能迅速取得决定性战果。我们本该大力加强第 2 装甲集团军的防线，这样一来，敌人至少无法在那里迅速取得进展，对第 9 集团军身后构成威胁。这些援兵本来可以从所谓的 OKW 战区抽调，只要在挪威、法国、巴尔干地区冒些风险就能做到，另外还可以及时撤出北非的兵力，反正那里的集团军群也得不到补给。可希特勒不愿冒险，更不想放弃既占地域。要是他预见到西方国家即将犯下的错误，也许会这样做的。这种错误导致西方国家的军队发动决定性入侵前又耗费一年时间对德国平民百姓实施恐怖的轰炸攻势。这种错误让他们登陆意大利南端，不得不穿过整个"意大利靴子"，一步步向前推进他们的"第二战线"，而不是充分利用制空制海权赋予他们的绝佳作战时机。

时间方面，"堡垒"行动5月底最迟6月初发动的话，绝不会与敌人登陆欧洲大陆的行动重叠。另外，我们此时发起打击，苏联红军还没有彻底恢复战斗力。如果德国统帅部就兵力分配的问题得出上述结论，那么就算坦克数量得不到加强，我们在兵力方面还是占有优势，也许足以赢得"堡垒"行动的胜利。

"堡垒"行动的失败，归因于德国统帅部不愿在兵力和时间方面冒险。可他们要想确保德军在东线的最后一场大规模攻势里赢得胜利，就必须在这些方面承担风险。

不管怎样，行动的失败都不能归咎于部队的作战表现和指挥工作。他们又一次最大限度地证明了自身的能力。交战双方的损失对比说明，我方部队的能力当时远远高于敌人。

南方集团军群司令部原本建议后发制人，这种解决方案是不是更好，这里不再探讨。实际上，直到7月中旬，苏联人对是否转入进攻的问题一直犹豫不决，所以德军先发制人的想法绝不能说错。但可以肯定，最迟到1943年夏季，苏联人就会在盟国敦促下投入进攻。

注释

1. 南方集团军群 5 月初有 686 辆坦克和 160 辆突击炮，到 7 月 3 日，集团军群在"堡垒"战线上共有 1081 辆坦克（其中近半数仍是三号坦克）和 376 辆突击炮。所以，我们的坦克数量远远没有苏联人出于宣传目的向全世界宣布的那么多。"堡垒"行动期间，我方坦克的损失数也不像敌人公布的那么多。如果对方统计的数字属实，那么我们损失的坦克数就超过了我们拥有的坦克数量。

第十五章 1943—1944年的防御作战

主动权易手——指挥问题——对九头蛇的斗争——顿涅茨地区的首场交战——别尔哥罗德以西的交战和争夺哈尔科夫的交战——整条战线的激战——与冯·克鲁格元帅觐见希特勒——最高指挥问题——集团军司令，集团军参谋长，集团军群司令部——蔡茨勒将军——撤往第聂伯河后方——焦土政策——第聂伯河一线的交战——争夺基辅的交战——坚守尼科波尔和克里木的问题——第聂伯河河曲部新的交战——全线激战——希特勒的政治顾虑导致我们没能及时放弃第聂伯河河曲部——希特勒对态势的判断——向最高统帅部提出另一个建议——希特勒态度冷淡——会晤期间与希特勒发生冲突——小插曲——无论如何必须放弃尼科波尔——切尔卡瑟合围圈——救出陷入合围的军！——罗夫诺和大区领袖科赫——交战双方的损失和补充——清算的时刻！——希特勒寄希望于敌人的疲惫和泥泞期早早到来——集团军群采取措施，避免北翼遭迂回和粉碎的危险——交战在泥泞中继续进行——敌人达成突破——第1装甲集团军面临陷入合围的危险——为了让集团军向西突围，与希特勒激烈争执——几天后，冯·克莱斯特和冯·曼施泰因元帅被解除职务——告别集团军群

指挥问题

随着"堡垒"行动中止，东部战场的主动权终于落入苏联人手里，我们没能成功合围库尔斯克突出部内的大股敌军，与敌战役预备队的交战没取得决定性战果就告终止，这种情况必然让对方的兵力优势得以发挥影响。敌人进攻奥廖尔突出部，不过是他们随后转入总攻的序幕而已。

不出所料，整个1943年下半年，一直到1944年春季泥泞期到来，苏联红军把他们的作战重点置于东线南翼，全力打击南方集团军群。我在前面解释过他们

这样做的军事、战争经济、政治原因。实际上，敌人根据"堡垒"行动结束后的态势和兵力编组，后来又把中央集团军群南翼（第 2 集团军）纳入这场寻求决定性结果的作战行动。但这个时期苏联红军还对中央集团军群作战地域和 A 集团军群据守的库班登陆场发起局部进攻，主要目的可能是想阻止德国统帅部把兵力重点置于南方集团军群。

不管怎样，苏联统帅部 1943 年下半年的目标可能是想实现 1942 年年末到 1943 年年初的冬季战局没能达成的目的，这种估计应该不会错。他们企图歼灭南方集团军群，同时把 A 集团军群消灭在亚速海或黑海沿岸。实现这一点，会给整个东线造成决定性影响，同时为他们打开进入巴尔干地区的通道。

从"堡垒"行动中止到 1944 年春季泥泞期到来，南方集团军群的作战目标就是阻止敌人实现上述企图。A 集团军群和中央集团军群南翼后来也卷入这场交战。

鉴于相关战事错综复杂，我在这里只能概述此次战局的大致过程，但在此之前，我们先来看看集团军群司令部和辖内各集团军从事这场交战时的处境，这些情况最终决定了此次战局的走向。

敌人不仅在兵团数量方面占有绝对优势，物质方面的优势也越来越大。另外，德国最高统帅部对政治和战争经济的考虑，经常优于作战必要性，给集团军群司令部的指挥工作造成种种障碍。

"堡垒"行动结束时，苏联红军在南方集团军群作战地域当面的兵力优势已达到前所未有的程度。1943 年 7 月 17 日，集团军群的 29 个步兵师、13 个装甲和装甲掷弹兵师，面对红军 109 个步兵师、9 个步兵旅、10 个坦克军、7 个机械化军、7 个骑兵军，外加 20 个独立坦克旅、16 个坦克团、8 个反坦克旅。到 9 月 7 日，这股强大的敌军又增加了 55 个步兵师、2 个坦克和机械化军、8 个坦克旅、12 个坦克团，主要调自前线地带或中央、北方集团军群当面的预备队。最后，敌我兵力对比高达 7 ∶ 1。[1]

凭借这种兵力优势，苏联人经常在几个地方同时发动具有压倒性优势的进攻，还以惊人的速度补充他们多次遭受的惨重损失。仅 7 月初到 9 月这段时间，他们就在集团军群正面部署了 48 个步兵师、17 个坦克和机械化军，其中部分兵团甚至两次撤离前线整补，所有师每个月得到 10% 的补充兵。

德方可能没有料到，苏联人不仅在军备增产，甚至在组织方面也取得非凡的成就。实际上，我们面对的是一条九头蛇，砍掉它一颗脑袋，它又长出两个脑袋。

南方集团军群作战地域，个别严重耗损的师不太可能撤到后方休整补充。实际上，自"堡垒"行动开始以来，几乎每个师都持续不停地鏖战，补充的人员和物资甚至无法弥补相应的损失。

面对这种状况，各部队不得不超负荷运作，兵员损耗日益加剧。特别是部队的核心力量，也就是作战经验丰富的前线士兵和军官，损失尤为严重。到8月底，仅南方集团军群就阵亡了7位师长、38名团长、252名营长！

德军部队排除万难取得的成就始终令人钦佩，这表明他们的战斗力优于对手。各级指挥官别无选择，不得不对部下提出最高的要求，对他们来说，这种精神负担远比承受不可避免的危机更加沉重。

当然，集团军群司令部毫无保留地把这些情况汇报给希特勒，还指出各部队负担过重的危险。可我们得到的援兵始终杯水车薪！尽管德国人民愿意把他们的孩子送上前线，但补充兵还是不够。希特勒以惊人的干劲增加了军备生产，可还是无法追上敌人的产量。尽管我们1943年下半年的坦克月产量达到500辆，可苏联人的产量是这个数字的好几倍，更别说西方国家支援他们的战车了。

尽管如此，南方集团军群司令部依然坚信，我们最终能挡住东线敌人的猛烈冲击。不仅因为我们对德军官兵的优良素质充满信心，还因为1942年年末到1943年年初的冬季战局的经历表明，虽然危机重重，可我们还是能赢得胜利。另外，根据OKH的计算，我们估计苏联的人力资源即将耗尽。苏联红军过去组建新兵团，入伍人员的年龄较大，但这个兵员库似乎已基本耗尽。如果他们把刚满服役年龄的人作为补充兵送上前线，那么就很难再大规模组建新兵团。苏联的人力资源比德国多3倍，但我们希望能顶住对方的兵力优势，最终耗尽敌人的进攻力量。（实际上，1943年春季到战争结束，敌人的步兵师仅仅从513个增加到527个，坦克和机械化旅从290个增加到302个。）

但实现这一点的前提是德军实施正确的指挥，更准确地说，是根据当前作战态势的需要实施指挥。

可是，就这方面而言，集团军群领率机构在1943—1944年战局期间不断面临种种障碍，严重限制了我们的作战前景。

显而易见，苏联统帅部此次战局的目标是决定性地击败南方集团军群，所以我们别无选择，必须以最强大的兵力迎战。此次交战的指导思想就是要全力粉碎对方的企图。

这就要求我们做到两点：

南方集团军群作战地域，总的说来，作战指挥必须基于作战要求，目标是耗尽敌人的进攻力量，但决不能不惜一切代价坚守某地。

德国军队的兵力重点，目前必须在总体战框架内明确置于东线，而在东线，必须前瞻性地把重点放在南方集团军群。

但在这两个方面，整个 1943—1944 年战局期间，集团军群领率机构不得不为确定作战要求的问题与希特勒展开旷日持久的争论。

出于政治和战争经济的考虑，希特勒一再要求原地坚守，先是顿涅茨地区，后来又是第聂伯河河曲部，还包括 A 集团军群据守的库班登陆场和克里木。

因此，南方集团军群右翼先是被牵制在米乌斯河、顿涅茨河阵地，后来又被牵制在第聂伯河河曲部，从作战角度看，坚守这些地方完全是错误的。我方防线向东伸入敌军战线，给敌人提供了从两侧发动进攻的机会，而我方军队背靠大海。坚守这些突出部，导致集团军群的防线拉伸到堪称灾难的程度。我们不得不投入大量兵力据守这些突出部，根本无法腾出力量加强集团军群北翼。但决战地域不在顿涅茨河，也不在第聂伯河地带，而是在北翼。倘若敌人投入压倒性优势的兵力，一举粉碎集团军群北翼，那么他们就能实现把南方集团军群和 A 集团军群合围在黑海沿岸的目标。要是我们一味考虑政治和战争经济的需要，把更多兵力投入作战方面无关紧要的集团军群南翼，敌人就能取得更丰硕的战果。所以问题很简单，对德军南翼的军事领率机构来说，是作战更重要，还是战争经济和政治方面的问题更具决定性。具体说来，眼下的情况是，我们是在必要情况下主动放弃顿涅茨和第聂伯河地区，还是以牺牲南方集团军群和 A 集团军群为代价，全力坚守这些地区。为彻底弄清这个问题，南方集团军群 7 月 21 日——后来又多次——要求德国最高统帅部下达明确而又长期的作战指令。我们很想知道该如何是好，集团军群 7 月 21 日就这个问题咨询了 OKH。

要么集团军群在任何情况下都得坚守顿涅茨地区，哪怕冒上敌人朝第聂伯河方向突破，一举切断我们的风险也在所不惜。OKH 要想阻止这种情况发生，就得给集团军群北翼增派部队，或者派中央集团军群介入那里的战事。

要么我们在这个夏季设法给予敌人沉重打击。这种情况下，我们必须在顿涅茨地区实施分阶段后撤，为北翼腾出足够的兵力。

我们后来从陆军总参谋长那里得到答复："两个目标，元首都想实现。"一如既往，希特勒认为他的意志最终会压倒现实情况。

至于兵力部署重点，必须指出，不愿在必要情况下为保存兵力而放弃既占地域，就无法在决定性地点集中强大的力量。希特勒越是要坚守顿涅茨地区和第聂伯河河曲部（从总体战的角度看，他的观点不能说一无是处），从长远看，就越有必要加强南方集团军群北翼。这是阻止敌人达成决定性突破，把南方集团军群和 A 集团军群合围在黑海沿岸和巴尔干地区唯一的办法。当然，要做到这一点，只能以削弱其他战区以及北方、中央集团军群各条防线为代价。如果等到敌人取得成功，充分证明必须把兵力集中到南方集团军群，那就太晚了。

但以这种方式展开行动，不符合希特勒的观点和性格，这一点我在"希特勒行使军队最高指挥权"的章节说过。他总是想同时追寻几个目标，不愿主动放弃任何东西，也不愿预测敌领率机构不以自己的意志为转移的企图，还一再推迟他不愿做出但不得不做出的决定。

所以，希特勒不同意及时放弃顿涅茨地区，后来也不批准我们撤离第聂伯河河曲部，结果，他没能在敌人迫使他这样做之前拉直重要地段的防线，腾出兵力用于决定性地点。相反，他把第 17 集团军留在毫无作战价值的库班登陆场，徒劳地希望苏联人会把该集团军视为战略威胁。

1943 年夏季，无论是在东线还是在总体战争指导的框架内，德国的军事行动重点究竟在何处，希特勒显然没做出明确的决断。直到 8 月中旬，东线的态势已相当棘手，他告诉陆军总参谋长，在他看来，南方（也就是地中海地区）比东线更重要，所以他打算从东线抽调兵力驰援意大利。虽然这是个错误的观点，可要是他真这么想，就该在 1943 年春季对总体战争指导做出不同安排。利用苏联红军2—3 月间遭受挫败出现的有利局面，竭力在东线达成政治和解，与及时放弃北非、腾出兵力保卫意大利和巴尔干地区同样必要。

相反,1943—1944年战局期间,在东线决定性地点集中充足的兵力这个问题上,德国最高统帅部始终被敌人的措施牵着鼻子走。集团军群领率机构无法阻止优势之敌赢得胜利,充其量只能限制这些胜利的战略影响。

集团军群一方面被牵制在顿涅茨地区,作战自主权受到限制,另一方面又无法为具有战略重要性的北翼提供充足的兵力。我们被迫把辖内兵团主力部署在错误的作战地点,坚守顿涅茨地区和后来的第聂伯河河曲部。同时,我们不得不把预备队不停地从这一翼投入另一翼,竭力恢复某处的态势或消除危机,但无力阻止敌人凭借兵力优势在其他地方赢得胜利。

对九头蛇的斗争

"堡垒"行动结束后,南方集团军群转入防御作战,在前文提及的情况下展开的这场防御战,充其量不过是临时性应急措施。

面对优势之敌,沿整条过度拉伸的防线遂行被动的防御作战,集团军群的兵力实在是捉襟见肘。对我们来说重要的是,及时把兵力集中到必须阻止敌人达成突破,或有可能对敌人施以打击的地方,即便冒上防线不太危险的地段受挫的风险也在所不惜。我们必须不惜一切代价,避免集团军群部分力量被敌人的纵深突破切断,重蹈第6集团军在斯大林格勒的厄运。这场防御作战的目的是守住既占地域,同时最大限度地消耗敌人的进攻力量。

顿涅茨地区的首场交战

不出所料,敌人的首轮进攻,针对的是我们设在顿涅茨地区周围的防线。

如前文所述,敌人7月17日对据守米乌斯河防线的第6集团军、据守顿涅茨河中游的第1装甲集团军发起猛烈冲击。他们使两条防线严重凹陷,但没能达成突破。

敌人在古比雪沃北面的米乌斯河西岸夺得一座20公里宽、15公里深的登陆场,第6集团军投入留在顿涅茨地区担任预备队的两个快速兵团,挡住对方的冲击。

第1装甲集团军防区,敌人在伊久姆东南面沿大约30公里宽的正面渡过顿涅茨河。但第24装甲军辖内两个师从哈尔科夫赶来，阻止了敌人在河南岸继续推进。

到7月底，虽然我们挡住了敌人的进攻，但从长远看，顿涅茨地区的态势难以维持。

南方集团军群遵照希特勒的指示，7月17日被迫中止"堡垒"行动后，集团军群司令部决定从这一翼暂时抽调强大的装甲力量，用于恢复顿涅茨地区的态势。我们希望"堡垒"行动给敌军造成重创，为顿涅茨地区争取到喘息之机。

这个决定无疑给集团军群北翼后来的态势发展造成灾难性后果，因为敌人对那里发动的进攻比我们预料的早。如果说这个决定是错误的，那也是因为希特勒要求坚守顿涅茨地区，我们不得不为之。暂时削弱北翼的决定，实际上只是调离第3装甲军军部和第3装甲师，因为希特勒企图在顿涅茨地区发起反突击，所以把本打算调往意大利的党卫队装甲军再次交给集团军群使用。

计划用于顿涅茨地区的2个军部和4个装甲师只能陆续开抵，集团军群司令部因而打算以党卫队装甲军2个靠前部署的师发起短促突击，恢复顿涅茨河南面第1装甲集团军作战地域的态势。尔后我们再投入全部装甲力量，消灭敌人设在第6集团军作战地域内的大型登陆场，重建米乌斯河防线。但希特勒立即禁止在第1装甲集团军作战地域采取行动，尽管我们的安排绝不会让党卫队装甲军在顿涅茨地区驻留太长时间。"堡垒"行动期间，希特勒就粗暴干涉过集团军群的指挥（他当时禁止肯普夫集团军级支队使用第24装甲军），所以我觉得必须向OKH抗议他干涉集团军群的指挥工作。我致函蔡茨勒将军：

> 要是我对后续态势发展的顾虑没得到重视，而我的指挥意图仅仅是为了缓解并非我造成的困难局面，倘若这番意图屡屡受阻，那么我只能认为，元首对集团军群的指挥已失去必要的信任。我并不认为自己永远正确，每个人都会犯错，就连腓特烈大帝和拿破仑也是如此。但我得指出，第11集团军司令部当初在极度艰难的情况下赢得克里木战役，去年年底，面对近乎绝望的局面，南方集团军群还是挺过了难关。
>
> 如果元首觉得，有哪个集团军群司令或集团军群司令部具有比我们去年冬季的所作所为更加坚定的意志，展现出比我们在克里木、顿涅茨河或哈尔

科夫附近的表现更强的主动性，能找到比我们在克里木战役或近期冬季战局采取的应对措施更好的解决之道，或者能比我们更明确地看清后续态势发展，那么我情愿让出自己的指挥职务。

但只要我还在任，就必须用自己的头脑行事。

7月30日，从集团军群北翼调来的装甲力量在第6集团军作战地域发起反突击，彻底恢复了米乌斯河防线的态势。这场交战的兵力对比充分说明了眼下的态势，以及德国军队杰出的素质。登陆场内的敌军不下16个步兵师、2个机械化军、1个坦克旅、2个反坦克旅。而德军投入反突击的力量只有4个装甲师、1个装甲掷弹兵师、2个步兵师。敌人进攻，德军反突击，整场交战中，对方被俘18000人左右，还损失了700辆坦克、200门火炮、400门反坦克炮。

别尔哥罗德以西的交战和争夺哈尔科夫的交战

虽然我们8月份头几天在顿涅茨地区恢复了第6集团军作战地域的态势，但第1装甲集团军据守的顿涅茨河防线危机依然存在，我们暂时无法消除，因为在集团军群北翼，一场风暴即将袭来。

肯普夫集团军级支队和第4装甲集团军从"堡垒"战线退往出发阵地，敌人紧追不舍。7月底和8月初，无线电侦听和空中侦察表明，敌人在库尔斯克突出部内集结了强大的坦克力量，显然是从中央地带调来的新锐兵团。我们还发现，敌人在哈尔科夫东南面的顿涅茨河河曲部从事进攻准备。

集团军群8月2日报告OKH，估计敌人很快会对别尔哥罗德西面的集团军群北部防线发动进攻。对方可能还会在哈尔科夫东南面遂行辅助突击，目的是夹击哈尔科夫周边地域的我方部队，肃清通往第聂伯河的道路。为此，集团军群请求把转隶中央集团军群的两个装甲师调回，同时保留党卫队装甲军，用于北翼的交战。我们还命令第3装甲军和第3装甲师从顿涅茨地区返回哈尔科夫。

8月3日，敌人进攻第4装甲集团军和别尔哥罗德西面肯普夫集团军级支队的防线。敌人在两个集团军的分界线达成突破，接下来几天，他们显著发展了这场突破的宽度和深度。第4装甲集团军向西退却，肯普夫集团军级支队向南撤往哈尔科夫。8 月 8 日，哈尔科夫西北地域两个集团军之间出现了一个宽达 55 公里的缺口。通往波尔塔瓦和第聂伯河的道路似乎已对敌人敞开。

集团军群司令部已命令第 3 装甲军（编有希特勒终于留给集团军群的两个党卫队装甲师，外加第 3 装甲师）开赴哈尔科夫。肯普夫集团军级支队的任务是攻击敌突击楔子的东翼。与此同时，第 4 装甲集团军以两个装甲师（已从中央集团军群调回）和一个装甲掷弹兵师打击敌突击楔子的西翼。

但情况很明显，仅凭以上措施和集团军群现有兵力，根本无法长时间维持目前的态势。我们各个师的损失达到惊人的程度，其中两个师持续不停地从事艰巨的作战行动，目前已丧失战斗力。由于敌人的推进速度相当快，我们留在战线后方修理厂内的大量坦克悉数丢失。

另一方面，敌人似乎补充了他们在"堡垒"行动中的损失，速度远比我们预料的更快。但最重要的是，他们从其他战线调来强大的新锐力量。

不出所料，眼下的情形明确表明，敌人决心对南方集团军群施以决定性打击。他们不断把新锐力量调到达成突破的战线，而且即将进攻我们设在哈尔科夫东面和东南面的防线。另外，敌人还打算再次进攻顿涅茨河、米乌斯河防线。

8 月 8 日，陆军总参谋长来我们这里了解前线的情况。我明确无误地告诉他，目前的态势不是解决个别问题就能恢复的，也不是能否从其他地方为南方集团军群抽调 1—2 个师、库班登陆场是否该疏散的问题。相反，眼下至关紧要的是设法避免德军南翼陷入覆灭境地，敌人的目标显然就是这个。我们要想做到这一点，要么立即放弃顿涅茨地区，为集团军群北翼腾出兵力，至少在南面守住顿涅茨河；要么 OKH 迅速调集至少 10 个师，驰援第 4 装甲集团军和北面毗邻的中央集团军群编成内的第 2 集团军，再把另外 10 个师投入第聂伯河方向。虽然集团军群司令部一再催促 OKH 做出决定，可他们这次还是没有采取有力的措施。

态势日趋恶化。敌人把第 4 装甲集团军逼向西面之际，他们的企图暴露无遗，看来是想从西面打开的缺口迂回肯普夫集团军级支队，把他们合围在哈尔科夫。8 月 12 日，敌人还进攻哈尔科夫东面和东南面的我方防线。这段防线过宽，我们的几个师被迫后撤。哈尔科夫周围的肯普夫集团军级支队陷入合围的危险迫在眉睫。

一如既往，希特勒要求无论如何都得坚守哈尔科夫，但这次主要是出于政治原因。他担心哈尔科夫陷落的话，会对土耳其和保加利亚的立场造成不利影响。尽管如此，集团军群司令部并不打算为争夺哈尔科夫牺牲一个集团军。

8月22日，为腾出兵力支援肯普夫集团军级支队遭受威胁的两翼，以防他们陷入合围，我们弃守哈尔科夫。集团军级支队升级为第8集团军，我以前的参谋长韦勒将军出任集团军司令。我和肯普夫将军合作得很好，但我不反对希特勒这项任命。克里木战役期间，我们多次面临严重的危机，韦勒一次次展现出他的冷静和谨慎，当前情况下，这种素质弥足珍贵。

另外，8月22日的情况极度危险。

敌人再次进攻顿涅茨地区，第6集团军阻止了对方迫在眉睫的突破，但他们的兵力不足以恢复态势。第1装甲集团军挡住了敌人重新发起的大规模进攻，可他们的兵力也即将耗尽。第8集团军毫发无损地撤离哈尔科夫之际，第4装甲集团军卷入激战，在己方南翼赢得一场防御战的胜利。

但到8月23日，上文提到的几个装甲兵团从顿涅茨地区和中央集团军群作战地域调来后投入进攻，成功挡住敌人朝波尔塔瓦的突破。我们在第8集团军和第4装甲集团军作战地域重新设立了一条断断续续的薄弱防线，从哈尔科夫南面延伸到阿赫特尔卡西南面。虽然第4装甲集团军与中央集团军群左翼的第2集团军依然保持联系，但阿赫特尔卡西南面，第4装甲集团军的防线上仍有个宽大的缺口。当月月底，他们发动进攻，一举封闭缺口，还拉直了防线。

8月23日的敌情充分表明，与集团军群两个集团军交战的敌军兵力优势有多大。第4装甲集团军面对的是沃罗涅日方面军，对方投入包括一个坦克集团军在内的3个集团军，第四个集团军部署在第二线。而第8集团军面对的是草原方面军，对方投入的兵力不下6个集团军，包括一个坦克集团军！

集团军群司令部8月20—21日呈交OKH的报告阐明了辖内各集团军的防线宽度，以及交战双方的兵力对比，更能说明南方集团军面临的总体态势，见表15-1：

表15-1 兵力对比表

	防线宽度	师的数量	估计战斗力	集团军当面之敌的数量（不包括中途撤出的部队）
第6集团军	250 公里	10 个步兵师 1 个装甲师	3½个师 ½个师	31 个步兵师 2 个机械化军 7 个坦克旅 7 个坦克团 共约 400 辆坦克
第1装甲集团军	250 公里	8 个步兵师 3 个装甲和装甲掷弹兵师	5½个师 1¼个师	32 个步兵师 1 个坦克军 1 个机械化军 1 个坦克旅 6 个坦克团 1 个骑兵军 共约 220 辆坦克
第8集团军	210 公里	12 个步兵师 5 个装甲师	5¾个师 2⅓	44—55 个步兵师 3 个机械化军 3 个坦克军 11 个坦克旅 16 个坦克团 共约 360 辆坦克
第4装甲集团军	270 公里	8 个步兵师 5 个装甲师	3⅓个师 2⅓个师	20—22 个步兵师 1 个机械化军 5 个坦克军 1 个坦克旅 2 坦克团 共约 490 辆坦克
集团军群总计	980 公里	38 个步兵师 14 个装甲师		

评估敌军的战斗力，我们假设对方大多数步兵和坦克兵团的实力仅剩30%—50%，少数新锐师和个别坦克、机械化军可能仍有70%—80% 的战斗力。敌人无疑也遭受了惨重的损失，各兵团战斗力的衰减与德军大致相当。

敌兵团的数量优势是我们无法相比的，特别是因为对方接下来几天又从奥廖尔战线调来新锐力量。

以上兵力对比表还说明，敌人集中兵力对付集团军群北翼，特别是他们的坦克兵团。对方部署在第8集团军当面和第4装甲集团军右翼的兵力，明确说明他们企图朝第聂伯河方向达成突破，尔后不断前调新锐力量扩大突破，企图从北面合围第4装甲集团军，把他们驱离基辅。

从这份兵力对比表也能看出，自"堡垒"行动开始后，与敌人获得的援兵（55个步兵师、2个坦克和机械化军，外加大批坦克旅）相比，南方集团军群增加的兵团数量微不足道。到 8 月底，我们增加了 9 个步兵师和 1 个装甲师。但其中 4 个步兵师隶属第 7 军，该军从中央集团军群北翼 ① 转隶第 4 装甲集团军，结果，第 4 装甲集团军的防线又增加了 120 公里，4 个步兵师的兵力等于没有增加。

不管怎么说，我们至少得到 5 个步兵师和 1 个装甲师。倘若"堡垒"行动前就把这股兵力调给我们，至少能协助集团军群的首轮进攻赢得胜利，促使战役进程朝有利于我们的方向发展。毫无疑问，当时抽调这股力量容易得多，因为"堡垒"行动结束后，各处的态势普遍恶化。

集团军群整条战线的激战

到 8 月 27 日，从哈尔科夫到苏梅的集团军群北翼重新建立起还算绵亘的防线，暂时缓解了局面，但顿涅茨地区的态势变得愈发危急。

因此，集团军群司令部直截了当地提出，如果原先的任务保持不变，就得给我们调派更多援兵，或者批准我们在南翼酌情行事，在缩短的后方防线挡住敌人。

针对我们提出的要求，希特勒终于决定从东普鲁士的元首大本营来南方召开一场短暂的会议。此次会议 8 月 27 日在文尼察举行，昔日的元首大本营就设在这里。

会上，我和几位集团军司令、一名军长、一名师长明确无误地向希特勒汇报了当前态势，特别是各部队的状况，他们长时间承担过重的作战任务。我强调指出，集团军群共损失 133000 人，到目前为止只得到 33000 名补充兵。尽管敌人的战斗力也遭到严重削弱，可他们手头的兵团很多，因而一次次投入尚具进攻力的师。另外，他们还可以从东线其他地段不断调来援兵。

从目前的情况看，我认为凭现有兵力无法守住顿涅茨地区，但就东线整个南翼而言，更大的危险在集团军群北翼。第 8 集团军和第 4 装甲集团军无法长时间阻止敌人朝第聂伯河方向突破。

我向希特勒提出两个明确无误的选择：要么迅速给集团军群调派新锐援兵，至少 12 个师，并从较平静的战线抽调部队替换我们疲惫不堪的作战部队；要么放

---

① 译注：疑为南翼。

弃顿涅茨地区，腾出集团军群辖内兵力。

此次会议上，希特勒的态度很客观，尽管他一如既往地偏离话题，大谈技术细节，但还是同意必须大力加强南方集团军群。他答应从北方、中央集团军群作战地域腾出所有能腾出的部队。至于能否从较平静的战线抽调部队替换我们疲惫不堪的各个师，这个问题会在几天内弄清。

第二天就证明，这些承诺无法兑现。

苏联红军对中央集团军群左翼①的第2集团军发动进攻，达成局部突破，迫使该集团军向西退却。敌人对中央集团军群辖内第4集团军的进攻也大获成功，在该集团军作战地域引发了一场局部危机。

冯·克鲁格元帅8月28日赶到元首大本营，自那之后，从中央集团军群作战地域抽调兵力的问题就没了下文。据说北方集团军群也腾不出多余的师。至于其他战区，希特勒打算先看看局势作何发展，也就是说，看英军是登陆阿普利亚或巴尔干地区，还是把兵力投入撒丁岛（这种情况不太可能，而且也不重要）。

可惜，苏联人没理会希特勒推迟做出决断的意愿。他们不断进攻，态势越来越危急。

第6集团军遭突破，辖内在沿海地带作战的军面临陷入合围的威胁。OKH不顾集团军群司令部的要求，把我们本打算用于北翼的两个师调往顿涅茨地区，可这股兵力不足以恢复态势。因此，集团军群8月31日命令第6集团军撤往后方预设阵地（龟阵地），就此迈出撤离顿涅茨地区的第一步。当天傍晚，希特勒终于赋予集团军群司令部自主行事权，"在绝对必要而且别无选择的情况下"，批准第6集团军和第1装甲集团军右翼逐步后撤。他还下令炸毁顿涅茨地区具有军事重要性的一切设施。

要是早几周赋予我们自主行事权，集团军群本来能以最节省兵力的方式在南翼交战。我们不仅能把腾出的兵力用于深具决定性的北翼，还能在南翼缩短的防线上挡住敌人的推进，也许就在第聂伯河前方。可现在我们只能确保南翼免遭覆灭，

---

① 译注：疑为右翼。

至于能否在第聂伯河前方设立最终防线，这个问题悬而未决。

第1装甲集团军右翼没有跟随第6集团军一同后撤，继续坚守顿涅茨河中游，但集团军群北翼的态势再度恶化。

哈尔科夫以南地域的第8集团军遭到敌人从北面和东面发起的打击，他们只得稍稍退却，缩短防线，阻止敌人达成突破。

中央集团军群辖内第2集团军向北退却，第4装甲集团军被迫把左翼向后弯曲。这样一来，他们原本就很薄弱的防线进一步拉伸。由于指挥失当，第2集团军最靠南的一个军（第13军）向南撤入第4装甲集团军作战地域，第4装甲集团军虽然得到4个实力严重受损的师，可正面朝北的防线也增加了90公里。敌人的进攻力量暂时遭到削弱，可一旦他们投入新锐兵团重新发动进攻，可以预料，第4装甲集团军很难挡住对方的猛攻，更别说他们北翼遭受的威胁现在进一步加剧了。

局势不断恶化，但最危险的是，希特勒迟迟不对调派援兵的问题做出任何决定，促使我9月3日飞赴东普鲁士的元首大本营。我请冯·克鲁格元帅也去那里，想就敌人显而易见的企图和他一同解决兵力分配问题。另外，我们还想谈谈总体指挥合理化的必要性，例如消除OKW战区与东部战区的重叠。我在前一天写给蔡茨勒将军的信里提出，为了把兵力真正集中到东线决定性地点，现在必须采取积极有力的措施。鉴于南方、中央集团军群内翼的态势发展，有必要未雨绸缪地把一个强大的集团军部署到基辅前方。

如果我们在西线坐等敌人登陆某处，然后再考虑从其他战区抽调兵力，那么对东线来说就太晚了。另外，从敌人海军力量和运输吨位的分配不难看出对方企图在何处实施大规模登陆的蛛丝马迹。蔡茨勒把信交给希特勒。他告诉我，希特勒读罢这封信大发雷霆，说我纯属卖弄聪明，想在作战日志里记录下自己的先见之明。这种看法真够幼稚的！

很遗憾，希特勒、冯·克鲁格元帅和我的这次会晤毫无结果。希特勒指出，他无法从其他战区或北方集团军群抽调任何兵力。他也反对我的建议：把所有战区的指挥工作交给一位总参谋长，建立统一的最高领率机构。

希特勒宣称，这个机构对总体指挥的影响不会改变或改善任何事情。希特勒当然知道，派一位总参谋长负责所有战区的建议本质上是让他不再实际指挥作战行动，但保留他的最终决定权。希特勒不打算接受这项建议，就像他不愿任命一位东线总司令、放弃东线指挥权那样。

接下来几天，OKH没有视南方集团军群的处境采取任何措施，于是我在9月7日的电传电报里再次阐述了集团军群防线的情况。我指出，敌人投入55个师和2个坦克军对付南方集团军群，这些敌军不仅仅调自预备队，大部分是从东线其他地段调来的。另外，新锐敌军仍不断开来。我再次要求，OKH要想让集团军群维持目前的态势，就得采取强有力的紧急措施。

希特勒9月8日来到我们设在扎波罗热的司令部，还召来A集团军群司令冯·克莱斯特元帅和劳夫大将，劳夫的第17集团军仍驻守在库班。

我在会上再次强调了集团军群面临的危急态势、兵力状况以及北翼失败的后果，届时，不仅南方集团军群会遭殃，就连A集团军群也难逃覆灭的厄运。

我指出，集团军群右翼位于第聂伯河前方，那里的态势已无法恢复。敌人在第6集团军北翼打开个45公里宽的缺口，仍在那里苦战的我方部队只有两个师的残部。寥寥无几的装甲兵团已发起反突击，但无法封闭缺口。无论我们是否愿意，都得被迫撤到第聂伯河后方，特别是考虑到极度紧张的态势有可能影响到集团军群北翼。

为腾出兵力据守防线，我建议立即把中央集团军群撤到第聂伯河一线。这样，他们的防线就能缩短三分之一，可腾出兵力大力加强东线关键地段。

希特勒现在原则上同意，必须把集团军群右翼撤到梅利托波尔—第聂伯河一线，不过他还是希望前调新组建的若干突击炮营，以避免后撤。一如既往，需要投入几个师才能改变的态势，他却认为采用技术手段就能解决。

但对中央集团军群撤到第聂伯河上游，从而腾出兵力的问题，希特勒指出，路程这么远的快速后撤无法做到。这种大规模运动会持续到泥泞期，肯定会丢失大批技术装备，就像当初撤离奥廖尔突出部那样。中央集团军群充其量只能撤到正面朝东的中间防线，显然无法实现腾出兵力的目的。

这是个机动作战指挥的问题，基于我们从克里木战役和1942年年末到1943年年初的冬季战局获得的经验，南方集团军群司令部对此的看法与OKH和其他集团军群截然不同。这些战役期间，我们一次次展开快速而又灵活的行动，根本没时间从容不迫地拟制计划或从事准备工作。而希特勒和其他集团军群司令部认为，他们无法迅速准备并执行这种远距离运动。另外，为确保部队在后勤补给暂时被切断的情况下仍能坚守阵地，希特勒当初命令各集团军储备 3 个月的物资，这给长期固守的防线迅速撤离造成更大的困难。

我建议缩短中央集团军群的防线，虽然希特勒对这种激进的措施犹豫不决，但他承认，确实有必要大力加强南方集团军群。

按照陆军总参谋长的建议，希特勒决定，中央集团军群必须立即把编有 2 个装甲师和 2 个步兵师的一个军部署到中央集团军群与第 4 装甲集团军结合部，消除我们的北翼遭合围的危险。

他还同意我的要求，再调 4 个师掩护第聂伯河渡场。最后，为腾出作战兵力，希特勒决定放弃早已没有作战价值的库班登陆场。冯·克莱斯特元帅称，这场后撤能在 10 月 12 日前完成。

可惜，我没能让希特勒在离开我们的司令部前立即下达相关指令。不过，我在机场与希特勒道别时，他登机前再次向我保证，会提供他承诺的援兵。

当天中午，我们命令第 6 集团军和第 1 装甲集团军从现在起转入机动防御作战，此举的目的是保全部队，同时为后撤尽量争取时间。

至于第 8 集团军和第 4 装甲集团军的防线，集团军群司令部希望，待希特勒的承诺兑现后，就以中央集团军群提供的军发起反突击，恢复第 4 装甲集团军北翼的态势。我们还可以利用朝第聂伯河开进的几个师加强防线。然后我们也许能把北翼之敌挡在第聂伯河前方，大致在波尔塔瓦附近。这样就能显著缩短防线，不仅符合当前态势，也兼顾整条防线缺乏援兵、集团军群不得不撤到第聂伯河后方的可能性。

很不幸，集团军群司令部次日又一次大失所望。希特勒与我道别时，答应派 4 个师驰援第聂伯河防线，可他没有下达相关指令。中央集团军群为我们的北翼提供一个军，这个保证也推后了。我们能否获得，何时获得，获得多少援兵，这些问题悬而未决。

我请陆军总参谋长向元首报告，面对这些情况，必须考虑到敌人突破到第聂伯河渡场和基辅的可能性。鉴于最高统帅部迟迟不做出决定，也没兑现承诺，而这些承诺是集团军群司令部采取措施的依据，我认为有必要在这份报告里加上一段，为明确阐明自己的看法，只能采用书面形式。我之所以引述，是因为这段话清楚地说明了最高统帅部与集团军群司令部的意见分歧：

> 冬季作战结束后，集团军群就报告过，以现有兵力我们无法守住己方防线，还一再要求在东线内部或与其他战区彻底调整兵力分配，但均属徒劳；由于我们据守的地域至关重要，完全能预料到，苏联人会把他们的进攻重点置于南方集团军群，所以调整兵力分配不可避免。
>
> 相反，"堡垒"行动结束后，集团军群的兵力被调离，每次发生危机，援兵总是不足，而且姗姗来迟。
>
> 若能根据态势需要及时提供援兵（相应地放弃其他战线），那么就能避免当前的危机，这些危机会给东线乃至整个战争造成决定性影响。
>
> 我之所以指出这些问题，不是为日后就东线态势发展追究谁的责任，而是确保至少在将来能及时采取必要的措施。

但希特勒显然无法下定决心，做出我们认为必须要做出的决定，主动把中央集团军群撤到第聂伯河一线，腾出足够的兵力，稳定东线南翼的态势。陆军总参谋长和OKH作战处的敦促，南方集团军群司令部再次呈交的报告，都没能促使他做出相关决定。我在报告里指出，敌人对中央集团军群发动的攻势（希特勒对此担心不已）不过是牵制性进攻。他们企图以此阻止我们把作战重点置于南方集团军群北翼。另外，中央集团军群撤到第聂伯河一线，在作战和战争经济方面都不会造成严重的弊端。

如果不采取措施，敦促中央集团军群兑现为我们的北翼调派援兵的承诺，而敌人又不断前调新锐力量对付这一翼，那么第4装甲集团军就会陷入北面遭合围的危险，被迫撤离基辅以南地域。这样一来，我们不仅无法在第聂伯河后方构设新防线，集团军群也面临陷入合围的紧迫危险。

集团军群司令部9月14日汇报了当前情况，还指出鉴于形势所迫，我们打算次日命令北翼撤到基辅两侧的第聂伯河后方。第8集团军已接到指示转入机动作战。

由于希特勒犹豫不决，我们在波尔塔瓦附近，沿第聂伯河缩短的防线挡住敌军的想法没能实现。

针对这份报告，我们得到的答复是，暂时不要下达后撤的命令，待希特勒9月15日与我面谈后再说。我回复称，除非让我和他单独会谈，只能陆军总参谋长在场，否则这种会晤毫无意义。

此次会面，我再次向希特勒汇报，自他到访后，我方防线的情况进一步恶化。我告诉他，集团军群北翼发生的危机，不仅对南方集团军群，随后甚至会对整个东线造成致命影响。这不仅关系到我们能否守住第聂伯河一线或具有经济重要性的地域，还关乎整个东线的命运！我补充道，眼下的危机完全是中央集团军群不肯抽调兵力造成的。南方集团军群司令部总是忠实地执行OKH抽调兵力的指令，即便在危急的情况下也是如此。我无法理解其他集团军群为何做不到。特别是一旦中央集团军群被迫后撤他们的防线，再抽调兵力也无济于事了。不管怎么说，如果第4装甲集团军的防线土崩瓦解，中央集团军群留着那些兵力也起不到太大作用。最高统帅部认为急需抽调兵力，可中央集团军群竟然不予执行，在我看来简直是不可想象。就连集团军群司令也不奉命行事，我们还怎么打仗？不管怎样，我相信自己始终会执行上级下达的命令！（中央集团军群司令部不执行命令，实际上是因为希特勒并不认为必须及时缩短防线，并排除众议迅速贯彻命令。）

我总结道，第4装甲集团军能否撤过第聂伯河很成问题，当然，集团军群会采取一切措施确保这场行动顺利执行。可要想恢复集团军群北翼的态势，必须确保4条铁路线畅通无阻，这样才能让4个师各使用一条铁路线，从中央集团军群作战地区同时调到我们的北翼。（不用说，这样一来，中央集团军群就必须撤到第聂伯河一线。）东线的命运全系于此，除了立即朝基辅地域调派强大的兵力，别无他法。

我这番话明确地批评了希特勒的指挥能力，虽然他平静地接受了，但此次会晤肯定让他心生不快。不管怎样，会晤的结果是OKH立即下达了指令。据此，中央集团军群9月17日抽出4个师，同时使用4条铁路线全速开赴南方集团军群。另外，OKH还答应从西线调拨步兵分队和后备部队补充我们的各个师，共计32个营。

我返回司令部后，集团军群命令辖内所有集团军撤到梅利托波尔—基辅上方的第聂伯河河段—杰斯纳河地域一线。

读者也许会产生这样的印象，集团军群沿第聂伯河作战的这几周，司令部的主要工作就是与OKH和希特勒不断争论。没错，为确保最高统帅部及时采取必要的措施，防止他们的决定为时过晚，我们一再做出努力，耗费了很大精力。特别是因为集团军群司令部已习惯迅速做出决定，不断重述理所当然的事，或一次次提出同样的要求，完全不符合我这个司令的性格。但归根结底，这些争论的目的是让上级及时认识到作战必要性，而这恰恰是德军1943—1944年战局的重要特点。

另外，弄清敌人的真实企图，预测对方有可能采取的行动，据此决定己方兵力的分配和使用问题，高级指挥机构的这项任务，始终是军事领域的重要组成部分。具体的作战行动如何执行，如何配属部队，则是另一个组成部分。如果高级指挥机构无法完成前一项任务，我们就没办法实际指挥作战行动，前文提到的后发制人的构想就是个好例子。

尽管集团军群司令部已无法赢得胜利的桂冠，但我们竭力抵挡优势之敌的打击，由于篇幅所限，我无法详细描述这方面的情况。我只想说，我们的目标就是充分利用手头现有兵力，尽量不让主动权彻底落入敌人手里。一旦掌握足够的兵力，我们就与敌人正面交锋，击退对方，让他们付出惨重的代价。其他情况下，我们必须及时实施局部后撤，挫败对方凭借优势兵力打垮我们的企图。我们接下来要做的，往往是集中装甲力量阻止敌人达成突破，可能的话，利用对方冒进期间暴露出的弱点发起反突击。这些交战的具体指挥工作交给辖内各集团军，至于他们如何处置，这里不再详述。

但我必须指出，集团军群司令部与各集团军司令部的协同建立在相互信任的基础上。

集团军司令得到出色的参谋长辅佐，总是能在艰难的情况下找到解决之道。面对严重的危机，他们不会惊慌失措。集团军群司令部出于总体态势的考虑，有时候不得不下达命令干预他们的作战指挥，有时候尽管形势危急，可还是要从某个集团军抽调兵力，在这些情况下，他们总是通情达理，因为我们都为同一个目标奋斗。

第 6 集团军司令霍利特大将克里木战役期间在我手下担任师长，从那时起我们就彼此了解。他是个坚定、严肃、正直的人。也许他不是个雄心勃勃、热情洋溢的指挥官，但他的特点是思维清晰、沉着冷静，总能做出客观判断，我可以毫无保留地信赖他。作为一名步兵，霍利特对作战部队抱有特殊的感情，某些情况下会情绪低落，这完全可以理解。他的参谋长博尔克将军个人能力无可置疑，但没能给霍利特提供太多帮助，至少我们在集团军群司令部得出的印象是这样。两个能干的军人分别担任集团军司令和参谋长，仅仅把他们拼凑到一起是不够的。重要的是各个职位的人选必须具备相应的才干，尤其是参谋长，因为他是负责联系上、下级指挥部门的实际沟通者，所以应当特别适合这项任务。

第 1 装甲集团军司令冯·马肯森大将，他父亲担任过德皇的副官长，第一次世界大战期间擢升元帅，马肯森继承了父亲正派的作风，待人和蔼可亲，颇具骑士风度。他和他父亲一样，都是骑兵出身，但马肯森其实不像个轻骑兵，相反，他非常谨慎，工作细致准确。战前他在总参谋部铁路处任处长，干得非常出色。波兰战局期间，马肯森还是集团军参谋长，到西方战局他已指挥一个集团军了。他后来在韦尔身陷囹圄，但证明自己是个乐于助人的好同志。

另外，马肯森将军特别幸运地得到参谋长文克将军大力协助。正如我介绍1942 年年末到 1943 年年初的冬季战局时说过的那样，文克作为参谋长，从一开始就成为顿河畔罗马尼亚第 3 集团军领率机构的核心人物。后来他担任马肯森的参谋长。无论第 1 装甲集团军的处境多么危急，我们坚信，充分获得集团军司令信任的文克总能找到解决困难的办法。有时候，他确实会在我的参谋长布塞面前把局面说得无比黯淡，但最后总是加上一句："好吧，我们总归有办法解决的。"他的乐观、朝气、坚定，以及为人处世的魅力，为他赢得了"相思鸟"的绰号。顺便说一句，文克的从军经历颇具讽刺意味，当初他还是个少尉，没能通过军区的考试，经人劝说后又考了一次，这才顺利过关，就此开始了总参职业生涯。

我在前面提到过第 8 集团军司令韦勒将军，这位真诚、正派、直爽的下萨克森人性格坚强，经受了一次次考验。克里木战役期间他是我的参谋长，我俩结下深厚的友情，合作得非常愉快。尽管他年纪轻轻就出任集团军司令，但他知道如何发挥自己的人格魅力，在所到之处树立威望。他还敢于对受到希姆莱保护的一名党卫队领袖直言不讳。

韦勒得到参谋长施派德尔将军大力协助，施派德尔当初在韦勒的前任肯普夫将军手下干得非常出色，对肯普夫集团军级支队的指挥工作起到重要作用。施派德尔总是冷静、客观，而且精通总参业务，其他方面的知识也很渊博，这些素质让他成为优秀的参谋长。

第4装甲集团军司令霍特大将，当初我在利格尼茨担任第18步兵师师长，他是我的前任，年龄没比我大多少。我担任军长时，他已经指挥装甲集群了，在装甲兵团的使用方面积累了丰富的经验。更值得称赞的是，他在南方集团军群辖内，始终恪尽职守地听从我这个年轻司令的指挥。霍特个头不高，身材瘦削，但他精力旺盛，非常活泼，对年轻的部下总是和蔼可亲，笑容满面。他对部队的感情很深。他每次都能清晰而又明确地表述自己的观点。在艰难的情况下，霍特指挥得非常灵活，这是他的特点。后来在纽伦堡法庭上，他那种军人的正直，就连美国法官也深表敬佩。

参谋长范格尔将军出色地弥补了霍特冲动的个性，他是个干劲十足、不知疲倦的工作狂，知道如何把霍特的构想迅速而又准确地付诸实施，即便在困难的情况下也能提出建议，帮助霍特解决问题。

如果说集团军群司令部完全信赖辖内各集团军的指挥工作，那么我相信，各集团军司令部也满意集团军群的指挥。无论如何我们都得让他们知道，我们要做什么。虽然集团军群司令部经常得不到希特勒清晰明确的作战指令（除了必须坚守一切），但我们总是把作战企图清清楚楚地告知辖内各集团军。我们尽量给各集团军下达明确的指令，从不干涉他们的指挥，除非作战行动的连贯性要求我们必须介入。但需要集团军群司令部做出决断时，我们从未延误过。一旦我们做出承诺，各集团军就知道这种承诺肯定会兑现；但集团军群司令部下达的各道命令，包括抽调兵力，必须不折不扣地执行。

集团军群司令部与辖内各集团军建立起真正的互信关系，主要归功于我那些亲密的同僚，特别是参谋长布塞将军，以及我们出色的作战处处长舒尔茨 – 比特格尔中校。毕竟高级指挥部之间就战略和战术问题的沟通主要通过参谋长和作战处处长进行。作为集团军群司令，我可不想守在电话旁，主要是我不愿像许多高级指挥官常做的那样，通过电话对下属高级将领提出"建议"。

另外，布塞和舒尔茨－比特格尔的工作相互补充，配合得非常默契。

舒尔茨－比特格尔很有人缘，聪明而又谦逊，尽管偶尔会挖苦人，但总的说来还是亲切友好的。可惜，这位能力出众、品德高尚的军官也成了"7·20"事件的诸多受害者之一。

我在前文谈到过布塞的重要性，他说的话大多能一语中的。情况紧急时，他表现得干劲十足。如果某位集团军参谋长一再把集团军的处境说得艰难无比，并对能否完成受领的任务提出质疑（当然不是毫无道理的），布塞就答道："好吧，情况不会总是这样。"但这句话绝非信口开河，而是他经历多次危机后总结出的经验，接下来，他会提出各种建议帮助对方，或承诺集团军群会提供协助。

但对我们接到的某些指令，布塞只能无奈地评论道："真让人无法理解。"总的说来，我们这个核心圈子里，每个人都直言不讳。

顺便说一句，我们对那些不符合实际的指令牢骚满腹，但这些指令不是OKH作战处或"球形闪电"想出来的，而是出自希特勒的想法。

"球形闪电"是蔡茨勒将军的绰号，因为这位总参谋长出现在OKH，总有种闪电落下的效果，另外，他还要求下属以闪电般的速度完成各自的工作。"球形"指的是蔡茨勒的模样，他身材矮小，胖乎乎的，圆圆的脑袋，红润的面颊，光秃秃的头顶，动作很快，看上去就像个圆球。

蔡茨勒不是我的朋友。战前，他这个年轻的总参军官隶属OKW国防处。OKW与OKH的关系并不好，而我当时在OKH担任总参谋部第一军需长。那时候，我差点误会蔡茨勒也主张OKW应该对陆军的指挥工作发挥影响。若真是这样，那么他后来肯定对此后悔不迭。作为陆军总参谋长，蔡茨勒与原先的上司凯特尔和约德尔分道扬镳，成了他们的对立面。由于OKH对大多数战区的指挥工作无权置喙，他肯定想到，必须建立统一的机构，以替代目前的两套指挥班子。

战争爆发后，蔡茨勒先是担任装甲军参谋长，后来在冯·克莱斯特将军麾下任第1装甲集团军参谋长，很快因为精力充沛、才能出众、战术技能高超而声名鹊起。希特勒也注意到他，1942年春季把他调到西线担任参谋长。果然，蔡茨勒凭着他非凡的干劲，极大地改善了法国海岸的防御准备。希特勒解除哈尔德大将的职务后，派蔡茨勒接任。

蔡茨勒精力充沛，做事不讲情面，当然，他在许多方面秉承希特勒的意志行事，可要是有谁认为他不过是希特勒手里一件毫无思想的工具，那就错了。不管怎么说，自我们接掌顿河集团军群指挥权起，蔡茨勒就站在我们一方，几乎总是以他充沛的精力和顽强的斗志，在希特勒面前维护我们的观点和意愿，哪怕与希特勒的争执一点也不愉快。希特勒亲口对我说过："为了您的建议，蔡茨勒会像头狮子那样搏斗。"只有像蔡茨勒这样健壮的人，才能承受没日没夜与希特勒争执的煎熬，还得面对一次次失望的结果。但蔡茨勒不是毛奇或施利芬意义上的总参谋长，在希特勒手下担任总参谋长也永远做不到这一点。

不管怎样，集团军群司令部与陆军总参谋长之间是一种相互信赖的关系。OKH作战处处长豪辛格将军的个性在这方面做出不小的贡献。战前他在我负责的作战处任职，从那时起，我们俩的关系就很密切。他是个能力出众的总参军官，作风正派，很讨人喜欢。

撤往第聂伯河后方

我从元首大本营返回后，集团军群司令部9月15日傍晚命令各集团军撤往第聂伯河一线，至于这场运动的速度，唯一的要求是保全各部队的战斗力。这道命令明确指出："所有决定和命令的着眼点，必须是保持部队的完整，这样就能克服一切困难；反之，如果部队丧失战斗力或坚定性，就无法克服困难，更无法执行后撤。"只要有可能，各集团军应当对敌人发起打击，消耗对方的进攻力量，为我们的后撤争取时间。

第6集团军必须把部署在南面的两个军撤入梅利托波尔与扎波罗热南面第聂伯河河曲部之间的预设阵地。部署在北面的军撤入扩大的扎波罗热登陆场。这片防区移交给第1装甲集团军，第6集团军随之转隶A集团军群，A集团军群辖内第17集团军从库班半岛撤往克里木。

第1装甲集团军必须在扎波罗热和第聂伯罗彼得罗夫斯克渡过第聂伯河，接防从扎波罗热到克列缅丘格以东30公里的防线。渡河作业完成后，第聂伯罗彼得罗夫斯克登陆场应当放弃，遵照希特勒的命令，扎波罗热必须坚守。第8集团军的右翼军也撤往第聂伯罗彼得罗夫斯克，接受第 1 装甲集团军指挥。

第 1 装甲集团军还奉命把第 40 装甲军军部和 2 个装甲师、1 个装甲掷弹兵师、1 个党卫队骑兵师尽快集中到第聂伯河南面，以便调往集团军群左翼。但希特勒坚守扎波罗热登陆场的指令给这项安排造成妨碍，其后果我们会在下文讨论。

第 8 集团军必须在克列缅丘格与切尔卡瑟这两座扩大的登陆场之间渡过第聂伯河。总之，该集团军应当把强大的装甲力量集中在左翼，全力控制切尔卡瑟渡场。由于第 8 集团军必须在第聂伯河后方坚守一路延伸到基辅以南 30 公里的防线，因此，第 4 装甲集团军辖内第 24 装甲军在卡涅夫渡过第聂伯河后转隶第 8 集团军。

除了第 24 装甲军，第 4 装甲集团军主力在基辅附近渡过第聂伯河，渡河后要确保与中央集团军群右翼恢复联系。

根据这道命令，各集团军撤往梅利托波尔—第聂伯河阵地，兵力占有绝对优势的敌人紧追不舍。结果，这场后撤成为 1943—1944 年战局期间集团军群最艰巨的行动。

第 6 集团军作战地域右翼，这项后撤任务相对简单些。他们把辖内部队直接撤入梅利托波尔北面扩大的阵地和扎波罗热登陆场。这片正面地段的主要危险是，展开追击的敌人占有兵力优势，特别是他们的坦克兵团会突然插入我们的后撤队形。

相比之下，另外 3 个集团军撤往第聂伯河对岸的行动异常艰难。他们必须从宽达 700 公里的正面集中到 5 个第聂伯河渡场。渡河后，他们还得抢在敌人踏足南岸前，在第聂伯河后方构设同样宽度的防线。各集团军必须把辖内部队朝一两个渡场汇集，这给追兵提供了可乘之机。但最要命的是，德军不得不从第聂伯罗彼得罗夫斯克、克列缅丘格、切尔卡瑟、卡涅夫、基辅渡过第聂伯河之际，敌人会充分利用这段时间，在第聂伯河两岸大肆活动。

几个集团军的后撤行动中，雪上加霜的是，集团军群整个中部、第 1 装甲集团军左翼、第 8 集团军都不能垂直地撤往第聂伯河。相反，他们必须在第聂伯河北面，沿与河流近乎平行的方向，一路朝西赶往渡场，确保在第聂伯河对岸沿集团军群整条防线的宽度及时构设防线。特别是第 8 集团军，后撤期间不得不杀开血路退往西面的切尔卡瑟渡场。集团军群左翼的第 4 装甲集团军，由于中央集团军群南翼态势的发展，仍面临被敌人驱离基辅的风险。

尽管出现了一些局部危机，可我们还是顺利完成了这场艰巨的后撤，这一点归功于各集团军灵活的指挥，以及部队的杰出表现。只有指挥机构坚信自己优于敌人，只有各部队就算在后撤期间也没觉得被敌人击败，才能取得这样的成果。敌人没能阻止我方几个集团军朝寥寥几座渡场汇集，更没能把他们驱离渡场。尽管敌人实力强大，却没有利用我方部队朝渡场汇聚的有利时机，派强大的兵力抢先渡过第聂伯河，从一开始就破坏我们在河流后方构设防御的计划。由于我方兵力不足以沿整条河流布设严密的防御，敌人确实在几个地段渡过第聂伯河，后面会谈到这个问题。

焦土政策

这些后撤行动是在极度艰难的情况下进行的，因此，德军指挥部门不得不采取一切可行措施，尽量给敌人的追击制造困难。最重要的是，我们必须阻止对方到达第聂伯河后，立即从追击转入进攻。

出于这个原因，我们现在不得不照葫芦画瓢，采用苏联人当年后撤期间用过的策略，也就是焦土政策。

第聂伯河前方大约20—30公里地域内，一切有助于敌人继续进攻、沿宽大战线渡过第聂伯河的东西，都必须炸毁、破坏或带走；也就是说，第聂伯河阵地前方的展开地域内，能为敌人提供遮掩或住宿的一切，以及所有补给物资，特别是部队的口粮，都得炸毁或带离。

同时，我们还按照戈林经济部下达的特别指令，把用于战争生产的所有物资、设备、机器悉数运走。但集团军群采取的这项措施，仅限于重要的机器、稀有金属、粮食、油料作物、马匹、家畜。当然，我们"劫掠"这些地区的说法纯属无稽之谈。与其他国家的军队不同，德国陆军绝不会容忍这种行径。为防止非法运走某些东西，我们采取了严格的检查措施。至于我们从工厂、仓库、国营农场运走的货物和物资，是苏联国家财产，不属于个人。

苏联人一旦夺回某片地区，会立即把60岁以下所有身强体健者编入军队，还无情地驱使其他居民从事军事目的的工作，甚至在作战地域内干活，因此，德国最高统帅部下令把当地居民转移到第聂伯河后方。其实，这种强制性措施仅限于那些会立即被苏联红军编入军队的适龄者。另一方面，为逃离可怕的苏联人，大部分居民自愿跟我们一同撤离。就像我们后来在德国东部亲身经历过的那样，这些居民组成了浩浩荡荡的难民大潮。途中，我们各个集团军尽可能地为他们提供了帮助。他们没受到"胁迫"，而是在我们引领下逃到第聂伯河以西地域，在那里，德军各级指挥部门为他们提供了食宿和相应的照料。逃难的居民可以带上他们能携带的任何东西，甚至包括马匹和家畜。我们还在运输工具方面尽量为他们提供帮助。不可否认，战争给民众带来无尽的苦难和艰辛，这种情况无法避免。但这一切无法与德国国内民众遭受的恐怖轰炸或德国东部后来发生的事情相提并论。不管怎么说，我们采取的各项措施都是战争的需要。

以下几个数字，也许能说明这场后撤期间杰出的技术成就。需要撤离的伤员多达20万，大约2500列火车用于运送军用物资和当地疏散的货物，自愿和我们一同撤离的平民约有10万人。面对极度困难的情况，这场后撤在相对较短的时间内执行，而且只能利用寥寥几座渡场渡过第聂伯河。与某些人的看法相反，事实证明我们完全能迅速执行这样的行动。

9月30日，集团军群辖内各集团军悉数到达梅利托波尔—第聂伯河一线。

争夺第聂伯河一线的交战

渡过第聂伯河后，集团军群获得一道无疑相当强大的天然障碍，至少在夏季是这样。但可以肯定，我们无法指望集团军群作战地域的态势持续缓解。

我们确信，敌人会继续在东线这片地段寻求决战，而不是在其他地方。无论从作战、战争经济还是政治角度看，这里依然是对敌人最具诱惑力的目标。所以，他们会把南翼的补给能力发挥到极致，不断从预备队或战线其他地段抽调新锐力量对付南方集团军群。但不可否认，对方还是会在其他地方发动牵制进攻或局部攻势。可即便这些行动取得局部胜利，与东线南翼发生的情况相比，也不具有决定性意义。

相比之下，南方集团军群能站稳脚跟吗？我们能否指望敌人对第聂伯河一线的进攻最终撞得头破血流？

如果第聂伯河一线筑有强大的防御阵地，那么1943年秋季回答这些问题就更有把握。可惜，实际情况远非如此。

1942年年末到1943年年初，集团军群司令部就请求OKH加快速度，沿第聂伯河一线构筑工事。我们自己无法从事这项作业，因为第聂伯河当时不在我们的作战地域内。但希特勒不肯扩建第聂伯河防线，首先是因为他基本上把后方阵地视为后撤的诱惑，其次是因为他想把所有人力，最重要的是所有物资，用于构筑大西洋壁垒。尽管如此，随着1943年头几个月的战事逼近第聂伯河，集团军群还是靠自身的力量，扩建了扎波罗热、第聂伯罗彼得罗夫斯克、克列缅丘格、基辅登陆场，以防敌人在这些重要的渡场切断集团军群后方交通线。"堡垒"行动中止后，我们转入防御作战，集团军群司令部立即从当地征召劳工，全力扩建第聂伯河阵地。可我们最终只建成一些简易的野战工事，因为建筑机械和最重要的建筑材料（水泥、钢材、铁丝网、地雷等）都得靠OKH调拨，就连木材也需要乌克兰帝国专员辖区供应。而希特勒现在优先考虑的依然是大西洋壁垒。只要河流没有封冻，我们确实可以把第聂伯河一线视为强大的防御依托，前提是以足够的兵力据守野战阵地。

但这恰恰是德国方面的弱点。过去两个半月持续不停的交战，德军各兵团的实力下降得惊人。人员和轻重武器的补充，特别是坦克，根本无法弥补相应的缺口。如前文所述，这种情况主要是希特勒下令在国内组建越来越多的新师造成的。

撤往第聂伯河期间，集团军群司令部向OKH明确汇报过兵力情况。报告里对能否长期坚守第聂伯河一线提出质疑。我们还指出，沿河流实施防御的任务必须交给步兵师，装甲兵团应当作为快速预备队留在后方，这样就能在敌人企图以优势兵力强渡河流的地段及时介入交战。

为此，集团军群司令部不得不报告，我们据守的第聂伯河防线长达700公里，而集团军群辖内3个集团军可用于守卫防线的步兵师共计37个，包括即将开抵的3个师，另外5个步兵师已丧失战斗力，不得不编入其他兵团。因此，每个师据守的正面宽20公里左右，但各师可用于前线战斗的平均兵力只有1000来人。就算上级许诺的补充兵开抵，每个师的平均作战兵力也不会超过2000人。很明显，即便我们待在第聂伯河后方，这么点前线兵力也无法长期遂行决定性防御。

至于集团军群目前掌握的 17 个装甲和装甲掷弹兵师，应当指出，没有一个师仍具备真正的进攻力量。坦克的数量、装甲掷弹兵团的兵力都大幅度下降。

因此，集团军群司令部要求，除了开进中的 3 个步兵师，还得前调更多兵力。我们认为这种要求完全可以满足，只要中央集团军群撤到第聂伯河上游，把他们的防线缩短三分之一即可。我们估计，敌人至少不会对中央集团军群南翼发起决定性进攻，因为这会让他们陷入平斯克沼泽地。

以补充兵和物资加强南方集团军群各兵团同样重要。一如既往，这些兵团还得继续承担东线战事的主要重任。另外，绝不能再发生后撤期间出现的弹药危机。

当然，争夺第聂伯河一线的交战，我们能否挫败敌人的进攻，取决于这些要求是否得到满足。

归根结底，最重要的是德国最高统帅部眼下是否还有足够的兵力和手段，打赢敌人 1943 年企图在东线这片地段寻求决定性战果的交战。

当时还不能说，鉴于苏联人掌握数量众多的兵团，我们从一开始就毫无希望。就算敌人企图竭尽全力，今年在南翼赢得决定性胜利，但补给能力最终会给他们在前线这片地段的兵力部署造成限制。因此，德国最高统帅部必须预料到敌军的部署，及时而又充分地把兵力集中到主要地段，这一点至关重要。当然，要做到这一点，最高统帅部就得下定决心，在其他战区和东线其他地段冒上巨大的风险。如果能实现这一点，那么苏联红军进攻南方集团军群受挫，可能会严重削弱他们的进攻力量。这场胜利对我们继续从事战争具有决定性影响。

针对及时而又充分加强东线南翼的问题，集团军群司令部继续与最高统帅部展开斗争。但我不想重复我们与最高统帅部就这方面反复发生的争论，只想强调，陆军总参谋长和 OKH 作战处在这个问题上完全赞同我们的看法。例如，豪辛格将军 10 月 3 日告诉我，他先前建议撤出克里木，再让北方集团军群退守一条缩短的防线，从而在东线腾出兵力支援南方集团军群。希特勒最近把违背他的意愿而修建的第聂伯河阵地称为"东方壁垒"，所以豪辛格建议在深远后方修筑一道真正的"东方壁垒"。可元首拒不批准弃守克里木，也不允许北方集团军群后撤，更谈不上在大后方修建东方壁垒。他只是答应研究从其他战区抽调部队的可能性。但就算这个问题通过，也只有区区几个师。

我们把话题拉回第聂伯河的态势。

到 9 月底，敌人渡过第聂伯河继续进攻的企图已昭然若揭。

第 6 集团军当月中旬转隶 A 集团军群，撤往梅利托波尔—第聂伯河阵地，强大的敌军紧追不舍。

敌人把两个集团军摆在前线，第三个集团军部署在第二线，以 20 个步兵师、2 个坦克和机械化军的总兵力尾随第 1 装甲集团军，朝扎波罗热登陆场方向攻击前进。

敌人编有 15 个步兵师的两个集团军攻往第聂伯罗彼得罗夫斯克与克列缅丘格之间的第聂伯河段，编有 3 个军的一个坦克集团军紧随其后。

敌人编有 12 个步兵师、2 个坦克军、1 个机械化军的两个集团军，攻往切尔卡瑟与勒日谢夫之间的第聂伯河段，紧随其后的是编有 3 个军的一个坦克集团军。

另一方面，我们在基辅方向和该城北面的第聂伯河地段，只发现敌人以 3 个步兵军和 1 个机械化军展开行动。很明显，敌人起初想把作战重点置于第聂伯河河曲部，当然，他们完全能以最快速度把更多兵力从中央战线调入基辅两侧地域。

虽然集团军群 9 月 30 日前在上述困难条件下把辖内部队撤过第聂伯河，可还是无法阻止敌人在第聂伯河南岸两个地段获得立足地。

第聂伯罗彼得罗夫斯克与克列缅丘格中间，敌人利用那里的岛屿，在第 1 装甲集团军与第 8 集团军分界线两侧渡过第聂伯河。河岸守军实力太弱，无法阻止对方渡河。当时奉命在第聂伯河南岸担任集团军群快速预备队的第 40 装甲军没能及时开抵，以反突击把敌人赶过河去。他们仍在扎波罗热登陆场。如前文所述，我们后撤期间，希特勒下令坚守扎波罗热、第聂伯罗彼得罗夫斯克、克列缅丘格、基辅登陆场。如果集团军群有足够的兵力守卫这些登陆场，那么希特勒的指示没什么不妥。可惜情况并非如此，所以我们打算渡河行动完成后就弃守几座登陆场。希特勒默许我们放弃后三座登陆场，但另一方面，他没理会各种反对意见，以明确的指令要求坚守甚至扩大扎波罗热登陆场。他认为，除了控制第聂伯河大坝和发电厂，只要我们守住登陆场，敌人就不敢进攻第 6 集团军的梅利托波尔防线。从作战角度看，希特勒的后一个观点值得重视。但他又一次同时寻求太多目标。不管怎么说，坚守扎波罗热登陆场的指令，导致第 1 装甲集团军没能及时腾出第

40 装甲军。敌人在第聂伯罗彼得罗夫斯克与克列缅丘格中间渡河，我们错失良机，没能赶在对方调集重兵守住河流南岸宽大的登陆场之前消灭他们。

9 月底，敌人利用卡涅夫渡场以西佩列亚斯拉夫南面的第聂伯河河曲部，又一次顺利渡河。对方显然企图在这里实施大规模强渡，朝第聂伯河河曲部两侧河段投入的兵力不下 4 个坦克军和 1 个机械化军。他们还把几个伞兵旅空投到第聂伯河南岸，很短时间内就在这片狭窄的河曲部集结了 8 个步兵师和 1 个坦克军。

另一个危机点出现在集团军群最北翼，敌人在第 4 装甲集团军与中央集团军群结合部渡过我们本该设防的杰斯纳河。OKH 当初命令第 2 集团军投入兵力防范这种可能性，结果却不了了之。

集团军群司令部 9 月中旬迁到基洛沃格勒，这座大城市构成第聂伯河大河曲部地区的中心。我从这里出发，视察了第 1 装甲集团军、第 8 集团军据守的第聂伯河防线发生危机的地段，以及基辅附近的防线。我当时的印象是，第 4 装甲集团军也许能守住第聂伯河防线，但另外两个集团军结合部出现的危机显然无法彻底消除。

10 月初，为了更方便地指挥整条防线，集团军群司令部迁到文尼察原先的元首大本营。它坐落在森林里，当初为扩充、完善希特勒和 OKW 参谋部这处指挥所，相关部门在技术方面下了很大功夫，例如独立供水、照明、供电设施。我们入住的办公室和宿舍很有品位，但都是木屋，建造和布置得很简单。令人惊异的是，整片林地遍布地下式哨所，可能是因为希特勒既想确保安全，又不愿见到岗哨林立。幸亏我们不需要以这种方式设立警戒哨。我们的军需处在文尼察城内占用了 OKH 以前的宿舍。文尼察位于布格河畔，是个风景如画的大型疗养胜地，这里的疗养所现在成了军队医院。只要时间允许，我就会去医院视察。我发现，伤员得到医生和护士无微不至的照料，医院的设备也完全符合各项要求。

早在 1943 年 10 月，集团军群就卷入争夺第聂伯河一线的决定性交战。东线北部地段，深秋通常会降雨，泥泞期随之而来，会给苏联红军的大规模攻势造成诸多困难，而南方的情况不是这样，相反，这里的战事有增无减。

根据我们 9 月底确定的敌军兵力配置，对方施加的压力主要针对集团军群作战地域四个地段：

扎波罗热登陆场，敌人显然认为，消灭这座登陆场是继续进攻南面与我们毗邻的第 6 集团军的先决条件；

第聂伯河两个地段，敌人已设法在南岸夺得立足地；

基辅北面的第 4 装甲集团军北翼。

10 月初，我们击退敌人对扎波罗热登陆场的猛烈冲击后（代价是第 40 装甲军没能及时腾出，消灭第聂伯罗彼得罗夫斯克与克列缅丘格之间的敌登陆场），敌人前调更多兵力，重新发动进攻。对方动用前所未见的炮兵力量（他们的炮兵师首次出现在这里），以不下 10 个师和强大的坦克力量突入我方登陆场阵地。经过激烈战斗，我们不得不放弃登陆场。尽管守军撤过第聂伯河，还炸毁了几个月前修复的铁路桥和大坝上的通道，但据守登陆场的各个师严重受损。他们剩余的兵力是否足以守卫河流防线，似乎很成问题。不管怎样，希特勒严令坚守扎波罗热，我们为此付出的代价太高了。

敌人在第聂伯罗彼得罗夫斯克与克列缅丘格之间达成突破的地段，第 1 装甲集团军和第 8 集团军投入快速预备队，顺利挡住对方，但无法把他们驱离南岸。敌人不断前调新锐部队，扩大登陆场的宽度和深度。这里的态势发展，对第聂伯河河曲部的后续交战具有决定性影响，这个问题我会在后文详述。

与此同时，敌人在佩列亚斯拉夫附近的顿河河曲部竭力发展他们从第 8 集团军左翼夺得的登陆场。但第 8 集团军和第 4 装甲集团军前调快速兵团，粉碎了敌人沿宽大正面渡河的企图，还歼灭了已渡河的敌军部队。敌人空投在切尔卡瑟西南面的几个伞兵旅也遭受了同样的厄运。所以佩列亚斯拉夫南面狭小的登陆场基本在我们控制下，盘踞在登陆场内的敌人很难冲出去。

第 4 装甲集团军作战地域，10 月，敌人设法在基辅北面的河西岸夺得一处立足地。他们在北面击败第 2 集团军右翼，得以在第 4 装甲集团军最靠北一个军的作战地域沿宽大的正面渡过第聂伯河。以往的经验告诉我们，两个指挥机构的分界线往往潜伏着危险，现在，这种危险越来越明显了。一如既往，为恢复集团军群分界线的态势，集团军群司令部打算采取的措施无法付诸实施，因为第 2 集团军没有按照 OKH 的指示腾出可用力量，或把他们投入这种目的的作战行动，而是把部队用于其他地方。我向 OKH 提出强烈抗议，但第 2 集团军我行我素，还是没有奉命行事。不过，第4装甲集团军在基辅以北两个军的作战地域内守住第聂伯河西面的高地，此处距离河岸只有几公里。尽管如此，这里的态势依然危急，因为我们必须料到，一旦敌人调来新锐力量，就会从北面转身扑向基辅。

但我们最担心的是，争夺第聂伯河一线的这些初期交战迫使集团军群投入所有快速兵团。这些兵团的战斗力不断下降，据守作战地段的各步兵师也是如此。因此，重新组建快速预备队越来越困难，前调更多兵力变得越来越紧迫。

第聂伯河河曲部之战

集团军群司令部不得不把北翼继续视为决定性地点。倘若敌人最终击败我们的北翼，那么，他们就打通了对南方集团军群和A集团军群实施深远合围的道路。但实际上，敌人10月份付出的主要努力是想在第聂伯河河曲部取得胜利。这种情况，再加上希特勒出于战争经济和政治方面的考虑，要求无论如何必须守住第聂伯河地区和克里木，迫使集团军群不得不接受第聂伯河河曲部的决战。

整个10月份，苏联草原方面军领率机构极为活跃，不断前调新锐兵力，投入他们在第1装甲集团军与第8集团军分界线夺得的第聂伯河南岸登陆场。到10月底，他们集中在登陆场内的兵力不下5个集团军（包括一个坦克集团军），共计61个步兵师、7个坦克和机械化军，估计他们的坦克超过900辆。面对这股优势之敌，两个德国集团军的内翼无法守住阵地，不得不分别朝东西两面退却。两个集团军之间出现个宽大的缺口，通往第聂伯河河曲部纵深的道路敞开了，敌人可以直奔克里沃罗格和尼科波尔，而希特勒认为尼科波尔对战争经济不可或缺。

最要命的是，倘若敌人继续推进，会把第1装甲集团军切断在第聂伯河河曲部东半部。在集团军群司令部看来，这种情况太危险了。无论如何我们都不能让该集团军陷入重围。

在此期间，我们不断要求增派援兵，至少促使OKH提供了两个新补充的装甲师（第14、第24装甲师）和一个步兵师。他们还承诺再调拨3个装甲师（整补过的第1装甲师、党卫队警卫旗队师、新组建的第25装甲师）。但上述兵团最终是否能给我们，他们何时开抵，这些问题悬而未决。

要是这5个装甲兵团4周前调给我们，也就是集团军群到达第聂伯河之际获得这股力量，那么情况就大不相同了。或者，就算这些兵团需要整补，暂时不能交给我们，但只要集团军群事先知道可以依靠这股力量，同时在南翼获得作战自由度，那么我们就有更多的作战选择。

但眼下的情况不允许我们等待5个装甲师悉数开抵，到那时，第1装甲集团军可能早已葬送。

因此，我们不得不以目前可用的2个装甲师和1个步兵师对敌人发起反突击。这股力量编入第40装甲军，从第8集团军向后弯曲的翼侧出击，也就是说，从西面攻入朝克里沃罗格方向推进之敌的翼侧和后方。而第1装甲集团军必须以所有装甲和步兵力量打击这股敌军，确保穿过克里沃罗格的重要交通线畅通无阻。为保障第1装甲集团军顺利完成任务，集团军群司令部命令该集团军辖内第30军，只留警戒力量守卫第聂伯罗彼得罗夫斯克两侧的第聂伯河河段，军主力撤到扎波罗热北面—克里沃罗格北面这条缩短的防线，腾出兵团用于决定性地点。无论希特勒是否愿意，只能接受我们弃守部分河段的既成事实。

敌人已到达克里沃罗格城下，10月底我们在克里沃罗格以北地域发起反突击，由于两个德国集团军的协同非常出色（行动期间，第40装甲军转隶第1装甲集团军），这场反突击大获全胜。我们不仅粉碎了敌人把第1装甲集团军切断在第聂伯河河曲部东半部的企图，还给对方造成严重挫败。敌人损失惨重（据两个集团军报告，毙敌1万人左右），另外，我们还俘虏5000名敌军官兵，缴获350辆坦克和350多门火炮。与以往的俘虏和战利品数量相比，这些数字表明，苏联红军的技术装备远比兵力增加得多。不管怎么说，我们估计敌人2—3个坦克和机械化军、8个步兵师遭到重创，另一些兵团也损失惨重。第1装甲集团军和第8集团军得以重建绵亘的防线。但对方依然占有绝对优势，我们的兵力不足以把他们赶回第聂伯河北岸。要做到这一点，只能等待另外3个装甲师开抵，前提是在此之前其他地方不发生新的危机。可是，危机很快就出现了。

虽然我们消除了第1装甲集团军迫在眉睫的危险，可他们身后出现了新的威胁，甚至更加严重。10月28日，敌人朝A集团军群作战地域投入绝对优势兵力，对据守第聂伯河与亚速海沿岸之间防线的第6集团军发动进攻。敌人达成纵深突破，第6集团军向西退却，速度之快出乎我们意料。集团军北翼（第4、第29军）撤到第聂伯河南岸一座宽大的登陆场，他们在这里至少能暂时掩护第 1 装甲集团军后方和尼科波尔地域。集团军余部继续向西，退往别里斯拉夫的第聂伯河渡场和第聂伯河下游。但诺盖草原无法为第 6 集团军重建防线提供任何支撑点。

第 6 集团军作战地域的态势发展，对驻守第聂伯河河曲部东半部的第 1 装甲集团军构成严重威胁。虽然第 40 装甲军对攻往克里沃罗格的敌军发起反突击，暂时巩固了第 1 装甲集团军的阵地，但没能决定性地击败敌人。集团军群策划的主要打击，11 月中旬前没能在这里实施，因为 OKH 许诺的另外 3 个装甲师无法提前到来。待他们开抵，第 6 集团军南翼可能已退到第聂伯河下游后方，第 17 集团军被切断在克里木，敌人也许会趁机在尼科波尔两侧渡过第聂伯河，从南面攻往第 1 装甲集团军身后。第 1 装甲集团军目前据守的狭窄地域向东延伸到扎波罗热，正面朝北、朝东，处境肯定会越来越危急。倘若我们无法阻止这种情况继续发展，就只能让第 1 装甲集团军从第聂伯河河曲部东半部向西退却，除此之外没有别的办法。这多少意味着弃守第聂伯河河曲部，尼科波尔和那里的锰矿资源必然丢失，克里木能否守住也只好听天由命了。

面对这种态势发展，特别是为防止第 1 装甲集团军的身后遭受威胁，我对 OKH 提出以下作战建议：

第 40 装甲军从克里沃罗格北面的交战腾出后，应当以 2 个装甲师，可能的话，投入 3 个装甲师，冲出尼科波尔南面第 6 集团军依然坚守的登陆场，出敌不意地打击敌军北翼，这股敌军正穿过诺盖草原，追击第 6 集团军赶往第聂伯河下游。这场突击的目的，是让第 6 集团军在第聂伯河前方设立防线，与克里木的第 17 集团军保持陆地联系，同时消除第 1 装甲集团军身后遭受的威胁。

最迟到 11 月 12 日，第 40 装甲军应当再次集结到第聂伯河北面，会同在此期间开抵的另外 3 个装甲师，投入我们计划在第 1 装甲集团军作战地域发起的打击。如果这场打击像我们预期的那样大获全胜，那我们就以上面提到的所有装甲力量，在第 6 集团军作战地域再次发动进攻，也许能收复梅利托波尔—第聂伯河防线。

这项建议自然得到希特勒强烈赞同，因为此举有望守住尼科波尔和克里木。

可惜，我们的计划没能付诸实施，因为第 6 集团军撤往第聂伯河下游后方的速度过快，致使第 40 装甲军从尼科波尔登陆场的出击毫无成功的希望。集团军群北翼的态势，随后导致仍在开进的 3 个装甲师无法用于第聂伯河河曲部。

我之所以在这里提到上述计划，是因为它包含一条深刻的教训：就算被迫采取作战应急措施，也不能忽略自己的基本作战指导思想，哪怕是暂时的。

集团军群司令部一再把集团军群北翼的重要性置于首位。可以预见，敌人很快会对那里重新发动大规模进攻。所以集团军群的总体作战构想，就是预见性地阻止敌人在那里赢得胜利。为此，第 40 装甲军在克里沃罗格取得胜利后，就该撤出第聂伯河河曲部，部署到集团军群北翼后方，另外 3 个装甲师也按计划投入此处。

但鉴于第 6 集团军的处境不断恶化，第 1 装甲集团军撤离第聂伯河河曲部东半部无可避免。此举必然导致我们弃守尼科波尔，疏散克里木。

希特勒爽快地批准把 5 个装甲师交给集团军群，目的是恢复第聂伯河河曲部的态势，他当然不会同意我们的作战构想。希特勒坚持己见，要求我们守住第聂伯河河曲部和克里木，但这无法改变集团军群司令部按照上述构想展开行动的事实。

我提出的建议，就第 1 装甲集团军遭受的威胁而言，完全合情合理，但从集团军群的整体指挥看，则是错误的，导致第 40 装甲军被牵制在第聂伯河河曲部。

如果说我的建议与自己的基本作战构想相悖，那么是两件事促成了这种情况。一方面，如果我们有望控制尼科波尔两侧的第聂伯河河段，我们就能投入新锐装甲力量，先后在河流两岸对敌人发起突如其来的打击。在内翼展开这种行动深具诱惑力，成功的话，我们就能恢复南翼的态势。另一方面，对我和当初一同指挥第 11 集团军从事艰巨作战的同僚来说，不采取果敢的行动就放弃克里木，这种想法特别令人痛苦。但更正确的做法是，决不能忽视集团军群北翼在作战方面更加重要的事实，哪怕暂时的疏忽也不行。

值此危急时刻，第 1 装甲集团军的指挥机构变更。冯·马肯森将军调到意大利指挥另一个集团军。经过这么长时间相互信赖的紧密合作，我们俩都对眼下的离别深感遗憾。接替马肯森的是胡贝将军，这位久经考验的前线军人，第一次世界大战期间作为步兵军官失去一条胳膊，但这并不妨碍他接下来几年成为骑手，还参加了骑术锦标赛。作为军官团教员，胡贝享有很高的声誉，但他没受过总参谋部的正规培训。胡贝当初在斯大林格勒指挥一个装甲军，是个精力充沛、干劲十足的指挥官。可惜，他 1944 年在上萨尔茨堡荣膺骑士铁十字勋章钻石饰后死于飞机失事。

争夺基辅的交战

11 月初，敌人再次以强大的兵力进攻集团军群北翼，也就是第 4 装甲集团军据守的第聂伯河防线。苏联红军这场攻势，是有深远的目标，还是只想在第聂伯河西面获得必要的展开地域，目前尚不清楚。但战事发展很快表明，第 4 装甲集团军辖内兵团无法抵挡兵力占有绝对优势的敌军，根本守不住第聂伯河防线。到 11 月 5 日，基辅丢失已成定局。

集团军群司令部据此得出结论，现在必须把辖内所有可用兵力悉数投入集团军群北翼，特别是正开赴前线的 3 个装甲师。但此举必须获得 OKH 批准，因为希特勒明确规定这些师用于第聂伯河下游地域。如果不能继续加强第 4 装甲集团军的兵力，那么除了放弃第聂伯河河曲部，没有别的办法。由于这个重要的问题迟迟没得到答复，11 月 7 日，我只好亲自飞赴元首大本营。

此次会晤期间，希特勒宣称，集团军群当初建议第 6 集团军介入，以便守住克里木，他不愿放弃这个"唯一的良机"。我们在基辅无法赢得重大胜利，从而迅速腾出装甲力量用于南翼。克里木和第聂伯河下游的防御都无法坚持那么久。

我回答道，要是我们按照原定计划行事，在第聂伯河河曲部和第 6 集团军作战地域遂行交战，那么就得在北翼冒上巨大的风险，影响到南方集团军群和 A 集团军群的总体态势。放弃第聂伯河下游南岸的打击，对我来说也是个艰难的决定，但现在把即将开抵的 3 个装甲师投入基辅方向至关紧要。

希特勒随后解释道，出于军事和政治方面的原因，我们必须在第聂伯河下游地域取得胜利。让军队知道他们仍能实施成功的打击，这一点很有必要。另外，控制尼科波尔的锰矿资源，对战争经济至关重要。我们决不能把克里木丢给敌人，那里会成为对方空袭罗马尼亚油田的基地。

尽管我完全理解希特勒提出的理由，可我还是认为，集团军群北翼目前的风险实在太大。倘若第 4 装甲集团军出了岔子，那么南方集团军群和 A 集团军群迟早难逃厄运。

希特勒承认风险确实很大，但他解释道，以我们目前的处境看，不得不冒险，他已做好承受风险的准备。

不管怎样，我好歹说服希特勒，让他批准第 4 装甲师从第 2 集团军调到我们北翼，顺便说一句，他早就答应把这个师调拨给我们，可这次还是没能兑现。另外，他还答应提供党卫队诺德兰旅和后来的第2伞兵师。希特勒随后同意，除了已腾出的第25装甲师，再把第1装甲师和党卫队警卫旗队师用于第4装甲集团军作战地域，而不是第聂伯河河曲部。另一方面，第40装甲军辖内第14、第24装甲师必须留在第1装甲集团军，也许日后还能从第6集团军作战地域重新发动进攻。只要希特勒不愿让第1装甲集团军从第聂伯河河曲部险象环生的阵地向西退却，放弃尼科波尔和克里木，这两个师就不能撤出。

接下来几天，第4装甲集团军的处境以惊人的速度发展，对我们严重不利。集团军辖内11个步兵师大部分的实力只相当于步兵团，已无法承受优势之敌施加的压力。敌人的首轮攻势就投入17—20个彻底整补过的步兵师、3—4个坦克军、1个骑兵军。第4装甲集团军担任快速预备队的两个装甲师实力太弱，无法封堵对方的突破。

经过激烈交战，我们不得不放弃基辅，以免第7军被敌人合围在城内。该军从基辅向南退却，在城市南面大约50公里处挡住对方的推进。我们从第8集团军调来第10装甲掷弹兵师，这才阻止对方继续向东卷击我方第聂伯河防线。第7军西翼，基辅西南方60公里的法斯托夫铁路枢纽站丢失，这里对援兵卸载和第8集团军的后勤补给至关重要。

基辅北面，第聂伯河畔的两个军向东[1]退却，第13军撤往日托米尔，第49军[2]退往科罗斯坚。敌人到达这两处铁路枢纽站，它们对我们与中央集团军群的联系，以及第4装甲集团军的后勤补给非常重要。

就这样，敌人把第4装甲集团军分割成3个相距甚远的集群。

值此危急时刻，仅有的一线希望是敌人把他们的兵力分散到两个突击方向，分别攻往南面和西面。向西推进之敌，只要他们不转身向南，对集团军群实施深远合围，就无法直接发挥决定性影响。向西退却的两个军，任务是尽可能阻滞敌人，直到集团军群前调的援兵介入交战。

---

① 译注：疑为向西。

② 译注：疑为第59军。

但集团军群采取的反制措施 11 月中旬生效前，我们还得煎熬几天。这些反制措施包括一场反突击，我们打算派第 48 装甲军军部指挥刚刚开抵的 3 个新锐装甲师（第 25、第 1、党卫队警卫旗队装甲师），打击从基辅攻往西南方的敌装甲力量。这是眼下对我们威胁最大的敌集群。第 48 装甲军尔后转身向西，打击朝日托米尔方向追击第 13 军之敌。

这里的行动成功后，我们也许能攻入从基辅沿第聂伯河向南攻击前进的敌集群后方。为进一步加强第 4 装甲集团军，集团军群又从第 8 集团军抽调了第 3、第 10 装甲师，第 20、党卫队帝国装甲掷弹兵师，第 198 步兵师。当然，这会过度削弱第 8 集团军的防线，但集团军群现在不得不大幅度削弱防线不太重要的地段，全力加强决定性地段。

可惜，由于第 48 装甲军 11 月中旬前没能完成集结，而基辅西南方的态势越来越危急，集团军群司令部不得不把目前可用的第 25 装甲师提前投入法斯托夫，以一场目标有限的进攻确保第 48 装甲军展开地域畅通无阻。这场行动再次证明，没有东线作战经验的新编师不得不付出高昂的代价。另外，该师师长率领侦察营在全师最前方实施侦察，首次遭遇敌人就阵亡了。所以，第 25 装甲师的进攻没取得预期战果，也就是说，他们没能夺回法斯托夫铁路枢纽站。相反，第 25 装甲师在东线首次经历的交战，除了人员伤亡，辖内部队在心理上也严重受挫，这是高级指挥部门本该竭力避免的。不管怎样，这场进攻，再加上第 8 集团军提供的援兵及时开抵，终于把敌人挡在基辅南面，还阻止了对方继续卷击第聂伯河防线。

11 月 15 日，第 48 装甲军得以发起计划中的反突击。

他们一举击败从基辅攻往西南方的敌坦克军，这是此次反突击的首个目标。第 48 装甲军尔后转身向西，缓解了第 13 军承受的压力，顺利夺回日托米尔。但该军计划中的最后一场打击是沿日托米尔—基辅主干道向东攻击前进，进入基辅以南敌军的身后，结果陷入泥沼。虽然这场反突击没能把敌人驱离第聂伯河西岸，但到 12 月初，我们暂时消除了第 4 装甲集团军面临的危机。该集团军目前正面朝北，防线从基辅以南 40 公里的第聂伯河一直延伸到日托米尔以北地域。孤立在科罗斯坚附近的第 49 军夺回该城，恢复了与中央集团军群作战地域的铁路连接。第 4 装甲集团军报告，毙敌 2 万人左右。我们只俘虏 5000 人，但击毁或缴获 600

辆坦克、300门火炮、1200多门反坦克炮，这种情况再次说明，苏联红军的技术装备不断增加。[2]出现在基辅战线的敌军，三分之二的步兵师、4个坦克军、1个机械化军、1个骑兵军遭到重创。

令人遗憾的是，第4装甲集团军辖内各军起初向南、向西后撤得太快，促使希特勒产生了更换集团军司令的念头。尽管我提出反对意见，指出第聂伯河防线的丢失不能归咎于第4装甲集团军指挥失误，而是因为敌人占有兵力优势，我们遭到严重消耗的各个师实力太弱，但希特勒认为，霍特大将这几年操劳过度，需要休息一阵子。就这样，霍特转入高级将领预备队。我对他的离职深感遗憾，但好歹得到希特勒的保证，过段时间会派霍特去西线指挥一个集团军。接替霍特的是劳斯将军，这位前奥地利军官久经考验，在本集团军群先后担任过第6装甲师师长、第11军军长。

第聂伯河河曲部新的交战

11月中旬，第4装甲集团军战线上的激战仍在进行之际，敌人已经从克里沃罗格遭受的挫败中恢复过来。他们投入新锐力量，在第聂伯河河曲部重新发动大规模进攻，打击第1装甲集团军北部防线和毗邻的第8集团军右翼（防线正面朝东）。敌人还企图在第1装甲集团军东部防线扎波罗热南面渡过第聂伯河，打击切尔卡瑟两侧第8集团军的第聂伯河防线。接下来他们会发展攻势，从南面进攻尼科波尔登陆场（第6集团军驻守在这里的军已转隶第1装甲集团军）。敌人的企图现在很明显，他们想把第1装甲集团军围歼在第聂伯河河曲部东半部。

11月下半月这种态势发展，促使集团军群司令部就后续作战指挥事宜与OKH商洽。

我们在11月20日的呈文中估计，尽管敌人目前在集团军群当面部署了大股兵力，但他们仍有强大的战役预备队。相关情报指出，苏联红军1943年组建的44个步兵师和大批坦克旅到目前为止还没有投入交战。另外，33个步兵师、11个坦克和机械化军在敌军战线后方整补。不管怎样，我们必须预料到，接下来的整个冬季，敌人会在东线南翼继续他们的攻势，主要压力肯定针对集团军群北翼。尽管我们在第4装甲集团军作战地域遂行的反突击进展顺利，但敌人仍能在第聂伯河西面保持足够的展开空间，从而恢复攻势。因此，我们无法从集团军群至关紧要的北翼抽调兵力，介入第聂伯河河曲部的交战。

就算我们面对敌人刚刚发动的新攻势，仍能取得防御胜利，暂时稳定第4装甲集团军作战地域的态势，但后续战事发展很可能出现以下情况。

整个冬季，集团军群不得不以实力多多少少已彻底耗尽的师据守一条远远超出我们能力范围的防线。我们没有足够的预备队，无法同时在几个地段抵御敌人的大规模进攻。

因此，集团军群在作战上完全处于被动，我方各兵团的战斗力大幅度下降，这种情况特别危险。我们遂行这种受制于敌的交战，肯定无法决定性地削弱对方的进攻力量。苏联红军长时间掌握作战主动权，我们无法及时组建预备队击退或遏止对方的进攻，这种情况会让我们在地盘、技术装备、人员方面付出高昂的损失。

把这场斗争顺利进行下去的先决条件是有数量足够、战斗力强大的预备队。如果无法从其他战区调来预备队，我们就得彻底缩短东线南翼的防线，以此腾出兵力，还要从海路把第17集团军从克里木运来。没有预备队，集团军群无法维系冬季交战。

到11月底，东线南翼的态势发展如下。

第聂伯河下游以南（A集团军群），第6集团军右翼已撤到第聂伯河下游后方，只在赫尔松控制一座狭窄的登陆场。第17集团军困守克里木，敌人封锁了进入半岛的通道。

另一方面，虽然乌克兰第4方面军在南部投入主力（共18个师，外加强大的坦克力量）发动进攻，但第聂伯河南岸，尼科波尔前方的登陆场仍完整地控制在我们手里。

所以，我们暂时把敌人阻挡在克里木接近地和第聂伯河下游。

第聂伯河河曲部，敌人得以在扎波罗热南面沿狭窄的正面渡过第聂伯河，建立了一座小型登陆场。除此之外，第1装甲集团军彻底赢得防御作战的胜利。敌人反复发起冲击，迫使该集团军在某些地方稍稍退却，但没能达成突破。不过，第1装甲集团军在这场交战中不得不投入最后的预备力量。11月底，他们据守的绵亘防线从扎波罗热北面延伸到克里沃罗格西北面，再从那里转向北面，与第

8集团军相连。

第8集团军的处境非常艰难，当然，这是他们把4个快速师和1个步兵师交给第4装甲集团军造成的，11月初基辅附近的态势需要这股力量。敌人趁机在克列缅丘格上游地段拓展了他们设在第聂伯河南岸的基地，还控制了克列缅丘格渡场。另外，敌人还在克列缅丘格西南方第8集团军正面朝东的防线打开了个起初较窄的缺口。

第8集团军设在第聂伯河畔的北部防线，敌人从切尔卡瑟两侧顺利渡河。由于第8集团军已没有预备队，不得不放弃宽100公里左右的河段，退到第聂伯河以南50公里的沼泽地带后方，重新构设一条薄弱的防线。

第1、第4装甲集团军的情况刚刚稳定，集团军群就从两个集团军抽调两个快速兵团增援第8集团军，但第8集团军能否封闭东部防线的缺口，控制切尔卡瑟附近的态势，目前无法确定。这个例子说明，集团军群司令部被迫把辖内装甲兵团来回调动到了怎样的程度。抽调快速师恢复某处的态势，势必给交出快速师的集团军造成危机。

不管怎样，从扎波罗热北面到切尔卡瑟西面，再从基辅南面到中央集团军群作战地域的第聂伯河防线，到11月底已落入敌人手里。

第4装甲集团军据守的集团军群北翼，第48装甲军成功实施反突击后，态势暂时得到缓解。但毫无疑问，敌人企图在这里重新集结重兵，发起决定性突击，攻入集团军群纵深翼侧。尽管如此，为继续从事争夺第聂伯河河曲部的交战，我们必须把上文提到的两个快速兵团交还第8集团军。

12月初，第4装甲集团军的右翼仍在第聂伯河畔。第24装甲军[3]据守在这里，与卡涅夫渡场上游的第8集团军左翼相连。他们的防线在基辅南面离开第聂伯河河岸，急转向西，沿一条绵亘的防线（第7、第48装甲军及第13军）延伸到日托米尔以北地域。科罗斯坚周围的第59军正面朝东，不在这条防线上。

全线激战

整个12月，苏联红军一直企图在第聂伯河河曲部赢得决定性胜利。除了为受损的兵团补充兵员或投入新锐力量，他们才暂停进攻，其他时候不停地对这座伸向东面的突出部发起代价无疑相当高昂的冲击。

第聂伯河河曲部，乌克兰第3方面军投入两个集团军，反复进攻第1装甲集团军北部防线（第30军、第57装甲军），尽管他们的兵力占有很大优势，但没能取得显著的战果。

与此同时，乌克兰第2方面军（原草原方面军）投入不下6个集团军和一个坦克集团军，企图打垮第1装甲集团军左翼，以及第8集团军正面朝东的防线。很明显，敌人企图以最强大的坦克力量，在克里沃罗格西北地域两个德国集团军的结合部朝西南方突破。尔后他们会继续攻往第聂伯河下游，把第1装甲集团军合围在第聂伯河河曲部东半部。这场攻势的第二个重点，是第聂伯河南面，第8集团军正面朝东的北部防线。敌人随后可能打算从他们夺得的切尔卡瑟登陆场出击，一举合围第8集团军。

在此期间，乌克兰第4方面军以3个集团军从南面进攻尼科波尔登陆场，打击第1装甲集团军身后。

虽然我们击退了敌人在这里发动的进攻，但乌克兰第2方面军对第1装甲集团军左翼和第8集团军的冲击，投入具有压倒性优势的兵力，必然能取得些战果。敌人在上述两个重点地域达成两个较深的突破，迫使我们逐步放弃克里沃罗格地域（仍在坚守）与第聂伯河之间的防线。

面对这两种情况，集团军群司令部把一个装甲军和几个师派往危机发生地，阻挡敌人的突破，防止对方的行动造成更严重的后果，但此举势必严重削弱目前受威胁较小的地段。激烈的交战中，德军各兵团的战斗力不断下降，这种状况无法避免。我们的步兵师几乎就没有脱离过战斗。各装甲兵团犹如救火队，不停地从一处防线调到另一处防线。当然，敌人持续进攻，遭受的伤亡数倍于我方，可他们总能获得补充。集团军群司令部一再规劝最高统帅部，第聂伯河河曲部是个错误的交战地点，我们不能把所有兵力用在这里，但没起到显著效果。OKH无法在人员和物资方面提供必要的补充，弥补各兵团下降的战斗力。而希特勒仍不愿及时放弃突出部，腾出兵力支援更加重要的集团军群北翼。我们多次提醒，就算我们目前在第聂伯河河曲部取得防御作战的胜利，只要敌人继续前调新锐力量，第1装甲集团军陷入合围的危险就无法避免，可这些警告纯属徒劳。我们还几次指出，缩短防线，在南部组建预备队至关重要，可惜同样毫无结果。相反，正如前文所述，我们别无选择，只好把两个师投入第聂伯河河曲部，其实，把他们用于集团军群北翼本来是更好的做法。

直到集团军群北翼出现了致命的危机，希特勒才意识到采取行动的必要性，甚至到这时他仍犹豫不决。

希特勒一再强调，尼科波尔和克里木对我们从事战争至关重要，以此作为坚守第聂伯河河曲部的理由。他始终不肯放弃这样的希望：我们在第聂伯河河曲部成功击退敌人的进攻后，仍有可能向南发起打击，再次控制克里木半岛。希特勒无疑还抱有另一个期望，他觉得只要自己严令部队寸步不退，就像1941年在莫斯科门前那样，敌人的进攻力量最终会消耗殆尽。针对我们缩短防线的建议，他总是以敌人也会腾出相应的兵团这个理由来反对。的确，他这种看法很难反驳。但希特勒故意忽略了以下事实：面对守备力量充足的防线，进攻方很可能耗尽实力；可如果防御方只能以据守警戒线的方式守卫防线，必然导致薄弱的防御力量严重拉伸，这种情况下，敌人很容易达成突破。

集团军群北翼，就像前文指出的那样，第48装甲军的反突击让第4装甲集团军获得喘息之机。但毫无疑问，只要敌人补充了相应的损失，肯定会再次发动进攻。第4装甲集团军的任务是尽量迟滞敌人发动进攻的时间，进一步削弱对方。另外，第4装甲集团军主力在第聂伯河与日托米尔以北地域之间据守一条正面朝北的防线，所以仍存在敌人迂回他们西翼的风险。第59军孤立在科罗斯坚，无法阻止这种情况发生。

第4装甲集团军的兵力不足以朝基辅方向发动进攻，把第聂伯河西岸之敌悉数驱离。因此，集团军群司令部希望至少为该集团军西翼提供某种保障。第48装甲军实施反突击后，在这一翼重新获得的主动权保持的时间越长越好。

因此，集团军群司令部指示第4装甲集团军，趁日托米尔—科罗斯坚地域的西翼敞开之际，再发动一场目标有限的突击。遵照第4装甲集团军的命令，第48装甲军从集团军正面朝北的防线腾出。他们大量采取了伪装和欺骗措施，以夜间行军开入日托米尔北面敌第60集团军敞开的西翼。随后第48装甲军从西面对敌第60集团军发起突如其来的打击，一举击溃对方。紧接着，第48装甲军又对盘踞在科罗斯坚东南面的敌集群发起打击，至少重创对方3个机械化军。

最后，我们不仅部分粉碎了再次集结在第聂伯河前方的敌突击集群，还多多少少重新控制了第4装甲集团军左翼的前方地域。

但可以肯定，集团军群这一翼，另一场猛烈的风暴正在酝酿。12月24日，风暴袭来。

我收到敌人在基辅—日托米尔公路两侧发动进攻的首批报告时，正在视察第20装甲掷弹兵师，该师作为预备队部署在遭受威胁的防线后方。我原本打算参加各个团举办的圣诞庆祝。最初传来的消息，听上去不太严重，只有部署在基辅—日托米尔公路南面的第25装甲师似乎有点危险。但我返回设在文尼察的司令部后，收到的夜间报告表明，敌人企图朝日托米尔方向大举突破，而且已付诸实施。

接下来几天的敌情如下：

控制基辅地段的乌克兰第1方面军在该城以西地域集结了最强大的兵力，企图沿通往日托米尔的公路及其南面的宽大正面实施突破。敌人这个主要突击集群，编有第38、近卫第1、坦克第1集团军，起初有18个步兵师、6个坦克和机械化军。接下来几天，我们发现该集群还编有第18集团军。

法斯托夫南面的敌第40集团军负责把这场主要突击向南拓展。

近期被我们击败的敌第60集团军已获得整补，在进攻战线北翼攻击前进，部署在更北面的敌第13集团军同样如此，以至少14个步兵师、1个骑兵军的兵力攻往科罗斯坚方向。虽然第48装甲军先前的进攻重创了部分敌兵团，但部署在这些集团军身后的近卫坦克第3集团军对我们构成显而易见的威胁，他们的兵力不下6个坦克和机械化军。当然，这些军里的3—4个也在近期的交战中遭到重创，但九头蛇很快会长出新的脑袋！不管怎么说，这些快速兵团的集结表明敌指挥部门企图对科罗斯坚实施深远合围，以此补充他们朝日托米尔的突破行动。

我方遭受主要威胁的防御地段，由近期调来的第42军军部负责，这段防线后方，第48装甲军率领两个强大的装甲师、第168步兵师、刚刚在集团军群作战地域内组建的第18炮兵师集结在日托米尔周围，随时准备投入交战。但敌人在许多方面都占有巨大的优势，很难说我们这股力量能否挡住对方的猛烈冲击。可就算他们成功地做到这一点，兵力也不足以应对敌人经科罗斯坚达成突破后合围集团军群北翼的威胁。

因此，集团军群司令部 12 月 25 日给 OKH 发了份电传电报，阐明敌我态势和据此得出的结论。我们在电报里指出，第 4 装甲集团军以目前的兵力无法抵御敌人的进攻，很快就无力执行掩护南方集团军群和 A 集团军群纵深翼侧的任务，所以必须全力加强该集团军。要是 OKH 无法提供援兵，集团军群司令部只好从集团军群右翼抽出至少 5—6 个师。这样一来，我们显然就没办法继续在第聂伯河河曲部坚守现有的阵地。因此，集团军群司令部要求 OKH 赋予集团军群右翼自主行事权。

与此同时，第 4 装甲集团军奉命投入所有可用兵力，在第 42 军作战地域阻止敌主要突击集群朝日托米尔方向突破。集团军北翼（第 13、第 59 军）必须阻止敌人掉转方向，朝日托米尔突破。部署在第聂伯河下游的第 6 集团军暂时转隶南方集团军群，我们把第 17 装甲师调离第 6 集团军作战地域，交给第 4 装甲集团军。

OKH 的回复无疑出自希特勒的主张，仅仅就第聂伯河河曲部的情况提出个折中方案，集团军群司令部对此回电指出："再像以前那样投入一两个师，企图以零打碎敌的办法控制集团军群北翼态势的时期结束了！"

鉴于敌人投入的兵力规模，就算我们暂时遏制他们的攻势，也无法扭转全局，特别是因为敌人肯定会把更多冬季预备队投入这场交战。我们面临的情况是，敌人是否会切断我东线南翼的后方交通线，尔后把我们逐向西南方，接下来几周会在科罗斯坚—日托米尔—别尔季切夫—文尼察—基辅以南地域决定。

为应对这种危险，我们必须采取有力的措施。集团军群眼下的处境与 1942 年年末到 1943 年年初相似，当时把第 1、第 4 装甲集团军从集团军群右翼调到左翼（也就是从罗斯托夫地域撤到第聂伯河），是重建防线的唯一办法。现在我们必须把第 1 装甲集团军从第聂伯河河曲部腾出，让他们率领至少 5—6 个师开赴别尔季切夫方向的集团军群左翼。要做到这一点，就得放弃第聂伯河河曲部东半部，把防线撤到尼科波尔—克里沃罗格以西第聂伯河膝部一线的预设阵地。

缩短防线可以腾出 12 个师，就像上文指出的那样，其中 6 个师跟随第 1 装甲集团军司令部开赴集团军群北翼。第 6 集团军接防第 1 装甲集团军原先的作战地段，获得另外 6 个师加强后，在第聂伯河下游组织防御。

第 1 装甲集团军投向集团军群北翼的兵力，应当尽可能从东面投入，打击敌人攻往日托米尔的突击楔子。

OKH 必须全力配合，把更多兵力调往第 4 装甲集团军北翼，应对敌人深具威胁的合围运动。尔后这股力量必须对付敌人的主要突击集群，尽量从西面实施，配合第 1 装甲集团军的进攻。

敌人暂时停止了对第聂伯河河曲部的冲击，这种情况下，我们变更部署不会有太大风险。可如果等敌人做好重新发动进攻的准备，我们再想后撤防线就会非常困难。

鉴于这种情况，以及第 4 装甲集团军的处境，最高统帅部迅速做出决断至关紧要。

尽管我们一再敦促，可希特勒直到 12 月 28 日仍未就我们的请求做出决定，只是答应为第 4 装甲集团军调拨几个师，因此，集团军群司令部 12 月 29 日下达了相应的指令。这道指令规定，第 1 装甲集团军 1 月 1 日前把目前的防御地段移交给第 6 集团军，最迟到 1 月 3 日，必须接防第 4 装甲集团军从第聂伯河到别尔季切夫东南方大约 45 公里的防御地段，也就是第 24 装甲军和第 7 军的防区。第 3 装甲军部署在这条防线左翼后方，编有从第聂伯河河曲部和第 6 集团军抽调的 4 个师（第 6、第 17 装甲师及第 16 装甲掷弹兵师、第 101 猎兵师）。其他师随后跟进。第 1 装甲集团军遵照集团军群的指示执行的这场调动没能转移更多兵力，部分原因是运输能力有限。另一方面，没得到希特勒批准，集团军群司令部没办法下令撤离第聂伯河河曲部东半部，因为这会直接影响到 A 集团军群的处境。面对最高统帅部，就连一个集团军群司令部也无权在陆军范畴内就协同行动的事宜独立做出决定，真是不幸。

OKH 答应把另一些可用兵力（第 46 装甲军军部和第 16 装甲师、第 1 步兵师、第 4 山地师）前调到第 4 装甲集团军剩余的防线上。我们打算以两个集群打击敌人攻往西南方的主要突击楔子的翼侧，这些兵力是否足以遂行这场反突击值得怀疑。但不管怎样，暂时遏止敌人的推进至关紧要。

12 月 30 日，集团军群司令部把下达的指令上报 OKH，希特勒 12 月 31 日批准了这个既成事实。但他还是不愿就弃守第聂伯河河曲部东半部和尼科波尔登陆场做出决定，而眼下的情况急需这些决定。

集团军群司令部下达指令，开始调动兵力之际，第4装甲集团军作战地域的态势继续恶化，一直持续到12月31日。

敌人的主要突击集群沿宽大正面朝西南方的文尼察方向达成突破。第24装甲军和第7军仍在坚守第4装甲集团军设在基辅南面的防线，但他们的西翼不得不大幅度向后弯曲。随后，第3装甲军准备集结的地域出现了一个75公里宽的缺口。第4装甲集团军构设了一条薄弱的新防线，从别尔季切夫东南方45公里起，延伸到该镇北面的别尔季切夫—日托米尔公路东面。第13军在日托米尔周围鏖战，正面朝北、朝东。第59军被敌人逼退到科罗斯坚西面，该军与第13军之间出现了另一个75公里宽的缺口，第26装甲军 [①] 不得不集结到更后方。

值得庆幸的是，第4装甲集团军陷入孤立的各个集群暂时把敌人牵制在一场场交战中。对方没有充分利用，甚至没认识到以快速兵团穿过这些宽大的缺口突破到集团军群后方交通线或合围第4装甲集团军各集群的机会。

1月初，集团军群的总体态势变得愈发艰难。

第聂伯河河曲部和尼科波尔登陆场，敌人准备重新进攻第6、第8集团军。要是没等集团军群司令部下令弃守第聂伯河河曲部东半部敌人就发动攻势，那么这一翼的情况会更加严峻。最重要的是，一旦敌人展开进攻，我们打算组成第二波次跟随第1装甲集团军司令部开赴北翼的另外几个装甲师就无法调离第聂伯河河曲部防线。实际上，敌人1月3日在基洛沃格勒以东地域发动大规模进攻，我方两个师暂时被牵制在那里。

但继续朝集团军群北翼调派援兵变得越来越紧迫，在此期间，敌人终于意识到第4装甲集团军防线上敞开的缺口为他们提供的良机。

第1装甲集团军司令部1月3日接防基辅以南和西南地段，他们的作战地域内，敌人向南攻击前进，到达乌曼以北大约50公里处。第3装甲军先遣部队开抵，在那里挡住对方。

---

① 译注：应为第46装甲军。

第4装甲集团军作战地域的情况看上去尤为危急。由于两翼面临陷入合围的威胁，第4装甲集团军不得不在1月4日前撤入后方防线，这条防线从文尼察以东60公里起，一路朝北伸向别尔季切夫（那里已展开激烈的争夺战），在该城以西大约60公里，原先的苏波边境线结束。

我们与北面中央集团军群之间敞开的巨大缺口部，第59军也沿日托米尔通往罗夫诺的主干道及其北面撤到原先的波兰边境线。

1月份头几天的态势发展促使我1月4日飞赴元首大本营，设法解决从集团军群右翼向左翼彻底转移兵力的问题。

我首先向希特勒汇报了第聂伯河河曲部新出现的危险，以及第4装甲集团军作战地域极度危急的处境。

随后我详细解释了我们打算对威胁该集团军的敌人施以打击的构想，第1装甲集团军辖内第3装甲军从东面、开抵第4装甲集团军北翼后方的第26装甲军[①]从西北面打击敌人翼侧。[4]我告诉希特勒，拟议的这场反突击，充其量只能暂时避免迫在眉睫的危险，无法长时间稳定集团军群北翼的态势。要是我们无法彻底恢复集团军群北翼的态势，东线整个南翼就会面临致命危险，南方集团军群和A集团军群随后会覆灭在罗马尼亚或黑海沿岸。

倘若最高统帅部无法为我们调拨足够的新锐兵力，那么就得后撤集团军群南翼，弃守尼科波尔（当然也要放弃克里木），为至关紧要的北翼腾出兵力，这件事绝不能再拖延了。

我补充道，集团军群司令部认为，放弃第聂伯河河曲部东半部，仅仅是把作战重点转向北翼的第一步，可以说，转移作战重点才是真正的通盘考虑。

为了以必要的有力措施执行这样一场变更部署，我们必须大幅度缩短南翼防线。

为此，作为预防措施，集团军群司令部勘察了西面的防御阵地，还加以扩建，希特勒当然对此心知肚明。这条防线从布格河下游起，大致朝北面和西北面延伸，

---

① 译注: 应为第46装甲军。

充分利用了对我们有利的河流地段，直到集团军群北翼卷入激战地域的南部边界。占据这条防线，能把第6、第8集团军沿第聂伯河河曲部据守的900公里防线缩短近一半。大幅度缩短防线，相应地腾出大批兵力，再把第17集团军从克里木撤到内陆，就能最终实现把重点转移到北翼的目标。尽管如此，面对占有绝对优势之敌，南翼仍有足够的兵力守住上述防线。当然，敌人也会腾出兵力。但南翼的防线已缩短，因而有足够的兵力据守，就算面对兵力更占优势之敌的进攻，也能实现"防御是更强的作战形式"这种理论。另一方面，由于我们炸毁了铁路交通网，敌人很难以同样的规模和速度从他们的南翼向基辅以西地域转移兵力，在那里占据上风。

当然，德军南翼这场大规模后撤，前提条件是先撤离第聂伯河河曲部。鉴于希特勒众所周知的态度，我们现在提出南翼后撤的要求肯定无法如愿，因为希特勒就没认识到以前瞻性指挥作战行动的必要性。

相反，直到现在，他还是断然拒绝放弃第聂伯河河曲部和尼科波尔登陆场，为集团军群北翼腾出兵力。

希特勒解释道，我们现在放弃克里木的话，会导致土耳其改变立场，接下来保加利亚和罗马尼亚也会倒戈。

希特勒还指出，他没办法为集团军群北翼调派更多援兵。这些援兵充其量只能从北方集团军群抽调，但前提是该集团军群撤到佩普西湖。这样一来，芬兰很可能背离德国。随后我们会失去对波罗的海东部的控制，从瑞典运来的铁矿石也难以为继。另外，我们还会丧失我方潜艇不可或缺的训练水域。

至于从西线抽调援兵，他认为只有等我们击退敌人的登陆，或英军被牵制在葡萄牙后才有可能。现在必须争取时间，直到西线的态势明朗、我们的新阵地可以使用。从5月份起，潜艇战也会再次发挥效力。

另外，敌人内部存在诸多分歧，总有一天会分崩离析，所以争取时间至关重要。他承认集团军群的确面临巨大的危险，但他甘愿承受风险，直到手头掌握更多兵力。我根本没办法驳倒希特勒的观点，因为一如既往，他批评我没能从全局考虑问题。我只好一再指出集团军群北翼态势的严重性，并强调集团军群司令部采取的应对措施根本无法彻底解决危机。所以不管以何种手段，重要的是尽快把一个新锐集团军集结到集团军群北翼后方，例如罗夫诺周边地域，应对敌人实施大规模合围的危险。

由于参加态势研讨会的人很多，与希特勒再争下去也不会有什么结果，所以我请求和他单独谈谈，只请陆军总参谋长一人在场。希特勒显然不太情愿，而且满腹狐疑，不知道我要说些什么，可他还是同意了。于是，OKW的代表、戈林、几名副官、希特勒身边的记史官、两名速记员纷纷离场。速记员负责把态势研讨会上的每一句话记录在案，由于他们面前没有摆放地图，所以通常无法理解这些话的意思。

我飞赴元首大本营前就已下定决心，不仅要汇报集团军群的情况，还要谈谈这场战争的总体军事指挥问题。

除了蔡茨勒将军，其他人离开会议室后，我请求希特勒允许我开诚布公地说几句。

希特勒态度冷淡，带着拒人千里之外的神情说道："请吧！"于是我说道："我的元首，要知道，我们现在之所以面临极度危急的局面，不仅仅归咎于敌人无可否认的优势，也是我们的指挥方式造成的。"我刚说出这些话，希特勒的脸色就变了。他盯着我，这种眼神让我觉得，他想压倒我的意志，让我闭嘴。我从没见过有谁的目光能以这种方式传递出强大的意志力。派驻柏林的某位大使在回忆录里谈到他首次见到希特勒时的印象。他也强调希特勒的眼神深具震慑力。的确，希特勒粗鄙的脸上唯一具有吸引力，而且极具表现力的，可能就是他的眼睛。现在，他以这对眼睛死死地盯着我，仿佛要用目光迫使我屈服。这一刻闪过我脑海的念头是，我面对的是个印度耍蛇人。短短几秒钟，我们展开了一场无言的较量。我知道，他的眼神肯定吓倒过不少人，用一句粗俗但很贴切的话来说，就是"逼迫对方就范"。但我不为所动，继续说了下去，我告诉他，我们目前的指挥方式已难以为继。我不得不旧话重提，再次谈到我两次对他提出过的建议。从战争总体指挥的角度看，他需要一位真正掌握实权的总参谋长，在军事指挥方面只听取这位总参谋长的建议。这种情况下，有必要在东线任命一位总司令，意大利战区和西线同样如此，在战争总体指挥的框架内赋予他充分的自主行事权。

我以前两次建议过希特勒，必须彻底改变军事指挥方式（也就是请他真正地、非正式地放弃指挥权），但都无果而终，这次也不例外，他的抵触情绪非常强烈。希特勒声称，只有他掌握帝国的一切资源，才能以军事上有效的手段指导战争。只有他能决定哪些兵力可用于某个战区，以及如何展开相应的作战行动。戈林绝不会执行其他人的命令。

至于任命东线总司令的问题，就像我说过的那样，他还是那句话，旁人都没有他那种权威。希特勒对我吼道："那些元帅连我的命令都不听！您认为他们会服从您吗？必要情况下我可以撤他们的职，其他人没有这种权威。"我回答道，我下达的命令都得到了执行。希特勒没多说什么，会谈就此结束。

所以，我还是没能以平和的方式说服希特勒，改变我们的最高军事指挥方式，其实，这种改变不仅能满足军事方面的需要，也不会损害他的威望。他不想把真正的军事指挥权交给一位军人，可能是因为他过于自信了。他甚至在私下里也不承认自己犯过错，更不需要任何军事顾问。另一方面，这位独裁者生性多疑，因而想把军队牢牢控制在自己手里。

但我很清楚，以武力强行改变最高指挥权的一切企图，只会导致前线崩溃。苏联人随后会攻入德国本土，与盎格鲁－撒克逊人要求我们无条件投降没什么区别，这种想法排除了我动用武力的念头。

就这样，我两手空空地返回司令部，在缓解集团军群态势和合理安排最高军事指挥权方面都没得到满意的结果。但我们绝不会放弃为争取集团军群右翼在第聂伯河河曲部的自主行事权，以及为集团军群北翼获得更多援兵而进行的斗争。

由于在元首大本营的会晤毫无结果，集团军群别无选择，只好在第聂伯河河曲部继续战斗。我们在北翼展开的行动，必须防止第4装甲集团军陷入合围，还要阻止敌人向南突破，以免他们切断集团军群南翼的后方交通线。

整个1月份，敌人在第聂伯河河曲部猛烈冲击我们据守的突出部，投入的兵力毫未减弱。他们把进攻重点置于第8集团军东部防线。但第6集团军司令部目前负责的防御地段也不得不应对敌人反复发起的冲击。对方这些进攻，目标是该集团军设在第聂伯河河曲部正面朝北的防线，他们还从南面冲击尼科波尔登陆场。

如果说我们1月份不仅守住了尼科波尔登陆场，还守住了第聂伯河河曲部防线，那么完全归功于德军部队的奉献精神，以及德国军人的杰出表现。所有言词都难以评价他们在毫不中断、最为艰巨的防御作战中付出的努力。德军将士在这里再次证明，他们堪称忠诚、恪尽职守、服从、献身德国的典范！

由于德军部队的杰出表现，再加上两个集团军领率机构一次次采取应急措施，所以尽管敌人在兵力和物质方面占有巨大的优势，可他们在这片交战地域取得的战果依然有限。第8集团军的防线稍稍向西退却，被迫放弃基洛沃格勒，但敌人没能实现决定性突破，把我方部队合围在第聂伯河河曲部。

集团军群北翼的态势更为严峻。

第4装甲集团军无法承受优势之敌施加的压力，不得不弃守别尔季切夫，为保持防线主要地段的连贯性，他们被迫退往西面和西南面，但这还不是最糟糕的。

更危险的是，到1月6日敌人显然意识到，第1装甲集团军与第4装甲集团军右翼之间的缺口以及第4装甲集团军与中央集团军群之间无人据守的敞开地域为他们提供的良机。这片地域只有实力虚弱的第59军孤军奋战，朝罗夫诺方向实施战斗后撤。

第4装甲集团军当面之敌的行动表明，对方企图利用该集团军翼侧敞开的良机。

敌人现在打算以3个集团军（第18集团军、近卫第1集团军、近卫坦克第3集团军）粉碎第4装甲集团军北翼，同时以第60、第13集团军向北进击，朝罗夫诺方向实施超越追击。

与此同时，敌人在南面以强大的兵力（坦克第1集团军、第40集团军）进入德国第1、第4装甲集团军之间的缺口。他们的前卫到达乌曼以北大约30公里处，乌曼是第1装甲集团军的补给基地，敌人还逼近文尼察，那里是集团军群原先的司令部驻地。由于敌人的推进威胁到文尼察通往集团军群南翼的交通线，所以几天前我们把司令部转移到了普罗斯库罗夫。敌坦克力量最终在日梅林卡暂时封锁了集团军群最重要的补给线，而南面的补给铁路线经过罗马尼亚境内，因而效率很低。

面对眼下的状况，集团军群司令部只有两种选择。是阻止敌人在集团军群近乎敞开的北翼继续推进，以免他们晚些时候对我们的北翼实施深远迂回，还是阻止敌人在第1、第4装甲集团军之间的缺口达成突破？我们的兵力不足以同时完成两项任务。

我们决定先排除第二个危险，目前看来，这项任务更紧迫。倘若敌人以强大的兵力穿过缺口，向南渡过布格河上游，那么就会切断第8、第6集团军之间的联系。

另一方面，敌人在集团军群北翼朝罗夫诺方向的后续行动暂时不会对我们造成致命威胁，但希特勒迟早要朝这里调派援兵，缓解此处的压力。

相反，南翼两个集团军之间的联系一旦被切断，我们就很难再把他们救出来。唯一的正确决定是让集团军群南翼大踏步后撤，腾出兵力解决北翼的危机，可希特勒还是断然否决这个解决方案。

基于这些考虑，我们决定先集中所有可用兵力，打击在第1、第4装甲集团军之间的缺口向南推进之敌。

由于敌人朝乌曼方向突破，迫使第1装甲集团军把他们设在基辅西南地域的西翼撤往南面，因而导致这个缺口更加危险。现在可以说，第1装甲集团军与第8集团军背靠背，第8集团军仍在第聂伯河河曲部据守正面朝东的防线。由于两个集团军的内翼仍在卡涅夫两侧据守第聂伯河，所以德军阵地形成了个口袋，北面系在第聂伯河畔，两个集团军向东、向西伸出的防线构成口袋的两边。一旦敌人顺利突入乌曼北面的缺口，很容易从南面封闭这个口袋。当然，最明智的做法是腾空口袋，因为据守这片地域毫无意义地耗费了大量兵力。可希特勒不愿主动放弃这里的第聂伯河河岸，仍希望有朝一日从该突出部出击，夺回第聂伯河河曲部东半部。这个口袋就此保留下来，不久后沦为切尔卡瑟合围圈。

集团军群司令部打算从三个方向出击，以一场钳形攻势打击进入第4、第1装甲集团军之间缺口部的敌军。

东面，第7军从第1装甲集团军作战地域出击，打击敌军翼侧。遵照集团军群的指示，该军从上面提到的突出部腾出，只留少量兵力在第聂伯河畔担任警戒。第7军后来没有陷入切尔卡瑟合围圈，证明我们当时的举措正确无误。

第46装甲军从西面出击，打击敌人另一翼，该军正从法国赶来。

南面，集团军群从第聂伯河河曲部腾出第3装甲军，对敌人发起攻击。他们的任务是以机动作战牵制对方，直到另外两个军做好进攻准备。

　　1月份下半月，这场反突击得以付诸实施。但我们手头可用兵团的数量太少，再加上第4、第1装甲集团军之间的缺口现在拓宽到将近75公里，所以我们只好分两个阶段执行这场反突击。

　　第7军和第3装甲军先在缺口东半部击败敌第40集团军。第3、第26装甲军[①]尔后发起向心突击，第1步兵师、第4山地师、第18炮兵师协助各装甲师，把敌坦克第1集团军大部合围、歼灭在缺口西半部。我手头没有第一场进攻的战果数据，第二场进攻估计毙敌8000余人，只俘房5500人，但击毁或缴获700辆坦克、200多门火炮、约500门反坦克炮。我们这两场打击，重创敌人14个步兵师、5个坦克和机械化军，但毫无疑问，至少有部分敌军设法逃出了合围圈。

　　这些行动进行之际，集团军群司令部与OKH商讨了继续作战的问题。我们一再强调，必须赋予集团军群右翼自主行事权，也就是说，决不能把右翼长期固定在第聂伯河河曲部，从作战角度看，这种做法完全是错误的。我写了封信，请陆军总参谋长转呈希特勒，就希特勒1月4日对我说的坚守第聂伯河河曲部的理由谈了自己的看法。我在信里写道，土耳其、保加利亚、罗马尼亚的立场并不取决于克里木的得失，而是看德国军队能否在后两个国家的东部边境线前方保持完整的南翼。

　　集团军群司令部反复强调，东线整个南翼的最终结果，取决于我们能否把一个强大的集团军及时部署到集团军群左翼后方的罗夫诺周边地域。要做到这一点，要么缩短防线，从集团军群右翼腾出兵力，要么从北方集团军群抽调兵力，或者把第17集团军撤出克里木。我们只有把这个集团军及时部署到罗夫诺周围，才能应付敌人对集团军群北翼的深远迂回，避免敌人把东线南翼推向罗马尼亚。尽管陆军总参谋长赞同我们的看法，还多次劝说希特勒采纳，可希特勒固执己见，不肯放弃"不惜一切代价坚守到底"的原则。看来，就如何长期从事战争的问题，除了坚守到底，我们不可能从他那里得到其他作战指令了。

　　就连OKH也认为，敌人仍有强大的战役预备队，估计迟早会投入交战，这导

---

① 译注: 应为第46装甲军。

致上述领导方式更加难以为继。后续大规模交战该如何进行，要是希特勒不把他的想法告知各集团军群司令部，我们又如何能合理地指挥呢？既然敌人强大的战役预备队确实存在，我们又该如何预见性地考虑对方的介入呢？我认为这种状况很不合理，因而在信中写道：

> 任何一个领导班子，要想赢得胜利，必须与各级指挥机构默契地配合，这一点基于领导班子明确的指令，以及对敌情的一致评估。集团军群领率机构不能只考虑今天和明天，一旦发觉敌人寻求决定性合围的趋势进一步发展，而又无力应对的话，仅凭坚守到底的指令是不行的。
>
> 因此，我必须请求OKH，要么根据集团军群提交的敌情研判，得出与集团军群的推论相符、不可或缺的结论，要么提出自己对态势后续发展的判断，驳倒集团军群的看法。
>
> 可如果最高统帅部对集团军群根据自己有限的视野得出的结论充耳不闻、不置可否的话，那么就完全谈不上与各级指挥机构的配合。

这份呈文还是没得到回复，于是我给希特勒写了封长信。在信里，我又一次明确阐明了集团军群的处境，敌人掌握的作战良机，以及部队的状况。如果不按照集团军群的建议采取措施，总体态势会如何发展，我对此毫不怀疑。我还强调指出，敌人迂回集团军群北翼的企图非常明显，为应对这种威胁极其深远的影响，必须尽快朝集团军群北翼后方调派强大的兵力。基于这种必要性，以及集团军群位于第聂伯河地域的南翼最终被歼灭的危险，我在信件结尾处写道：

> 我的元首，请允许我最后说一句：在我们看来，现在的问题不是逃避危险，而是以我们能采取的措施应对必然到来的情况。

几天后我同希特勒发生的冲突，与这封信不无关系。

1月27日，希特勒把东线几位集团军群司令和大批高级将领召到元首大本营，想亲自给我们讲讲在军队内部展开国家社会主义教育的必要性。他认为军事形势越艰难，越要强调"信仰"，这是胜利的保证。他越来越多地采用这种标准来挑选师以上高级指挥官。

会前我们吃简餐时，希特勒过来打了个招呼，很明显，他仍对我1月4日就总体指挥权提出的批评意见耿耿于怀。

训话时，希特勒居然对我们这些劳苦功高的陆军将领说出这样的话："假如末日到来，元帅和将军真能成为国旗最后的守卫者就好了。"

我从未受过这样的侮辱，而且每个军人都能听出，希特勒的话是刻意奚落陆军指挥官，毫无道理地质疑他们的勇气和他们履行军事职责到最后一刻的意志。

上级训话时，军人往往只听不说，所以与会者都沉默不语。但我觉得希特勒话里的侮辱意味太强，不由得怒火沸腾。待希特勒为强调起见重复这句话时，我猛然打断了他的话："肯定会这样，我的元首！"

当然，脱口而出的这句话，与我个人对国家社会主义体制或对希特勒本人的看法无关，仅仅是为了表明，我们决不允许任何人在道德层面对我们做出这样的挑衅，哪怕希特勒也不行。在场的袍泽后来告诉我，我说出这句话后，他们长长地舒了口气，因为他们也对希特勒的话深感气愤。

但希特勒作为国家元首和军队最高统帅，可能从来没在训话时被人打断过。他在民众集会中受到质问的岁月早已一去不复返。他显然有些不知所措，冰冷的目光扫向坐在几步开外的我，随即喊道："冯·曼施泰因元帅，谢谢您！"然后他匆匆结束了讲话。

我在蔡茨勒将军那里喝茶时接到电话，说希特勒想见我，凯特尔也在场。刚一见到我，希特勒劈头盖脸地说道："陆军元帅先生，我对与会将领发表讲话时，决不允许您打断我。想必您也不会容忍您的下属这样做吧。"后一句话无可辩驳，所以我静静地听着希特勒的训斥。希特勒显然很生气，随即犯了个错误，他继续指出："顺便说一句，前几天您呈送了一份态势备忘录。您可能想把它记入作战日志，日后向后人证明您的先见之明。"这种说法的确太过分了。我回答道："我写给您的私人信件当然不会记入作战日志。通信兵送交的这封信，只经陆军总参谋长转呈。另外，对您的看法，很抱歉我只能用英国人常说的一句话来回答：我是个君子。"现场一片沉默，希特勒过了片刻才说道："非常感谢！"

我应邀参加夜间态势研讨会，会上，希特勒对我的态度又变得和蔼可亲。在场的第17集团军司令耶内克将军汇报情况后，希特勒甚至想听听我对坚守克里木的看法。但我确信他没忘记我对他的顶撞。可我除了与最高统帅的关系，还有另一些要担心的事情。

2月份，三个地段特别值得一提，分别是尼科波尔、切尔卡瑟、罗夫诺。

尼科波尔丢失

遵照希特勒的指示，第6集团军2月2日再次转隶A集团军群。之所以做出这个决定，他对蔡茨勒将军说的理由很奇怪。希特勒想从第6集团军抽调两个师支援克里木，而克里木当时的情况已然无望，他把第6集团军转隶A集团军群，是因为他从南方集团军群得不到这两个师。

南方集团军群司令部认为，交出第6集团军，从某些方面看反而是个解脱，因为我们要操心的事情太多了！不过，第6集团军转隶A集团军群，我们也丧失了一个兵力储备库，如果我们确实获得自主行事权，及时把集团军撤离第聂伯河河曲部东半部和尼科波尔登陆场，我们就可以从该集团军抽调兵力。但这恰恰是希特勒反对的。现在只有敌人能迫使他放弃这些地域。

1月31日，敌人再次对第6集团军位于克里沃罗格东面的北部防线发动猛烈进攻，还从南面冲击尼科波尔登陆场。他们在登陆场防线上打开个缺口。经过3天激战，敌人在第6集团军北部防线也实现了决定性突破。面对敌人12个步兵师和2个坦克军，据守在那里的第30军大败亏输。该军把6个步兵师部署在前线，2个装甲师部署在后方，尽管从作战师的数量看，他们与敌人的兵力对比仅仅是1∶2，可这些师缺乏补充兵，技术装备也不足，实力最多相当于战斗群，两个装甲师只有5辆可用的坦克！由于持续不停地从事负担过重的作战任务，这些英勇的部队耗尽实力，终于走到穷途末路。

第6集团军此时已不在南方集团军群麾下，所以我无法详述他们在那片地段遂行的交战。不管怎么说，敌人突破第6集团军北部防线，意味着据守在那里的两个军以及在尼科波尔登陆场苦战的另外两个军几乎都被敌人切断。南方集团军群司令部多次预料到这种结果，现在就连希特勒也被迫同意，放弃第聂伯河河曲部东半部和尼科波尔登陆场。第 6 集团军经过苦战，终于救出辖内几个军，但技术装备的损失相当严重。

如果及时放弃这个从长远看根本无法守住的突出部，我们不仅能有序撤出突出部内的部队，还能腾出几个师用于更加重要的集团军群北翼。可情况相反，第 6 集团军辖内兵团的实力消耗在错误的作战地点，能否长时间承受追兵施加的压力很成问题。

切尔卡瑟合围圈

集团军群战线中部，第 1 装甲集团军快速兵团对我方防线缺口东半部的敌第 40 集团军成功实施反突击后，又对缺口西半部之敌发起第二场打击。但我方装甲师刚刚离开战场，"九头蛇"又长出新的脑袋。

2 月底 [①]，敌人以几个坦克和机械化军编成的强大力量攻入前文提到的突出部防线西北部，第 1 装甲集团军和第 8 集团军的内翼仍依托切尔卡瑟上游的第聂伯河河段据守此地。这场突击让敌人在第 7 军与第 42 军之间一路向南前出到兹维尼戈罗德卡地域。

与此同时，敌人还在切尔卡瑟西南地域对第 8 集团军正面朝东的防线发动进攻，以近卫第 4、近卫坦克第 5 集团军等新锐兵团达成突破。他们一路向西攻击前进，在第 1 装甲集团军作战地域内的兹维尼戈罗德卡与从西北方而来的友军会合。这样一来，他们就切断了我们向北伸往第聂伯河的弧形防线，第 1 装甲集团军第 42 军、第 8 集团军第 11 军陷入合围圈。我 1 月 28 日回到集团军群司令部才获知这个情况。集团军群司令部立即采取有力的措施，解救陷入合围的两个军。

我们命令第 1 装甲集团军尽快结束对左翼敌坦克第 1 集团军辖内部队的交战，赶紧腾出第 3 装甲军。我们打算派该军率领第 16、第 17 装甲师及党卫队警卫旗队师、贝克重装甲团（该团在上文提到的交战中表现得很出色）投入新的危机发生地。第 1 装甲师随后跟进。

---

① 译注：应为 1 月底。

第8集团军奉命腾出第47装甲军军部和第3装甲师，朝敌突破点集中。第6集团军奉命以第24装甲师加强这股突击力量。可该师刚到达集中地域，希特勒却命令他们返回A集团军群，因为尼科波尔登陆场态势告急。这个师掉头折返，到达目的地却又太晚了。

按照集团军群的指示，隶属第1装甲集团军和第8集团军的两个军分别从西面和南面发动进攻，对合围第42、第11军之敌的翼侧和后方施以打击。

为解救陷入合围的两个军，集团军群司令部投入的作战师数量较多。但此举似乎很有必要，因为敌人从西北面和东面投入这片作战地域的兵力不下26个步兵师及7—9个坦克军、机械化军、骑兵军。敌人动用这么多兵团，说明只要不是新锐或整补过的兵团，苏联红军各个师的兵力也没多少。

我方两个突击集群的任务，首先是切断大股敌军的后方交通线，尔后以向心突击歼灭对方。

很不幸，先是深深的积雪，随后是泛滥的泥泞，严重耽搁了两个突击集群的集中。但他们展开行动后，顺利逮住敌军，一举粉碎了封锁切尔卡瑟合围圈的敌军大部。我军击毁700多辆坦克、600多门反坦克炮、大约150门火炮，但两个军报告，他们只俘虏2000来人。这说明敌军主要以摩托化兵团编成。出人意料的泥泞和积雪最终迫使我们结束作战行动。第3装甲军的突击楔子距离合围圈西南防线不到13公里。另一方面，第47装甲军可能牵制了大股敌军。

集团军群司令部的作战指挥组乘坐我们的指挥专列赶往乌曼，确保两个集团军在这场交战中紧密协同。第1装甲集团军司令部设在乌曼，从这里也能迅速赶到第8集团军司令部。我一连两次想从乌曼赶往两个突击集群的前线，可我乘坐的桶式车每次都彻底陷入积雪或泥沼。天气每天都在变化，时而化冻，时而暴雪来袭。苏制坦克又一次展现出优于我方战车的越野性能，敌坦克配有宽大的履带，在布满积雪或松软的地面上行驶自如。

由于我方装甲力量在这里已没有前出到合围圈的任何希望，于是我命令合围圈内两个军朝西南方突围。在此期间，敌人从四面八方反复发动进攻，把陷入合围的德国军队挤压到一处。合围圈内我方军队的活动空间，南北向45公里左右，东西向只有15—20公里。所以，解救这两个军刻不容缓，苏联红军2月4日已要求他们投降。

在军长施特默尔曼和利布率领下，两个军2月16日夜动身出发，朝西南方突围，准备与第3装甲军会合。第3装甲军也全力克服深不见底的泥沼，以最后几辆坦克接应突围部队。

按照集团军群的指示，合围圈内的两个军必须以所有火炮和弹药支援突围行动。由于这场突围必须穿过无路可行的地带和深深的泥沼，各炮兵连射完弹药后，不得不遗弃火炮。后卫部队以寥寥几门火炮掩护突围，抗击从北面、东面、南面而来的敌军。

我们守在指挥列车上，怀着期盼而又焦虑的心情等待突围行动是否成功的消息，这种感受不难想象。2月17日凌晨1点25分，好消息传来，首批突围部队与第3装甲军先遣力量会合，我们终于松了口气。突围部队与解围部队之间的敌军被彻底打垮。2月28日，我们获悉3万—3.2万人冲出合围圈。由于合围圈内共计6个师又1个旅，但他们的前线兵力已遭到严重削弱，所以突围人数应该就是战斗部队的主力了。[5]令人沮丧而又痛心的是，突围部队没能把大部分重伤员带出合围圈。施特默尔曼将军在突围行动中阵亡。

就这样，第42军和第11军摆脱了第6集团军在斯大林格勒的厄运。希特勒起初要求坚守合围圈，可面对既成事实，他后来还是批准了集团军群司令部的突围令。集团军群司令部直接给两个军下达了命令，事先没向希特勒汇报，以免他横加干涉。

当然，大部分火炮和重武器突围期间陷入泥沼，突围部队费尽九牛二虎之力才带出一部分。获救的几个师不得不暂时撤出前线。失去这6.5个师，集团军群的处境愈发艰难，但救出两个军的将士又让我们倍感欣慰。

第1装甲集团军和第8集团军现在的任务依然是在他们的防线之间重新建立牢固的联系，尽快腾出装甲力量担任预备队。

我视察了突出合围圈的几个师后，率领指挥小组返回普罗斯库罗夫。集团军群北翼的态势再度告急。

罗夫诺

基于前面解释过的原因，2月份期间，集团军群司令部首先全力阻止敌人最终突破我方防线中央地段。这样一来，我们就排除了仍在坚守第聂伯河河曲部的集团军群右翼遭切断的威胁。我们随后救出陷入切尔卡瑟合围圈的两个军。接下来，集团军群北翼的态势发展自然成为我们考虑和关注的重点。

第4装甲集团军在那里据守一条面朝东北方的防线，这条较为连贯的防线从文尼察东北面延伸到舍佩托夫卡小镇西面。舍佩托夫卡位于集团军群司令部所在地普罗斯库罗夫以北75公里，第4装甲集团军绵亘的防线在这里结束。3个军部指挥9个师（5个步兵师、2个装甲师、2个装甲掷弹兵师）据守这条大约240公里长的防线，这些师实力虚弱，但仍能战斗。敌人对集团军防线施加的压力暂时缓解，可能对方也需要喘息之机。但情况很明显，第4装甲集团军凭现有兵力很难抵御优势之敌的猛烈冲击。

但集团军群眼下还面临另一个更大的危险。

第4装甲集团军西翼前方，一片敞开的区域向北延伸到中央集团军群南部分界线，这片地域几乎没有德军部队据守。敌人迟早会从这里出击，对第4装甲集团军乃至整个集团军群实施大范围迂回。虽然这片广袤地区的北部，也就是平斯克沼泽地域，给大规模作战行动造成限制，但第4装甲集团军防线北面，一道大约60公里宽的陆桥由东向西延伸。从基辅取道日托米尔通往罗夫诺的大型公路穿过陆桥，一路向西通往总督辖区的伦贝格和卢布林。

为封锁上述公路穿过的陆桥，集团军群把第13军部署到最北翼。我当初在第38军的参谋长豪费将军出色地指挥着第13军，不幸的是，他1944年3月[①]阵亡在该军最前方。2—3月，豪费将军凭借手头寥寥无几的兵力，阻滞了优势之敌沿上述大型公路两侧的推进，一次次避开敌人的合围企图。北面的平斯克沼泽地域，从科韦利向东，警察部队组成的一个集群守卫着基辅通往波兰的大型铁路线。

鉴于敌人的兵力占有绝对优势，孤军奋战的第13军只能阻滞对方的推进，显

---

① 译注：豪费1944年7月阵亡。

然无法彻底挡住他们。罗夫诺镇2月初已丢失，该军不得不向西退往杜布诺。

待在罗夫诺的大区领袖、驻乌克兰帝国专员科赫早已溜之大吉，根本没尽到率领属下和警察力量坚守到最后一刻的职责。他后来在东普鲁士又一次逃之夭夭。而希特勒却把罗夫诺的丢失归罪于军方将领。蔡茨勒告诉我，就连凯特尔也赞成立即枪毙罗夫诺城防司令。蔡茨勒强烈反对，劝希特勒无论怎样都该先听听军方将领的意见，戈林却插话道："不行，不行，不能这样，要是我们每次都这么做，最后会怎样？这不是国家元首该做的。"整件事与他毫无关系，另外，他根本没资格指责他人所谓的失职行为。但戈林的话再次说明了他对陆军将领和整个陆军的仇视，他这种态度是众所周知的。顺便说一句，希特勒没采纳凯特尔和戈林的意见，而是命令军事法庭展开调查。在此过程中，被判处死刑的不是起初受到指控的城防司令，而是作为证人到庭、指挥罗夫诺地域作战行动的一名师长。但在我和几位集团军司令坚决反对下，希特勒撤销了判决结果，承认罗夫诺的丢失另有原因。我在任期间，还没出现有权立即判处战地指挥官死刑的"流动法庭"。

我们还是把话题转回第4装甲集团军。

尽管如前文所述，第4装甲集团军的防线暂时没有面临迫在眉睫的威胁，但很明显，这条防线北面的广袤地域只有少量兵力据守，很快会成为敌人发动进攻的基地。这场攻势要么向西直扑伦贝格，要么向南迂回第4装甲集团军西翼。

想必读者还记得，集团军群司令部早就预见到这种危险，多次要求OKH在罗夫诺周边地域部署一个新锐集团军。可这些请求毫无结果，最高统帅部没有为此从其他地方腾出兵力（例如从北方集团军群抽调兵力，或疏散克里木），也没有赋予集团军群南翼自主行事权。

切尔卡瑟合围圈的交战结束后，集团军群司令部把强大的装甲力量从集团军群防线中央地段调往北翼，这是理所当然的措施。这些装甲兵团3月15日前到达集团军群北翼后方。但正如集团军群司令部向OKH强调的那样，倘若敌人再次发起大规模进攻，这股力量最多只能稳定第4装甲集团军防线的态势，不足以应付敌人对第4装甲集团军西翼实施的深远迂回。一如既往，双方的决战会在集团军群北翼展开。因此，为北翼调派援兵至关紧要。但就目前而言，最高统帅部在这方面没有采取任何有力的措施。

希特勒显然估计苏联红军已耗尽进攻力量，还认为泥泞期即将到来，无疑会阻止对方展开大规模行动。

2月中旬，我们解救切尔卡瑟合围圈内两个军的进攻行动，在交替出现的暴风雪和泥泞期陷入停顿。但真正的泥泞期当时还没有到来。

期望敌人耗尽进攻力量的同时，必须考虑到己方作战兵力的下降。为评估整个问题，集团军群司令部向OKH提交了一系列数据，明确说明了交战双方的损失和补充情况。

根据大批俘虏的交代，我们计算出1943年7月到1944年1月集团军群防线前方的敌兵团大致获得108万补充兵。所以这个数字也许能说明敌人这个时期遭受的伤亡。相比之下，集团军群阵亡、负伤、失踪405409人，只获得221893名补充兵。尽管敌人各兵团的损失远远高于我方，特别是他们的步兵师，战斗力不断下降，但上述数字表明，交战双方的兵力对比对我们严重不利。敌人遭受的惨重伤亡，还得加上大批被俘人员，但我们只有实施机动作战才能俘获敌军官兵。

以坦克兵团为例，苏联红军当时部署在前线的坦克军，除了一个军只剩20辆坦克，其他军的战车数量平均为50—100辆，按照编制表，每个坦克军应该有200—250辆坦克。而我们的装甲师，平均每个师最多只有30辆可用坦克。近期编入集团军群的装甲师情况稍好些，其他师的实力严重不济。总之，我们估计集团军群当面之敌这段时间获得2700辆新坦克，而我们只得到872辆，这个数字还包括突击炮。以上数据还没把敌人留作预备队的大批兵团计算在内。

集团军群辖内各集团军呈报的数据，也许能详细说明情况，但某些数字无疑存在重复统计的可能，例如击毁敌坦克的数量。根据这些报告，敌人的损失见表15-2：

表15-2 敌军的损失

时间	被俘人数/人	坦克/辆	火炮/门	反坦克炮/门
1月	17653	2873	588	2481
2月	7700	1055	200	855

这些数字表明，苏联红军目前掌握大量技术装备，已不再依赖人海战术。另

一方面也能看出，我们俘获的人数与击毁或缴获敌技术装备的数量存在巨大的差异。苏联人也许以丢弃重武器为代价（这可能说明他们的战斗士气有所下降）避免被俘，也许遭受了惨重的人员伤亡。

考虑到上述数字，我2月18日与蔡茨勒将军的电话交谈清楚地说明了希特勒对后续作战、集团军群北翼危险的态势发展所持的态度。

我指出集团军群北翼面临的危险，还强调了双方的兵力对比，与其他集团军群相比，南方集团军群获得的兵力远远不够。我把通信军官记录的通话内容引述如下：

蔡茨勒："就这个问题及其后果，我又与元首长谈了一次，可毫无结果。"

我："那么他对我们的后续交战事宜怎么看？"

蔡茨勒："他说苏联人最终会在某处停止进攻。自去年7月份以来，他们就不停地进攻，不可能永远继续下去。我随后问他，我的元首，倘若您是苏联人，现在会怎么做？他答道：什么也不做！我说，要是我就会朝伦贝格方向继续进攻！"

但希特勒显然认为兵力耗尽和天气因素很快会迫使敌人停止进攻。他当时告诉我，到5月份他就能获得新组建的师。要是他把组建新师的人员和技术装备调拨给我们久经考验的各个师，我们的情况可能会大不相同。

清算的时刻……

1944年3月，德国最高统帅部为自己犯下的重大错误付出代价的时刻终于到来了。这个错误就是他们从来不愿在东线或其他战区主动放弃任何东西，在决定性地点获得兵力优势或至少配置强大的力量。首先是德军1943年没能在东线全力赢得决定性胜利，抢在西方国家开辟真正的第二战线前达成平局或耗尽苏联红军的进攻力量。

另外，德军最后一场攻势，也就是"堡垒"行动失败后，企图以不足的兵力据守过度拉伸的防线，这个错误必然导致己方兵力过度消耗。

最后一个错误是希特勒要求坚守到底，导致东线德军的南翼被牵制在伸向东面的突出部，先是在顿涅茨地区和库班，后来又在第聂伯河河曲部和克里木，一次次给敌人提供了切断我方南翼的良机。最高统帅部的错误在于他们忽视了一点，具有决定性的不是争夺这些突出部本身，而是在敌人能把德军整个南翼向南逼往黑海沿岸或罗马尼亚的地方。因此，自"堡垒"行动以来，决定性地点始终是南方集团军群北翼。

现在一切为时已晚！深具决定性的1943年过去了，我们没能在东线实现平局。日后是否仍有可能做到这一点，取决于西方国家的入侵结果，我们估计对方1944年会登陆欧洲。

但首先遭到清算的是东线南翼！

希特勒2月底寄希望于敌人耗尽兵力、泥泞期的到来最终会阻止对方的进攻，可事实证明，这种希望纯属幻想。

由于德国军队杰出的战斗表现，苏联人确实为艰难的推进付出了高昂的代价。很明显，他们从收复地区强行征召适龄人员编成的步兵兵团，战斗力越来越差，但他们仍有许多新锐或整补过的兵团。虽然上文提到的高昂损失导致敌坦克和机械化军的坦克数量大幅度下降，可还是比德军装甲师的战车数量多好几倍。而德军一方，尽管我们从所有后方单位搜罗兵员，但还是无法弥补补充兵的不足。我方运输和辎重部队甚至使用了数十万"志愿者"。这些苏联人，特别是乌克兰和高加索志愿者，主动加入我军，干得兢兢业业。虽说占领区党务办公室奉行的政策很不友好，可他们宁愿和德国军队并肩战斗，也不愿回到布尔什维克统治下。

3月初，尽管霜冻频频降临，但泥泞期还是发挥了效力。就目前而言，遍地泥泞给我们造成的麻烦远大于给苏联人带来的不便。我在前面说过，苏制坦克配有宽大的履带，在雪地和泥泞地段的机动性优于我方战车。同时，敌人还大量装备了美制卡车，这些性能优异的卡车穿越田野之际，我方车辆只能局限于寥寥几条硬质路面的道路。因此，敌人得以迅速前调坦克和机械化军的步兵力量。另外，泥泞越严重，我方牵引车的故障率就越高。结果，我方快速兵团只得耗费大量时间长途跋涉，与机动性更强的对手交战时往往处于下风。

集团军群司令部认为，泥泞暂时中止敌人的进攻行动前，以及日后恢复交战后，保持北翼的强大都很有必要。

确实，敌人无疑会继续进攻A集团军群（第6集团军）和我们的第8集团军，但他们仍有可能把我们伸向东面的这一翼逼到黑海沿岸后予以粉碎，或至少夺得布格河和德涅斯特河渡场。收复比萨拉比亚，打开进入罗马尼亚和巴尔干地区的通道，这些目标对他们深具吸引力！罗斯福很乐意把这片地区留给乔大叔。

德国军队至少可以在必要情况下以灵活的作战方式后撤，同时缩短第 6 集团军的防线，腾出大批兵力。我们仍有可能在布格河下游或德涅斯特河下游后方（不管怎么说，仍在罗马尼亚旧边境线前方），以足够的兵力据守防线，通过决定性防御最终迫使敌人的攻势陷入停顿。

2 月 22 日，敌人进攻第 8 集团军南翼的新企图暴露无遗，集团军群司令部要求 OKH 赋予该集团军自主行事权，以避开敌人的冲击。我们不愿也无力为防线这片地段调派援兵，因为其他地段（例如集团军群北翼）更需要兵力。但第 8 集团军展开灵活作战的前提是部署在南面、位置更靠东的第 6 集团军加入上面提到的后撤行动。出于这个原因，集团军群司令部必须获得 OKH 批准。

不出所料，希特勒没有批准。相反，第 6 集团军过度拉伸的防线出现新的危机后，集团军群不得不以第 3、第 24 装甲师提供支援。

可如果敌人在南方集团军群北翼赢得决定性胜利，就能获得比他们沿黑海海岸攻往 A 集团军群更大的作战良机。倘若敌人投入最强大的兵力，就有可能赶在泥泞期到来前，一举打垮第 4 装甲集团军正面朝北的防线，尔后控制德军整个南翼最重要的补给铁路线，这条铁路线从伦贝格起，取道日梅林卡，直达乌克兰南部。敌人接下来会继续向南攻击前进，进入德军南翼的纵深翼侧和后方。

另外，敌人肯定会利用南方集团军群北翼与中央集团军群南翼之间敞开的宽大空间，集中一个强大的新锐突击集群。他们的任务是对南方集团军群北翼实施深远迂回，或者像蔡茨勒将军对希特勒说的那样，直扑伦贝格。2 月底，白俄罗斯第 1 方面军司令部出现在该地域，明确无误地说明了对方这种企图。如果北翼遭迂回，集团军群必然要向南退却，甚至有可能退到喀尔巴阡山东面，另外，经伦贝格通往加利西亚或波兰的通道也会对苏联人敞开。

我们无论如何都得阻止这种态势发展。

解救切尔卡瑟合围圈内两个军的行动结束，第 1 装甲集团军与第 8 集团军的防线在该地域重新建立联系后，集团军群司令部就采取有力措施，下令朝北翼转移兵力。第 3 装甲军军部和第 1、第 11、第 16 装甲师从第 1 装甲集团军、第 8 集团军作战地域腾出。这股力量部署到第4装甲集团军身后的普罗斯库罗夫待命，第17装甲师和炮兵师也会尽快跟进。另外，我们还从上述两个集团军抽调第7装甲师、党卫队警卫旗队师、第503重装甲营支援第4装甲集团军。第4装甲集团军司令部必须把后几个兵团集中在捷尔诺波尔周围，交给第48装甲军军部指挥。第3装甲军的任务是阻止或拦截敌人突破普罗斯库罗夫北面的防线，而第48装甲军的任务是阻止敌人取道捷尔诺波尔合围我们的西翼。OKH答应提供的3个步兵师（第68、第357、第359师）也会调入第4装甲集团军作战地域。

上述兵团调离各集团军防线自然需要时间。道路状况和运输条件致使这些师无法快速调动，因而3月中旬后才开抵集团军群北翼后方的指定地域。

3月初，集团军群司令部还命令各集团军作战地域朝北翼方向拓展或转移。此举的意图是让第4装甲集团军司令部控制捷尔诺波尔与杜布诺之间地域，这片地域现在变得越来越重要。第4装甲集团军司令部把原先到舍佩托夫卡告终的防线移交给第1装甲集团军，接防捷尔诺波尔—杜布诺以东地域。但在这片地域，他们起初掌握的兵力很少，只有集中在捷尔诺波尔周围的第48装甲军、在杜布诺周围交战的第13军、科韦利附近的一个警察集群。

第1装甲集团军把乌曼北面的防御地段（第7军）移交给第8集团军。遵照OKH的指令，第8集团军的右翼军转隶第6集团军。

3月初，为了在集团军群至关重要的北翼后方实施指挥，集团军群司令部先迁到卡缅涅茨－波多利斯基，尔后又转移到伦贝格。遵照希特勒的指示，我们没有进入罗马尼亚境内，在那里，我们可能会位于集团军群防线中央地段的后方。

以上措施是否足以阻止敌人在真正的泥泞期到来前发动的攻势，这个问题无法确定。但不管怎样，正如集团军群司令部对OKH反复强调的那样，把编有15—20个师的两个集团军调到伦贝格至关紧要。只有这样，我们才能应对敌人有可能对集团军群北翼实施的大规模迂回，我在前面已说过这种迂回会造成怎样的后果。希特勒说的新建兵团，数量到底有多少，集团军群司令部不得而知，但估计是不够的。所以必须在北方集团军群和第6集团军作战地域进一步缩短防线，借此腾出作战兵力，当然，第17集团军也得撤离克里木。

集团军群作战地域内，以这么大的规模抽调兵力，第8集团军和第1装甲集团军显然要冒上巨大的风险。只要地面状况和天气条件允许，敌人就会继续进攻他们。对方的目标是朝布格河中游以及文尼察到沃兹涅先斯克（位于第8集团军与第6集团军结合部）的布格河渡场方向突破。

但面对眼下的情况，集团军群司令部只能两害相权从其轻。从总体态势看，如果敌人在第1装甲集团军右翼和第8集团军正面遂行进攻，无疑危害较小。只要把南面的第6集团军撤到布格河后方，最坏的情况下撤到德涅斯特河后方，就能抵消敌人这种推进的作战影响。可如果敌人在集团军群北翼赢得决定性胜利，由此造成的后果是无法弥补的。挡住苏联人，绝不能让他们进入南方集团军群和A集团军群的纵深翼侧，也不能让他们顺利攻往伦贝格，这是集团军群司令部为泥泞期到来前这段时间确定的作战目标。因此，南方集团军群南翼和整个A集团军群可能不得不继续向西退却。

交战在泥泞中继续进行

虽然天气状况导致我方空中侦察无法探明敌军兵力的转移或集中，但集团军群司令部2月底还是对敌人的企图做出以下判断。

新出现的白俄罗斯第1方面军在罗夫诺地域集中兵力，企图迂回集团军群西翼。

乌克兰第1方面军可能会对我们设在普罗斯库罗夫两侧正面朝北的防线发动进攻，这段防线目前由第1装甲集团军司令部负责。

我们估计乌克兰第2方面军会对第1装甲集团军右翼和第8集团军重新发动进攻，如果对方渡过布格河，就会转身攻往切尔诺夫策。

乌克兰第3、第4方面军的企图依然是打垮第8集团军右翼和第6集团军。

3月3日，敌人在第4、第1装甲集团军防区对集团军群北翼发动进攻。他们投入包括一个坦克军在内的优势兵力，猛烈冲击杜布诺周围的第13军，企图一举合围该军。敌人以两个坦克集团军和第60集团军遂行主要突击，目标是向南突破普罗斯库罗夫—捷尔诺波尔一线。对方的企图显然是切断集团军群最重要的交通线，天气状况允许的话，就朝德涅斯特河攻击前进。与此同时，敌第18集团军企图把第1装甲集团军的右翼逼向东南方。

表15-3明确说明了这个时期的敌我兵力对比。

表15-3 敌我兵力对比一览表

1944年3月9日的敌军兵力	截至1944年2月29日的我方兵力和防线长度
第6集团军（A集团军群）当面之敌： 62个步兵师 3个坦克和机械化军 1个骑兵军 1个坦克军（整补中）	大约18个步兵师和3个装甲师
第8集团军当面之敌： 57个步兵师 11个坦克和机械化军	5个步兵师，4个装甲和装甲掷弹兵师 防线长135公里
第1装甲集团军当面之敌： 37—40个步兵师 11个坦克和机械化军	8个步兵师，1个炮兵师，1个装甲师 防线长180公里
第4装甲集团军当面之敌： 18个步兵师 5个坦克和机械化军 1个骑兵军	8个步兵师，1个保安师，1支警察部队， 9.5个装甲和装甲掷弹兵师 防线长510公里
	由于集团军群辖内各集团军的分界线向西调整，第8集团军从第1装甲集团军得到3个步兵师，防线长度增加60公里；第1装甲集团军从第4装甲集团军得到5个步兵师、3.5个装甲和装甲掷弹兵师，防线长度增加200公里

我3月4日视察舍佩托夫卡附近的前线时，在那里作战的第59军处境已相当危急。敌人在该军左右两侧突破我方防线，企图从东西两面发起全面攻击，一举合围第59军。为避免这种威胁，该军被迫后撤。第59军军长舒尔茨将军当初在克里木战役期间担任我的参谋长，多亏他坚定而又冷静的指挥，再加上刚刚开抵的第1装甲师及时投入战斗，第59军这才得以顺利后撤。但敌人朝普罗斯库罗夫方向展开超越追击，仍企图合围该军。

调到集团军群这一翼后方的两个装甲军投入交战。

第3装甲军从普罗斯库罗夫攻往西北方，打击在第1、第4装甲集团军之间的缺口部向前推进之敌。

第48装甲军负责打击敌坦克力量，对方正攻往捷尔诺波尔，还从东面向南突贯。

总之到3月7日，敌人已投入22—25个步兵师、7个坦克和机械化军。

3月初，敌人还对第8集团军左翼发动进攻。我方装甲军当初为解救在切尔卡瑟西南方陷入合围的德军部队，交战期间重创敌军，可对方没过两周就获得充分补充。所以我们刚把几个装甲军撤离该地段，调到集团军群北翼后方，敌人就朝乌曼方向发动进攻。为达成突破，他们在这个地段投入不下20个步兵师和4个坦克军，一举粉碎第 7 军，3 月 9 日到达乌曼门前。

敌人还在 A 集团军群（第 6 集团军）作战地域恢复进攻，朝布格河河口的尼古拉耶夫方向达成突破。

3 月 7 日，集团军群司令部向 OKH 汇报了当前态势，我们现在别无选择，只能全力以赴地从事交战，直到泥泞最终阻止敌人的行动。但从长远看，决定性因素是泥泞期结束后，我们把充足的兵力部署到捷尔诺波尔—卢茨克—伦贝格地域，阻止敌人突破到伦贝格—卢布林一线，倘若对方企图从捷尔诺波尔向南攻击前进，我们就打击他们的翼侧。

集团军群现在必须争取时间，尽可能保全辖内兵团的战斗力，哪怕放弃更多地盘也在所不惜，直到泥泞迫使敌人停止进攻。可惜，泥泞期发挥效力还要很长一段时间。

此时，希特勒觉得他找到了阻止敌人前进的新办法。他把某些具有战术重要性的交通枢纽宣布为"要塞"，每座要塞派一名立下军令状的战斗指挥官坚守到底。希特勒亲自指定的各座要塞，各集团军必须及时确保物资储备和防御兵力。希特勒认为，这些要塞挡住了重要的公路和地段，再加上夺取这些城市对敌人深具诱惑力，因而会阻滞对方的推进。但从一开始就很清楚，希特勒的"创造发明"无法实现预期的巨大战果。实际上，为守卫这些城市而投入的兵力，远远超过城市本身的价值。另外，这些兵力一旦投入"要塞防御"，就无法用于其他地方。没有防御工事、守备力量不足的要塞迟早会落入敌人手里，根本无法实现预期目的。因此，没等敌人彻底包围这些要塞，集团军群司令部就要求撤离守军，每次都如愿以偿。这番举措仅在捷尔诺波尔没能奏效，只有残余的守军突出重围。希特勒这种做法 1944 年间给我们造成了巨大的损失，太可惜了！

为争取时间，避免辖内集团军陷入重围，敌人突破第 8 集团军左翼防线后，集团军群司令部 3 月 11 日命令该集团军后撤，两天后又命令第 1 装甲集团军右翼撤到布格河后方。第 1 装甲集团军左翼，第 3 装甲军不得不在普罗斯库罗夫地域继续战斗，尽力恢复与第 4 装甲集团军的联系，缓解右翼的压力。

第 4 装甲集团军的任务是阻止敌坦克力量从捷尔诺波尔东面向南攻往德涅斯特河，把第 1 装甲集团军逼向东南方。同时，他们还要以 OKH 答应提供的几个师重新打通伦贝格—捷尔诺波尔—普罗斯库罗夫交通线。第13军向北延伸的作战地域急需援兵,可集团军群对此无能为力。

此时的态势发展得越来越快,到3月15日,敌人基本粉碎了第8集团军左翼。从乌曼到文尼察,第8集团军与第1装甲集团军之间出现了一个巨大的缺口。敌人继续攻往西南方,以包括一个坦克集团军在内的5个集团军在第8集团军作战地域渡过布格河。第8集团军从右翼腾出的兵力悉数投入左翼,打击渡过布格河之敌。可情况很明显,他们最多只能在局部挡住敌人,既无法在这片宽大的地段以布格河为防线,也无法与第1装甲集团军重新建立联系。相反,渡过布格河的强大敌军,就此获得把第8集团军逼向南面,以超越追击抢先到达德涅斯特河的良机。

敌人在第1装甲集团军右翼也达成突破,从而在文尼察南面到达布格河。希特勒立即宣布文尼察为"要塞"。但从一开始就很清楚,他力主的坚守根本无法实现,因为守卫文尼察需要3个师,我们从哪里能弄到这些兵力呢?

第1装甲集团军位于普罗斯库罗夫西面的左翼,敌近卫坦克第3集团军显然企图以3个坦克军实施合围。

第4装甲集团军作战地域,OKH调来的几个步兵师发动进攻,起初恢复了捷尔诺波尔周边地域的态势。但另一方面,撤往布罗德方向的第13军面临陷入合围的威胁。

总体态势表明,集团军群右翼已无法夺回并守住布格河。早在3月16日我们就发现,渡过布格河之敌以一个坦克集团军向西攻击前进,直扑最靠近的德涅斯特河渡场。另外两个集团军和一个坦克集团军转身向南,打击第8集团军北翼。

与此同时,第1装甲集团军面临两翼遭合围的威胁。尽管第4装甲集团军在捷尔诺波尔赢得了一场胜利,但从长远看,他们能否阻止敌人攻往伦贝格方向或转身向南,这一点很值得怀疑。

敌人的进展势如破竹,情况怎么会发展到这种程度?毕竟到目前为止,我们总是能以必要的后撤速度阻止敌人取得突破,或至少限制对方造成的作战影响。

除了敌人的压倒性优势,主要原因是我方部队的兵力已然耗尽。自7月中旬以来持续不停的交战导致德军各个师严重减员。各个团的兵力只剩原先的一小部分，持续不停、负担过重的作战任务导致他们的兵力消耗殆尽。补充兵不足，而且缺乏作战经验，根本无法弥补经验丰富的下级指挥官和士兵的高昂损失。因此，部队的核心力量严重受损。如果一个装甲军只有 24 辆可用坦克，又如何能展开卓有成效的反突击呢？尽管如此，我方部队还是取得了惊人的成就。无论在何处，经验丰富、作战勇敢的士兵和军官组成的战斗群，只要兵力还说得过去，就能击退实力更加强大的敌军。但总的说来，掩护宽大地域的我方部队兵力不足，缺乏技术装备，而实力占尽优势的敌人却得以反复发起冲击，穿过一个个无人据守的缺口。不管怎么说，都不能把敌人的快速推进归咎于我方部队作战不力。当前情况下，我们偶尔失利不足为奇。

如果上述情况适用于集团军群整条防线，那么还要解释为什么恰好在第 8 集团军作战地域右翼和第 1 装甲集团军右翼态势发展得如此迅速、如此不利呢？其实两个集团军的领率机构没有过错。集团军群这一翼的态势之所以出现眼下的情况，是因为从切尔卡瑟合围圈获救的 6.5 个师撤到总督辖区整补，我们失去的这些师没得到补充。

另外，如前文所述，集团军群司令部从这些集团军抽出两个装甲军，共 6 个装甲师，把他们部署到集团军群北翼。倘若这些兵团仍留在两个集团军辖内，情况无疑会好得多。所以就这方面而言，集团军群司令部确实对他们的右翼受挫负有责任。可如果集团军群司令部没有及时把两个装甲军调到集团军群北翼，集团军群的总体情况，乃至东线整个南翼的态势又会怎样呢？毫无疑问，到 1944 年 3月初，敌人会彻底粉碎集团军群北翼，把我们的残部向南驱逐到喀尔巴阡山东面。势不可挡的敌军接下来必然合围东线整个南翼，或把它逐入巴尔干地区。

就在这种危急的态势下，我被召到上萨尔茨堡。几天前，希特勒的国防军副官长施蒙特跑来，请我在一份奇怪的文件上签名。这份文件是所有陆军元帅对希特勒效忠的宣誓书，主要是针对在斯大林格勒被俘的冯·赛德利茨将军从事的策反工作。这个主意大概是施蒙特想出来的，他觉得此举会加强希特勒对陆军的信任。希特勒显然同意了他的建议，甚至热烈支持。由于其他元帅都在文件上签了名（值得注意的是，施蒙特还请目前尚不属于这个圈子的莫德尔大将签了名），我别无选择，只好照办。拒不联名的话，就说明我赞同冯·赛德利茨的宣传。但我告诉施蒙特，我认为军人发表这种声明纯属多余。毋庸置疑，德国军人不会听信自由德国委员会的宣传，宣称我们恪尽军人的职守毫无必要。顺便说一句，自由德国委员会在切尔卡瑟合围圈战役期间投下的传单没达成任何目的。冯·赛德利茨将军写给被围部队指挥官利布将军的信件也没起到作用。我当时也收到这样一封信，就放在我的办公桌上，信上的签名看上去很真实。一名乌克兰游击队员[6]捡到这封空投的信件后上交给我们。

3月19日，冯·伦德施泰特元帅当着国防军各军种大批高级将领的面，郑重其事地把上述文件呈交希特勒。希特勒似乎为此深受感动。但此举并不符合军人的观点！

鉴于希特勒对我屡次提出的建议置若罔闻，拒不承认某些事情必须要做，可现在又要求我们签署效忠宣誓书，那么问题来了，我为何还留在自己的岗位上。

就这个问题的总体方面看，我只能说，多年来我一直在前线执行最艰巨的任务，当时根本不可能像现在这样，一眼看清政权的邪恶和希特勒的本质。国内各种传言很难传播到前线，我们对此一无所知。作战任务和对态势的担心，导致我们根本无暇考虑其他事情。就这方面而言，我们所处的环境，与国内或没有战事的占领区内的军人或政客完全不同。

就军事领域而言，我不能对希特勒犯下的指挥错误视而不见。我在前文解释过，为什么我认为战争期间不能以武力推翻他的原因。

但从我个人和继续担任目前的职务这个问题来说，我多次想挂冠去职。每当希特勒不回应我的建议，或企图干涉集团军群的指挥工作，我都对参谋长说道，希特勒真该换个集团军群司令。可除了我最亲密的袍泽一再恳求，促使我没有辞去职务的原因，绝不能用"我想阻止更恶劣的事情发生"这种冠冕堂皇的话来搪塞，而是出于以下信念：我们这个司令部在历时多年的激烈交战中久经考验，没有谁比我们更能胜任前线决定性地段的指挥重任。我辞职的话，不仅仅是集团军群司令换人的问题，还会造成更多后果。

我麾下的部队对我们的领导信赖有加，我不能随随便便地抛弃他们。除非部队面临无法避免的厄运，我才会提交辞呈，以此作为最后的手段，迫使希特勒做出必要的让步。这种情况没过多久就发生了，当时，第1装甲集团军的生死存亡系于一线。

前线的形势日趋危急，我趁这次在上萨尔茨堡召开会议之际，对希特勒提出以下建议：

立即把第6集团军撤到德涅斯特河后方，该集团军目前仍在布格河下游坚守一段伸向东面的弧形防线，耗费的兵力太多。A集团军群司令冯·克莱斯特元帅也提出同样的建议。

第6集团军腾出的兵力，迅速向北调到德涅斯特河与普鲁特河（该河构成罗马尼亚的旧边界）之间地域，以防敌人把第8集团军从德涅斯特河逐向东南方。

现在必须做出明确决定，A集团军群与罗马尼亚军队全力配合，在德涅斯特河或普鲁特河共同承担保卫罗马尼亚的任务。

迅速增援南方集团军群北翼，以防敌人把我们的北翼逼入喀尔巴阡山，并阻止敌人攻往伦贝格。

我补充道，要想在喀尔巴阡山北面构成一条强大的防线，首先要接受这份方案在南方集团军群与A集团军群之间留下的缺口。倘若敌人企图穿过这个缺口，取道匈牙利攻往巴尔干方向，那么，只要希特勒宣布5月份交付的援兵及时开抵，我们就能从北面给敌人的后背捅上一刀。

可希特勒拒不采纳这份长远作战方案。他决定让A集团军群留在布格河，还宣称只能为南方集团军群北翼提供小规模支援。

3月22日，我给蔡茨勒将军发了份详细的态势评估，再次提出以上建议。我的理由有两点，一是各部队的状况，二是目前的态势表明，第8集团军与第1装甲集团军之间的防线无法连接起来。眼下重要的是，获得第8集团军配属后，A集团军群负责掩护罗马尼亚，而南方集团军群的任务是阻止敌人向西攻入喀尔巴阡山北部。为此，第4装甲集团军现在务必原地坚守，必须大力加强他们的实力。最重要的是，第1装甲集团军必须与第4装甲集团军恢复联系，以防敌人把第4装甲集团军逼向南面。匈牙利军队负责封锁两个集团军群之间的喀尔巴阡山山口。

匈牙利人当时多多少少是被迫参战的，他们的目光始终盯着1918年割让给罗马尼亚的锡本布尔根。众所周知，匈牙利和罗马尼亚都是我们的盟友，可他们彼此虎视眈眈，因而都把精锐兵团留在国内，以便在必要情况下与对方开战。1942

年年末到1943年年初在顿河大败亏输后，两个罗马尼亚集团军和一个匈牙利集团军先后撤离前线。

但安东内斯库元帅为掩护亚速海海岸再次提供了兵力。他还把隶属第17集团军的罗马尼亚部队留在库班登陆场，尔后转移到克里木。现在他又提供了新锐集团军，编入A集团军群保卫罗马尼亚。

匈牙利集团军撤离前线后，在乌克兰总督辖区留下了几个师。可这些师接到明确的指令，不得参与对苏作战！苏联红军的战线刚一逼近，我们就得让匈牙利人赶紧后撤。他们的任务仅限于在后方地区守卫铁路和公路，防范游击队的破坏。

但匈牙利的处境现在越来越危急。为掩护喀尔巴阡山和北面递延到德涅斯特河的地域，我们需要动用匈牙利国内完好无损的军队。可匈牙利政府此时的态度显然让人捉摸不透。不管怎么说，林德曼将军3月15日奉OKH的命令来到我们这里。他带来的指令明确指出，一旦匈牙利政府垮台，我们就迅速解除防线后方匈牙利军队的武装。幸亏这项任务最终没有执行。匈牙利王国摄政霍尔蒂到访上萨尔茨堡后，匈牙利第1集团军3月23日交给我们指挥，该集团军辖2个军，每个军编有4个步兵师和1个快速师。可这些兵团现在还没有动员！另外，匈牙利军队的武器装备无法抵御苏联红军坦克兵团。但不管怎样，我们还是期望匈牙利军队能在喀尔巴阡山挡住苏联人。红军坦克兵团在山地受到很大限制，另外，第一次世界大战期间，匈牙利军队把苏联人挡在喀尔巴阡山山口，俄军没能攻入匈牙利国土，我希望他们这次依然能英勇奋战。但实现这一点的前提是匈牙利军队得到强有力的领导。就这方面而言，匈牙利的拉卡托什将军（我记不清他当时是总参谋长还是战争部长了）和匈牙利第1集团军司令3月28日的到访没能让我们深受鼓舞。他们俩以部队没做好准备（1944年3月还没做好准备！）、缺乏反坦克武器为由，搪塞我们。我们觉察到，匈牙利某些高级指挥机构没有积极保卫祖国边境的意愿，难道他们对苏联人还抱有什么期望吗？

3月19日傍晚，我在上萨尔茨堡收到集团军群司令部发来的夜间报告，获悉集团军群的处境再度恶化。

很明显，虽然第8集团军把手头所有装甲力量投入左翼，可还是无法阻止敌人从西面迂回，不得不向南退却。眼下的办法是从第6集团军腾出兵力投入此处，可希特勒没有批准，我们无法付诸实施。所以眼下唯一的办法是说服安东内斯库元帅，请他马上把罗马尼亚军队交给我们指挥，以便把第 8 集团军的防线朝西北方递延。而安东内斯库元帅本打算只以这些兵团守卫普鲁特河。

　　除了第 8 集团军的处境恶化，集团军群北翼的情况甚至可以说更加危急。

　　那里的第 1 装甲集团军，右翼没能守住布格河，目前据守的防线面朝东北方，从莫吉廖夫－波多利斯基西北面的德涅斯特河延伸到兹布鲁奇河附近，兹布鲁奇河构成乌克兰与波兰的边界。

　　更西面，如前文所述，第 4 装甲集团军以新开抵的几个师发起反突击，暂时恢复了捷尔诺波尔东面的态势。

　　但 3 月 20 日，敌人投入两个坦克集团军（坦克第 1、第 4 集团军），在我方两个集团军分界线两侧达成突破，向南攻往德涅斯特河上游。3 月 23 日，敌坦克第 1 集团军先遣部队逼近切尔诺夫策北面的德涅斯特河渡场，敌坦克第 4 集团军先遣部队到达卡缅涅茨－波多利斯基南面的德涅斯特河渡场。这样一来，敌人就位于第 1 装甲集团军的后方交通线。危机刚一出现，集团军群司令部就命令第 1 装甲集团军撤到德涅斯特河与普罗斯库罗夫之间缩短的防线，腾出兵力肃清后方之敌。与此同时，集团军群司令部还把毛斯将军指挥的第 4 装甲集团军一个战斗群转隶第 1 装甲集团军，敌人两个坦克集团军在第 1 装甲集团军后方横冲直撞之际，该战斗群成为这片地域唯一的抵抗力量。毛斯战斗群的任务是设法阻止敌主力跟进，切断敌先遣部队的后勤补给。

　　情况很明显，仅凭这些措施无法恢复集团军群北翼的态势。虽然起初只有敌坦克力量深入第 1 装甲集团军后方交通线，集团军群司令部不得不为该集团军空运补给，但可以预见到，敌人很快会彻底合围第 1 装甲集团军。我们要想在喀尔巴阡山北面设立强大的防线，就必须让第 1 装甲集团军立即摆脱陷入合围的威胁。

　　集团军群司令部 3 月 23 日吁请 OKH 迅速前调援兵，肃清第 1 装甲集团军后方交通线，我们认为，在此期间占领匈牙利的任务完成后，可以腾出所需要的援兵。

　　3 月 24 日，我们收到 OKH 的答复，第 1 装甲集团军不仅要守住面朝东面和东北面的漫长防线，还要把防线向西延伸到捷尔诺波尔，并肃清后方交通线。

　　集团军群司令部 3 月 24 日中午报告，要是 15 点前还没就先前提出的请求得到相关指示，我们就命令第 1 装甲集团军向西突围。

16 点，我们收到 OKH 所罗门王似的答复，说元首批准第 1 装甲集团军向西突围的基本思路，但他还是要求该集团军守住德涅斯特河与捷尔诺波尔之间的原有防线。至于第 1 装甲集团军从哪里获得向西突击、肃清后方交通线的兵力，不得而知。眼下的情况与 1942 年 12 月的斯大林格勒如出一辙，当时，希特勒同意第 6 集团军朝第 4 装甲集团军的方向突围，负责解围的第 4 装甲集团军已近在咫尺。可他又要求务必守住斯大林格勒，这就意味着第 6 集团军根本抽调不出实施突围的兵力。

我打电话给蔡茨勒将军，告诉他希特勒的要求无法做到。蔡茨勒答道，元首根本不了解态势的严重性。不管怎么说，当晚晚些时候我接到通知，要我次日去元首大本营汇报情况。

除了这些争执，那几天我与第 1 装甲集团军司令还发生了另一些分歧。胡贝大将赞同集团军群司令部的观点，觉得第 1 装甲集团军目前的处境难以为继。他也认为当务之急是让集团军摆脱陷入合围的威胁。但他的看法是，第 1 装甲集团军不该向西突围，应当向南退却，撤过德涅斯特河。就眼下的情况看，这的确是一条更容易的突围路线。向西突围的话，集团军为获得自由，必须与敌人两个坦克集团军交战；如果他们向南渡过德涅斯特河，不需要激烈战斗就能冲出合围圈。

但我不赞同胡贝大将的观点。首先，第 1 装甲集团军在西面与第 4 装甲集团军恢复联系至关重要，否则，我们如何阻止敌人突破到喀尔巴阡山北面的加利西亚呢？第 1 装甲集团军渡过德涅斯特河向南突围的企图，最好的结局是被敌人逼入喀尔巴阡山。可就连这一点能否做到也值得怀疑。向南渡过德涅斯特河的突围路线，乍看上去风险较小，但仔细想想就会发现，此举有可能导致整个集团军灰飞烟灭，因为他们没有沿宽大正面渡过德涅斯特河的架桥器材，如果借助寥寥几座固定桥梁渡河的话，面对敌空军采取的行动，他们可能会损失大部分重装备。但最重要的是，从东面攻击前进的敌人已位于德涅斯特河南岸。因此，第 1 装甲集团军迟早会遭到这股敌军与两个坦克集团军夹击，敌人两个坦克集团军刚刚切断第 1 装甲集团军后方交通线，正准备在他们后方渡过德涅斯特河向南进发。

因此，我明确无误地告诉胡贝将军，集团军群司令部不允许第 1 装甲集团军撤往德涅斯特河南岸，很快会命令他们向西突围。我登机飞赴上萨尔茨堡前，第1装甲集团军接到准备令，要求他们先向西突围，在兹布鲁奇河与前文提到的德军战斗群会合。另外，他们还应当设法以这场推进切断敌坦克集团军的后勤补给，对方正攻往卡缅涅茨－波多利斯基。

我3月25日清晨离开伦贝格，中午到达伯格霍夫参加午间态势研讨会。

我向希特勒汇报第1装甲集团军的处境时指出，他们的东部和北部防线遭到敌人施加的沉重压力，辖内各师长期执行过重的任务，再加上空运补给不足，很难长时间坚持下去。该集团军的纵深西翼，敌人到达他们的后方交通线，一个坦克集团军的先遣力量已到达德涅斯特河南岸，另一个敌坦克集团军的目标是朝东南方进击，攻往第1装甲集团军身后的卡缅涅茨－波多利斯基。另外，德涅斯特河南岸之敌正从东面推进，企图在第1装甲集团军身后封锁河流。

面对这种情况，除了以第1装甲集团军的装甲力量向西突击，打通后勤补给线，与第4装甲集团军重新建立联系，没有其他办法。此举也许能立即切断在第1装甲集团军作战地域内行动的两个敌坦克集团军的补给线。当然，第1装甲集团军必须以辖内其他兵力，在东面和东北面掩护装甲力量向西突击。这场突击的具体目标是次要问题。不管怎样，第1装甲集团军绝不能留在目前宽大的东部和东北部防线上。但他们的南翼还得继续依托德涅斯特河。我绝不同意胡贝将军率领集团军撤往德涅斯特河南岸的主张。一方面是考虑到第1、第4装甲集团军在喀尔巴阡山北部会合的作战必要性，另一方面是因为第1装甲集团军退往德涅斯特河南岸，很可能再次陷入重围，随后全军覆没。

我补充道，第1装甲集团军向西突围成功与否，取决于第4装甲集团军是否发起反突击。为此，必须立即为该集团军增派援兵。

希特勒随即宣称无法为此腾出任何兵力。他现在不得不考虑盟军在西面入侵的问题，所以不能从那里抽调任何一个兵团。出于政治原因，我们驻守匈牙利的各个师也无法腾出。另外希特勒也不愿承认，第1装甲集团军向西突围，必然导致他们正面朝东的防线相应后撤。

希特勒企图把集团军群面临的恶劣处境归咎于我，于是，我们俩爆发了激烈的争执。几天前，蔡茨勒将军告诉我，希特勒说南方集团军群司令部浪费了他这段时间提供给我们的大批兵力。我当时请蔡茨勒转告希特勒，集团军群司令部别无选择，只能零零碎碎地投入这些师，因为OKH提供的援兵本来就零零碎碎，而且大多来得太晚。如果希特勒满足我们一再提出的要求，也就是为北翼提供强大的兵力，或赋予我们在南翼的自主行事权，那么他现在就不会抱怨零零碎碎交给我们的部队不够用了！蔡茨勒将军赞同我的看法。实际上，这是自"堡垒"行动以来，总体态势发展的决定性因素。

希特勒现在又指责我们"总想后撤"。去年秋季，我们告诉他能守住第聂伯河。他怀着沉重的心情刚刚批准撤到河流后方，我们又对他说，还得继续后撤，因为敌人在基辅附近达成突破。

我答道，情况注定会是这样。正是他要求我们把兵力滞留在南翼，以便守住顿涅茨地区，后来又要坚守第聂伯河地域，结果我们没能加强北翼。

希特勒随后宣称，据空军报告，只出现寥寥几辆敌坦克，一支支完整的德军部队就逃之夭夭，正因为如此，我们的防线才不断退却。由于希特勒收到的报告都来自德国空军司令部，所以我觉得戈林又一次发泄了对陆军的仇恨。

我语气激烈地回答道，如果我方部队在某些地方没法坚守下去，那是因为他们长期承担过重的作战任务、疲惫不堪、实力耗尽。集团军群司令部多次指出，过度拉伸的防线和部队的状况（补充兵不足）迟早会导致兵力耗尽。我们更换了一批高级指挥官，说明集团军群司令部毫不心慈手软。可就连英勇无畏、久经考验的指挥官也无法阻止部队抵抗力下降。调拨给第4装甲集团军的两个新建师被200辆敌坦克打垮，完全是因为他们训练不足、缺乏作战经验。我们多次汇报过这种情况。

由于这些争论起不到任何作用，我最后指出，现在重要的是批准第1装甲集团军集中装甲力量向西突击。此举一方面是为了与第4装甲集团军重新建立联系，另一方面是为了肃清第1装甲集团军后方交通线。另外，其他部队必须在北面和东面掩护这场行动。至于此次突击的进攻路线，可以稍后再定，但我今天必须给第1装甲集团军下达命令。我重复道，只有第4装甲集团军同时从西面发动进攻，与第1装甲集团军会合，这场行动才有望成功。可希特勒又一次拒绝了这项要求，推到夜间态势研讨会再讨论。顺便说一句，尽管双方的意见分歧很大，争论得相当激烈，但希特勒这次的举止态度很得体。

这些态势研讨会在伯格霍夫著名的大会议厅举行，从这里望去，萨尔茨堡壮丽的风光一览无遗。离开会议厅后，我找到元首的副官长施蒙特将军，请他转告希特勒，如果希特勒不回复我的建议，那么我继续担任集团军群司令的职务已毫无意义。要是他不同意我的观点和相关措施，只好请他另寻高明来指挥南方集团军群了。

当天下午，我在贝希特斯加登的住处接到参谋长布塞将军打来的电话。他告诉我，胡贝大将再次紧急请求不要向西突围，应当向南渡过德涅斯特河后撤。傍晚时，第 1 装甲集团军发来电报，称向西突围无法实施，向南撤退才是必要的解决之道。布塞将军驳回了他们的请求，但还是请我做出最终决断。我告诉他，向西突围的决心不变。

夜间态势研讨会上，希特勒彻底改变了立场。他对我说道："我重新考虑了这个问题，同意您命令第 1 装甲集团军向西突围的决定。我还怀着沉重的心情，决定把我们在西线新组建的党卫队装甲军，连同辖内党卫队第 9、第 10 装甲师，以及派驻匈牙利的第 100 猎兵师和第 367 步兵师，调拨给第 4 装甲集团军，以便他们组建突击集群。"

我报告道，我先前否决了胡贝将军向南突围的请求，命令他们向西突围。我认为向西突围成功的可能性很大，因为两个敌坦克集团军显然会把他们的兵力分散在第聂伯河[①]渡场方向。随行的集团军群作战处处长舒尔茨－比特格尔中校随即宣读了发给第 1 装甲集团军，要求他们向西突围的指令。

由于希特勒出人意料地改了主意，我随后汇报了对后续作战行动的想法。南方集团军群的任务是在喀尔巴阡山与普里皮亚季沼泽之间构设一条稳固的防线。集团军群司令部命令匈牙利第 1 集团军集结在喀尔巴阡山北面的斯特雷周边地域，在那里封锁喀尔巴阡山与德涅斯特河上游之间的山区。

第 8 集团军必须转隶 A 集团军群，该集团军群的任务是保卫罗马尼亚。我们

---

① 译注：应为德涅斯特河。

不得不暂时接受两个集团军群之间存在的缺口，届时派仍在匈牙利的部队封锁喀尔巴阡山山口即可。

我还建议为南翼设立统一的指挥机构，把轴心国集团军囊括进去。为保卫罗马尼亚，请安东内斯库元帅和一位德国参谋长领导也许比较合适。但希特勒没有解决这个问题，他只是说，出于政治原因，安东内斯库元帅不会接受的。

与午间态势研讨会相比，此次会议的气氛非常融洽，研讨会结束后，希特勒走入前厅，问我们要不要吃点东西。他志得意满地给我读了篇土耳其的新闻报道，上面说德国现在是时候对匈牙利采取行动了。其实我们早就在那里展开行动了。

3月26日一早我飞返集团军群司令部。第8集团军现在已转隶A集团军群。

次日我与第4装甲集团军商讨，如何以希特勒承诺的援兵朝第1装甲集团军而来的方向发动进攻。劳斯将军虽然对自己的防线不无担心，但坚信麾下部队能与第1装甲集团军取得联系。希特勒宣布为"要塞"的捷尔诺波尔已陷入重围。第4装甲集团军左翼第13军在布罗德面临陷入合围的威胁，但他们及时摆脱了这种厄运。

不管怎样，希特勒在3月25日的态势研讨会上对我们的要求做出让步后，集团军群司令部就坚信能救出第1装甲集团军，让他们与第4装甲集团军在喀尔巴阡山北面会合。不过，虽然我在3月25日的会议上取得上风，保住了第1装甲集团军，但希特勒显然因为自己被迫做出让步而厌倦了与我的合作。冯·克莱斯特元帅的情况也是如此，他比我晚两天来到上萨尔茨堡，最终获准把他的集团军群撤到德涅斯特河下游。

3月30日早上，一个突如其来的消息把我叫醒，希特勒的"秃鹰"专机已经去A集团军群司令部接冯·克莱斯特元帅，很快会在伦贝格降落，接我和克莱斯特一同去上萨尔茨堡。我和随行的作战处处长舒尔茨－比特格尔、副官施塔尔贝格在伦贝格机场等待"秃鹰"着陆时，我的参谋长打电话给蔡茨勒将军。蔡茨勒说，希特勒打算解除我和克莱斯特的职务，其实我们对此早有心理准备。

到达贝希特斯加登后，我们先与蔡茨勒将军谈了谈，因为希特勒要到夜间态势研讨会才接见我们。蔡茨勒说，上次在上萨尔茨堡召开会议后，戈林和希姆莱，可能还有凯特尔，指名道姓地对我大加诋毁，这大概坚定了希特勒与我和克莱斯特分道扬镳的决心。希特勒把自己的想法告知蔡茨勒，蔡茨勒立即提出辞职，因为他始终毫无保留地赞同我的观点，我离职的话，他也不能留下。但希特勒粗暴地否决了他的要求和书面辞呈。陆军总参谋长这种正直的态度令人肃然起敬！根据我次日的日记和事后的回忆，我把自己与希特勒最后一次会面的情形记述如下。

傍晚面见元首。他为我颁发骑士铁十字勋章双剑饰后说道，他已决定派其他人（莫德尔）来指挥南方集团军群。他说，东线特别适合我的大规模交战时期已经过去，这里唯一要做的是坚守。全新的指挥方式需要新人以新的原则付诸实施。因此需要更换集团军群司令，他还打算更改集团军群的名称。

他想明确强调，和以往其他陆军元帅（他道出了他们的名字）的情况一样，此举绝不意味着我们之间出现了信任危机。他仍对我信任有加。他对集团军群领率机构从未有过任何怨言，相反，他完全赞同我们做出的一切决定。但他也知道，集团军群司令部这一年半来承担了过重的责任，需要休整一段时间。他知道我是他最得力的指挥官之一，所以不久后会再次起用我。但目前，东线没有需要我执行的任务。莫德尔先前在北方集团军群组织了一场艰难的后撤，这里的工作交给他再合适不过了。元首再次向我保证，我们之间绝不存在任何信任危机，他还对我说，他永远不会忘记，西方战局开始前，我是唯一告诉他，在色当达成突破不仅会决定交战的胜负，还必然对整个西方战局起到决定性影响的人。

我告诉元首，要是他认为当前情况下，他能与另一位集团军群司令更好地合作，因而打算换人的话，我当然不会反对。我也觉得现在把指挥权交给莫德尔，不会对我们的事业造成太大损害，因为解救第1装甲集团军的决定已做出。一方面，他（希特勒）决定从西线调来党卫队装甲军，另一方面，我已命令第1装甲集团军向西突围，退往德涅斯特河北面。集团军群司令部的工作基本已完成。他们现在要做的仅仅是为部队提供帮助，在精神上鼓舞他们，莫德尔完全能胜任。

元首深表赞同，说莫德尔特别适合这项任务。他会奔走于各个师，促使各部队发挥最后的潜力。我对此答道，长期以来，在我的指挥下，集团军群辖内各师已倾尽全力，没人能从他们身上挖掘出更大的潜力了。

我们的最后一次会面，希特勒对我说的这些话，无论大家怎么看，他至少为此次分道扬镳选择了得体的方式。这一点很大程度上归功于蔡茨勒提出的请求："要是您想解除冯·曼施泰因和冯·克莱斯特元帅的职务，至少应该当面告诉他们，并解释理由！"我知道戈林和希姆莱早就想把我搞掉，但促使希特勒下定决心的原因，可能是他在3月25日的会议上，先是否决我的建议，尔后又当着众人的面对我做出让步。希特勒与我握手道别时，我对他说道："我的元首，但愿日后不会证明您今天的决定是个错误之举。"

希特勒随后以类似方式解除了冯·克莱斯特元帅的职务。我们离开伯格霍夫时，接任者已等在那里，刚刚擢升元帅的莫德尔大将接掌更名为北乌克兰集团军群的南方集团军群，舍尔纳将军接替了克莱斯特。

次日晨，我乘坐Ju-52飞回伦贝格，我的继任者被暴风雪所阻，滞留在克拉科夫。这样，我得以在4月1日下达了集团军群最后一道指令，确保两个装甲集团军在即将发起的突围行动中通力合作。当天下午我赶往第4装甲集团军，与集团军司令商讨如何使用新开抵的党卫队装甲军，并与他道别。至于我麾下另外几位集团军司令，只能以书信的方式与他们告别了。

4月2日下午，我把集团军群指挥权移交给赶来的继任者。据我判断，解救第1装甲集团军，两个装甲集团军在喀尔巴阡山与普里皮亚季沼泽之间地域会合，尽管会遭遇艰巨的局部交战，但基本上大局已定。

按照计划，第4装甲集团军4月5日向东发动进攻，到4月9日，第1装甲集团军已突出重围！

我还要向司令部人员道别！这些战友与我共同经历了克里木半岛的鏖战和胜利、1942年年末到1943年年初艰巨的冬季战局和最终的胜利结局，以及1943—1944年战局的无数次危机，眼下突然要和他们分别，实在不是件容易的事。这些年来，我们相互信任，亲密的战友情谊令我深感喜悦，现在我们的合作不得不告终，的确让我痛苦万分。可以说，我和麾下几位集团军司令的关系也是这样。

我去职的消息给集团军群司令部造成的影响犹如晴天霹雳。我回到伦贝格，发现这些同袍个个心烦意乱。最亲密的几位同事，例如参谋长、作战处处长、军需处处长、人事处处长，纷纷要求调职。陆军人事局批准了他们的请求，只有布塞将军还得在参谋长岗位上留一段时间，确保指挥工作的连贯性。

就我个人而言，离开指挥岗位意味着我终于解除了当前情况下越来越难以承受的责任。

面对占有压倒性优势的敌人，一连9个月持续不停的交战，给我们的指挥机构和部队提出了过高的要求，导致这份责任变得更加沉重。我们在这些交战中总能找到办法，不是迫使对方陷入停顿，就是以防守反击的方式夺走敌人触手可及的胜利果实。

这一切我在前面的章节只能大致加以描述。由于本书篇幅有限，我无法对德国军人取得的成就做出他们应得的介绍。

但是，对我和我亲密的同袍，以及集团军群下属各集团军的领率机构而言，肩上承担如此沉重的负担，完全是我们不得不就作战必要性与最高统帅部展开持续斗争造成的。

我们一再提出并反复争取的，是在这场战局的决定性地点（集团军群北翼）有个明确的重点，以及作战自由度（全线，特别是我们的南翼），但这些仅仅是斗争的表象，受到作战态势制约。

根本问题在于，我们与最高统帅部在战略和战役思想上存在不可调和的分歧：

希特勒的战略和战役思想缘于他的素质和直觉，我在"希特勒行使军队最高指挥权"一章介绍过，而集团军群司令部的战略和战役思想，则是建立在德国总参谋部的传统原则和见解上。

一方面是独裁者的观点，他坚信自己的意志力不仅能让己方军队牢牢守住既占地域，还能彻底挡住敌军大潮。可这位独裁者又不敢冒险，生怕丧失威望。此人虽然颇具才华，但缺乏真正的军事技能基础。

另一方面是军事指挥官的观点，相关教育和训练让他们坚信，如何从事战争是一门艺术，基本要素是准确判断形势并做出大胆的决定。只有机动作战才能赢得胜利，因为只有这种作战样式才能充分发挥德军指挥和部队素质的优势。

但公正地说，我们必须承认，如果按照南方集团军群司令部的想法展开行动，必然要求希特勒在其他战区和东线其他地段冒上很大的风险，还得承受政治和战争经济方面的严重损失。但这也许是我们1943年耗尽苏联红军进攻力量、在东线达成政治平局唯一的办法。

尽管总的说来南方集团军群司令部为争取不同的作战指挥而展开的斗争没能达成目标，导致我们坚信能对付敌军的壮志未酬，可我们还是做到了一件事。作战态势和数倍兵力优势赋予敌人天赐良机，但他们没能合围东线整个南翼。我们不得不放弃大片既占地域，各兵团的战斗力不断遭到消耗，但敌人始终没能赢得决定性胜利！

尽管南方集团军群遍体鳞伤，损失惨重，但依然仁立在战场上！

在我和我的袍泽看来，面对占有压倒性优势之敌，面对拒不承认可预见现实的最高统帅部，我们从事的斗争毫无平等可言。但最大的安慰是，我们没有让辖内任何一个兵团重蹈斯大林格勒的覆辙。先前的切尔卡瑟，眼下的第1装甲集团军，敌人一次次与他们认为唾手可得的猎物失之交臂。

离开指挥岗位，唯一让我伤感的是，我再也不能为始终信任集团军群领率机构的部队提供帮助了。

1944年4月3日，我离开伦贝格的集团军群司令部，所有朋友都到火车站为我送行。列车缓缓开动，突然有人朝我喊了一句。原来是我的飞机驾驶员朗格尔中尉，当初他冒着最恶劣的气候条件，多次把我平安送抵目的地。现在他已加入战斗机部队，没过多久就牺牲了。我想把他这句话作为对诸多忠诚的袍泽最后的致敬。他喊道：

　　元帅先生，我们今天把我们胜利的标志，克里木盾章，从飞机上取下来了！

注释

1. 虽然红军师的兵力少于德国师，但配属独立坦克旅或坦克团后，他们的战斗力得到显著提升。敌坦克军的战斗力与德军装甲师大致相当，但机械化军的战斗力优于德军装甲掷弹兵师，因为他们编有一个坦克旅。

2. 关于击毁和缴获敌技术装备的报告，肯定有不少重复统计，但就算减掉一部分，这些报告也基本属实。

3. 这里提到的德国装甲军，此时不再以装甲师编成，而是视当时的情况，以装甲军军部统辖几个装甲师或步兵师。

4. 希特勒这次展现出敏锐的判断力，他怀疑我们在第 4 装甲集团军两翼发起的打击能否成功。事实证明他的怀疑正确无误。

5. 两个军陷入合围前，领取口粮的人数共计 54000 人，但部分后勤单位没有陷入合围圈。

6. 乌克兰东部，也就是只有德国军政府的地区，游击运动少之又少，而在乌克兰西部却相当活跃。首先是因为那里庞大的森林为游击队提供了出色的藏身地，也为他们袭击铁路线和公路提供了便利。其次是因为帝国专员科赫奉行的政策，迫使平民百姓投入游击队的怀抱。游击队有 3 种类型：苏联游击队不仅与我们战斗，还恐吓平民百姓；乌克兰游击队与苏联游击队作战，但对俘虏的德军官兵，收缴他们的武器后通常会释放；波兰游击队既打德国人，也打乌克兰人，这种情况主要发生在已纳入加利西亚的伦贝格地区。波兰游击队主要在大城市活动，而乌克兰游击队在乡村活动。与其他总督辖区不同，地区专员韦希特尔对伦贝格地区的管理非常精明。他推行的政策有利于乌克兰人，但也保护波兰少数民族。他甚至以乌克兰志愿者组建了一个师。

附件

附件一（原件节录）

陆军总司令   密件

陆军总参谋部作训处

第 44 440/39 号

黄色展开令

绝密   1939 年 10 月 19 日

只传达到军官！   共 25 份

                                               第 4 份

1. 总企图

鉴于西方国家的态度，德国陆军可能有必要在西面展开进攻。这场进攻必须投入一切可用兵力。

这场进攻会在西线北翼实施，取道荷兰、比利时、卢森堡，目的是尽可能多地击溃法国军队及其盟军，同时尽可能多地占领荷兰、比利时、法国北部领土，以此作为基地，日后对英国展开极具成功希望的空战和海战，也作为鲁尔区广阔的前方保障地带。

2. 兵力配置和任务

（a）我指挥的这场进攻，由 N 集团军级支队、A 集团军群、B 集团军群遂行，第一个目标是歼灭荷兰军队，尽可能多地击溃边境筑垒地域的比利时军队，迅速集中强大的兵团，特别是快速兵团，为强大的北翼继续进攻和迅速占领比利时沿海地区创造条件。为此，N 集团军级支队、A 集团军群、B 集团军群必须隐蔽集中在赖讷与梅特拉赫（特里尔南面）之间的帝国东部边境，这样就能以六夜行军进入待机地域，为越过边界做好准备，第七日晨发动进攻。占领待机地域的时间另行通知。C 集团军群必须以最少的兵力据守防御地段的筑垒工事。至于进攻企图的伪装，另行下达命令告知。

（b）N集团军级支队（投入荷兰瓦尔河北面）近期组建，由OKH直接指挥。

B集团军群构成进攻的北翼，编有：

第2集团军部署在右翼，集团军司令部以原先的第8集团军司令部改组而成；

第6集团军部署在中央，集团军司令部会从目前的防区及时腾出；

第4集团军部署在左翼。

A集团军群构成进攻的南翼，编有：

第12集团军部署在右翼，集团军司令部以现有的第14集团军司令部改组而成；

第16集团军部署在左翼，集团军司令部全新组建。

负责防御的C集团军群编有：

第1、第7集团军。

各集团军群及辖内集团军的分界线（地图：1∶1000000）：

（1）N集团军级支队与第2集团军：博尔肯（N集团军级支队）—雷斯（第2集团军）—莱茵河南岸和瓦尔河。

（2）第2集团军与第6集团军：施泰克拉德（第2集团军）—阿尔森（第2集团军）—内佩尔特（第6集团军）—迪斯特（第6集团军）。

（3）第6集团军与第4集团军：贝尔吉施格拉德巴赫（第6集团军）—米尔海姆（第6集团军）—科隆（第4集团军）—亚琛（第6集团军）—吕蒂希北部边缘。

（4）第4集团军与第12集团军：齐格河畔罗斯巴赫（第4集团军）—魏尔布施（第4集团军）—霍内夫（第4集团军）—阿尔魏勒（第12集团军）—希勒斯海姆（第4集团军）—舍内肯（第4集团军）—乌法利兹（第12集团军）—马尔什（第4集团军）—那慕尔（中间）。

（5）第12集团军与第16集团军：赫尔格伦茨豪森（第16集团军）—本多夫（第16集团军）—凯撒斯埃施（第16集团军）—博伦多夫（第16集团军）—迪基希（第16集团军）—讷沙托（第12集团军）—

布永（第12集团军）。

（6）第16集团军与C集团军群：洛尔希（第16集团军）—格明登（第16集团军）—农韦勒（第16集团军）—梅特拉赫（第16集团军）—迪斯多夫（第16集团军）。

3. 进攻战线的任务

（a）N集团军级支队取道赖讷—莱茵河一线，在博霍尔特西面朝乌得勒支这个总方向渡过埃塞尔河，进攻格雷伯防线。必须利用一切机会穿过这条防线，以及乌得勒支两侧敌人准备放水淹没的地域继续前进，必要情况下占领阿姆斯特丹和鹿特丹。必要的援兵随后会提供。

以少量兵力占领格罗宁根省。

（b）B集团军群应突破吕蒂希南北两侧的比利时边境筑垒地域，辖内兵团渡过阿尔贝特运河、吕蒂希与那慕尔之间的马斯河河段，集中到布鲁塞尔南北地域，这样就能不失时机地继续向西进攻，并以强大的快速兵团从安特卫普出击，攻入布鲁日—根特周边地域。

必须阻止敌人逃离安特卫普和吕蒂希。

必须封锁敌人据守的部分要塞地域。

第2集团军在尼姆韦根^① 与阿尔森之间渡过马斯河，从阿尔森（含）—内佩尔特（不含）—迪斯特（不含）一线以北，朝阿尔斯霍特这个总方向攻击前进，任务是掩护第6集团军的进攻，防范安特卫普周边之敌介入。这要求第2集团军迅速攻往并渡过阿尔贝特运河。

第6集团军从芬洛—亚琛（含）一线出击，迅速渡过马斯河，毫不拖延地突破比利时边境筑垒地域。这场进攻的总方向是蒂勒蒙^②。第6集团军应当遵照B集团军群的指令，从北面封锁吕蒂希要塞地域。

第4集团军主力从蒙绍—哈布沙伊德一线出击，攻往吕蒂希—那慕尔的马斯河河段并达成突破。重要的是尽快在马斯河北岸站稳脚跟，确保把

① 译注：即奈梅亨。

② 译注：即蒂嫩。

尽可能强大的兵力前调到北岸。

集团军应遵照 B 集团军群的指令，从马斯河北岸继续攻往西北方。

集团军应遵照 B 集团军群的指令，从东面和南面封锁吕蒂希要塞地域，做好把部分战线转向西面，彻底合围要塞的准备。那慕尔方向以少量兵力掩护即可。

（c）A 集团军群从南面和西南面对敌人发动进攻，掩护 B 集团军群的进攻行动。集团军群右翼应当尽快在那慕尔南面渡过马斯河，遵照 OKH 的指示，在桑布尔河南面掩护 B 集团军群继续向西突击，或为他们拓宽通道。

第 12 集团军从哈布沙伊德与瓦伦多夫之间的奥尔河河段出击，在巴斯托涅两侧穿过比利时边境筑垒地域，并以强大的右翼在那慕尔与菲迈（含）之间强渡马斯河，左翼占领并坚守布永（含）下方的马斯河—瑟穆瓦河河段。集团军与第 4 集团军保持联系，掩护那慕尔方向。

第 16 集团军从瓦伦多夫—梅特拉赫一线出击，右翼迅速前进，夺取布永上方的瑟穆瓦河河段—阿尔隆以南地域—卢森堡以南地域一线，在这一线掩护整个进攻行动的南翼。

与第 1 集团军协商后，第 16 集团军应以左翼夺取梅特拉赫南面的萨尔河筑垒防线，并保持相连。

4. 总方针

遂行进攻的各集团军，起初要考虑的不是强大或特别精锐的敌军，而是大量技术障碍（河道、运河、各种障碍物、筑垒防线）和敌空中力量。为了在尽可能多的地段迅速克服这些技术障碍，必须周密思考，精心准备。所有遂行突破的部队必须大胆攻往目标，跟进的部队迅速提供支援，只有这样才能迅速打垮敌人第一道防线。

随后的作战行动，重要的是与空军紧密协同，以猛烈的进攻消灭敌人前调的援兵，因而需要提前按计划组建强大的突击集群。快速兵团迅速投入交战，能为胜利创造良机。迅速占领并控制河道、运河渡场，实施最严格的交通管理尤为重要。

进攻的准备工作，突击部队的训练，必须考虑到这些要点。

冯·布劳希奇（签名）

附件二（原件节录）

陆军总司令 密件

陆军总参谋部作训处

第 44 440/39 号第二版

黄色展开令

绝密 1939 年 10 月 29 日

只传达到军官！ 共 25 份

第 4 份

1. 总企图

鉴于西方国家的态度，德国陆军可能有必要在西面展开进攻。这场进攻必须投入一切可用兵力，目标是在法国北部和比利时境内接战并击溃尽可能多的法国军队，为我们在陆地和空中继续与英法两国交战创造有利条件。

2. 兵力配置和任务

（a）我指挥的这场进攻，由 B 集团军群和 A 集团军群遂行，目标是歼灭索姆河以北地域的联军，一路前出到海峡沿岸。

B 集团军群和 A 集团军群必须隐蔽集中在盖尔登与梅特拉赫（特里尔南面）之间的帝国东部边境，这样就能以 6 夜行军进入待机地域，为越过边界做好准备，第七日晨发动进攻。占领待机地域的时间另行通知。

C 集团军群必须以最少的兵力据守防御地段的筑垒工事。至于进攻企图的伪装，另行下达命令告知。

（b）B 集团军群构成进攻的北翼，编有：

第 6 军代理军部负责掩护荷兰边界；

第 6 集团军攻往吕蒂希北面；

第 4 集团军攻往吕蒂希南面。

为了在进攻期间遵照集团军群司令部的指令展开部署，为第6集团军作战地域提供第18集团军司令部（待补），为第4集团军作战地域提供第2集团军司令部。

B集团军群司令部确定第6集团军司令部接掌原第2集团军司令部防区指挥权的时间，并上报第18、第2集团军司令部最终集结的时间和地点，还要规定这些集团军司令部加入进攻的准备工作。

A集团军群构成进攻的南翼，编有：

第12集团军位于右翼，第16集团军位于左翼。

负责防御的C集团军群编有：

第1、第7集团军。

各集团军群及辖内集团军的分界线（地图：1∶1000000）：略

3.进攻战线的任务

（a）突破比利时边境防御工事后，B集团军群首先向西攻击前进，一个突击集群从北面穿过吕蒂希进入布鲁塞尔周边地域，另一个突击集群从南面穿过吕蒂希进入那慕尔以西和西南地域，这样，集团军群就能根据态势发展，不失时机地继续向西进攻，也可以转向西北方或西南方。

突破边境筑垒地域后，应尽快投入快速兵团。北部地区的突击集群攻往根特方向，南部地区的突击集群攻往蒂安方向，目的是以猛烈的进攻阻止敌人构设防线，并遵照集团军群的指示，以紧密的协同为后续部队的进攻创造有利条件。

必要情况下，B集团军群应当合并两个突击集群的快速兵团，用于有利战机更早出现的地方。一个突击集群的快速兵团可以更有效地用于另一个突击集群时，必须防止这股快速力量闲置。快速兵团投入后，指挥工作与后续步兵师的指挥分开。各集团军具体执行的任务，由B集团军群分配。

遵照B集团军群的指示，围困吕蒂希和安特卫普要塞。必须阻止敌人逃离要塞地域。

"B集团军群从进攻伊始就应当做好准备，一旦接到命令，就遵照特别指示，以最少的兵力占据荷兰要塞前方的荷兰领土。"

（b）A集团军群右翼朝西面这个总方向攻击前进，拓宽B集团军群的突击战线。他们应尽快在菲迈与穆宗之间渡过马斯河，穿过法国边境筑垒地域攻往拉昂方向。A集团军群左翼负责掩护整个进攻行动，阻挡敌人从南面和西南面展开的行动。

冯·布劳希奇（签名）

附件三

集团军群司令部   1939 年 10 月 31 日

呈陆军总司令阁下

　　新展开令规定的作战行动，目的是在比利时和索姆河北面的法国境内尽可能多地击败英国、法国、比利时联军，夺取海峡沿岸。这道展开令估计，敌人首先会把部署在边境地区的部分兵力投入比利时境内，我们能顺利打垮对方（主要使用德军强大的摩托化兵团），这样，敌人就无法在索姆河以北地域展开协同一致的行动。

　　击败比利时、打垮英法军队的预期目标确实有可能实现。但整个行动成功与否，并不取决于这种初期胜利，而在于我们必须彻底击败并歼灭在比利时境内和索姆河北面作战的敌军，绝不仅仅是把他们击退。同时，我们还得挡住法军的反突击，这种反突击也许会姗姗来迟，但我们必须预料到，对方肯定会从南面或西南面展开行动。

　　集团军群认为，基于这种考虑，必须把整个行动的重点置于南翼，快速兵团在比利时境内赢得初期胜利仅仅是序幕。我们必须从吕蒂希南面穿过，在那慕尔上方渡过马斯河，攻往阿拉斯—布洛涅方向，这样，敌人投入比利时境内的兵力就无法面朝索姆河，而是被我们切断在索姆河。

　　同时，我们的南翼必须强大到足以击退法军朝左翼发起的反突击，这样，我们的进攻就能朝海峡沿岸顺利进行。

　　基于这种思路，似乎有必要：

　　1. 把强大的摩托化力量部署到吕蒂希南面，特别是第 4 集团军作战地段南部，以及第 12 集团军作战地段。

　　这条进军路线通往据守东北防线的比利时军队主力后方，再加上这片地区比利时军队的防御工事较弱，因而有可能比吕蒂希北面的进军路线进展更快。

随后，无论是从那慕尔南面向西进攻，还是从那慕尔两侧攻往西北方向，部署在吕蒂希北面的军队都能使用马斯河渡场，他们沿起初较艰难但路程更短的进军路线前进。

强大的摩托化力量投入第12集团军作战地段，并不排除我们达成初期突破后把所有摩托化力量用于吕蒂希南北两侧的可能性。攻往那慕尔上方的所有兵团应当编为一个集团军，由 B 集团军群指挥，因为继续行动、迅速攻往海峡沿岸或索姆河下游无疑是 B 集团军群的任务，而 A 集团军群负责掩护南面和西南面。

2. 在 A 集团军群身后增加一个具有足够兵力发动进攻的集团军。

可以肯定，法军会从南面发起强有力的反突击，沿摩泽尔河攻往波恩，也可能从马斯河西面朝西南方攻往布鲁塞尔。

我们必须把这场反突击的东翼挡在迪登霍芬①—蒙梅迪法军筑垒防线的北面。从长远看，第16集团军的兵力能否做到这一点值得怀疑。

可是，要确保 B 集团军群顺利攻往海峡沿岸，我们就必须击退法军可能会从马斯河西面朝西南方发起的反突击。为此，A 集团军群需要在第12集团军（开赴拉昂）与第16集团军（在马斯河与摩泽尔河之间遂行防御）之间插入另一个集团军，向南攻往马斯河西面。

如果 A 集团军群只有第12、第16集团军可用，多多少少会受制于敌。要是增加一个集团军，我们就能顺利掩护 B 集团军群南翼和西南翼，确保他们迅速赢得胜利。

很难想象敌人会犯下这样的错误：把过于强大的兵力投入北翼的比利时境内。B 集团军群编有 3 个集团军，兵力足以完成他们受领的任务。如果敌人真这样做的话，决定性重任就落在索姆河方向的第12集团军肩头，必须以另一个集团军发动进攻，掩护第12集团军南翼。

A 集团军群面临危险，但另一方面也是天赐良机，倘若敌人全力加强他们的

---

① 译注: 即蒂永维永。

北翼，那么情况更是如此。

集团军群司令

冯·伦德施泰特（签名）

附件四

A 集团军群司令部   1939 年 11 月 21 日

作训处 321 号

集团军群进攻行动的企图

Ⅰ. 行动简介

1. 敌军

集团军群预计，敌人会把他们驻扎在比利时边境的兵力（24 个师）立即投入比利时境内，协助比利时军队守住安特卫普—吕蒂希—那慕尔一线，或至少以自己的兵力控制马斯河—瑟穆瓦河一线。

只有判明敌情后，英法军队才会投入强大的统帅部预备队（51 个师）。

因此，集团军群当面之敌，起初除了实力虚弱的比利时军队（1 个猎兵师，也许是 1 个骑兵师），还有法国第 2 集团军（5 个师）和 A 集团军级支队（4 个师）辖内部队，但准确的情况要等我们对英法军队部署状况支离破碎的了解得到证实后才能确定。

不能排除比利时南部的法军起初不越过马斯河—瑟穆瓦河一线的可能性，这是因为，倘若敌人坚守安特卫普—吕蒂希—马斯河一线，控制比利时南部地区，会让我们陷入不利的作战境地。

但更有可能的是，敌人把准备就绪的部分兵力投入马斯河前方对付我们，以此争取时间，把强大的兵力调到吕蒂希—那慕尔—色当的马斯河一线，同时集中强大的兵力，从南面的马斯河与摩泽尔河之间发起反突击。

2. 首要企图

另一方面，集团军群认为，我们迅速而又出敌不意地穿过卢森堡，抢在法军组织起防御前突破比利时的防御工事，粉碎不出所料开入比利时境内的法军至关重要。这是我们渡过马斯河继续行动，并在南面设立防线的先决条件。

为此，集团军群应当把编有 3 个师的第 19 军部署在前线，为该军分配四条进军路线，设法赶在强大的法军开抵前突破巴斯托涅与阿尔隆之间的比利时防御工事，做好从这片工事向西进攻的准备，打击从讷沙托和瑟穆瓦河河谷而来的法军。

第 12 和第 16 集团军以 11 个师投入前线，把预备队留在附近，以便尽快突破比利时军队的防线，这样，第 12 集团军和第 16 集团军右翼就能投入比利时南部的交战。第 16 集团军中央和左翼转身向南，进攻并击败大致朝阿尔隆—卢森堡方向推进的法军，大致沿边界线设立防御。位于翼侧的军，与第 19 军同时跨过边界，而中央地段的几个师只能在第 19 军身后跟进。

第一阶段作战行动的难点在于艾费尔和卢森堡的地形，各条道路狭窄、曲折、陡峭，大批部队需要渡过奥尔河—绍尔河—摩泽尔河。

部队展开、渡过几条边境河流、第 19 军推进、预备队和补给物资跟进，都得穿越几条边境河流陡峭的河谷，无法离开道路，很容易沦为法国空军的打击目标。

由于行动伊始面临的空中威胁太大，集团军群不得不把跨越边界的时间改为夜间，这样，第 19 军拂晓到达比利时军队的防线，避开敌人的空袭，尔后我们就能以第 19 军开抵比利时军队防线西面的部队进攻法军，给开进之敌造成突如其来的打击。

由于 B 集团军群也要经过长途行军，才能到达吕蒂希南北两侧的比利时军队防御阵地，但真正的边境障碍也能在夜间克服，所以整条战线夜间同时展开完全可行。

因此，集团军群重新提出动议。

我们的行动进一步发展，一路前出到马斯河和比利时南部边界，取决于法军是否以部分兵力渡过马斯河进入比利时南部，取决于第 19 军到达比利时军队防御工事西面的部队能否成功打击法军，也取决于乌法利兹—圣于贝尔—讷沙托—阿尔隆地域是否发生交战。

后一种情况，第 19 军必须先在几个集团军作战范围内行动，主要是第 12 集团军。前一种情况，第 19 军就遵照命令前出到色当地域，在那里渡过马斯河。

由于整个军无法沿瑟穆瓦河河谷推进，因而必须以强大的右翼从讷沙托开进，获得加强的一个装甲师穿过弗洛朗维尔，从东面为其他兵团打开瑟穆瓦河渡场。

倘若第 4 集团军在乌尔特河受阻，或该集团军主力退往那慕尔和那慕尔东面的马斯河，那么，第 12 集团军可能不得不考虑从那慕尔南面朝他们的右翼发动进攻。第 12 集团军随后必须在右侧呈梯次配置向西推进，集团军群预备队在他们身后跟进。

第 16 集团军转身向南后，必须为他们提供更多兵力充当预备队。

II. 渡过马斯河继续行动

如果我们没有遭遇敌人激烈抵抗，或在比利时南部击败法国军队后顺利前出到马斯河和比利时南部边界，那么以下考虑对集团军群的后续行动至关重要：

1. 集团军群右翼只能继续攻往西面，也就是朝索姆河下游方向攻击前进，同时应对敌人的反突击，我们估计，法军必然从马斯河西面，也就是拉费尔—拉昂—勒泰勒方向发起反突击。尽管集团军群预备队（辖 3 个师的第 21 军）在第 12 集团军身后跟进，但该集团军无法同时完成两项任务。因此，有必要插入另一个集团军，并把集团军群作战地段向北拓展到迪南附近。如果第 4 集团军像他们辖内部队开始调动时显现的那样，不可避免地逐渐转向西北方，就更有必要为 A 集团军群增加一个集团军，并拓宽作战地段。

毋庸置疑，这给我们最初建立在强大北翼基础上的整个行动增加了第二个重点，但集团军群右翼渡过马斯河也是无法避免的。

2. 集团军群左翼，我们必须预料到，法军很快会在马斯河与摩泽尔河之间对我们整个行动的南翼发起反突击。

在这里，法军可以轻而易举地把 20 个师部署到 75 公里宽的马尔居—迪登霍芬要塞防线，防线后方再部署 10 个师。

尽管我们发现法军在边境地区的 B 集团军群进攻地段部署了 15 个师，但他们很容易从预备队和东部防线抽调更多兵力，再从比利时北部调来 25 个师，把另一个突击集群集中在马斯河西面。

第 16 集团军编有 9 个师，其中 1 个师必须留在摩泽尔河与萨尔河之间，其他师开赴比利时南部边界的防御阵地抗击法军部分兵团，但他们无法长时间抵御对方的猛烈进攻。这处防御阵地必须加强，我们得设法弄清法军的兵力部署，以免被他们在摩泽尔河与马斯河之间发动的大规模进攻打得措手不及，但在此之前需要为第16集团军调拨以下兵力：

辖3个师的1个军据守卡利尼昂—维尔通一线，该军还要夺取卡利尼昂南面的敌军工事，在西耶河与马斯河之间与第12集团军取得联系；

辖3个师的1个军部署到阿尔隆以南地域；

辖3个师的1个军部署到卢森堡以南地域；

1个师部署到摩泽尔河与萨尔河之间；

1个师作为预备队部署到瑟穆瓦河河谷；

2个师作为预备队部署到阿尔隆周围；

2个师作为预备队部署到卢森堡周围。

共计15个师。

因此，该集团军身后必须有6个师跟进。

由于集团军群预备队的3个师在第12集团军身后跟进，因而必须把C集团军群3个师部署在特里尔—萨尔堡，以便他们能立即跟上第16集团军的二线师，另外3个师尽快跟进。

只有这样，才能从一开始就妥善掩护进攻翼的南翼。

Ⅲ. 与空军协同

1. 空军总司令部对敌空中力量发起预有计划的突袭后，作战部队的第一项任务是打击开入比利时境内的法国师。第3航空队的下一项任务是打击通往沙勒维尔—迪登霍芬一线的铁路线，尽可能迫使敌人的交通运输停在距离法国边界100公里处。后续任务视态势发展而定。遗憾的是，唯一的斯图卡联队前调后只能与第19军紧密协同。

2. 对空防御

正如前面强调的那样，集团军群最危险的时刻，是大批集中在前线的师和跟进的预备队跨越边境各条河谷，以及第19军投入交战前的推进。

这是因为第3航空队司令认为，鉴于法国空军力量散得很开，对他们实施突袭很难取得太大的初期战果，必须料到对方会投入强大的力量，对开进中的集团军群施以有效打击。

因此，集团军群要求在奥尔河—绍尔河—摩泽尔河提供强大的对空防御，第3航空队也应以战斗机力量提供相应的掩护。

另外，集团军群要求空军总司令部指明，如果气候条件允许空中作战力量投入的话，敌空军的部署重点是奥尔河—绍尔河—摩泽尔河地域上方。

除了辖内高射炮部队，第19军还获得一个高射炮团。

冯·曼施泰因（签名）

附件五

A 集团军群司令部   1939 年 11 月 30 日

作训处 455/39 号

呈陆军总司令阁下

绝密

只传达到军官！

    第 19 军分配给 A 集团军群，赋予该军的突击方向是色当，第 14 军部署在 A 集团军群身后，必要情况下，该军在第 19 军身后跟进，这为整个行动创造了新的重点，倘若初期交战大获成功，必须扩大集团军群的作战目标，因而有必要采取与最初设想不同的作战方式。

    从 OKH 下达的展开令看，我们目前的企图是，在北面克服阿尔贝特运河，在南面攻克吕蒂希南面的比利时军队防御工事后，把摩托化主力集中到比利时北部，打垮开进中的英法联军，赢得这场初期胜利后，以马斯河北面为重点，继续向西攻往海峡沿岸。

    此举势必导致整个行动转向西南方，对索姆河下游展开正面冲击。

    面对这种作战背景，A 集团军群只能掩护南翼，在摩泽尔河与马斯河之间遂行防御，在马斯河西面实施进攻。

    另一方面，南翼形成新的作战重点，第 12 集团军攻往拉昂方向，第 19 军攻往色当，代表一种新的作战思路，我们不再需要以强大的北翼掉转方向，朝索姆河展开正面行动，而是沿索姆河推进，目标是切断盘踞在比利时北部的敌军，新思路至少扩大了原先的作战企图。

    很明显，这场推进的南翼也需要获得进攻性掩护，后续行动必然转向南面。

    要想有效贯彻新作战思路，无论是作为整个行动的基本理念，还是仅仅作为穿过比利时北部遂行进攻的补充，集团军群的指挥范畴和兵力配置都有必要做出相应的调整。

第 16 集团军的任务很明确，是在萨尔河、摩泽尔河、马斯河之间为整个行动提供防御性掩护。我们预计法军会从蒙梅迪—迪登霍芬一线发起强有力的反突击，第 16 集团军需要的兵力，集团军群已在 11 月 21 日的信中列出。

但对第 12 集团军和第 19 军来说，渡过马斯河后必然出现两个行动方向，一是攻往西南方，为向西展开的行动创造进攻空间，二是沿索姆河向西突击。

只要第 19 军达成突然性，第 14 军紧随其后，就有必要以一个集团军司令部统一指挥这股突击集群。我们认为只有第 12 集团军司令部能承担这项任务。为此，第 6 军、第 16 集团军最北面的师（该集团军的作战地段相应地向南拓展）、第 18 军、第 21 军也得转隶该集团军。

不能要求第 12 集团军司令部在菲迈渡过马斯河继续进攻。

为继续向西进攻，插入另一个集团军司令部至关重要。

这里必然出现的情况是，第 4 集团军主力到达乌尔特河后，就会赶往西北方。

起初我们必然要从西面尽快夺取吕蒂希，为此，第 4 集团军不得不留下 1 个军。

另外，在马斯河北面的比利时境内集结重兵的想法越强烈，第 4 集团军越要攻往那慕尔这个总方向和西面，同时在于伊地域迅速渡过马斯河。

这样一来，第 4、第 12 集团军的行动方向就分开了。

向西攻往索姆河河口期间，我们缺乏兵力集中。

因此集团军群认为，最迟到第 4 集团军开抵乌尔特河，第 12 集团军右翼在巴斯托涅穿过比利时军队防御工事，第 4 集团军靠南的 1 个军（第 2 军）、第 12 集团军靠北的 1 个军（第 3 军）以及该军身后跟进的 1 个军（第 18 或第 21 军）应当由另一个集团军司令部统一指挥，并把集团军群的进攻地段拓展到迪南（不含）。

更重要的原因是，菲迈周边地域的道路状况不利于我们继续向西深远推进。

有必要以更多统帅部预备队在集团军群右翼后方跟进。

如果行动期间没有耽搁时间，特别是后勤补给顺利的话，那么现在就得做好插入一个集团军司令部的准备。

特此申请。

冯·伦德施泰特（签名）

附件六

A 集团军群参谋长 司令部，1939 年 12 月 6 日

作训处 500/39 号

绝密 共 3 份

只传达到军官！ 第 1 份

呈陆军总参谋长阁下

推迟进攻让我们得以重新审查集团军群的兵力配置和使用，自然无法忽略与整个作战行动息息相关的几个问题。

1. 敌人可能的企图

我们估计，比利时军队会继续以主力据守安特卫普—吕蒂希一线，预备队部署在布鲁塞尔周围。我们近期收到的报告称，部分敌军调往比利时西南边境，这可能更多的是一种政治中立姿态。

英法联军把 27—29 个师部署在敦刻尔克—迪登霍芬一线，C 集团军群当面确认了敌人 27 个师，因此，我们估计敌统帅部预备队还有 40—42 个师。从对方的兵力分布可以得出结论，敌人企图以部署在边界的部分兵力与比利时军队协同，先挡住我们，弄清我们这场进攻的规模和方向，再投入他们的统帅部预备队。这种打法完全符合法军的作战理念。

总的说来，法国统帅部有两个选择：

（a）以顽强的抵抗正面牵制我们，在比利时北部退却（同时坚守安特卫普和吕蒂希），企图以此创造更有利的作战态势，在摩泽尔河与马斯河之间、马斯河与桑布尔河之间投入强大的兵力，打击我们的南翼。

为了在 200 公里长的战线遂行这场翼侧攻击，敌人可以轻而易举地从统帅部预备队、迪登霍芬—色当战线、C 集团军群当面抽调 60 个师，同时留下大约 20 个师收容、支援比利时军队。

这份方案能让他们赢得决定性胜利，迫使我们至少要考虑对方的情况，但该方案过于冒险，与法军的作战理念相悖。另外，英国人是否同意放弃荷兰和比利时部分海岸很值得怀疑，因为这会让英国本土受到来自空中的威胁。

但我们还是要考虑到，如果德国军队像我们希望的那样，在比利时境内迅速赢得初期胜利，迫使对方接受，倘若对方当时已经把部分兵力用于其他地方，那么只能以较弱的兵力发起反突击。

可以肯定，我们在比利时境内越快赢得胜利，且战果越大，敌人越有可能从南面发起反突击。

（b）第二种可能性，是敌人企图把我们的攻势挡在比利时筑垒地域前方，同时让他们的空军基地逼近鲁尔区。另一个可能性是，比利时南部的敌军起初只据守吕蒂希—那慕尔—日韦—色当—马尔居要塞防线—迪登霍芬的马斯河一线，待我们进入马斯河河曲部，他们就从南北两面发起反突击。

这种情况下，估计敌人会把统帅部预备队主力投入比利时北部。

不管怎样，从他们目前在边境地区配置的兵力看，对方的企图很可能是这样。

敌人大概指望比利时军队能在阿尔贝特运河一线坚守一段时间，因而在海峡沿岸与里尔之间只部署了相对较少的兵力。

主要以摩托化师编成的一个快速集群部署在瓦朗榭讷附近的法国第1集团军周围，表明敌人企图把该集群投入那慕尔—吕蒂希的马斯河河段。富尔米—伊尔松周围的骑兵和摩托化师准备在那慕尔—日韦的马斯河一线迅速展开行动，或渡过该河，而沙勒维尔周围法国第2集团军的摩托化力量和步兵师似乎已做好开赴比利时南部的准备。另外也不能排除A集团军级支队开赴阿尔隆—卢森堡阻挡我们前进的可能性。

2. 另一方面，如果德军这场攻势所要争取和实现的目标是在陆地上决定性地击败敌人，那么从一开始就得考虑把这场攻势分为两个阶段。

（a）第一阶段应当设法歼灭盘踞在比利时和法国北部，以及开赴这些地区的敌军，同时掩护南部，并控制从海岸到索姆河的沿海地带。

（b）第二阶段应当转向南面，击退法军晚些时候必然发起、正面置于索姆河两侧的反突击，同时从西面合围敌军。

德军的作战重点必须置于南翼，这一点似乎毋庸置疑。

如果我们的北翼迅速渡过阿尔贝特运河，就能以强大的装甲力量打击比利时军队和前调的英法联军，赢得对整个行动至关重要的初期胜利。

但真正具有决定性的，是以强大的兵力穿过比利时南部，攻往索姆河河口，切断比利时境内的英法联军。

这场突击需要南面提供掩护，以防敌军介入，不仅要在摩泽尔河与马斯河之间提供防御性掩护，还要在马斯河与瓦兹河之间提供进攻性掩护，这也是我军晚些时候转身向南的先决条件。

显然，这两项任务不可避免地把整个行动的重点转移到南翼。

但这并不排除行动开始时有两个关系密切的进攻重点。之所以如此，是因为作战地域过窄，吕蒂希南面能展开的兵力很有限。

另外，为赢得初期胜利，行动发起后，两个突击集群紧密协同很有必要。

一开始，南翼在比利时南部不会遭遇强敌，可以迅速攻往那慕尔南面的马斯河，在那慕尔东面渡过马斯河，为北翼打开阿尔贝特运河渡场。

接下来，北翼取道布鲁塞尔攻击前进，为南翼打开通道，让他们顺利通过那慕尔—菲迈一线很难克服的马斯河河段。

虽然初期态势形成两个进攻重点，但我们绝不能忽略整个行动的成败系于南翼，必须加强此处的兵力，并对指挥机构做出相应的调整。

3.A 集团军群的兵力配置和使用

集团军群在 10 月 31 日、11 月 12 日、11 月 30 日的呈文里指出，基于必然落在我们肩头的任务，有必要把集团军群分成 3 个集团军，为他们配备相应的兵力，并前调统帅部预备队及时加强。

（a）集团军群的兵力配置

集团军群需要一个集团军（第 18 集团军）率领突击，在迪南—菲迈渡过马斯河河段，向西攻往索姆河下游。该集团军必须把第 4 集团军靠南的一个军编入辖内，以此获得必要的作战空间。行动伊始就得这样做，因为我们越想在马斯河北面赢得初期胜利，第 4 集团军就越要向西北方移动。另外，第 4 集团军至少要以一个军从西面夺取吕蒂希，因为我们不可能对这座限制作战空间的要塞置之不理。

但第 4 集团军无法同时遂行两项任务：既向西进攻，在那慕尔南面渡过马斯河，又朝西北方攻击前进，取道于伊攻往吕蒂希。

集团军群需要第二个集团军（第 12 集团军），出敌不意地突破色当周围的法军防线，尔后为攻往瓦兹河与马斯河之间马斯河河段的第 18 集团军提供进攻性掩护。集团军群必须控制直到埃纳—瓦兹运河和埃纳河的地域，击溃出现在那里的一切敌军，才能继续攻往索姆河下游。因此，该集团军也是全军右翼尔后转向南面的轴心。

第三个集团军（第 16 集团军）负责夺取蒙梅迪—迪登霍芬法军筑垒防线北面的防御阵地，坚守防线，抗击敌人一切进攻。

为此，集团军群重申前几份呈文提出过的请求，利用眼下推迟进攻获得的时间，现在就下达这种兵力配置的指令，因为日后再插入一个集团军司令部，肯定会给指挥工作造成困难，还会延误作战行动。

（b）兵力使用

为完成受领的任务，尽管不是从一开始，但在行动期间，集团军群需要：

第 18 集团军：辖 12 个师的 4 个军

第 12 集团军：辖 12 个师的 4 个军

第 16 集团军：辖 12 个师的 3 个军

集团军群预备队：辖 4 个师的 1 个军

——共计 40 个师

目前准备用于集团军群作战地段的兵力：

第 4 集团军辖内第 2 军：3 个师

第 12 集团军：10 个师

第 19 军：3 个师

第 16 集团军：9 个师

第 14 军：2 个师

第 21 军：3 个师

C 集团军群提供：4 个师

——共计 34 个师

所以还得前调 OKH 预备队的 6 个师。

关于辖内兵力的初期展开，我们考虑如下：

从色当两侧渡过马斯河攻击前进，目的是在马斯河前方获得一定程度的作战自由度，我们取道卢森堡，在比利时南部实现突破越快，达成的突然性越大，初期兵力越是优于开赴比利时南部的法军，上述行动就越能更快、更容易地取得战果。

强渡马斯河的最佳办法，是空军与强大的装甲、快速兵团紧密协同，突破比利时筑垒工事，打垮到达马斯河东侧的敌军，余部前出到河畔。

第 19 军只有 3 个师，实力过弱，无法独立遂行这项任务。他们不可能沿预想的宽大战线推进，既无法合围在菲迈—色当之间渡过马斯河、开赴比利时的法军，也无法在攻往色当期间掩护自身的翼侧。

因此我们请求，除了第 19 军，从一开始还要把第 14 军编入集团军群，这样，第 12 集团军就能以编有 5—6 个师的快速梯队攻击前进，东面的第 10 集团军奉命以步兵军组成第二梯队，在他们后方跟进。

这种兵力配置，能让我们的快速力量获得初期优势。由于这些快速师不需要部署在边界附近，可以在最后一晚从后方地域穿过步兵军向前开进，因而更能实现出敌不意的效果。

如果第 14 军晚些时候再穿过步兵军前调，肯定会给整场进军造成严重耽搁。

最后我们请求把那些在北翼可能无法发挥效力的装甲力量迅速调拨给第 18 集团军。

4. 空军的协同

空军的协同至关重要，因而必须重视，要充分发挥空军的效力，全力支援陆军，就不能留下主力应对敌空军力量。

鉴于敌空军力量散得很开，我们不能指望第一天的首轮进攻就彻底粉碎对方。

因此，立即对敌空军展开行动似乎更有利，这样能确保陆军发动进攻时的空中优势。待首个有利的气候条件出现，空军就以全部空中力量发动突然袭击，尔后不间断地实施单独的打击。第 3 航空队参谋长完全赞同这些想法。

这封信件已呈送集团军群司令，并获得他的批准。

冯·曼施泰因（签名）

附件七

A 集团军群参谋长 　　　　　　　　　　　　　　　司令部，1939 年 12 月 18 日

作训处 597/39 号 　　　　　　　　　　　　　　　　　　　　　　共 2 份

　　　　　　　　　　　　　　　　　　　　　　　　　　　　　　第 2 份

对遂行西线攻势的建议

Ⅰ. 敌情判断

1. 比利时军队主力部署在安特卫普—吕蒂希筑垒防线（部分位于防线前方），预备队设在布鲁塞尔周围，而比利时南部和吕蒂希—那慕尔的马斯河一线，他们的兵力较为薄弱。

英法联军约有 34 个师部署在卢森堡—比利时边界，29 个师排列在 C 集团军群当面，国内还有大约 34 个师担任统帅部预备队。

一旦德军发动进攻，不难预料，强大的英法军队会投入马斯河北面的比利时境内。

我们无法确定，敌人是以强大的兵力渡过马斯河开入比利时南部，在那慕尔上方迎战我军，还是只打算在马斯河与我们决战。

德国陆军在比利时境内快速挺进，必然遭遇法军从南面的摩泽尔河与马斯河之间，以及从马斯河西面发起的强有力的反突击，为此，法军除了投入统帅部预备队，可能还会从筑垒防线抽调重兵。

Ⅱ. 作战目标和企图

2. 德国陆军在空军全部力量支援下，进攻首日跨过荷兰—比利时—卢森堡边界，目标是迫使联军在陆地上与我们决战，为日后进攻英国创造条件。我们的作战企图是：

3. 担任突击北翼的 B 集团军群，以部分兵力占领荷兰（起初不包括荷兰要塞），

在安特卫普与吕蒂希之间、吕蒂希南面迅速突破比利时筑垒防线后，集中在马斯河北面的比利时境内，把尽可能多的比利时军队合围在安特卫普和吕蒂希，击败其他敌军，例如赶来的英法联军，可能的话把对方逼向海岸，为尔后攻往索姆河下游，占领比利时、法国北部海岸创造有利条件。

4.担任突击南翼的A集团军群，任务是迅速穿过卢森堡和比利时南部，击败渡过马斯河的法军，在马斯河（卡利尼昂）与摩泽尔河（梅特拉赫）之间设立防线，尔后强渡迪南—穆宗（起初的重点是色当）之间的马斯河河段，以一个集团军继续攻往西面，另一个集团军攻往西南面，突破敌军防线，为北面的集团军群遂行作战行动、转向索姆河下游创造条件。

5.C集团军群必须守住当前防线，以欺骗措施牵制尽可能多的敌军。

Ⅲ.首批任务

6.B集团军群首先要做的是：

（a）以较少的兵力（第10军）占领荷兰（暂时不包括荷兰要塞地域），掩护己方对荷兰军队和登陆荷兰的英军发起进攻行动。

（b）第6集团军从芬洛—亚琛一线出击，突破安特卫普与吕蒂希之间的比利时筑垒防御，以强大的摩托化兵团迅速追击，阻止比利时军队有序后撤，不能让英法联军收容溃兵。

（c）第4集团军负责突破吕蒂希南面的比利时筑垒防御，在第7航空师和空降师支援下投入摩托化力量，在吕蒂希与迪南之间出敌不意地强渡马斯河。

（d）集团军群尔后必须把辖内兵力集中在马斯河北面，击败在比利时北部作战的敌军。情况允许的话，两个集团军的摩托化力量在第6集团军司令部（第18集团军司令部随后为此而腾出）统一指挥下迅速攻往库特赖①方向，阻止英法联军在比利时境内有序展开。

我们必须包围安特卫普，还要尽快从后方攻克吕蒂希。

---

① 译注：即科特赖克。

A 集团军群分界线：阿勒河河谷到霍菲尔德—圣维特—迪南（不含）—富尔米。

7.A 集团军群首先要做的是：

（a）以第 2 集团军突破乌法利兹两侧的比利时筑垒阵地，击败投入比利时的法军，在迪南与菲迈之间强渡马斯河。

（b）第 12 集团军投入摩托化力量，在巴斯托涅和阿尔隆两侧突然突破比利时筑垒阵地，打垮渡过马斯河的法军，在沙勒维尔—色当地域强渡马斯河。

（c）第 16 集团军进攻并击败开赴阿尔隆或卢森堡的法军，在卡利尼昂附近的马斯河与梅特拉赫附近的摩泽尔河之间构设防线，这条防线必须尽量靠近法国边界。

（d）强渡马斯河后，在马斯河与摩泽尔河之间坚守防线的同时，在马斯河西面继续进攻至关重要：

第 2 集团军攻往圣康坦—拉昂方向；

第 12 集团军攻往勒泰勒两侧的埃纳河，撕开法军防线，阻止法军展开后对马斯河西面发起反突击，可能的话，对 B 集团军群当面之敌的翼侧和后方施以打击。

8.C 集团军群据守当前防线，遵照特别指令，对进攻第 1、第 7 集团军之敌实施欺骗。

IV . 兵力配置

9.　　　　　　　　　　　　　　　　　　（到目前为止的兵力）

B 集团军群

荷兰集群	第 10 军军部	1/3 个党卫队师
		1 个骑兵旅
		2 个步兵师
第 6 集团军	第 16 军军部	3 个装甲师
	4 个军部	12 个步兵师
第 4 集团军	第 15 军军部	3 个装甲师，第 22 步兵师
	4 个军部	12 个步兵师
集团军群预备队	第 18 集团军司令部	1 个装甲师，1 个摩托化师
		1 个军部，3 个步兵师

共计：	12 个军部	7 个装甲师，1 又 1/3 个摩托化师， 1 个骑兵旅，30 个步兵师

A 集团军群

第 2 集团军	4 个军部	12 个步兵师
第 12 集团军	第 19 军军部	2 个装甲师，1 个摩托化师，
	2 个军部	7 个步兵师
	第 14 军军部	1 个轻装师，1 个摩托化师
第 16 集团军	3 个军部	12 个步兵师
集团军群预备队	1 个军部	4 个步兵师

共计：	12 个军部	2 个装甲师，1 个轻装师， 2 个摩托化师，35 个步兵师

C 集团军	5 个军部	18 个步兵师
OKH 预备队	1 个集团军司令部 （只有领率机构）	3 个摩托化师
	1 个军部	9 个步兵师

统帅部预备队待机地域：

1 个军部和 3 个师部署在 B 集团军群身后；

3 个摩托化师部署在莱茵河畔，这样就能迅速调往第 6、第 4、第 2 集团军。

1 个集团军司令部（只有领率机构）和 6 个师，起初部署在 C 集团军群南翼后方，用于欺骗敌人，自 A 日起，每天从卡尔斯鲁厄—奥芬堡—弗赖堡—康斯坦茨一线向北调运 3 个师。

V . 待机地域

10.军队在待机地域滞留数周，就无法达成突然性，所以如果能做到的话，我们至少要以尽可能出敌不意的方式展开，以此获得对英法联军的时间优势。

因此，准备投入前线的步兵师，各集团军群必须把他们的出发地点选在距离边界不超过30公里的纵深处，这样他们就能在一夜间开赴数个出发地点。

装甲和摩托化师尽量部署在莱茵河东面，出发地点设在莱茵河各渡场。

以下时间表对待机地域的选择至关重要：

A2 日夜到 A1 日晨：前线师展开；装甲和摩托化兵团出发，每个兵团排成一个纵队，从莱茵河开赴边界东面15公里左右的出发地点；后续师第一场夜间行军。

A1 日昼间：休息。

A1 日夜到 A 日晨：后续师第二场夜间行军。

只有必须从边界发动进攻的步兵师和装甲师，才能在 A2 日夜间开拔，集中到边界地域。

VI . 空军

11.

（a）为确保 A 日腾出全部空中力量支援陆军，空军必须在地面进攻开始前就投入交战，压制法国空军。

为此，他们必须在可供投入全部作战力量的首个好天气对法国空军发起打击，尔后根据兵力和目标的变化展开行动，继续打击敌空军，直到地面攻势开始。

（b）支援陆军时，空军的作战重点是：

阿尔贝特运河渡场（第6集团军）；

吕蒂希与那慕尔之间的马斯河渡场（第4集团军），第7航空师和第22师部署在这里；

色当的马斯河渡场（第12集团军）；

迪南上方的马斯河渡场（第2集团军）。

VII . 统帅部预备队的使用

12.

3 个摩托化师在有望迅速取得胜利的集团军身后跟进。

几个师组成的另一个集群，从一开始就部署在 B 集团军群身后，供他们使用。

起初集中在德国南部的预备队，根据态势发展交给 B 集团军群或 A 集团军群。必须记住，这些预备队有可能沿索姆河向西进击，切断法国北部强大的敌军；也可能需要以强大的兵力做好准备，粉碎法军在马斯河西面发起的反突击，或把第 16 集团军的防御翼侧向西延伸，这就需要预备队在 A 集团军群身后跟进。

VIII . 海军

13. 海军的任务是阻止英国人控制荷兰几条河流的入海口以及港口，确保这些地方落入德军手中。

冯·曼施泰因（签名）

呈送：

陆军总司令　　　　　　　1 份

草案　　　　　2 份（没有地图）

附件八

A 集团军群   1940 年 1 月 12 日

作训处 20/40 号   共 4 份

绝密   第 3 份

只传达到军官！

西线攻势

集团军群在下文再次就遂行西线攻势的问题提出深具决定性的思路，以期在陆地上获得全面胜利。

集团军群司令

冯·伦德施泰特

I . 西线攻势的作战目标

确定进攻目标对总体指挥和各集团军群的指挥工作至关重要。

集团军群认为，必须以陆地战争赢得决定性胜利，在地面和空中粉碎联军的军事力量，消灭英国的大陆之剑，尔后再采取第二步行动，从空中和海上进攻英国本土。

次要目标，例如 OKH 起初在秋季指令中规定的，在比利时或法国北部尽可能多地击败敌军，前出到比利时沿海地带，不仅要承担入侵 3 个中立国的政治责任，而且从一开始就受到限制，无疑会让陆军和空军进攻力量承受巨大的风险，这些进攻力量是此次战争中的决定性因素，一旦消耗在非决定性交战中，短期内很难得到恢复。倘若这场攻势没能赢得我们期望的全面胜利，我们也许只能满足于实现这些次要目标。可如果我们一开始就没把彻底赢得陆地战争的决定性胜利定为目标，那么就等于放弃了迅速结束战争的努力。

就算我们击败大批英法军队，顺利到达索姆河，只要英国拉拢法国继续抵抗，他们就能像上次世界大战那样，对我们展开一场消耗大量兵力和物资的陆战，同时继续对我们实施远程封锁。

只有在法国的陆地和空中赢得胜利，在地面上粉碎联军的进攻力量，我们才有机会对英国本土发动决定性进攻，同时腾出兵力，应对北欧、东欧、东南欧有可能发生的一切情况，这样才能指望尽早赢得此次战争。

德国空军（Ju-88）和海军对英国本土的决定性进攻，要求我们打击大西洋的补给航运，控制法国北部海岸为这种行动提供了便利，因为这能省下用于英国上空的部分飞行联队。

只有彻底击败法国军队才能实现这一点。

我们的目标是在法国的陆地和空中消灭联军作战力量，因而必须发动、遂行西线攻势。欧洲大陆的敌军，目前有 130 个英法师和要塞旅、21 个比利时师、9 个荷兰师，共计 160 个大型兵团，所以我们很难一举实现上述目标，只能以一系列连续的作战行动来完成，除非法国的抵抗意志提前崩溃。

因此，最高统帅部从一开始就得考虑到更长的作战周期，在兵力和物资方面做出相应的安排。

一旦陆军和空军发动攻势，只要还有实现上述目标的机会，最高统帅部就得定下决心，绝不偏离歼灭敌有生力量的目标，更不能被沿海地带的某些收益所迷惑。

估计英军今年会增加兵力，很可能迫使我们没赢得决定性胜利就中止交战，同时放弃先前在西面夺得的地盘。接下来，我们唯一的选择是转入阵地战，迫使敌人进攻，在空中和海上继续对英国作战，必要情况下夺取北欧和东南欧的原料资源和粮食，这对长期持续的战争极为必要。

Ⅱ. 敌情评估是我们指导战争的基础

1. 我们估计，荷兰军队（8 个师和 1 个轻装师）基本部署在荷兰要塞，这处要塞仅凭少量兵力就能守住。没有英军支援，他们无法在要塞以外的地方发挥作战效力，而英国人目前几乎没有可用兵力支援他们。切断安特卫普—荷兰的陆地连接，派海军实施海上封锁，就能阻止英国人介入荷兰的战事。

2. 比利时军队把 21 个师集中在安特卫普—吕蒂希筑垒防线，据守前沿阵地的兵力较少，主力位于安特卫普和吕蒂希，预备队部署在安特卫普、根特、那慕尔周围的马斯河河段。他们在比利时南部显然只部署了少量兵力。

对方守住安特卫普—吕蒂希一线，或至少守住两座要塞的企图很明显。估计他们会就迅速提供支援的事宜与联军指挥部达成协议。

3. 自去年10月中旬以来，英法联军一直认为，我们会对沿海地带与摩泽尔河之间发动进攻。从他们的兵力配置基本能看出对方的企图。

联军总司令认为约有60—70个德国师做好了进攻准备，多少也清楚我们在摩泽尔河与瑞士之间部署的兵力。但他不可能全盘掌握我方统帅部预备队和新建兵团的情况。

他在比利时—卢森堡边界部署了36个师，这些师身后可能还有更多英国师，快速兵团主力位于沿海地带与色当附近的马斯河河段之间。另外24个师和要塞旅部署在摩泽尔河与瑞士之间的筑垒防线上，我们估计对方还有大约30—35个师担任统帅部预备队。

从这种兵力分布可以得出结论，对方企图与比利时军队协同，在边境地域挡住我们，待他们弄清我方这场进攻的方向和规模，才会投入统帅部预备队。不管怎样，这种后发制人的打法符合法军作战理念。

敌人不太可能对摩泽尔河与瑞士之间的我方筑垒防线发起反突击，即便取得些战果，我们也不会太在意。

德国统帅部认为，比利时军队会按计划向西退却，同时坚守荷兰、安特卫普、吕蒂希、那慕尔要塞，为他们在摩泽尔河与马斯河之间，也可能在马斯河与桑布尔河之间，对德军南翼发动大规模反突击创造有利的作战条件，必要情况下，与他们晚些时候从荷兰要塞发动的进攻相配合，设法歼灭莱茵河以西的德军主力。但法国统帅部是否会采取这么冒险的做法，而此举关乎放弃比利时海岸，比利时和英国是否会照办，似乎很成问题。

最有可能的是，敌人会把为此部署在比利时边界的兵力派往比利时境内，把我们的进攻阻挡在比利时筑垒地域，最晚也要把我们挡在安特卫普—那慕尔—马斯河一线，同时把他们的空军基地推进到靠近鲁尔区的地方。敌人有可能起初只在比利时南部据守吕蒂希—那慕尔—日韦—色当—马尔居要塞防线—迪登霍芬的马斯河防线，待我们进入马斯河河曲部，他们就发动反突击，从南面沿色当—迪登霍芬一线推进，与他们从比利时北部、荷兰要塞、安特卫普发动的进攻相配合。

德军在比利时北部的进展越快，取得的战果越大，越会促使敌人在摩泽尔河与马斯河之间、马斯河与桑布尔河之间对我们的南翼发动大规模反突击。尽管联军总司令已经在比利时北部部署了重兵，但还是会为此大幅度削弱要塞防线，调集大批兵力。

这种情况是否会立即发生，或者，敌人是否会先在迪登霍芬与阿布维尔之间设立防线，待晚些时候再发动进攻，尚有待观察。

详细说来，我们起初必须料到，英军会以他们的快速兵团开赴安特卫普方向，占领该城，确保与荷兰要塞的联系，控制荷兰各个入海口。

我们确认法国第1集团军位于吕蒂希和那慕尔两侧的马斯河河段；

敌统帅部预备队主力经铁路调往比利时北部；

法国第2集团军至少会前出到瑟穆瓦河，以及迪南的马斯河河段，快速兵团可能会开入比利时南部；

A集团军级支队部分力量随后会开赴阿尔隆方向；

同时我们还要料到，敌统帅部预备队会赶往沙勒维尔—迪登霍芬一线。

Ⅲ. 作战方案

德军一方面在瓦尔河与安特卫普要塞之间受到限制，另一方面又面对迪登霍芬—马尔居要塞防线，这种情况迫使德国统帅部只能对比利时境内之敌发动正面进攻，既无法像德军1914年那样实施深远合围，也无法像腓特烈大帝在洛伊滕会战中那样，交战前就迂回敌军，从翼侧打击对方，以此弥补己方的劣势。

正面攻入比利时的初期战术胜利主要依靠我方部队更强的战斗力来实现，再加上打垮联军先期开抵的援兵，这就为我们旨在彻底赢得决定性胜利的行动创造了先决条件。

不言而喻，第一种进攻方案是采用一切手段竭力争取这种初期战术胜利。

但初期交战后展开的行动，统帅部绝不能让上述必要性影响他们对决定性方向的看法。就算初期战果有限，没能歼灭大股敌军，统帅部也不能像1918年那样，把重点转到无效的作战方向。

虽然最初的作战地段很窄，吕蒂希要塞进一步造成限制，还和马斯河中游一同把这片作战地段分成两个独立战场，为确保初期胜利，必须以强大的兵力沿整条战线进攻吕蒂希南北两面，但统帅部从一开始就要清楚，整个行动的决定性地点在何处。

我们在比利时北部发动的攻势，行动伊始就遭遇主要困难，我们必须克服马斯河和斯海尔德河，还得抢在联军介入前，突破比利时军队准备据守的阿尔贝特运河阵地。如果河道冻结的话，那么这些难题就迎刃而解了。

在这里遂行进攻的集团军受到安特卫普和那慕尔要塞进一步限制，两座要塞之间只能展开有限的兵力，迫使另一个集团军穿过吕蒂希南面，攻往那慕尔两侧的马斯河，以便晚些时候在马斯河—桑布尔河一线北面的比利时北部把上述两个集团军合并成强大的北翼。获胜的关键是在马斯河北面把强大的装甲力量迅速编入一个摩托化集团军。

一旦赢得初期胜利，继续推进的北翼就不会再遇到任何重要的地形或要塞障碍。

如果北翼击败敌人继续调来的援兵，就能攻往沿海地带，甚至攻往索姆河下游。

但北翼的作战影响最迟到这里要告一段落，除非在此期间穿过比利时南部的南翼为继续进行这场攻势创造了基础。

倘若我们的南翼停在马斯河前方，那么这场行动就无法赢得决定性胜利。北翼越向西推进，南翼遭受强大敌军反突击的威胁就越大，最后会在索姆河前方陷入停顿。

南翼穿过卢森堡和比利时南部，最初会遇到复杂的地形，但这里的敌军兵力和筑垒工事相对较弱。进攻的主要难度在于渡过马斯河一线。倘若法军渡过马斯河一线进入比利时南部，我们以装甲力量在此处顺利击败对方，那么就有可能迅速控制马斯河一线。可如果法军停在马斯河一线，准备以主力遂行防御的话，我们就得以强大的兵力发动进攻，甚至需要从北面打开马斯河防线。

只有等南翼渡过马斯河一线，才能发挥决定性作用。我们必须以一个正面向南的集团军在卡利尼昂—迪登霍芬法军筑垒防线北面掩护整个行动的南翼，第二个集团军在沙勒维尔—色当地域渡过马斯河后，必须攻往西南面，要么先敌进攻，要么切断埃纳河各条交通线，阻止敌人沿迪登霍芬—斯特奈—埃纳河—索姆河一线设立绵亘防线，粉碎敌人在埃纳河与瓦兹河之间发动反突击的一切企图。同时，南翼还要确保北翼能转身向南。

第三个集团军的任务是在迪南—菲迈地域渡过马斯河，朝圣康坦方向攻击前进，对撤往索姆河的北翼当面之敌施以翼侧打击，把他们逼向海边，必要情况下，为北翼打开索姆河渡场。

只有这样，我们才能继续展开行动，对法军施以最后的决定性打击。

Ⅳ. 总体行动的背景下，集团军群领率机构对敌我行动方案的考虑结果

基于对敌人有可能采取的行动，以及己方作战方案的考虑，集团军群司令部认为，行动期间，以下几点至关重要：

1. 北翼（马斯河—桑布尔河一线北面），一旦我们攻克河流筑垒防线，吕蒂希两侧的两个集团军在马斯河对岸会合，无疑会极大地增加获胜的机会。我们必须充分利用这一点，前调足够的预备队，合围安特卫普，尽快从西面攻克吕蒂希。重要的是，尽早切断安特卫普与荷兰要塞之间的陆地连接，封锁荷兰各入海口，防止北翼出现敌人的大型作战基地。

可如果行动继续进行的话，我们的北翼即便在比利时北部赢得胜利，也会暂时丧失作战影响。

只要位于马斯河对岸的南翼没有以强大的兵力获得作战自由度，北翼的推进就会被索姆河下游之敌挡住，最后因为敌人对南翼发动反突击而陷入停顿。

只有待马斯河西面的南翼切断法军各条防线间的联系，击败前调后企图在马斯河与瓦兹河之间发动反突击的敌军，才能为北翼渡过索姆河下游，彻底赢得决定性胜利肃清道路。

只有马斯河西面的西南翼获得进攻性掩护，北翼才能攻往加来—亚眠—阿姆一线。在南面守卫一条250公里长的防线是做不到的。

2. 除了以第16集团军提供防御性掩护，南翼只有在马斯河西面才能发挥作战影响，但只要渡过马斯河，这种影响就会深具决定性。

南翼能否迅速而又顺利地渡过马斯河，取决于法国人是否会以强大的兵力渡过马斯河迎战我军，也取决于第 19 军有限的兵力是否足以打垮对方，抢在敌人退却前夺取他们身后的马斯河桥梁。

如果做不到这一点，我们就得以强大的兵力发动预有计划的进攻，再以北翼施加必要的压力，共同打开马斯河渡场。

最好在渡河前，最迟在马斯河西面，有必要组建两个集团军替代第 12 集团军，第 4 集团军左翼军也加入其中。其中一个集团军继续攻往圣康坦—索姆河方向，目标是切断正撤离 B 集团军群当面的敌军，把他们逼向海边；另一个集团军的任务是在瓦兹河与马斯河之间遂行进攻，从左翼掩护这场行动，同时阻止敌人沿迪登霍芬—斯特奈—埃纳河—索姆河构设绵亘的防线。

B 集团军群辖内兵力集中在比利时北部，必然导致第 4 集团军转向西北方，因而更有必要插入这个额外的集团军。第 4 集团军无法同时执行两项任务：既要夺取吕蒂希，设法以主力与第 6 集团军会合，又要以左翼取道迪南向西攻击前进。

倘若我们不以两个集团军率领南翼渡过马斯河，而是决定把预备队主力调往北翼，就意味着放弃了总体决定，取而代之的是比利时—法国东北部海岸的次要目标。

不管怎样，只有满足我们配备 3 个集团军的请求，为马斯河以西的进攻任务和马斯河以东的防御任务提供充足的兵力，集团军群才能在总体行动的框架内完成受领的任务。

3. 至于德国空军的使用问题，集团军群认为，以下三点至关重要：

（a）以最强大的作战力量支援关键时刻的地面交战；

争夺阿尔贝特运河的交战；

第 4 集团军争夺马斯河渡场的交战；

第 12 集团军（或第 19 军）争夺马斯河渡场的交战；

其他交战。

（b）对付敌预备队，首先是打击匆匆开赴比利时的敌摩托化兵团，尔后再对付敌人的交通运输。只切断某条路线的铁路线是不够的。就像我们当初在波兰那样，重要的是让敌统帅部预备队无法执行预定任务，甚至在运输期间就把他们打垮。

（c）把最强大的战斗机力量集中在进攻地域上空。由于敌空中力量散得很开，我们无法在进攻伊始以大规模突袭彻底消灭对方，因此，空中的决定性交战与进攻地域的地面决战同时进行。敌人的进攻力量会出现在这里，而不是其他地方，肯定会遭到我方打击。

4.海军必须封锁荷兰各入海口，控制西弗里西亚群岛，阻止英军出现在德军这场进攻的北翼。

5.宣传。德军进攻伊始，敌统帅部根本不会告知他们的民众和军队必须从事的交战是多么艰巨。因此，我们必须展开密集宣传，向法国军人强调，他们正为波兰、为军火商、为英国的利益开赴战场，我们对法国、比利时、荷兰没有任何领土要求。这种宣传必须想方设法传播给C集团军群当面的法国师（这些师很快会作为预备队调离，或替换减员严重的师），特别要以敌人在主战线损失惨重的报告影响对方。

6.倘若各集团军群司令部基于自己受领的任务，认为应当提出在陆地上寻求决定性胜利的建议，那么他们就该充分认识到，能否实现这个目标，取决于交战双方陆军和空军的战斗力，取决于更出色、意志更坚定的指挥，最后还取决于战争的运气。

各集团军群司令部还得认识到，鉴于双方的兵力对比，这场斗争可能会持续很长一段时间，需要耗费帝国的所有资源和兵力。

不管怎样，要想在陆地上最终赢得决定性胜利，只有从一开始就以坚定的决心主导作战行动，才有望实现目标，只要获胜的前景尚存，就必须坚定不移地为之奋战，另一方面，只有在别无选择的情况下，才能退而求其次地寻求次要目标。

因此，集团军群司令部再次请求上级，就算军队初期展开期间暂不考虑，也该在发起行动时认真考虑我们对整个进攻行动深具决定性的建议。

集团军群司令

冯·伦德施泰特（签名）

附件九

第6集团军司令和参谋长呈	1942 年 11 月 26 日
顿河集团军群司令	古姆拉克车站
冯·曼施泰因元帅	由军官书写！

尊敬的元帅先生！

Ⅰ.我对您 11 月 24 日发来的电报和答应提供的援助深表感谢。

Ⅱ.为评估我这里的处境，我把相关情况汇报如下：

1.苏联人 11 月 19 日对集团军左右两翼的友邻军队发动大规模进攻，集团军两翼两天内就暴露在外，苏联人投入机动兵力快速推进。我方向西渡过顿河的快速兵团（第14装甲军），先遣部队在顿河西面遭遇优势之敌，陷入极为艰难的境地，特别是因为缺乏油料，他们的机动性严重受限。与此同时，敌人朝第11军身后开进，该军奉命全力据守正面朝北的阵地。由于我们无法从前线抽调任何兵力应对这种威胁，集团军司令部别无选择，只好让第11军左翼折向南面，随后命令该军撤往顿河西岸的登陆场阵地，以免顿河西岸的部队与主力隔绝。

执行这些措施期间，我们收到元首发来的指令，要求第14装甲军左翼攻往多布林斯卡亚。可这道指令已落后于实际情况，所以我没有执行。

2.11 月 22 日清晨，原本隶属第4装甲集团军的第4军交给我指挥。第4军右翼从南面取道布济诺夫卡退往北面，致使整个南翼和西南翼暴露在外。如果不想让苏联人畅通无阻地攻往斯大林格勒方向，进入集团军身后，除了从斯大林格勒和北部战线抽调兵力，别无他法。这些部队也许能及时开抵，而从顿河以西地域抽调兵力断不可行。

我们从斯大林格勒战线为第4军调派了援兵，该军得以设立一条薄弱的南部防线，西翼位于马里诺夫卡附近，但敌人 11 月 23 日在多处达成突破。前景堪忧。11 月 23 日下午，我们在马里诺夫卡以西地域发现敌人强大的坦克兵团，仅坦克就有 100 辆，这种情况已得到数次证实。马里诺夫卡与顿河之间的整片地域，德军的防御力量非常薄弱。通往斯大林格勒、通往佩斯科瓦特卡方向顿河大桥的道路，对苏联人的坦克和摩托化兵团敞开了。

过去 36 个小时，我没有收到上级的任何指令或消息。几小时内，我可能会面对以下的处境：

（a）要么遵照我收到的指令，坚守西面和北面防线，眼睁睁地看着敌人在短时间内从后方卷击集团军防线；

（b）要么做出眼下这种情况唯一可行的决定，以手头所有兵力掉转方向，对付即将从后方打击集团军的敌人。不言而喻，做出这个决定的话，我们就无法再坚守东面和北面防线，尔后只能朝西南方突围。

我认为（b）方案符合眼下的态势，但我会背上违抗命令的罪名，而且是第二次违命。

3.面对这种困难的境地，我给元首发了封电报，请他赋予我在必要情况下自主做出最后决定的权力。我之所以寻求这种授权，是为了防止自己在当前情况下过晚下达唯一可行的命令。

我无法提出任何证据，来证明自己只会在最紧急的情况下而不会过早下达这种命令，只能请上级相信我。

我没有收到对这封电报的直接答复。

相反，我今天收到 OKH 发来的两封电报（附件 1、2）[1]，进一步给我造成限制。我对此的回复是，我和全体指挥官都抱有坚守到最后一刻的坚定意志。

但是，既然元首把 30 万将士托付给我，我就对他们负有责任，我请求上级批准我在最恶劣的情况下酌情做出决定，应该是可以理解的。顺便说一句，上面描述的情况，随时可能再次发生。

Ⅲ.今天的态势已在地图上标出。

虽然我们朝西南防线派遣了更多兵力，可那里的态势依然吃紧。南部防线（第4军）多少获得些加强，过去几天击退了敌步兵和坦克的猛烈冲击，但我方的损失也很严重，弹药消耗很大。

斯大林格勒战线每天都在抵御敌人施加的沉重压力。北部防线东北角（第 94

步兵师）和西翼（第76步兵师）的处境相当艰难。依我看，敌人对北部防线的主要突击还在后面，因为他们完全能以铁路和公路朝那里调运援兵。接下来几天，我关心的是把援兵从西面调到北部防线的问题。

过去三天的空运补给，只达到最低需求量（每天以300架运输机运来600吨物资）的一小部分。

这种补给量，接下来几天可能会造成极为严重的危机。

尽管如此，我还是相信集团军能坚持一段时间。但集团军的实力日趋下降，再加上缺乏营房、住处、柴火，就算打开一条通到我这里的走廊，还是无法充分预料集团军能否长时间守住斯大林格勒周边地域。

部下纷纷询问集团军的前景，虽说可以理解，可还是让我不胜其烦，若您能告知更多情况，让我提高部下的信心，我会不胜感激。

元帅先生，我把您的领导视为一种保证，相信您会想方设法解救第6集团军。

我和集团军全体将士会竭尽全力，决不辜负您的信任。

元帅先生，您忠顺的　　　　　　　　　　　　　　　　保卢斯（签名）

因条件所限，纸张和书写不甚规范，敬请原谅。

附件十

密件   1942 年 12 月 9 日

只传达到军官

呈陆军总参谋长、OKH 作训处

态势研判

1. 敌人的情况

近 10 日来，敌人继续对集团军群投入强大的兵力，主要是情报处在 11 月 28 日的态势研判里预料的敌预备队，但还有其他兵力。总之，集团军群当面之敌如下：

86 个步兵师

17 个步兵旅

54 个坦克旅

14 个摩托化旅

11 个骑兵师

共计 182 个大型兵团，另外还有 13 个独立坦克团和个别坦克营、反坦克旅。

具体情况如下：

（a）斯大林格勒要塞区

伏尔加河防线遭敌第 62 集团军包围，该集团军把 8 个步兵师、3 个步兵旅、1 个坦克旅部署在第一线，2 个步兵旅、2 个坦克旅、2 个摩托化旅担任预备队；

北部防线，敌第 66、第 24 集团军把 17 个步兵师、1 个摩托化旅部署在第一线，4 个步兵旅和 4 个坦克旅担任预备队；

西部防线，敌第 65、第 21 集团军把 10 个步兵师、7 个坦克旅、2 个摩托化旅、5 个坦克团、1 个反坦克旅部署在第一线，4 个坦克旅位于后方；

南部防线，敌第 57、第 64 集团军把 7 个步兵师、6 个步兵旅、6 个坦克旅、6 个摩托化旅、2 个坦克团部署在第一线，似乎以 2 个步兵师、2 个步兵旅、5 个装甲旅、

1 个摩托化旅、5 个装甲团担任预备队。

过去 10 天，敌人轮番进攻北部、西部、南部防线。毫无疑问，主要压力置于西部防线，西南防线遭受的冲击相对较小。

（b）为进攻斯大林格勒的行动提供掩护的敌军

西南方[2]的奇尔河战线，敌坦克第 5 集团军把 12 个步兵师、5 个骑兵师、2 个摩托化骑兵师、4 个坦克旅、1 个坦克团、2 个摩托化旅部署在第一线，2 个步兵师、4 个坦克旅、1 个摩托化旅担任预备队。北面相邻处，霍利特集群中央和左翼当面还有 3 个敌步兵师。

敌第 51 集团军掩护顿河东岸以南地域，把 4 个步兵师、4 个骑兵师、1 个坦克旅、1 个摩托化旅部署在第一线，1 个坦克师和 1 个步兵旅担任预备队。更多摩托化力量集中在第一线后方，具体情况尚不明朗。

（c）近日的侦察表明：斯大林格勒东面有部队卸载；霍利特集群东部防线当面，敌军渡过顿河向南运动。顿河东岸掩护战线上的敌军表现得较为消极，显然是因为后方的摩托化力量尚未完成集结，但敌人以强大的兵力冲击奇尔河登陆场，还渡过奇尔河进攻奇尔河车站西面。鉴于敌人在霍利特集群当面的南北向运动，我们估计敌人会向西发展这场进攻。

（d）到目前为止，敌人无疑在战斗中损失了大量坦克，但他们前调新锐坦克团，弥补了这些损失。敌步兵的进攻力依然较弱，但敌炮兵的效力显著加强，特别是斯大林格勒西部防线。

2. 我方的情况

（a）第 6 集团军。尽管损失很大，但到目前为止，集团军击退了敌人所有进攻。至于他们眼下的战斗力，我会在另一份报告里详谈。到 1942 年 12 月 5 日，主要弹种的储备量（一个基数的百分比[3]）如下：

50 毫米 L60 坦克炮	59%	150 毫米迫击炮	25%
75 毫米 40 式坦克炮	39.4%	轻型榴弹炮	34%
80 毫米迫击炮	30.8%	100 毫米 19 式重型加农炮	21.6%
轻型步兵炮	28%	重型榴弹炮	36%

重型步兵炮	25%

目前的口粮储备，如果把面包减少到200克，大约可以：

面包维持到12月14日

午餐维持到12月20日

晚餐维持到12月19日

尽管空军付出的努力堪称典范，但由于气候状况欠佳，只有12月7日的空运补给量达到300吨，188架运输机被敌人击落2架，另有9架失踪。其他日子的空运补给量，从25吨（11月27日）到150吨（12月8日）不等，而集团军每日最低需求量是400吨。

（b）第4装甲集团军。由于第23装甲师轮式车辆单位陷入泥泞，第57装甲军的战斗力量没能像我们期望的那样12月3日完成集结，而是拖到12月10日。

第48装甲军（第336步兵师、第11装甲师、第7空军野战师）不得不先设法恢复奇尔河战线的态势，那里的交战尚未结束。

（c）罗马尼亚军队。罗马尼亚第4集团军目前据守在第16摩托化步兵师北面的毗邻地域。但我们必须预料到，倘若敌人从北面发动猛烈进攻，罗马尼亚人很难守住防线，更何况安东内斯库元帅还给他们下达了指令，无论如何都要避免被敌人切断。

罗马尼亚第3集团军，除了隶属霍利特集群、实力尚算完整的罗马尼亚第1军，其他罗马尼亚师残部的作战兵力最多只有1—2个营，他们已没有值得一提的炮兵力量。由于缺乏武器装备，各部队在后方的重建工作没取得太大成效。毫无疑问，罗马尼亚军队各级指挥机构没有全力以赴，他们把失败归咎于"不可抗力"，德军的指挥显然也在其中。顺便说一句，罗马尼亚第3集团军整条防线全靠警戒分队、休假归队人员临时组成的分队守卫。由于缺乏火炮和反坦克炮，我们决不能幻想这条防线能长时间抵御强大敌军的进攻，特别是在对方投入坦克力量的情况下。这些七拼八凑的分队毫无凝聚力，必须尽快以正规作战部队替换，因为他们的编成和战斗力都不适合长时间从事前线作战行动，而且这些临时性分队是以后方勤务人员组成的，他们长时间脱离本职工作，势必对整个后勤补给造成影响。

3. 我方的企图

如报告所述，集团军群打算尽快以第 4 装甲集团军发动进攻，与第 6 集团军建立联系。但目前路面软化，致使第 57 装甲军无法前进。

第 48 装甲军辖内各师，12 月 11 日能否彻底离开奇尔河战线，目前无法确定。抽调第 17 装甲师参加此次进攻很有必要，相关命令已下达。我们必须料到，敌人很快会把他们对奇尔河战线的进攻拓展到莫罗佐夫斯克这个总方向，为缓解这条战线的压力，霍利特集群必须参与其中，要么攻往佩列拉佐夫斯基这个总方向，要么提供 1 个德国师。

4. 总体评估

敌人调来大批兵力对付顿河集团军群，无疑表明这里是他们整个行动的重点。只要能做到，他们就会从其他战线不断抽调兵力，把此处的交战继续下去。

因此，无论第 6 集团军的情况近期如何发展，仍有必要为顿河集团军群继续提供援兵。重要的是想方设法提高援兵的前调速度。如果还是保持目前的调运速度，我们会一直落在苏联人后面。另外，我认为有必要采取一切措施，让罗马尼亚军队重新投入战斗，特别是要恢复他们的战斗意志和对德军指挥机构的信心。

至于我们与第 6 集团军恢复联系后，该集团军是否应该离开合围圈的问题，我认为必须考虑以下几点：

（a）如果第 6 集团军留在要塞地域，苏联人很可能紧紧盯着此处，在一次次无益的进攻中耗尽实力，这样一来，斯大林格勒就成为他们进攻力量的坟墓。但我们必须认识到，坚守要塞地域的第 6 集团军，在极为不利的条件下生存和战斗，目前的兵力对比状况持续下去的话，我们很可能与该集团军再次失去联系，而且很难指望这种状况会在接下来几周发生重大改观。

（b）另一方面，我们也要考虑到苏联人正确行事的可能性，也就是继续合围斯大林格勒，同时把强大的兵力投入罗马尼亚第 3、第 4 集团军作战地域，攻往罗斯托夫。这样一来，我们最重要的作战力量就在斯大林格勒要塞地域丧失了作战机动性，为保持那里的联系而遭到牵制，苏联人却得以在集团军群其他战线自由行动。依我看，整个冬季保持这种态势极不合适。

如果决定让第6集团军留在斯大林格勒，那么就要下定决心，彻底打赢这场战役，这需要：

为第6集团军调派空军野战师，编入集团军辖内各兵团，维持他们的防御；

暂时以德军部队支援罗马尼亚第4、第3集团军的绵亘防线，因为罗马尼亚兵团残部和警戒分队无法长时间守住这些防线；

只要我方兵力许可，就发动决定性进攻。

能否提供我们需要的兵力，这些兵力能否在较短时间内调来，我无从判断。

顿河集团军群司令

冯·曼施泰因元帅（签名）

作训处 0354/42 号密件

附件十一

密件   共3份

只传达到军官   第3份

12月19日14点35分

呈陆军总参谋长
立即转呈元首

鉴于 B 集团军群态势的发展，再加上前调更多援兵的工作中断，因而无法指望顿河集团军群在短时间内解救第 6 集团军。

由于兵力和天气原因，仅凭空运补给无法让第 6 集团军在要塞区坚持下去，过去 4 周被围的情况充分证明了这一点。单靠第 57 装甲军显然也无法与第 6 集团军建立陆地联系，更别说长时间维持这种联系了。我现在认为第 6 集团军朝西南方突围是最后的机会，至少能保全该集团军大部分官兵和尚能机动的部队。

这场突围，第一个目标是在梅什科瓦河附近与第 57 装甲军建立联系，只能以战斗后撤的方式退往西南方，按照从北面到西南面的顺序，分段放弃要塞区。

行动期间，必须以足够的战斗机和作战部队确保空运补给照常进行。

由于已经有迹象表明，敌人对罗马尼亚第 4 集团军北翼施加压力，所以我们无论如何都得从高加索战线抽调快速力量，掩护第 57 装甲军纵深右翼，确保该军完成任务。

再拖延下去的话，不难预料，第 57 装甲军会在梅什科瓦河或北岸陷入停滞，或者被敌人对他们右翼的进攻所牵制，合围圈内外的协同进攻也就无从谈起。突围前，第 6 集团军需要几天时间变更部署和补充油料。

合围圈内的口粮可以维持到 12 月 22 日，被围官兵的体力严重下降（14 天来，每天只配发 200 克面包）。据第 6 集团军报告，他们的大部分马匹已饿死或被宰杀充饥。

顿河集团军群司令

冯·曼施泰因元帅（签名）

舒尔茨（签名）

作训处 0368/42 号密件

附件十二

密件   共5份

只传达到军官   第4份

1942年12月19日18点

送第6集团军、第4装甲集团军

1. 第4装甲集团军以第57装甲军在上库姆斯基地域击败敌军，前出到下库姆斯基附近的梅什科瓦河河段，在卡缅卡地域及其北面对强大的敌集群发动进攻。估计会是场艰巨的交战。

奇尔河战线的态势不允许顿河西岸的兵力攻往卡拉奇。奇尔斯卡亚的顿河大桥已落入敌人手里。

2. 第6集团军应尽快发起"冬季风暴"进攻，必要时取道顿斯科耶察里察河与第57装甲军建立联系，以便运输车队通过。

3. 态势的发展可能会促使第6集团军攻往第57装甲军的第二项任务扩大为攻往梅什科瓦河，行动代号"霹雳"。第6集团军尔后必须以坦克与第57装甲军迅速建立联系，以便运输车队通过，随后，集团军在卡尔波夫卡河下游和切尔夫连纳亚掩护翼侧，同时朝梅什科瓦河推进，分段撤离要塞区。

"霹雳"行动必须紧跟"冬季风暴"行动遂行。由于第6集团军没有大量物资储备，空运补给必须继续进行。尽可能长时间地守住皮托姆尼克机场，这至关重要。

所有可移动的武器必须带离，特别是炮兵在后续作战中需要的火炮和弹药，以及难以补充的武器装备。这些技术装备必须及时集中到西南部。

4. 做好执行第三项任务的准备，收到"霹雳"行动的明确命令后方可付诸实施。

5. 请汇报第二项任务的进攻日期和时间。

冯·曼施泰因元帅（签名）

顿河集团军群司令部

作训处 0369/42 号密件

1942 年 12 月 19 日

共 5 份

第 1 份：原件

第 2 份：第 4 航空队

第 3 份：军需长

第 4 份：作战日志

第 5 份：草稿

附件十三

德军执行"堡垒"行动的兵力配置

南方集团军群（从左翼到右翼）		
第 4 装甲集团军		
第 52 军	**第 48 装甲军**	**党卫队第 2 装甲军**
第 57 步兵师	第 3 装甲师	党卫队警卫旗队师
第 255 步兵师	大德意志装甲掷弹兵师	党卫队帝国师
第 332 步兵师	第 11 装甲师	党卫队骷髅师
	第 167 步兵师（三分之二兵力）	第 167 步兵师（三分之一兵力）
肯普夫集团军级支队（进攻地段）		
第 3 装甲军 4	**第 11 军**	**集团军群预备队 5**
第 168 步兵师	第 106 步兵师	第 24 装甲军
第 6 装甲师	第 320 步兵师	第 17 装甲军
第 19 装甲师		党卫队维京师
第 7 装甲师		

中央集团军群		
第 9 集团军突击集群		
第 46 装甲军	**第 47 装甲军**	**第 41 装甲军**
第 102 步兵师	第 6 步兵师	第 18 装甲师
第 258 步兵师	第 20 装甲师	第 292 步兵师
第 7 步兵师	第 2 装甲师	第 86 步兵师
第 31 步兵师	第 4 装甲师	第 10 装甲掷弹兵师
曼陀菲尔集群	第 9 装甲师	
西邻第 20 军 6		**东邻第 23 军 7**
第 251 步兵师		第 78 突击师
第 137 步兵师		第 216 步兵师
第 45 步兵师		第 383 步兵师
第 72 步兵师		
集团军预备队		
	第 12 装甲师	
	第 36 装甲掷弹兵师	

注释

1. 这两封电报已遗失。

2. 顿河西岸。

3. 一个弹药基数大致相当于 3 个实际战斗日的弹药需求量。

4. 后来增加第 198 步兵师。

5. 计划用于肯普夫集团军级支队作战地段。

6. 牵制进攻。

7. 东翼的掩护进攻。

军旅生涯简历

埃里希·冯·莱温斯基，又名冯·曼施泰因，1887年11月24日出生于柏林，他父亲爱德华·冯·莱温斯基后来擢升炮兵上将，出任第6军军长。埃里希自幼由格奥尔格·冯·曼施泰因将军收养，因而改为双姓。埃里希的生母和养母是姐妹，都姓冯·施佩林，他的父系和母系家庭都是古老的普鲁士军官家族。

埃里希·冯·曼施泰因在斯特拉斯堡读完中学后，1900—1906年在少年军校接受教育。通过毕业考试后，他加入驻柏林的第3禁卫团，1913—1914年在军校学习。

第一次世界大战期间，冯·曼施泰因最初在第2禁卫预备役团任团副官，先后经历了比利时、东普鲁士、波兰南部的战事，1914年11月身负重伤。从1915年5月起，他先是担任副官，后来在冯·加尔维茨将军和冯·贝洛将军的集团军司令部任参谋。他先后参加了1915年夏季波兰北部的攻势，1915年秋季到1916年春季的塞尔维亚战局、凡尔登战役、索姆河会战，1917年春季的埃纳河战役。1917年秋季，他在库尔兰担任第4骑兵师作战参谋，1918年5月在西线担任第213步兵师作战参谋，1918年5月和7月参加了兰斯附近的攻势，随后又经历了西线的防御作战，直到战争结束。

1919年初，他在布雷斯劳担任南方边防军司令部参谋。

冯·曼施泰因随后转入魏玛防卫军，先后在总参谋部和前线任职（第5步兵团连长，第4步兵团猎兵营营长）。

1934年2月，他在柏林担任第3军区参谋长。

1935年7月，他出任陆军总参谋部第1处（作训处）处长。

1936年10月，冯·曼施泰因擢升少将，出任陆军总参谋部第一军需长，成为总参谋长贝克将军的第一助手和代表。

由于卷入冯·弗里奇男爵大将的辞职风波，冯·曼施泰因 1938 年 2 月被解除陆军总司令部的职务，调到利格尼茨担任第 18 步兵师师长。他作为集团军参谋长参加了占领苏台德区的行动。

他经历了 1939 年的动员，在冯·伦德施泰特指挥的南方集团军群任参谋长，参加了波兰战局。

1939 年 10 月，他作为参谋长，和冯·伦德施泰特大将一同接掌西线的 A 集团军群，就希特勒本打算采用的进攻计划展开斗争，OKH 随后解除了他集团军群参谋长的职务，派他担任步兵军军长。他参加了 1940 年的西方战局，荣膺骑士铁十字勋章。

他在海峡沿岸参加了入侵英国本土的准备工作。

1941 年 3 月，冯·曼施泰因出任第 56 装甲军军长。对苏战争爆发后，他率领该军从东普鲁士展开装甲突袭，取道迪纳堡攻往伊尔门湖。他 1941 年 9 月出任第 11 集团军司令，随后攻占克里木，冬季战局期间坚守克里木，1942 年春季歼灭了苏联红军在刻赤附近登陆的几个集团军，随后攻克塞瓦斯托波尔，擢升陆军元帅。

他 1942 年 8 月奉命夺取列宁格勒，这场行动没能执行，但他在拉多加湖畔歼灭苏联红军一个集团军。

1942 年 11 月，苏联红军在斯大林格勒两侧达成突破，德国第 6 集团军陷入重围，冯·曼施泰因出任顿河集团军群司令。解救第 6 集团军的行动失败后，为挽救德军南翼，他率领集团军群与红军激战，这场战局以 1943 年 3 月在哈尔科夫赢得胜利而告终，冯·曼施泰因荣膺骑士铁十字勋章橡叶饰。

1943 年夏季，他参与了德军在东线发动的最后一场攻势——堡垒行动。这场攻势取消后，他率领南方集团军群从事激烈的防御作战，一路撤到第聂伯河后方。随后的防御作战一直持续到波兰边界。由于冯·曼施泰因与希特勒就东线作战指挥问题发生分歧，1944 年 3 月底被解除集团军群司令职务，同时获得骑士铁十字勋章双剑饰。

此后，他再没获得起用。